acabus

Jacqueline Roussety

Wenn das der Führer sähe ...
Von der Hitler-Jugend in Filbingers Fänge

Ein deutsch-schlesisches Kriegsdrama

Roussety, Jacqueline: Wenn das der Führer sähe ... Von der Hitler-Jugend in Filbingers Fänge. Ein deutsch-schlesisches Kriegsdrama, Hamburg, acabus Verlag 2016

Originalausgabe
ISBN: 978-3-86282-406-9 Hardcover
ISBN: 978-3-86282-407-6 Paperback

Dieses Buch ist auch als eBook erhältlich und kann über den Handel oder den Verlag bezogen werden.
PDF-eBook: ISBN 978-3-86282-408-3
ePub-eBook: ISBN 978-3-86282-409-0

Lektorat: Daniela Sechtig, acabus Verlag, Susanne Wallbaum
Umschlaggestaltung: © Marta Czerwinski, acabus Verlag
Umschlagmotiv: mit freundlicher Genehmigung vom frankly Verlag.

Bibliografische Information der Deutschen Nationalbibliothek:
Die Deutsche Nationalbibliothek verzeichnet diese Publikation in der Deutschen Nationalbibliografie; detaillierte bibliografische Daten sind im Internet über http://dnb.d-nb.de abrufbar.

Der acabus Verlag ist ein Imprint der Diplomica Verlag GmbH, Hermannstal 119k, 22119 Hamburg.

© acabus Verlag, Hamburg 2016
Alle Rechte vorbehalten.
http://www.acabus-verlag.de
Printed in Europe

In Gedenken an Walter Gröger

(27. 7. 1922 – 16. 3. 1945)

Der Vogel,
der sich hoch
über das weite Feld von Tradition und Vorurteil erheben
will,
braucht starke Flügel.

Kate Chopin, Das Erwachen (1899)

Für

Alexander, Eva-Maria, Evelyn, Claudia, Ursula, Peter
und Stephan.
Danke für euer Vertrauen.

In Liebe für
Renate, Timotheus und Tim Jonathan

Besonderer Dank an:
acabus Verlag, Björn Bedey, Daniela Sechtig, Robert Merkel, Susanne Tenzler-Heuser, Rolf Hochhuth und Professor Dr. Wolfram Wette.

Professor Dr. Wolfram Wette

Historiker und Vorsitzender des wissenschaftlichen Beirats der Bundesregierung „Opfer der NS Militärjustiz".

Empfehlung

Hans Karl Filbinger ist derjenige unter den rund 3.000 Militärjuristen der NS-Zeit, der in der Bundesrepublik Deutschland die steilste Karriere gemacht hat. Vom Amt des Ministerpräsidenten in Baden-Württemberg musste er zurücktreten, weil er seine Mitwirkung an Todesurteilen leugnete, sie kleinredete und jedes Unrechtsbewusstsein vermissen ließ.

Eines seiner Opfer war der Mannschaftssoldat und Deserteur Walter Gröger. Wenn Filbinger es gewollt hätte, wäre Gröger vermutlich die Todesstrafe erspart geblieben und er hätte gerettet werden können. Doch Gröger wurde verurteilt und erschossen.

Nach 1945 galten Soldaten der Wehrmacht, die sich in den Jahren 1939 bis 1945 dem Vernichtungskrieg entzogen hatten, noch jahrzehntelang als Feiglinge und Verräter. Erst 1998 erfolgte ihre Rehabilitierung durch den Deutschen Bundestag.

Jacqueline Roussety hat über die Filbinger-Gröger-Doppelgeschichte bereits in der Form eines Essays in dem wissenschaftlichen Werk „Mit reinem Gewissen. Wehrmachtrichter in der Bundesrepublik und ihre Opfer" (Hg.: Joachim Perels/ Wolfram Wette, Berlin: Aufbau-Verlag 2011) geschrieben. Sie ist in dem Stoff „zu Hause".

In ihrem Werk „Wenn das der Führer sähe ... Von der Hitler-Jugend in Filbingers Fänge" möchte sie die Geschichte in Romanform bearbeiten. Damit könnte sie die Aufmerksamkeit eines größeren Publikums für das schwierige Thema „Wehrmachtjustiz und Deserteure" gewinnen, das durch eine rein wissenschaftliche Abhandlung nicht erreicht werden kann. Daher möchte ich ihr Projekt wärmstens unterstützen.

Wolfram Wette

26. Juli 2013

Meine Pädagogik ist hart. Das Schwache muss weggehämmert werden. In meinen Ordensburgen wird eine Jugend heranwachsen, vor der sich die Welt erschrecken wird. Eine gewalttätige, herrische, unerschrockene, grausame Jugend will ich. Jugend muss das alles sein. Schmerzen muss sie ertragen. Es darf nichts Schwaches und Zärtliches an ihr sein. Das freie, herrliche Raubtier muss erst wieder aus ihren Augen blitzen. Stark und schön will ich meine Jugend. […] So kann ich das Neue schaffen.

Adolf Hitler

Oslofjord

März 1945

Das fahle Sonnenlicht reicht gerade noch aus, um Ausschnitte der Umgebung mit bloßem Auge zu fokussieren. Nicht mehr lange und die ersten dunklen Wolken schieben sich in den Vordergrund. Der frühe Abend schluckt ganz allmählich das Licht des dahinschwindenden Tages. Damit sinken die Temperaturen weiter und noch immer liegen vereinzelt letzte Schnee- und Eisschichten, Zeugen des hartnäckigen Winters. Noch lange wird der Frühling sich mit dem Winter die Herrschaft teilen müssen.

Die seltsam feierliche Stille hinter den Festungsmauern wird vom Nachhall entfernter Bombeneinschläge im monotonen Rhythmus durchbrochen; auch die Kampfflugzeuge der Alliierten zerreißen mit lautem Getöse in regelmäßigen Abständen die scheinbar himmlische Ruhe. Zurück bleiben Rauchwolken, die sich langsam dehnen und auflösen.

Die pechschwarze Mauer, auf die sich gleich unweigerlich alle Aufmerksamkeit richten wird, bröckelt an einigen Stellen. Gesteinsreste zerfallen zu grauem Staub; dieser vermischt sich allmählich mit anderen organischen Substanzen, hier angesammelt, um für die Ewigkeit zu überdauern.

Selbst das tagtägliche, in emsiger Schwerstarbeit erfolgende Abschrubben der noch vorhandenen Mauer kann die Existenz von dunkel getrocknetem Blut nicht verbergen. Der oben aufgerollte Stacheldraht hat im Laufe der Zeit Federn, Äste und Blätter als Beute ergattert. Braust der Wind kurz auf, flattern menschliche Haare wie Wimpel hin und her und wickeln sich schließlich wie von selbst wieder um den Draht. Farne und Moos zwängen sich durch kleinste

Mauerritzen – ein Sieg der Natur über das von Menschenhand erschaffene Bollwerk.

Der Verurteilte betritt den Richtplatz. Mit ihm der Kriegspfarrer vom Kriegslazarett Linten. Ferner ist ein Zug der 1. M.E.A. Oslo anwesend. Mit murmelnder Beschwörung versuchen sie dem Angeklagten ein wenig Seelentrost auf den letzten Gang mitzugeben.

Nur scheint dieser des Seelentrostes nicht zu bedürfen. Er wirkt wie entrückt, als nehme er die Menschen um sich herum nicht wahr. Ein Gesicht, gerade den ganz unschuldigen Jahren entwachsen. Schmal, ausgezehrt, ein schlaksiger Körper. Leicht schwankend geht er auf die Front der Männer zu. Gekleidet in schwarze Ledermäntel, erwarten sie ihn mit regloser Miene. Sie sind laut Protokoll aufgefordert, das Urteil zu vollstrecken: der Marinestabsrichter als leitender Offizier, der Marinearzt vom Kommando 1. M.E.A. Oslo als Sanitätsoffizier, der Marinejustizinspektor und die angetretene Einheit, junge Matrosen wie der Angeklagte, die sich an ihren Gewehren festklammern.

Manch einer der Burschen kann den Blick nicht heben; einem anderen zittern leicht die Knie. Es herrscht tödliches Schweigen.

Der Marinearzt nimmt ein schwarzes Tuch und verbindet dem Verurteilten wortlos die Augen. Alles läuft nach vorliegender Vollstreckungsurkunde, die der Wehrmachtrichter in seinen Händen hält. Die schwarzen Lederhandschuhe verhindern jeden Kontakt mit dem Papier, auf dem unpersönlich die Formalitäten aufgelistet sind, das seine Unterschrift trägt und demzufolge ein junges Leben ausgelöscht wird.

Pünktlich um 18 Uhr steht der Angeklagte auf der ihm zugewiesenen Stelle des Richtplatzes. Direkt vor der Mauer.

Die angetretene Einheit hört auf das Kommando: „Gewehr über still!"

Eine bedrückende Ruhe breitet sich aus. Kein Flieger ist am Himmel zu hören, keine Bombe zerbirst auf dem tiefgefrorenen Boden. Nichts. Nur Stille.

Der leitende Offizier liest dem Verurteilten mit einer Stimme wie kaltes Wasser die Urteilsbegründung und die Bestätigungsverfügung vor. Seine Worte hallen über die Mauer, werden gespenstisch von dem dahinter liegenden Wald echogleich zurückgeworfen.

Es folgt eine Sekunde der Lautlosigkeit.

Der Verurteilte erklärt nichts.

Die Geistlichen erhalten letztmalig Gelegenheit, ihm Trost zuzusprechen. In diesem Moment schluckt eine Wolke das kärgliche Sonnenlicht; das bleiche Gesicht mit der schwarzen Binde hebt sich deutlich von der dunklen Mauer ab.

Er zeigt keine Regung. Das zehnköpfige Vollstreckungskommando hat sich fünf Schritte vor dem Verurteilten aufgestellt. Auch hier kein Ton, keine persönliche Reaktion.

Das Kommando „Feuer!" durchbricht die atemlose Stille um 18:02 Uhr.

Dohlen fliegen wütend krächzend auf. Ihre Schreie gellen in den Ohren, mischen sich mit dem Nachhall der Feuersalven. Dann schlagartig wieder Ruhe.

Der Verurteilte knickt in sich zusammen, fällt auf die rechte Seite. Sand fliegt hoch, rieselt zurück auf den Boden, vermischt sich mit dem Rinnsal, das aus einer Wunde, dann durch die Uniform austritt, lautlos wie ein sterbendes Geheimnis.

Alles schweigt.

Der Sanitätsoffizier löst sich aus der Gruppe, stellt den Tod fest. 18:06 Uhr.

Daraufhin erscheint das Wachpersonal. Die Leiche wird eingesargt und zum Zwecke der Bestattung abtransportiert.

Die abkommandierte Einheit verlässt mit ihren wuchtigen Stiefeln die Stätte. Nur zwei alte Männer vom Wachpersonal bemühen sich, das frische Blut wegzuwischen.

Später bedeckt pechschwarze Nacht das Grauen dieses Ortes. Der Klageschrei dieser jammervollen Seele wird vom Wind fortgetragen, über die Mauer hinweg und hinauf in den Himmel.

Möge Gott sich ihrer erbarmen!

Berlin

März 2012

Reise zurück in die Vergangenheit

Angst fühlt sich an wie das Herannahen eines unsichtbaren Feindes, der als Bedrohung in jede Pore hineinkriecht, aber nicht wirklich greifbar ist. Der Körper ahnt nur, wie diese Gefahr sich Stück für Stück anschleicht. Die Luft wird dünner, lähmt die Sinne, bis man hoffnungslos den totkalten Klauen ausgeliefert ist.

Diese Angst war meinem nächsten Projekt geschuldet. Einer Biografie, die, wenn ich sie nur als sachlich-fachliche Geschichte abarbeiten würde, sicherlich schnell ad acta gelegt werden könnte. Sollte sie aber den Raum und die Aufmerksamkeit bekommen, die sie verdient, dann – das war mir bewusst – würde es sich um einen längeren Prozess handeln, sie adäquat im Printbereich, in Funk oder Fernsehen zu platzieren.

In einer medial gesteuerten Welt, in der es nur noch um das schnelle Hin- und Wegwerfen eines Themas geht, das gerade in aller Munde ist, ein bisschen populistisch, oft garniert mit einem bekannten Gesicht, das möglichst allabendlich zu uns ins Wohnzimmer blickt, beinahe zur Familie zu gehören scheint und uns weismachen will, dass genau jenes Thema das ist, für das er oder sie lebt, gibt es für die leiseren Töne kaum noch Raum; für persönlich erlebte Geschichten. So kommen und gehen Schicksale und Neuigkeiten, die oft schon am nächsten Morgen für die Gesellschaft keine Bedeutung mehr zu haben scheinen. Da wird nicht immer wirklich nach der Wahrheit gefragt. Weder von den Medien noch von der

Bevölkerung. Hinter der prominenten Visage unsichtbar eine riesige Menschenmenge, die das mediale Gesicht häppchenweise füttert; damit besagtes Thema ja bis zum letzten Bissen verschlungen wird.
Die Menge johlt und klatscht brav im Takt. Die Nummer geht zu Ende und schon wartet die hungrige Meute auf die nächste opulente Überraschung, die mit Fanfaren angekündigt wird. Das Gesicht wird ausgetauscht. Einfach eine neue Maske übergestülpt und das Orchester spielt seine beschwingte Musik, um uns bei Laune zu halten. Während hier der Kopf abgetrennt wird, verschwinden dort Dinge vor den Augen der staunenden Menge in einem großen Hut und etwas anderes wird blitzschnell hervorgezaubert. Damit meine ich vor allem die Boulevardblätter, die tagtäglich den Hunger nach Fast-Food-Sensationen zu stillen suchen.
Der Jahrmarkt der Eitelkeiten mit all seinen bunten Ballons, lachenden Clowns und süßen Zuckerwatten – bis einem schlecht wird.

Diese mediale Maschinerie trug ich nicht in meinem seit Jahren angesammelten Gepäck. Meine Geschichte interessierte nur peripher, da der Name eines verstorbenen Politikers im Spiel war. Schon Jahre zuvor hatte ich vorsichtig angeklopft und von Johanna Gröger erzählt, dieser mutigen Frau, die seit Jahrzehnten versuchte, sich an die Öffentlichkeit zu wenden um auf die schmutzige Weste jenes Politikers aufmerksam zu machen, der dieses Land bis vor Kurzem mitregieren durfte. Aber sie war eben kein berühmtes Gesicht. Und noch weniger war das jener Mensch, für dessen Geschichte sie kämpfte. Für dessen Würde sie sich wütend aufbäumte, um der deutschen Gesellschaft einen letzten Rest von Anstand abzuverlangen.
So verschlossen sich leider die paar Türen, an denen ich geklopft hatte. Auch die von angeblichen Freunden und Kollegen. Erst plusterten sie sich auf, um sich dann doch lieber

von ihrer eigenen Maschinerie weiter füttern zu lassen. Satt und zufrieden rollten sie sich auf die andere Seite und ließen mich im Dunkeln zurück mit meiner geliehenen Geschichte.

Wer war Johanna Gröger? Immer wieder war sie, zusammen mit ihrer Schwester Paula, kurz in der einen oder anderen regionalen Tageszeitung erwähnt worden. Beide Frauen bemühten sich vehement, auf die Geschichte ihres Bruders Walter Gröger aufmerksam zu machen, eines jungen deutschen Matrosen, der kurz vor Kriegsende 1945 noch hingerichtet wurde. Ihr Anliegen war es nicht, die Tatsache an sich hervorzuheben, sondern vielmehr, die unsäglichen Umstände offenzulegen, die der ganze Fall mit sich gebracht hatte. Die dafür Verantwortlichen waren das Ziel ihrer Wut und Empörung.

Zeit ihres Lebens haben sie sich mit jenen unheilvollen Jahren auseinandergesetzt, in denen das totalitäre Deutschland die Welt veränderte und zu großen Teilen wie eine Bestie verschlang. Beide Frauen wollten anhand des Einzelfalls über Ursachen und Folgen des Nationalsozialismus aufklären. Im Gegensatz zu so vielen ihrer Generation, die ihre Emotionen und Erinnerungen hinter einer Mauer zu schützen suchten. Dem sezierenden Blick auswichen, sich nicht fremden Menschen preisgaben. Viele behielten ihre Erinnerungen lieber umschlossen vom Schatten einer Vergangenheit, die sie nicht ans Licht der Gegenwart zerren wollten.

Diese lähmende, alles überschattende Historie wurde erst allmählich in so manchen stockenden Erzählungen konkreter. Die schmerzlichen Erinnerungen eines ganzen Volkes – von Soldaten und Kriegstreibern; die Erfahrung, als junger Mensch in den Wirren dieser apokalyptischen Zeit Teil des menschenunwürdigen Systems gewesen zu sein – brachen wie eine Wunde auf, die nie wirklich heilen konnte. Wie sollten sie und wie sollen wir, die nachfolgenden

Generationen, das Heute begreifen, wenn viele Zeitzeugen jenes Gestern, das man zu Recht als immer noch unbewältigt bezeichnet, nicht wahrhaben wollen? Durch Tränen schimmerte nicht selten ein Funke Scham in den Augen. Aufgestaute Wut über ein Leben, das ihnen irgendwann aus den Händen geglitten war, gesteuert und getrieben vom Irrsinn der grausamen Politik eines Diktators. Besonders bei jenen, die in der HJ groß geworden waren, der Jugendabteilung der SA. *Jugend wird von Jugend erzogen*, so der Slogan der Alten. Nur war eine ganze Generation 1933 nicht im wahlmündigen Alter gewesen, hatte nicht Hitler gewählt und ihm damit zur unumschränkten Macht verholfen. Aber sie waren es, die dann letztendlich für Deutschland starben, den Eid ernst nahmen, den die Elterngeneration gutgeheißen hatte. Die Masse der im Kriege unter Waffen gestandenen Männer hatte lange Zeit der Hitler-Jugend angehört. Die HJ galt als Garant der zukünftigen Herrschaftserhaltung, denn die alten Männer der Partei sehnten sich nach Krieg, und die Jugend blutete und zahlte für diese Sucht. Ein Leben lang. Zurück blieb eine von Hitler verbrauchte und zerstörte Generation.

Für viele rückte Jahrzehnte später der letzte Moment heran, sich von der Seele zu reden, was im Verborgenen lag. Ihren Kindern und Enkeln mitzuteilen, was über Jahrzehnte ihr eigenes Leben und das ihrer Angehörigen geprägt hatte. Angekommen an der letzten Station ihres Lebens, bevor sie die Reise antraten, deren Ziel bis heute niemand kennt. Nicht selten besaß solch ein Bericht etwas von einer Beichte; sie erzählten ihre Version der dunklen und grausamen Ära, die sie überlebt hatten – im Gegensatz zu den Millionen Toten dieses Krieges weltweit.

Davon wollte ich mehr wissen. Ich nahm Kontakt zu Johanna Gröger auf, die mich sofort einlud, um mir weiterzugeben, was sie so sehr bewegte. So saß ich jetzt auf einer restlos überfüllten Bank auf dem Bahnsteig zwischen anderen müden, genervten Reisenden, und der Zug – irgendwo in weiter Ferne. Nicht fahrplangemäß eingetroffen. Und wie durch einen Zauber waren all die beamtengleich gekleideten Angestellten dieses Unternehmens spurlos verschwunden. Als hätte es sie nie gegeben.

Ich begab mich auf eine Reise in ein verschlafenes Örtchen, über 200 Kilometer weit weg von Berlin, um mehr über ein zermürbendes Familiendrama aus der nationalsozialistischen Zeit zu erfahren. Ein Thema, von dem ich befürchtete, dass es mittlerweile den meisten schwer verdaulich erscheinen könnte. Vor allem meinen Altersgenossen, der Enkelgeneration. Meine Eltern konnten schon damals nicht mit ihren Eltern, der sogenannten Tätergeneration, reden und wir bekamen über die mit Schweigen und Vertuschen behafteten Familienjahre hinweg ihren Missmut vorgelebt; Jahre, in denen versucht wurde, alte Wunden mit viel Heftpflaster zu verdecken. Die seelischen Verletzungen der Tätergeneration waren nur vernarbt – und damit immer sichtbar.

Im Laufe der Jahre gelang es vielen von ihnen, mit dem neuen Hintergrund des Alltages zu verschmelzen, Teil der modernen Gesellschaft zu sein. Das Renommee, das Hitler und seine Zeit bei vielen einst genossen hatten, ruhte bei dem einen oder anderen versteckt in alten Fotoalben, zwischen den Seiten verstaubter Bücher, gut gehütet vor dem öffentlichen Blick.

Aus meiner Perspektive bestand die von Theodor Heuß einst proklamierte „kollektive Schuld" vor allem aus den vielen kleinen schuldhaften Einzelhandlungen wie permanentes Wegsehen, Weghören, Denunzieren oder einfach Abtauchen in der Masse. Damit war es die Schuld einer ganzen Gesellschaft, die nicht im Nachhinein auf den *Führer* und seine Handlanger abgewälzt werden sollte.

Viele wollen heute nicht mit all dieser weitergereichten Schuld und Sühne in gebeugter Haltung mühsam durchs Leben gehen. Auf keinen Fall! Und sie schon gar nicht an die Kinder und Kindeskinder weitergeben. Das kann ich sogar verstehen. Wie erleichtert war auch ich, als mein Sohn begeistert zu einem Deutschland-Spiel seine schwarz-rot-goldene Fahne schwang, „Deutschland! Schland...!" brüllte und übers ganze Gesicht strahlte, als *wir* auch noch gewannen. Wie befreiend wirkte diese neue, lustvoll-naive Freude und insgeheim dachte ich: Ja, es ist an der Zeit, dass sich so ein Knirps freuen darf mit seinem Land, in dem er vielleicht den Rest seines Lebens verbringen, arbeiten und letztendlich auch sterben wird. Doch welche Verantwortung tragen wir nichtsdestotrotz in die Zukunft hinein? Reicht unser Geschichtswissen aus, um sorglos nach vorn zu blicken?

Wie überinformiert sind wir, und dabei doch so erschreckend unwissend? Wie viele Zeitzeugen leben überhaupt noch, die den Mut aufbieten, die Geschichte aus der Perspektive wiederzugeben, die man als die der „Täter" bezeichnet? Die mir erklären können, warum eine ganze Generation erhobenen Hauptes in einen Krieg zog, der aus heutiger Sicht das Unvorstellbare auslöste: das gewollte Auslöschen einer einzigartigen Menschenkultur? Wie kamen Menschen dazu, Teil der dressierten Masse zu sein, ein dunkler Fleck im braunen Sumpf?

Die Vergangenheit reicht immer in die Gegenwart hinein und berührt uns permanent. Aber in der heutigen Medienlandschaft erscheinen viele Seelen verkümmert, nicht willens, sich einer Vergangenheit zu stellen, die uns alle doch immer wieder einholt. Das große Erstaunen angesichts der neuen Nazizelle, der jungen, perfiden Terrorgruppe NSU, konnte ich nicht teilen. Zu viel von dem alten Gedankengut schwirrt noch heute in vielen Köpfen, bis in die höchsten politischen Ämter. Und eine Regierung, welche die Partei der

Neonazis weiterhin zulässt, bietet den Nährboden für eine Saat, die, einmal ausgestreut, auch aufgeht.

Die Vergangenheit der Johanna Gröger aber lag anders. Sie weckte meine Neugier – und das auf eigenartige Weise. Meine Recherchen hatten ergeben, dass es sich hier um eine Zeitzeugin handelte, die mit ihren 84 Jahren – sie war Jahrgang 1928 – unermüdlich dem „national neu erwachten Deutschland" die Geschichte vom ungerechten Tod ihres Bruders erzählen wollte und wohl auch musste. Genau ihre persönliche Geschichte hatte mich berührt. Es erfüllte mich mit Respekt, wie diese alte Frau um die Würde ihres Bruders kämpfte, der, wie sich im Nachhinein herausstellte, in diesem apokalyptischen Krieg einen sinnlosen Tod sterben musste. Ein Schicksal, das viele andere Soldaten, aber auch Männer in Zivil, Frauen und Kinder erlitten.

Hinterlässt nicht jedes einzelne Opfer tiefe Spuren in den Seelen der Angehörigen? Die Zurückgebliebenen müssen mit dem Tod eines lieben Menschen weiterleben. Den eigenen Tod stirbt man bloß, den eines geliebten Menschen jedoch muss man erdulden, mit sich nehmen und tragen wie einen schweren Koffer, den Rest seines Lebens.

An Walter Grögers Tod war der ehemalige Ministerpräsident Baden-Württembergs mit schuldig. Dr. Hans Karl Filbinger, ehemaliger Marinerichter der Wehrmachtjustiz, der in der neu gegründeten Bundesrepublik eine Spitzenkarriere bei der CDU hinlegte. Wie so viele dieser „Blutsrichter", wie Wissenschaftler diese Schergen im Nachhinein titulierten.

Während der zweiten Entnazifizierungswelle Anfang der 60er Jahre wurden sie von Bundestag und Bundesrat eindringlich gebeten, sich doch bei voller Pension in den „verdienten Ruhestand" zu begeben. Und nicht unbedingt auf ein einflussreiches Amt in der neu gegründeten Bundesrepublik Deutschland zu bestehen. Es gab einige besonnene Köpfe in der Politik, die nicht wollten, dass Strafrichter der ehemaligen Nazijustiz die Möglichkeit bekamen, weiter über Bürger zu befinden. Vielleicht sogar über jene Bürger, die schon während der Terrorzeit unter ihrem braunen Gedankengut zu leiden gehabt hatten. Diese Juristen hatten einst maßgeblich an der Ausgestaltung des nationalsozialistischen Rechts mitgewirkt, also an dem, was damals Recht sein sollte, was heute per Gesetz als verbrecherisch gilt. Durch grausame Befehle kamen Millionen von Menschen zu Tode. Die Verursacher wurden nie zur Verantwortung gezogen, sondern erhielten sogar noch Gelegenheit, in Ministerien, Universitäten und Gerichten die nachfolgende Generation auszubilden.

Nicht wenige der ehemaligen Nazijuristen nahmen das verlockende Angebot einer üppigen Pension an. Etliche jedoch beharrten darauf, als unabsetzbare Richter weiterhin Recht zu sprechen. Und so geschah es nicht selten, dass Angeklagte in den 50er Jahren in denselben Räumen und von denselben Richtern verurteilt worden sind, denen sie schon vor 1945 begegnen mussten.

Die Forschung geht von mindestens zehn Prozent ehemaliger Wehrmachtrichter und Juristen aus, die nach dem Krieg hohe Ämter und Posten zurückeroberten und einander wichtige Formulare zur Entnazifizierung zuschanzten, um sich und ihr Gewissen oberflächlich reinzuwaschen und einer Verurteilung zu entkommen. Viele dieser Männer trafen sich noch jahrelang, hielten geheime „Kameradentreffen" ab, teilten ihre Gesinnung und standen einander mit Rat und Tat bei, um ihre blutigen Geheimnisse vor der Öffentlichkeit zu schützen. Man spricht von insgesamt ungefähr 2.800 Kriegsrichtern des Zweiten Weltkrieges, die diesen fast alle wohlbehalten überlebt haben.

Im Gegensatz zu den Soldaten und Matrosen lebten diese Männer ungefährdet, fernab der Front mit all ihren tagtäglichen Grausamkeiten, und verrichteten unbeirrt ihr gnadenloses Werk.

Die Aufbaujahre der Fünfziger boten Dr. Hans Karl Filbinger und all den anderen ehemaligen Nazirichtern einen guten Nährboden, sich in der neuen deutschen Gesellschaft zu profilieren. Das Gedankengut der Nationalsozialisten hatte sich lautlos in der Bundesrepublik eingenistet und wurde von so manchem tief im Innern weitergelebt, während nach außen die Maske des Unschuldigen aufgesetzt wurde. Führende Köpfe der Bundesrepublik waren Mitglieder der NSDAP gewesen, der Schöpfung von Adolf Hitler. Er war ein außerordentliches Organisationstalent, errichtete seinen Machtapparat, die SS und SA, mit denen er die Wählermassen so manches Mal zwang, ihm bedingungslos zu gehorchen. Oft jedoch scharten sie sich freiwillig hinter ihm und fanden sich dann durch ein enges Geflecht von Maßregelungen im Kollektiv wieder – der Führer hatte sie allesamt fest im Griff.

Manche konnten diese Zeit dadurch unbeschadet überdauern und in den Wirren der Nachkriegsjahre verwischte sich die ein oder andere Spur aus der verhängnisvollen Vergangenheit. Die Zeit unter dem Hakenkreuz wurde aus der Biografie ausradiert. Zurück blieb ein schmuddeliger Fleck.

Wohlstand zu ermöglichen und die Gründung einer intakten deutschen Gesellschaft, diese Anliegen standen in den Fünfzigern im Vordergrund und verdrängten erfolgreich die Auseinandersetzung mit dem Morast des schlechten Gewissens, mit dem Leid, das man vernarbt an Leib und Seele mit sich trug. Oder vielleicht auch anderen angetan hatte.

Schließlich aber wurde Dr. Hans Karl Filbinger 1978 doch noch von seinen üblen Machenschaften eingeholt. Gerechterweise sind manchmal die Schatten der Vergangenheit länger als vermutet und verdunkeln die Gegenwart. Die

Büchse der Pandora öffnete sich und ein Mann in den besten Jahren redete sich um Kopf und Kragen; hatte urplötzlich sein Gedächtnis verloren, als es um gut recherchierte Vorwürfe ging. Sein arrogantes Gehabe empörte damals vor allem die junge Generation, die nicht mehr tatenlos zusehen wollte, wie sich die Älteren im kollektiven Schweigen versteckten. Es geschah im Deutschen Herbst; kurz nachdem die Aktionen der RAF die deutsche Gesellschaft erschüttert hatten, da gab es erneut ein Pro und Contra zwischen Linken und Rechten, zwischen der saturierten Mittelschicht und den aufrührerischen jungen Menschen.

Seine moralische Kälte, die sich in seinen Taten als Marinerichter offenbarte, trieb Dr. Filbinger in ein Zerwürfnis nicht nur mit der eigenen Partei, sondern auch mit der Gesellschaft. Dennoch konnten viele seiner Generation die Aufregung nicht nachvollziehen: Warum sollte all das Unangenehme wieder ans Licht der Öffentlichkeit gezerrt werden? Bis dato hatte es doch wunderbar geklappt – das Schweigen, Verdrängen und Vergessen. Die wohlige Nachkriegsbürgerlichkeit der BRD, die keinem wehtat, keinem schadete. Hier herrschte ein Hyperpragmatismus; Reflektieren ausgeschlossen. Über die Vergangenheit wurde der Mantel des Schweigens gebreitet, so fühlte man sich geschützt.

Ministerpräsident Filbinger verteidigte angeblich in einem Gespräch mit drei Journalisten des Nachrichtenmagazins *DER SPIEGEL* seine verhängnisvolle Tätigkeit als NS-Marinerichter mit dem berüchtigten Satz: „Was damals rechtens war, kann heute nicht Unrecht sein!"

Er konnte wohl nur so denken, weil er davon ausgehen durfte, dass viele diese Meinung vertraten. Mit dieser ungeheuerlichen Aussage löste er einen Skandal aus, stellte er doch das totalitäre System der Nationalsozialisten als Rechtsstaat dar und setzte es mit der Demokratie der Bundesrepublik gleich. Mehr als fünf Monate lang wurde die deutsche

Öffentlichkeit durch die Affäre Filbinger/Gröger geradezu elektrisiert. Nicht nur die Vergangenheit des uneinsichtigen Politikers, sondern auch das Schicksal Walter Grögers und seiner Familie trat ans Licht. Der Fall hinterließ Spuren, die nie verwischt werden konnten.

Die Bilderflut von Filbinger im Fernsehen, die Schlagzeilen in den Zeitungen und dazwischen ein verknittertes Schwarzweißfoto des jungen Burschen, das immer wieder eingeblendet wurde.

„Die Toten bleiben jung!", dieser Satz von Anna Seghers wurde hier deutlich illustriert.

Das junge Gesicht wirkte geradezu gespenstisch, eingebettet in grelle Flimmerlichtfarben. Dieses alte Foto besaß eine seltsame Aura, durch sein künstliches Licht und die düsteren Schatten, durch die Art und Weise wie der Porträtierte in Szene gesetzt war. Mit seinem unschuldigen Lächeln rührte er an mein Gewissen. Dank der modernen Medien hatte ein Unbekannter nach seinem Tod tragische Berühmtheit erlangt.

Unweigerlich musste ich an Walter Benjamins These denken, die besagt, dass ein reproduziertes Foto seine Aura verliert. Hier war es definitiv anders. Es war schwer möglich den voyeuristischen Blick abzuwenden, so sehr fesselte mich seine Unschuld.

Seite um Seite trug ich im Zuge der Recherche zusammen, sammelte sie in Dateien sowie in einem Ordner, Hunderte von Kopien, Zeitungsausschnitten und Interviews.

Den Stein ins Rollen gebracht hatte ein Text, den der Dramatiker Rolf Hochhuth 1978 in der Wochenzeitung *DIE ZEIT* veröffentlichte, ein Vorabdruck aus seiner neuen Weltkriegsnovelle *Eine Liebe in Deutschland*. Jetzt, auf meiner Reise zu Johanna Gröger, nahm ich das Buch aus der Tasche; mit bunten Zetteln hatte ich bestimmte Seiten markiert. Auf Seite 157 zum Beispiel prangte ein Text, der mich die Kälte auf dem Bahnsteig für einen Moment vergessen ließ.

Krankenblatt II: Heinrich Müllers Schnellbrief

„Auslieferung asozialer Elemente aus dem Strafvollzug an den Reichsführer SS zur Vernichtung durch Arbeit. Es werden restlos ausgeliefert die Sicherungsverwahrten, Juden, Zigeuner, Russen und Ukrainer, Polen über drei Jahre Strafe, Tschechen oder Deutsche über acht Jahre Strafe. Der von mir geplanten Regelung der vom Führer angeordneten Prügelstrafe stimmt Reichsführer SS in vollem Umfang zu."

Notiz des Justizministeriums Dr. Otto Georg Thierack über eine Besprechung mit Heinrich Himmler am 18. 9. 1942

Ein weiterer Abschnitt zeigt, wie perfide Propagandaminister Joseph Goebbels Menschen wie Dreck behandelte.

Wen Gott verderben will ...

„Der Führer sagt: Und haben wir gesiegt, wer fragt uns nach der Methode. Wir haben sowieso so viel auf dem Kerbholz, dass wir siegen müssen, weil sonst unser ganzes Volk, wir an der Spitze mit allem, was uns lieb ist, ausradiert werden. Also, ans Werk."

Dr. Joseph Goebbels: Tagebuch am 16. 6. 1941

Diese und viele andere Zitate unterbrechen in regelmäßigen Abständen in sachlich kalter Weise die poetische Liebesgeschichte zwischen dem polnischen Zwangsarbeiter Staniak Zasada und der deutschen Gemüsehändlerin Pauline Kopf, die mit seiner Hinrichtung und ihrer Einweisung in ein KZ endet. Nach einer Verordnung des Jahres 1941 waren Beziehungen zu politischen Gefangenen verboten. Pauline wurde denunziert von Menschen, die noch Jahrzehnte nach dem Krieg weitergelebt haben.

Anhand der eingefügten Zitate, beispielsweise aus Goebbels' Tagebuch, entdeckten Angehörige der Nachkriegsgeneration die unrühmliche Vergangenheit ihrer Eltern und Großeltern. Plötzlich lag die scheinbar so gut gehütete Zeit unter nationalsozialistischer Herrschaft mit all ihren Grausamkeiten wie ein offenes Buch vor ihnen.

Zugleich beschrieb Rolf Hochhuth die Schwierigkeiten bei seinen Nachforschungen und berichtete über die Vergangenheit Filbingers, die er beim Durchforsten alter Dokumente aus dem Krieg entdeckt hatte. Letztendlich führte seine Veröffentlichung zum Eklat und zu einem monatelangen Streit, der Dr. Filbingers juristische und politische Karriere binnen relativ kurzer Zeit beendete.

Im Fokus der Betrachtung Hochhuths stand aber vorerst der Obergefreite Kurt Petzold, den der Marinerichter Filbinger, der sich zu der Zeit selbst in britischer Gefangenschaft befand, in einem Feldurteil am 29. Mai 1945 mit Unrechtsgesetzen juristisch verfolgte und wegen „Wehrkraftzersetzung" verurteilte. Der Obergefreite sollte zu sechs Monaten Gefängnis verurteilt werden, da er „ein hohes Maß von Gesinnungsverfall gezeigt" habe, so Dr. Filbinger.

Der bis dahin unbekannte Straftatbestand der „Wehrkraftzersetzung" war erst im Rahmen der „Kriegssonderstrafrechtsverordnung" im Jahre 1938 eingeführt worden, wie ich bei Prof. Dr. Wolfram Wette, einem der führenden Wissenschaftler zum Thema Wehrmachtjustiz, nachgelesen hatte, und trat mit Beginn des Polenfeldzuges 1939 in Kraft.

Mit diesem Gesetz versuchte die Wehrmacht ihren Soldaten und Matrosen jede Möglichkeit zur Auflehnung zu nehmen, sie einzuschüchtern und von „wehrzersetzenden" Tätigkeiten abzuhalten. Es galt auch auf dem Schlachtfeld, das *Tausendjährige Reich* zu errichten, zu wahren und bis zum letzten Moment zu verteidigen. Und koste es das bisschen Leben, das dem Führer geweiht war.

„*Ich schwöre bei Gott diesen heiligen Eid, dass ich dem Führer des deutschen Reiches und Volkes, Adolf Hitler, dem Oberbefehlshaber der Wehrmacht, unbedingten Gehorsam leisten und als tapferer Soldat bereit sein will, jederzeit für diesen Eid mein Leben einzusetzen.*"

Mit diesen Worten hatte der Soldat auf den Führer geschworen, diesen Eid konnte er nicht leichtfertig brechen. Nicht selten war dies ein Grund, warum sich höhere Offiziere fast nie gegen Hitler stellten: Ihr Ehrenkodex erlaubte es nicht.

Ein Feldurteil wurde im wahrsten Sinne des Wortes auf dem Feld ausgesprochen. Nach dem Krieg setzten die Alliierten nicht selten die selbst unter Arrest stehenden Nazideutschen erneut als Kriegsrichter ein, da es nicht genügend Juristen gab, die all die Urteile aussprechen und vollstrecken konnten. Zudem war die Verständigung immer wieder ein ausschlaggebender Punkt. Die Angehörigen der Deutschen Wehrmacht wurden von den Briten in Internierungslager eingewiesen, in denen die Deutschen weiterhin die Gerichtsbarkeit ausüben durften. Das Gericht wurde unter freiem Himmel abgehalten und so geschah es, dass selbst unter Arrest stehende hochrangige Nazis deutsche Soldaten verurteilten, die sich gegen den Krieg aufgelehnt hatten. Diese Befehlsempfänger versahen selbst nach der Kapitulation ihr Amt mit deutscher Gründlichkeit, sprachen Urteile, vernichteten so manches junge Leben. Sie selbst wurden nie zur Rechenschaft gezogen.

Der Obergefreite Kurt Petzold etwa hatte am 10. Mai 1945 einen Befehl seines Batteriechefs mit den Worten verweigert: „Die Zeiten sind jetzt vorbei. Ich bin ein freier Mann. Ihr habt jetzt ausgeschissen. Ihr Nazihunde. Ihr seid schuld an diesem Krieg. Ich werde bei den Engländern schon sagen, was ihr für Nazihunde seid, dann kommt meine Zeit ..."

Dann riss er sich das Hakenkreuzemblem von der Uniform.

Immer wieder wurde Filbinger mit den Worten zitiert: „Der Angeklagte hat es bewusst darauf angelegt, sich gegen Zucht und Ordnung aufzulehnen. Seine Äußerungen stellen ein hohes Maß von Gesinnungsverfall dar."
Fragt sich nur: Verfall welcher Gesinnung? Und, vertrat Herr Dr. Filbinger diese Gesinnung nach der Kapitulation Deutschlands weiter?
Aufgabe der Militärjustiz war unter anderem die Aufrechterhaltung der damals so bezeichneten „Manneszucht" in den Truppen. Denn auch in einem Kriegsgefangenenlager musste Ordnung herrschen, damit es nicht zu Mord und Totschlag kam. So waren Dr. Filbinger und seine Beisitzer noch monatelang nach der Kapitulation angehalten, im Status eines deutschen „Feldkriegsgerichts" und auf Befehl des deutschen Gerichtsherrn und Kommandanten im britischen Lager nach deutschem Militärrecht zu verfahren.
Aber hatten sich Adolf Hitler und seine Entourage zu dem Zeitpunkt nicht bereits selbst gerichtet? Wie perfide waren diese Urteile, die gesprochen wurden, als alles schon dem Boden gleichgemacht war? Die Kapitulation der Wehrmacht war seit dem 7. beziehungsweise seit dem 9. Mai des Jahres 1945 amtlich. In einem weiteren Artikel las ich, wie Kurt Petzold sich 1972 daran zu erinnern glaubte, wie sich besagter Dr. Filbinger im Mai 1945 noch rühmte und staatstragend „von unserem geliebten Führer" sprach, „der das Vaterland wieder hochgebracht hat". 1972 hatte der *SPIEGEL* diesen Fall bereits erwähnt. Daraufhin klagte Dr. Filbinger mit den Worten: „Meine antinazistische Einstellung ist bekannt und belegt."
Das Gericht gab Filbingers Klage am 3. August 1972 statt, weil es die von Petzold zitierten Aussagen für unwahrscheinlich hielt und eine Verwechslung vermutete. Dem *SPIEGEL* wurde die weitere Behauptung des von Petzold zitierten Satzes untersagt. Ich fragte mich nur, wieso es im Jahre 1972

keine weiteren Einwände gegen Dr. Filbinger gegeben hatte? War die deutsche Gesellschaft – vor allen Dingen die deutsche Politik – noch nicht so weit, sich wirklich mit seiner braunen Vergangenheit auseinanderzusetzen? Zudem war Wahljahr und Dr. Filbinger gewann die Wahlen. Seine Zeit als Marinerichter spielte hier keine Rolle. Sechs Jahre später hatte sich das politische Blatt gewendet.

Rolf Hochhuth glaubte nun, dass der Marinerichter Filbinger nur dank des Schweigens „der anderen" 1978 noch auf freiem Fuß war. Diese „anderen" waren – so Hochhuths Vermutung – mit ihm bekannt, waren selbst Teil des Nazisystems gewesen, führten damals, wie eben auch 1978, gehorsam Befehle aus oder erteilten selbst welche, wurden und werden bis dato durch bekannte Politiker vor der Aufdeckung ihrer eigenen Vergangenheit geschützt.

„Autoren müssen das schlechte Gewissen ihrer Nation artikulieren, weil die Politiker ein so gutes haben." Im Sinne seines Zitates aus dem Jahre 1965 sah sich nun der Dramatiker Rolf Hochhuth erneut verpflichtet, die Nation von Filbingers Vergangenheit und anderen verfilzten Seilschaften in Kenntnis zu setzen. Dr. Filbinger verklagte daraufhin Hochhuth und *DIE ZEIT* auf Unterlassung genau jener Äußerung, dass er als „furchtbarer Jurist" seine Freiheit nur dem Umstand verdanke, dass Zeugen aus der damaligen Zeit schwiegen und Akten vernichtet hätten.

Der Schriftsteller recherchierte mit Hilfe der Wochenzeitung und des Nachrichtenmagazins *DER SPIEGEL* weiter und im Rahmen dieser Recherche tauchte ein neuer Name auf: Walter Gröger. Ein junger Matrose. Ein zum Tode verurteilter angeblicher Deserteur, den Dr. Filbinger mit seiner Unterschrift noch kurz vor Kriegsende hinrichten ließ.

Ob das die Öffentlichkeit heute wirklich interessiert, fragte ich mich wiederholt. Angesichts rasch aufeinanderfolgender

Finanzkrisen und der Kriege weltweit, an denen wir doch alle zumindest wirtschaftlich beteiligt sind. Konflikte, die nicht sofort lösbar scheinen. Gibt es überhaupt noch Raum für eine Ungerechtigkeit, die so weit zurückliegt? Haben wir unsere Vergangenheit nicht brav aufgearbeitet? Als im Frühjahr 2007 der Ministerpräsident Günther Oettinger am Sarg von Filbinger versuchte, dessen Nazizugehörigkeit kleinzureden – sie mit salbungsvollen Worten zu leugnen –, da horchten die Medien noch einmal auf, denn Oettinger erlaubte sich einen Fauxpas. Proklamierte Sätze wie: „Hans Filbinger war kein Nationalsozialist. Im Gegenteil: Er war ein Gegner des NS-Regimes, der sich aber den Zwängen des brutalen Regimes ebenso wenig entziehen konnte wie Millionen andere auch. Es bleibt festzuhalten: Es gibt kein Urteil von Hans Filbinger, durch das ein Mensch sein Leben verloren hätte."

Welch ein Hohn.

Das kam nicht gut an. Der Zentralrat der Juden in Deutschland nannte die Rede verfehlt. Der Ministerpräsident musste sich entschuldigen – was er kleinlaut und zerknirscht tat.

In jüngster Vergangenheit haben die Morde des NSU-Trios pures Entsetzen ausgelöst. Wie war es möglich, dass angeblich jahrelang niemand etwas mitbekam, niemand in der Justiz einen Verdacht hegte, niemand eine rechtsextremistische Tat vermutete? Zeigt dieser jüngste Fall nicht, dass zu viele in Deutschland nach wie vor nicht wahrhaben wollen, wie sehr antisemitisches und rassistisches Verhalten unsere Gesellschaft tagtäglich beeinflusst?

Vor allem aber war ich im Zuge meiner Recherchen auf eine Frau aufmerksam geworden, die sich vehement gegen diese Terrorgruppe geäußert hatte. Zu ihr war ich nun unterwegs und bewegte mich gedanklich zwischen zwei Welten, die unterschiedlicher nicht sein konnten: Ich, bestimmt ein Kind meiner Zeit, und Walter Gröger, Kind einer kurzen, verhängnisvollen Ära, Teil einer von Hitler manipulierten und missbrauchten Generation.

Er stand für mich auch stellvertretend für insgesamt 30.000 wegen Desertion verurteilter Wehrmachtsoldaten; davon etwa 20.000 Urteile vollstreckt, verhängt von deutschen Richtern gegen junge Männer, die sich, sicherlich in einer hoffnungslosen Lage, gegen diesen aussichtslosen Krieg entschieden hatten.

So schnell wurde ein junges Leben vernichtet. Das zeigen all die grausamen Kriegsberichte. Junge Männer töten andere, ihnen fremde junge Männer. Und nicht selten wird damit die Genealogie einer ganzen Familie ausgelöscht.

Im Nachhinein haben allerdings Juristen und Wissenschaftler festgestellt, dass im „Fall Gröger" gar keine Fahnenflucht vorlag, sondern „nur" unerlaubtes Entfernen von der Truppe, was niemals zu einer Todesstrafe hätte führen dürfen. Dieser Tatbestand hätte einem erfahrenen Juristen wie Dr. Filbinger eigentlich bekannt sein müssen.

Das einzige Foto des Matrosen, das 1978 durch die Presse ging – besagtes Schwarzweißbild – steckte zwischen Laptopdeckel und einigen Unterlagen. Ich zog es hervor und wieder blickte mir dieses junge Gesicht entgegen.

Ein Mann von knapp 23 Jahren. Er könnte mein Sohn sein, aus heutiger Sicht. Und ich wäre vielleicht damals auch eine der Millionen Mütter gewesen, die ihr Kind dem perfiden System und dann dem Krieg geopfert hätte. Bewusst oder unbewusst, freiwillig oder unfreiwillig, stolz oder allen Lebenssinns beraubt. Wer weiß das schon? Wie hätte ich damals reagiert, während der jahrelangen Terrorherrschaft, die vielen und für sehr lange Zeit als das *wunderbare deutsche Reich* galt? Besonders in den angeblich *guten Nazijahren.*

Wie manipulierbar bin ich? Ich weiß sehr genau, was für eine Suggestivkraft die Medien besitzen. Jedes gedruckte

Wort, jedes Bild, jeder Satz beeinflusst uns, ob wir uns dessen bewusst sind oder nicht.

Der Berufsstand der Journalisten hat sich nicht immer mit Ruhm bekleckert. Und diejenigen, welche die Wahrheit suchen, haben es nicht selten schwer, diese gut sichtbar zu platzieren. Da stellt sich die Frage: Wie sieht dieser Beruf in einem diktatorischen Staat wie dem der Nationalsozialisten aus? Wie fühlt es sich an, wenn alles zensiert, alles zu Propagandazwecken missbraucht wird? Wo ist da noch die Wahrheit zu erspüren? Und welche Wege habe ich, sie einer breiten Öffentlichkeit zugänglich zu machen? Und: Bin ich wirklich mutig genug, stelle ich mich einem ganzen System entgegen, verliere dadurch Freunde, Beruf, meine Existenz und Sicherheit? Was bedeutet es genau, totalitäre Indoktrination am eigenen Leib zu erfahren und diesen Makel vielleicht den Rest des Lebens nicht abschrubben zu können? Immer den Dreck der Vergangenheit – eine Atmosphäre voller unausgesprochener Gedanken – zu spüren, zu sehen und zu riechen?

Gesellschaftliche Strukturen folgten bei den Nationalsozialisten bis hin zum jüngsten Familienmitglied einem ausgeklügelten System, so eng geknüpft, dass ein Ausbrechen oft die Isolation innerhalb der Gesellschaft, ja manchmal sogar innerhalb der Familie bedeutete.

Meistens werden doch nur die kleinen Dinge beim Namen genannt. Die Großen bleiben oft unausgesprochen, versiegelt im Inneren. In der menschlichen Natur ist eben alles möglich.

Das Bild von Walter Gröger hatte mir mehr zugesetzt, als ich wahrhaben wollte. Mein journalistisches Fieber war entfacht, inzwischen auch meine Verantwortung als Deutsche. Und natürlich drängten sich Episoden aus meiner eigenen Familie in mein Bewusstsein.

Wie viel Leid hatten meine Eltern erlebt? Geboren mitten in den apokalyptischen Kriegsjahren, geprägt von Eltern, die in diesem System ihre Bürde aufgeladen bekamen. Diese Last hat bis in meine Gegenwart Schatten geworfen. Die eine Familie glühende Nationalsozialisten, die mir bis zum Schluss hinter vorgehaltener Hand zuraunten: „Der Hitler hat auch viel Gutes geschaffen ... Ja, das mit den Juden, das wussten wir nicht." Die andere Familie, mitgetrottet in der großen namenlosen Masse derer, die dabei waren, ohne weiter darüber zu reflektieren. „Das war halt so ..."

Der Zug, in dem ich meine Reise zu Johanna Gröger antrat, war überfüllt. Koffer und Taschen lagen wie Puzzleteile herum und ich war heilfroh, dass ich einen Platz mit Tisch bekam. Nachdem der Zug sich ächzend und stöhnend in Bewegung setzte, kramte ich meine Papiere hervor, schloss den Laptop an und ließ mich ein auf das neue alte Thema. Mein Blick wurde von den vorbeieilenden Bildern gefangen genommen. Einem Film gleich zogen Landschaften, Häuser und Menschen vorüber. Während ich vorwärts in eine unbekannte Zukunft fuhr, wanderten meine Gedanken zurück in eine Zeit, die mich noch heute nachdenklich stimmt. Eine Vergangenheit, von der ich froh war, dass ich sie nicht als Gegenwart habe erfahren müssen.

Das gierige Maul des Nationalsozialismus verschlang heißhungrig jeden und nach Jahren des permanenten seelischen Umformierens beherrschte nicht selten die Gleichgültigkeit der Einzelnen eine ganze Nation. Nicht nur die Straße sollte beherrscht werden, sondern jedes Mitglied bis in den hintersten Winkel der deutschen Gesellschaft. Das *Deutsche Reich* wurde im Laufe der Terrorjahre immer mehr in eine unüberwindbare Kriegsmaschinerie verwandelt. Ein Klima der permanenten Angst hielt die Menschen an der politischen Kandare. Restriktive Verordnungen, Gesetze und Erlasse bestimmten von Anfang an das Leben eines jeden Bürgers. Die erlassenen *Verordnungen zum Schutz von Volk und Staat* setzten die meisten Grundrechte außer Kraft. Ein Abweichen – und schon drohte der Transport in ein Konzentrationslager. Die ersten wurden gleich mit der Machtübernahme 1933 für politisch anders Gesinnte und Juden genutzt.

Im Nachhinein sehen nicht nur die Historiker, sondern die gesamte Öffentlichkeit glasklar: Was dieses System anrichtete, gerade in den Familien und im Alltag, mündete „zwangsläufig" in einen Jahrhundertkrieg mit mehr als 60 Millionen Todesopfern. In vielen Geschichtsbüchern und wissenschaftlichen Beiträgen wirkt diese Zahl kalt und sachlich, baut eine Mauer auf, hinter der sich Versteck spielen lässt. Dabei stehen dahinter 60 Millionen einzelne Menschen und ihre Familien, unendlich viel Trauer und Schmerz. Ein Meer von Blut und Gewalt.

Ich griff nun unter diesen 60 Millionen einen heraus, einen jungen Menschen, der eine Vergangenheit hatte, aber keine Zukunft bekam. Walter Gröger. Ein Sandkorn der Geschichte, so dachte ich mir. Demgegenüber stand ein Mann, der 93 Jahre alt werden durfte, immer gut gelebt hat, immer genügend Geld besaß, ohne Unterbrechung in der Politik tätig war – selbst nachdem er hatte zurücktreten müssen. Die Lebensläufe von Walter Gröger (1922–1945) und Dr. Hans Karl Filbinger (1913–2007) konnten nicht unterschiedlicher sein. Ihrer beider Begegnung im März 1945 zog für den einen eine „politische Affäre" nach sich, für den anderen bedeutete sie den frühen, aus heutiger Sicht ungerechten Tod.

Folgende Frage musste ich – aus politischen, gesellschaftlichen und kulturellen Aspekten – klären: Was hatte letztlich zu dem Skandal geführt, der den Sturz eines der einflussreichsten Männer der Bundesrepublik Deutschland zur Folge hatte?

Und persönlich wollte ich verstehen lernen, weshalb ein Volk noch Jahrzehnte nach den fatalen Terrorjahren nicht aus seinen Fehlern lernen wollte, konnte oder durfte.

Dabei sollte mir eine alte Frau helfen, die vielleicht für die wissenschaftliche Aufarbeitung nicht interessant war, aber doch einen Einblick in den Alltag der Kriegsjahre vermitteln konnte – und damit eine von vielen Erklärungen liefern, wie und warum eine ganze Nation diesem Irrsinn in blindem Gehorsam folgte.

Während ich weiter aus dem Fenster sah, kehrte ich allmählich in die Gegenwart zurück, bekam eine Ahnung davon, wie die Natur sich anschickte, sich aus der langen Winterstarre zu lösen. Winzige Knospen zierten den Reiseweg, so mancher Baum legte einen Kranz von zartem Grün um seine Äste. Der Wind fegte die restlichen Wolken beiseite und filmgleich zogen wechselnde bunte Eindrücke im gleichbleibenden Rhythmus am Fenster vorbei. Die erwachende Natur löste bei den Reisenden eine zufriedene Ruhe aus. Trotz der Fülle im Abteil war es friedlich. Hier und da ein Schnarcher, sinnierende Menschen, die ihre Computer und iPods vergaßen und hinausschauten in die vorbeihuschende Landschaft. Ein kleiner Hund hatte sich zufrieden auf dem Schoß seines Herrchens niedergelassen, wahrscheinlich genauso froh wie wir homo sapiens, im Warmen zu sein. Keiner schien sich an dem Vierbeiner zu stören. Ein Bild des Friedens und des Miteinanders.

Seltsam, dachte ich, und das in dem Land, dessen Einwohner zu so Unmenschlichem imstande gewesen waren. Dieselbe Nation, immer noch dieselbe Sprache, diese eigentlich schöne Sprache, in der jedoch bestimmte Wörter für immer mit einer fürchterlichen Erinnerung verknüpft waren. Weshalb selbst alte Kulturgüter, die schon weit vor dieser Zeit Glanz und Bedeutung gehabt hatten, mit einem auch durch mühevolles Schrubben nicht wegzubekommenden Schmutzfilm überzogen waren. Auf ewig verloren. Bücher, Musik, Bilder – missbraucht, um der Ideologie der nationalsozialistischen Herrschaft zu dienen.

Ich richtete meine Gedanken auf das Gespräch, das nun vor mir lag. Unsere wenigen Telefonate ließen erahnen, wie emotional die alte Frau war. Mich ergriff die Angst, dass persönliche Gefühle mich wegreißen würden, sodass mir die professionelle Distanz, die ich brauchte, um fair zu bleiben und sachlich zu argumentieren, verloren gehen könnte.

Nur wenige Menschen stiegen in dem kleinen Ort aus dem Regional-Express. Auf dem Bahnsteig überkam mich das Gefühl, irgendwo in der Pampa gestrandet zu sein. Selbst auf ein Taxi musste ich zehn Minuten warten. Dann stand ich endlich vor dem Haus. Ein schmuckes, aber einfaches Einfamilienhaus mit ordentlichem Garten und weißen Gardinen vor den Fenstern. *Fenster zur Seele*, schoss es mir durch den Kopf. Wie weit würde ich hineinblicken dürfen, wie viel sollte mir offenbart werden? Eine der Gardinen hob sich sacht.

Hier hatte sie also die meiste Zeit ihres Lebens gewohnt.

Für mich eine befremdliche Vorstellung. Ich bin so oft umgezogen, dass Wohnungen mir nie wirklich etwas bedeutet haben. Irgendwann packe ich meine Sachen zusammen, schließe die Tür hinter mir und weiß, dass ich diese Räume nie wieder betreten werde. Ich verstaue die paar Erinnerungen in einen Koffer, der Rest bleibt zurück und schweigt. Aber für Johanna Gröger waren diese Wände vielleicht das, was sie gebraucht hatte, um sich vor der Vergangenheit zu schützen. Vor dem zudringlichen Blick der Öffentlichkeit, dieser permanenten Begaffung, diesem Schmerz, der die mediale Schlacht von 1978 in ihr ausgelöst hatte.

Und vor die geschundene Seele hängt man sich die blickdichten Vorhänge; und wenn einem danach ist, zieht man sie beiseite, um selbst einen scheuen Blick nach draußen zu werfen, um zu beobachten, wer dort steht und an der Tür klingelt.

Ich harrte artig aus, bis sich die Tür nach einigen Minuten geräuschlos öffnete. Und ein alter Mann in ausgewaschener Sporthose mich misstrauisch beäugte. Der Blick seiner stahlblauen Augen wirkte auf mich wie ein Blitz, der mich durchbohrte.

Ich reichte dem Mann mit einem tapferen Lächeln die Hand. Ein alter Brauch. Indem ich meine nackte Hand offenbare, ohne Waffe, liefere ich mich aus. Damit signalisiere ich, dass ich in friedlicher Absicht gekommen bin.

So ganz war er wohl nicht überzeugt. Er musterte mich unverhohlen. Mit: „Na, Sie sind wohl die besagte Schriftstellerin", komplementierte er mich beinahe mehr hinaus als hinein.

Das Haus atmete förmlich Erinnerungen. Fotos aus dem gesamten letzten Jahrhundert zierten die Wände, wirkten wie eine mahnende Gedächtnislandschaft. Man zog an der deutschen Geschichte vorbei, von brüchigen Schwarzweißbildern, die wahrscheinlich noch aus der Zeit vor dem Ersten Weltkrieg stammten, bis hin zu Farbaufnahmen von jungen Gesichtern aus der heutigen globalen Medienwelt.

Und dann sah ich sie in der Küchentür stehen. Das fahle Nachmittagslicht fiel auf ihr schlohweißes Haar. Einen Kopf kleiner als ich, aber diese veilchenblauen Augen! Sie schaute mich an und ich erkannte in ihrem sorgenumwobenen Blick ein ganzes Leben voll der Trauer, Wut und Enttäuschungen – aber auch einen starken Überlebenswillen. Ihre Erscheinung verriet etwas Mädchenhaftes, doch die Fenster zu ihrer Seele trugen die Spuren der Vergangenheit in sich. Sie erinnerten mich an die Unbeholfenheit Walter Grögers, die seinem Foto die besondere Melancholie verlieh.

Sie rührte sich nicht. Wartete, dass ich den ersten Schritt wagte, und als ich ihr die Hand reichte, spürte ich einen festen Händedruck. Eine Energie durchströmte mich und ich wusste, dass diese Frau erfahren hatte, wie es ist, sich einem permanenten Lebenskampf zu stellen, herauszufordern und auch anzunehmen. Sie deutete in die Küche.

Ein kleiner Raum, in den durch milchig weiße Gardinen das Nachmittagslicht fiel. Dort setzte ich mich mit den beiden alten Menschen hin. Der gedeckte Tisch, alles akkurat aufgeräumt, die monoton tickende Wanduhr – alles besaß seine Ordnung. Daran würde sich für die letzten Jahre ihres Lebens nichts mehr ändern. Ein beruhigendes Gefühl. Geborgenheit, Sicherheit.

Nun saßen wir schweigend beieinander. Argwöhnisch fixierte mich der alte Mann, permanent auf der Lauer, dass ich ja nichts falsch machte. Dass es mich überraschte, einem Ehemann zu begegnen, erkannte Johanna sofort. Sie trug ja noch immer ihren Mädchennamen „Gröger". Sie erklärte, dass sie diesen Namen aus Vorsicht bei Interviews angab, damit ihre Familie geschützt blieb. Denn der Name „Gröger" hatte alle Immunität verloren, war durch die Presse gejagt worden und mittlerweile empfand sie es sogar als beruhigend, dass er immer wieder auftauchte und damit in den Köpfen einiger Menschen herumspukte, gegen das Vergessen.

„Damit lebt auch mein Bruder weiter, erhält die Aufmerksamkeit, die manche für den Namen vielleicht noch haben."

Ihre Stimme war klar, nicht im Ansatz so brüchig, wie man es sonst von alten Menschen kennt.

Gemeinsam an dem kleinen Tisch, eng beieinander, entstand eine sonderbare Nähe. Frau Gröger musterte mich mit ihren wachen Augen, die in diesem Moment für mich identisch mit denen von Walter waren. Etwas an diesem sezierenden Blick veranlasste mich, nicht die Kamera auszupacken, sondern brav zu verharren, staubtrockenen Kuchen in mich hineinzuzwängen und dazu einen schwarzen Kaffee zu schlürfen, der Tote zum Leben hätte erwecken können. Kurz dachte ich an den Laptop, aber irgendwie schien auch der nicht in diese Welt zu gehören, die sich allein aus gelebten Erinnerungen zu speisen schien. So hielt ich ein unauffälliges Notizbuch mit Stift bereit – und wusste überhaupt nicht, wie und wo ich anfangen sollte. Mir wurde klar, dass hier kein normales Interview vonstatten gehen konnte. Diese beiden Alten hatten zu viel erlebt, als dass ich mit einem normalen Frage-Antwort-Spiel an Informationen kommen würde. Das gefräßige Tier „Angst" packte mich und hielt mich fest in seinen Pranken.

„Wissen Sie", begann die alte Dame, als spürte sie mein Unbehagen, und ließ den Blick in eine Ferne schweifen, an der ich nicht teilhaben durfte, „Ihre Generation kann sich glücklich schätzen, ihr Leben in Friedenszeiten zu verbringen. Und was sehe ich, wenn ich hinausgehe? Unzufriedene, mürrische und lebensunlustige Mienen. Für viele hat die Politik überhaupt keine Bedeutung mehr. Ich beobachte eine verbreitete Sorglosigkeit gegenüber einer wachsenden neonazistischen Bewegung, die sich in ganz Deutschland anbahnt. Überlegen Sie einmal, junge Frau, meine Mutter zum Beispiel, die Anna, über die Sie noch viel erfahren werden, die hat als Dreizehnjährige den Ersten Weltkrieg erlebt. Mein Vater wurde mit siebzehn Jahren eingezogen. Gerade mal den Jugendjahren entwachsen."

Ihr Mann schnaubte kurz und murmelte missmutig: „Damals nannten sie ihn den *Großen Krieg*, nicht den Ersten, denn in der Zeit danach konnte keiner sich vorstellen, so ein Elend freiwillig zu wiederholen. Obwohl dieser Krieg nur in der unbekannten Ferne stattgefunden hat, tief in den Gräben."

Johanna nickte langsam.

„Dennoch haben Leid und Unglück, Hunger und Entbehrungen die Zeit der damaligen Heranwachsenden, also die unserer Eltern, bestimmt. Und währenddessen wuchs Unkraut über die Schützengräben und all die verlorenen Stahlhelme junger Soldaten rosteten in der wilden

Natur. Fernab jeglicher Zivilisation, als Mahnmal unter freiem Himmel. Unglaublich, zu was wir Menschen fähig sind, nicht?"

Sie hatte ihren Kuchen nicht angerührt. Erwartungsvoll sah sie mich an.

„Und scheinbar hat all das nicht ausgereicht", stimmte ich ihr zu und sah fragend zu ihrem Mann hinüber.

Der brummelte kurz zustimmend, konzentrierte sich aber hartnäckig auf seinen Kuchen. „Denn was ist mit den gegenwärtigen Kriegen?", fragte ich. „Auch sie werden wieder nur Leid und Elend hervorbringen, Menschen verfeuern, auswerfen und liegenlassen; Menschen, die nie wieder ein normales Leben führen können."

„Wohl wahr!", rief der Alte aus. „Männer suchen wieder den wilden, heroischen Kriegshelden in sich und Frauen halten mit ihren Erzählungen die Erinnerungen wach an diese Helden, die vielleicht nie zurückkehren."

Er nahm sich ein weiteres Stück Kuchen und drapierte es ordentlich in der Mitte des Tellers. Johanna nickte bedächtig, legte ihm die Serviette zurecht. Dann sah sie mich an. Musterte mich interessiert, bevor sie in ihrer Erzählung fortfuhr.

„Meine Mutter hat als gestandene Frau und Mutter den Zweiten Weltkrieg durchgemacht. Wir, ihre Kinder, wuchsen auf mit den Trommeln und Gesängen der HJ, hinein in die Wirren und Schrecken des Krieges, und dann folgten Vertreibung und Flucht aus Schlesien. Die Familie zwischen Ost und West aufgeteilt, bis 1978 alles wieder aufbrach, vernarbtes Wundgewebe aufgerissen wurde und unser Leid an die Öffentlichkeit kam. Eine deutsch-deutsche Geschichte. Da war meine Mutter Anna eine alte, gebrochene Frau."

Sie hielt einen Augenblick inne, bevor sie fortfuhr: „Die unheilvolle Saat des Krieges hat noch nirgendwo auf der Welt etwas Gutes hervorgebracht. Krieg bringt nur Kummer und Elend über die Mütter und Entbehrungen für die Männer, die von größenwahnsinnigen Herrschern und selbsternannten Führern in den Schlachten verheizt werden. Kinder werden ihrer Unschuld beraubt, während sie die Welt noch mit staunenden Augen betrachten und hinausziehen mit kleinen Schritten, um sie Stück für Stück zu erobern. Aber bitte nicht mit den Mitteln eines Krieges, sondern mit ihrem kindlichen Eifer und der grenzenlosen Liebe, die sie einfach in sich tragen wie eine Knospe, die allmählich erblüht. Aber wie viele wurden gebrochen, gepflückt, zertreten? Die Knospe der Seele zerstört. Für immer. Über unserer Kinder- und Jugendzeit zogen dunkle Wolken herauf. Die Wärme erlosch und in der Kälte des Krieges und des Todes gefror alles Unschuldige."

Wieder legte sie eine kurze Pause ein.

„Der ‚Führer und Vater Deutschlands' hat uns einfach für seine kranke Vision von einem Weltreich missbraucht. Gerechtfertigt hat er seine menschenunwürdigen Taten mit der Behauptung, uns einen sauberen, von Verbrechern befreiten Staat zu schenken. So brachte er viele dazu, mit dem schwarz-weiß-roten Hintergrund zu verschmelzen, Teil der dressierten Masse im braunen Sumpf zu sein. Das Irrwitzigste ist jedoch: Die meisten haben Adolf Hitler nie zu Gesicht bekommen. Nur auf Wahlplakaten und in den Zeitungen. Sie haben ihr Leben in die Hände eines Mannes gegeben, den sie nie erblickt, nie gesprochen haben, nur als geifernd aggressive Stimme aus dem Radio kannten oder als heroische Lichtgestalt in den Wochenschauen. Leni Riefenstahl gelang es schlussendlich mit ihren Filmen, ihn gottgleich erscheinen zu lassen. Der Messias, der vom Himmel zu uns herabstieg. Und gefolgt sind ihm Millionen wie dem Rattenfänger von Hameln. Der Krieg nahm alle in seine morastigen Arme und den einen oder anderen spuckte er bei Gelegenheit wieder aus. Unseren Walter leider nicht."

Sie sah müde aus. Bedächtig setzte sie die Tasse an die Lippen und schlürfte leise ein paar Schlucke Kaffee. Ohne von seinem Teller aufzusehen, schob der alte Mann seine Hand in ihre Richtung, bis ihrer beider Finger sich berührten. Eine Geste lebenslanger Vertrautheit. Zahllose dunkle Flecken zeichneten die beiden Hände, die in den Gezeiten des Lebens Wind und Wetter ausgesetzt waren. Stille umgab uns. Für einen Moment waren sie wie eins.

„Das hat sich doch bis heute nicht geändert", kam es von ihm, ohne dass er zu mir aufsah. „Ist es nicht seltsam? Für Kriege gibt es immer genügend Kapital. Sobald der Krieg seine Opfer auswirft, da gibt es dann kein Kapital mehr. Am Krieg verdient jeder, an den Opfern keiner." Schnaufend kratzte er mit der Gabel noch den letzten winzigen Krümel auf. „Wenn die Waffen irgendwann schweigen, geht für viele ein Albtraum zu Ende. Aber die Leere, die danach entsteht, nagt an einem, vielleicht ein Leben lang. Und nach jedem Krieg sind sich plötzlich alle einig: Es hat sich nicht gelohnt. Für keinen. Aber die morbiden Kriegsgeheimnisse, die tragen sie alle in sich."

Er hielt inne. Jetzt war es an ihr, seine Hand zu tätscheln wie zur Beruhigung. Sein Blick blieb an dem leeren Teller hängen. Ich zerkrümelte das letzte Kuchenstückchen, während ich unsichtbare Kreise auf weißes Papier malte, immer noch unschlüssig, wie ich auf diese persönlichen Geschichten reagieren sollte.

„Na, was genau wollen Sie denn wissen?", fragte prompt ihre helle Stimme und sie lächelte mich weise an. „Viele meiner Generation haben geschwiegen, um überhaupt weiter existieren zu können. Ich aber muss reden, um weiterzuleben. So kämpft jeder auf seine Art ums seelische Überleben. Das, was ich weiß, teile ich Ihnen gern mit. Solange ich noch lebe, möchte ich auf die Geschichte meines Bruders aufmerksam machen, weil das, was wir als ganz normale deutsche Familie erlebt haben, vielen, vielen anderen auch widerfahren ist. Ich denke, jeder sollte lesen, hören oder sehen, um dann zu begreifen, was Krieg für eine Familie bedeutet und welche schrecklichen Wunden für ewig zurückbleiben. Eine Diktatur – mit den menschenverachtenden Systemen, auf die sie sich stützt – bringt nur Chaos, Hass und Entbehrung über die Menschen. Größenwahnsinnige Herrscher oder Führer – auch heute, sehen Sie sich doch nur in der Welt um – nutzen die Männer bloß als Kanonenfutter; mit einem Schulterzucken werden sie in die Schlacht geworfen. Immer unter unwürdigen, unmenschlichen Bedingungen. Das war es, was unseren Walter verzweifeln ließ. Er war doch noch so jung und wusste sich nicht zu helfen. Das rigide System der Nationalsozialisten und der Zweite Weltkrieg fielen in unsere Kinder- und Jugendzeit. Da war es vorbei mit der heilen Welt. Von da an bestimmte über viele Jahre das Grauen unser Leben, leitete unsere Gedanken und prägte unsere Gefühle. Zeit unseres Lebens sind wir Gefangene dieses Krieges geblieben."

„Wer hat schon nach unseren Träumen gefragt, die für viele von uns bereits in der Kindheit und Jugend ausradiert wurden!", echauffierte sich ihr Mann und starrte auf die gegenüberliegende Wand. „Und nach dem Krieg, ja, da gehörte man nirgendwohin, denn eine Vergangenheit durfte keiner wirklich besitzen. Schon gar nicht wir, die Vertriebenen. So blieb jeder mit seinen Erinnerungen lieber allein, die einfach nicht verblassen. Obwohl wir alle das Gleiche hinter uns hatten, schwiegen wir uns lieber an, als dass wir redeten."

Johanna Gröger nickte schnell. „Es galt eben, eine Zukunft voranzutreiben und die Vergangenheit in seiner persönlichen Schublade wegzuschließen."

Hier verstummte sie. Und fügte schließlich leise hinzu: „Nur unsere Erinnerungen ermahnen uns immer wieder, dass wir sehr wohl Teil des Systems waren. Manchen sogar, dass er den Holocaust mit seinen Mitteln geplant und durchgeführt hat. Das muss jeder für sich klären, worin sein Anteil an dieser Grausamkeit bestand."

Beide pressten die Lippen aufeinander. Beide sahen wie erloschen vor sich hin. Ein ganzes Leben lag in diesen stummen Blicken und eine sonderbare Ruhe beherrschte den Raum. So viel Unausgesprochenes umklammerte dieses Schweigen. Dann fuhr sie fort, als sei keine Zeit vergangen.

„Bilder mit schreienden Farben, die einem nächtens in dunklen Träumen begegnen, bis zum heutigen Tag. Düstere Erinnerungen, welche die Sinne rauben. Das Innere unseres Schädels ist wie ein Ort, an dem blickdichte Vorhänge die Vergangenheit ausschließen sollen. Und kündet Licht von einem neuen Tag, um alles zu überblenden, werden die zermürbenden Gedanken zurückgedrängt, hinter die Türen, die sich nie ganz schließen. Es bleibt immer ein Spalt offen. Erinnerungsbilder können Furcht erregen. Furcht vor der eigenen Schuld. Die eigene Angst ist einem dermaßen vertraut. Die Farben dieser Bilder verblassen nur allmählich, die anklagenden Schreie so vieler Menschen verhallen langsam zu einem Murmeln. Eine diffuse Mischung aus Erinnerungen und Gedanken. Gesagt werden aber nur kleine, unwesentliche Dinge, die Giganten unserer eigenen Schuld lauern unausgesprochen tief im Inneren."

Erinnerungen von Frauen sind wie Schmuckkästchen. Alles, jedes noch so kleine Detail, wird hineingelegt, alles Erlebte, glückliche Momente, Trauer und Geheimnisse. Und ganz allmählich vermischen sich die Realität und ihre Gefühle, die im Laufe der Jahre eine Metamorphose durchlebt haben. Und mit dieser neuen Version treten Frauen wie Johanna Gröger irgendwann hinaus und beginnen ihre Geschichte zu erzählen. Dabei kommt ein sehr persönliches Bild der Zeit zum Vorschein, in der sie einst gelebt haben.

Sobald ein alter Mensch auf sein Leben zurückblickt, entsteht jene wundersame Aura, die mich jedes Mal unangenehm berührt. Unweigerlich beginne ich in Jahrzehnten zu rechnen, wie viel Zeit mir wohl noch bleibt, bis ich eines Tages so dasitze – mit der Gewissheit, dass der Tod so viel näher im Raum schwebt als die Geburt. Vielleicht erzähle ich dann meine Geschichte einer Generation der Zukunft, um mein Leben nicht der Vergessenheit zu übergeben. Und meine Welt von gestern, für mich kaum vergangen, wird ihre Welt von morgen beeinflussen. So bleibt vielleicht ein Abdruck von mir. Eine Erinnerung.

Johanna Gröger stand auf, öffnete die Schublade einer Anrichte und zog ein Fotoalbum und mehrere Tagebücher hervor. Alles musste uralt sein, denn die einst blauen Blumen, die die Einbände zierten, waren ausgeblichen. Die Tagebücher legte sie vorerst beiseite, das Fotoalbum schlug sie vorsichtig auf. Die Ecken zeugten von vielen Händen, die immer wieder darin geblättert hatten. Die Fotos standen da wie ein kleines Museum, durch das der Betrachter wandern konnte. Als sie das Album aufschlug, ertönte das aus der Kindheit vertraute Knistern des brüchigen Seidenpapiers. Jeder in einem Bild festgehaltene Moment ein Stück Erinnerung.

Sie deutete auf ein Kind, das mit leicht geneigtem Kopf aufschaute, die Augen zusammengekniffen, weil die Sonne es blendete. Ein strohblondes Mädchen, das sich an einem größeren Jungen festhielt; der wiederum sah an der Kamera vorbei, als hätte er etwas viel Wichtigeres entdeckt.

„Unser Dorf Mohrau in Oberschlesien", erzählte sie und tippte auf ein anderes Bild. „Benannt nach dem Bach Mohre, nahe der kleinen Stadt Neisse. Es grenzte im südlichen Teil an die Tschechoslowakei und war die Heimat von Anna und Alfred, meinen Eltern. Wir lagen in einem Tal, umringt von vier Nachbardörfern, die zusammen eine große Landgemeinschaft bildeten. So wunderschön war diese Idylle, dass es einem schwerfällt zu glauben, dass das Grauen, das sich überall in Deutschland breitmachte, auch hier seinen Nährboden finden konnte. Wie wenn jemand in einem wunderschönen

Gemälde mit schmutzigen Farben herumpinselt. Warum diese Zerstörungswut? Schon früh gab es eine nationalsozialistische, gegen Polen gerichtete Gesinnung. Das muss man einfach so sagen. Schon zur Weimarer Zeit wurde die Grenze zu Polen – wie auch die zur Tschechoslowakei – völkerrechtlich nicht anerkannt. Damit keimte die unheilvolle Saat eines aggressiven, antipolnischen Nationalismus in den Köpfen Hunderttausender Schlesier und nistete sich dort ein, bis sie schließlich unter der NSDAP richtig aufging. Aber all das habe ich natürlich erst als Erwachsene begriffen. Als Kind sah ich nur meine Heimat, wie sie sich nach außen hin darstellte. Und das war gemäldegleich schön. Die Landschaft war hügelig und dem Gebirgszug der Sudeten vorgelagert. Manchmal glaube ich in meinen Träumen genau jenes Bild zu sehen – ein Gemälde, in dem jede Farbe ihre eigene Kraft besitzt, jedes Motiv mit Bedacht gewählt wurde. Schlesien galt einst als Mittler zwischen Ost und West, als Brücke zwischen Deutschen und Slawen."

Ich versuchte auf den vergilbten Bildern zu erkennen, woran sie sich erinnerte, doch das war schwer. Johanna Gröger trug mehr an Erinnerungen in sich, als die Bilder preisgaben.

„Die meisten sehen in uns Schlesiern nur noch die ehemals Vertriebenen, *die Reichsdeutschen*, die ihrer deutschen Heimat hinterhertrauern!", entrüstete sich ihr Mann. Dann schüttelte er resigniert den Kopf. „Gerade unsere Heimatverbundenheit wurde uns jahrzehntelang übelgenommen. Ach, eigentlich doch bis heute! *Die Extremdeutschen*, die dieses Stück Deutschland gern wiederhaben wollen. Fast geht es so weit, dass man uns eine falsche nationale Gesinnung vorwirft. Aber die Geschichte der Vertriebenen, die nicht nur die Kriegsjahre überstehen mussten, sondern auch noch alles verloren, die vor den Russen fliehen, in eine fremde Heimat ziehen mussten – die wird gern negiert."

Er konnte sich die Bilder nicht ansehen. Zu groß schien seine Wut.

„Wir hatten für die Folgen des Nationalsozialismus mehr zu bluten als viele andere, die trotz der Kriegswirren in ihrer Stadt oder in ihrem Dorf bleiben konnten", fügte Johanna Gröger erklärend hinzu. „Man sagt, dass ungefähr 14 Millionen Deutsche aus den ehemaligen Ostgebieten geflohen sind oder vertrieben wurden, natürlich ein Großteil Frauen und Kinder. Diese Völkerwanderung löste Chaos aus. Wie viele Kinder wurden von ihrer Mutter getrennt! Jahrzehntelang gab es noch Suchaktionen von Verzweifelten, die hofften, das Kind zu finden, das in den Wirren der Flucht verloren gegangen war. Irgendwann erreichte man eine neue Bleibe, die einem zugeordnet wurde. Das war wie eine leere Hülle. Keine vertrauten Gesichter, kein Heimatgefühl, nichts, was mit Vergangenheit zu tun hatte. Der Krieg war zu Ende, aber für lange Zeit haben wir in Baracken gelebt, wurden wie asoziales Pack behandelt und nicht wenigen wurde in der Schule übel mitgespielt. Die wenigsten Lehrer gingen besonders pädagogisch mit den Kindern um. Wir waren nichts, besaßen nichts und wurden tagtäglich gehänselt, gedemütigt, ausgestoßen aus der neuen deutschen Gesellschaft, die eisern vorwärts strebte, um sich wieder etwas aufzubauen. Jeder hatte mit sich zu tun, da wollte man nicht auch noch das Elend des anderen sehen. Ich hatte kein Zuhause mehr, fühlte mich schutzlos ausgeliefert. Wie oft kommen mir diese Sätze in den Sinn:

‚Mir träumt, ich ruhte wieder vor meines Vaters Haus und schaute fröhlich nieder ins alte Tal hinaus. Die Luft mit linden Spielen ging durch das Frühlingslaub und Blütenflocken fielen mir über Brust und Haupt. Als ich erwacht, da schimmert der Mond vom Waldesrand, im fahlen Scheine flimmert um mich ein fremdes Land und wie ich ringsher sehe, die Flocken waren Eis, die Gegend war vom Schnee, mein Haar vom Alter weiß.'"

Der Klang ihrer Stimme schwebte im Raum. Schweigend saßen wir beieinander. Zwei gelebte Leben, eine gemeinsame Reise zurück in die Vergangenheit. Zeit löste sich hier einfach auf.

„Joseph von Eichendorff liegt bei uns in Neisse auf dem Jerusalemer Friedhof begraben. So viele berühmte Menschen haben Schlesien geliebt. Viele kennen das schlesische Gebiet heute nur noch als Heimat des sagenumwobenen Einsiedlers Rübezahl, der im Riesengebirge haust. Und viele weitere Legenden gibt es, zum Beispiel die von Kunigunde, die sich aus Liebeskummer vom Turm gestürzt hat. Dabei war Schlesien bis zum Ausbruch des Zweiten Weltkrieges ein reiches Gebiet, mit Webereien, einer über die Grenzen hinaus bekannten Glasindustrie, ertragreicher Landwirtschaft. Und mit seinen Heilquellen war es als Luftkurort bekannt, die Kurgäste kamen von überall her. In der kalten Jahreszeit hatte der Wintersport Hochkonjunktur. Goethe bestieg einst die Schneekoppe, den höchsten Gipfel Schlesiens; die beiden Hauptmannbrüder, Karl und Gerhardt, liebten unser Schlesien, waren hier beheimatet und schrieben hier, inspiriert von der Landschaft und den Städten, die Schlesien ausmachten, ihre großen Werke. Breslau zum Beispiel mit seiner wunderschönen mittelalterlichen Baustruktur war das kulturelle und wirtschaftliche Tor zum Osten, eine der größten und reichsten Städte Deutschlands. Aber in der ‚Blume Europas' erreichte am 5. März 1933 die Nazipartei einen ihrer größten Wahlerfolge. Nach zwei Wirtschaftskrisen gehörte Breslau neben Berlin zu den Städten mit der höchsten Arbeitslosenquote."

„Damit wurde die Stadt schon zu Beginn der Hitlerdiktatur zu einer Hochburg der Nazis. Das soziale und politische Leben wurde unverzüglich gleichgeschaltet", fiel der Alte ihr ins Wort und begann die Teller zusammenzuräumen. Dann holte er eine Flasche Schnaps und drei Gläser aus dem Küchenschrank.

„Im Nachhinein habe ich erfahren, dass eines der ersten Konzentrationslager Deutschlands in Breslau-Dürrgoy entstand." Johanna Gröger wiegte nachdenklich den Kopf. „Da wurden gleich nach der Machtergreifung die Oppositionellen hingebracht. Das konnte ich als Kind natürlich nicht wissen. Ich erinnere mich, dass Freunde meiner Eltern ganz offen darüber sprachen, da es aber nur Spekulationen gab und nie konkrete Beweise, blieb es beim Empört-Sein. Obwohl wir nur 70 Kilometer von Breslau weg waren, haben wir in den ersten Jahren die Auswirkungen der politischen Verhältnisse nicht wirklich zu spüren bekommen. Aus heutiger Sicht kann ich sagen: Wir lebten in einer abgeschiedenen Idylle. Ja, Schlesien war das Land der Dichter und, vor allen Dingen, das Land der Bauern. Unseren Lebensrhythmus bestimmte weitestgehend die Natur, Aussaat und Ernte regelten den Lebenstakt und Jahr für Jahr rangen wir dem fruchtbaren Boden eine reiche Ernte ab. Wir besaßen ein Gottvertrauen und die Bräuche und Traditionen schenkten uns das Gefühl, sicher zu leben, in einer Gemeinschaft, die uns Kraft verlieh."

Sie griff nach den Tagebüchern, strich zärtlich über die brüchigen Einbände, auf denen jeweils eine Jahreszahl vermerkt war. Es waren mindestens zehn Stück.

„Das sind die Aufzeichnungen meiner Mutter. Die ganzen Jahre über hat sie alles festgehalten. Von Walters Geburt an, ihres Ältesten. Namen, Begegnungen und all die Gespräche, die sie geführt hat. Anhand ihrer Erinnerungen konnte ich mir die Zeit zurückholen. Gesichter sind mir bis heute klar vor Augen geblieben. Teilweise meine ich sogar den Klang der Stimmen noch im Ohr zu haben. Dieser Nachlass meiner Mutter ist die Geschichte eines ganzen Dorfes. Und nun schenke ich diese Geschichte Ihnen. Damit sie ein neues Zuhause bekommt. Ich werde versuchen, Ihnen und der Nachwelt über diese Zeit zu berichten – um sie zu erhalten. Und vielleicht werden diese Zeilen eines Tages etwas bewirken."

Sie hielt inne, ahnte vielleicht, dass sie ihre Geschichte zum letzten Mal erzählen würde. Und ich spürte die Verantwortung, all dem Erlebten dieser vergangenen Jahre eine Stimme zu schenken, es weiterzugeben, damit es nie vergessen wird.

Es wurde Schnaps ausgeteilt und eine Lampe angeknipst, die warmes Licht herüberwarf. Ich legte den Stift beiseite, wollte nur noch lauschen. Wie würde sie beginnen? Wie aus verschütteten Erinnerungen ein ganzes Dorf neu zum Leben erwecken?

Je länger ich zuhörte, desto lebendiger gestaltete sich ihre Erzählung. Zu jedem Namen tauchte in meiner Fantasie ein Gesicht auf, ich roch und sah und spürte das Dorf, bekam eine Ahnung von dem Leben dieser Zeit. Es gelang Johanna Gröger, all jenen lebendig und hörbar eine Stimme zu leihen, die sonst nach ihrem Tod für immer stumm geblieben wären. Und zwischen ihren leisen und lauten Tönen spannte sich das ganze Ausmaß von Hoffnung und Elend. Kleine Gesten ihres Mannes halfen, wenn ihr die Stimme versagte. Und in den Augenblicken, in denen sie schwieg, weil die Tränen der Stimme den Weg versperrten, bekam die stumme Trauer und Verzweiflung von damals ihren eigenen Ton. Es war ein beredtes Schweigen, es erzählte so viel. Sie hielt inne, kramte vorsichtig in ihrem Gedächtnis, fand ein scheinbar nebensächliches Detail, das aber genau die Lücke schloss und damit das Bild vervollständigte, das sie in sich trug und zeigen wollte.

Und dazwischen nickte ihr Mann. Mal zustimmend, mal nachdenklich. Offenbar gab es auch das eine oder andere, das er noch nicht kannte. Dann sah er sie an wie ein kleines Kind, das staunend einem Märchen lauscht.

An vielen Stellen gelang es ihr, die unverstellte Sicht der Kinder wiederzugeben, doch überwiegend konnte sie das Wissen über das Grauen, das nach und nach alles eingefärbt hatte, nicht ablegen. So vermischte sich die Stimme des

Mädchens Hanna mit jener der erwachsenen Frau Johanna, die ihre Erinnerungen aufschlug wie ein Buch. Jede Seite betrachtete sie, blätterte immer weiter. Bis zur letzten Seite, die weiß geblieben war. Und als ich drei Tage später im Zug begann, die Erinnerungen ihrer Mutter Anna zu lesen, verschmolzen diese mit Johannas Erzählung.

Aus der ersten kleinen Reise wurden viele Besuche und Telefonate, die am Ende eine Freundschaft, große Zuneigung und gegenseitiges Vertrauen hervorbrachten. Mittlerweile kenne ich alle Familienmitglieder und ich habe gelernt, dass all die durch Kriegserlebnisse davongetragenen Wunden bis heute nicht geheilt sind. So viele Gedanken und Schmerzen nicht ausgedrückt, nie verstanden oder schamhaft verschwiegen. Dieses Buch soll verständlich machen, dass das bisschen Leben, das wir geschenkt bekommen, das kostbarste Gut ist. Und das Schönste ist doch, dieses Leben mit anderen Menschen in Liebe zu teilen.

Ich kann nur versuchen, Johanna und Anna gerecht zu werden, indem ich ihre Worte wiedergebe und mich bemühe, mit meiner schriftstellerischen Stimme alle Beteiligten vor dem Vergessen zu bewahren. Johannas gesprochenen Worten ebenso wie den Erinnerungen der Mutter einen neuen Weg zu ebnen, damit sie in die Welt hinaus finden.

Vielleicht mischt sich mein eigenes und das Wissen vieler anderer Menschen über jene Zeit in die Zeilen, vielleicht ertappen aber auch Sie sich dabei, liebe Leserin, lieber Leser, dass Ihnen etwas sehr vertraut anmutet. Es darf ruhig die Geschichte vieler Menschen sein, die auf der Strecke eines Lebens sowohl zum Opfer als auch zum Täter geworden sind; eine Geschichte, die nicht dem Vergessen anheimfallen soll.

Schlesien

Mohrau 1932

Die Familie

In meinem jungen Leben hat es meinen Bruder Walter immer gegeben. Er war ein Teil meines Ichs, das sich im familiären Umkreis entwickeln durfte, sich die ersten Jahre in dieser kleinen Gemeinschaft festigte, bis ich eigene Schritte wagte und Neues kennenlernte. In vielen Dingen prägte der große Bruder mich mehr als meine Eltern, die Tag und Nacht mit irgendetwas beschäftigt waren. Mit sich, der Politik, der Dorfgemeinschaft und später dem Kampf ums Überleben innerhalb genau dieser Gemeinschaft, die irgendwann morsch und zerrüttet war, auseinanderbrach, keinen Schutz mehr bot. Walter, der einzige Sohn inmitten der Mädchenschar und natürlich der Liebling unserer Mutter Anna, zog alle Blicke auf sich, was ihm nicht immer behagte. So manches Mal wäre er wohl lieber unsichtbar geblieben. Mein Vater Alfred tat, was er konnte, um ihm den Sinn des Lebens näherzubringen, ihn auf seine Aufgaben als Mann vorzubereiten.

Nach schlesischem Brauch sollte er als ältester Sohn später einmal den Hof übernehmen. Aber Walter war mit seinen knapp zehn Jahren ein Träumer, ein Bursche wie ein Wiesel, der, wann immer er konnte, vor den Anforderungen des Alltags zu fliehen wusste. Ein Charakterzug, der ihn das Leben kosten sollte. Wahrscheinlich waren es gerade die sorglosen Kinderjahre, die ihm eine Zukunft voll der Harmonie und Arglosigkeit vorgaukelten – eine Zukunft, die die Realität für uns in Wahrheit nie vorgesehen hatte. Nichts trübte den Blick, alles schien wunderbar, unser Leben in einer gewachsenen familiären Struktur, einer intakten Gemeinschaft, innerhalb derer sich jeder auf jeden verlassen konnte.

Die Auswirkungen der Inflation der 20er Jahre bekamen wir Kinder nicht mit. Aber Mutter hielt alles akribisch in ihren Tagebüchern fest, sodass ich Jahre später begriff, was in jener Zeit überhaupt los gewesen war. Sorgen und Ängste der Erwachsenen in ihrer eigenen Welt, an der wir Kinder nicht teilhatten. Die weltweite Agrarkrise war natürlich auch in unserem Dorf zu spüren gewesen. Walter erzählte mir, dass Thea, meine ältere Schwester, und er, wenn sie die Küche betraten und die Eltern mit sorgenvoller Miene vor einem Haufen Geldscheine sitzen sahen, instinktiv spürten, dass etwas in der Welt der Erwachsenen nicht stimmte. Wenn Vater ihnen dann aber aus den Scheinen kleine Schiffe bastelte, schienen alle Sorgen vorerst vergessen. Die große Depression aus Amerika, die auch Deutschland wirtschaftlich aus den Angeln hob, bekam in unserer Küche keine Chance, sich festzusetzen. Meine Großeltern, die nur ein paar hundert Meter weit weg wohnten, schauten jeden Tag vorbei, erzählten Geschichten aus ihrer Jugendzeit, in der alles viel überschaubarer gewesen sei in diesem Dorf, das sich den Traditionen, dem menschlichen Miteinander verschrieben hatte. Dann saßen alle beisammen und hielten sich für unbesiegbar. Ich lag in meinem Weidenkörbchen und nuckelte zufrieden am Daumen. Die Familie war unser Zuhause, unsere Burg und Festung, die uns vor Wind und Wetter und allen stürmischen Gezeiten schützen würde. Was störte uns die Wirtschaftskrise, die irgendwo in den dunklen Städten ihr Unwesen trieb? Mutter ging am nächsten Morgen auf den Markt und tauschte hausgemachte Ziegenbutter gegen andere nützliche Waren ein.

Mutters Ziegenbutter galt immer als etwas Besonderes, und zwar aus folgendem Grund: Die Ziegenbutter, von Natur aus weiß, sollte nach ihrer Vorstellung zumindest so aussehen wie Kuhbutter. Sie holte sich Safran aus der Drogerie und färbte die blasse Ziegenbutter damit ein. Aber meistens verschätzte sie sich in der Dosierung. Oft wies die Butter am Ende eine kräftige orangene Tönung auf. Das sah exotisch aus, war einfach ein Hingucker. Auf jeden Fall konnte nicht eine Mohrauer Kuh mit der Farbe von Annas Butter mithalten. Dafür bekamen wir im Gegenzug all jene Dinge, die wir nicht selbst auf dem Hof besaßen.

Das Geben und Nehmen auf dem Dorf besaß noch seinen Wert, half so manchem zu überleben. Hier ließ man keinen verrecken.

Auf unserem kleinen Hof lebten mit uns ein Schwein namens Fritz, eine Kuh und drei Ziegen sowie eine kleine Hühnerschar. Damit waren wir in der Lage, uns relativ gut zu ernähren in den Zeiten, in denen Hunger und Not viele Familien trafen. Neben selbst angebautem Obst und Gemüse und Kartoffeln besaßen meine Eltern die elementaren Grundnahrungsmittel, um sich und uns Kinder satt zu kriegen.

Besonders den Bauern in Schlesien ging es Ende der 20er Jahre schlecht und so manch einer dachte daran, sein bisschen Hab und Gut zu verkaufen und sich in eine der entfernten Metropolen zu begeben. Doch dort, so hörte man, herrschte die große Arbeitslosigkeit, die vor allem die mittlere und ärmere Schicht der Gesellschaft traf. So blieben die Leute mit ihrem bisschen Hoffnung. Und warteten. Und bei nicht wenigen löste sich die Hoffnung allmählich auf, bis ihnen das blanke Entsetzen ins Gesicht geschrieben stand.

Meinen Eltern ging es nicht ganz so schlecht. Wer damals etwas von den Machenschaften der Banken und Börsen verstand, wie mein Vater, der legte sein Geld beizeiten in Häusern und Grundstücken an. Wer konnte, auch in Gold. Die beiden hatten sich in den 20er Jahren ein großes, mehrstöckiges Haus aus Stein gekauft. Es lag auf der anderen Seite des Baches und ein Holzsteg verband die „Neue Welt", wie die Dorfbewohner diesen neu angelegten Teil nannten, mit dem Rest des Dorfes. Neben dem Haus befanden sich der Stall und darüber der Heuboden mit einer Luke zum Abladen des getrockneten Grases. Gegenüber stand eine Scheune, einst dazu gedacht, das Getreide aufzunehmen; hier lagerte mein Vater seine Steinplatten. So bildete der gesamte Komplex eine Art Burg. Das große Tor öffnete sich zum geräumigen Hof und hier wuchs ich auf, in unserer Bauernburg. In dieser Geborgenheit des Elternhauses plätscherte unsere Kindheit unbekümmert dahin, ohne sonderliche Spuren oder Narben zu hinterlassen.

Ich erinnere mich, dass die schneeweiß getünchten Steine zu jeder Tageszeit in einem anderen Farbton leuchteten. Morgens und abends eingetaucht in sanften Goldstaub, umgeben vom üppig blühenden Garten. Noch war der Kredit nicht abgezahlt, aber wir hatten ein Dach über dem Kopf und viel Platz, um uns auszutoben.

Vater musste dafür einige Jahre im Marmorbruch arbeiten. Eine körperlich schwere und gesundheitsgefährdende Arbeit, die nicht ohne Folgen blieb für ihn, aber er wollte den Kredit so schnell wie möglich tilgen. Er stammte, wie man damals so schön sagte, aus gutem Hause, aus Neisse, der nächstgelegenen kleinen Stadt, die sich der Moderne verschrieben hatte mit Bars, Kaschemmen, Automobilen und städtischem Flair. Beide Elternteile waren Musiklehrer und glaubten, etwas Besseres zu sein. Als der begabte große Sohn sich in die zierliche kleine Anna vom Land verliebte und diese auch noch ehelichte, da war es vorbei mit der Familienidylle, die geprägt war von einer gewissen Avantgarde, von mondänem Chic aus aller Welt und ausgelassenen Partys. Da war ihren Lebensvorstellungen dieses „Gesinde" in die Quere gekommen.

„Dieses Bauernmädel heiratest du mir nicht! So eine findest du doch in jedem Straßengraben!", beschied Rotraud ihrem Sohn Alfred.

Er verließ daraufhin das elterliche Haus und heiratete seine Anna ohne den Segen dieser stolzen Eltern. Sie blieben der Hochzeit ihres ältesten Sohnes fern. Anna war zutiefst verletzt. Denn ihre Eltern hatten beiden Töchtern eine Ausbildung ermöglicht und sie nicht wie „Bauernmädel" großgezogen.

Als ihr Vater nach dem Ersten Weltkrieg zurückkehrte, musste er feststellen, dass seine Frau und die zwei Töchter sowohl den Hof als auch die Versorgung der Familie allein bewältigt hatten. Es gab nicht eine Maschine, nicht ein Ding, das seine Frauen nicht beherrschten. Denn auch der einzige Sohn war eingezogen worden und kehrte nicht zurück. Irgendwo im Westen, in einem der vielen Schützengräben, war er umgekommen. Ein schlichtes Kreuz auf dem Friedhof erinnerte an den Jupp. Nun mussten alle lernen, mit der neuen Situation umzugehen. Anna und ihre Schwester Irmtraud wollten raus aus der dörflichen Enge, raus aus dem Mief von Stall und Feld. So durften die beiden in Neisse eine Ausbildung beginnen. Mutter bewarb sich später als Stenotypistin und arbeitete im Kontor von Herrn Rosenthal, Irmtraud arbeitete im Bürgeramt.

Während Irmtraud sich in den jungen Ernst verliebte, der eine Tischlerei betrieb, und zu ihm ins Nachbardorf zog, lernte Anna in Neisse ihren Alfred kennen. Und da er sich daraufhin mit seinen Eltern überwarf, zog Alfred in das Dorf seiner jungen Frau.

Ursprünglich sollte sie gar nicht auf dem Hof arbeiten. Und als wirkliche Bauern sahen sich meine Eltern sowieso nicht. Meine Mutter hatte noch bis kurz vor meiner Geburt als Stenotypistin in Neisse gearbeitet. Aber drei Kinder zur Tagespflege, das konnte und wollte sie ihren Eltern nicht mehr zumuten; die hatten mit ihrem eigenen Haus und Hof genug zu tun. So verrichtete meine Mutter also auch bäuerliche Tätigkeiten. Dennoch erhielt sie den Kontakt zu ihrem ehemaligen Kontor aufrecht. Nicht selten kam der Prokurist vorbei, in einem dieser schicken Automobile, brachte das eine oder andere an Arbeit mit und meine Mutter konnte von zu Hause aus der Firma mit Schreibarbeiten aushelfen. In der guten Stube stand immer ihre Schreibmaschine. Und wenn sie auf die Tasten einhämmerte, hörten wir das rhythmische Klappern im ganzen Haus, unterbrochen von einem feinen *Pling*, sobald eine Zeile voll war.

Das sind die vertrauten Geräusche, die man in der Erinnerung wie einen kostbaren Schatz aufbewahrt. Sie streicheln die Seele, trösten einen, wenn Gewitterwolken die Helligkeit verdrängen. Wie oft wühle ich in meinen Gedanken und grabe die alten Bilder der Kindheit aus!

Es sollte einige Jahre dauern, bis die elegante Rotraud das Bauerngesindel besuchte, um das dritte Enkelkind – nämlich mich – in Augenschein zu nehmen. In der Zeit verstarb Alfreds Vater, ohne sich mit dem Sohn versöhnt zu haben. Diese ohnmächtige Verzweiflung, die alle befiel, brachte die Großen endlich dazu, sich einander wieder anzunähern. Tod und Trauer der Erwachsenen mussten erst die Oberhand gewinnen, um uns Kindern wieder eine ganze Familie zu schenken. Mit meinen blonden Haaren und veilchenblauen Augen wurde ich zum Band zwischen diesen Parallelgesellschaften, die unterschiedlicher nicht hätten sein können. Oma Rotraud wurde meine Patentante. Der Groll darüber, dass ihr einziger Sohn nicht einer hoffnungsvollen Musikerkarriere nachgegangen war, nagte zeitlebens an ihr; das verzieh sie ihm trotz allem nicht.

Stattdessen fuhr ihr Alfred nun morgens im Dunkeln mit dem Fahrrad zur Arbeit – in der einen Hand die Sturmlaterne, mit der anderen balancierte er sein Rad die unebenen Wege und Pfade entlang. Dabei heulte der Wind über die Dächer und die herbe schlesische Natur zeigte erbarmungslos ihr wahres Gesicht. Meine Mutter ging beim benachbarten

Bauern melken, tippte zu Hause diverse Briefe und arbeitete zusätzlich als Teppichweberin, wobei sie nicht selten mitten am Tag am Webstuhl einschlief. Dann stand ich da, hielt meine Stoffpuppe umklammert und beobachtete, wie ihr Kopf langsam auf die prächtigen, farbigen Muster sackte, während die Hände sich noch in den bunten Fäden festklammerten. Von irgendwo draußen klang das Lachen anderer Kinder herein, dann ein Aufschrei von Thea, die wieder einmal von unserem Bruder geärgert wurde. Schweinchen Fritz lief quiekend aus dem Stall und Walter hatte seine diebische Freude daran zu testen, wer lauter und länger schrie: Thea oder Fritz. Meistens gewann Thea und Fritz bekam zur Belohnung etwas Fressbares, das er sich in Windeseile schmatzend einverleibte. Und danach wartete er hoffnungsvoll auf die nächste Attacke.

Ich freute mich für Fritz, denn meine ältere Schwester zeigte mir sehr wohl, dass sie mich als lästig empfand. Auch optisch waren wir grundverschieden. Sie mit ihrem wunderschönen Gesicht, den ovalen braunen Augen und den dunklen Haarwellen; dagegen ich mit den schlohweißen Haaren, heller Haut und den kleinen hellblauen Augen, die Thea verächtlich „Schweinsäuglein" nannte. Walter hatte einen goldblonden Schopf und schöne große, dunkelblaue Augen. Ich habe nicht selten gedacht, der Klapperstorch hätte mich einfach falsch abgesetzt.

Mutter hörte all das Gequieke und Gejammere schon nicht mehr, sie war bereits eingenickt. Und im Flur tickte Großvaters alte Uhr, die zu jeder Stunde einen sonoren Glockenschlag von sich gab. Ich fühlte mich wundersam geborgen mit dieser schlafenden Mutter und den vertrauten Stimmen und Geräuschen, die von überall her zu mir hereindrangen und wie unsichtbare Bilder an den Wänden haften blieben.

Es gab aber auch härtere Zeiten, wie Walter mir Jahre später erzählte. Da kochte Vater tagein, tagaus Grießbrei für uns und abends gab es Klappstullen mit Schmalz oder

Stampfkartoffeln. Das Brot brachte Oma vorbei – sie hatte es am Tag gebacken – und abends klapperten ihre Stricknadeln, damit wir Kinder etwas Warmes auf dem Leib trugen. Das ging wohl selbst Vater zu weit und deshalb versuchte er, sich selbstständig zu machen, fertigte mit zwei Mitarbeitern auf dem eigenen Grundstück Zementsteine, Zementartikel, Zaunpfosten und Wegplatten an und betätigte sich zudem noch als Kohlenhändler. Er trug im Winter die Presskohlen aus und wir Kinder tobten zwischen Feldern und Hühnern herum.

Im Winter 1929/30, einem der härtesten, den die Mohrauer je erlebt hatten, brach sein Zementgewerbe ein. Das Wasser gefror in den Schüsseln, so manches Rohr drohte zu platzen. Die Kurbel der Wasserpumpe ließ sich um keinen Millimeter mehr bewegen, die Stämme etlicher Obstbäume brachen laut krachend auseinander. Wieder gab es keinen Verdienst. Selbst Kohlen wurden zur Mangelware. Und wer brauchte im Winter schon eine Terrasse oder Zementklötze? Mein Vater war arbeitslos, wie Millionen andere auch. Er empfand es als Schmach, es erfüllte ihn mit Verzweiflung und Wut.

„Erwerbslos" hieß das im Amtsdeutsch. Mutter hat im Tagebuch nur dieses eine Wort vermerkt. Es prangte auf der Seite wie ein fürchterliches Mal.

„Ich geh stempeln. Nun bin ich ein Stempelbruder wie so viele andere auch", murmelte Vater vor sich hin. Er erhielt den Bedürftigkeitsbescheid und eine Zahlkarte.

Pro Woche bekam er acht Mark und neunzig Pfennig Stempelgeld für fünf Personen. Ich vermute, es war nicht selten, dass die schicke Rotraud mit ein paar Groschen aushalf. Eine Schmach, die dem Sohn die Röte ins Gesicht trieb, wie ich ebenfalls später in Mutters Tagebuch nachlesen konnte.

Ihre Schrift verrät die innere Verfassung, in der sie war, wenn sie ihre Eindrücke festhielt. Die Schwiegermutter löste bei meinen Eltern immer eine Art Hilflosigkeit aus; es verletzte ihr Selbstwertgefühl, wenn sie sich in die Belange der Familie einmischte. Aber der Hunger der Kinder wog schwerer als verletzte Eitelkeit. Denn auch beim Kontor drohte der Konkurs und es gab vorerst keine Schreibarbeiten mehr für Anna.

So fehlte auch das Geld für das Wirtshaus vom alten Josef, der immer ein Auge zudrückte und ab und an heimlich die Schnapsflasche öffnete, um das eine oder andere Gläschen zu füllen. Aber jetzt musste jeder Pfennig gehortet werden. Also traf man sich einfach bei uns in der großen Küche. Zum Kartenspielen, zum Reden und Diskutieren; nicht selten ging die ganze Nacht dabei drauf.

Die Freunde

Wir gehörten zu den Ersten im Dorf, die ein Radio besaßen. Ein Gut, das Vater aus seinen wohlhabenderen Zeiten mit in die Ehe gebracht hatte. Und so wurden neben beschwingter Musik auch die politischen Reden angehört, die die Erwachsenen auf unterschiedliche Weise beeinflussten. Das ging jahrelang so, dass sich viele Leute bei uns trafen. Wer konnte, brachte etwas Essbares mit. Bier wurde aus einem kleinen Fass ausgeschenkt und wir Kinder bekamen Himbeer- oder, wer wollte, Zuckerwasser. Die *Schlesische Funkstunde AG* bot vor- und nachmittags ein abwechslungsreiches Programm. Abends lauschte man den neuesten Meldungen aus aller Welt, denn immer mehr rückte das „Großdeutsche Reich" mit seinen politischen Wirren in den Vordergrund der Berichterstattung. Grund waren unter anderem die vielen Splitterparteien, die es nicht schafften, innerhalb der neuen Republik einen Konsens zu finden, wie Vater oft vor sich hin murmelte. Walter war häufig dabei, lauschte den Gesprächen der Erwachsenen, und ich kauerte auf der warmen Ofenbank, bis mir die Augen zufielen und irgendjemand mich ins Bett brachte. Bis weit in die Nacht hinein wurde lauthals und heftig über Politik diskutiert – unser Schmied und Sattlermeister Herbert zum Beispiel war ein glühender Verehrer der kommunistischen Partei.

„Denn nur die wahre Revolution, wie Lenin sie vorgeführt hat, schützt den Menschen vor weiterem Unglück", triumphierte er mit erhobener Stimme.

Ich meinte zu sehen, dass immer, wenn er laut sprach, seine Haare sich ein wenig aufrichteten. Und hatte er Gustav, unseren Frisör, über Monate nicht aufgesucht, dann standen sie ihm buchstäblich zu Berge. Seine Devise lautete: *„Wer Hitler wählt, wählt Krieg. Und dieser Mann will den Krieg."* Diese Parole der Kommunisten hat Mutter mit mehreren Linien im Tagebuch festgehalten und dick unterstrichen.

Mit leuchtenden Augen saß Walter vor Herbert. Für ihn war Krieg gleichbedeutend mit Abenteuer, Kämpfen und Stark-sein-Dürfen. Er wollte auch in einen Krieg ziehen und hoffte nun, dass die Erwachsenen damit warteten, bis er groß war.

Dieser Wunsch sollte ihm gewährt werden …

Herbert hat die Gedankenwelt meiner Mutter sehr geprägt und beeinflusst. Seine politische Meinung, die Gespräche mit ihm waren es, die sie am meisten suchte, um sich ein eigenes Bild der politischen Lage zu bilden. Vielleicht war sie nicht im klassischen Sinne eine Intellektuelle. Aber sie war klug, wissbegierig und besaß ein schnelles Auffassungsvermögen. Und sie besaß ein großes Herz. Es kam nicht von ungefähr, dass sie sich eher mit den Weltoffeneren aus dem Dorf verbunden fühlte als mit den traditionsbewussten Bewohnern. Auch hatten die Jahre in Neisse – der kleinen Stadt, in der die große weite Welt ein paar Spuren hinterlassen hatte – sie geprägt.

Otto, ein Sozialist, der sich besonders mit Vater austauschte, besaß hier in Mohrau ein Fuhrunternehmen.

Otto erkannte der Republik noch eine Daseinsberechtigung zu, wurde aber unter lautem Gelächter niedergeschmettert mit dem Ausruf: „Dieses Kabinett der Patrone mit seinen Notstandsparagraphen!"

Der eine oder andere Nachbar war schon zu dieser Zeit überzeugter Nationalsozialist, Anhänger jener neuen Partei, die in rasendem Tempo Wahlkreis für Wahlkreis eroberte, mit dem Mann an der Spitze, dessen angsteinflößende Stimme immer öfter aus dem Radio zu uns dröhnte. Mutter hat sehr früh angefangen, diese Partei im Tagebuch zu erwähnen. Die ließ ihr wohl von Anfang an keine Ruh.

„Eine stampfende Wahlkampfmaschine!", so ihr trockener Kommentar. Dabei schüttelte sie sorgenvoll den Kopf.

Der junge Wilhelm, kurz Willi gerufen, der immer mit Vater zusammensaß und ins Leere politisierte, wie Vater es bezeichnete, war überzeugt, nur dieser Adolf Hitler würde es schaffen, den Deutschen ihre verlorene Würde zurückzugeben. Nur einer wie er könne dem geliebtem Vaterland zu Größe, Glück und Wohlstand verhelfen. Das hatte er schließlich versprochen! Und Brot! Und Arbeit!

Meine Mutter stand inmitten dieser Männerschar und ihre Bemerkung: „Es wird uns auch ohne dieses braune Pack bald besser gehen", wurde von den paar NSDAP-Anhängern kopfschüttelnd kommentiert: die Anna mit ihrem sozialistischen Gedankengut, beeinflusst vom roten Herbert! Typisch Frau eben – und so weiter.

Am liebsten war mir der alte Herr von Schilling, unser Patron, wie alle ihn nannten. Er war einst vermögend gewesen, hatte aber schon in der ersten Weltwirtschaftskrise 1923 fast sein gesamtes Hab und Gut verloren. Sein gutsähnliches Anwesen konnte man noch bestaunen und seine Pferdezucht war weit über Schlesien hinaus berühmt gewesen. Auf dem Gestüt waren nur edle Pferde gezüchtet worden; grasend hatten sie auf den großen Koppeln gestanden. Der Patron selbst lebte nach wie vor in einem der gepflegten Gebäude. Nur still war es da geworden. Die vielen Menschen, die dort einst gelebt und gearbeitet hatten, waren in alle Himmelsrichtungen verstreut. Die Henriette, seine ehemalige Wirtschafterin, bemühte sich, ihm einen würdigen Lebensabend zu bieten.

Seine beiden Söhne waren während des „Großen Krieges" gefallen und obwohl sie für den Kaiser gestorben waren, der doch alle in diesen sinnlosen Krieg hineingeworfen habe, wie der Patron immer wieder ausrief, hoffte er stets auf die Restauration der Monarchie. Nur einem Kaiser würde es seiner Meinung nach gelingen, Zucht und Ordnung in dieses marode Land zu bringen. Am Revers trug er das Verdienstkreuz von 1914/18; einst schimmernd wie ein kostbarer Stein, war es inzwischen stumpf und matt – der verlorene Glanz einer untergegangenen Ära. So viel Kapital habe der Herr Schilling damals in Kriegsanleihen gesteckt, raunten die Dorfbewohner einander zu; er sei ein Held gewesen, ein echter Patron. Nur hatte all das keine Bedeutung mehr. Der Große Krieg gehörte längst der Vergangenheit an. Niemand wollte sich damit noch abgeben, hatte die Niederlage doch, da war man sich einig, nur Schmach und Schande über Deutschland gebracht.

Mit seinem Monokel, dem immer fein gekämmten Haar und dem abgetragenen schwarzen Frack sah der Patron so anders aus als die anderen. Und zugleich lagen in seinem schwermütigen Blick eine scheue Ängstlichkeit und ewige Trauer. Er ging ein wenig gebeugt, so als ruhte eine ständige Last auf seinen Schultern, der er sich nicht gewachsen fühlte. Seine feingliedrigen Finger umklammerten den silbernen Knauf seines Gehstocks. Meine Mutter beobachtete er stets mit einem scheuen Augenaufschlag. Die Anna, ja, die hatte es ihm angetan. Diese kluge Frau, die sich nicht so leicht beirren ließ, die einen gesunden Menschenverstand besaß und sich wie eine Löwin für Familie und Freunde einsetzte. Selbst in schweren Zeiten zauberte sie immer etwas auf den Tisch, hatte ein Ohr für die Sorgen der anderen und wenn sie lachte, dann bebte ihr gesamter kleiner Körper. Alle hatten Respekt vor ihr und Vater war stolz auf seine lebenskluge, patente Frau.

„Und warum gibt es zwischen der KPD und der SPD keinen Frieden?", fragte Mutter kopfschüttelnd. „Warum keine gemeinsame Aktion starten, und wenn es nur dafür wäre, die Braunen mit vereinter Kraft zu schwächen!"

„Die KPD strebt doch nur die alleinige Macht des Proletariats an! Wo soll das hinführen? Wir brauchen neuen Wind in dieser Republik, die eh auf sehr wackligen Füßen steht", konterte Willi sofort und warf Herbert einen verächtlichen Blick zu. „Ihr Roten werdet Deutschland nicht wieder aufbauen. Ihr wollt eine Weltrevolution, die nur von den Russen bestimmt werden soll. Wer will zu diesem Gesocks dazugehören? Ich bin gerne deutsch. Ich liebe Deutschland und werde dafür kämpfen, dass es auch mein Land bleibt. Und nur zu deiner Information: Nicht nur der Pöbel hat Hitler letztes Jahr gewählt, wie du immer gern behauptest, auch Teile des schicken Bürgertums. Jawohl! Die Leute sind müde von der ‚ach so großen modernen Welt', die einfach alles und jeden auffrisst, was nicht mithalten kann."

Seine einst reiche Familie hatte während der Wirtschaftskrise große Ländereien verloren. Willi suche immer nach dem besserem Leben, wie Vater erklärte. Ihm kam Willi vor wie ein junger Hund, der in größter Verzweiflung sein Herrchen sucht. Lange Zeit hatte er Vater für diese Rolle auserkoren. Wissbegierig lauschte er seinen Worten, hing förmlich an seinen Lippen. Mutter sagte einmal scherzend: „Gott hat mir den Bruder genommen und nun haben wir den Willi!"

„Würdest du auch auf einen Menschen schießen, Willi?", wisperte Walter und fummelte aufgeregt an seinem Pullunder, den auszuziehen er seltsamerweise vergessen hatte.

Dieses verhasste Kleidungsstück symbolisierte die Schule, die penible Ordnung, eine vorgegebene Hierarchie, die er inbrünstig ablehnte. Eine Hierarchie, die ihn zwang, Befehle auszuführen, die ihm nicht behagten. Auch ein Wesenszug, den er nie ablegen sollte. Und für den er später einen hohen Preis zahlte.

„Ja, mein Junge, ich würde auch zur Waffe greifen, wenn ich mein Vaterland verteidigen müsste. Denn wer Deutschland dem Untergang weihen will, dem werde ich mutig entgegentreten. Das würdest du auch tun, wenn du vor der Wahl stündest."

„Mama, ich will auch in den Krieg ziehen!", jubelte Walter. „Willi, könnt ihr bitte warten, bis ich groß bin? Ich meine das mit dem Krieg und dem Schießen?"

„Schaff du erst mal deine Schule, denn einen Bengel, der nicht rechnen und schreiben kann, nehmen die nicht", murmelte Mutter und schmierte ihm eine weitere Stulle.

Damit wurde der erste Hunger gedämpft. Walter schwieg. In Gedanken war er in einer Welt, zu der ich als kleines Mädchen keinen Zutritt bekam.

„Na, Willi", meine Otto lakonisch, „dann kannste dich ja gleich einreihen in eure braunen Truppen. Liest man doch jetzt fast täglich, von den Straßenschlachten zwischen den Kommunisten und den Nazis. Mittlerweile wird sich nicht mehr nur geprügelt, es wird auch geschossen. Salven sollen pfeifend durch die Straßen und Höfe in Breslau peitschen, es trifft wohl auch so manchen Unschuldigen. Besonders vor den Wahltagen geht es hoch her. Auch in Neisse sind diese Auseinandersetzungen nicht mehr zu übersehen. Und das ist nur ein paar Kilometer von uns entfernt. Da muss man nicht bis nach Breslau fahren. Was denkst du, wie lange noch, bis auch wir hier im Sumpf versinken? Da lob ich mir die junge Republik, die einfach den Fortschritt will und den Frieden sucht."

„Immer nur dem anderen seinen Willen aufzwingen wollen, das kann doch nicht gutgehen!", mahnte mein Vater.

Der Patron räusperte sich, strich mit seinem alten Finger über das blanke Holz der Tischplatte. Er wiegte den Kopf und begann sehr leise zu reden. Seine Stimme hatte etwas Beruhigendes. Schlagartig hielten alle inne. Es schien, als spräche er aus einer anderen Welt zu uns.

„Meines Erachtens haben sich die beiden großen Arbeiterparteien gegenseitig handlungsunfähig gemacht. Jetzt sind sie wie gelähmt, keiner prescht vorwärts, um die Situation zu verändern. Da hocken sie wie ängstliche junge Vögel in ihren engen Nestern und warten ab, was die Zeit so bringt."

Es blieb ruhig. Er sah auf und fuhr fort: „Aber genau dieses Warten nutzt Herr Hitler aus, um sich in der Republik einzunisten und sie dann auf Dauer zu vernichten, sich mit aller Gewalt durchzusetzen, politisch wie gesellschaftlich. Ein wahres Gottesgeschenk für den Mann aus Österreich. Er spielt sehr gekonnt mit den Gefühlen der Menschen! Seine Partitur handelt von der Sehnsucht nach einer intakten Gesellschaft, mit Brot und Arbeit und einem geregelten Alltag. Wie schnell sind SA- und SS-Männer von der Hitlerpartei zu Hilfspolizisten berufen worden? Da gehen sie und tragen stolz ihre schwarz-weiß-rote Armbinde über der sauberen braunen Uniform. Dabei wüten sie unzivilisiert in den Straßen, mit geladenen Pistolen und Gummiknüppeln, die sie auch mutwillig einsetzen."

Sein Blick war, während er sprach, durch den Raum gewandert und an Willi haften geblieben. Er sah den jungen Mann nachdenklich an. Dann fuhr er fort, sprach eindringlich in Herberts Richtung.

„Die KPD und die SPD sollten sich in der Tat zusammenschließen. Es muss doch möglich sein, die wirkliche Gefahr, die auf uns alle zurollt, zu erkennen. Wie eine Lawine, die nicht mehr aufzuhalten ist, wenn ihr Linken es nicht schafft, euch einig zu sein."

„Die SPD unterstützt nur die Großindustrie und das Junkertum, denen geht es nur um wirtschaftliche Interessen, nicht um die Belange der einfachen Leute, die tagtäglich ihre Sorgen haben! Und die nennen sich sozial? Wie sollen wir mit denen Hand in Hand gehen?", brüllte Herbert und schlug mit der flachen Hand auf den Tisch. Ich zuckte zusammen.

Meine Mutter fuhr herum, starrte ihn an und es wurde augenblicklich still.

„Bitte nicht vor den Kindern. Bei mir ist jeder willkommen, jeder darf hier seine Meinung sagen, aber wer grob wird, verlässt meine Küche. Und zwar auf der Stelle. Ich liebe mein Land auch, unsere Bräuche, und ohne die Dorfgemeinschaft wäre ich bestimmt sehr einsam. Aber ich glaube nicht, dass irgendjemand mit seiner Ansicht alles hundertprozentig besser machen kann. Von jedem etwas, das wäre die Demokratie, die uns in diesen schweren Zeiten helfen könnte. Und nicht das gegenseitige Zerfleischen und Augen-Ausstechen. Was nützen Verletzungen, Blindheit oder gar Tod? Das bringt keinem was und dieses bisschen Leben ist doch mehr als kostbar! Wir sollten alle Respekt vor dem Leben haben, der Natur und Gott vertrauen."

Traudel betrat die Küche und es war, als trüge sie eine frische Frühlingsbrise herein. Alle atmeten erleichtert auf. Dankbar begrüßte man sie, fragte nach ihrem Wohlbefinden und als Peter auch noch in die Küche stürmte, war unsere Gemeinschaft wieder bei den alltäglichen Dingen angelangt.

Traudel, eine Freundin von Mutter, hatte die oberste Etage unseres Hauses bezogen; dort wohnte sie mit ihrem Sohn Peter. Ihr Mann war einige Jahre zuvor gestorben; sie war allein mit dem Kind und arbeitete in Neisse in der Porzellanfabrik. Peter und Walter wurden unzertrennliche Freunde. Oft zogen sie abends los und trieben ihre

Scherze mit den Nachbarn. Auch teilten sie die Liebe zum Boxen. Mit viel Humor beschreibt Mutter im Tagebuch, wie Walter glühend vor dem Radio saß, als Franz Diener, deutscher Meister im Schwergewicht, gegen Max Schmeling in 15 Runden verlor. Walter hatte einen neuen Helden. Und zusammen mit Peter erlebte er anno 1930 und '32 den ersten und zweiten Fight Schmeling gegen Sharkey. Max wurde Weltmeister im Schwergewicht. Von da an kannten die Jungen ihren Traumberuf. Boxen wurde zu ihrer Religion. Traudel und Mutter lächelten weise, zupften an den jungen Bohnen und warfen sie in eine Schüssel.

„Diese Träume! Wer weiß, was Gott ihnen für eine Zukunft bescheren wird!", heißt es an einer Stelle im Tagebuch.

Das Dorf

Trotz der unsicheren Wirtschaftslage und der politischen Wirren, die die Erwachsenen schier in den Wahnsinn trieben, hatten wir Kinder in Mohrau das Glück, in einer wahren Idylle aufzuwachsen. Die Landschaft bot ein üppiges Bild mit strotzenden Farben und glühender Blütenpracht.

Vaters großes Hobby war sein Garten – sein Paradies, in dem er sich frei und ungezwungen fühlte. Rund um das Haus sah es aus wie in einem Schmuckkästchen. Mit Liebe wurde allem sein Platz zugewiesen; selbst das Hühnerhaus bekam einen bunten Anstrich, damit es ins Gesamtkonzept passte. Dort thronte erhaben der Gockel auf dem roten Dach, das mit einer blauen Borte verziert war, und weckte pünktlich mit den ersten Sonnenstrahlen das halbe Dorf. Die Farben schienen ihn zu Höchstleistungen anzuspornen. Er, der Bote des Lichts, rief uns Menschen zu Arbeit und Gebet. Dann scharte er seinen Harem um sich, fünf Damen, die jeweils zwei bis drei Gelege mit maximal zehn Eiern ausbrüten konnten.

Genau diese Anzahl konnte die Glucke unter ihrem Gefieder warm halten. Neben Eiern lieferte uns die Schar auch Fleisch und Federn. Für die Fütterung der Hühner waren wir Kinder eingeteilt und ich fand es herrlich, wenn sie sich um mich sammelten, um die Körner zu picken, die ich ausstreute. Alle hatten wir unsere Pflichten zu erfüllen und Mutter dirigierte den kleinen Hausstaat gekonnt. Sie war morgens als Erste auf den Beinen. Sie fachte im Herd das Feuer an, während Walter und Vater im Stall die Tiere versorgten. Thea half Mutter in der Küche und ich durfte zwischen allen hin und her rennen und zusehen. Wo ich schon zur Hand gehen konnte, versuchte ich mein Bestes. Sobald die großen Tiere ihr sauberes Bett, trockenes Stroh und Futter erhalten hatten, wurden die Hühner versorgt und wir schauten nach frischen Eiern. Danach saßen wir alle gemeinsam am Küchentisch. Meist gab es Milchsuppe mit getrocknetem Brot, Hafermus und Obst. Im Winter aß Vater oft Pellkartoffeln mit Schweinefett, damit er etwas Anständiges im Magen hatte, wenn er die Kohlen ausfuhr.

Mutter war neben den Hausarbeiten auch für das Gemüse und die blühenden Hecken zuständig, die dem Grundstück vom Frühjahr bis in den späten Herbst ein schmuckes Aussehen verliehen. Vater pflanzte Bäume, pfropfte und veredelte sie, experimentierte wie ein Wissenschaftler mit den neuesten Methoden. Sein größter Stolz jedoch waren die Rosen. Eigenhändig holte er die Wildlinge aus dem Wald. Den großen Korb auf den Rücken geschnallt, verschwand er für Stunden im Geäst, kletterte in den Hängen, kam zurück mit seiner Beute und veredelte sie zu Hochstämmchen. Aus der Wassertonne schöpfte er seine Kanne voll und dann begoss er seine neueste Errungenschaft mit solcher Inbrunst, dass ich manches Mal dachte, unser Vater sei eigentlich der geborene Gärtner. Der Duft, der uns dann wochenlang umgab, betörte die Sinne und nicht selten kamen wir uns vor, als wären wir zu Gast in Dornröschens zauberhaftem Schloss, umrankt von einem Meer aus Rosen.

Wie oft saß ich oben auf dem Hopfenberg und genoss den Panoramablick auf mein vertrautes liebes Dorf, umgeben von Fichten und uralten Linden, die ihre langen Schatten über Wiesen und Pfade warfen. Hier konnte man sich nach Herzenslust den Wind um die Nase wehen lassen.

Der Hopfenberg war nicht im eigentlichen Sinne ein Berg, eher ein Hügel. Kleine, blitzsaubere Dörfer und die Stadt Neisse lagen in die umliegenden Täler eingebettet. An der Sandgrube gab es den besten Blick auf das Elternhaus, und stundenlang saß ich da und beobachtete, wie das Licht sanft ums Haus strich, Farben über die Mauern goss und Blüten und Bäume in ihrer ganzen Pracht erstrahlen ließ. Wie verwunschen lagen die Häuser im Sonnenlicht – Tupfen in der Landschaft.

„Wem Gott will rechte Gunst erweisen, den schickt er in die weite Welt, dem will er seine Wunder weisen in Berg und Tal und Strom und Feld." So schrieb unser von Eichendorff. Er war Schlesier und hatte einst all diese Pracht vor Augen gehabt. Durch Gedichte und Balladen und den reichen Schatz unserer Volkslieder ist mir die Ehrfurcht vor der Schöpfung ins Herz gepflanzt worden und formte mein Wesen mit, eine Ehrfurcht, die bis ans Lebensende wirkt – unveränderlich.

Vom Hopfenberg aus konnte ich das ganze Dorf überblicken. Spielende Kinder tummelten sich draußen, sobald die erste Frühlingssonne schien. Und wie oft turtelten hier oben verliebte Pärchen! Davon zeugten unzählige Herzen mit Initialen, die in die mächtigen Stämme der Buchen geritzt waren, als ewiges Liebesbekenntnis. Aus weiter Ferne strahlte einem die Rathausspitze der Stadt Neisse entgegen. Diese Turmspitze war zum Wahrzeichen der Stadt erkoren, die bei aller Modernität mit ihren vielen altertümlichen Gebäuden noch aussah wie im Mittelalter. Auch die Türme und Türmchen der zahlreichen Kirchen zeichneten sich am Horizont ab – eine Landschaft wie aus dem Bilderbuch. Neisse, neun Kilometer von uns entfernt, hieß damals nicht umsonst das „Schlesische Rom" oder die „Stadt der Giebel und Türme".

Dieses Bild trage ich noch als alte Frau im Herzen. Die unbeschreibliche Natur, die mein Dorf umgab und behütete. Diese Bilder sind aus meinem Leben nicht zu löschen. Die Erinnerungen an die Heimat haben mich nie einsam werden lassen, haben mich unendlich reich gemacht und geben mir bis heute Kraft. Erinnerungen an die Kindheit. Die Zeit der Sorglosigkeit.

Sehr oft habe ich mir gewünscht, wir wären 1933 einfach alle in einen Dornröschenschlaf gefallen und erst nach Ende des Krieges wieder erwacht. Es hätte keiner hundert Jahre bedurft. Und alles ginge einfach seinen normalen Gang weiter: Oma könnte den Kuchen fertig backen, Mutter der Thea ein neues Kleid überziehen und Walter mir endlich das Fahrradfahren beibringen. Vater müsste seine Rosen, die das ganze Haus überwuchert hätten, stutzen und in eine überdimensionale Vase stellen. Und draußen würde die Mohre in ihrem gemächlichen Tempo weiterfließen, während am Ufer die Frösche fröhlich quakten.

Wir Kinder dürften unsere Jugendzeit ganz anders erleben. Stattdessen entwickelte sich ein düsteres Märchen mit bösen Figuren und zwielichtigen Gestalten, die vor allem die junge Generation in einen dunklen, undurchdringlichen Wald führten, aus dem viele nicht wieder hinausfanden. Da nützten auch keine weißen Kieselsteine. Dieses tote Geäst hatte nichts mit dem lichten „Kinderwald" gemein, der uns schützend zwischen seinen Bäumen aufnahm und auf dessen bekannten Pfaden und vertrauten Wegen wir sicher nach Hause wandelten.

Mein großer Bruder war mein Beschützer. Nichts schien sein Gemüt zu trüben, immer strahlten seine Augen und sein Lächeln ließ im Frühjahr den Schnee schmelzen, wie Oma zu sagen pflegte. Und doch, ein Ereignis ist bei ihm haften geblieben. Immer wieder wurde es in Familienrunden erzählt.

Walter war gerade vier Jahre alt und hatte von Oma einen roten Luftballon geschenkt bekommen. Es war sein erster Kirmes-Besuch. Er verlor den Luftballon aus der Hand und dieser flog davon. Alle strahlten dem dahinschwebenden roten Ballon hinterher, der sich immer weiter in den Himmel erhob, bis er irgendwann von einer Wolke verschluckt wurde. Die Menschen lachten, doch Walter stand in der Menge und weinte bittere Tränen. Er war so unglücklich, dass er den Vorfall auch Jahre später nicht vergessen hatte. Und genau dieses Gefühl – in einer Menge zu stehen und sich doch gänzlich allein und verlassen zu fühlen – das sollte ihm eines Tages zum Verhängnis werden.

Nicht selten bettete Walter den Kopf an einen Stamm und lauschte dem Rauschen der Blätter, floh nicht nur vor seinen Schwestern, die ihn regelrecht belagerten, wenn sie die Hilfe des großen Bruders benötigten, sondern auch vor der Schule. Er hatte gewaltige Probleme, konnte nicht stillsitzen, sich einfach nicht konzentrieren. Sei es der Vogel, der draußen auf der Fensterbank hockte, sei es eine Wolke, die besonders schön geformt war, oder der nächste Streich, den er ausheckte – seine Gedanken wanderten wie durch ein großes Bilderbuch. Oft setzte er sich auf die kleine, von Efeu überwucherte Laube, die wie verloren vor dem Bahngleis unter einer Linde stand. Mit der Uhr in der Hand wartete er auf die Züge, die vorbeifuhren. Er kannte jeden Zug. Er wusste immer genau, zu welcher Uhrzeit welche Kleinbahn vorbeifuhr – und dass eines Tages er selbst in einem dieser Züge sitzen würde, um in die Welt hinauszuziehen.

Die Schule mit ihren klaren Regeln und Vorschriften raubte ihm die Luft zum Atmen. Die trockene Kreide zerbröckelte in seiner Hand. Die Feder seines Füllers war immer verbogen, alle seine Hefte zeugten mit ihren hässlichen Tintenklecksen wie ein mahnendes Zeugnis von seiner Unordentlichkeit. In dem engen Raum mit den 30 Kindern konnte er keinen klaren Gedanken fassen. Meine Eltern waren oft verzweifelt. Zeugnisse im heutigen Sinn wurden nicht geschrieben, erst das spätere Schulentlassungszeugnis gab Aufschluss über erbrachte Leistungen. Dennoch wurde eine Art Bewertung vorgenommen: Die nicht guten Schüler mussten ganz vorn sitzen, während die besseren hinten Platz nehmen durften.

Walter saß immer in der ersten Reihe. Sehnsüchtig blickte er zum Fenster hinaus. Die Welt da draußen war so viel reicher!

Eines Morgens brachte der Vater ihn persönlich in die Schule. Damit der Weg durch den Wald ihn ja nicht zu anderen Abenteuern verführte. Während Vater sich mit dem Lehrer unterhielt, dem guten alten Herrn Gebauer, der seinem Zögling großes Verständnis entgegenbrachte, war Vater sich sicher, dass er den Bengel ordnungsgemäß abgeliefert hatte und dieser nun für den Vormittag seinen Platz einnahm. Dass es eine Hintertür gab, zu der Walter sich noch während des Gespräches langsam hinbewegte und durch die er sich hinausschlich, hatte Vater offensichtlich vergessen. Walter war schneller wieder im Wald als Vater. Er kletterte auf sein Baumhaus und zog einfach die Strickleiter hoch.

Wie oft stand ich unten, spähte in das dichte Laubwerk und kam nicht hinauf zu meinem großen Bruder in das grüne Blätterdach. Stattdessen legte ich ein Ohr an den Baum, eine uralte Eiche, schaute hinauf in die Krone, die sich in den sachten Windböen wiegte, und hörte das leise Rauschen, einem Murmeln gleich; wie Stimmen, die flüsternd auf mich einredeten.

Er selbst blickte über die Wipfel hinweg und schnitzte Messer, die er später gegen andere nützliche Dinge eintauschen konnte. Als er mich einmal mit nach oben nahm, konnte ich seine Sehnsucht verstehen.

„Kennst du die Geschichte vom Vogel Greif?", fragte er flüsternd.

Ich schüttelte den Kopf und sah in seine blauen Augen, die wie zwei Bergseen schimmerten.

„Er war der Schrecken des ganzen schlesischen Landes und wohnte wie ich auf einer Eiche. Alles verbarg sich vor ihm, so sehr fürchtete man den Vogel Greif. Kein Mensch wagte es, in die Nähe seines Horstes zu kommen. Er konnte mit seinen gewaltigen Klauen einen ausgewachsenen Ochsen davontragen! Den gab er seiner Brut zu fressen!"

„Einen ganzen Ochsen?", flüsterte ich und schaute mich um, ob nicht irgendwo der Vogel Greif lauerte.

„Ja, und etliche Schafe und Ziegen! Und eines Tages begann er sogar Kinder zu rauben."

Ich schluckte.

„Kleine Kinder."

Ich spähte zu Boden.

„Doch der König rief: Wer den Vogel Greif töte, der werde seine Tochter zur Frau bekommen! Und ein junger Bursche, der ganz allein lebte, der beobachtete den Vogel Tag und Nacht. Er verstand die Zeichen der Natur und hörte in der Nacht die Stimmen des Waldes und so wusste er, wann der Vogel Greif seinen Horst verließ. Im richtigen Augenblick schlug er zu, legte ein gewaltiges Feuer und verbrannte das Nest. Der Vogel Greif wurde furchtbar wütend, versuchte das Feuer zu löschen, verbrannte aber mit seinem Nest und der junge Bursche konnte dem König den Vogel übergeben. Fünf starke Ochsen mussten das tote Tier zum Schloss schleifen, so schwer und mächtig war es. Der König hielt Wort und der Bursche vermählte sich mit der schönen Tochter. Und wenn jemals wieder ein Vogel Greif zu uns nach Schlesien kommt, dann sitze ich hier oben und kann ihn beobachten! Ich kenne jeden Baum hier und werde uns alle von dem Ungeheuer befreien! Und deswegen, Hanna, kann ich nicht in der Schule sitzen. Stell dir vor, der Vogel Greif kommt just in dem Moment hier zu uns in den Wald!"

„Nicht wahr", sprudelte es aus mir heraus, „du passt schon auf, dass er nicht wieder kleine Kinder frisst, oder?"

Walter hob die Hand, zeigte ein großes Indianerehrenwort und versprach, immer auf mich aufzupassen. Ich atmete auf. Mein großer Bruder! Er würde mich beschützen.

Rasch kletterten wir hinunter und rannten durch den Wald bis zur Mohre, wo wir die Schuhe auszogen, um die Füße ins Wasser zu tauchen. Die Mohre, ein kleiner grüner Gebirgsbach, in dem Walter, der Schule wieder einmal glücklich entronnen, oft angelte. Glücklich bescherte er uns einen Weißfisch oder Forellen, die Mutter immer stolz zubereitete. Sie glaubte an ihren Sohn, war sicher, dass seine Zeit noch kommen würde. Er sei ein Kind der Natur und das rege seine Phantasie an, tröstete sie sich immer.

Sobald es warm war, liefen wir barfuß durch die Gegend, ein ungezwungener Zustand, der auf dem Land noch weit verbreitet war. Die Alten betrachteten das Barfußlaufen als wertvollen Gesundheitsschutz und wir Jungen fügten uns gern. Im Sommer sprangen wir in den Fluss oder See. Wer nicht schwimmen konnte, schnallte sich einen Korkgürtel um den Bauch. Oder man behalf sich mit auf eine Schnur gefädelten Keksdosen auf dem Rücken. Das schepperte und gab eine ordentliche Geräuschkulisse ab, die nur von unserem Geschrei übertönt wurde. Viel Spielzeug gab es bei uns nicht. Die Jungs besaßen ihren Kreisel, den sie mit einer kleinen Peitsche vorantrieben, manch einer vielleicht auch ein Metallauto der Marke „Märklin", aber ein Messer war wichtiger.

Damit konnte man sich eine ordentliche Angelrute schnitzen. Bunte Jo-Jos waren bei allen beliebt, viele Mädchen besaßen eine Puppe, vielleicht einen kleinen Puppenwagen, aber wir nutzten eher das große Angebot der Natur, wenn wir uns aus allen Dörfern zusammenrotteten.

Natürlich gab es auch die harten und kalten Winter, die sich die eine oder andere Seele gnadenlos einverleibten. Geburt und Tod, Leben und Sterben, auch das gehörte zu unserem Alltag. Die Geburt eines neuen Erdenbürgers verfolgten wir mit dem gleichen Interesse wie das Sterben eines Menschen.

Wurde ein Kind geboren, brachte man unter Gesang Blumen, Körbe mit Eiern, Honig und eine Kanne frisch gemolkener Milch. In dem Haus, in das die Trauer eingekehrt war, schmückte man unter anderen Gesängen den Toten mit Blumen. Die Frauen wuschen ihn, wir Kinder beobachteten neugierig, ob der Verstorbene nicht doch unter den geschlossenen Lidern hervorlinste. In beiden Fällen wurde ausgiebig Pastinakenschnaps getrunken, dazu gab es Suppe mit selbst gemachten Nudeln sowie *Schlesisches Himmelreich*: Klöße gefüllt mit Backobst und Schweinefleisch. Anschließend gab es den *Schlesischen Mohkucha*.

Am Ende waren wir Kinder nie ganz sicher, welcher Anlass der traurige und welcher der fröhliche war. Die Erwachsenen waren in beiden Fällen irgendwann so außer Rand und Band, dass wir weder vor einer Geburt noch vor dem Tod sonderlich Angst hatten. Beides schien ein rauschendes Fest wert zu sein, bei dem die Dorfkapelle aufspielte.

So blieb das geliebte Dorf in unseren Kinderseelen für lange Zeit eine wunderbare, intakte Gemeinschaft, in der man sich gegenseitig half. Neben den reichen Gutsbesitzern, denen selbstverständlich das beste Ackerland gehörte und die diverse Weiden und Waldungen ihr Eigen nennen konnten, besaßen die meisten von uns ein paar Morgen Land zum

Bewirtschaften. Zudem die obligatorischen Kühe, Schafe, Schweine und Hühner, die versorgt wurden, meist für den eigenen Bedarf. Und wer etwas übrig hatte, sah zu, dass er sich am Wochenende mit seinen Waren und Vieh auf dem Markt tummelte.

Bei den meisten gab es auch ein paar Kinder aufzuziehen. Viele gingen nebenbei noch zum Arbeiten in die Fabriken in der Stadt, sodass der Rhythmus des typischen Landlebens leicht verändert, aber auch alte Ansichten durchbrochen wurden. Bei uns im Dorf setzte sich in der Mode wie in der Sprache ein gewisses städtisches Flair durch. Und interessanterweise waren es die Frauen, die davon profitierten. Kaum eine der Jüngeren trug noch lange Haare. Die meisten hatten sich dankbar von den alten Zöpfen getrennt, was sich für die Arbeit auf dem Land als Segen erwies.

Friseur Gustav war hocherfreut über all die abgeschnittenen Haare. Er nutzte sie für die Puppen, die er in seiner freien Zeit herstellte. Mit echtem Haar bekamen sie ein fast menschliches Aussehen. So gut wie jedes Mädchen besaß so eine Puppe, mit Haar, das vielleicht von der Mutter stammte, von der Tante oder der älteren Schwester.

Für den mittlerweile allseits bekannten mondänen Look reichte die Zeit vielleicht nicht, aber an Feiertagen versuchte man auch der neuen Mode gerecht zu werden. Knielange Kleider und das kecke Hütchen auf dem Kopf wurden hier genauso gern getragen wie in der Stadt. Man galt als aufgeklärt und die meisten fuhren regelmäßig in die Stadt, die mit der Kleinbahn schnell zu erreichen war. Das änderte sich natürlich in jenen Jahren, die auch hier alles zerstörten. Wir Landmenschen waren – anders als die Städter – trotz allem noch vielen alltäglichen Dingen unterworfen, wir mussten Kühe melken, schlachten, säen und ernten und mit den Jahreszeiten zurechtkommen. So schnell konnte man uns nicht indoktrinieren. Lange hatte noch der Glaube an

Gott Macht über uns, doch auch der wurde uns allmählich genommen.

Die Menschen im Neisser Land waren überwiegend katholisch. Das Kirchenjahr bestimmte den Lebensrhythmus. Mit ihrem kräftigen Geläut riefen die Glocken uns zur Messe, mahnten die Seelen, sich im stillen Gebet zu läutern. Um sieben begann die Frühmesse in der großen roten Backsteinkirche, die im gotischen Baustil gehalten war. Ihr schlanker, hoher Turm ragte gen Himmel wie der Zeigefinger Gottes. Oma ging immer zur Messe, war immer als Erste auf den Beinen. Die Bibel war abendliche Pflichtlektüre, Oma las uns daraus vor. Wir saßen da und lauschten den schaurigen Geschichten, die uns lehren sollten, unser Dasein in Demut und Dankbarkeit gottesfürchtig zu fristen. Das hielt vor bis zum nächsten Morgen und schon lief man mit seiner kindlichen Neugier in den neuen Tag hinaus und wartete auf das nächste Abenteuer. Es wurde gewerkelt und gebetet, man zog die Kinder groß und verrichtete seine Arbeit, je nach Jahreszeit, auf dem Feld oder dem Hof. Alles vertraut, alles in guter alter Tradition.

Am Sonntag trafen sich alle bei der Messe. Für viele war das die einzige Möglichkeit, Neuigkeiten auszutauschen, ihren neuen Hut oder das schicke Kleid auszuführen. Und nicht selten kamen nach der Messe viele zu uns nach Hause. Der Sonntag war der Tag, an dem man bei Anna Gröger einkehrte.

Pfarrer Bredow war ein strenger, allseits gefürchteter Mann, der seine Schäfchen gut unter Kontrolle hatte, sodass die ersten Einflüsterungen durch die NSDAP wohl bei dem einen oder anderen ihre Wirkung zeigten, aber nicht diese Macht über Andersdenkende bekamen wie schon in vielen anderen Dörfern. Bredows hochgewachsene Gestalt in der schwarzen Soutane, die ihn noch größer erscheinen ließ, war ehrfurchtgebietend. Durchdringende grüne Augen beherrschten sein fahles Gesicht und blickte er einen prüfend an, glaubte man sich schon ohne Beichte bei seinen Sünden ertappt. Nicht selten prasselten seine Predigten wie ein Strafgericht auf die verschüchterte, bestürzte Gemeinde hernieder und besonders in den Anfängen der nationalsozialistischen Zeit mahnte er die Menschen immer wieder zur Vernunft.

Stille Nacht

Ende 1932 hätten die Erwachsenen aus heutiger Sicht vieles vielleicht erahnen können, aber Weihnachten, das Fest der Liebe und Vergebung, war erst einmal wichtiger als die große Politik, die doch eher in den Städten gemacht und gelebt wurde. Das ganze Dorf bereitete sich auf diesen Abend vor und dort hatte die Politik nichts zu suchen. Alljährlich war das Christfest der Höhepunkt unseres Lebens in und mit der Natur.

Am Heiligen Abend gab es immer Kartoffeln, schlesische Weißwürstchen mit Pfefferkuchen, mancherorts auch mit Pastinakentunke. Und natürlich unsere geliebten *Pulsche Klumpa*, polnische Klumpen, auch Pfefferkuchen genannt. Meine Mutter buk, zusammen mit Oma, eine Riesenmenge davon. Erst wurden Plätzchen ausgestochen und mit Mandeln oder Schokostreuseln verziert, aus dem restlichen Teig formte sie kleine Kugeln, die sie eng aneinander auf das Backblech setzte, und dann schob sie alles in den riesigen Ofen, der jeder Bäckerei Ehre gemacht hätte. Auf der Ofenbank kühlte inzwischen der duftende goldbraune Rührkuchen ab, der bei uns in Schlesien *Sieste* genannt wurde. Wir Kinder halfen eifrig mit und durften in dieser Zeit dermaßen oft die Töpfe ausschlecken wie sonst das ganze Jahr über nicht. Während an den Fenstern filigrane Eisblumen wuchsen, glühten im Innern die Öfen und der Duft von Gewürzen und Süßem hing schwer in der Luft.

In der geräumigen Küche, in der wir die meiste Zeit verbrachten, dominierte die Feuerstelle. Auf die vordere

Kante setzte man uns Frostklumpen, nachdem wir stundenlang im Schnee getobt hatten; die Füße wurden auf die Wasserwanne gestellt und ganz langsam begannen die Zehen zu kribbeln, dann ließen sie sich tatsächlich wieder bewegen und schließlich glühten sie wie Kohlen.

Der große Tisch, an dem wir alle Platz fanden, stand genau unter dem Herrgottswinkel, der natürlich geweiht war. Ein typisch katholischer Brauch: Über den Köpfen hing ein kunstvoll geschnitztes Kreuz mit unserem Heiland.

Die Waschküche, ein kleiner Nebenraum, war mit einem großen Wasserkessel ausgerüstet, unter dem wie im Herd mit Holz und Kohlen Feuer gemacht werden konnte. Mittels eines Schlauchs wurde der Kessel direkt vom Wasseranschluss aus gefüllt. Wenn Mutter und Oma Waschtag hatten, wurde der Ofen mit Holz und gepressten Briketts gefüttert, bis die Flammen schmatzend gegen den Kessel schlugen. Die wabernden Dampfschwaden trieben einem selbst im tiefsten Winter den Schweiß auf die Stirn. Und es war Knochenarbeit, die die Frauen dort vollbrachten. Mit der Hand rieben sie die Kernseife in den Stoff, mit Hilfe des guten alten Waschbretts, bis die Finger rot waren oder gar wundgescheuert bluteten. Und wenn das Wasser nicht reichte, mussten sie mit großen Eimern, die je zehn Liter fassten, raus zur Pumpe laufen, die Eimer füllen und ins Haus schleppen. Eine schwere körperliche Arbeit, die sich heute kaum noch jemand vorstellen kann. Mutter benutzte schon Soda und Waschflocken, Oma dagegen schwor zeit ihres Lebens auf die traditionelle Aschenlauge.

Das war ein Gemisch aus einem Viertel Asche und drei Vierteln heißem Wasser, das durch ein Tuch gefiltert wurde, bis es gebrauchsfertig war. Oma schrubbte auch ihre Holzgefäße und Möbel mit dieser Lauge. Nicht selten bearbeitete sie die Holzböden mit Scheuersand und der Lauge, bis das Holz glänzte. Diese eigensinnige Frau bestand nun einmal auf ihren alten Ritualen. Da half es auch nichts, dass meine Mutter ihr die neuen Sodaflocken vorbeibrachte. Oma blieb beim Althergebrachten.

Kernseife wurde für alles benutzt. Sie diente nicht nur zum Waschen, sondern auch als Shampoo und Lotion für uns Kinder. Mit einem großen Schwamm wurde sie über den Körper verteilt, danach wurde mit einem großen Schöpfer Wasser über den Kopf gegossen, um den Schaum aus den Haaren auszuschwemmen. Das geschah jeden Samstag oder, wie heute, direkt am Heiligen Abend, bevor es dann endlich in die gute Stube ging. Natürlich mussten wir es vorher schaffen, uns nicht wieder zu zanken oder uns schmutzig zu machen. Geduldig harrten wir vor der Tür aus.

Die Stube war immer blitzblank. In einer Ecke stand ein hoher, glänzend-grüner Kachelofen, aus dem es an Sonn- und Feiertagen anheimelnd knisterte. Ein seidener Wandschoner hing hinter dem weinrot bezogenen Sofa. Die ebenfalls seidenen Kissen waren mit bunten Paradiesvögeln bestickt. Diese guten Stücke hatte unsere Oma bei einem reisenden Chinesen erstanden, der hier in der Gegend seinen Handel trieb. Von Zeit zu Zeit kam er durch die Neisser Dörfer und wurde von uns Kindern wegen seines exotischen Aussehens immer aufs Neue angestarrt und ausgelacht. Aber Herr Chang sah mit seinem unergründlichen asiatischen Lächeln großzügig darüber hinweg. Geduldig präsentierte er seine Waren und wir bestaunten all die Dinge, die er bei sich trug.

Auf der Anrichte waren die hölzernen Krippenfiguren aufgestellt, die Walter zusammen mit Großvater vom Dachboden geholt hatte. Tannenzweige und Moosfladen dienten als Zierde und Unterlage, Strohsterne hingen von der Decke herab. Diese Figuren hatte Großvater einst als junger Mann für die Oma geschnitzt und ihr und seinen zukünftigen Schwiegereltern eines Weihnachtsabends stumm auf den Gabentisch gestellt. Und dann hielt er stotternd um ihre Hand an. Noch immer sahen sie einander verschämt an, wenn die

Figuren vorsichtig aus dem raschelnden Papier ausgepackt und auf der Anrichte gruppiert wurden. An manchen Stellen war die Farbe abgesprungen, aber sie waren wunderschön und zeugten von einer wahren und ewig dauernden Liebe.

Auch wenn das Haus schon mit elektrischem Licht ausgestattet war, dominierten am Heiligen Abend doch Mutters rote Kerzen, die mit ihrem sanften Licht alles in eine Märchenwelt verwandelten.

Wir Kinder fieberten fast bis zur Übelkeit der Bescherung entgegen. Das seit Tagen unter viel Geheimniskrämerei verschlossene Zimmer öffnete sich, nachdem ein heller Glockenton von drinnen uns ermahnt hatte, still zu sein, weil das Christkind gerade dabei war, sich zurückzuziehen, um auch der Nachbarschaft seine Aufwartung zu machen. Stumm und voller Ehrfurcht trotteten wir in den Raum und versuchten, noch einen Blick auf das davoneilende Christkind zu werfen. Aber es war bereits spurlos verschwunden. Wie schon im Vorjahr.

Wir Kleinen sagten unsere Gedichte auf. Thea sprach ihren Text perfekt. Mit ihren glühenden Wangen sah sie aus wie die heilige Madonna in der Kirche. Ich war dermaßen aufgeregt, dass ich zu stottern begann und statt meines Gedichts das Rezept für den Rührkuchen aufsagte, unseren *Sieste*, das Oma immer vor sich hingemurmelt hatte, während sie die Zutaten aus der Kammer in die Küche holte. Mein Weihnachtsbeitrag wurde anerkennend aufgenommen und dann sangen wir gemeinsam *Stille Nacht*. Danach durften die Geschenke ausgepackt und besichtigt werden. Opa nuckelte zufrieden an seiner Pfeife und schwelgte in Erinnerungen. Vater spielte dazu auf seinem Lieblingsinstrument, der Trompete, bis die Ziegen und Fritz aus dem Stall einfielen und wir ein regelrechtes Weihnachtskonzert geschenkt bekamen. Dazwischen rumpelte Oma mit der Kaffeemühle und zum frisch aufgebrühten Kaffee wurden heiße Mohnklöße serviert.

In der Ecke erstrahlte mit Kerzen, Lametta und bunten Kugeln der Weihnachtsbaum. Ganz nach schlesischer Art und Weise waren Vater und Sohn in den Wald marschiert und hatten ihn gemeinsam geschlagen. Ein heiliger und weihevoller Akt, den Walter liebte, und dieses Mal war er mehr als stolz, denn er hatte zusammen mit Vater die Säge halten und staunend zusehen dürfen, wie der Baum langsam zur Seite kippte und schließlich krachend auf den Boden aufschlug. Das bisschen Licht, das die Petroleumlampe gab, ließ die majestätischen Schatten des Waldes über ihnen schweben, während wirbelnde Schneeflocken funkelten wie kleine Kristalle.

So richtig ruhig wurde es in dieser Nacht bei uns nie. Und geschlafen hat schon gar keiner. Ich habe jahrelang überlegt, ob man den Text „... *alles schläft, einsam wacht* ..." nicht lieber ändern sollte.

Walter bekam einen neuen Füllfederhalter und eine Mundharmonika. Während er dem Füller keine weitere Beachtung schenkte, strahlte er beim Anblick des silbernen Instruments übers ganze Gesicht, denn er war sehr musikalisch. Das hatte er von Vater, der darauf nicht wenig stolz war. Sah er doch, dass ein bisschen gutbürgerliches Erbe auf den Sohn übergegangen war. Noch am selben Abend konnte Walter sein erstes Stück spielen. Zuvor hatte er schon ein paar Jahre Geigenunterricht genommen, doch auch hier war bei aller Musikalität der strikte Ablauf der Übungsstunden nicht seine Welt gewesen, sodass Vater den Traum, wenigstens seinem Sohn eine Karriere als Musiker zu ermöglichen, aufgeben musste.

Am Abend durften wir Kinder Zoka-Zola trinken, heute als Coca-Cola bekannt. Dazu schleckten wir alle Sorten Frigo-Brausepulver aus der Handfläche, bis uns schlecht wurde.

Später begaben sich Vater und Opa in den Garten. Einer alten mystischen Weisheit folgend glaubte man hier in Schlesien, dass den Pflanzen und Tieren übernatürliche Fähigkeiten zufielen. Die Säfte all der entblätterten Obstbäume, so starr und tot sie auch in den Fesseln des Winters gefangen schienen, sollten sich am Heiligen Abend mit geheimnisvollem Weben zur künftigen Frucht mischen. Vater umwickelte jeden Stamm mit einem Kranz aus jenem Stroh, das während des weihevollen Nachtmahls unter dem Tischtuch ausgebreitet gewesen war. Das versprach eine reiche Obsternte.

Die Tiere bekamen die Essensreste. Oma erzählte, dann würden sie in der folgenden Nacht auf wundersame Weise die Fähigkeit erlangen, mit unserer Sprache die Zukunft zu deuten. Sie zu belauschen sei allerdings äußerst gefährlich, ja könne gar den Tod bringen. Es gab eine Sage, der zufolge sich ein Horcher im Stall verbarg und die Tiere belauschte: „In drei Tagen fahren wir unseren Herrn zum Friedhof hinaus!", murmelten sie einander zu. Und so geschah es. Vor lauter Schreck blieb dem Lauscher das Herz stehen und wie vorausgesagt wurde er drei Tage später bestattet.

Pünktlich um Mitternacht ging es zur Christmette, denn in dieser Nacht wurde die heilige Kommunion empfangen.

„Das tut dem Seelenheil wohl", erklärte Oma, nahm ein umhäkeltes Taschentuch aus dem Muff, das sie nur zu besonderen Anlässen nutzte, und betupfte sich würdevoll die Mundwinkel.

Durch den Schnee stapften wir den Weg zum Berg hinauf, wo die Kirche über allem thronte. Walter und Peter zogen ihre Schlitten hinter sich her. Ehrfürchtig betraten wir die Kirche. Der Kronleuchter, in prächtigem Blau-Gold, das sich in der Kassettendecke wiederholte, erstrahlte im feierlichen Glanz. Die Seitenschiffe füllten sich mit all den vertrauten Menschen aus dem Dorf, die sich festlich herausgeputzt hatten. Vater trug seinen guten alten Frack, Mutter ihren neuen Filzhut. Geschrubbte Gesichter glühten mit den Kerzen um die Wette.

Dann endlich, alles war still geworden, schritt der Pfarrer zum Altar. Ich liebte diesen sakralen Moment! Ich spähte zu meinem Bruder hinüber. Nachdenklich sah Walter auf das große Kreuz, an dem unser Jesus hing. Der schmerzverzerrte Gesichtsausdruck, das Leiden, der gen Himmel gerichtete Blick – all das berührte ihn wohl. Stumm ließ er das Schicksal des Heilands auf sich wirken. Selten habe ich ihn so versunken gesehen. Papa nahm meine Hand in die seine und ich betete inbrünstig in der Hoffnung, dass das Jesuskind mich auch nächstes Jahr wieder aus der Krippe heraus anstrahlen möge. Thea sang mit heller, klarer Stimme den Choral und Mutter drückte die Hand ihres Vaters.

Von der Kanzel wurden mahnende Worte gesprochen. Dass keiner die Nächstenliebe vergessen solle. Worte, die in den folgenden Jahren eine gespenstische Bedeutung bekamen. Doch am Ende ließ sich auch der Pfarrer von der friedlichen und feierlichen Stimmung anstecken und so stob die Gemeinde beseelt aus dem Gotteshaus, hinaus in die klirrende Kälte.

Auf dem Heimweg wurden die Schlitten aneinander gebunden und wir Kinder sausten unter wildem Geschrei und Geheul zurück ins Dorf. Den Worten „Stille Nacht" zollten wir auch hier keinen Respekt.

Da Mutters Geburtstag am ersten Weihnachtstag folgte, kamen alle gleich nach der Messe zu uns: Freunde, Nachbarn sowie meine Tante Irmtraud und Onkel Ernst mit ihren drei Kindern Seppel, Tordis und Annika. Seppel war zwei Jahre älter als Walter, Tordis in meinem Alter und Annika gerade geboren. Die Stube füllte sich mit Geplapper und Gelächter und irgendwann stellte Opa das Koffergrammophon an und kurbelte eifrig am Aufziehmechanismus. Vater legte Platten auf und die Erwachsenen tanzten ausgiebig. Oma servierte Kaffee, Grog, Striezel und schlesische Mohnklöße, es wurde geschlemmt und gebechert. Vater holte dann noch seine Trompete hervor, begleitete gekonnt die Melodie, alles klatschte dazu im Takt und nach kurzer Zeit stieg Zigarettenrauch bis unter die Decke. Wir Kinder stahlen uns davon und rannten durchs Dorf, lugten in die Fenster und beobachteten, wie die anderen feierten. Bei dem einen oder anderen machte es den Anschein, als würde der Alkohol für ziemlich ausgelassene Stimmung sorgen. Wenn das Pfarrer Bredow wüsste!

Und am nächsten Morgen saßen sie stumm und müde in der Frühmesse. Pfarrer Bredow behauptete immer, das sei eine der ruhigsten Messen, die er im Jahr abzuhalten habe.

Der Aufbruch zum obligatorischen Besuch bei Oma Rotraud folgte noch in der frühen Morgendämmerung. Hier trafen wir auf die Geschwister meines Vaters, die ebenfalls mit ihren Kindern vorbeischauten. Das Verhältnis hatte sich nie ganz erholt; es blieb immer eine unerklärliche Spannung im Raum, wenn mein Vater auf seine beiden jüngeren Brüder traf. Sie hielten sich nach wie vor für etwas Besseres und ließen das meine Mutter sehr wohl spüren. Doch sie konnte das inzwischen mit einem tapferen Lächeln abwehren.

In Großmutter Rotrauds gediegenem Zimmer fand die Weihnachtsbescherung statt, die immer alles übertraf, was wir je gesehen hatten. Selbstgestricktes, gekaufte Anziehsachen nach dem letzten Chic, Spielzeug, Bücher, Pfefferkuchen und vieles mehr. Und für die Eltern gab es in diesem Jahr einen Fotoapparat, eine moderne Boxkamera. Mutter freute sich besonders über dieses exklusive Geschenk. Nun könne sie endlich unsere Familiengeschichte in Bildern festhalten, rief sie aus. Während wir alles bestaunten, setzte sich Großmutter Rotraud an das Klavier, klappte den Deckel hoch und spielte *Oh du fröhliche*, bis alle einfielen. Nach dem Kaffeetrinken, das sich bis zum Abend hin dehnte, zogen wir Mohrauer wieder unseres Weges. Erst mit der Straßenbahn durch die belebten Straßen mit ihren Droschken und Automobilen, bimmelnden Fahrrädern und den vielen Menschen, die flanierend die Auslagen in den großen Schaufenstern betrachteten. Dann ging es weiter mit unserer vertrauten Kleinbahn in die ländliche Heimat, wo wir durch den hohen Schnee stapften und Lieder sangen, bis wir spät am Abend endlich zu Hause ankamen.

Als die Eltern uns später zudeckten, erinnerten sie uns daran, dass dies die erste der schaurig-schönen Raunächte war. Mit dem Null-Uhr-Glockenschlag begann die Zeit „zwischen den Jahren" und sie endete am 6. Januar ebenfalls mit dem mitternächtlichen Glockenschlag. Diese nun folgenden zwölf Tage und Nächte sollten den Neubeginn symbolisieren. Mutter berichtete, warum sich um diese geheimnisvolle Zeit so sonderbare Bräuche rankten.

Der Begriff „rau" bezog sich auf das Ausräuchern der Stuben und Ställe, um böse Geister zu vertreiben, von denen es angeblich in der als mystisch bezeichneten fünften Jahreszeit nur so wimmelte. Draußen war es eisig kalt, tiefdunkel und wüst. Angsteinflößende Gestalten verjagten die heilige Stille und eine unheimliche Stimmung legte sich einer Haube gleich über das schneebedeckte Land. Oma durchschritt jeden Tag Haus und Stall, murmelte ihre Beschwörungsformeln und wirbelte mit verschiedenen Harzen, Weihrauch und Kräutern so lange den Rauch herum, bis die Augen nur so tränten. Sie wollte all die bösen Kräfte aus dem Haus treiben. Die Tiere gaben missmutige Laute von sich und noch wochenlang roch es selbst im Stall nach Weihrauch. Aber ehrfürchtig ließen wir sie gewähren. Oma wusste auch zu erzählen, dass der alte sagenumwobene Gott Wotan nun auf Erden seine schaurigen Gefährten zur wilden Jagd vorwärtspeitschte und sie dabei all die verlorenen Seelen einfingen, die ihren Frieden noch nicht gefunden hatten. Ihr Jammern drang mit dem heulenden

Wind pfeifend über die Dächer, sie zerrten und zogen an den Fensterläden, bis diese sich klappernd und schlagend wehrten, um uns im Inneren des Hauses zu schützen. Aber dieses unheimliche Treiben schenkte unseren Äckern auch neue Fruchtbarkeit. Tanzte Wotan mit seinem Gefolge auf den Feldern, so weckte er mit seinem Stampfen die Erde auf. Und nur so konnte das Korn erst richtig wachsen und gedeihen.

Die Rückkehr der Sonne bedeutete für uns auch die Rückkehr des Lebens. Nach den langen Nächten und dunklen Tagen brach nun wieder die Zeit des Lichts an.

Für die letzten sechs Nächte des alten Jahres und die ersten sechs des neuen galt: Was wir in jenen Nächten träumten, sollte in Erfüllung gehen. Ein vorchristlicher Aberglaube und uraltes Brauchtum, dem wir alle anhingen.

Walter etwa wünschte sich: Einmal im Ring stehen! Unsterblich werden wie sein Idol Max Schmeling. Und er nahm sich jede Nacht vor, von seinen späteren Siegen zu träumen.

So klang das Jahr 1932 aus. Der Winter schüttete unaufhörlich seine filigranen Schneeflocken aus, bis sich die sanfte Landschaft einer wohligen Decke gleich ausbreitete. Die träge Ruhe und Stille trug uns ins neue Jahr, das natürlich ausgiebig begrüßt wurde. Und irgendwie schien für einen Moment die Zeit stehenzubleiben. Nur zögerlich kroch das neue Jahr aus der Schale des alten heraus, häutete sich wie eine Schlange, bis es sich nackt und schutzlos einer Zukunft aussetzte, die niemand erahnen konnte.

Schlesien

Mohrau 1933

Deutschland erwacht

Ein flüchtiger Sonnenstrahl streifte die Winterlandschaft. Nicht ein Laut war zu vernehmen. Reglos standen die Bäume, in weiße Mäntel gehüllt, in einer mit Puderzucker bestäubten Welt, die durch die geschlossenen Fenster einem gerahmten Gemälde glich. Walter und Peter saßen in der Küche, beide dick angezogen, bereit, sich in das Schneegetümmel zu stürzen. Aus dem Radio trällerten sonore Männerstimmen etwas von einem grünen Kaktus und Mutter hantierte mit Tellern und Besteck, stob zwischen Topf und Tisch hin und her. Brotstücke und Hafermus wurden in warme Milch eingerührt, das Ganze mit Honig abgeschmeckt und mit Mohn bestreut und fertig war das süße Mahl.

„Komm her, du Guschel!", lachte Walter und rückte auf der Bank zur Seite, sodass ich Platz hatte. *Guschel* wurden wir Kleinen liebevoll genannt. Die dampfende Milch wärmte den Magen und Mutter sang das Lied vom stechenden Kaktus. Walter piekte mich in den Arm und trällerte ebenfalls gekonnt mit, Peter schlug mit dem Löffel den Takt und ich saß mit vollem Mund da und wippte mit den Füßen, die noch nicht bis zum Boden reichten.

Unser Radio war das Tor zur großen weiten Welt. Tag für Tag unterhielt es uns mit den verschiedensten Stimmen und versorgte uns mit Informationen von überall her. Vater hörte öfter denen zu, die anders sprachen als wir. So sei er, behauptete er immer, im Bilde über das, was in anderen Ländern vor sich gehe, wie sich dort die politische Lage nach der Weltwirtschaftskrise entwickelte. An diesem Morgen aber sangen diese Männer ihre frechen deutschen Texte und stimmten alle heiter.

„Nehmt Johanna mit, ich muss noch einen Teppich fertig knüpfen; Thea kann mir helfen! Los jetzt. Raus mit euch in die saubere Luft!", dirigierte Mutter uns energisch.

Walter und Peter boxten sich spielerisch zur Küchentür hinaus und riefen einander ihre „Knock-outs" und Runden zu, während ich in der Diele in Winterstiefel und Mantel schlüpfte, Mütze und Schal schnappte und mich anschickte, den Jungs zu folgen, die bereits nach draußen rannten. Traudel, die gerade die Treppe herunterkam und zu Mutter in die Küche wollte, zog den Schal fester um meinen Hals und rückte mir die Mütze zurecht; erst dann war sie zufrieden.

Die Jungs holten ihre Schlitten aus dem Stall, setzten die Guschel darauf und zogen mich wiehernd und schnaubend zum Hopfenberg. Hier tummelte sich bereits eine Schar von Kindern, die sich aus den umliegenden Dörfern zusammengefunden hatten. Übermütig ließen wir uns in die Schneemassen fallen und wälzten uns darin herum, kreierten die seltsamsten Formen und Figuren, die als dunkler Abdruck zurückblieben. Die Jungs gruben sich gegenseitig ein, bis nur noch der Kopf mit der Wollmütze herausschaute; clownsrote Nasen leuchteten aus dem Weiß hervor.

Peter hatte einen neuen Schlitten bekommen und mit seinen schmalen Eisenkufen sauste er wie ein geölter Blitz den Berg hinunter. Er band Walters Schlitten an seinem fest und zusammen schrien wir uns die Seele aus dem Leib, als wir in eisiger Luft hinabfuhren. So manch einer, der keinen Schlitten besaß, sauste einfach auf seinem Tornister in gefährlichem Tempo den Hang hinunter. Als keiner mehr Lust verspürte, den glatten Pfad ein weiteres Mal hochzuklettern, trollten wir uns an den zugefrorenen See, auf dem einige schon mit Schlittschuhen unterwegs waren. Bei vielen waren die Halter der alten Schlittschuhe ausgeleiert und die ganze Konstruktion wackelte gefährlich an den dünnen Beinen. Siegfried schlug der Länge nach hin und unter lautem Gegröle schlitterte er einen Meter weiter, bis er sich prustend wieder aufrappelte. Zwei Mannschaften wurden gebildet und für den Rest des Nachmittags spielten wir Eiskegeln. Oder Eishockey. Keiner besaß richtige Eishockeyschläger, wir bogen dünne abgesägte Äste zurecht, die hielten wunderbar.

Am Rande des Sees steckten gut sichtbar bunt bemalte Besen wie Vogelscheuchen im Eis. Die hatte der Bürgermeister Henning aufgestellt, damit keiner näher ans Ufer lief und womöglich einbrach und ertrank. Das waren Stellen mit dünnem Eis, die es zu meiden galt. So wuchsen wir von klein auf mit den Gefahren der Natur heran. Die kannte man, mit denen wusste jeder umzugehen.

Sobald es dämmerte und sich der schmale Mond am Himmel offenbarte, zogen alle mit roten Wangen in die Häuser ihrer Eltern zurück. Der eine oder andere musste noch beim Melken helfen, Kartoffeln schälen oder andere alltägliche Arbeiten verrichten, die auf dem Land zu jeder Jahreszeit anfielen. Walter und ich zogen es vor, einen taktischen Umweg einzuschlagen und erst bei Oma einzukehren; Mutter hätte die Hände über dem Kopf zusammengeschlagen, so durchnässt und dreckig, wie wir waren. In prekären Situationen suchten wir wohlweislich zunächst die Großeltern auf. Zudem stand dort immer etwas Leckeres auf dem Tisch und Oma sparte nie mit warmem Zuckerwasser. Peter winkte uns zu und zog pfeifend mit seinem Schlitten von dannen. Er wollte sich noch bei Mutter eine Sportsendung im Radio anhören, die galt es, auf keinen Fall zu verpassen.

„Na, kummt, ihr Kinder, kummt in die Kiche nei", murmelte Oma kopfschüttelnd, als sie uns zwei Frostklumpen vor der Tür stehen sah, und lotste uns in die Küche. Ich liebte dieses

Haus. Opa hatte es vor der Jahrhundertwende selbst gebaut. Das Material war noch in Goldmark bezahlt worden und anders als unser Haus bestand es aus massivem Holz. Es roch immer würzig und das tiefe Dach schützte es vor Wind und Wetter. Und über der Tür war ein großes Schild angebracht, auf dem stand:

„*Unsern Eingang segne Gott, unsern Ausgang gleichermaßen, segne unser täglich Brot, segne unser Tun und Lassen, segne unser selig Sterben – mache uns zu Himmelserben.*"

Opa saß in dem alten Ohrensessel, zog zufrieden schmatzend an seiner Pfeife, strich Walter über die Haare, nahm meine eiskalte Hand und rubbelte sie zwischen seinen rauen Händen. Nach ein paar Minuten schossen mir Tränen in die Augen, denn plötzlich begannen meine Füße zu glühen wie heiße Kohlen. Oma kannte kein Pardon. Sie holte eine Schüssel voll Schnee, zog mir die triefenden Socken aus, rieb mir kräftig Hände und Füße mit frischem Schnee ab, bis ich das Gefühl bekam, am Leib überhaupt nichts mehr zu spüren. Dafür waren meine Finger krebsrot. Das half. Jedes Mal.

Während allmählich das Leben in meine Gliedmaßen zurückkehrte, saß ich vor dem Ofenrohr auf der warmen Kachelbank, auf der Oma auch unsere Schuhe und Strümpfe trocknete; Mutter sollte von all dem nichts bemerken. Da waren und blieben wir eine verschworene Gemeinschaft. Walter bekam *Polnische Klumpen* zu essen, ich mein geliebtes warmes Zuckerwasser und stolz berichtete mein Bruder von den neuen Melodien, die er auf der Mundharmonika komponiert hatte.

In der Zwischenzeit holte Oma ihre Federn aus der Eichentruhe, die geschlissen werden mussten. Sie wurden schon für die Federbetten der Enkeltöchter vorbereitet, die sie eines Tages als Brautgeschenk mit in die Ehe nehmen sollten.

Bei uns in Schlesien war die Hochzeit eines der schönsten und wichtigsten Feste überhaupt, genährt aus uralter

Tradition. Erst musste der Brautwerber beim Brautvater vorsprechen, offiziell vorgeschickt vom künftigen Gemahl. Mit Gesang und Blumengebinden, begleitet von mehreren Mädchen. Sobald Braut und Brautmutter dem Antrag zustimmten, war das junge Paar verlobt.

Eine Reihenfolge, die Opa nicht eingehalten hatte. Als er die selbstgeschnitzten Krippenfiguren bei Oma und ihren Eltern abgab, konnte er nicht länger an sich halten und bat sofort um ihre Hand. Alle lachten und freuten sich, ermahnten ihn aber, die guten alten Bräuche einzuhalten. Also schickte er am nächsten Tag seinen Paten Hans vorbei, der das offizielle Ritual einhielt und für Opa bei der Braut und ihrer Mutter vorsprach. Nachts hatte Oma heimlich den Brautstrauß vorbereitet, den trug sie dann stolz und glücklich am Hochzeitskleid.

Nach der kirchlichen Trauung, zu der alle in Trachten erschienen, die Männer ihre Orden und Säbel zur Schau stellten und große schwarze Zylinder trugen, gab es ein riesiges Festgelage an einer langen Tafel. Es wurde geschlemmt und getanzt und am nächsten Morgen fuhr die Braut auf ihrem Brautfuder – einem Ochsenkarren mit ihrer gesamten Aussteuer – zum Bräutigam. Hinten wurde eine Kuh angebunden, damit das Paar immer genügend Milch besaß; oben auf dem Karren war ein Spinnrad befestigt, damit es nie an warmer Kleidung mangelte; obligatorisch türmten sich auch das Butterfass und die bereits genannten Federbetten, die ein Leben lang halten sollten. Den ganzen Zug begleitete ein Zitherspieler.

So begannen wir also, besagte Federbetten – von denen eins in Zukunft mir gehören sollte – unter Omas strengem Blick vorzubereiten. Walter maulte, denn diese Arbeit war mehr als dröge, aber das gehörte zu den geheimen Treffen mit Oma. Warme und trockene Sachen gegen Federn-Schleißen. Oma zeigte mir, wie das ging, und ich versuchte mich hochkonzentriert daran, aber natürlich war ich sehr viel langsamer als sie, deren Finger ein Leben lang gearbeitet hatten. Und wie wir so beieinandersaßen, begann sie alte Mythen und Sagen zu erzählen. Zum Beispiel die *Schlesische Legende*: *„‚Nachdem die Menschen ihr Paradies verloren hatten und im Schweiße ihres Angesichts ihr täglich Brot verdienen mussten, erbarmte sich der Herr Gott. In seiner unendlichen Gnade schenkte er ihnen den Garten Schlesiens. Noch war es eine raue Landschaft, gewaltig und erhaben, die urbar gemacht werden musste. Für diese Arbeit bedurfte es des Fleißes und der Mühe vieler Generationen. Ganz allmählich erblühte dies herrliche Stück Erde, gegeben aus Gottes Hand. Rauschende Wälder neben fruchtbaren Äckern; liebliche Täler und sanfte Hügel; der mächtige Wall der Sudeten und die Weite der östlichen Ebenen, von denen aus man wie auf einer Himmelstreppe zur Wolkenhöhe der Schneekoppe hinaufsteigen konnte. Und der Schicksalsstrom Schlesiens, die Oder, schimmerte silbern zwischen all dem. Dörfer lugten aus dem Grün der Obstgärten, bis auch die Perle Schlesiens – Breslau – inmitten dieses Paradieses prangte. So entstand ein erdverwurzeltes Gottsuchervolk. Zudem gab der Herrgott dem emsigen Völklein das Geschürf sowie die unterirdischen Schätze, Kohlen, Erze, selbst Silber, Gold und Edelsteine. Über wogenden Weizenfeldern surrten die Grubenräder und qualmten die Essen. Und in so mancher Kate klapperte der Webstuhl.'* Ane Sehnsucht hoat a jeder!"*, seufzte Oma dann glückbeseelt. Und ihre Hände schlissen unentwegt emsig die Federn.

Nicht husten, du darfst nicht husten, dachte ich die ganze Zeit, denn das hätte zur Folge gehabt, dass alle Federn durch die Luft wirbelten und wir jede einzelne würden auflesen müssen. So hielt ich irgendwann einfach die Luft an, lauschte der Erzählung und starrte ab und an auf das alte Gemälde, das über Opas Sessel an der Wand hing. Es zeigte ihn und Oma in den traditionellen Hochzeitskleidern. Mit großen, staunenden Augen blickten sie auf uns herab. So jung waren sie einst, und nun zeugten ihre zerfurchten Gesichter von einem langen, gelebten Leben.

Walter war wirklich nicht der Geschickteste. Jede Tätigkeit, bei der er stillsitzen und sich konzentrieren musste, war eine Qual für ihn. Also imitierte er einen fürchterlichen Hustenanfall und sofort flogen die Federn in der gesamten Küche herum. Daraufhin vollführte er einen kriegsähnlichen Tanz, wie er ihn aus seinen Karl-May-Büchern kannte, und Opa klatschte begeistert dazu. Oma schnaubte wütend vor sich hin und scheuchte uns schließlich wie die Hühner hinaus. Erst hier schnaufte ich wieder so richtig durch. Grinsend zogen Opa und Walter den Schlitten, auf dem ich wieder in eine Decke gekuschelt thronen durfte, und sangen aus voller Kehle altvertraute Volkslieder. Zu Hause angekommen, setzte Opa sich zu seiner Tochter in die Küche und bekam noch einen Schnaps, den es bei Oma nur sonntags gab. Sie hielt nichts von diesem Gebräu und so hatte auch er seine kleinen Geheimnisse. Schnaps gegen warme und trockene Kinder.

„Der zieht alle Knopplöcher zusammen!", seufzte er selig nach dem ersten Glas und strahlte Mutter an.

Zufrieden mit dieser stillen Vereinbarung kramte er seine Tabaksdose hervor und machte sich konzentriert ans Stopfen seiner Pfeife.

Vater war nach Hause gekommen und auch Traudel, Peter, der Patron, Herbert und Willi kamen im Laufe des Abends vorbei. Mit ernster Miene lauschten sie einer sonderbaren Stimme im Radio. Sie bellte und geiferte, schrie förmlich immer wieder die Worte *„Deutschland Erwache!"* hinaus. Meinen Eltern war die Verstörtheit mehr als deutlich anzusehen. Traudel blickte stumm an die Decke, Willi dagegen saß mit leuchtenden Augen da.

„Die Politik hält sich mit ihren Notverordnungen und Scheinparagraphen mehr schlecht als recht über Wasser", murmelte Herbert nachdenklich.

„Aber die dampfende und stampfende SA und SS von diesem Hitler und er selbst mit seiner großen Kodderschnauze – das kann nun wirklich nicht die Lösung aller Probleme sein." Mutters Stimme klang besorgt.

Vater brummelte, der Spuk werde bald vorübergehen. „Wer ist schon dieser Parvenü Adolf Hitler, ohne nennenswerte Vergangenheit oder interessante Biografie?", echauffierte sich der Patron. „Paul von Hindenburg, dieser Held des Großen Weltkrieges, dieser kluge Mann, egal, wie alt er mittlerweile ist, kann es nicht wagen, diesem Pöbel die Macht und damit Deutschlands Schicksal einem Nichts zu überlassen. Es stehen doch wirklich erfahrene Männer an der Spitze der Demokratie, die werden sich wohl zu wehren wissen!"

Er wischte sich eine Schweißperle von der Stirn. Seine sonst so gütigen Augen blickten ernst und sorgenvoll drein.

Traudel erzählte, ihre Breslauer Cousine berichte immer wieder von brutalen Straßenkämpfen, die sich die Deutschnationalen mit den Kommunisten lieferten.

Die KPD träume von der Weltrevolution, hielt Mutter in ihrem Tagebuch fest. Aber für ihren Thälmann habe es bei der letzten Wahl nur knapp vier Millionen Stimmen gegeben. Die Straßenschlachten zwischen Kommunisten und Nazis eskalierten. Und in den Städten präge mittlerweile eine Atmosphäre aus Wut und Gewalt den Alltag. Zudem richte sich der Zorn zunehmend gegen die Juden, das habe sie gelesen, die sollten an allem schuld sein. Dagegen lebten wir hier in einer Idylle. Hier war von all dem nichts zu spüren.

„Adolf Hitler wird uns wieder Arbeit und Brot geben. Das hat er versprochen", schwärmte Willi. „Wie viele junge Burschen und gestandene Mannsbilder hat er schon von der Straße weggeholt? Er wird es richten, da bin ich mir sicher. Wir bluten doch aus wie ein abgestochenes Schwein. Mein Vater ist für den Kaiser gefallen und die Inflation hat uns alles genommen. Und jetzt? Jetzt dürfen wir blechen, bis wir keine

Butter mehr auf der Stulle haben! Breslau hat gleich nach Berlin die höchste Arbeitslosenquote! Unser Breslau, das einmal reich war, vermögend. Da muss endlich mal einer ran, der uns aus dem Elend befreit."

„Wilhelm! Du kannst doch nicht ernsthaft behaupten, dass diese Schlägertrupps eine ernst zu nehmende Arbeit machen!", unterbrach ihn Traudel empört. „Das sind Verbrecher, die einfach keine andere Meinung zulassen. Lies doch mal genau, was in der Zeitung steht!"

„Ich mein' ja nur. Stinkt euch das nicht auch alles? Immer Wirtschaftskrise, nie weißt du, ob du morgen was zu futtern hast oder Arbeit. Seht euch doch selber an. Alfred? Was war mit deiner Firma? Jetzt geht es wieder einigermaßen, vielleicht nicht gerade im Winter, wer will da schon eine Terrasse anlegen, aber ab Frühjahr kannst du doch wieder hoffen."

Mit großen Augen schaute er in die Runde, auf der Suche nach ein wenig Bestätigung. Vater sah nachdenklich auf seine Hände und zuckte nur kurz mit den Schultern. Willi blieb hartnäckig.

„Du hast doch auch zwei Jahre von der Hand in den Mund leben müssen!" Dann sah er die anderen empört an. „Ihr habt alle nichts zu lachen! Mal ist Geld da, dann wieder nicht. Ich warne euch, dieses rote Gesocks ist viel schlimmer als die Nationalsozialistische Deutsche Arbeiterpartei. Anna, Herbert, in allen Ehren – aber wollt ihr wirklich den Kommunismus? Da gibt es dann nichts mehr! Da kannst du dein Hab und Gut gleich abgeben. Und was ist die SPD? Ein Haufen Antriebsloser, die sich für nichts wirklich entscheiden können. Die Nationalsozialisten aber, die wollen unsere deutsche Ehre aufrechterhalten."

Die anderen Erwachsenen sahen ihn befremdet an. Herbert saß mit verschränkten Armen da und seine grünen Augen bekamen die Farbe von dunklem Moos. Er bezähmte seine Wut. Willi schien immer verzweifelter.

„Wir hatten mal eine Vergangenheit, eine Kultur, eine Geschichte. Wo ist all das geblieben? Alles vernichtet, untergegangen im Chaos von Willkür und Modernität, die alles überrollt hat. Die alten Werte zu schützen, darum geht es der NSDAP. Ich finde, das klingt überzeugend. Ich habe mir die Rede angehört vom letzten Sommer. Herr Hitler hat da sehr konkrete Vorstellungen. Die klangen für mich vernünftig."
Mutter schüttelte den Kopf, schwieg aber. Keiner sprach ein Wort. Argwöhnisch sah ich von einem zum anderen. Dieser Hitler schien nicht bei allen gut angesehen. Nur bei Willi.

Erst als mit einer kranken Kuh, der alten Mühle und einem verbauten Weg im Wald alltägliche Themen auf den Tisch kamen, beteiligte Mutter sich wieder am Gespräch. Die Gemeinschaft war wieder intakt. Scheinbar. Warme Suppe wurde verteilt, dazu gab es selbstgemachte Wurst und kühles Bier und die sonderbare Stimme im Radio war von Musik abgelöst worden.

Manchmal schaute Mutter nachdenklich zum Fenster und dann wie erstaunt auf uns alle zurück. Als würde sie uns zum ersten Mal bemerken. Sie betrachtete jedes Detail wie ein Gemälde und mir kam es so vor, als wollte sie sich dieses friedliche Bild mit all seinen klaren Farben genau einprägen. In dieser Zeit begann sie, Menschen und Augenblicke mit der Kamera festzuhalten. Unbemerkt richtete sie den kleinen Apparat auf die Gesichter, wartete einen bestimmten Moment ab und drückte auf den Auslöser.

Damals fragte ich mich, was sie wohl alles in diesem kleinen Kasten aufbewahrte. Wie viel Platz barg er und was geschah mit den Seelen? Konnte Mutter die auch sichtbar werden lassen? Immer öfter hielt sie kleine Alltagsgeschichten fest und wenn die Abzüge aus Neisse kamen, staunten wir, wie Menschen, Dinge und Natur gemäldegleich vor uns lagen. So konnte manche vergangene Situation immer wieder neu erzählt werden, war aufbewahrt für die Ewigkeit.

Dazu schrieb sie in ihr Buch, was am Tage geschehen war. Zunächst waren es immer nur ein paar Zeilen, doch von Jahr zu Jahr beschrieb sie ausführlicher und genauer, was im Dorf geschah, wer bei uns ein- und ausging und natürlich, was sich politisch veränderte. Das verfolgte sie argwöhnisch und akribisch genau.

Wenn bei Nacht die glänzenden Sterne am Himmel aufzogen, schien alles wieder so vertraut. Vater strubbelte Willi über den Kopf, beide lachten. Und doch konnte Willi seinem Freund Alfred nicht mehr richtig in die Augen sehen.

So begaben sie sich alle in ihre Häuser zurück, verschlossen die Türen und widmeten sich ihren eigenen Gedanken. Ich vermute mal, so manch einer grübelte noch lange über das, was in unserer Küche lauthals erörtert wurde, und spürte, dass sich innerhalb dieser Gemeinschaft ein kleiner Riss anbahnte.

Der Anfang vom Grauen

Es war ein Montag. Schon am Mittag überschlugen sich die Nachrichten. Mutter war nicht wegzubekommen vom Radio. Walter und Thea kehrten aus der Schule zurück. Mein Bruder schmierte sich zwei Stullen und rannte gleich hinaus in den Garten. Thea blieb auf der warmen Kachelbank sitzen, nahm einen ihrer bunten Stifte zur Hand und begann zu malen. Ich hockte bei ihr und den Großeltern, die im Radio dem Jubel lauschten, der den Raum wie eine tosende Brandung umspülte. Kurze Zeit später machte der Patron seine Aufwartung und ich beobachtete den alten Herrn, wie er immer wieder den Kopf schüttelte. Den Traum von einer neuen Monarchie musste er wohl in diesem Moment begraben.

„Wissen Sie, Frau Anna", begann er mit seiner brüchigen Stimme, „eigentlich überrascht mich die Ernennung dieses österreichischen Anstreichers nicht. Schleichers Rücktritt hat diesem machthungrigen Kerl das Tor zur Diktatur geöffnet und er will sie haben, so unbedingt haben, diese Macht von oben. Und so viele fanatische Stimmen jubeln ihm zu. Und das nicht erst seit heute. Unsere schöne schlesische Hauptstadt Breslau ist seit geraumer Zeit eine Hochburg der Braunen. Heute hat sie sich in genau diesem Punkt behaupten können!"

Mutter stellte ihm ein Glas Wasser hin. Dankbar lächelte er sie an, nahm einen zögerlichen Schluck. Dann strich er sich über die Augen.

„Unser greiser Reichspräsident ist müde. Er hat den Aufstieg dieses Mannes wohl nicht verhindern können. Vielleicht nimmt er ihn auch nicht ernst, mit seiner nationalen Revolution, diesen gescheiterten Maler, wer weiß das schon? Aber ein Volk von Millionen jubelt und schreit hysterisch nach diesem Leitwolf. Fast könnte man meinen, die Leute sind derart überzeugt, dass der Erlöser gekommen ist und all den verdammten Seelen aus dem Fegefeuer helfen will."

„Nur ist er selbst das Böse", gab Mutter leise von sich.

War Willis Freund also ein böser Mensch? Wie sah er aus, dieser Freund von Willi, den meine Mutter und der Patron zu fürchten schienen?

„Aber das erkennen sie nicht", fuhr Mutter fort, mehr zu sich selbst. „Stattdessen folgen sie ihm. Blind und gehorsam."

„Ja", stimmte der Patron ihr zu. „Viele haben die jahrelangen Reparationszahlungen als ungerecht und entwürdigend empfunden. Die wachsende Not und Arbeitslosigkeit und die Angst der Mittelschicht, ins auch so verachtete Proletariat abzusteigen, haben Adolf Hitler genützt. Ihm vertrauen sie. Das sind die Leute, die die NSDAP wählen."

„Das ist der Untergang des Deutschen Reiches", sprach Opa und sah bedrückt auf seine Pfeife, die ausgegangen war. Er hatte seinen Fidibus vergessen, streichelte abwesend die schöne Schaumkrone, die aus echtem Silber angefertigt war.

Eingehüllt in diese seltsame Wolke aus trüben Gedanken beobachtete ich die Erwachsenen, während draußen Walter mit ein paar Freunden einen riesigen Schneemann baute, der im Sonnenlicht wie ein Kronleuchter funkelte. Es schien, als bekämen die politischen Ereignisse nur innerhalb dieser vier Mauern eine wirkliche Bedeutung. Dort draußen lag Mohrau noch eingebettet in alltägliche Gewohnheiten, friedlich, nicht gestört durch plärrende Stimmen aus einer irgendwie dunklen Welt.

Zum frühen Abend kehrten sie alle bei uns ein. Und lauschten. Wie Kinder mit großen Augen und roten Backen. Paul von Hindenburg vereidigte Adolf Hitler in Berlin als Reichskanzler. Mutter saß bis spät in die Nacht und schrieb jeden Schritt dieses Spektakels, wie sie es bezeichnete, akribisch auf. Das half ihr, wie sie später erklärte, einen klaren Kopf zu bewahren. Sich nicht mitreißen zu lassen in diesen absonderlichen Taumel von Freude und Ekstase.

„Den Weg, die Republik ins Wanken zu bringen, hat doch die Koalition aus NSDAP und Deutschnationalen geebnet!" Otto schien sich kaum beherrschen zu können.

Trotz der Kälte glänzten kleine Schweißperlen auf seiner Stirn. Eine bahnte sich langsam ihren Weg über die Wange.

Das Radio brachte die dröhnende Massenbegeisterung zu uns in die stille Küche. Selbst Willi war seltsam ruhig geworden. Die geradezu aggressive Begeisterung aus Berlin war für uns Dorfbewohner befremdlich. Das unterschied uns von den Städtern; uns beschäftigten andere Fragen: Hatte die Kuh genug Milch gegeben? Würden die Tiere den kalten Winter überleben? Gab es Scherereien mit eingefroren Rohren und was geschah, wenn wir einfach nicht durch den vielen Schnee ins nächste Dorf oder nach Neisse kamen? Nur Doktor Felder besaß eins von diesen schicken Automobilen und Otto besaß einen kleinen LKW und mehrere Leiterwagen.

So manch einer holte die alte Winterkutsche mit Kufen aus dem Stall und dann ging es per Pferd zum nächsten Krämer. Wichtig war auch, ob genug Kohlen im Keller eingelagert waren, um über den Winter zu kommen. Und wie sollten die Frauen die Wäsche trocknen, bitte? Wie aus der eingefrorenen Pumpe Wasser holen?

Dieser Tag aber, das spürten wohl alle, dieser Tag war irgendwie anders. Und dieses Anderssein würde etwas mit uns machen. Es lauerte hinter diesen euphorischen Stimmen, die kein Gesicht hatten. Keine Augen, in die man hätte blicken können. Und damit keine Seele, die eine Spur Menschlichkeit offenbarte.

Plötzlich gab es ein Schnarren und Jaulen und das normale Programm wurde unterbrochen. Ein Joseph Goebbels rief jubelnd ins Mikrofon:

„Tag der Machtübernahme. Das ist der Aufbruch der Nation! Das, was wir unten erleben, diese Tausende und Tausende und Zehntausende und Zehntausende von Menschen, die in einem sinnlosen Taumel von Jubel und Begeisterung der neuen Staatsführung entgegenrufen, das ist wirklich die Erfüllung unseres geheimsten Wunsches, das ist die Krönung unserer Arbeit. Man kann mit Fug und Recht sagen: Deutschland ist im Erwachen! Wir wollen unsren Führer sehen."

Und emphatisch wurde berichtet, wie ein Heer von Fackelträgern durch das Brandenburger Tor zog, die Wilhelmstraße hinauf bis zur Reichskanzlei. Von überall her tauchten sie auf, die gewaltigen Kolonnen. Einem SA-Sturm folgte der nächste, begleitet von Untergliederungen der SS. Ungefähr 60.000 uniformierte Männer, so der Radiosprecher, folgten dem Licht der Fackeln. Im Gleichschritt, kein Innehalten, kein Stehenbleiben, nur vorwärts, hin zu ihm. Die genagelten Stiefelsohlen gaben den Takt an. Ein Gesang nationalen Stolzes begleitete den Zug und offenbar fanden sich immer mehr Schaulustige ein. Die Fackeln leuchteten ihnen im Dunkeln den Weg. Beim Reichstag standen die Menschen auf den umliegenden Dächern, um das gewaltige Spektakel hautnah zu verfolgen und zu erleben. Als die marschierenden Kolonnen näher rückten, brach ohrenbetäubender Jubel los. Außer sich vor Begeisterung schrie der Sprecher, es würden Hüte in die Luft geworfen und Hände wie Blitze gen Himmel gereckt.

Ich werde nie vergessen, wie erregend ich das empfand – so wundervoll, so angenehm! Fasziniert lauschte ich all dem. Walter ergriff meine Hand und auch bei ihm musste etwas Sonderbares geschehen sein. Zwischen Angst und Erregung wechselte sein Ausdruck, gebannt lauschte er der unsichtbaren Stimme, die uns alle übermannte. Ich war ergriffen von den Jubelschreien, dem rhythmischen Gesang. Wie hypnotisiert saßen wir da und starrten auf das Radio, das uns diese Offenbarung brachte. Von verzückten Mienen im Licht der Polizeischeinwerfer war da die Rede und von Fackeln, die ihren Schein auf glänzende Stahlhelme warfen, welche sich immer weiter vorwärts drängten, hin zu ihm.

Ein paar Jahre später sah ich in der Wochenschau die Bilder dieses apokalyptischen Abends. Und erinnerte mich sofort an die Stimmung bei uns in der Küche.

Dort stand er also, erleuchtet und eingerahmt im offenen Fenster. Die weiße Gardine fing das grelle Licht eines Kronleuchters auf und ein heller Strahl fiel auf das Gesicht von Adolf Hitler. Gottgleich und erhaben wurde er gezeigt, unter ihm sein jubelndes Volk. Hinter ihm, im Schatten, stand der alte Hindenburg und beobachtete stumm die hysterisch gewordene Masse. Hitler hob die rechte Hand – und ein Gebrüll schickte mir wieder einen Schauer über den Rücken. Um mich herum im Kino verzückte Menschen, die wie befreit klatschten. Und ich mittendrin. Unweigerlich musste ich daran denken, wie ergriffen ich als kleines Mädchen an jenem Abend gewesen war.

Damals war irgendwann aus dem Radio kein Wort mehr zu verstehen. Nur eine Welle von „Sieg Heil! Sieg Heil! Sieg Heil!" fegte durch unsere Küche. Eine Kerze zischte ärgerlich, flackerte auf und erlosch.
Was war bei den Menschen dort draußen so anders als bei uns hier drinnen? Hier brüllte keiner.

Das Schauermärchen der Erwachsenen

Während der folgenden Wochen jagte eine Meldung die andere. Fast überschlugen sich die fremden Stimmen vor Eifer, wenn sie vom *„neu erwachten Deutschland"* sprachen.
Die Natur jedoch ließ sich durch nichts beirren, hielt uns fest im Griff mit ihren klirrenden Temperaturen. Oma und Mutter nutzten die kalten Tage, schrubbten und räumten das Haus von oben bis unten auf. Sie öffneten alte Truhen und Kisten, begutachteten so manches Stück, stopften und nähten – und verbannten einiges wieder in die Truhe. Diverse Kleidungsstücke wurden unter die Lupe genommen, wieder verstaut, manche auch ausrangiert. Während die Großen auf dem Dachboden eifrig herumhantierten, saß ich an der Luke und spähte durch das matte Glas in den winterlichen Himmel, der an manchen Tagen nur fahles Licht abwarf. Dieses Wetter zwang einen, innere Einkehr zu halten. Nicht umsonst kramte man in den Kisten, die die Vergangenheit bargen, besah sich das eine oder andere und legte es wieder beiseite.
Auch Vater stieg auf den Dachboden, sortierte und räumte Dinge von rechts nach links, die er im Frühjahr für sein Zement- und Terrassenunternehmen wieder in den Hof tragen würde. So manches Mal rief man ihn, weil die Kohlen bei dem einen oder anderen schneller ausgegangenen waren als erwartet. Dann belud er unseren großen Holzkarren, nahm den Kaltblüter der Großeltern und stapfte mit dem

schnaubenden Oskar durch den Schnee ins Dorf. Aus allen Schornsteinen stieg Rauch; ein trügerisches Bild von Ruhe und Frieden.

Die Rufe und Anordnungen der fernen großen Welt in den Städten schallten ungehindert drohend übers Radio zu uns. Ständig drehte Mutter an dem Kasten, der für sie das wichtigste Ding im Haus geworden war. Sie fingerte an Knöpfen herum, kämpfte sich durch diverse Sender, die in Deutschland alle nur noch ein Thema kannten: Adolf Hitler und seine Partei, die tagtäglich mehr Terrain und Menschen eroberten, und zwar in einem atemberaubenden Tempo. Unausweichlich drangen diese Stimmen zu uns in den Raum.

Vater erklärte, die Rundfunkanstalten seien nun gleichgeschaltet, es säßen nur noch Unterstützer der NSDAP in den Machtzentralen der Sender. Auch die Zeitungen veränderten ihren Ton; schwarz wie drohende Mahnmale prangten die Buchstaben in den Blättern. Eine Extraausgabe jagte die nächste, eine wahre Flut an Informationen. Unentwegt eilte der Postbote Friedrich von Haushalt zu Haushalt. Manchmal waren es nur Zettel, die irgendeine neue Anordnung enthielten. Nicht selten wurde das Papier zum Anheizen der Öfen genutzt oder zum Ausstopfen der Stiefel. Nur über die ausländischen Sender, die Vater hörte, waren auch andere Töne zu vernehmen, nachdenklichere, vorsichtigere und nicht selten skeptischere.

Sobald aber alle wieder beisammensaßen, drangen nur die gesichtslosen Stimmen zu uns in die Küche. Manche bellten die Sätze förmlich heraus, andere wiederum huldigten der NSDAP wie einer göttlichen Erscheinung, so der Patron. Emphatische, salbungsvolle Worte, die einen regelrecht betörten.

Gebannt lauschend standen wir Kinder davor. Das alles kam einem großen Märchen gleich, das die Erwachsenen einander ständig erzählten. Alles steckte in diesem Kasten, der die großen und kleinen Dinge der Welt wie ein Schatzkästchen zu hüten schien. Alles Schöne, aber auch alles Böse war hier sicher verwahrt und konnte nicht in unser Leben eindringen. Es war wie ein Wunschkonzert; die Dinge spielten sich nur akustisch ab; wer wollte, konnte den Knopf drehen und schon war er woanders, bei einer anderen Geschichte. Mutter neigte den Kopf, presste ihr Ohr förmlich an den Lautsprecher.

„... *der völkische Erlöser verspricht, das Christentum als Basis unserer gesamten Moral, die Familie als Keimzelle unseres Volks- und Staatskörpers in ihren festen Schutz zu nehmen* ..."

„Ick kann jar nich so viel fressen, wie ick kotzen möchte", murmelte Traudel und schob Herbert ein Stück Speck rüber.

„Das – habe ich gelesen – hat jemand nach dem Spektakel in Berlin von sich gegeben."

„... *über Stände und Klassen hinweg unser Volk wieder zum Bewusstsein seiner völkischen und politischen Einheit zu bringen* ...", jubelte die gesichtslose Stimme glücklich beseelt in den Raum.

Es duftete nach frisch gebackenem Brot. Walter stürmte in die Küche und brüllte, er werde mit Peter zum nächsten Kampf von Max Schmeling fahren, egal wohin. Peter öffnete seine Blechkiste und gemeinsam stellten sie ihre Figuren auf, kleine Zinnsoldaten, die sie in zwei Gruppen einteilten. Dann spielten die Jungen das uralte Spiel von Krieg und Eroberung. Thea musterte die Bengel verächtlich. Mit ihrer Fibel setzte sie sich auf die warme Kachelbank und blätterte konzentriert in ihrem Buch.

Vater kam hinzu, schlug seine Zeitung auf und deutete auf eine Schlagzeile, die dort in dicken Buchstaben prangte.

„Seit ein paar Tagen herrscht Demonstrationsverbot für alle, in ganz Deutschland. Den Reichstag haben sie auch aufgelöst. Und kann mir bitte einer die Verordnung erklären ‚Zum Schutze des Deutschen Volkes'?", fragte Vater und begann dann ebenfalls Speck zu naschen. Herbert kaute und begann hämisch zu lachen. Interessiert zählte ich mit, wie oft sein goldener Stumpen im Mund aufblitzte. Den hatte ich eines Tages bemerkt, nachdem er bei Gustav gewesen war und sich dermaßen hatte stutzen lassen, dass sich kein einziges Härchen mehr aufstellen konnte. So entdeckte ich etwas Neues bei ihm.

„Sie können dich einfach von der Straße wegholen und einbuchten! Ohne dass du ein ordentliches Verfahren bekommst. *Das* heißt es. Das neue alte Deutschland ist wieder erwacht. Ich erfahre von all diesen Schikanen durch Verbündete aus Breslau. Habt ihr das noch nicht bemerkt? Drastische Einschränkungen der Versammlungs-, Rede- und Pressefreiheit. Zig Zeitungsverbote sind ausgesprochen und mit nicht eben sanften Methoden durchgesetzt worden. Natürlich nur für uns Linke. Denn nachdem der Reichstag aufgelöst wurde, riefen die Kommunisten zum Generalstreik auf."

Er schwieg nur deshalb für einen Moment, weil er ein Stück Speck kauen musste. Dabei schielte er zufrieden in Traudels Richtung. Dann fuhr er fort, ohne seinen wohlwollenden Blick von Traudel zu lösen.

„Da hat der altersschwache Hindenburg diese Notverordnung unterzeichnet. Damit können sie nun alle politischen Gegner ganz legal unterdrücken. Die braune Zensur hat gnadenlos zugeschlagen."

Vater schaute nachdenklich drein. Ich legte ihm Speck und Brot auf den Teller. Er wuschelte mir zärtlich über den Kopf und versuchte unbekümmert auszusehen.

„Nix mehr mit Pressefreiheit", nuschelte Herbert mit vollem Mund. Den Stumpen konnte ich nicht erkennen. „Alfred, mit deiner *Frankfurter Zeitung* wirst du das auch noch erleben. Egal, wie liberal sie sich gibt. Die Journalisten werden einfach durch parteigetreue Schreiberlinge ersetzt.

Du wirst sehen, bald liest du nur noch das, was dort oben proklamiert wird. Und der Schritt vom Straßenterror zur Diktatur kommt auch noch, passt mal auf! Ja, ja, sie machen uns noch alle zu Hampelmännern der Nazipolitik."

„Überall die Burschen von der SA, die genau überprüfen, welche Gesinnung du vertrittst", warf Traudel ein, blickte in den Ofen, schnupperte wie ein Hund und schloss die Tür wieder. „Selbst in Neisse siehst du schon an zig Gebäuden die Fahne mit dem Hakenkreuz hängen. Schwarz-Weiß-Rot. Und überall die Fratze von diesem Demagogen, dessen Augen nichts als Hass und Wut verraten. Dem muss irgendeiner mal ziemlich zugesetzt haben, so verachtend wie der in die Welt schaut."

„Und über Breslau müssen wir ja wohl gar nicht mehr reden", empörte sich Herbert und trank einen Schluck Bier. „Es ist doch wirklich eine der ersten Trutzburgen der NSDAP. Ich fasse es nicht. Randalierende Braunhemden-Trupps haben ganze Straßenzüge erobert, schwenken fanatisch ihre Fahnen und werben mit donnernden Stimmen für ihre nächste Wahl im März. Die Burschen sind keine 20. Und tragen ihren Gummiknüppel immer sichtbar bei sich als Symbol von Stärke! Aber prügeln tun sie am helllichten Tag Frauen und Mädchen, die sie in der SPD oder KPD vermuten. Bei Juden stürmen sie mit vorgehaltenem Revolver in die Wohnung und erpressen Geld. Und die Bürger stehen da und gaffen. Keiner schreitet ein. Alle gehen ihres Weges und lassen den Pöbel gewähren."

„Tucholsky meinte, ‚*den Mann gibt es gar nicht; er ist nur der Lärm, den er verursacht.*' Ich fürchte, da unterschätzt er den Kerl. Dieser Lärm wird uns noch alle taub machen, passt mal auf."

Traudels mahnende Worte wurden mit heftigem Nicken bestätigt.

Bei Walter starb der Offizier einen qualvollen Tod, während Peter mit seiner Truppe das Feld eroberte. Hier standen die Gewinner und Verlierer fest; die Schlacht war geschlagen.

„Hitler will mit allen Mitteln Lebensraum im Osten erobern – das hat er doch oft genug von sich gegeben. Da setzt er einfach hier seine Handlanger ein, die beginnen schon nach seiner Manier aufzuräumen. Diese Burschen patrouillieren durch die Cafés, um jüdisch aussehende Menschen rauszuschmeißen. Und wagt ein Jude auch noch, mit einem arischen Mädchen auszugehen, dann wird er kurzerhand abgeführt und einem, na, nennen wir es *Verhör* unterzogen. In Breslau räumt die SA mittlerweile dermaßen schnell auf mit dem, was nicht ihrer Ideologie entspricht, so schnell kannst du gar nicht gucken. Das heißt, das kann nur in einem Krieg enden", fuhr Herbert lakonisch fort.

So wütend er auch über die herrschende Politik war, von Traudel mit Speckstückchen gefüttert zu werden, genoss er mit strahlender Miene. Walter setzte sich dazu, schnitt sich ebenfalls eine Scheibe ab und hörte interessiert zu. Alles, was mit Krieg zu tun hatte, weckte seine Neugier. Es war eine Gier nach Abenteuer und Heldentum. Nach Ruhm und Ehre. Wie in seinen Karl-May-Büchern – eine der wenigen Lektüren neben den Kinderbüchern von Erich Kästner, die für ihn in Frage kamen.

Wie oft wurde ich als Squaw an einen Baum gebunden und die Jungs tanzten um mich herum und feierten ihre Eroberung. Als Walter jedoch einmal sämtliche Messer aus der Küchenschublade holte, um mich am Marterpfahl damit zu bewerfen, so wie der Cowboy im Zirkus, der jedes Jahr hier Station machte, schritt Mutter doch energisch ein.

„Und wen meint er wohl mit den *,Schmarotzern, die er aus dem deutschen Volkskörper ausscheiden'* will?" Herbert blickte kampfeslustig in die Runde. „Das sind auch wir, die ihn nicht gewählt haben. Ich habe sein seltsames Knastbuch gelesen, *Mein Kampf*. Da steht alles drin, sein großer Glaube an ein gewaltiges Volk, das er führen will. Und dabei stören ihn die Juden. Weiß der Himmel warum. Und natürlich wir Kommunisten", schloss er schulterzuckend.

„Wir sind eh viel zu weit weg von der Politik. Breslau hat sich ja vorher nicht um dieses Fleckchen Erde gekümmert. Was interessieren wir Landleute die Städter? Und selbst wenn es in Neisse den einen oder anderen Braunen gibt – wir haben viel zu viele andere Sorgen und den Arbeitstag hier im Dorf zu bewältigen, als dass die Nazis uns wirklich stören könnten", meinte Vater ungerührt und schnupperte an dem Brot, das Mutter endlich aus dem Ofen geholt hatte.

Mit geschmolzener Butter pinselte sie den heißen Leib ein, was einen schönen Glanz erzeugte. Thea holte Schmalz und Wurst aus der Kammer sowie frischen Ziegenkäse, doch als wir uns gerade alle zum Essen setzten, ertönte frenetischer Beifall. Der Kasten drohte förmlich zu zerspringen vor Lärm. Der gewohnten friedlichen Abendstimmung wurde heute keine Muße gewährt, sich hier niederzulassen.

Und da war sie wieder, die seltsame Stimme. Sie erinnerte mich immer an den Hund vom Bürgermeister, der wütend bellte, sobald man in seine Nähe kam. Und blieb man einfach stehen, schlug das Bellen oft in heiseres Kläffen um, als ginge es um sein bisschen irdisches Leben. Dabei wollte er einem nur Angst einjagen, seine Dominanz beweisen und verteidigen. So viel Angst versuchte er zu schüren, dass man sich nicht in seine Nähe wagte und ihn auf dem ihm zugewiesenen Platz gewähren ließ.

„Deutsches Volk, gib uns vier Jahre Zeit und dann richte und urteile über uns. Deutsches Volk, gib uns vier Jahre, und ich schwöre dir, so wie ich dieses Amt antrat, tat ich es nicht um Gehalt und Lohn, ich tat es um deiner selbst willen!"

Hitler stand im Berliner Sportpalast und dies war die erste Parteiveranstaltung, die reichsweit im Radio übertragen wurde.

Eine sonderbare Stille lag über der Küche.

Die Erwachsenen starrten vor sich hin, während Walter und Peter wie festgefroren mit offenem Mund vor dem Empfänger saßen. Thea sah fragend zu Mutter und ich betrachtete die Anwesenden als wären sie Fremde. Ich konnte nicht verstehen, dass diese Stimme dermaßen viel auslösen, so unterschiedliche Emotionen wecken konnte.

Und dann prahlte Goebbels auch noch: *„Welch eine Wendung durch Gottes Fügung!"*

„Na, den lieben Gott, den lässt du bitte aus dem Spiel", zischte Mutter wütend und verteilte mit einem Stirnrunzeln dampfenden Kaffee.

Goebbels beachtete Mutters Worte nicht. Er übergab das Wort an Hitler. Dieser redete hasserfüllt gegen seine politischen Gegner und lobte seine Wähler. Dann wurde seine Stimme fast mild.

„Deutsches Reich der Größe und der Ehre und der Kraft und der Gerechtigkeit – Amen."

„Es zweifelt wohl niemand mehr daran, dass die Republik nicht nur in den letzten Atemzügen liegt, sondern tot ist", sprach Vater in die erstarrte Runde.

Nach einer Weile folgte stummes Nicken.

So sehr waren alle in ihren Gedanken gefangen, dass das Hämmern an der Tür zu lautem Donnergetöse anschwellen musste, bis wir es überhaupt vernahmen. Schließlich stürzte Siegfried herein und blieb mit roten Ohren atemlos in der Wohnküche stehen. Kleine Schneeflocken glitten zögerlich von seinem Mantel zu Boden.

„Vati braucht dich, Herbert." Sein Atem kam stoßweise, dabei presste er sich mit einer Hand an die Seite seines Bauches, wie beim Seitenstechen. „Die Liesel kriegt das nicht hin mit ihrem Fohlen. Kannst du helfen?"

Herbert sprang auf, klaubte seine Sachen zusammen, schob sich das letzte Speckstückchen in den Mund. Sein goldener Stumpen hatte mindestens zehnmal aufgeblitzt, wie eine Christbaumkugel im Licht gefunkelt. Weiter als bis zehn konnte ich noch nicht zählen.

„Ich will mit!", schrie Walter, zog Peter am Ärmel und stürmte in den Flur, um sich anzuziehen. Auch Vater rannte hinaus in den winterlichen Abend. Der Männerpulk stapfte durch den Schnee davon und verschwand alsbald am dunklen Horizont. Traudel verabschiedete sich ebenfalls. Vorher aber legte sie noch die umgefallenen Zinnsoldaten in die Blechkiste zurück und schloss den Deckel. Gähnend stieg sie die Treppe empor, deren Gebälk vertraute Geräusche von sich gab. Mutter drückte ihr noch einen Teller mit Wurst und Käse in die Hand, wandte sich dann dem Tisch zu und begann ihn abzuräumen.

Wenn sich jemand mit Pferden auskannte, dann war es Herbert. So ziemlich jeder holte ihn, wenn es um die Belange dieser Tiere ging, die im Dorfleben unverzichtbar waren. Nicht nur für die Arbeit bei der Landwirtschaft. Auf fast jedem Hof gab es ein Pferd, das man für die Feldarbeit einsetzte, aber auch für diverse Kutschfahrten und natürlich zum Reiten brauchte. Wer konnte, brachte jedes Jahr ein Fohlen auf den großen Viehmarkt im Nachbardorf und machte damit zusätzliches Geld. Das Geschäft mit den Pferden wurde einst vom alten Patron ins Leben gerufen und noch immer zeugte von seiner damaligen Arbeit das große Anwesen, das er im vergangenen Jahrhundert aufgebaut hatte.

Herbert hatte als junger Bursche beim Patron gearbeitet und konnte mit seinen Kenntnissen überall aushelfen. Als gelernter Hufschmied und inzwischen auch als Schmiede- und Sattlermeister war er unverzichtbar in der Dorfgemeinschaft. Auch seine Kenntnisse im Zureiten junger Pferde, im Dressieren und Züchten machten ihn zum angesehenen Pferdefachmann. Keiner verstand diese Tiere so wie Herbert.

Jeden Tag stand er in seiner Schmiede und schlug mit wuchtigen Hieben den Hammer auf den Amboss. Er war nicht groß, aber kräftig und zäh. Oft umringten die Jungen ihn neugierig und bewunderten seine stählerne Kraft. Jeder durfte einmal den gewaltigen Hammer in Händen halten, in der Gluthitze traten ihnen die Schweißperlen auf die Stirn. Sie empfanden großen Respekt vor Herberts Stärke. Seinen fast erwachsenen Sohn Veit arbeitete er seit einiger Zeit ein, der ging ihm mittlerweile in allen Dingen zur Hand. Emmy, seine Tochter, seit dem Sommer verheiratet, war ins Nachbardorf gezogen. Drei Jahre zuvor war die Mutter gestorben. Ich konnte mich kaum an sie erinnern, nur an ihr wunderbares Lachen, das ich in unserer Küche oft zu hören bekam. Seither waren Herbert und Veit auf sich allein gestellt.

Nun galt es, für einige Stunden die Aufmerksamkeit dem Wohl des Tieres und dem Beginn eines neuen Lebens zu widmen. Die Politik beschränkte sich schlagartig wieder auf den Radiokasten, den Mutter einfach ausschaltete. Sie bereitete für den nächsten Tag eine Hafersuppe. Zunächst weichte sie das Getreide ein. Thea und ich hackten Nüsse und fügten getrocknete Beeren hinzu. Nachdem die seltsame Stimme aus der weiten Welt verstummt war, kehrte unsere vertraute Gemütlichkeit zurück, und dennoch: Auch wenn Mutter mit uns scherzte, bemerkte ich doch Sorgenfalten auf ihrer Stirn.

Das Schauermärchen der Großen schien seine düsteren Kapitel zu offenbaren. Das Böse, das die Menschen auf eine harte Probe stellen sollte, war in das Leben der Figuren getreten und ob es die Prinzessin war oder der junge Müllerbursche – jetzt mussten sie alle dagegen ankämpfen, wollten sie am Ende doch noch ihr Glück finden. Das versprach ein langes Abenteuer zu werden und ich fragte mich, welche Rolle mir darin wohl eines Tages zukäme.

Erste Risse

Wir trotzten der Unbill der kalten Jahreszeit. Nicht selten klirrte die eisige Luft wie Glas. Das Vieh war sicher eingestallt und unser Alltag verlief in seinem gemächlichen Wintertrott. Jedes Geräusch verschluckt von der dicken Schneedecke. Die Natur wie erstarrt, und nur gedämpft drang das Rumpeln vereinzelter Kutschen oder Holzkarren, die weiterhin ihre Fuhren unternahmen, durch die geschlossenen Fenster zu uns herein. Der Doktor quälte sich mühsam mit seinem Automobil über Feldwege und Straßen, die eigentlich unpassierbar waren. Nicht selten ließ er sein Gefährt schimpfend stehen und stapfte die restlichen Meter zu Fuß weiter. So manch einer schnallte sich gleich die Skier unter und kam damit am schnellsten vorwärts. Rauchende Schornsteine zeugten vom Leben der Menschen hinter verschlossenen Türen. Jeder bereitete sich auf den noch entfernten Frühling vor; in den Häusern wurde emsig geschrubbt, so manches Werkzeug und Gerät gereinigt und repariert und die Ställe wurden ausgebessert.

Eines Nachmittages kam Walter zu mir ins Zimmer gestürmt, als wollte er dem Winter davonlaufen. Ich war dabei, meiner Puppe ein Kleid aus Stoffresten zu machen. Thea kicherte mit ihrer Freundin Agnes in der anderen Ecke und trank mit ihr den heißen Kakao, den Mutter uns hingestellt hatte.

„Komm, Hanna, ich muss dir was zeigen! Wenn du willst, Thea, komm mit. Hallo Agnes!" Und schon stürmte er wieder aus dem Zimmer.

Thea und Agnes schüttelten den Kopf, tauschten vielsagende Blicke und tuschelten, damit ich ja nichts mitbekam. Ich rannte Walter hinterher und als er mir hastig Schal, Mütze und Jacke überzog, packte mich die Neugierde, was mein Bruder mir Spannendes zeigen wollte. Er nahm mich bei der Hand und wir rannten in den Tag hinaus, der uns mit seinem kalten Atem begrüßte und in seine frostigen Arme schloss. Schwere Eiszapfen glänzten im Sonnenlicht und dennoch, die Luft roch mild, so als bahnte sich der Frühling schon eine kleine Schneise durch Berge und Täler. Ein leichter Wind strich ums Haus und ich musste für einen Moment die Augen schließen, so hell schien mir die Sonne ins Gesicht. Walter zog mich in den Kinderwald und unter seinem Baum deutete er hinauf in die verschneiten Äste. Und da sah ich es: Schnee und Eiszapfen begannen zu schmelzen. Wie bunte Glassplitter glänzte das Nass und perlte sacht zu Boden. Und mitten in dem Geäst hockte eine Meise und trällerte ihr Lied. Dabei plusterte sie sich auf, schüttelte sich, als befreite sie sich von der immensen Last des kalten Winters.

„Jetzt wird es nicht mehr lange dauern und der Frühling ist da!", lachte Walter glücklich, nahm ein paar Nüsse aus der Tasche, vermischte sie mit Brotkrumen und hielt seine Hand in Richtung Vogel.

Es dauerte kaum eine Minute, da hockte der kleine Gefährte auf seiner Hand und pickte vorsichtig. Mein Bruder strahlte, sog die Luft ein, spähte mit großen Augen in den Himmel. Bald würde er wieder in seinem Baumhaus Zuflucht suchen können vor der Welt, die glaubte, ihn ständig an die ernsten Dinge des Lebens erinnern zu müssen.

Als wir uns später nach Hause trollten, warf die untergehende Sonne ihren letzten Glanz auf unser Haus. Schon an der Küchentür hörten wir das laute Gerede der Erwachsenen. Sie trafen sich mal wieder zu ihrer Radiostunde und lauschten den Stimmen aus der großen Schauermärchen-Welt, in der immer neue absonderliche Figuren auftauchten und einander wie Gut und Böse bekämpften. In den letzten Wochen hatte Mutter immer besorgter am Radio gesessen und flüsterte was von dem „furchtbaren Regime", das sich das Volk endgültig Untertan machen wolle.

„Einfach alle Parteibüros der Kommunisten geschlossen! *Reichstagsbrandgesetz*! Was ist das denn wieder für eine neue Erfindung von Hitler und seinen Schergen? Jetzt haben sie endlich erreicht, was sie immer geplant haben: Machtaufhebung für die anderen Parteien. Und zig Festnahmen, vom Reichstagspräsidenten als *Schutzhaft* deklariert. Was soll denn da bitte geschützt werden? Was hat sich der dicke Göring dabei gedacht?"

Herbert war in Rage. Aber es schwang noch etwas anderes mit, das spürte ich. Herbert hatte Angst. Und ich begriff nicht, wovor. Die Erwachsenen redeten laut durcheinander. Nur Willi stand in der Ecke und beobachtete mit abweisender Miene das aufgeregte Treiben in unserer Küche.

Walter setzte sich sofort an den Tisch. Opa, der wie so oft nicht bemerkte, dass seine Pfeife erloschen war, strubbelte ihm über die Haare. Oma schnitt das Brot, half mit, die hungrigen Mäuler zu stopfen. Traudel massierte nachdenklich ihre Finger und Vater lehnte am Ofen und blätterte in seiner Zeitung. Ich konnte nur erkennen, dass tiefschwarze und übergroße Buchstaben die Seiten füllten, dazwischen ebenso dunkle Bilder, die ich aber nicht zu deuten verstand. Erst sehr viel später las ich in den Tagebüchern, dass besonders dieser Abend Mutter sehr naheging. Sie schrieb von einer dunklen Welle, die erst am Horizont aufgetaucht wäre, jeder könne sie sehen, aber keiner hielt sie auf.

Ich setzte mich zu meiner Schwester, die ebenfalls ratlos in die Runde blickte. Uns Kinder schienen sie kaum zu bemerken, so sehr waren die Erwachsenen mit ihrem sonderbaren Schauermärchen beschäftigt. Walter hockte mitten unter ihnen, sah interessiert von einem zum anderen, lauschte deren Gespräche an und fieberte allen Neuigkeiten entgegen.

Herbert setzte sich, schlug die Hände vors Gesicht und verharrte in dieser Position. Schlagartig kehrte Ruhe ein. Alles schwieg. Die empörte Stimme aus dem Radio gewann die Oberhand. Sie nahm sich einfach den Raum, Teil unserer Familie, Teil des Dorflebens zu werden.

"Gestern Abend um 21.30 Uhr hat der holländische Kommunist Marinus van der Lubbe, ein Niederländer, 24 Jahre alt, den Reichstag in Brand gesetzt. Funken wirbelten durch die gläserne Kuppel, dann loderte das Feuer auf, das filigrane Gewölbe über dem Plenarsaal des Reichstags erstrahlte hellrot vor dem Nachthimmel. Flammen züngelten empor, loderten hoch zu einem Brand, der kilometerweit leuchtete!"

Es folgte die Ankündigung, dass der Führer nun hart durchgreifen werde.

„Damit sind die Grundrechte der Weimarer Republik endgültig aufgehoben", meinte Vater, legte seine Zeitung weg, musterte Willi abtastend – und senkte den Blick.

Willi räusperte sich, bevor er, seine Worte mit Bedacht wählend, erwiderte: „Er hat es doch zugegeben, dass er den Brand gelegt hat. Was erwartet ihr? Was hätten denn die Kommunisten gemacht, oder die SPD, wenn jemand versucht hätte, Aufruhr zu stiften? Ihr Kommunisten seid doch auch nicht zimperlich mit euren Feinden umgegangen. Ob Rot oder Braun, wenn man an seine Sache wirklich glaubt, dann kämpft man dafür. Mit allen Mitteln. Das liegt in der menschlichen Natur. Und wenn es drauf ankommt, denkt jeder nur noch an sich. Der Mensch ist des Menschen ärgster Feind."

„Ein Einzelner soll den Aufruhr gestartet haben? Das glaubst du doch selber nicht! Wie soll der in den Reichstag hineingekommen sein? Wie konnte er sich dort einschließen lassen, ohne dass jemand ihn bemerkt hat? Mensch, Willi, wir sprechen von Berlin, einer Metropole, nicht von einem Stall, der zufällig offenstand! Das habt ihr verdammten Nazis doch selber ausgeheckt! Und nun habt ihr eure absolute Macht!"

Herbert schlug auf den Tisch.

Alle hielten die Luft an.

Dann baute Herbert sich dicht vor Willi auf. Der wich instinktiv einen Schritt zurück. Ich musste an eine Schlange denken, als Herbert weitersprach. Seine Worte schnellten gefährlich zischend hervor.

„Wie kommt es, dass genau vor einer Woche die SS, die SA und die Stahlhelme zu Hilfspolizisten ernannt worden sind? Hä? Hast du da eine Antwort? Die Brutalsten von euch, die, die gleich zuschlagen und morden?"

Willi schluckte. Herbert spuckte verächtlich auf den Boden, ließ angeekelt von Willi ab.

„Wie kommt es, dass knapp eine Woche vorher Hunderttausende die Straße beherrschen durften, und jetzt wird zufällig ein Feuer gelegt? Jetzt, wo man diese Horde endlich auf das Volk loslassen kann. Und dann will man uns weismachen, das geschieht zu unserem Schutz?"

Vater hatte ruhig gesprochen, aber es war nicht zu übersehen, wie sehr er sich beherrschen musste.

Opa zitterte ein wenig. Er nahm die kalte Pfeife aus dem Mund, fuhr sich über die zusammengepressten Lippen. Dann sprach er. Es klang verzweifelt.

„Man kann doch Menschen nicht wie Vieh einsperren, sie totprügeln und meinen, dass das alles für ein besseres Deutschland geschieht. Kein Schwein, keine Kuh in diesem Dorf muss solche Grausamkeit ertragen. So etwas tun nur Menschen sich gegenseitig an." Opa schüttelte den Kopf. „Gottlob sind wir hier auf dem Lande. Wir sind schon abhängig von den Launen der Natur, da sollten wir aufpassen, dass wir nicht auch noch von bösen Gedanken anderer abhängig sind. Seht zu, dass wir nicht unser menschliches Miteinander verlieren!"

Argwöhnisch beäugten die Erwachsenen einander. Willi stand mit hochrotem Kopf da.

„Denn die Saat der Gewalt sprießt in dem Moment, in dem der Verstand verkümmert. Das ist der Nährboden für alles Übel. Und wir sollten nie an unserem Glauben zweifeln. Er sollte die höchste Macht sein für uns. Nur der Glaube kann uns wirklich schützen. Nicht die Gewaltfantasien eines einzelnen Menschen. Wir haben doch alle einen Krieg hinter uns. Ich lag im Graben, du auch, Alfred, und du, Herbert. Du warst noch ein Kind, Willi, du weißt nicht, was Krieg wirklich heißt. Wo soll das enden, wenn wir weiter morden und uns gegenseitig ausschalten? Davon wird die Ernte nicht reicher, kann die Kuh nicht mehr Milch geben. Davon werden wir alle nicht satt. Und können unseren Kindern und Enkelkindern keine Zukunft bieten."

Nach dieser Ansprache schlug Opa die Augen nieder und starrte vor sich hin. Oma tätschelte seine Hand. Mutter sah ihren Vater dankbar an. Ich fühlte mich plötzlich unendlich sicher und geborgen, hatte ich doch meine Familie. Ich sprang auf und wollte gerade das Radio abstellen, als ein Schnarren und kurzes Gejaule ertönte und gleich darauf wieder eine andere Stimme in den Raum donnerte.

„Es gibt kein Erbarmen; wer sich uns in den Weg stellt, wird niedergemacht. Das deutsche Volk wird für Milde kein Verständnis haben. Jeder kommunistische Funktionär wird erschossen, wo er angetroffen wird. Die kommunistischen Abgeordneten müssen noch in dieser Nacht aufgehängt werden. Alles ist festzusetzen, was mit den Kommunisten im Bunde steht. Auch gegen Sozialdemokraten und Reichsbanner gibt es jetzt keine Schonung mehr."

Ich stellte das Radio ab. Kurz blickten die Erwachsenen auf, dann lächelte Mutter mir zu. Dieses Schauermärchen tat ihnen nicht gut. Ich wollte diese seelenlosen Stimmen nicht mehr hören und auch nicht in meinem Herzen spüren müssen.

„Sag mal, Willi, wie parteikonform bist du nun eigentlich? Noch trägst du nicht deren Kostüm, aber wann stehen die Braunen vor meiner Tür und holen uns alle ab oder schlagen mal eben alles kurz und klein? Oder knüpfen uns mit

Genehmigung von Göring einfach am nächsten Baum auf? Gerade hat er dir doch die Absolution dafür erteilt."

Das fragte Mutter ganz offen. Willi spürte die lauernden Blicke der anderen. Bald würden die Figuren in ihrem Märchen endgültig in Gut und Böse aufgeteilt, er musste sich genau überlegen, zu welcher Seite er gehören wollte.

„Ich glaube an ein neues Deutschland." Er sah keinen an, starrte einfach zum Fenster hinaus. „Ich glaube, dass Adolf Hitler den Frieden will und dass wir Deutschen endlich unsere Möglichkeiten bekommen sollten, dieses Land aufzubauen. Und damit wir nicht ständig die Repressalien der anderen erdulden müssen. Ich möchte wieder jemand sein können, meine Würde, meine Kultur auch nach außen hin zeigen. Ich finde die Gewalt nicht in Ordnung. Aber wie Opa Mühe sagt, das gehört zum Moloch Stadt. Da haben die Dekadenz und all die wirtschaftlichen Skandale am meisten Schaden angerichtet. Und ihr wisst ganz genau, besonders wir Landleute haben durch den Versailler Vertrag gelitten. Es hat an allem gefehlt, die wirtschaftlichen Katastrophen haben uns mürbe gemacht. Was waren wir Deutschen am Ende? Ein zusammengewürfelter Haufen ohne klare Leitlinien!"

Er stockte. Es war sonderbar ruhig in der Küche. Wir Kinder hockten auf dem Boden und starrten Willi an, der gespannt in die Runde sah. Von den Erwachsenen regte sich keiner. Wie beim hundertjährigen Schlaf von Dornröschen, dachte ich. Da richtete Willi sich auf und fuhr mit erhobener Stimme fort: „Ich bin froh, dass endlich jemand sagt, was wir nicht mehr wollen. Politik ist ein übles Geschäft. Es wird immer Gewinner geben und damit auch Verlierer. Fakt ist doch, Hitler ist willkommen, bei vielen von uns. Er ist nun mal der Gewinner. Und ich respektiere diese Entscheidung. Das heißt aber nicht, dass ich blind geworden bin. Ich lebe hier und wir werden weiterhin zusammenstehen. Ich bin wie ihr hier geboren und aufgewachsen. Meine Eltern liegen auf diesem Friedhof. Mein

Bruder hat sein Blut für Deutschland vergossen. Ich möchte nicht, dass all unsere gefallenen Brüder, Väter und Verwandten einen sinnlosen Tod gestorben sind. Wir müssen aufwachen und endlich begreifen, dass wir stark sind. *Alle vor Einem und Einer vor Allen.* So, wie es schon in der Gründungsurkunde unseres Dorfes als Gebot steht. Wir sind nicht ewig schwach, wir müssen uns nicht ewig von anderen unterjochen lassen."

„Und der Rassenhass? Müssen wir den für das neu erwachte Deutschland einfach so hinnehmen? Menschen aus der Gesellschaft auszuschließen, ist doch nur der Anfang von Terror und Unterdrückung. Und einer ganz schwarzen Zukunft. Oder besser gesagt, einer braunen", hielt Herbert ihm leise entgegen.

Mir machte das Angst.

Später im Leben musste ich noch lernen, dass Unglück nicht immer mit lautem Getöse über einen hereinbricht; je leiser es sich anschleicht, je überraschender es einen trifft, desto hilfloser und schwächer ist man ihm ausgeliefert.

Das Schweigen, das auf Herberts Worte folgte, verdeutlichte nur, dass ein kleiner Riss entstand; ein kleiner Riss, der unsere Dorfgemeinschaft zu spalten drohte. Meine Eltern schwiegen, Traudel zuckte nur mit den Schultern. Herbert war mit seinen Gedanken woanders. Er murmelte nur: „Der wahre Feind kommt von rechts", worauf Willi die Arme verschränkte und keinen mehr anschaute.

Wir Kinder sahen ratlos von einem zum anderen. Ich war mir in diesem Augenblick nicht sicher, ob es sich lohnte, erwachsen zu werden.

Wahltag

Damals konnte ich nicht ahnen, dass meine Generation fortan für das schauerliche Politikmärchen der Erwachsenen eine

wichtige Rolle übernehmen sollte. Keiner hat uns gefragt, niemand uns gewarnt, dass dieses Eingreifen in unsere kindlich-jugendliche Seele lebensbedrohliche Folgen haben könnte, für viele auch lebenszerstörerische. Es war für uns keine freie Entscheidung.
Aus heutiger Sicht ist das wohl nicht nachzuvollziehen.
Ohne große Anstrengung kann heute jeder alles recherchieren, alles deuten, Zusammenhänge begreifen, nachlesen, Fakten abwägen und kluge Analysen von sich geben. Der schleichende Prozess aber, in dem der Ungeist sich wie ein langsam wirkendes Gift in dem unschuldigen jungen Geist ausbreitete, um ihn dann von innen her zu zerfressen, auszuhöhlen – ja, der ist schwer zu begreifen. Denn vorerst hörten wir den Krieg nur übers Radio, sahen in den Wochenschauen die Bilder, die heroisch daherkamen. Triumphe, mit großen Buchstaben in allen Zeitungen verkündet, natürlich überhöht. Wir jungen Menschen klammerten uns an das Märchen der Erwachsenen, glaubten an das gute Ende.

„*Und wenn sie nicht gestorben sind, dann leben sie noch heute …*" Aber irgendwann waren wir Teil dieser monströsen Geschichte, die nie zu enden schien.

„*Führer befiehl – wir folgen dir!*"

Und das Deutsche Reich ging unter der braunen Führung auf wie Hefeteig. Die Mär vom Deutschen Reich … aber war es denn eine Mär? War es nicht fürchterliche Realität?

„Jetzt haben sie Teddy festgenommen!" Herbert war in unsere Küche gestürmt und wirkte wie ein kleiner Junge, dem man seine Eisenbahn fortgenommen hatte.

Mutter sah ihn stumm an, dann schaute sie aus dem Fenster. Ein Vogel hockte auf dem Fenstersims und pickte ein paar von den Körnern, die Mutter immer auslegte. Zwischendurch blickte das kleine Tier einmal auf und blinzelte durch die Scheibe.

„Jetzt haben die Hunde alle politischen Gegner in Schutzhaftlagern eingebuchtet. Diese *Notverordnungen* setzen jedes Recht außer Kraft. Wie sollen wir bei der Wahl übermorgen noch eine Chance haben, wenn die Thälmann eingebuchtet lassen?"

Diesmal sah ich seinen goldenen Stumpen nicht. Der blitzte nur auf, wenn er laut lachte oder sich angeregt unterhielt. Jetzt wirkte er verstört.

Mutter ging zu ihrem Kasten, drehte an verschiedenen Knöpfen. Irgendetwas stimmte nicht.

„Die haben alle Programme geändert, überall nur noch dieser konforme Mist", sagte sie verzweifelt. Schließlich ließ sie eine Stimme eingestellt, die nicht dem kläffenden Köter gehörte, aber auch diese hatte ich schon einmal gehört.

„Na, mal sehen, was der dicke Göring jetzt wieder zu sagen hat!", brachte meine Mutter ärgerlich zum Ausdruck und setzte sich neben Herbert. Gedankenverloren nahm sie meine Hand und begann diese zu streicheln.

Schweigend lauschten wir der Stimme, die voller Hass war.

„Ich habe erst angefangen zu säubern, es ist noch längst nicht fertig. Für uns gibt es zwei Teile des Volkes: einen, der sich zum Volk bekennt, ein anderer Teil, der zersetzen und zerstören will. Ich danke meinem Schöpfer, daß ich nicht weiß, was objektiv ist. Ich bin subjektiv. Ich stehe einzig und allein zu meinem Volke, alles andere lehne ich ab."

„Du wirst in Zukunft vorsichtig sein müssen mit dem, was du von dir gibst", sagte Mutter an Herbert gewandt, nahm die Kamera aus der Schublade, beobachtete den Vogel draußen und begann dieses Bild der Unschuld zu fotografieren. Dieser kleine Gefährte bekam von all den Sorgen nichts mit.

Zur Wahl strahlte die Sonne vom Himmel, als sollte es der schönste Tag seit Langem werden. Die Erwachsenen fanden sich im Bürgerhaus ein, gaben ihre Stimme ab; danach blieben sie noch lange beieinander stehen, während wir Kinder die letzten kleinen Schneebälle formten. In den meisten Erwachsenen-Mienen spiegelten sich Ratlosigkeit und Skepsis.

Am nächsten Abend bekam ich mit, dass die Bösen im Märchen irgendwie gewonnen hatten. Nicht so, wie erhofft, aber nichtsdestotrotz gewonnen. Die Eroberung dieser Meute kläffender Hunde war vollbracht. Sie würden die Fäden in der Hand behalten und das düstere Märchen fortschreiben. Aber die anderen Parteien hatten wohl nicht klein beigegeben.

Unsere Küche war voller Menschen und Herbert schrie immer wieder begeistert: „Ha! Ganz eliminiert habt ihr uns nicht, ihr braunen Hunde! Zwölf Prozent! Wir zeigen's euch noch! Und wer hätte das gedacht: Die SPD konnte ihre Stimmen halten!"

Sein goldener Stumpen hörte gar nicht mehr auf zu blinken. Ich freute mich für Herbert. Ich wusste nicht warum, aber ich freute mich.

Vater und der Patron diskutierten über die anderen Parteien, die sich trotz massiver Beschränkungen ein wenig behaupten konnten. Mutters Tagebucheintrag ist zu entnehmen, dass sie vorsichtig erleichtert war und wieder Hoffnung schöpfte, dass sich doch noch alles zum Guten wenden könnte. Die SPD, die Partei von Vater, hatte sich gut gehalten, das machte den beiden ein wenig Mut. Nur mussten meine Eltern – nachdem die Zeitungen prahlten, besonders die bäuerlichen, katholischen Schichten hätten Hitler gewählt – erkennen, dass sie wohl umringt waren von parteitreuen Nachbarn. Besonders im Osten von Deutschland, also in unserer Region, hatte sich auch auf dem Lande eine Mehrheit der NSDAP angeschlossen.

Jetzt sei es nur noch eine Frage der Zeit, wann der braune Sumpf uns auch hier im Dorf einfach aufsauge, merkte Traudel mürrisch an. Dabei beobachtete sie Peter, der mit Walter Messer schnitzte.

Nach der Euphorie kam die große Ernüchterung. Wieder saßen sie alle bei uns und ließen die Köpfe hängen. Keine drei Tage hatte es gedauert, bis die NSDAP sich das Recht nahm, die Mandate der KPD für ungültig zu erklären. Die Gleichschaltung der Länder wurde unter der aggressiven Machteroberungstaktik durch die Sturmabteilung und die Schutzstaffel in Windeseile vollzogen. Sie organisierten Kundgebungen und deklarierten diese als *Volkszorn*. In Breslau und anderswo fingen sie an, die alten Schwarz-Rot-Gold-Fahnen zu verbrennen. Überall wurde angeordnet, die Hakenkreuzfahnen zu hissen. Mutters Ton im Tagebuch änderte sich schlagartig. Seitenlang beschrieb sie, was da vor sich ging, hielt ihre Sorgen und Ängste fest.

Willi ließ sich bei uns nicht mehr blicken. Im gesamten Dorf machte sich eine seltsame Stimmung breit. Die Menschen tuschelten mehr hinter vorgehaltener Hand, als dass sie einander offen in die Augen sahen. Der eine oder andere blickte sich nervös um, als könne plötzlich der Teufel hinter ihm erscheinen. Gottlob wurde diese seltsame Stimmung von den alltäglichen Belangen schnell verdrängt. Vorerst.

Dann ernannte der alte Hindenburg diesen Dr. Goebbels, dessen Stimme wir schon mehrfach gehört hatten, zum Minister für Volksaufklärung und Propaganda.

„Der Gnom Hinkefuß ist nicht dumm, das wird gefährlich", meinte Mutter nur, riss das Fenster auf und sog die frische Luft ein.

„Das Ermächtigungsgesetz nutzen die Nationalsozialisten doch jetzt, um das deutsche Parlament zu entmachten. Die Polizei wird fortan von denen dort oben beherrscht und kann willkürlich Oppositionelle festnehmen", erklärte Vater, nachdem er seine Zeitung gründlich durchgelesen hatte.

Mutter reagierte nicht. Sie starrte weiter aus dem Fenster.

Aufbruch in eine neue Jahreszeit

Der Wind fegte nicht nur die letzten Schneereste von den Bäumen, deren aufplatzende Knospen den nahen Frühling verrieten, sondern auch die zermürbenden Gedanken aus den Köpfen der Erwachsenen. Alles kroch winterblass aus den Häusern hervor und ließ sich erleichtert auf den Bänken vor den Häusern nieder, um glückbeseelt die ersten warmen Sonnenstrahlen auf der Haut zu spüren. Kinder turnten an den Teppichstangen; die neue Jahreszeit schenkte ein buntes Bild. Frauen tauschten den neuesten Tratsch aus – über die aktuelle Frühjahrsmode, die Befindlichkeit der anderen, die eigene. Die Männer kamen zusammen, um zu fachsimpeln, denn nun stand wieder die Feldarbeit an. Da war kein Raum für Politik.

Der Boden musste gepflügt und für die Saat vorbereitet, die Samen von Rüben und Mohn mussten mit der Dippelmaschine in die Erde gebracht werden. So mancher Hof hatte Winterschäden zurückbehalten, von überall her hörte man es hämmern, klopfen und sägen. Das ständige Klappern der Hufe verriet, dass Kutschen und Wagengespanne wieder in Betrieb genommen wurden. Otto hatte alle voll Hände zu tun, um mit seinem Fuhrunternehmen Geräte, Tiere und andere Dinge von einem Dorf zum anderen zu transportieren. Reifen rollten über Feldwege und viele zogen mit dem Fahrrad in die umliegenden Ortschaften, um endlich all die Behörden abzuklappern, die man in den langen Wintermonaten nicht aufsuchen konnte. Sie waren über all die verschiedenen Dörfer verteilt. So manche Geburt musste registriert, so mancher Totenschein nachgereicht und vermerkt werden, Bescheinigungen für Arbeitspapiere wurden gebraucht und dergleichen mehr.

Auch die Tiere schnauften dankbar, als der Bauer endlich die Ställe öffnete und sie auf ihre Wiesen und Koppeln führte.

Während der ersten Tage des Austreibens war das Vieh noch sehr wild; die Tiere erfreuten sich an der ungewohnten Freiheit und sie strotzten vor Kraft. So mancher junger Bursche hatte mit den Herden zu tun. Schweine, Hühner und Gänse traf man überall an den Wegen, eine Selbstverständlichkeit auf dem Lande. Kühe, Schafe und Ziegen wurden an die Hänge getrieben, denn das frische Grün gab eine besonders reichhaltige Milch. Auch Mutters Ziegen wurden spazieren geführt. Sie begleiteten uns oft an den Südhang des Hopfenberges; hier war es besonders warm, hier tummelten sich auch die meisten Kinder aus den umliegenden Dörfern.

Wir Mädchen schoben Puppen in kleinen Wagen in Richtung Hopfenberg, die Jungs schnitzten eifrig an Messern und kleinen Flöten, wofür sich besonders die Äste der Linde eigneten. Gleich zu Frühlingsanfang schnitten wir daumendicke Zweige ab und teilten sie in handliche Stücke. Durch das Abklopfen der Rinde löste sich der innere Holzteil und damit konnte der Bauch für die Flöten ausgehöhlt werden. Süße Töne erfüllten die Luft. Jedes Kind beherrschte dieses kleine Instrument. Und im Sommer bescherte uns die Linde mit ihren duftenden Blüten ein altbewährtes Hausmittel gegen Erkältungen. Steckenpferde wurden aus den Scheunen gezerrt und mit einem Mal war das Dorf voller Leben und Menschen.

Auf dem Land bot der lange Winter kaum Abwechslung. Wer konnte, entfloh mit der Kleinbahn nach Neisse, manche fuhren auch die 70 Kilometer bis nach Breslau, aber die meiste Zeit blieb man innerhalb der Gemeinschaft. Denn zu jeder Zeit im Jahr mussten das Vieh gefüttert, die Öfen beheizt und so manche Socke gestopft und genäht werden. Zudem gingen die Kinder auch samstags zur Schule und die tagtägliche Arbeit der Eltern hielt den gewohnten Trott aufrecht. Egal, ob die Sonne schien oder der Schnee uns alle als kalter Wintermantel umhüllte, die rauen Gesetze der

Natur bestimmten den Lebensrhythmus und den Alltag der Landmenschen.

Die Besorgnis einer Überschwemmung blieb uns in jenem Jahr gottlob erspart. Nicht selten stieg die Mohre gefährlich an, wenn der viele Schnee schmelzend in sie hinabstürzte. Dann wuchs der kleine, idyllische Bach zu einer gefährlichen, hungrigen Flut heran, die alles verschlang, was sich ihr in den Weg stellte. Eine Überschwemmung riss ohne Erbarmen das eine oder andere Haus samt Stall mit sich und zog so manche Seele in den Tod. Wochenlang war man damit beschäftigt, die Böden wieder trockenzulegen, was zur Folge hatte, dass auch die Arbeit auf den Feldern viel später einsetzte. Kein Ochse konnte den Pflug durch diesen versumpften Boden ziehen. Die Ernten fielen deutlich magerer aus, weil ein Großteil der Saat nicht aufging. Die Tiere mussten länger altes, verstaubtes Heu fressen statt des frischen Grüns, auf das sie sich heißhungrig stürzten, sobald die ersten Sonnenstrahlen und die Böden es endlich zuließen.

Die neue Jahreszeit schien auch die düsteren Stimmen aus dem Radio zu vertreiben. Mutter saß kaum noch vor ihrem Kasten. Nun traf man sich wieder auf dem Marktplatz, in der alten Wirtsstube oder draußen, dort, wo die Sonne ihre längsten Strahlen hinschickte. Und als die Märzwinde allmählich die Böden trockneten, spannte man die Ochsen und Pferde vor den Pflug. Steine flogen hoch und nachdem das Saatgut ausgebracht war, trafen sich die Frauen und Kinder, um gemeinsam Unkraut zu jäten und später die Saatkartoffeln in Reih und Glied in die Furchen zu legen.

Jeder half, wo er konnte. Bunte Tücher zierten die Köpfe. Am Abend saß man müde, aber zufrieden in der Wirtsstube bei Speck und Bier oder auf dem Marktplatz auf einer der vielen Bänke und beobachtete die Leute, die sich gern hier trafen. Und endlich konnte auch die Wäsche wieder draußen getrocknet und gebleicht werden. In allen Wiesen lagen Wäschestücke ausgebreitet, wurden begossen und dann in der Sonne getrocknet. Hemden und Schürzen erstrahlten wieder schneeweiß. In der kalten Jahreszeit war die Wäsche oft steif gefroren geblieben und hatte nur in der Küche am warmen Ofen wieder „aufgetaut" werden können.

Auch die Nachbardörfer wurden aufgesucht. Man ging einkaufen, verabredete sich zum Kino, ließ sich von melodramatischen Geschichten und Liedern berieseln. Wir Kinder rannten nach der Schule in den Krämerladen von Hubers und standen vor den geschliffenen Gläsern mit den süßen Drops. Minze, Himbeere und Karamell. In einer Waage mit gusseisernen Gewichten wurden die Bonbons sorgfältig abgewogen, man zählte seine hart ersparten, selbst verdienten Pfennige von der Frühjahrsarbeit auf den Tresen und rannte weiter zum Marktplatz oder in den Wald oder rauf auf den Hopfenberg.

Hier verbrachten wir unsere Stunden und nicht selten suchte eine Mutter am Abend ihr Kind. Uhren besaßen wir alle nicht und was zählte schon die Zeit, wenn man beim Fußball oder Völkerball gerade am Gewinnen war, sich mit aller Kraft in seiner Mannschaft behaupten musste? Oder wir verschwanden gleich in den Wald, rannten zu den Bächen hinunter, um kleine Papierboote auf eine luftige Schaumkrone zu setzen. So ein kleines Boot neigte sich gemächlich auf die Seite, trieb, von den leichten Bewegungen des Wassers getragen, mit dem Strom davon und trat eine Reise ins Blaue an – in die ferne Zukunft hinaus. Und über unseren Köpfen zierten die wundersamsten Wolkengebilde den strahlenden Himmel.

Als besonderes Erlebnis galten im Frühjahr die traditionellen Wettbewerbe und Veranstaltungen der freiwilligen Feuerwehr. Mehrere Wehren aus den Nachbardörfern rückten mit geschmückten Pferdegespannen und Handdruckspritzen an, um auf den Höfen angenommene Brandobjekte in Gestalt von Scheunen, Schuppen und Ställen mit Wasser zu bespritzen. Einerseits galt das als Übung, andererseits war es eine Vorsichtsmaßnahme. Im Frühsommer konnte es an manchen Tagen so heiß werden, das ein winziger Funke genügte, um einen alten Stall in Brand zu setzen. Das für diese Vorsichtsmaßnahme erforderliche Wasser wurde aus den Handpumpen gepumpt, die auf den Gehöften standen, und mit Eimern in die Handdruckspritze gekippt. Bis zu zehn Mann bedienten die Druckarme der Spritze, eine schwere Arbeit, die all unseren Respekt verdiente.

Das waren die kurzen Momente, in denen Walter hin- und hergerissen war: Boxer oder Feuerwehrmann? Aber da sich jeder gesunde Mann freiwillig melden durfte, beschloss er, dass er ja seine freie Zeit – also wenn er nicht im Ring stand – als Wehrleiter verbringen könnte. Der Wehrleiter hatte alles zu koordinieren, musste die Männer ausbilden und Übungen vorbereiten. Das imponierte Walter sehr. Teil des Großen zu sein. Genau an dieser empfänglichen Stelle sollte eines Tages auch bei ihm die Saat der Nationalsozialisten aufgehen.

Unser Wehrleiter Schmidt mahnte uns eindringlich, mit offenen Feuerquellen und Streichhölzern besonders vorsichtig umzugehen. Die Wasserversorgung über lange Wegstrecken hätte ein gewaltiges Problem dargestellt. Der Dorfgraben befand sich einige hundert Meter entfernt von den meisten Gehöften und Feldern. Gottlob ist in unserem Dorf nie ein ernsthaft wütender Brand entstanden. Kaum züngelte eine Flamme durchs Holz oder Stroh, wurde gehandelt. Das hatten wir auch unserem alten Nachtwächter Hans zu verdanken, der ein Auge auf jede noch so kleine Flamme warf.

In jedem Dorf gab es einen Nachtwächter, der zur nächtlichen Stunde über das Geschehen im Dorf wachte. Eine seiner Hauptaufgaben war es, bei Ausbruch eines Brandes sofort

Alarm auszulösen. Dafür blies er in sein Feuerwehrhorn, das einen gewaltigen Lärm machte. Immer seinen Hund Jockel an der Seite, der jede ungewohnte Bewegung durch lautes Bellen meldete, zog Hans des Nachts durch die Straßen und klopfte auch mal ans Fenster, wenn jemand vergessen hatte, Hof- oder Stallbeleuchtung zu löschen. Auch das waren Gefahrenquellen, die oft einen Brand verursachten. Außerdem schaute Hans in die Ställe hinein und wenn eine Kuh kalben musste, blieb er beim Bauern, um zu helfen. Er versah seinen Dienst sehr pflichtbewusst und genau.

Die jungen Menschen begegneten dem Hans bei ihren romantischen Spaziergängen. Er war über alles informiert, kannte die verliebten Pärchen, die in versteckten Winkeln saßen, und behielt die Spätheimkehrer aus der Wirtsstube im Blick, bis sie ihr Zuhause sicher erreicht hatten. Und oft stand er, gestützt auf seinen Stab, den Jockel neben sich, und blickte zufrieden auf sein schlafendes Dorf herab. Der Gedanke, dass der Hans da war und zur Nachtzeit Wache hielt, gab uns ein beruhigendes Gefühl der Sicherheit.

Mutter meinte einmal, keiner wisse um die Belange der Dorfbewohner so Bescheid wie der alte Hans. Nie verriet er eine Silbe. Alle Geheimnisse von Groß und Klein hielt er unter dem Mantel der Verschwiegenheit verborgen. Sein großer Umhang wehte um ihn und als ich ihn das erste Mal sah, hätte ich schwören können, dass er ein gewaltiger Vogel war, der den Hang hinabglitt. Ich glaubte den Vogel Greif zu erkennen. Nur war er leider nicht in der Lage, all die Bösen aus dem Schauermärchen mit seinen Klauen zu packen, um sie in schwindelerregende Höhe zu ziehen und dann irgendwo über dem Meer fallen zu lassen.

Zum Frühlingsanfang brach dann doch erneut die seelenlose Stimme aus dem Radio in unsere kleine Welt ein; aus Potsdam wurde ein Festakt übertragen.

"Alle erheben sich von ihren Plätzen und bringen dem greisen Feldmarschall, der dem jungen Kanzler seine Hand reicht, jubelnde Huldigungen dar. Ein geschichtlicher Augenblick. Der Schild der deutschen Ehre ist wieder reingewaschen." Kurzerhand deklarierte die neue Regierung einen weiteren nationalen Feiertag. Alle Geschäfte sollten geschlossen bleiben. Das kümmerte uns wenig, denn ohne unseren Krämer, die Molkerei, den Kolonialwarenhändler und den Fleischer wäre das gesamte Dorfleben zusammengebrochen. Wir waren mitten in der Aussaat. Manches Kalb wurde geboren. Abends traf man sich zum gemeinsamen Schmausen, hörte sich mit halbem Ohr die Anordnungen an, zuckte kurz mit den Schultern und ging seines Weges. Wir kümmerten uns um nichts als uns selbst.

Einmal liefen meine Eltern mit besorgten Mienen zu den Großeltern. Irgendein neues Gesetz – man kam schon gar nicht mehr hinterher mit all den neuen Verordnungen – wurde gegen die SPD verhängt.

„Jetzt hat sich Deutschland seinen eigenen Diktator gezüchtet", meinte Opa und blätterte mit tattrigen Fingern in Vaters Zeitung, die wieder voll war mit Nachrichten aus dem Märchen. „Und alle nennen ihn *Führer*. Jetzt kann er schalten und walten, wie er will, Gesetze über den Haufen werfen, ohne auf die Verfassung zu achten, und alle jubeln ihm zu."

Er schüttelte sein altes Haupt.

„Nur gibt es jetzt ein neues altes Feindbild. Die KPD und SPD sind ausgeschaltet, damit bleibt nur noch der Jude übrig. Der wird zur minderwertigen Rasse erklärt – im Vergleich zur deutschen Kultur", gab Vater den Zeitungsartikel wieder und tippte dazu auf die Seite.

Ich kannte keinen Herrn Jude, wusste nicht einmal, wer das war. Hier im Dorf hieß keiner so. Dafür waren aus unseren Hühnereiern winzige gelbe Küken geschlüpft und ein Piepsen und Fiepen begleitete uns in den Tag. Das war so viel erfreulicher als ein weiteres Kapitel in dieser seltsamen Geschichte. Warum konnten die Großen das Buch nicht einfach zuklappen? Nein, sie mussten sich jede Seite ganz genau ansehen mit all den schwarzen Buchstaben und hässlichen Bildern. Dieses Märchen mochte ich nicht. Wo war sie, die gute Fee, die reine Seele, die alles Böse für immer wegzaubern tät?

Der März ging in den April über und die nächste Veränderung stand an.

Otto lieferte uns aus einer Tischlerei einige Bretter, die Vater für einen Verschlag brauchte. Hier wollte er seine Zementsteine lagern, die nun wieder gefragt waren. Terrassen und Wege mussten von ihren Winterschäden befreit werden und so hatten Vater und seine zwei Helfer, die jeden Tag aus dem Nachbardorf angeradelt kamen, genug zu tun. Mutter brachte Kaffee und warmen Kartoffelsalat und gemeinsam setzten sie sich unter unsere alte Linde. Otto hatte einst die große Bank und den Tisch mit gezimmert und sobald die Temperaturen es zuließen, saßen wir tagsüber hier. Walter und Thea waren in der Schule und so gesellte ich mich zu den Erwachsenen.

„Ich hatte gestern eine Fuhre im Nachbardorf abzugeben. Da ist mir dieses Drecksblatt in die Hände gefallen."

„*Der Stürmer?*'" Mutter griff nach der kleinen Zeitung und blätterte darin herum.

„Ein gewisser Julius Streicher ist der Herausgeber. Mit diesem Kampfblatt versucht er die Leute systematisch aufzuhetzen. Außerdem ist er Vorsitzender des Zentralkomitees der NSDAP ‚*zur Abwehr der jüdischen Gräuel- und Boykotthetze.*' Hier", Otto riss ihr das Blatt förmlich aus der Hand, schlug eine Seite auf und tippte auf die schwarzen Buchstaben, „lies mal!"

Mutter beugte sich neugierig über den Artikel, strich sich wie nebenbei eine Locke aus der Stirn. Dann las sie laut:

„‚Boykottaufruf der NSDAP. Deutsche Volksgenossen! Die Schuldigen an diesem wahnwitzigen Verbrechen, an dieser niederträchtigen Greuel- und Boykotthetze sind die Juden in Deutschland. Sie haben ihre Rassegenossen im Ausland zum Kampf gegen das deutsche Volk aufgerufen. Sie haben die Lügen und Verleumdungen hinausgemeldet. Darum hat die Reichsleitung der deutschen Freiheitsbewegung beschlossen, in Abwehr der verbrecherischen Hetze ab Samstag dem 1. April …' Das ist ja heute!", rief Mutter aus, sah Vater an und beugte sich schnell wieder über den Artikel. Ihre kleine Zornesfalte kam zum Vorschein und blieb. „‚… dem 1. April 1933, vormittags 10 Uhr, über alle jüdischen Geschäfte, Warenhäuser, Kanzleien usw. den Boykott zu verhängen. Dieser Boykottierung Folge zu leisten, dazu rufen wir euch, deutsche Frauen und Männer, auf! Kauft nichts in jüdischen Geschäften und Warenhäusern! Geht nicht zu jüdischen Rechtsanwälten! Meidet jüdische Ärzte! Zeigt den Juden, daß sie nicht ungestraft Deutschland in seiner Ehre herabwürdigen und beschmutzen können! Wer gegen diese Aufforderung handelt, beweist damit, daß er auf Seite der Feinde Deutschlands steht …'"

„Gütiger Gott, hilf!" Sie blickte meinen Vater an. „Glaubst du, das betrifft auch unsere Ärzte, Dr. Gabriel, Dr. Simon und den alten Selz in Neisse?"

Hilflos ließ sie die Zeitung sinken. Die Erwachsenen kehrten ihren Blick ins Innerste, bemerkten mich nicht mehr. Ein Schweigen umklammerte mein Herz mit klammen Fingern.

Ich begriff jetzt, dass „Jude" nicht ein einzelner Mensch war, der so hieß, sondern dass es wohl mehrere gab, die meinen Eltern bekannt waren. Und dann wurde mir heiß. Ich kannte sie doch auch! Das waren unsere Ärzte – wenn Doktor Felder mit seinem Latein am Ende war, schickte er uns zu seinen Kollegen nach Neisse. Ich war wie vom Donner gerührt. Sie waren wunderbar und hatten für uns Kinder immer ein Stück Schokolade parat, wenn wir krank waren oder mal wieder geimpft werden mussten. Nun waren sie in diesem Märchen plötzlich die Bösen, die Dunklen, die es zu meiden galt? Mein kindlicher Verstand kam da nicht mit.

„Dieser sinnlose Nazi-Hass gegen alles ‚Jüdische' ist kaum noch auszuhalten", unterbrach Otto die düstere Stille.

„Seht ihr!", warf Vater schnell ein. „Ich habe es doch gleich gesagt! In Breslau hat die SA nicht bis heute gewartet. Vor ein paar Wochen veranlassten SA-Truppen, dass alle jüdischen Anwälte und Richter aus dem Gerichtsgebäude geworfen wurden. Und damit prahlten sie in diversen Zeitungen."

„In einer angeblich modernen und weltoffenen Stadt schaffen es ein paar Hundert SA-Proleten, die restlichen 600.000 Leute zu dirigieren? Und es ist doch schon so sicher wie das Amen in der Kirche: Die hirnlosen SA- und SS-Leute werden auch heute die Kunden unter Androhung von Gewalt daran hindern, jüdische Geschäfte zu betreten", wetterte Otto kopfschüttelnd.

Dann schwiegen sie. Eine seltsame Stille, die auf mich beängstigend wirkte. Ich schlich mich davon und streifte durch unseren Garten, der sich in seiner ganzen Pracht offenbarte.

Die laue Luft, sie roch so süß. Im Baum hatte sich eine Amsel ihr Nest gebaut, immer wieder brachte sie ein Zweiglein oder ein wenig Moos und ließ sich von mir nicht beirren. Sie war eins mit der Natur und ich freute mich schon auf das dünne Piepsen, wenn aus den Eiern die kleinen Schnäbel hervorlugten und ihren großen Hunger kundtaten.

Halleluja

Ein untrügliches Zeichen für das nahende Ostern war, wenn Mutter den großen Zentnerkorb am warmen Ofen platzierte. Zart, ganz leise kam unter der Decke ein Geräusch wie von einem Baby hervor. An einer Ecke lupfte ich den

Zipfel und kleine Zicklein, die sich kaum auf ihren staksigen Beinen halten konnten, spähten zaghaft zu mir auf. Die Ziegenmutter hatte auch dieses Jahr wieder drei Kindern das Leben geschenkt und die wurden nun für ein paar Stunden in der Küche abgestellt, damit sie es warm hatten und ihre Mutter ein bisschen Ruhe.

Daraufhin stoben wir gleich zu Oma, damit sie uns die obligatorischen Osterruten flocht. Eine Kunstfertigkeit, die besonders die alten Leute beherrschten, und Oma war eine Expertin auf dem Gebiet. Mit dieser Rute, geschmückt mit bunten Bändern, zogen wir Kinder los und gingen mit Liedern und Sprüchen von Tür zu Tür. Die kleinen Körbe, die wir jedes Jahr aus der Truhe holten, füllten sich rasch mit Malereien, Zuckerwerk und so manch anderer Näscherei.

Alle bereiteten sich emsig auf die Osterwoche vor. Aus jedem Haus duftete es nach Kuchen, frischem Brot, Braten und Nudeln. Wir waren Katholiken, aber nicht so streng gläubig wie Oma. Meine Eltern waren auch hier etwas moderater und weltoffener. Nichtsdestotrotz hielten sie sich peinlich genau an alle Festtage.

Die langen Wochen der Fastenzeit neigten sich für viele nun dem Ende zu. Die helle Tischdecke mit den schönen Stickereien kam aus der Truhe hervor und schmückte die Tafel. Geschliffene Gläser wurden im Sonnenlicht mit einem Leinentuch poliert, bis sie bunt funkelnde Reflexe an die Wände warfen. So mancher gute Tropfen kam aus dem dunklen Keller in die helle Stube hinauf und die Mütter putzten uns Kinder heraus wie kleine Prinzen und Prinzessinnen. Das war die Zeit, in der wir uns endgültig von den warmen Wintersachen verabschieden durften. Dankbar schlüpften wir in luftige Kleider und kurze Hosen und sobald die Temperaturen es zuließen, verschwanden auch Schuhe und Socken. Gestrickte Strümpfe, die wir über zwei Gummibänder mit Knopflöchern am Leibchen befestigten, konnten in den Schrank gelegt werden; die neu gewonnene Beinfreiheit nutzen wir gleich und stobten durch Wälder und über die bunten Wiesen.

Ich half in jenem Jahr Oma beim Brotbacken. Dafür stellten wir einen großen Holztrog auf zwei Holzgestelle in die Küche. Am Abend wurde der Sauerteig mit Mehl und Wasser verrührt. Ich durfte nach Herzenslust mit den Händen im Mehl herumwühlen. Runde und ovale Laibe formten wir, die ich zusammen mit Opa am nächsten Morgen in den Ofen schob.

Es fühlte sich gut an, unser Essen mit eigenen Händen zuzubereiten. Zu verstehen, dass es oft harter Arbeit bedurfte, um sich zu ernähren, das war eines der kostbarsten Dinge, die meine Großeltern mir auf den Lebensweg mitgaben. Ich habe nie vergessen, was es heißt, gutes Essen herzustellen, welche Mühe sich so viele fremde Hände machen müssen, bis es bei mir auf dem Tisch steht. Eine Einstellung, die mir half, das Darben und den Hunger, die mich für lange Zeit begleiten sollten, durchzustehen und für jeden Bissen dankbar zu sein.

In der Karwoche, auch Stille Woche genannt, wurden die Glocken nicht geläutet. Eine alte Legende besagte, sie flögen nach Rom, um am Ostersonntag beim Papst zu sein, wenn er die Auferstehung verkündet. Auch war das Nicht-Läuten ein Ausdruck der Grabesruh – so wurde Jesus nicht gestört. Vom Gründonnerstag-*Gloria* bis zum Osternacht-*Gloria* schwiegen die Glocken. Stattdessen wurde eine hölzerne Knarre betätigt, die ein krächzendes und schnarrendes Geräusch von sich gab. Die Ministranten zogen mit ihren geschnitzten Holzinstrumenten durchs Dorf und ermahnten uns mit lautem Klappern, der Kreuzigung Christi und seiner Auferstehung zu gedenken. Für einige gab es noch weitere Entbehrungen: In den letzten Tagen der Karwoche sah man die streng Gläubigen auch des Nachts in der Kirche, bei ernstem Gebet und beim Singen tieftrauriger, eigentümlich reizvoller Lieder.

Am Ostersamstag versammelten sich alle Bauern zu einer besonders frühen Messfeier. Dafür brachten sie kleine, selbst geschnitzte Holzkreuze mit, die der Priester, Segenssprüche murmelnd, weihte. Frisch rasiert und geschrubbt standen die gestandenen Mannsbilder ehrfürchtig da und beteten still. Nach der Kreuzweihe gingen sie auf ihre Felder und steckten die Kreuze in Dreiergruppen, so wie die Kreuzigungsgruppe auf Golgatha, an die Raine ihrer Äcker. Wir Kinder liefen mit unseren Ruten umher und sangen die Lieder und sagten die Verse auf, die wir gelernt hatten. Ein Reiterzug Jünglinge aus dem Dorf ritt mit kirchlichen Fahnen voran und schmetterte Osterlieder. Auf diese Art und Weise wurde Gottes Segen für das Gedeihen der Feldfrüchte erfleht.

Dann folgte der feierliche Ostersonntag. Alles war früh auf den Beinen. Aus allen Dörfern pilgerten die Menschen zur Kirche, die oben am Hang in gleißendem Licht erhaben auf uns zu warten schien. Das Halleluja des Priesters kündete von der Auferstehung des Herrn. In kleinen Gruppen standen die schnatternden Dorfbewohner vor der Kirche, ein einziges Rufen und Winken schwängerte die laue Frühlingsluft. Auch meine Eltern standen mit einem Pulk Menschen zusammen. Wir Kinder tauschten Murmeln oder bunte Oblaten aus, während Pfarrer Bredow durch die Menge schritt, hier und da verweilte und schließlich mit einem bedächtigen Nicken weiterzog.

Lautes Geschrei durchbrach wie ein Donnerschlag das Geschnatter. Alles wandte sich einer Gruppe zu, die ein wenig abseits stand. Ich konnte nur die Rücken sehen, erkannte aber meine Eltern und manövrierte mich durch das bunte Kleiderlabyrinth der Erwachsenen, bis ich die Hand meiner Mutter zu fassen bekam. Dann erkannte ich Oma. Sie schrie sich die Seele aus dem Leib.

„Solltest dich was schämen, in diesem Aufzug. An diesem Tag! Und das unserem Heiland, der für Sünder wie dich gestorben ist. Zu seiner Auferstehung trägst du den Dreck dieses braunen Packs!"
Sie fuchtelte dem Metzger Günther mit ihrem Spitzentuch unter der Nase herum. Sie war dermaßen aufgebracht, so kannte ich sie gar nicht.
„Nu kumm, nu kumm, Oma", versuchte Opa sie zu beschwichtigen und sie gleichzeitig wegzuzerren. Sie aber riss sich wütend los.
„Den Rotz hab ich dir von der Nase geputzt, Günther, wie du mit der Anna zusammengesessen bist in mei Kiche! Erzähl du mir nicht was von einer neuen Führung. Wir haben dieses Dorf länger mit aufgebaut als ihr alle zusammen. Wir haben den Kaiser überlebt, den Großen Krieg und wir werden auch euren Adolf überleben! Und du, Willi, hast im Haus von meiner Anna schon genug Unsinn von dir gegeben. Dass du dich neben ihn stellst, das glaub ich jetzt nicht!"
Der Angesprochene zuppelte wie ein kleines Kind an seinem Hemd und wich Omas strengem Blick geflissentlich aus.
Oma erhob die Stimme und begann zu singen: „Gelobt sei Gott im höchsten Thron samt seinem eingebornen Sohn, der für uns hat genug getan. Halleluja, Halleluja, Halleluja!"
Die eine oder andere Stimme fiel ein und inbrünstig sangen die Menschen das *Halleluja*.
Siegfried stand neben seinem Vater, mit glühend roten Ohren, wegen derer er immer gehänselt wurde. Verlegen sah er auf seine gewienerten Stiefel und mit dem sonderbaren schwarzen Schlips, der schwarzen kurzen Hose und dem braunen Hemd wirkte er neben uns anderen Kindern wie ein zu klein gebliebener Erwachsener. Ich verstand nicht, worum es ging. Mir fiel nur auf, dass Günther und Siegfried in ihrer seltsamen Uniform vor der gaffenden Menge standen

und eigentlich ausgeschlossen waren. Sonderbar verkleidet wirkten sie. Ein Braunton, der mich an frischen Pferdedung erinnerte. Geschniegelt und gebürstet standen sie da – wie leblose Zinnsoldaten. Und der Willi, der trat von einem Bein aufs andere. Wohl hatte er nicht diese sonderbare Kluft an, aber seine Haare waren seltsam streng gescheitelt und er wirkte wie ein Pennäler, der vor einer großen Prüfung steht.

„Muttel Mühe, auch du wirst es verstehen müssen", prahlte Günther und klopfte dem Willi gönnerhaft auf die Schulter. „Nicht wahr, Wilhelm? Der Führer ist von uns Deutschen gewählt worden und an die Regierung gekommen. Nun wird alles besser. Hitler hat das Ruder ergriffen! Er wird diesem Vaterland zu Größe, Glück und Wohlstand verhelfen! Und ich werde meine Pflicht als Parteimitglied sehr ernst nehmen. Wir alle – auch ihr – können unserem Führer nur treulich dienen. Er hat uns ein besseres Deutschland versprochen; er hat gesagt, er wird es befreien aus den Klauen der Widersacher, die uns seit Jahren ausbluten lassen. Und wir werden es erleben. Die NSDAP ist das wahre Deutschland! Das rote Gesocks haben wir kleingekriegt. Ihr werdet es spüren, nun können wir endlich aufatmen! Schaut euch doch die Arbeitsämter an. Die Zeit der endlosen Schlangen ist bald vorbei. Brot und Arbeit für alle! Nicht ruhen und rasten will er, bis jeder einzelne Deutsche ein unabhängiger, freier und glücklicher Mensch ist in diesem unseren Vaterland!"

So predigte er begeistert vor der Kirche. Vor ihm die lauschende Menge. Die meisten Begriffe verstand ich nicht. Es ging um irgendwelche Großkundgebungen und militärischen Paraden, er wetterte gegen Vaterlandsverräter und bejubelte den herrlichen Glanz, den der Führer nun über Deutschland bringen werde.

Einige starrten ihn unverhohlen neugierig an, andere schüttelten den Kopf. Nichtsdestotrotz, es gab genügend Leute, die ihn mit begeisterter Miene bestaunten, vor allem sein neues

Aussehen. Unser Schlachter Günther, den kannte man sonst nur mit seiner weißen Schürze mit den Blutspritzern drauf und immer mit einem Messer oder Beil in der schwieligen Hand. Und nun stand er da mit seiner adretten Uniform und schien geradezu über sich hinauszuwachsen, so sehr schenkte diese Uniform ihm das Gefühl von Macht, in dem er nun demonstrativ badete.

Herbert, der etwas abseits gestanden und zugehört hatte, tauschte beredte Blicke mit meinen Eltern und ich sah, wie sie Oma in den Arm nahmen und sich gerade abwenden wollten, als plötzlich der Pfarrer vor Günther stand.

Mit durchdringendem Blick musterte er Günther von oben bis unten. Kurz schaute er Willi an, dann Siegfried, dem er über die Haare strich, und dann ging er, ohne eine Miene zu verziehen, mit ruhigen Schritten in seine Kirche.

Alle folgten ihm. Wie brave Schafe trotteten wir die Stufen hinauf und drückten und schoben uns in die Bänke, die an diesem Tag zum Zerbersten voll waren.

Pfarrer Bredow hielt eine wunderbare Messe, inbrünstig sangen wir unsere Psalmen.

„O mache unser Herz bereit, damit von Sünden wir befreit, dir mögen singen allezeit. Halleluja, Halleluja, Halleluja!"

Stumm lauschten wir den Versen. Die Auferstehung Jesu Christi wurde verkündet und gepriesen. Halleluja.

Dann folgte die obligatorische Hostienverteilung. An der Hand von Vater schritt Walter mit nach vorn. Ich durfte das Abendmahl noch nicht empfangen, so beobachtete ich die unterschiedlichen Reaktionen der Menschen, die sich diesem heiligen Moment hingaben. Lautlos knieten sie nieder und jedes Mal bekam ich einen Stich ins Herz. Eine heiße Welle durchströmte meinen Körper, wenn der Pfarrer *Der Herr sei mit dir* murmelte und alle seine Schäfchen prüfend ansah. Walter schien, sobald er die weiche Oblate zu schmecken bekam, ganz und gar in sich gekehrt. Für den Hauch einer

Ewigkeit glaubte ich, ihn den Engeln näher zu sehen als dem irdischen Treiben. Auch Thea durfte noch nicht an der Kommunion teilnehmen. Dafür kniete sie vor der Bank und sprach ein inbrünstiges Gebet. Einer der seltenen Augenblicke, in denen sie mich nicht triezen konnte. Nach einem *Amen* und einem schnellen Kreuz-Schlagen stand der Gesegnete auf und zog sich geläutert in die Bank zurück. Ein jeder suchte seinen Platz und beobachtete stumm, wie die anderen ihre Hostie entgegennahmen. Jeder auf seine Art und Weise.

Die Hubers zum Beispiel murmelten stumm ein Gebet, der Post-Friedrich schloss selig die Augen, die Ida Peikert, unsere Hebamme, strahlte glückselig, der Horst senkte beschämt den Blick, und so mancher Bengel wagte erst gar nicht, dem Pfarrer ins Antlitz zu schauen. Wahrscheinlich schwirrten ihnen die kleinen und großen Sünden durch den Kopf, die sie in der Beichte wohl vergessen hatten zu erwähnen.

Ich liebte diesen sakralen Moment. Er gewährte mir Schutz. Ich war eins mit Gott und der Gemeinde; glücklich faltete ich die Hände. Wie immer sah ich mich verstohlen um. In der letzten Reihe saß der Patron. Mit unbeweglicher Miene und dennoch sehr aufmerksam schenkte er dem Treiben eine sonderbare Neugierde. Nie ging er nach vorn. Das Hinknien bereite ihm zu große Schmerzen, meinte er. Still und andächtig verweilte er im schwarzen Frack auf seinem Platz und gedachte seiner gefallenen Söhne und seiner Frau, die vor Kummer und Gram gestorben war. Er bemerkte meinen Blick, lächelte mir zu und ich war erleichtert, ihn dabei zu wissen.

Eine lange Reihe kniete noch vor dem Pfarrer. Langsam schob er sich von Person zu Person, neben sich den aufgeregten Ernst, einen Freund von Walter, der als Ministrant das Leintuch hielt.

Das braune Kostüm von Günther und Siegfried fiel in der ersten Reihe besonders auf. Selbst als er niederkniete, um unserem Heiland seine Demut zu zollen, nahm Günther eine stramme Haltung ein, während Siegfried eher versuchte, nicht weiter aufzufallen. Jetzt war der Schneider Horst an der Reihe, nahm seine Hostie in die Handfläche, murmelte sein *Amen* und sowie er sich erhob, stand Pfarrer Bredow vor Günther.

Nichts geschah. Wie bei einem Sandkorn im Getriebe stockte und hakte es plötzlich, der fließende Rhythmus – jäh unterbrochen. Es wurde nicht sanft *Der Herr sei mit dir* gemurmelt. Es geschah gar nichts. Und dieses Nichts wurde allmächtig und durchbrach das vertraute Murmeln und Schlurfen und Kleiderrascheln. Eine Ruhe wie diese, die nur dem Tod ähneln konnte, habe ich nie wieder im Leben wahrgenommen. Kein Atmen, kein Hüsteln, noch nicht einmal das Wimmern eines Neugeborenen. Niemand rührte sich. Alles starrte auf die Hostie, die der Pfarrer mit blassen Fingern wie ein Mahnmal emporhielt. Just in diesem Moment brach ein gleißender Sonnenstrahl durch das Fenster und fiel wie ein glänzendes Schwert auf die Oblate. Ein Auge von Pfarrer Bredow wurde angestrahlt und funkelte gefährlich. Die blassen Finger – wie durchsichtig.

Günther, der mit gerecktem Hals und offenem Mund vor ihm kniete, hatte die Augen fest geschlossen. Noch nie zuvor hatte ein so kurzer Moment – vielleicht der kurze Augenblick eines Wimpernschlages – sich hingezogen wie eine Ewigkeit. Die Hostie immer noch in der Hand, schritt Pfarrer Bredow einfach zwei Plätze weiter und sein *Der Herr sei mit dir* klang wie ein tausendfaches Echo aus allen Ecken, das wie eine Welle über uns zusammenschlug. Die arme Müllerin Meyer, die neben Siegfried kniete, sie reagierte überhaupt nicht; sie starrte den Bredow an wie eine Erscheinung aus dem Jenseits, bis er ihr die Hostie einfach in die Hand drückte. Der kleine Ernst stand wie vom Donner gerührt vor Günther und sah unschlüssig auf seinen Freund Siegfried, dessen Ohren aufleuchteten wie Feuerwerkskörper.

Es dauerte, aber dann reagierte Günther doch. Er zog Siegfried energisch auf die Füße und verließ die Kirche, sein Kind im Schlepptau, mit dröhnenden Schritten. Das Knallen dieser Stiefel, die den Boden zu sprengen schienen, hallte durch den Raum und übertönte jedes weitere *Der Herr sei mit dir*.

Nach dem *Vaterunser* wandte sich Pfarrer Bredow noch einmal der Gemeinde zu. Wieder verharrten alle. Seine Miene verriet, dass er noch nicht fertig war mit der Predigt. Noch hatte er uns nicht die Absolution erteilt, unseres Weges zu gehen.

„In dieser Gemeinde gilt nicht das *Tausendjährige Reich*." Mit ruhigen Worten sprach er auf uns ein. „Auch nicht das *Dritte Reich*. Da zeigt sich doch, wie diese NSDAP sich einfach alter Traditionen bedient und sie aufs Schändlichste missbraucht. Das von ihnen gepriesene *Dritte Reich* ist schon vor mehr als 600 Jahren als Vision biblischer Erlösung geboren worden. Im christlich-theologischen Verständnis bezeichnet der Begriff *Drittes Reich* ein Zeitalter der Herrschaft des Heiligen Geistes. Und was haben das Morden und die Gewalt, die nun in den Straßen der Städte herrschen, mit einer Erlösung gemein?"

Er ließ seinen Blick über unsere Köpfe wandern, sah keinen wirklich an. Totenstille.

„In dieser Gemeinde, in meiner Kirche dulde ich keine Politik und Gesinnung, die nur Menschenverachtendes von sich gibt. Wir Katholiken werden diesen Gottlosen Paroli bieten. Jeder ist hier willkommen. Aber hier gibt mein Herr den Ton an. Und nicht ein selbst ernannter Führer, den ich als Luzifer bezeichne. Ich erwarte Respekt vor Gott und seinem Sohn. Wer diesen Irrlehren folgt, kann nicht Teil dieser Kirche sein. Für die Anhänger dieser Irrlehren, die den Weinberg des Herrn verwüsten, ist hier kein Platz. Und vergesst nie: Auch unser Heiland war ein Jude. Amen."

Schweigen.

Oma erhob sich.

„Bravo!"

Alles wandte sich ihr zu. Opa wusste nicht, wohin mit seinem Blick, aber dann nickte er und wurschtelte seinen Hut zwischen den Händen. In diesem Moment erkannte ich, dass er ein alter Mann war. Und mir stiegen Tränen in die Augen. Nach Omas Offenbarung wussten nun wirklich alle, auch die aus den anderen Dörfern, wie es um unsere politische Gesinnung stand.

Beim Einkaufen sprachen die Frauen Mutter flüsternd an, sie tuschelten aufgeregt, schüttelten verwundert den Kopf. Vater kehrte öfter in der Gastwirtschaft „Zum Hopfen" ein. Hier saßen die Männer, auch aus den umliegenden Dörfern, beieinander. Stundenlang rauchten sie, bis der Qualm sie einhüllte und vor den Blicken von draußen schützte. Irgendjemand hatte es gewagt, die *Neue Fahne* am Bürgerhaus zu hissen. Doch war sie am nächsten Tag schon wieder verschwunden und es sollte noch einige Zeit dauern, bis die Insignien der aufstrebenden Diktatur auch bei uns offen zur Schau gestellt wurden.

Trügerische Sicherheit

Während vielerorts am 20. April der Geburtstag des heiseren Hundes gefeiert wurde – das Märchen ließ eben auch nicht die Feste der Dunklen aus –, konzentrierte sich bei uns alles auf die nächsten heimischen Feierlichkeiten. Das „Gelöbnis", was in manchen Gegenden auch als „Hagelfeiertag" bekannt war, fiel in diesem Jahr auf den 2. und 3. Mai. Das waren die beiden heiligen Tage, an denen die schlesischen Bauern erneut um Gottes Segen flehten. Denn das Gelingen einer Ernte war für die Dorfgemeinschaft lebensnotwendig. Egal, welche Macht sich gerade aufplusterte, den Hunger konnte auch sie nicht stoppen. Da wich für geraume Zeit die politische Meinung der Angst vor einem knurrenden Magen, denn die unberechenbare Natur blieb unser aller Sorge. Sie galt es, mit Gottes Hilfe zu besänftigen.

Wir Kinder wurden für diese beiden kirchlichen Feiertage herausgeputzt. Männer wie Frauen trugen dann ihre Sonntagskleider und viele Bauern stellten für diesen Anlass die alte Tracht feierlich zur Schau.

Walter verdiente sich ein bisschen Geld, indem er die Pferde der Bauern und umliegenden Geschäfte zu Herbert führte, damit sie ebenso ihre neuen „Schuhe" angepasst bekamen. Er zog von Stall zu Stall und die Gäule, welche für die Prozession die geschmückten Wagen ziehen durften, wurden zuerst beschlagen. Tagelang hörte man das Klopfen und Hämmern aus Herberts Schmiede. Das Schnauben und Prusten der Pferde vermittelte etwas sehr Friedliches. Ich war erleichtert, denn die warmen Tage und die vertrauten Rituale und Geräusche brachten die Normalität zurück. Walter strahlte übers ganze Gesicht. In seiner Hosentasche klimperten die Groschen und selbst die Schule konnte seine Laune nicht trüben. Auch das Baumhaus war von den Winterschäden befreit. Mit neuen Brettern besserte er die undichten oder morschen Stellen aus und nun hockte er wieder Stunden dort oben im Wipfel des Baumes und nur Peter durfte ihm dort Gesellschaft leisten. Dem Himmel so viel näher als der Erde.

Vater klopfte und brach Steinplatten auf, um sie in eine bestimmte Form zu bringen, und dann transportierte er sie zu den Kunden, denn jeder wollte zum Anfang des Sommers seine Terrasse fertig oder repariert wissen. Mutter knüpfte einen bunten Teppich, wobei Thea ihr zur Hand ging. Auch pflanzte sie Gemüse und Kräuter im Garten an; Mutter sorgte dafür, dass es uns gut ging.

Wenn sie sich jedoch allein wähnte, schaltete sie das Radio ein. Fast andächtig lauschte sie den Anweisungen, den harschen Worten, die in den Raum gegeifert wurden.

Irgendwann drehte sie stumm den Knopf, blieb regungslos in der erlösenden Ruhe sitzen und starrte aus dem Fenster. Einmal betrat ich singend die Küche, doch sie hörte mich nicht. So geistesabwesend hatte ich meine Mutter nie gesehen. Sonst waren ihre flinken Augen überall, ja, manchmal sezierten sie einen förmlich, denn sie wollte es allen Menschen recht machen und konnte einem die geheimsten Wünsche von den Augen ablesen. Nur in diesem Moment war ihr Blick ins scheinbare Nichts gerichtet. Es war seltsam, befremdlich. Eine ganze Weile stand ich so da und sie rührte sich nicht, bemerkte mich nicht einmal. Irgendwann wand sie schließlich den Kopf und sah zu mir herüber. Es war nicht der Blick einer Mutter, es war ein Forschen, ein Suchen, ein Abtasten, als hätte sie einen fremden Menschen vor sich. Und dann schien sie eine Welle tiefsten Schmerzes zu überfluten, die aus diesen zwei Fenstern der Seele strömte.

Vielleicht habe ich in dem Moment begriffen, dass grenzenlose Liebe unweigerlich mit grenzenlosem Schmerz verbunden ist. Vielleicht habe ich es aber auch erst als erwachsene Frau begriffen, als ich selbst Mutter wurde. Eines Tages wusste ich jedenfalls, was es heißt, Angst zu haben. Angst um sein Kind.

Mutter fand sich schon früh in der Position, die ihr für Jahre die Luft zum Atmen raubte. Eigentlich für den Rest ihres Lebens. Sie spürte nicht nur Verantwortung für sich selbst und die alten Eltern, nein, sie wurde geradezu übermannt von einer tiefen Angst vor dem, was ihr Verhalten in unserer kleinen Gesellschaft für uns Kinder bedeuten könnte. Sie ahnte, wusste vielleicht auch durch die Gespräche mit Herbert, Otto und dem Patron, dass die Zeit dieses Schauermärchens länger währen würde, dass das letzte Kapitel noch längst nicht in Sicht war und um der Sicherheit ihrer Kinder willen unweigerlich ein gewaltiger Kompromiss folgen musste. Immer öfter schrieb sie in ihr Buch, schrieb sich die Ängste von der Seele. Abgelenkt wurde sie nur durch die rituellen täglichen Dinge. Der vertraute Trott wiegte einen in einem wabernden Gefühl von trügerischer Sicherheit.

Eines Nachmittages, Herbert hatte sich müde und verschwitzt für eine halbe Stunde Pause zu ihr in die Küche gesetzt, konnte ich ihr Gespräch von draußen verfolgen; das Fenster stand offen. Den Duft von sprießenden Blumen und Kräutern, den sanften Wind – all das wollte Mutter in den Raum locken, vielleicht in dem Drang, dem Düsteren, das aus dem Radio kam, und den schwarzen Worthülsen in Vaters Zeitung etwas Helles, Buntes entgegenzusetzen.

Sacht wehte der Duft von frischem Kaffee zu mir herüber. Ich saß auf der Bank und beobachtete, wie friedlich unsere Tiere beieinanderstanden. Die Hühner pickten nach Essbarem, Fritz lag zufrieden grunzend in seiner Kuhle, die drei Zicklein sprangen übermütig um ihre Mutter herum und an Vaters Rosen waren bereits die ersten Knospen zu erahnen. Ein Bild des reinen Friedens.

„Ich war letzte Woche in Neisse", kam es leise von Mutter.

Es entstand eine Pause, nur Herberts Schlürfen drang zu mir nach draußen; der Kaffee war noch heiß.

„Ich hatte ein merkwürdiges Gefühl nach all diesen neuen Verordnungen und Verboten, deshalb habe ich als Erstes meinen Dr. Gabriel aufgesucht. Er stand in seiner Praxis, die seltsam aufgeräumt war – keine Patienten. Es roch förmlich nach Abschied. *‚Wissen Sie, Anna'*, meinte er, *‚meinen Ludwig, den hat mir der Große Krieg als Krüppel zurückgegeben. Nachdem er durch einen Schuss verletzt worden war, hat er sich tagelang unter einem Berg von Leichen versteckt, hörte, wie die Ratten an seinen Kameraden zu nagen begannen.'*

An der Stelle hat Dr. Gabriel sich weggedreht, ich wusste überhaupt nicht, was ich tun sollte. Das ist so grauenhaft; ich wollte mir nie vorstellen, was eigentlich damals passiert ist, in diesem Krieg. Also hab ich einfach dagestanden und geschwiegen. Ich glaube, irgendwann hat Dr. Gabriel einfach vergessen, dass ich noch im Raum war. Er redete einfach weiter, immer mit dem Gesicht zur Wand. ‚Als man ihn dann endlich ins Lazarett brachte, war mein Sohn derart traumatisiert, dass er monatelang am ganzen Körper zitterte. Er hat zwei Jahre lang nicht sprechen können. Hätte ich nicht ein bisschen Vermögen besessen, eine gut gehende Praxis, ich weiß nicht, was aus ihm geworden wäre. Schauen Sie sich doch all die Gestalten an, die verkrüppelt in den Städten an den Bahnhöfen sitzen. Ihre Seelen sind gestorben, sie betteln um Almosen. Ausgespuckt vom ausgeträumten großen Traum von Ruhm und Ehre. Meine liebe Frau hat sich die letzten 15 Jahre nur um unseren kranken Ludwig gekümmert.'

Hier stockte Dr. Gabriel plötzlich. Und dann hat er sich wieder umgedreht. Er sah so … seltsam aus, so verwirrt. Fassungslos. Und dann redete er weiter, aber es klang so fremd, so unwirklich, was er erzählte.

‚Und nun steht so eine Horde junger Burschen vor meiner Tür und fragt nach einem Ariernachweis? Meine Oma ist als junge Frau konvertiert. Eigentlich habe ich mich immer als Katholik verstanden, sicherlich mit jüdischen Wurzeln, aber bin ich nicht in erster Linie ein Mensch, ein Deutscher, der in dieser Heimat geboren wurde? Und nun bin ich nicht mehr als Dreck, den man einfach so entsorgen kann? Muss mich demütigen lassen von jungen Männern, die noch nichts geleistet, geschweige denn Not und Entbehrungen auf sich genommen haben, um diesem Land zu dienen? Da haben sie dieses Gesetz zur Wiederherstellung des Berufsbeamtentums eingeführt und schlagartig alle nichtarischen Beamten aus ihrem Dienst entlassen. Auch wir nichtarischen Ärzte können bald nur noch hinter verschlossenen Türen praktizieren. Das städtische Krankenhaus Breslau hat seinen 28 jüdischen Ärzten mit sofortiger Wirkung das Dienstverhältnis gekündigt. Damit ist die Gleichschaltung der Ärzteschaft vollzogen und es regiert dieser neu ernannte Reichsärzteführer

Gerhard Wagner. Läden und Geschäfte von jüdischen Bürgern sind arisiert worden. Die jüdische Gemeinde von Breslau ist die drittgrößte im Reichsgebiet. 23.000 Juden leben dort, manche seit Generationen! Hatte Hindenburg nicht veranlasst, dass die jüdischen Kriegsteilnehmer sowie deren Hinterbliebene dieser Willkür nicht zum Opfer fallen dürfen? In Breslau hält sich keiner daran. Seit Edmund Heines, dieser Dämon, das Amt des Polizeipräsidenten übernommen hat, ist in Breslau Gewalt gegen die jüdische Bevölkerung an der Tagesordnung.'

Dann hielt er kurz inne, sagte: ‚Warten Sie, ich muss Ihnen etwas zeigen ...', ging an seinen Sekretär und zog aus einer Schublade ein Papier. Herbert, du wirst nicht glauben, was da steht ..."

Mit einem Mal rannte Mutter aus der Küche. Ich hörte ihre eiligen Schritte im Flur und dann vernahm ich eine ganze Weile nichts als das Summen einer Fliege, die sich in die Küche verirrt hatte.

Als Mutter zurückkam, begann Herbert murmelnd vorzulesen. „Erklärung über arische Abstammung. Was bitte soll das denn schon wieder bedeuten?", brummte er.

„Lies weiter", sagte Mutter leise. „‚Ich versichere hiermit pflichtgemäß: Mir sind trotz sorgfältiger Überprüfung keine Umstände bekannt, die die Annahme rechtfertigen könnten, daß ich nicht arischer Abstammung sei oder daß einer meiner Eltern oder Großeltern zu irgendeiner Zeit der jüdischen Religion angehört haben. Ich bin mir bewußt, daß ich mich dienststrafrechtlicher Verfolgung mit dem Ziele auf Dienstentlassung aussetze, wenn diese Erklärung nicht der Wahrheit entspricht.'"

Eine seltsame Ruhe entstand.

„Und, was macht Dr. Gabriel jetzt?"

„Er geht nach Palästina."

„Nach Palästina?"

„Ja, er hat mir – im Vertrauen – erzählt, dass einige Juden bereits ihre Koffer packen. Dr. Simon, bei dem ich daraufhin auch kurz war, will nicht gehen. Er glaubt nicht, dass es noch schlimmer kommen kann. Er praktiziert auch weiterhin. Er sagt, er hat doch einen Eid geleistet, den Menschen zu helfen. Diesen Eid können die Nazis nicht einfach brechen, einen fast 2.000 Jahre alten Eid ..."

„Hast du von dieser neuen Gestapo gehört, dieser geheimen Staatspolizei, die laut Göring zur Staatssicherheit beitragen soll?"

„Ja, die soll der Führer zum Geburtstag bekommen, stand pathetisch in Alfreds Zeitung ... Was werden die machen?"

„Na das, was SA und SS schon gemacht haben. Aus den nationalen Verbänden SA und SS und Stahlhelm hat Göring in Preußen allein 50.000 Freiwillige als Hilfspolizisten rekrutiert. In den letzten Wochen haben die Tausende Kommunisten, Sozialdemokraten, Gewerkschafter und andere Oppositionelle verhaftet. Adolf Hitler wird als Retter Deutschlands gesehen. Was hat noch einer von seinen Schattenhunden gesagt? ‚Dieses rücksichtslose Eingreifen der nationalen Regierung mag für viele etwas Befremdendes haben, aber es muss doch erst gründlich gesäubert und aufgeräumt werden, sonst ist keine neue Aufbauarbeit möglich.' Unglaublich, oder?"

„Ja, ich glaube, das war der Fettklops. Gestern meinte Goebbels noch, dass der Rundfunk die Hauptaufgabe hat, uns die Ideen der Nazis so lange einzuhämmern, bis wir ihnen verfallen sind."

„Anna, wir werden in Zukunft vorsichtiger sein müssen. In Breslau ist eine ganze Gruppe von Kommunisten, die sich wehren wollte, von diesem braunen Mob einfach niedergeknüppelt worden. Das Unheilwort heißt dann *Konzentrationslager*. Manche kommen dort nicht mehr lebend raus. Diese Lager werden als *Besserungsanstalten* deklariert, tatsächlich aber wird dort gemordet und misshandelt. Das ist einfach bekannt. Es wird noch nicht einmal versucht, das zu vertuschen. Ich denke, die SS will damit die Leute einschüchtern. Wer will, kann erahnen, was sich dort hinter Mauern und Stacheldraht vollzieht."

Mutter sah zu Boden.

„Glaubst du, dass es hier welche geben wird, die uns denunzieren würden? Ich meine, komm, wir leben hier doch seit Generationen zusammen! Das kann und will ich mir einfach nicht vorstellen!" Ihre Stimme klang sonderbar brüchig.

„Anna, angeblich reicht schon *widerständiges Handeln* – wenn du zum Beispiel den Hitlergruß verweigerst oder die Hakenkreuzfahne nicht hisst –, damit die bei dir aufkreuzen. Hoffen wir, dass wir hier im Dorf von sowas verschont bleiben. Jetzt haben sie sogar nationalsozialistische Straftäter amnestiert, Gesocks, dessen Verbrechen mit der Eroberung der politischen Macht in Zusammenhang gebracht werden konnten, der *nationalen Erhebung*, wie es jetzt heißt. Hast du das nicht mitbekommen?"

Mutter schüttelte den Kopf.

„Nicht weit von hier haben ein paar braune Jungs einen Bauern vor den Augen seiner Mutter erschlagen, weil er Kommunist war. Unter der alten Regierung sind sie noch verurteilt worden und jetzt hält der Führer schützend die Hände über sie, weil sie dazu beigetragen haben, alles *Ungesunde aus dem deutschen Volkskörper auszumerzen*."

„Oh, mein Gott!", flüsterte Mutter.

„Die einzige erfreuliche Nachricht ist die, dass ab sofort eine Aufnahmesperre für die NSDAP gilt. Der kolossale Ansturm von „Märzgefallenen" – wie treue Nazis sie süffisant nennen – auf die Partei, muss überwältigend gewesen sein. Nach der Wahl glaubten plötzlich alle, sie müssten treue NSDAP-Anhänger sein. *Ja, Führer, geh voran, willenlos und blind und taub folgen wir dir, ohne zu hinterfragen.* Jetzt kommt man auf eine Warteliste. Vielleicht nutzt manch einer die Zeit, um sich zu besinnen."

Die Fliege fand endlich das Fenster und verschwand. Beide Erwachsenen schwiegen. Und dann meinte Mutter: „Ich fürchte, eher nicht."

Ich stand auf. Ich hatte alles mit angehört, aber mein kindlicher Geist konnte das Gehörte nicht in eine greifbare Wahrheit umsetzen. Kein Bild, keine Figur aus meiner kurzen Lebenserfahrung passte in das, was die beiden einander aus ihrem Märchen erzählten. Ich spürte nur, es war nicht schön; zurück blieb ein diffuses Gefühl. Ich krabbelte auf unseren Heuboden, der jetzt leer war. Alles Heu und Stroh war im Winter aufgebraucht worden. Staubflocken tanzten im Sonnenlicht; eine Maus huschte vorüber, beäugte mich kurz. Ihr Näschen kräuselte sich, dann trippelte sie von dannen, um hinter einem der Balken zu verschwinden.

Hier oben war es so friedlich. Schnell wichen die seltsamen Worte aus dem Märchen der Erwachsenen, deren Bedeutung ich nicht erfasste, der Ruhe und Stille, die dieser Ort mir vermittelte. Hier fühlte ich mich Gott näher, hier sog ich den süßen Duft ein, der Sommer verhieß, und das befreite mich im Nu von den traurigen Gedanken.

Etwa eine Woche später brüllte der heisere Hund erneut in unsere Küche hinein. Es schepperte förmlich in den Regalen. Vater wusch sich an der Pumpe die Hände; er hatte in unserem eigenen Hof ein paar Zementplatten verlegt. Ich schielte gerade nach dem Glas oben auf der Anrichte, in dem Mutter immer etwas Süßes aufbewahrte, als Vater in die Küche gestürmt kam und das Radio lauter drehte.

„*Herr, das deutsche Volk ist wieder stark in seinem Willen! Stark in seiner Beharrlichkeit! Stark im Ertragen aller Opfer. Herr, wir lassen nicht von Dir! Nun segne unseren Kampf um unsere Freiheit und damit unser deutsches Volk und Vaterland.*"

Irgendein Feiertag der Arbeit wurde proklamiert. Ein neuer Feiertag, den der Führer seinem Volk schenkte. Bei uns waren alle am Arbeiten, um rechtzeitig für das Gelöbnis alles hergerichtet zu wissen. Aus jedem Haus duftete es so köstlich wie an keinem anderen Tag im Jahr. Große Bleche wurden auf die Wagen gehievt und ins Dorf gefahren. Alles für den großen Schmaus, den es nach den rituellen Märschen und Segnungen geben sollte.

Vater lächelte mich an und meinte: „Sollen die mal auf ihre Art feiern, wir tun das auf unsere Weise."

Dann drehte er mitten in einem lauten „*Heil!*" die Stimme weg und wir grienten uns verschwörerisch an.

Eigentlich war es doch einfach. Wenn man nichts hören wollte, kamen auch die düsteren Gedanken nicht, die sonderbaren Bilder, die einem noch lange im Kopf herumspukten. Hätte es als Buch auf dem Tisch gelegen, dieses fürchterliche Märchen, ich hätte es in hohem Bogen aus dem Fenster geworfen. Raus aus unseren vertrauten vier Wänden.

Rechtzeitig zum Gelöbnis war auch Mutter wieder ganz die Alte. Zusammen mit Oma zauberte sie schlesischen Mohnkuchen aus dem Ofen; Thea und ich durften helfen. Da, wo Traudel einspringen konnte, ging sie Mutter zur Hand. Vater schmückte den alten Wagen und spannte Oskar an, dessen neue Hufeisen im Morgenlicht glänzten. Stundenlang war Walter am Vorabend damit beschäftigt gewesen, ihm Mähne und Schweif zu kämmen und liebevoll bunte Bänder in die glänzende Mähne einzuflechten; jetzt kontrollierte er noch die Hufe und legte das Geschirr an. Peter schaute ihm anerkennend zu und als Traudel die Treppe herunterkam, war sie einfach die Schönste in ihrem lindgrünen Sommerkleid. Opa saugte zufrieden an seiner Pfeife, überwachte mit sorgsamem Blick Walters Arbeit und half hier und da mit, bis wir gemeinsam loszogen.

Wir trafen uns am Glockenturm, mitten im Dorf. Es war ein herrlicher Maientag und alles strömte zur Prozession. Stolz trugen die Männer die bunten Kirchenfahnen sowie den Baldachin, unter dem unser Pfarrer in seinem feierlichen Gewand einherschritt. Die kostbare Monstranz trug er, sie mit beiden Händen haltend, in Kopfhöhe vor sich her. Dann folgten wir Kinder und den Abschluss der Prozession bildeten die Frauen.

Der Vorbeter, der allen voranging, rief: „Bitte für uns, o Herr, erhöre uns, o Herr!"

So zog unsere Gemeinde feierlich singend und betend um alle Felder. Der Priester segnete die Feldfrüchte und bat um gutes Gelingen der Ernte. Wir waren eine wunderbare Gemeinschaft! Danach wurde auf dem Dorfplatz ausgelassen gefeiert. Alles schwatzte und lachte, es wurde ausgiebig getrunken und gegessen. Wir Kinder wirbelten inmitten der Menge herum und für eine friedliche Weile schien es keine beängstigende Politik zu geben. Günther und Siegfried waren gottlob nicht in ihrer Uniform erschienen. Günther spendete gönnerhaft ein riesiges Schwein, das er auf einem großen Drehspieß über dem Feuer drehte, und Siegfried tobte in seiner alten Lederhose glücklich mit den anderen Jungs umher. Bis spät in die Nacht feierten wir, mit Tanz und Gelächter. Ich fiel im frühen Morgengrauen trunken vor Glück ins Bett.

So hätte das Märchen doch enden können. Alle Menschen satt, zufrieden und glücklich vereint. Und wenn sie nicht gestorben sind, dann leben sie noch heute! Aber nein, am nächsten Morgen sprachen die Erwachsenen wieder aufgeregt über die neuen Taten der SS und SA. Mutter holte ihr Tagebuch und kritzelte die Neuigkeiten auf weiße, nackte Seiten.

Überall waren die Gewerkschaftshäuser besetzt, deren Vorsitzende verhaftet und das gesamte Vermögen beschlagnahmt worden, und zu Vaters Entsetzen wurde die Berliner Redaktionseinrichtung der sozialdemokratischen Zeitschrift *Vorwärts* komplett zerstört. Er lief zu Mutter.

„Damit sind die Gewerkschaften endgültig zerschlagen. Nun haben die Beschäftigten überhaupt kein Mitbestimmungsrecht mehr."

Er zeigte ihr einen Artikel und sie sahen einander an. Ihre ungläubigen Mienen verrieten, wie erschrocken sie waren.

Während bei uns die Glut des Festes allmählich versiegte – der alte Hans passte auf, dass jeder Funke ausgetreten wurde –, flammte andernorts das Feuer auf, bis es lichterloh brannte.

Eine Woche später hörten wir davon. Alle Zeitungen verkündeten es in großen Buchstaben. Gedankenverloren hatte Mutter das Radio angestellt. Eigentlich versuchte sie das in letzter Zeit vor uns Kindern zu vermeiden, aber an diesem Morgen sang sie ein Lied, pfiff begeistert die vertraute Melodie und drehte – wohl in der Hoffnung, ein bisschen beschwingte Musik zu hören – an dem schwarzen Knopf. Aus dem sonderbaren Kasten rauschte und jaulte es wie eine missmutige Katze. Wir saßen beim Frühstück, schlürften unseren Kakao. Walter und Thea mussten zur Schule, Vater saß stirnrunzelnd über seine Zeitung gebeugt. Das vertraute Rascheln der Seiten gehörte zum alltäglichen Morgenritual. Eben war Traudel mit Peter zur Tür hereingekommen. Es hatte sich längst eingespielt, dass Peter morgens Walter und Thea abholte und Traudel die drei bis zur Schule begleitete und dann weiter zum Bahnhof ging. Mit der Kleinbahn fuhr sie nach Neisse in die kleine Porzellanfabrik. Sie konnte so wunderbar zeichnen und galt als wahre Künstlerin, wenn sie winzige Figuren und Blüten auf Tassen und Teller malte.

Da schmetterte plötzlich eine Stimme unter frenetischem Beifall etwas von einem *Feuer, das die deutsche Seele gereinigt hätte*. Vater ließ die Zeitung sinken. Walter vergaß zu kauen. Mit vollen Backen starrte er auf das Gerät, das nur noch Unheil von sich gab, und Thea hielt sich an einem ihrer Zöpfe fest. Mutter ballte die Fäuste. Traudel ging sofort zum Regal, auf dem das Gerät mittlerweile eine herausgehobene Stellung einnahm, und drehte die Stimme lauter.

Auf dem Exer, dem Schlossplatz in „Gruß Brassel" – Volksmund für Breslau – war am Vorabend ein Feuer entfacht worden, in dem man unter Grölen und Gesang, lautem Rufen und Schimpfen diverse Bücher verbrannt hatte. Dazu waren die Autoren dieser Bücher von geifernden Stimmen als *undeutsch* tituliert worden. Wieder eine absonderliche Aktion, die SA, SS und die Stahlhelme organisiert hatten. Später wurde überall verkündet, sie hätten das Spektakel die ganze Nacht über bewacht, wie Mutter in ihrem Tagebuch notierte. Den Bücherverbrennern galten die Werke als unsittlich, geschichtsverfälschend und dekadent. Sie schwangen Reden, die sie *Feuersprüche* tauften, zum Beispiel:

„*Gegen seelenzersetzende Überschätzung des Trieblebens! Für den Adel der menschlichen Seele! Ich übergebe dem Feuer die Schriften des Sigmund Freud! Ich übergebe alles Undeutsche dem Feuer. Gegen Klassenkampf und Materialismus, für Volksgemeinschaft und idealistische Lebenshaltung. Ich übergebe dem Feuer die Schriften von Marx und Kautsky.*"

Überall wurden diese Aufrufe gestartet, sämtliche marxistisch-jüdischen Bücher einzusammeln und ins Feuer zu werfen. Die Deutschen sollten ihre Bücherschränke durchsehen und alles, was diesen *Makel* trug, in einem der genannten Büros abgeben.

„*Gegen Dekadenz und moralischen Verfall! Für Zucht und Sitte in Familie und Staat! Ich übergebe der Flamme die Schriften von Heinrich Mann, Ernst Gläser und Erich Kästner.*"

Walter wurde blass, als er hörte, dass auch sein Erich Kästner in der Feuerbrunst gelandet war. Ängstlich sah er zu unseren Eltern auf. Wir Kinder begriffen nicht, was da geschah, wir hörten nur einen Schwall angeblich verbotener Namen: *Heinrich Heine, Karl Marx, Willy Cohn, Alfred Kerr.* In vielen weiteren Universitätsstädten hatte dieses Feuer ebenfalls gewütet. Allein in Berlin am Opernplatz waren über 25.000 Werke einfach verbrannt worden.

„*Gegen Dekadenz und moralischen Verfall! Für Zucht und Sitte in Familie und Staat! Ich übergebe den Flammen die Schriften von Kurt Tucholsky ...*"

Am Ende schrie gar eine Stimme „*Vergesst die Bibel nicht, auch sie ist jüdisches Geistesgut!*"

Wir zitterten.

„Kinder, ihr bleibt heute zu Hause. Traudel, fahr du ruhig, ich laufe geschwind in die Schule. Bin gleich wieder da. Alfred, hol doch die Großeltern rüber."

„Warte, ich komme mit!", warf Traudel hastig ein, sah dann schnell zu Peter und sagte: „Hör auf die Anna! Bleib heute zu Hause. Ich beeile mich, komme so schnell es geht zurück!"

Und schon stürmten die beiden Mütter, fliehenden Hyänen gleich, aus dem Haus.

Walter begann zu weinen. Natürlich konnten wir Kinder nicht begreifen, dass wir etwas Unerlaubtes taten. All diese Bücher waren Walters Flucht in eine Welt voller Abenteuer gewesen. „Emil und die Detektive", „Pünktchen und Anton", „Das fliegende Klassenzimmer". Wie oft las er mir abends daraus vor. Das war jetzt verboten? Und die Bibel, aus der Oma uns all die alten, schaurig schönen Geschichten zum Besten gab, die sollten wir einfach in das Feuer werfen, das diese bösen Gestalten seit gestern entfachten? In meiner Fantasie war dieses Feuer blutrot wie das in der Hölle. An jenem qualvollen Ort, wo nur die Bösen hinkamen. Und nun sollten alle Menschen, Tiere und Engel aus dem heiligen Buch, Pünktchen und Anton und auch der Emil schlecht sein und in dieses fürchterliche Höllenfeuer gestoßen werden? Thea und ich hielten uns an den Händen. Vater nahm Walter in die Arme. Peter war ebenfalls blass geworden; hilflos saß er an seinem Platz.

„Komm, Walter, das war in Breslau und anderen Städten. Wir hier müssen uns nicht fürchten. Kinder, wir gehen zu den Großeltern, lasst eure Schulsachen hier."

Es war das erste Mal, dass ich froh war, dieses Haus verlassen zu können. Unheimliches war geschehen. Das sonderbare Schauermärchen, das bis jetzt nur die Erwachsenen beschäftigt hatte, war plötzlich auch in unser junges Leben eingebrochen.

Natürlich, schoss es mir durch den Kopf, kamen nicht in jedem Märchen auch Kinder vor, die erst das Böse besiegen mussten, um glücklich bis ans Ende in Frieden leben zu können? Hatten sie nicht auch schwere Aufgaben zu lösen, um den bösen Zauber zu brechen? Nun war es also so weit; in mir kam das Gefühl auf, ich müsste einen sehr dunklen und undurchdringlichen Wald betreten. Wer wusste schon, was mich da erwartete?

Und ich ahnte, dass hier meine Eltern vielleicht nicht würden helfen können.

Bei den Großeltern fühlten wir uns sofort sicher. Als Vater nur andeutete, was geschehen war, holte Oma sofort die Bibel aus der guten Stube, legte sie in die Küche, schlug sie auf und begann laut und klar zu lesen: „Vater Unser, der du bist im Himmel, geheiligt werde dein Name ..."

Es half ein wenig. Wir Kinder saßen eng beieinander. Vater bereitete heiße Milch vor und Opa nahm die Zuckerdose aus dem Schrank. Dann schürte er das Feuer ein wenig, denn uns war seltsam kalt geworden. Nach und nach kehrte unser Vertrauen zurück. Unser Vertrauen in die Erwachsenen, die uns doch eigentlich zu beschützen hatten. Diese Schutzmauer hatte einen feinen Riss bekommen.

„Das stinkt nicht nur nach Rauch und Ruß, das riecht verdammt nach Krieg. Und der wird kommen", murmelte Opa. Sein Blick fiel in den Hof. Ihm war anzusehen, dass er einem Gedanken nachhing.

Später las ich in Mutters Tagebuch, dass diese unsägliche Aktion vorwiegend aus den Kreisen der nationalsozialistischen Studenten und Professoren angezettelt worden war. Werke von mehr als 3.000 Autoren landeten auf den Scheiterhaufen. Es hieß, das Ganze habe ein Fanal für das neue Deutschland sein sollen.

Am nächsten Abend erschien Opa in unserer Küche und brachte eine Metallkiste mit, die er auf den Tisch stellte. Sie schimmerte in dunklen Farben, an manchen Stellen waren Rostflecken. Ein großes Schloss lag daneben. Opa öffnete den Deckel und machte sich daran, den Boden der Kiste mit einem von Mutters Küchentüchern auszuschlagen. Wir Kinder sahen stumm zu.

Irgendwann murmelte er: „So, Walter, nu mal her mit deinen Büchern. Hier sind sie sicher aufbewahrt. Diese Kiste, die hat schon den Großen Krieg überlebt, die hält auch noch dem nächsten stand."

Wir rannten ins Kinderzimmer und sammelten alle Bücher ein, vor denen Walter eine dermaßene Furcht spürte. Bald darauf lagen sie ordentlich übereinandergestapelt in der Kiste und Mutter deckte sie mit einem weiteren Tuch zu. Es war eine sorgsam gepackte Schatztruhe.

„Opa, was machst du mit der Kiste?", fragte Walter und seine angstgeweiteten Augen verfolgten jede kleine Bewegung des alten Mannes, der sich nicht aus der Ruhe bringen ließ.

Die Pfeife im Mund, schloss er den Deckel und ein großer rostiger Schlüssel fuhr knirschend ins Schloss. Mit missmutigem Laut schnappte das Schloss ein und die Kiste war verschlossen. Opa nahm seine Pfeife, klopfte die Tabakreste in eine kleine Schale und strich meinem Bruder über die Haare.

„Ich werde deine Bücher hüten. Glaub mir, sie werden sicher aufbewahrt sein. Mehr brauchst du nicht zu wissen, denn ich denke, so bald kannst du sie nicht wieder lesen.

Aber mach dir keine Sorgen, wir leben hier gut geschützt. Anna, komm, hilf mir."

Sie packten die Kiste bei den Griffen und trugen sie in den Hof. Opa hatte den alten Oskar mit Wagen dabei, auf dem seine Ackergeräte lagen. Dort hinauf wuchteten sie die Kiste, während Oskar ein Stück altes Brot bekam, das er bedächtig kaute. Opa und Mutter standen noch ein wenig zusammen und unterhielten sich leise.

„Dort wo man Bücher verbrennt, verbrennt man am Ende auch Menschen. Du wirst sehen, Anna, dieser Spruch wird noch grausame Wirklichkeit."

Ich musste an die Hexe bei Hänsel und Gretel denken. Hatte sie nicht auch vor, Hänsel in den glühenden Ofen zu stecken, und musste am Ende selber brennen? War Walter jetzt der kleine Hans, der um sein Leben fürchten musste? Und wer war die böse Hexe, die ihn verspeisen wollte? Und das alles wegen der paar Büchern, die wir so gern lasen?

Wie viele Kieselsteine würde ich auflesen müssen, um irgendwann sicher aus diesem finsteren Wald der Erwachsenen herauszukommen? Die wenigen Steine, die in meiner Schürzentasche Platz fanden, schienen mir nicht auszureichen. Vielleicht besaß Opa aber noch eine Kiste, in der wir alle Kieselsteine, die wir fanden, aufbewahren konnten?

Ich fragte ihn sogleich.

„Schau, Hanna, wir sind hier in Mohrau sicher. Wir haben einander und wenn du deiner Mutter versprichst, nicht allein in den Wald zu laufen, kann dir nichts passieren. Wir passen auf dich auf. Du musst nur schauen, dass du dich von bösen Menschen fernhältst. Die wirst du bald an ihren Uniformen erkennen. Vertrau auf Gott und dir wird nichts geschehen."

Gott konnte ich wohl vertrauen, aber was war mit seinen Gesandten hier auf Erden? Waren die nicht mehr vertrauenswürdig?

Später erfuhren wir, dass es im Falle von Erich Kästner geheißen hatte: *„Verbrennt alles von ihm, nur nicht den* Emil!" Hatte der Führer den vielleicht auch gern gelesen? Sehr viel später konnte ich nachlesen, dass es den Nazis gut gefallen hat, wie die Kinder sich um Emil scharen, um einem Bösen das Handwerk zu legen. Ganz außerhalb der Welt der Erwachsenen sind sie in der Lage, sich selbstständig für den rechten Weg zu entscheiden. Die Kinderhorde, die dann durch Berlin zog, ist häufig mit den Formationen der HJ und des BDM verglichen worden.

Wir aber ließen auch den „Emil" dort, wo er sicher war. Wer wusste schon, wann die Nazischergen ihre Meinung ändern würden?

Bredows Protest

Oma kam einfach nicht darüber hinweg. An einem heißen Sommertag musste sie erleben, dass auch die Vertreter der Kirche nur Menschen waren, manipulierbar, machtbesessen und demütig an der falschen Stelle.

Wir Kinder waren im Mühlenbach schwimmen gewesen – dort trafen sich alle Kinder, auch die aus den umliegenden Dörfern. Es war ein Tag voller Sorglosigkeit, ein Paradies für uns junge Menschen, die wir von den Machenschaften der Bösen noch nicht betroffen waren. Hier am Mühlenbach galt es einfach, sich abzukühlen, zu planschen und mit anderen seine Kräfte zu messen.

Auch die Mühle hatte einst dem Patron gehört. Als Anfang der 20er Jahre die Elektrifizierung vorangetrieben wurde, ließ er in der Mühle Turbinen einbauen und seitdem belieferte er auch die angrenzenden Dörfer mit Strom. Selten stand die Mühle still, sie rumpelte Tag und Nacht, sodass man die alten Balken laut ächzen hörte. Oft musste ein Bursche das Schütt vor dem großen, oberschlächtigen Wasserrad kräftig hochziehen und dann bekam das Rad wieder so richtig Schwung. Es war herrlich, an dem plätschernden Wasser zu sitzen und das große Holzrad zu beobachten, das stöhnend das Wasser auffing, es nach oben schaufelte und schließlich zurück in sein Element schleuderte.

Mittlerweile gehörte das Grundstück samt Mühle dem Borken Hans und nicht selten kam er mit großem Geschimpfe herausgelaufen, wenn übermütige Jungs das Mühlendach zu ihrem Sprungbrett erkoren. Mit grimmiger Miene verjagte er die Bengel. Aber es dauerte nie lange, dann tummelten sich schon wieder ein paar Mutige oben und ließen sich mit großem Geschrei in den Mühlenbach fallen.

Barfuß, ein Bündel nasser Kleider unter dem Arm, stürmten wir in die Küche, in der seltsamerweise niemand zugegen war. Kein Abendbrot war hergerichtet. Fliegen umkreisten missmutig ein Stück trockenes Brot, das wie vergessen auf einem Teller lag. Mein Blick wanderte zum Fenster und unter der großen Linde sah ich sie alle beieinandersitzen. Die Großeltern, meine Eltern, Traudel und, was nicht ungewöhnlich war, auch Pastor Bredow sowie den alten Patron. Thea ging sich umziehen, während Walter, Peter und ich uns zu den Erwachsenen gesellten. Traudel reichte uns ein paar belegte Stullen.

„Damit hat die Kirche ihre heilige Unantastbarkeit abgelegt, auch wenn die NSDAP die Tatsache januskörfig anders formuliert. Bei Gott, wer hätte das geahnt! Ausgerechnet vom Vatikan erhalten die Nazis ihre erste internationale Groß-Anerkennung", gab Bredow mit Grabesstimme von sich, schüttelte den Kopf und tätschelte Omas Hand.

„Ein Abkommen zwischen den Braunen und dem Vatikan? Das soll die katholische Kirche unangetastet lassen, wenn sie dafür auf ihre politischen, sozialen und berufsständischen Organisationen verzichtet und dem Nazistaat ihre was …?

‚Anerkennung' zollt? Was heißt das denn, *ihre Anerkennung zollen?*", fragte Mutter entgeistert, während sie weitere Stullen schmierte für unsere hungrigen Mägen.

„Braunhemden ziehen in Synoden ein, besetzen Bischofsposten, beginnen die Kirche von nichtarischen Pfarrern zu säubern", antwortete Vater und blätterte wie üblich in einer seiner Zeitungen, die ihm ebenso wenig guttaten wie Mutter das Radio.

Diese Medien verfolgten die beiden regelrecht.

„Das ist die Anerkennung, die ich auf keinen Fall dulden werde. Ich werde mich dem entgegenstellen!", rief Bredow und gönnte sich den kleinen Schnaps, den Opa ihm zuschob.

„Mit dieser Entscheidung hat der Vatikan Hitler als vertrauenswürdig eingestuft. Nicht wenige Pastoren tragen wohl das Parteiabzeichen sichtbar am Talar. Und diese angepasste, nazifreundliche Haltung der deutschen Bischöfe unter Kardinal Bertram ist der letzte Schritt in die absolute Diktatur", sprach der Patron in verzweifelter Manier und wischte sich müde den Schweiß von der Stirn.

Vater blätterte um und zeigte auf eine weitere fette Überschrift.

„Erst die SPD weg, dann die zwangsverordnete Selbstauflösung aller übrigen demokratischen Parteien und jetzt noch die Kirche als Spielball der Diktatur? Hier, hört euch das an: *‚Gesetz gegen die Neubildung von Parteien.'* Das ist aus diesem Kampfblatt, dem *Völkischen Beobachter*, führende Stimme der NS-Bewegung. *‚Paragraph 1: In Deutschland besteht als einzige politische Partei die Nationalsozialistische Deutsche Arbeiterpartei. Paragraph 2: Wer es unternimmt, den organisatorischen Zusammenhalt einer anderen politischen Partei aufrechtzuerhalten oder eine neue politische Partei zu bilden, wird, sofern nicht die Tat nach anderen Vorschriften mit einer höheren Strafe bedroht ist, mit Zuchthaus von bis zu drei Jahren bestraft.'* Das ist menschenverachtend. Und das in einem Land, das bis vor Kurzem noch als aufstrebende Nation galt, in der Kultur und Wissenschaft Bahnbrechendes geleistet haben. Wir waren doch auf einem guten Weg. Wieso dieser Rückschritt?"

Der Patron griff an sein Kruzifix, das an einer langen, braunen Holzkette hing. Müde strich er über seinen Siegelring. Sein trüber Blick schien in eine andere Welt zu gehen. Eine Welt, die er vor langer Zeit verloren hatte.

Alle schwiegen. Walter und Peter saßen da und schauten erwartungsvoll in die Runde. Ich begann Gänseblümchen zu pflücken und während die Erwachsenen ihr Gespräch wiederaufnahmen, knüpfte ich einen Kranz. Langsam verschwand die Sonne hinter den Bäumen, bereit, sich von uns zu verabschieden.

Vater und Opa begannen die Tiere in die Ställe zu bringen und verteilten Futter; und auch dieses Heute neigte sich gleichgültig dem Ende zu, als wäre nichts Besonderes geschehen. Die Natur ließ sich nicht beirren und die Menschen nahmen ihre Sorgen mit in die Nacht. In ihren Träumen erlebten sie auf ein Neues die Angst vor einem nächsten Morgen.

Dazugehören

Es war ein heißer Sommer.

Eine gewisse Trägheit ergoss sich über unser Dorf und von den politischen Eskapaden blieben wir einigermaßen verschont. An manchen Gebäuden hing, schlaff wie ein ausgewrungener Lappen in der windstillen Hitze, die neue Fahne. Vorerst mutete es einem seltsam an. Irgendwann nahm man das einfach so hin, beachtete das Schwarz-Weiß-Rot nicht weiter. Der gleichförmige Tageslauf gab nicht immer die Gelegenheit, sich über die Dinge aufzuregen oder zu wundern. Es herrschte die Einsicht: Es muss halt so sein. So fügte sich die Gemeinschaft in das vermeintlich Unvermeidliche. Es tat ja keinem wirklich weh. Sich aufzulehnen bedeutete nur unnötig Zeit zu vergeuden, so die Stimme der Gleichgültigen. Schulterzuckend trieb man die Kühe und Schweine auf ihre Weiden oder zurück in die Höfe und ermahnte die Mägde und Burschen, ihre Arbeit ordentlich zu verrichten. Demzufolge, was die Erwachsenen einander erzählten, war das Deutsche Reich jetzt von der obersten Spitze des Landes über die gesamte Verwaltung bis hin zur Führung des letzten Ortes in der Hand der Nationalsozialistischen Partei. Aber verändert hatte sich nichts bei uns. Selbst die wahrhaftig Parteigläubigen nahmen die Situation des Dorfes mit seinen eigenen Gesetzen so hin. Einen besonderen Einfluss hatte das neue Regime nicht auf unseren Alltag, der sich durchaus härter und arbeitsreicher gestaltete als das Stadtleben. Natürlich erblickte man einige in dieser dungfarbenen Uniform. Aber spätestens zur Heu- und Getreideernte im Juni und Juli überwogen wieder die bäuerliche Alltagstracht und das gewohnte Ambiente eines Dorflebens in einer eingespielten Gemeinschaft. Da störte diese Uniform, da waren die guten Lederstiefel dann wohl doch zu teuer gewesen, als dass man in ihnen stundenlang unter sengender Hitze im staubtrockenen Feld stehen wollte. Ohne Groll wurde die Uniform abgelegt zugunsten luftiger Kleidung und bequemer Schuhe, in denen man sich frei bewegen konnte. Während des Sommers musste die aufgeschossene Saat geeggt, gehackt, behäufelt, geeinzelt und von Unkraut frei gehalten werden. Mensch und Tier mussten jeden Tag ihre Arbeit verrichten.

Im gemächlichen Tempo gingen die Männer dann im August mit ihrer Sense über die Felder und das gleichmäßige Gleiten der Klinge durch das hohe Korn besaß etwas Beruhigendes. Die Frauen klaubten das Gemähte zusammen und gemeinsam wurde es in Hocken zusammengestellt und gebunden. Vor dem Schnitt fand das gemeinsame Gebet statt, ein ritueller Brauch, und am Ende des Tages, nach getaner

Arbeit, kehrten die Erwachsenen im „Hopfen" ein. Für uns Kinder war es die schönste Zeit, denn die langen, hellen Abende luden dazu ein, sich am Bach oder auch im Wald mit den anderen zu treffen.

Es folgte die Zeit der Kartoffel- und Rübenernte. Bei dem einen Bauern bewegten Zugochsen und Pferd Pflug und Wagen, beim anderen zog eine Kuh den Kartoffelhaspel, ein Gerät, das die Kartoffeln aus der Erde schleuderte. Danach sammelten wir Kinder die feuchtbraunen Erdäpfel mit Körben oder Handwagen auf und die Frauen leerten sie in Kartoffelsäcke, die dann von den Männern in die bereitstehenden Wagen gehievt wurden. So blieb eine ganze Familie über viele Stunden eingespannt. Vom frühen Morgen bis zum späten Abend waren die meisten mit der Landarbeit beschäftigt. Keinem wurde Zeit gewährt, all die Neuigkeiten zu lesen oder gar untätig vor dem Radio zu hocken. Das trockene Heu hievten kräftige Männer auf ihre Heuböden, auf den Feldern neigten sich allmählich die goldenen Ähren. Das Einbringen in die Scheune war Gemeinschaftsarbeit, hier half jeder jedem. Auf den leeren Kartoffel- und Rübenfeldern wurden Roggen und Weizen als Herbstsaaten in die krümelige Erde gebracht. Das Bestreben der Bauern war, bis zum Weihnachtsfest das Getreide gedroschen und die Frucht der Erde zur Lagerung auf den Getreideboden oder in die Mühle gebracht zu haben. Das bewegte die Großen.

Am Ende des Sommers waren wir Kinder braun gebrannt und kräftiger geworden. Doch auch diese Zeit neigte sich dem Ende zu und die Schule bekam wieder einen Platz im Familienleben. Alle Pennäler zogen morgens los und im Dorf kehrte eine Stille ein, die den Erwachsenen wieder mehr Raum bot, sich um andere Dinge zu kümmern. Alles bereitete sich auf die Haferfahne vor, auch eines jener Feste, die typisch für uns Schlesier waren. Eine Tradition, die uns schon Wochen vorher unsere gesamte Aufmerksamkeit abrang.

Uns Kindern wurde derweil ein großes Kapitel im Märchen der Erwachsenen aufgeschlagen. Ein Kapitel, das nur für uns bestimmt war.

Gleich nach dem ersten Schultag stürmten Walter, Peter und Thea aufgeregt in die Küche. Die Tornister flogen hinter den Ofen, lagen da, als müssten sie sich schämen, und bekamen auch keine weitere Beachtung geschenkt. Mutter und ich waren dabei, unser Gemüse einzukochen und in Gläser abzufüllen. Der eiserne Vorrat für den Winter, wenn die Zeiten wieder härter wurden, wenn der Krämer Huber nicht genug Ware aus den umliegenden Dörfern geliefert bekam oder der Fleischer Günther aufgrund der Kälte nicht schlachten konnte und sich die Obst- und Gemüsekörbe gefährlich leerten. Da half das Eingemachte, das große Winterdarben abzuschwächen. Kartoffeln, Rüben, Lauch und Kraut lagerte man ebenfalls ein und das reife Obst kochten die Frauen in großen Töpfen ein, zu Mus und Marmeladen dann verarbeitet oder auch als herrliches Kompott konserviert. Aus dem Radio ertönte derweil das Lied *Du bist das süßeste Mädel der Welt*, das beschwingt und fröhlich in den Raum schallte – endlich eine Stimme mit Seele!

„Mama! Auf dem Pausenhof, da standen sie – wie eine echte Soldatentruppe! Die Älteren trugen diese Uniform, dunkle kurze Hosen, braune Hemden, am linken Arm eine rote Armbinde, manche von denen haben uns Kleinere schikaniert. Die glauben jetzt, sie sind etwas kolossal Besseres!"

Walter war seltsamerweise Feuer und Flamme. Peter nickte aufgeregt und Thea beschrieb, wie die Irene aus dem Nachbardorf in dem dunkelblauen Rock und der weißen Bluse viel älter gewirkt hätte. Dazu eine senffarbene kurze Jacke. Ein ganz weicher und samtiger Stoff sei das gewesen. Am Ärmel sei ein schwarz-weißes Dreieck aufgenäht mit der Aufschrift: „Jungmädel". Und so ein komisches Zeichen sei ebenfalls drauf und das Hakenkreuz auch. So erwachsen und ordentlich habe Irene ausgeschaut. Die Irene, die doch sonst immer nur in Lumpen herumlief! Über der Bluse trug sie ein schwarzes Tuch, mit einem Knoten, und die Haare in zwei Schnecken geflochten. Den Lehrern gegenüber prahlten die Uniformierten, dass diese ihnen von nun an nichts mehr vorzuschreiben hätten, sie folgten nur noch dem Führer. Der stehe auch über den Eltern, auch diese müssten nun seine Regeln annehmen. Die Gruppe beim Jungvolk und der HJ stehe von nun an für die „wahre" Gemeinschaft, fürs Vaterland, für den Führer.

„Sie wollten auch nicht mehr *Guten Morgen* sagen, sondern bestanden auf *Heil Hitler*! Dabei knallten sie die Hacken zusammen und hoben den rechten Arm und sangen irgend so ein Lied mit einer flatternden Fahne!", rief Peter dazwischen.

Walter und er imitierten den Gruß und rannten, den rechten Arm zum Hitlergruß emporgereckt, durch die Küche. Mein Bruder wirkte seltsam fasziniert. Ich betrachtete Mutters Sorgenfalten, während sie Bohnen schnitt und hernach ordentlich in ein Salzbett drapierte. Dann wischte sie sich die Hände an der Schürze ab.

„Nun, da seht ihr, wie die Partei auch euch Kinder und Jugendliche einfängt. Wie im Märchen die böse Hexe. Ihr wisst doch, mit welcher List man Kinder lockt, und nachher finden sie ihren Weg nach Hause nicht mehr, wenn sie der Verführung verfallen. Nun fühlen sie sich also schon als kleine Helden, nur weil sie eine Uniform tragen! Diese Uniform macht niemanden zu einem besseren Menschen. Im Gegenteil, sie kann vieles verdecken. Die Bengel versuchen den dicken Maxe zu mimen, aber in Wahrheit gehören sie nun auch zu diesen Schlägertrupps. Die gehen nicht sonderlich zimperlich mit Menschen um, die einfach keine Lust haben, so eine Uniform anzuziehen. Bleibt von denen bloß fern! Ich denke nicht, dass Herr Gebauer sich das gefallen lassen wird, der ist doch kein Nazi! Und nehmt gefälligst den Arm runter! Sonst fällt er euch noch ab. Das ist doch eine völlig unnatürliche Haltung!"

Mutter setzte sich hin und sah fragend von einem zum anderen. Walter nickte. Aber tief in seinem Inneren war etwas geschehen, das spürte ich. Er blickte Mutter nicht an. Auch Peter schielte auf seine Fußspitzen und murmelte nur leise ein „Mhm" und schweigend verzogen sich beide nach oben.

Thea musterte Mutter, die nachdenklich den Jungs hinterhersah, schüttelte ihre Haare und meinte: „Für mich ist das nichts, diese Uniform und die blöden Schneckenhaare. Außerdem waren die Schuhe hässlich. Wie klobige Wanderschuhe haben die ausgeschaut, so etwas möchte ich nicht anziehen müssen."

Damit nahm sie einen Kamm aus der Schublade, schob den Hocker vor den Spiegel und stellte sich drauf. Sie teilte ihre Haare und flocht sie in zwei Zöpfe, wickelte sie als Schnecken um ihre Ohren.

„Siehst du, sieht doch dämlich aus, oder?"

Mutter lächelte tapfer. Sie war stolz auf ihre hübsche Tochter, die jeder im Dorf als Schönheit bezeichnete. Wieder schüttelte Thea ihr Haar, bis es sich langsam löste und in weichen Wellen über die Schultern fiel.

In diesem Moment dröhnte die überschwängliche Stimme des Herrn Dr. Goebbels aus dem Kasten und rückte uns mal wieder in die neue Realität.

„Neun Reichssender unterstehen nun dem Propagandaministerium. Wer die Presse hat, der hat die öffentliche Meinung. Wer die öffentliche Meinung hat, der hat recht."

Mutter schaltete den Kasten ab. Es gibt Momente, in denen Schweigen tatsächlich Gold ist. Und Reden nichts als Blech.

Und dennoch, diese Reden lösten allmählich etwas aus. Sehnsucht. Die Sehnsucht, dabei zu sein. Das Gefühl, geachtet und gebraucht zu werden. Und Mutter spürte, dass die Schule für uns Kinder kein geschützter Ort mehr blieb.

Unser Schulleiter und Lehrer Herr Gebauer versuchte Mutter und Traudel zu beruhigen. Atemlos waren sie zu ihm ins Zimmer gestürzt. Er ahnte, dass seine Schule bald unter der argwöhnischen Beobachtung der Partei stehen würde. Aber Herr Gebauer glaubte sich wehren zu können. Als ein Schreiben von der Schulbehörde eintraf, in dem er rigoros aufgefordert wurde, das Kruzifix aus dem Klassenzimmer zu verbannen und stattdessen das Hitlerbild aufzuhängen, da hatte er sich schlichtweg geweigert. Seitdem harrte er weiterer Anordnungen, die da kommen sollten.

Dass aber jetzt die ersten Kinder und Jugendlichen in Uniform die Schule betraten, dagegen konnte auch er nichts unternehmen. Die Hitler-Jugend und der Bund Deutscher Mädel hatten in den anderen Dörfern und natürlich in Neisse bereits viele Kinder und Jugendliche in Gruppen zusammengefasst; nach dem Machtwechsel war der Zulauf extrem groß gewesen. Nicht nur die Erwachsenen stürmten in die Partei, auch deren Kinder wurden gleich mit untergebracht. Mutter schrieb nur fassungslos auf, welche der Nachbarn sich nun ganz offen als Nationalsozialisten bezeichneten.

Das im Vorjahr viel gepriesene neue Buch *Der Hitlerjunge Quex* hatte schon Tausende junger Seelen infiltriert und viele Eltern in ganz Deutschland standen vor dem unbedingten Wollen ihrer Sprösslinge, Teil dieser jungen, aufstrebenden Gemeinschaft zu werden. Einer Gemeinschaft, die Ruhm und Ehre versprach, das Eingebettet-Sein in eine wundervolle Gruppe und große herrliche Abenteuer. Vielen Kindern und Jugendlichen erschien diese neue Zugehörigkeit auch als Befreiung aus den Klauen der Eltern. Gerade auf dem Dorf, wo nicht selten mit strenger Hand erzogen wurde. Denn nur wenn alle mit anpackten, war das Auskommen gesichert.

Mit ihren verheißungsvollen Reden und Versprechungen erreichte die Partei, dass die Kinder sich innerhalb der Familie auflehnen durften, und nicht selten setzte eine Entfremdung ein, die leider auch später so weit ausarten konnte, dass Kinder ihre eigenen Eltern denunzierten. Die Aufnahme in die HJ errichtete unweigerlich eine unsichtbare Mauer zwischen Kind und Erwachsenen, die im Laufe der Jahre erschreckend höher wurde.
Jugend, hierher, Adolf Hitler führt!
Als Siegfried stolz mit seiner HJ-Gruppe nach Nürnberg fuhr, dorthin, wo er den Führer leibhaftig zu Gesicht bekommen sollte, da standen wir anderen Kinder und die Eltern stumm am Bahnhof und sahen zu, wie er strahlend in den Zug stieg. Aus allen Fenstern wehten die Fahnen. Das Deutsche Jungvolk trug die schwarze Fahne mit weißer Rune. Die Flagge der Hitler-Jugend zierten rot-weiß-rote Querstreifen und in der Mitte prangte das Hakenkreuz.

Auch die Pimpfe und Jungmädel aus den anderen Dörfern waren angereist, saßen schon im Zug oder säumten mit Fahnen und kleinen Rucksäcken den Bahnsteig. Eltern winkten dem Zug hinterher, manche stolz, doch die meisten eher nachdenklich. So manche Mutter war aber auch sichtlich erleichtert. Eine Sorge weniger. Das Kind schien gut bewacht und konnte nicht auf die Idee kommen, irgendwelches Unheil anzustiften. Die NSDAP galt als die Partei der Jugend! Die Fackeln der Alten waren den jungen reinen Seelen erfolgreich in die Herzen gesenkt. Eines Tages sollte die zündelnde Flamme der Exekutoren auflodern und alle in heller Begeisterung mitreißen; so viele auch in ihren viel zu frühen Tod.

Walter und Peter bestanden darauf, am Abend Radio zu hören. Mit großen Augen lauschten sie den Aufmärschen, den Gesängen und Ansprachen. Ein frenetischer Beifall ertönte und unter Jubelchören betrat Hitler die Tribüne. Seine

Ansprache an die Jugend donnerte mit vollem Pathos in die Küche. Mutter saß am Tisch und gab vor, mit irgendwelchen Näharbeiten beschäftigt zu sein, aber ich bemerkte, dass sie uns alle mit ernster Miene beobachtete. Ich spürte förmlich ihren abtastenden Blick.

„Ihr seid noch jung", bellte die Stimme, die für mich noch nichts von ihrer seltsamen Art eingebüßt hatte, noch immer löste sie Angst aus bei mir. *„Ihr habt noch nicht die trennenden Einflüsse des Lebens kennengelernt. Ihr könnt euch noch so unter- und miteinander verbinden, daß euch das spätere Leben niemals zu trennen vermag. Ihr müßt in eure jungen Herzen nicht den Eigendünkel, die Überheblichkeit, Klassenauffassungen, Unterschiede von reich und arm hineinlassen. Ihr müßt euch vielmehr bewahren, was ihr besitzt, das große Gefühl der Kameradschaft und Zusammengehörigkeit."*

Traudel kam herein, sah seufzend auf uns Kinder und setzte sich zu Mutter. Angestrengt versuchte ich zu lauschen, was sie miteinander sprachen. Aber sie flüsterten derart leise, dass ich nichts mitbekam.

Walter und Peter zankten sich um irgendetwas, bis Thea ärgerlich aufstand und sich an den Tisch setzte. Aufbrausende Gesänge schollen in den Raum und als die Großeltern zur Tür hereinkamen, sprang ich schnell auf und nahm meinen Opa bei der Hand. Mutter ging zum Radio und eine Sekunde später war vom ersten großen Reichsparteitag nichts mehr zu vernehmen. Oma legte frische Kräuter auf den Tisch und machte sich gleich dran, sie an den Stängeln abzupflücken.

So begann unweigerlich der Abschied vom Sommer.

Erntezeit

Am 1. Oktober war es so weit. Wir feierten unsere traditionelle Haferfahne, für die alle ihr Bestes gaben. Es war eine gute Ernte gewesen. Zufrieden hatten die Bauern alles in die Scheunen gebracht und die Stoppeln auf den Äckern verhießen die verdiente Pause bis zum nächsten Frühjahr. Kartoffeln, Mais, Bohnen, Rüben, Kohl, Heu und Stroh waren reichlich eingefahren worden. Auch Mohn hatte es mehr als genug gegeben und damit war für die Bäckereien die wichtigste Zutat für den heimischen Mohnkuchen gesichert. Wir belieferten alle umliegenden Städte mit den getrockneten Mohnkörnern, für die jede Bäckerei ihre eigene Mühle besaß.

Ich erinnere mich so deutlich, wie die Felder im Frühjahr, wenn der Mohn zartlila in der Blüte stand, einem impressionistischen Gemälde glichen. War der Stiel ungefähr einen Meter hoch, wurden die Köpfe mit einem scharfen Messer oder einer Schere einzeln abgeschnitten und in die zusammengebundenen Schürzen der Frauen gelegt, dann in Körbe und hernach in Säcke, die wiederum später in einem trockenen Raum standen, bis im Winter die Frauen sich daran machten, sie zu öffnen. Eine aufwändige Arbeit. Da erst rieselten die wertvollen Körner heraus und wurden in einen hellen, penibel sauberen Mohnsack geschüttet. *Das Gold Schlesiens*, wie Oma zu sagen pflegte.

Jetzt waren die Felder abgeräumt und das Gesinde entlohnt; manche konnten den Winter über bleiben, andere zogen weiter. Es war ein ständiges Kommen und Gehen von neuen und alten Gesichtern. Wie mit den Jahreszeiten.

Für das große Fest schmückten die Menschen schon Tage vorher die Erntewagen. Jeder tat es auf seine Art und Weise, um den jeweiligen Hof zu repräsentieren. Frauen nähten und stickten an Kostümen, wir Mädchen trugen weiße Kleider, Söckchen und Schuhe und Blumenkränze im Haar. Die Jungen liefen in ihren kurzen Hosen und weißen Hemden herum.

Wer eines besaß, nahm sein Musikinstrument aus der Truhe, polierte und stimmte es; überall hörte man Gesang und Proben von den verschiedenen Gruppen. Schließlich formierte sich der Umzug am Morgen auf dem Hof der Mühle. Vornan der Wagen mit der Erntekrone, die die Frauen kunstvoll gebunden hatten; sie war das Geschenk für den reichsten und einflussreichsten Gutsbauern, der die größte Ernte eingebracht hatte und das meiste Gesinde beschäftigte. Der hohe Misthaufen vor dem Tor zeugte von seinem Reichtum. Je höher der Misthaufen, desto mehr Achtung zollte die Gemeinde dem Bauern.

In bunter Reihe formierten sich die übrigen Leiterwagen, die mit Bänken ausgestattet und mit Birkengrün geschmückt waren. Auch die davorgespannten Pferde trugen Schmuck aus Birkengrün. Auf den Wagen nahmen die Musiker Platz. Je nach Wagen symbolisierten die Farben und Blüten einen Abschnitt im Arbeitslauf eines Jahres, das alles war von Frauen und Kindern in stundenlanger Arbeit liebevoll vorbereitet worden.

Mutter rannte ständig hin und her, immer die Kamera vor der Brust. Stolz präsentierten sich die Musiker mit ihren glänzenden Instrumenten, die Kinder scharten sich um einen besonders schön geschmückten Wagen und die Erwachsenen versuchten, möglichst erhaben dreinzuschauen. Mutter hielt alles in ihrem kleinen Kasten fest und ich freute mich schon in diesem Augenblick auf den grünen Umschlag aus Neisse, aus dem die beige-grauen Fotos mit gezacktem Rand, kleinen Gemälden gleich, zum Vorschein kommen würden. Sorgfältig klebte Mutter sie in ihr Fotoalbum, ein blaues Album mit kleinen weißen Blümchen drauf. Da schrieb und ordnete sie all das Erlebte hinein und oft saßen wir abends in der guten Stube, schlugen vorsichtig die knisternden Seidenblätter um und staunten ein jedes Mal darüber, wie wir uns selbst anlachten.

Mit Gesang zog die Gemeinde fröhlich durch das ganze Dorf, bis vor den Gutshof von Anton Vogt: Ihm gebührte die

Krone, die er feierlich entgegennahm. Sein gesamtes Gesinde stand Spalier, während er und seine Frau die Glückwünsche annahmen. Die Krone bekam dann ihren Platz an der Flurdecke im Haus des Inspektors, wo sie bis zum nächsten Jahr hängen blieb. Bis der nächste Bauer gewürdigt wurde. Das entsprach der Tradition. Nach einem Schnaps kehrten die Menschen ins Gemeindehaus ein und hier wurde ausgiebig getanzt und geschmaust.

Wenn man sich so umsah, war auf den ersten Blick eigentlich alles wie immer. Vater meinte nur leise: „Die Tischformationen haben sich ein wenig verschoben ...", worauf Herbert zu grinsen begann. Sein Stumpen glitzerte kurz auf.

Er sah sich demonstrativ um. Am Nachbartisch saß Willi, dieses Mal in der dungfarbenen Uniform. Auch Günther hatte sich herausgeputzt. Nur waren sie jetzt nicht mehr allein. In Mohrau hielten mehr und mehr Uniformen Einzug und wie in den anderen Dörfern war sie „en vogue", wie Mutter zynisch feststellte. Breitbeinig saßen zwei von diesen Uniformierten da und ließen den Blick verächtlich über die anderen Menschen gleiten. Einer trug einen gewaltigen Schmiss im Gesicht, was ihm ein besonders düsteres Aussehen verlieh. Ich hörte nur, dass er aus dem Nachbardorf gekommen sei, und Otto flüsterte, er gehöre zur Truppe der SA. Er habe, so munkelte man, bei den Nazis so richtig Karriere gemacht. Bald sollte er seinem Dorf als Ortsgruppenleiter vorstehen. Den anderen kannte ich ebenfalls nicht. Der saß ewig grinsend dabei und nickte ergeben, sobald der Grimmige sprach.

Zum Auftakt spielte die Kapelle *Am Sonntag will mein Süßer mit mir segeln gehn*. Männer forderten ihre Frauen zum Tanz auf und das Parkett füllte sich. Walter und Peter standen bei Siegfried, der von den anderen Kindern umringt wurde. Jeder wollte die Uniform bestaunen und befühlen und so mancher neidische Blick fiel auf das braune Hemd, die Armbinde und das glänzende Koppel. Mittlerweile war Siegfried stolz auf die Uniform, denn sie verhalf ihm zu einer Aufmerksamkeit, die er so nie zuvor erleben durfte. Seine Ohren drohten förmlich zu explodieren, so heftig glühten sie, feuergleich. Er hatte sich in der Gemeinschaft des Jungvolkes seinen Platz und den nötigen Respekt erobert, alle Mutproben mit Auszeichnung bestanden.

Traudel tanzte mit Herbert, kicherte wie ein kleines Mädchen und ich setzte mich zum Patron, der wie immer traurig vor sich hin sinnierte.

Einst gebührte ihm die Erntekrone. Oma erzählte mir des Öfteren, wie der Patron mit seiner schönen Frau in einem offenen Gespann vorfuhr und wie alle sich auf seinem Gut an der Mühle trafen. Er sei immer so großzügig gewesen. Das Erntefest hernach sei ein rauschendes Fest gewesen; das ganze Jahr über kamen die Leute ins Schwelgen, wenn sie sich daran erinnerten.

„Hallo, kleine Hanna. Würdest du mit einem alten Mann tanzen wollen?", forderte er mich auf und sah mit seinen sanften Augen in die meinigen.

Galant verbeugte er sich, reichte mir die Hand und führte mich wie eine erlauchte Prinzessin zum Fest. Alles wandte sich uns zu, und als er mich an der einen Hand festhielt und ich mich um meine eigene Achse drehte, strahlten die anderen uns an. Natürlich holte Mutter ihre Kamera und hielt meinen Auftritt als geheimnisvolle Ballprinzessin für die Ewigkeit fest.

Vater packte seine Trompete aus und wie bei den meisten Festen gesellte er sich zu den Musikern und spielte einfach drauflos. Der Rhythmus änderte sich, die Musik klang beschwingter. Die Beine der Tänzer vollführten seltsame Bewegungen, die Röcke der Frauen wirbelten herum, die Männer strahlten beseelt und wir Kinder hopsten durch die Menge. In diesem Moment war mein Vater ein anderer Mensch, ein wahrer Künstler, der nicht verbergen konnte, was in ihm steckte. Emphatisch wand er sich, lockte und hauchte die schönsten Töne aus dem Instrument hervor und feuerte die Kapelle zu Höchstleistungen an. Der Patron gab mir einen Handkuss, setzte sich wieder auf seinen Platz und ich drehte mich weiter im Kreis. Ich fühlte mich so wunderbar, so herrlich frei.

Nach einem schmetternden Abschluss klatschten alle wie wild. Vater bedankte sich, gab mit dem Fuß einen neuen Rhythmus vor, schnipste mit dem Finger und alle begannen sich in den Hüften zu wiegen. Die Kapelle setzte zu einem neuen Stück an.

„Jüdische Niggermusik!", donnerte es über unsere Köpfe hinweg.

Wie ein Fausthieb fühlte sich diese Stimme an. Ich wusste sofort, wem ich diese bellend-geifernden Worte zuordnen durfte. Und richtig: diesem grimmigen Wolf, der sein Bierglas auf den Tisch knallte, sich den Schaum vom Mund wischte und Vater einen angewiderten Blick zuwarf. Sein Gefährte nickte beifällig. Günther und Willi schauten betreten weg.

„Aber dank unserer neuen deutschen Reichskulturkammer ist ja ab sofort eine zentrale Kontrolle gewährleistet. Nicht erwünschte Künstler und ihre abartige Kunst werden ausgesondert!"

Viele kehrten an ihren Tisch zurück. Ein verhaltenes Murmeln waberte wie eine klebrige Masse durch den Raum, schien die Menschen kurzzeitig zu lähmen.

„Der Präsident der Reichskulturkammer, unser Dr. Goebbels, hat die deutsche Kultur für nigger- und judenrein erklärt. Wer nicht in die Reichskulturkammer aufgenommen wird, hat automatisch Berufsverbot."

Der Wolf sah zähnefletschend in die Menge.

„Na", meinte Herbert interessiert, „sehen wir mal, ob das Kunstverständnis des Herrn Dr. Goebbels überhaupt ausreicht, um die angeblich ‚deutsche Kultur' zu erkennen.

Immerhin ist sie seit Jahrhunderten durchwoben von so vielen anderen Kulturen und Einflüssen vieler Nationen, dass man sich das Deutsch-Arische schon zusammenklauben muss. Im Prinzip hat die Ideologie der NSDAP wirklich Ähnlichkeit mit unseren alten deutschen Sagen. Meinst du nicht auch? In welcher Sage kommen nicht Betrug, Bestechung, Hass und Neid in der übelsten Form vor? Hat das alles nicht schon in der Bibel angefangen? Ja, doch, ich erinnere mich. Wenn ich bedenke, was ich im *Nibelungenlied* oder der *Tristan-Sage* über teuflischen Verrat und Betrug gelesen habe – ich muss schon sagen, an diese altdeutsche Tradition schließen sich die Gemeinheiten des Dritten Reichs ziemlich folgerichtig an."

Josef kam mit einem Tablett und servierte den Musikern hastig ihre Getränke. Damit wurde eine Pause zwangsverordnet. Die meisten setzten sich hin oder flanierten nach draußen, raus an die frische Luft.

Der Wolf drehte sich mitsamt seinem Stuhl um, sodass er uns frontal gegenübersaß. Schnell setzte ich mich zu meiner Mutter, die sofort nach meiner Hand griff.

„Na, Herbert, da hat unser Ministerpräsident Göring ja mal richtig durchgegriffen, was! 17 Mitglieder des schmuddeligen Kölner Rotfrontkämpferbundes wegen Mordes angeklagt. Wer uns angreift, bei dem wird nicht mehr lange gefackelt! Nieder mit den Roten!", prahlte der Mann mit der großen Narbe.

Herbert schwieg, drehte sein Bierglas in der Hand. Der Schaum war zu einer dünnen weißen Lauge zusammengefallen. Otto hatte sich zu uns gesellt, zusammen mit seiner Frau Gertrud, die beim Schneider Berg arbeitete. Sie konnte sich die schönsten Kostüme und Kleider selbst nähen und ihr rotes Kleid an diesem Abend schimmerte besonders auffallend.

„Da siehst du mal, Dieter, was es heißt, wenn man seiner Sache untreu wird, das kann so manchen wütend machen", sprach Otto den Wolf ziemlich gelassen an und stellte drei übervolle Gläser Bier ab. "Wenn also die Genossen Winterberg und Spangenberg nicht von der KPD zu den Nazis übergelaufen wären, dann könnten sie, wenn ich das mal so sagen darf, heute noch leben. Kannst du mir überhaupt folgen oder soll ich das lieber in einfachen Worten wiederholen? Wer sich entschließt, bei den Braunen zu scheißen, der lebt halt nicht lange."

Die Narbe sah wirklich grässlich aus. Irgendwie schien es dahinter seltsam zu jucken, denn das finster dreinblickende Auge darüber zuckte unkontrolliert. Mit dem anderen stierte der Wolf den Otto an, der deutlich kleiner war. Inzwischen setzte die Kapelle wieder ein und spielte bekannte Volkslieder; die Ersten wagten sich auf die Tanzfläche zurück.

"Das grenzt an Verrat, was du da von dir gibst, sei auf der Hut, Otto. Du willst ja wohl nicht gemeine Meuchelmörder schützen, oder?", knurrte der Wolf.

Er fletschte die Zähne. Sein Kompagnon nickte heftig. Nervös strich er mit einer seltsamen Handbewegung über sein streng gescheiteltes Haar.

"Die Kommunisten haben wir genauso erfolgreich in die Schranken gewiesen wie alle anderen Parteien, die gegen uns waren, und jetzt hat das Gericht immerhin vier Todesurteile gegen das rote Gesocks gesprochen. Die sind rechtmäßig verurteilt! Das sollte jedem eine Lehre sein, sich uns nicht entgegenzustellen! Mitglieder der Nationalsozialistischen Arbeiterpartei Deutschlands tötet man nicht so einfach! Da wird unser Göring in Zukunft noch viel härter durchgreifen. Wir haben die größte Gefahr gebannt, wir haben die jüdischbolschewistische Weltverschwörung eliminiert. Heil Hitler!"

Sein Arm schnellte nach oben und traf Otto mitten ins Gesicht; Otto taumelte rückwärts, bis Gertrud ihn schreiend auffing. Alle sprangen auf, Herbert wollte gerade den Arm nach Otto ausstrecken, da packte der Wolf ihn am Handgelenk.

„Du bist doch auch einer von denen, das erzählt man sich schon überall, Herbert, wir beobachten euch alle."

Er drückte mit seiner gewaltigen Pranke noch fester zu. Auf Herberts Stirn schimmerten Schweißperlen.

Plötzlich stand unser Bürgermeister Henning vor dem Wolf.

„So, zumindest hier in diesem Dorf habe ich das Sagen. Dieter, du bist hier jederzeit willkommen, aber in meiner Gemeinschaft wird keiner verprügelt, nicht an einem Tag wie diesem. Bitte verlass unser Fest. Mit deinem Auftritt erweist du dich nicht als würdig, mit uns Erntedank zu feiern. Ich bin mir ziemlich sicher, in deinem Dorf wird es auch bald ein schönes Ereignis geben, dort kannst du gerne die Leute auf deine Art würdigen und unterhalten. Wir aber wollen uns hier anders vergnügen. Und das kann uns auch der Führer nicht verbieten."

An diesem Punkt klang die Kapelle wie ein quietschendes Holzwagenrad, so sehr waren die Musiker von dem Geschrei irritiert: Instrument für Instrument erstarb mit einem quälenden Ton, bis schließlich absolute Ruhe den Raum beherrschte. Alle verrenkten sich den Hals, um einen Blick auf die bellenden Hunde zu erhaschen, die sich da gegenseitig anfletschten.

Otto berappelte sich, wischte das Rinnsal Blut von der Nase. Günther und Willi schauten sich unruhig um. Wieder das Spiel zwischen Gut und Böse. Welche Seite vertraten sie? Beide schwiegen, blieben auf ihren Plätzen sitzen. Der Wolf merkte, dass sein Rudel ihn im Stich ließ. Verächtlich sah er auf die beiden Abtrünnigen herab. Selbst sein dressierter Hund saß mit eingezogenem Schwanz da und starrte auf das Blut, das Otto wegwischte.

„Ihr werdet nicht mehr lange wie in einem Sündenpfuhl hier leben, darauf gebe ich euch Brief und Siegel", flüsterte der Wolf gefährlich leise. „Hier wird eine Ordnung einkehren, eine deutsche Gründlichkeit, und alles, was dieses Land gefährdet, wird mit Stumpf und Stiel ausgerottet. Gnadenlos. Heil Hitler!"

Wieder flog sein Arm gebieterisch nach oben. Wieder knallte er die Hacken seiner schwarz glänzenden Stiefel zusammen, was wie ein Peitschenhieb klang. Aufgeregt sprang sein treuer Gefährte auf, riss ebenfalls den Arm nach oben und quäkte ergeben sein *Heil Hitler!*

Niemand reagierte. Niemand erwiderte den Gruß. Selbst Günther und Willi zögerten; die Atmosphäre blieb zum Zerreißen gespannt.

Vielleicht sah nur ich es, ich weiß es nicht, aber um Ottos Mundwinkel zuckte es; ganz leicht, unmerklich. Einen Wimpernschlag lang leuchteten seine wasserblauen Augen auf, umrandet von zahllosen Lachfältchen.

Er sah den Wolf an. Es war nur der Bruchteil einer Sekunde, dann ließ Otto ebenfalls den rechten Arm nach oben schnellen, drehte aber die Handfläche nach außen und während er „Heil Hitler!" brüllte, schleuderte er mit diesem Schwung aus dem Handgelenk die drei vollen Biergläser in die Richtung des Wolfs. Es ging alles so schnell. Wie eine Fontäne spritzte das Bier aus den Gläsern und Sekunden später war die Hose des Wolfes vorn wie durchtränkt. Der gute Stoff so vollgesogen, dass es ihm an den Innenseiten der Schenkel hinunterlaufen musste. Und wie im Zeitlupentempo rollten die Gläser über den Tisch, fielen mit einem lauten Getöse zu Boden. Eins zerbrach in tausend Scherben.

Den Arm noch nach oben gestreckt – so stand der Wolf, wie mir schien, eine Ewigkeit da, wie gelähmt. Eine gespenstische Stille machte sich breit. Ich spürte förmlich, wie das Nass sich in etwas sehr Kaltes verwandelte. Und dann senkte der Wolf den Arm und stand mit triefender Hose vor uns.

Otto setzte sich, scheitelte theatralisch mit der Handkante sein Haar, leckte die Hand an und strich damit die Strähne glatt. Und die ganze Zeit starrte er den kleinen Hund vom Wolf an, der nur mühevoll schluckte.

Als die beiden in Richtung Ausgang flüchteten, spielte die Kapelle einen flotten Marsch, ganz im Sinne altdeutscher Tradition. Wir Kinder rannten mit nach draußen und staunten über das schwarze Automobil, in das die Uniformierten einstiegen. Der Wolf versuchte umständlich seine Hose zu säubern, riss dem treuen Hund das Taschentuch aus der Hand und brüllte: „Nun fahr schon, du Trottel!"

Der Gefolgsmann gehorchte. Walter und Peter sprangen mit zwei anderen Jungs an die Tür und fuhren ein paar Meter auf dem Trittbrett mit, bis der Wolf die Bengel mit seinem schwarzen Handschuh verjagte wie lästige Schmeißfliegen. Dann rumpelte das Auto davon und verschwand in einer Wolke aus Staub und Qualm.

Von drinnen hörten wir die Kapelle, die zur Tanzmusik zurückgekehrt war. Wir lugten durch die Scheiben und sahen die Erwachsenen tanzen. Alle schienen erleichtert; selbst Willi und Günther setzten sich zu den anderen an den Tisch. Günther zog die Jacke aus, löste die Krawatte und trank gierig sein Bier. Gerda, seine Frau, klammerte sich an ihn und sprach aufgeregt in die Frauenrunde, die sich um sie scharte. Willi schäkerte mit Edda, die wie Gertrud beim Schneider Berg arbeitete. Mit leuchtenden Augen besah sie sich die Uniform, tätschelte die rote Armbinde mit dem Hakenkreuz und schien nicht unglücklich, dass er bei ihr saß. Das Dorf war wieder eins. Und wir Kinder konnten uns unbehelligt unseren Streichen und Abenteuern widmen, denn in dieser Nacht würde sich keiner groß um uns kümmern und sorgen.

Bis ins Morgengrauen dauerte unsere Haferfahne. Mit der aufgehenden Sonne, die das Gold der Blätter zum Glühen brachte, wankten alle nach Hause, trugen schlafende Kinder in ihren Armen und Nachtwächter Hans stand, leise lächelnd, den Jockel an seiner Seite, auf seinen Stock gelehnt und wachte über uns, bis auch die letzte Tür ins Schloss fiel.

Einige Wochen später saßen wir in der Küche und besahen uns staunend die Fotos, die Mutter während des Festes gemacht hatte.
 Eine große, fröhliche Gemeinschaft. Nur das Bild, auf dem die Uniformierten zu erkennen waren, stach absonderlich heraus. All die anderen zeigten die geschmückten Wagen, Männer und Frauen in ihren Trachten und stolze Musiker mit den glänzenden Instrumenten. Vater an der Trompete und mich mit meinem Galan, dem Patron.
 Es sollten die letzten Bilder sein, die unsere Dorfgemeinschaft in dieser alten Art und Weise zeigen. Sie bewahren die Erinnerung an etwas Vergangenes für die Zukunft. Die Erinnerung an eine Zeit, die unwiederbringlich verloren ist.

Ausklang

Alle im Dorf bereiteten sich gewissenhaft auf die letzte Jahreszeit vor, die härteste, die mehr Kraft und Ausdauer kostete als alle anderen. Ställe wurden in Ordnung gebracht, Tiere von den Weiden genommen und wir zogen uns mehr und mehr in die eigenen vier Wände zurück. Vater wuchtete mit seinen zwei Angestellten Bert und Eike die übriggebliebenen Terrassen-Platten in die Scheune zurück, lagerte seine Geräte im Schuppen, brachte diverse Utensilien auf den Boden und ließ sich wieder zentnerweise Kohlen liefern. Schlagartig hatte die Kälte eingesetzt und die Schornsteine rauchten und qualmten unermüdlich vor sich hin.
 Wir Kinder halfen, wo wir konnten. Auch Walter musste sein Baumhaus winterfest herrichten. Er legte alte Leintücher

über die Bretter, zog die Strickleiter nach oben und kletterte von Ast zu Ast herunter. Ein letzter Blick nach oben – nun gab es vorerst keine Zufluchtsstätte mehr. Er seufzte und rannte dann zu Siegfried, bei dem sich neuerdings viele Jungs tummelten, um sich staunend und voller Ehrfurcht die Abenteuer und Mutproben der HJ anzuhören. Siegfried blieb der Held unter den Jungs. Und seine Mutter erzählte allen Frauen, wie gut es denen bei der HJ gehe. Und die schöne Uniform, die habe man ihnen auch noch geschenkt.

Mutter und ich waren auf dem Weg zu Gertrud in die Schneiderei. Die anderen Kinder saßen in der Schule und wieder einmal legte sich die geruhsame Stille wie eine schützende Haube übers Dorf. Mit einem letzten ärgerlichen Schütteln entledigten sich die Bäume ihrer restlichen Blätter, reckten die nackten Arme dem grauen Himmel zu, der die Sonne verschluckt zu haben schien. Nachts hatte sich ein leichter Frost angekündigt und die Scheiben waren beschlagen, überzogen von filigranen Mustern. Unser Atem tanzte vor uns her, während wir unseres Weges gingen, bis wir vor der Schneiderei standen. Eine helle Türglocke kündigte uns fröhlich an und Gertrud kam sofort auf uns zu. Ich sollte einen warmen Mantel bekommen und war entsprechend aufgeregt.

„Ah, guten Tag, Fräulein Johanna, na, welche Farbe darf's denn heute sein?" Und schon zog Gertrud mich mit in den hinteren Raum, der mit seinem überladenen Tisch und den bunten Stoffballen immer etwas von einer Theaterkulisse aufwies.

Ich fuhr über Samt und Seide, spürte raue Wolle, die sich warm und robust anfühlte, und ließ die Hand schließlich länger auf einem samtgrünen Stoff liegen.

„Na komm, Maß nehmen, junge Dame. Und du, Anna, darf es für dich auch etwas sein?"

Mutter sah sehnsüchtig auf einen nachtblauen Stoff, der ihren Augen schmeichelte. Sie ging darauf zu, zog den Ballen ein Stück zu sich heran und rückte ihn dadurch von seinem Platz. Darunter lagen etliche rote Stoffbahnen. Ich erkannte noch, dass bei einigen schon etwas Weißes festgesteckt war, dann musste ich die Arme heben, damit Gertrud Maß nehmen konnte.

Es kitzelte und ich musste kichern. Gertrud rieb sich noch die Hände warm, bevor sie mir das Maßband anlegte. In ein kleines Büchlein notierte sie Länge und Breite, dabei blieb sie hochkonzentriert.

Die Stimme klang seltsam. An ihrem Ton erkannte ich, dass irgendetwas sie sehr bewegte.

„Was ist das?" Mutter konnte manchmal furchtbar fremd klingen.

Gertrud und ich schauten zu ihr hinüber. Eine merkwürdige Stille entstand – wie eine undurchsichtige Mauer schob sie sich zwischen die beiden Frauen. Gertrud legte ihr Büchlein beiseite, erhob sich und ging an den Tisch. Mutter deutete auf die roten Stoffbahnen. Sie berührte sie nicht. Man hätte meinen können, pures Gift läge vor ihr.

Gertrud schwieg. Sie strich nachdenklich über eine der Bahnen, nickte und kehrte zu mir zurück, um sich auf meine Schultern und Taille zu konzentrieren.

„Zuerst kamen sie aus einem Nachbardorf", begann sie zögerlich zu erzählen. „Zugegeben, am Anfang noch ein wenig beschämt, doch dann wurden es immer mehr, und du wirst es nicht glauben, Anna, auch hier in Mohrau lassen sich die Leute jetzt bei uns Fahnen nähen. Der politische Druck ist groß und ich glaube auch, so ein bisschen mitmachen finden die meisten in Ordnung. Hauptsache, der Alltag wird nicht weiter angerührt. Die Leute bringen die alte Fahne vorbei und wir nähen ihnen die neue zusammen. Es ist ein gutes Geschäft, ist doch klar, dass der Horst Berg sich das nicht nehmen lässt. Zuerst konnte ich mich drücken, da hat es die Edda übernommen. Die fand nichts dabei, ist ja auch inzwischen gut von unserem Willi beeinflusst. Ich meine, Hitler hat diese Hakenkreuzfahne entworfen!" Gertrud rollte das Maßband zusammen.

„Auch diese braunen Hemden hat er durchgesetzt und wusstest du, dass Hitler die SA-Standarten ebenfalls entworfen hat? Was glaubst denn du, wie stolz einige jetzt sind, dass sie seine ‚Kollektion' tragen dürfen! Die Nazimode bestimmt von nun an den Ton und die Fahne ist das Aushängeschild, mit dem man zeigt, dass man dabei ist. Dazugehört. Das hat viele gepackt. Nun sind es so viele Anfragen geworden, dass auch ich mitnähen muss. Ich sage mir: Ich flicke ein paar Stofffetzen zusammen, das war's, nicht mehr, nicht weniger. – Was soll ich machen, Anna? Du kannst dich dem Ganzen nicht vollends entziehen. Sie kriechen in die kleinsten Ritzen und beobachten dich, sie lauern doch nur darauf, dass du dich zu erkennen gibst. Otto wehrt sich strikt dagegen, das Führerbild und die Fahne bei uns zu Hause aufzuhängen. Aber unsere Kinder betteln förmlich darum, in die HJ eintreten zu dürfen. Was tust du da als Eltern? Noch scheinen wir hier keine Denunzianten zu haben, aber ich fürchte, das wird nicht mehr lange dauern."

„Da magst du Recht haben." Mutter starrte noch immer auf das Rot. „Und dennoch, man muss doch erkennen, was da geschieht! Opa meint, das wird alles mit einem Krieg enden." Ihre Stimme drohte zu ersticken.

„Anna, nun beruhige dich. Bis jetzt wird immer noch von Frieden gesprochen. Keiner will den Krieg. Wir lecken doch noch unsere Wunden vom letzten Gemetzel, das uns Hunger und Leid beschert hat. Erinnerst du dich nicht auch an den Rübenwinter, 1916/17? Na siehst du! So was will doch keiner noch einmal durchmachen müssen. Und so viele Tote zu beklagen! 16 Millionen. Die meisten konnten wir noch nicht einmal in der Heimat beerdigen. Wer denkt denn jetzt an Krieg und Entbehrungen? Im Gegenteil, die Menschen wollen Ruhe, Arbeit und Brot. Mit wem sollte der Führer denn in den Krieg ziehen? Zugegeben, was SA und SS machen, ist auch eine Art Krieg, aber viele sind eben der Meinung, dass Deutschland eine starke Hand braucht. Und dass Deutschland aus dem Völkerbund ausgetreten ist, weil die anderen – wie Großbritannien und Frankreich – uns die ... wie heißt das noch gleich? *Militärische Gleichberechtigung* absprechen? Das fanden die meisten eben richtig. Denn für den Versailler Vertrag müssen wir ja immer noch allein bluten, die anderen nicht."

Sie schwieg eine Weile.

„Hast du das von letzter Woche mitbekommen?", fuhr sie schließlich fort. „Na, die jungen Kommunisten aus Köln, die im Sommer verurteilt worden sind? Jetzt hat der dicke Göring doch tatsächlich sieben von denen hinrichten lassen. Mit einem Handbeil. Das kann man sich nicht vorstellen. Hat Herbert dir nichts davon erzählt?"

Mutter nickte, setzte sich auf einen Schemel.

„Selbstverständlich. Und natürlich habe ich auch diese Drohung im Ohr: ‚*Wer sich in Zukunft gegen einen Träger der nationalsozialistischen Bewegung oder einen Träger des Staates vergreift, muss wissen, daß er binnen kurzer Frist sein Leben verliert.*‘"

„Göring?"

Mutter nickte wieder.

Es war still im Raum. Gertrud blieb reglos sitzen. Beide Frauen sahen nachdenklich zu Boden.

„Schau", Gertrud sprang auf und rannte zu einem Regal. „Hat sich der Berg aus Neisse mitgebracht. War doch die Sensation im Sommer bei der Berliner Funkausstellung." Sie stand vor einem ovalen Kasten, drehte an einem Knopf und Musik trällerte heraus. „Der Volksempfänger, kurz VE 301 genannt. Die Nummer symbolisiert übrigens den Tag der Machtübernahme. Sehr originell, was? Hat nur 76 Reichsmark gekostet. Normale Radios kosten sonst zwischen 220 und 400 Reichsmark. Ich habe das Ding in *Goebbelsschnauze* umgetauft, so oft, wie man sich den anhören muss!"

„Die wollen erreichen, dass sich jeder so ein Monstrum leisten kann. Damit wir auch ja wissen, was die Partei mit uns vorhat."

Mutter beäugte das Gerät, das sich sehr von unserem alten Radio unterschied.

Ein Schnarren durchbrach die Musik und dann sprach eine Stimme zu uns:

„Bei den Reichstagswahlen stimmten mehr als 90 Prozent der Wähler für die Einheitsliste der NSDAP. Damit ist ganz klar, die Mehrheit der Deutschen begrüßt Hitlers Politik."

„Anna, wir werden immer weniger. Es ist eine neue Zeit angebrochen. Mal wieder. Wir beide werden das noch zu spüren kriegen. Und erst recht unsere Kinder."

Mutter streichelte geistesabwesend den dunkelblauen Stoff. Gertrud sollte so recht behalten. Das Radio, die Wochenschauen und alle Zeitungen taten ihr Bestes, uns zu beeinflussen und in eine Richtung zu lenken – die der Partei.

Die Macht der Bilder

Das Kino befand sich im Nachbardorf, nur ein paar Kilometer entfernt. Am Sonntagnachmittag liefen vor allem wir Kinder hin und es war äußerst aufregend, wenn die Lichter im Saal langsam erloschen. Da saß man für einige Sekunden im Dunkeln und wie aus dem Nichts streifte ein gleißendes Licht die Leinwand und plötzlich erstrahlten in einer überdimensionalen Größe Menschen, Landschaften und Tiere vor unseren Augen und entführten uns in eine andere Welt. Im Jahr zuvor hatte ich dort mit meinen Geschwistern und Eltern *Emil und die Detektive* gesehen. Es war wundervoll, Teil der Geschichte zu werden, denn so sehr wurde man in die Bilder hineingesogen. Aufgeregt saß ich bei meinem Vater auf dem Schoß und zuppelte an seinem Hemd, bis ein Knopf absprang. Wir alle staunten über die tanzenden und verzerrten Bilder, als Emil seinen Albtraum durchlebte, und über den seltsamen Blickwinkel, aus dem er den Dieb beobachtete. Als er oben an der Notbremse hing und abzustürzen drohte, schrie so manches Kind auf. Und dann schwebte Emil plötzlich an einem Regenschirm über die große Stadt Berlin dahin. Wochenlang rührten wir Kinder keine Bonbons mehr an. Die Eltern wunderten sich nur. Aber die alten Tanten waren doch sehr beleidigt, wenn das Kind die mitgebrachte Süßigkeit stotternd ablehnte aus Angst, nach dem Verzehr eines der Bonbons wie Emil diesen schlechten Traum erleben zu müssen. Ich selber war mehr als fasziniert von dem Mädchen Polly. Mit ihrem kecken Hütchen, dem bimmelnden Fahrrad und der Souveränität, mit der sie zwischen Automobilen, Straßenbahnen und Droschken dahinradelte, hatte sie mich tief beeindruckt. Ich war hin und weg. Sie wurde von den Jungs nicht wie eine kleine *Guschel* behandelt, sondern war anerkannt in der großen Jungensbande. *Kolossal* und *Parole Emil* wurden bei uns im Dorf zu geflügelten Worten. Kaum ein Kind, das die anderen nicht mit ‚Parole Emil' begrüßte, und alles war nur noch ‚kolossal'. Der Ludwig begann wie der fliegende Hirsch indianisch zu sprechen und wochenlang musste die Dorfgemeinschaft die alte trötende Hupe von Siegfried ertragen. Irgendwann nahm sein Vater ihm das Ding aus der Hand und schlug mit einem Beil dermaßen zu, dass kein einziger Ton mehr herauskam.

Die Jungen rotteten sich zusammen und am Fluss wurden dann wie im Film mehrere Zigaretten als Friedenspfeife geraucht. Walter war natürlich dabei.

Tagelang durften die Mütter ihren grün angelaufenen Jungs die Schüssel reichen; kaum einer, dessen Magen nicht rebellierte. In der Schule seien das die ruhigsten Tage gewesen, die er je erlebt habe, meinte Lehrer Gebauer sichtlich zufrieden. Selbst Walter war es zu anstrengend, sich zu entziehen, um in sein Baumhaus zu flüchten.

Jahre später fragte ich mich, was aus all den Jungs geworden war, die noch 1931 eine unbeschwerte Kindheit genießen durften. In der Filmsequenz, in der der Dieb von den jungen Detektiven verfolgt wird, rasen hunderte Kinder die Straße entlang. Oft sah ich in meinen Träumen genau jene Kinder als junge Soldaten in den Tod marschieren. Eine ganze Generation, betrogen und vernichtet. Verbraucht und zerstört von Hitler und seinen kranken Visionen.

Auch unsere Eltern pilgerten mit ihren Freunden ins Kino, eine der wenigen Abwechslungen, die es hier gab. Nach jedem Film redeten sie tagelang über einzelne Szenen, diskutierten über die Art und Weise, in der die Darsteller ihre Rollen verkörperten. Sie konnten sich herrlich mitreißen lassen von dieser anderen Welt, die doch nur als ein Reigen vieler Bilder wie ein schillerndes Märchen an einem vorbeizog.

Die Großeltern saßen mit erstaunt blickenden Augen dabei, ließen sich alles genau erzählen, wollten aber nie selbst in dem dunklen Raum sitzen, um zu erleben, wie ein Zug auf sie zufährt. Oder aus einem Flugzeug heraus waghalsige Aktionen beobachten, die einen schwindelig werden ließen. Für sie gehörte das alles zu einer neuen Welt, an der sie nicht mehr teilhaben wollten. Aber die Szene aus dem *Blauen Engel*, in der Marlene Dietrich auf dem Fass sitzt und lasziv ihre langen, nur mit Seidenstrümpfen bekleideten Beine reckt, die musste Vater immer wieder zum Besten geben. Dann saß Opa da, schmatzte glücklich an seiner

Pfeife und bekam rote Ohren. Oma machte nur verächtlich „Pah!", drehte sich weg und zutzelte die Erbsen aus den Schoten, bis sie mit einem Knall herausplatzten. Und doch saß sie mit ebenso großen Ohren da und staunte, wie es einer Frau tatsächlich gelang, einem Mann dermaßen den Kopf zu verdrehen, dass er am Ende krähte wie ein Hahn. Da schüttelte sie immer den Kopf und murmelte was von *sittenlosen Zeiten, die der Kaiser nie zugelassen hätte!*

Als Walter sich zusammen mit Peter und den anderen Jungs entschied, den ganz besonderen Film anzusehen, der seit Herbst in aller Munde war, merkte ich, wie Mutter mit sich rang. Alle Kinder sollten von zwei älteren Jungführern der HJ begleitet werden und sie überredeten jeden, auch ja mitzugehen. Denn *Hitlerjunge Quex*, ein Film vom Opfergeist der deutschen Jugend ganz im Sinne der nationalsozialistischen Ideologie, sollte allen klarmachen, wie gut es doch bei der HJ und beim BDM wäre.

Herbert schüttelte sich den Schnee vom Mantel, als er in die Küche kam. Traudel stand vor dem Ofen und wärmte sich die Hände.

„Anna, es ist nur ein Film!", insistierte sie. „Was soll denn da groß passieren?"

„Du weißt doch, wie Walter ist! Für den ist das wahrscheinlich schöner und spannender als die Welt, in der er tatsächlich lebt! So begeisterungsfähig, wie der ist, habe ich hier dann einen kleinen HJler stehen!", wehrte sich Mutter.

„Wir werden uns dem sowieso nicht entziehen können. Warte es ab. Bis zum nächsten Frühjahr sind alle Kinder dabei. Peter mault auch schon, dass er in Uniform zur Schule will. Außerdem ist für die HJ samstags schulfrei, da können sie ins Gelände, sich anpirschen, Räuber und Gendarm spielen; da kann kein Lehrer der Welt mithalten."

„Nicht mal die Kinder bleiben von den Einflüssen der Braunen verschont. Sie werden sich wie die Rädchen eines

Uhrwerks in die Ideologie des Systems einordnen müssen. In blindem Gehorsam. Und wofür, das frage ich mich?"
Herberts Worte trafen wie giftige Pfeile. Die beiden Frauen starrten ihn entsetzt an. Er nahm dankbar einen Kaffee, schlürfte ihn gedankenverloren und beobachtete, wie ich versuchte, den Teig für ein Brot durchzukneten.
Es war mühselig. Traudel lachte und half mir.
„Musst du alles gleich so politisch sehen?", versuchte sie erneut an das Gespräch mit Mutter anzuknüpfen. „Du weißt doch, wie Jungen sind. Sie wollen dazugehören. Und ja, auch eine Uniform tragen, wie die Großen. Deshalb sind unsere Bengel doch nicht gleich Nazis."
Sie zuckte mit den Schultern und sah hilflos zu Mutter.
„Sag du doch auch mal was, Anna! Ich meine, wann hat man jemals Kinder überhaupt ernst genommen? Das war doch dem Kaiser egal, was wir als Kinder wollten. Der angeblich so modernen und liberalen Republik waren Kinder auch nicht wichtig und jetzt kommt einer und nimmt sie ernst. Ist denn alles schlecht, was gerade in Deutschland vor sich geht? Ich glaube, wenn uns alles zuwider ist, dann sollten wir das Land schleunigst verlassen. Irgendwie muss ich mich doch damit arrangieren, dass wir jetzt eine Nationalsozialistische Arbeiterpartei an der Macht haben. Ich muss mich doch deshalb nicht verstellen oder verändern. Ich bin nicht in der Partei – das reicht mir. Aber ich kann doch nicht mein Kind allem entziehen."
„Traudel, was sagst du da? Wir wissen doch, mit welcher Härte die durchgreifen, wenn ihnen etwas nicht in den Kram passt. Warum sollte das bei den Kindern anders sein? Schau dir doch die Uniform an! Selbst die Kleinen tragen die Symbole der Partei. Willst du ernsthaft, dass Peter mit Hakenkreuzbinde in die Schule geht?"
„Sie sind Kinder, Anna! Was ist denn dabei, dass sie sich zu Wanderungen und Geländespielen treffen? Und ja,

meinetwegen auch eine Uniform tragen? Für mich wäre es eine Entlastung zu wissen, dass Peter einer Gruppe angehört, in der er beschäftigt ist. Ich kann ihn dir doch nicht immer zumuten."

Mutter umklammerte ihre Tasse. Ich merkte, dass sie verletzt war. Sie wandte sich ab und gab vor, am Ofen etwas zu richten, damit das Brot hineingeschoben werden konnte.

„Ich weiß nicht, Traudel, für die Führung könnte das aber auch bedeuten, dass das Individuum endlich gar nichts mehr zählt. Das ist es doch, was sie wollen: die kollektive Überführung des Einzelnen in die künftige soldatische Gemeinschaft, der die Kinder sich dann ganz allmählich unterzuordnen haben. Das kann sich nicht nur um ein Pfadfinderleben handeln! Da steckt mehr dahinter – aber das wird wohl erst die Zukunft erweisen", widersprach Herbert und beobachtete Mutter nachdenklich aus den Augenwinkeln.

Traudel schüttelte nur ärgerlich den Kopf, wischte mit der Hand in Herberts Richtung. Es sah aus, als versuchte sie seine Worte von sich zu weisen. Am späten Abend vertraute Mutter ihrem Tagebuch an, wie sie das Gespräch empfunden hatte. Sie konnte es nicht verwinden, wie ihre beste Freundin sich ihr langsam entzog.

Und so waren wir Kinder mittendrin in dem Märchen, dessen Verlauf noch die Erwachsenen bestimmten. So ganz allmählich begann sich das Blatt zu wenden. Nicht mehr die Erwachsenen spielten die Hauptrollen – scheinbar waren es wir Kinder, denen man in dieser Geschichte große Aufmerksamkeit schenkte. Wir waren wichtig geworden. Und als die anderen aus dem Kino zurückkehrten, waren sie genährt und begeistert von den neuen Idealen der HJ und des BDM. Überrannt vom großen Gefühl einer wunderbaren Gemeinschaft, an der die meisten bedingungslos teilhaben wollten.

Und das Lied *Unsere Fahne flattert uns voran!* wurde die Hymne der HJ-Bewegung. Der Reichsjugendführer Baldur von Schirach hatte es eigens für den Film geschrieben und komponiert. Wieder einmal durfte er seine romantisch-lyrische Ader ausleben. Und aus allen Ecken erklangen helle Kinderstimmen, die inbrünstig von Tod und Ehre sangen. „*Jugend! Jugend! Wir sind der Zukunft Soldaten. Jugend! Jugend! Träger der kommenden Taten. Ja, durch unsere Fäuste fällt, wer sich uns entgegenstellt. Jugend! Jugend! Wir sind der Zukunft Soldaten. Jugend! Jugend! Träger der kommenden Taten. Führer, wir gehören dir, wir, Kameraden, dir! Unsere Fahne flattert uns voran. In die Zukunft ziehen wir Mann für Mann. Wir marschieren für Hitler durch Nacht und durch Not mit der Fahne der Jugend für Freiheit und Brot. Unsere Fahne flattert uns voran, Unsere Fahne ist die neue Zeit. Und die Fahne führt uns in die Ewigkeit! Ja, die Fahne ist mehr als der Tod!*"

Es war eine Melodie, die irgendwann in einen Todesmarsch umschlug.

Als der Schnee unsere Landschaft leise zudeckte, verstummten die lärmenden Geräusche draußen. Aber hinter verschlossenen Türen, da debattierten die Erwachsenen weiterhin laut oder man raunte einander die Neuigkeiten zu, aus Angst, die Wände könnten Ohren haben. So manch einer bekannte sich offen zu seiner Gesinnung; wer wollte, wetterte gegen die politisch bedingten Übergriffe, die auch im Dorfleben zu spüren waren. Was uns bei all dem half, nicht gänzlich auseinanderzudriften, waren die alltäglichen Verrichtungen, die uns einen festen Rhythmus gaben. So gelang es uns so manches Mal, die neue Politik ein wenig beiseitezudrängen. Und doch schlichen sich die giftigen Gedanken und Worte immer mehr in unseren Alltag hinein.

An einem frühen Abend wurde mit Hilfe von Nachbarn und den Großeltern der Mohn *ausgeleefelt*, wie es bei uns so schön hieß. Rund um den großen Küchentisch saßen wir eng beieinander. Jeder hielt eine Schüssel auf dem Schoß; über der schnitten wir mit einem Messer den oberen zackigen Rand des getrockneten Mohnkopfes ab.

Emma plapperte in einem fort. Sie erzählte mit glühenden Wangen von ihrer Hochzeit mit dem Michael, einem Jungbauern, der den Hof seiner Eltern übernommen hatte. Die Partei wollte ihnen zur Hochzeit ein Ehestandsdarlehen von bis zu 1000 Reichsmark anbieten.

„Ein neues Geschenk der Nazis!", höhnte Herbert, der gerade Bier verteilte.

Mutter reichte Gebäck, das frisch aus dem Ofen kam.

„Damit können wir den Hof ein wenig ausbessern! Und uns eine weitere Kuh leisten!", erwiderte Emma trotzig.

„Wenn du dieses Geld nimmst, verpflichtest du dich aber, deinen Beruf aufzugeben. Die versuchen doch nur, uns Frauen aus der Gesellschaft zu drängen. Willst du denn nicht mehr im Rathaus arbeiten? Du hast doch dein eigenes Geld verdient", gab Traudel zu bedenken.

Dabei hielt sie den aufgeschnittenen Kopf der Mohnkapsel nach unten und die winzigen schwarzen Samen rieselten in die Schlüssel. Dann klopfte sie an den leeren Kopf, damit auch ja die letzten wertvollen Körnchen herausfielen. Trotzdem blieb ihr prüfender Blick auf Emma gerichtet.

Die hatte bis vor Kurzem noch als Stenotypistin im Neisser Rathaus gearbeitet. Jeden Morgen sah man sie zum Bahnhof eilen. Mit einem kleinen grünen Hütchen, das sie tief ins Gesicht zog, und dem rot geschminkten Mund, der wie eine frische, saftige Erdbeere aus ihrem gepuderten Antlitz leuchtete, sah sie immer aus wie eine Filmdiva, die soeben ins moderne Leben eintaucht. Alles drehte sich nach der hübschen Emma um und sie verstand es, zu kokettieren und den jungen Burschen den Kopf zu verdrehen. Zum Erstaunen aller gab sie im Sommer ihre Verlobung mit Michael bekannt, dem stillen, unauffälligen Mann, der die meiste Zeit damit beschäftigt war, den großen Hof seiner Eltern zu bewirtschaften. Kurz darauf war die Hochzeit gefolgt und Emma war auf ihrem Brautfuder mit Sack und Pack in ihr neues Leben eingezogen. Die Arbeit in Neisse gab sie kurz darauf auf.

„Ich kann doch auf dem Hof mithelfen. Da gibt es Arbeit genug. Außerdem ist Michael sowieso der Meinung, dass es genügend Männer gibt, die von der Straße weg müssen. Er findet es richtig, dass eine Frau zu Hause ihre Pflichten wahrnimmt. Kinder wollen wir auch. Anna, du bist doch auch gern Ehefrau und Mutter, sag doch was, das ist doch nicht das Schlechteste!"

Sie nahm die volle Schüssel und schüttete die Samen in einen hellen Mohnsack. Wie sie ihr Haar trug, streng nach hinten gekämmt und zu einem Dutt festgesteckt, ließ sie eher herb wirken. Sie biss sich auf die spröden Lippen, auf denen an diesem Abend kein Kirschrot leuchtete.

„Ich finde es gut, dass sich endlich jemand um uns bemüht. Die Familie bekommt doch wieder eine Achtung. Mir gefällt das. Und mein Bruder kann in der Partei ein richtig hohes Tier werden. Dem haben sie wirklich etwas in Aussicht gestellt, der ist in so einer Art Akademie. Ich kann euch sagen, der ist schon fesch, wenn er mit seiner schwarzen Uniform da lang marschiert."

„Aber du kannst doch nicht gutheißen, dass viele Frauen, zum Beispiel Lehrerinnen, ihren Beruf nicht mehr ausüben können!", sagte Mutter entsetzt. „Und Gerd soll ja Acht geben! Was heißt denn das, bei den Nazis ein hohes Tier sein?"

„Das gibt Krieg", murmelte Opa und sammelte die leeren Hötel ein, die die Frauen nach verrichteter Arbeit auf den Tisch warfen.

„Nicht mehr lange und das Deutsche Reich befindet sich bis zum letzten Winkel in der Hand der NSDAP!", gab Henriette zu Bedenken, die schon seit Jahren beim Patron das Gut in Ordnung hielt und den Haushalt versorgte. Sie war schon früher bei seiner Frau angestellt gewesen.

„Ach, das ist doch längst der Fall!", entgegnete Herbert barsch. „Der neue Rechtsstaat und die parlamentarische Demokratie standen ja lange auf wackeligen Beinen. Sie sind in Windeseile beseitigt worden und dann hat die Partei die Gewaltenteilung aufgehoben. Das haben die meisten noch gar nicht realisiert."

Emma starrte ihn an, mit leerem Blick. Sie schien von all dem nicht wirklich etwas zu verstehen.

Vater betrat die Küche und mit ihm Walter und Peter. Es war eine Woche vor Heiligabend und die drei hatten zusammen im Wald den Baum ausgesucht. Sie brachten frischen Wind in den Raum, in dem sich schon wieder das Märchen mit Düsternis und Angst breitzumachen drohte.

„Hötelbrennen!", jubelte Walter und war schon bei Opa, der ihm grinsend eine große Schüssel mit leeren Höteln reichte.

Das war für uns Kinder etwas Herrliches. Wir durften die leeren Mohnkapseln in den Küchenofen schippen, zu den Kohlen, die daraufhin lichterloh brannten. Dieser Duft! Mein Lebtag werde ich diesen wunderbaren Geruch nicht vergessen. Mit einem seligen Lächeln saßen die Großen da, löffelten immer neue Mohnkapseln aus und schwelgten in Erinnerungen daran, wie auch sie einst in Kindertagen Höteln verbrannten. Nach einer Weile entwickelte sich eine derartige Hitze, dass die Platten auf dem Herd rot glühten. Walter stob in die Kammer, holte das Toastbrot, das bei uns *Bähschnitten* hieß, und legte es auf den Tisch.

„Wie viele dürfen's denn heute sein?", fragte er in die Runde. Mit seinen großen Augen, so herrlich blau wie ein Bergsee, sah er lachend zu uns herüber und wie immer bezauberte er mich, mein eigener Bruder. Von diesem Jungen ging eine Lebenslust und Freude aus, die alle ansteckte. Vergessen war das Unheilvolle der Politik. Walter konnte mit seinem Charme alle fröhlich stimmen.

Die Hände flogen hoch und sogleich legten Walter, Peter und Thea die Schnitten auf die warmen Platten, strichen Butter darauf, die zu schmelzen begann, und ließen feine Mohnsamen darüber rieseln. Dazu strahlten sie um die Wette. Weihnachtslieder wurden gesungen und nach und nach füllten sich nicht nur unsere Mägen, sondern auch die Mohnsäcke. Auch wenn das alles so vertraut anmutete, die Erwachsenen begannen sich zu verändern. Sobald es an der Tür klopfte, schreckte Mutter auf. Es war offensichtlich, dass ihre Offenheit nicht mehr so grenzenlos war. Auch Vater wirkte verschlossener. Wie immer waren die Wintermonate schwerer, für uns alle. Unweigerlich drückten einem die dunklen Tage aufs Gemüt. Trübe Gedanken plagten einen, passend zu den tiefhängenden, stahlgrauen Wolken, die einem die Sicht in den Himmel raubten. Das Geld war bei den meisten knapp, aber bislang hatten immer alle einander geholfen. Man tauschte und handelte, gab her, was man entbehren konnte, und bekam dafür andere Sachen, die nötiger waren. Irgendwie schien sich diesbezüglich etwas zu ändern. Mal ging eine Tür nicht auf, mal gab es das ersehnte Mehl dann doch nicht oder die Eier und die Butter, die Mutter feilbot, wurden nicht angenommen.

Die vertrauten Runden in unserer Küche aber blieben bestehen. Es wurde weiterhin heftig und laut über die Politik diskutiert; nur Willi, der war schon lange nicht mehr bei uns gewesen. Auch sonst schaute nicht mehr jeder Nachbar oder jede Nachbarin mal kurz vorbei, wie einst, um über Gott und die Welt zu plaudern. Man zog sich hinter verschlossene Türen und blickdichte Gardinen zurück, hielt sich von den anderen fern, beobachtete aber still und unauffällig, was sie so trieben.

Nichtsdestotrotz versuchten unsere Eltern und Großeltern den geheimnisvollen Zauber um den Heiligen Abend aufrechtzuerhalten. Sie schmückten die Stube, holten die geschnitzten Krippenfiguren vom Dachboden und stellten sie zwischen Tannenzweigen und Moos liebevoll auf; und dann, zwei Tage vor der Bescherung, verschloss Oma mit dem großen Schlüssel die Tür. Nun konnte das Christkind wieder unbehelligt hinein. Mich überfiel abermals eine Übelkeit, die bis zur Bescherung anhalten sollte.

Mutter bereitete auch gleich alles für ihren Geburtstag vor. Es hatten sich viele aus dem Dorf für den 25. Dezember angekündigt und Oma und sie mussten die Ofentür oft öffnen und wieder schließen, bis all die Kuchen, Brote und Plätzchen gebacken waren. Vater brachte Schnaps und Bier in die Kammer, um alles kühl zu halten, stellte genügend Kohlen und Holzscheite in die Küche und begann die gute Stube zu wärmen. Das Radio lief und gottlob erschollen nur Weihnachtslieder. Thea und ich halfen, wo wir konnten, Walter und Peter probten im ersten Stock auf Mundharmonika und Gitarre das Ständchen, das Mutter natürlich noch nicht hören durfte. Allerdings drangen die Töne von oben dermaßen laut zu uns nach unten, dass wir alle mitträllerten. Mutter lächelte und freute sich, dass ihr musikalischer Sohn sich für sie diese Mühe machte. Vater schippte gerade Kohlen nach, hantierte mit der heißen Klappe, als im Radio die Musik verstummte. Nur von oben ertönte das Geburtstagsständchen.

Viel Glück und viel Segen ...

Dann berichtete eine schneidende Stimme, ein deutsches Gericht habe den Kommunisten Marinus van der Lubbe zum Tode verurteilt.

... auf all deinen Wegen ...

Sein hinterhältiger Anschlag auf den deutschen Reichstag habe das deutsche Volk gefährdet und werde vom obersten Gerichtsherrn, *unserem Führer Adolf Hitler,* nicht geduldet.

... Gesundheit und Frohsinn ...

Damit solle die böse Wurzel des Kommunismus endgültig ausgerissen und vernichtet werden.

... sei auch mit dabei!

Vater warf Mutter einen Blick zu, dann nahm er ohne ein Wort Mütze und Schal vom Haken und verließ das Haus.
Oma sah Mutter fragend an.
„Herbert", entgegnete die nur.
Oma nickte, starrte lange auf ihren Mohnkuchen hinunter.
„Anna", sagte sie schließlich, „du bist das einzige Kind, das mir hier im Dorf geblieben ist. Bitte sieh dich vor. Versuch nicht, die Heldin zu spielen. Es wird die Zeit kommen, da dankt es dir keiner mehr."
Mutter starrte auf das Radio. Irgendwelche Zahlen wurden genannt, die die Arbeitslosen betrafen. Dank Adolf Hitler seien schon wieder so und so viele Menschen in Lohn und Brot gekommen. Die NSDAP schmückte sich mit ihren Erfolgen.
Oben ertönte Lachen. Walter und Peter begannen eine pfiffige Melodie zu spielen und Walter stampfte dazu den Takt.
Diese Sorglosigkeit erdrückte uns hier unten, raubte einem fast die Luft zum Atmen.

Als wir nach der Bescherung in der Christmette saßen, war die Kirche bis auf den letzten Platz gefüllt. Ich merkte, wie Mutter sich vorsichtig umsah. Aufmerksame, ehrfürchtige Mienen, frisch geschrubbte Gesichter und so mancher Bauer hatte sich mehr oder weniger erfolgreich in einen Anzug gezwängt. Nachdem ich alle Reihen vorsichtig abgesucht hatte, war ich mir sicher, dass keiner in Uniform erschienen war.
Nach wie vor verweigerte Pfarrer Bredow Uniformierten die Hostie. Obwohl er, wie Mutter mir raunend erzählte, dafür bereits angefeindet wurde – hier in seiner Kirche behielt er noch das Sagen. Und nutzte die Predigten weiterhin, um vor dem neu erschaffenen *Tausendjährigen Reich* zu warnen. Noch war der Glaube stärker als die Gesetze der Nazis. Aber auch der Pfarrer begann sich vorsichtiger durchs Dorf zu bewegen.

Nach der Messe füllte sich unser Haus. Sorglosigkeit machte sich breit und endlich sah meine Mutter einmal glücklich aus. Sie brauchte diese Gemeinschaft, war eine Löwin, wenn es darum ging, ihre Familie und Freunde zu beschützen und Traditionen zu bewahren. Musik wurde gespielt und wir Kinder tobten durchs Dorf und genossen die Freiheit fernab der Erwachsenenwelt mit ihren Regeln und Geschichten. Wir besaßen unsere eigenen Gesetze und Regeln, zogen mit einem großen Tross von Kindern von Haus zu Haus, spähten durch die Scheiben, spielten Emil und die Detektive, balgten uns im Schnee und rannten, als uns kalt wurde, zurück ins warme Haus, das vertraute Gerüche und Geräusche barg. Auf dem Tisch türmten sich Geschenkpäckchen, die Mutter erst am nächsten Morgen öffnete.

Unter all den kleinen Paketen kam auch ein Buch zum Vorschein, das Mutter lange anstarrte.

Das Sturm- und Kampfliederbuch der NSDAP.

Wir erfuhren nie, wer uns das geschenkt hatte. Als Vater erkannte, was sie da in Händen hielt, griff er entschlossen danach, öffnete die Ofenluke und schmiss es in die heiße Glut. Schmatzend fraß sich das Feuer durch den Einband, bis es zu den Seiten vordrang und diese zischend in Asche verwandelte.

Dann zogen wir uns an und der obligatorische Weihnachtsbesuch bei Großmutter Rotraud stand an.

Ich war das ganze Jahr über nicht einmal in Neisse gewesen. Wie sehr hatte sich das Stadtbild verändert! Überall flatterten die roten Fahnen mit dem schwarzen Hakenkreuzemblem auf weißem Grund, ein Meer von Rot. Unweigerlich musste ich an Schneewittchen denken.

So weiß wie Schnee, so rot wie Blut, so schwarz wie Ebenholz ...

Diese schöne, alte Stadt, die tatsächlich aus einem Märchen hätte stammen können. War nicht auch Schneewittchen von der bösen und machtbesessenen Königin in den finsteren

Wald getrieben worden, aus dem sie nicht zurückfand und wo nur der Schutz der Zwerge sie vor dem Unheil retten konnte? Wo waren nur in diesem Märchen die schützenden, weisen Gestalten, die einem den richtigen Weg wiesen? Ich beäugte die Menschen, die mir entgegenkamen, die im Zug saßen, auf dem Bahnsteig standen – in der Hoffnung, in ihren Gesichtern lesen zu können. Doch sie blickten teilnahmslos drein, blätterten in einer Zeitung oder sahen zu Boden.

Wir fuhren mit der Straßenbahn, gingen nach dem Aussteigen noch ein Stück weiter die große Straße entlang und waren bald untergetaucht in der fremden Menschenmenge.

Selbst bei Großmutter Rotraud flatterte über der Toreinfahrt die neue Fahne und auf der anderen Straßenseite marschierte ein Trupp junger Männer dahin. Alle in dieser braunen Uniform. Traudel hatte uns vorgewarnt. Und dennoch ... es war ein befremdlicher Anblick und mutete seltsam an.

Die große, helle Wohnung dagegen war vertraut und einmal mehr bog sich der Tisch unter all den Gaben. Doch auch hier wurde bald nur noch über die Politik gesprochen, während wir Kinder mit unseren neuen Sachen spielten, das schönste Kleidungsstück gleich anzogen und uns den Bauch mit Pfeffernüssen vollschlugen. Vaters Brüder waren ebenfalls mit ihren Frauen und Kindern anwesend. Auch in dieser Familie gingen die Meinungen auseinander. Während Anton in der Partei war, konnte Arthur dem Ganzen nichts abgewinnen. Und so diskutierten auch an diesem Nachmittag die Erwachsenen über ihr wundersames Schauermärchen, während wir Kinder ausgelassen durch die großen Zimmer tobten.

Als es dämmerte, begannen wir zu singen und ich genoss jede Minute, in der wir einfach nur friedlich beieinandersaßen und spüren durften, eine wunderbare Familie zu sein, die sich vor jedem Übel von außen schon zu schützen weiß.

Im Dunkeln ging es dann heimwärts. Auf dem Weg zur Straßenbahn kam uns wieder ein Trupp dieser „Braunen" entgegen. Sie sangen lauthals und stampften dazu im Takt mit ihren glänzenden Stiefeln.

„Wir werden weitermarschieren, bis alles in Scherben fällt, denn heute gehört uns Deutschland und morgen die ganze Welt."

Spät in der Nacht kam Mutter zu uns Kindern ins Zimmer. Liebevoll deckte sie uns einen nach dem anderen zu und erinnerte uns daran, dass das, was wir in den folgenden zwölf Raunächten träumten, ja in Erfüllung gehen werde.

Damit klang das Jahr 1933 aus.

Was würde uns das neue Jahr bringen?

Und welche Träume sollten in Erfüllung gehen?

Schlesien

Mohrau 1934

Ein Rest menschlichen Anstandes

Der Himmel selbst war zu einer eisigen Winterlandschaft mutiert. Gewaltige Wolkengebilde glichen ewigen Schneebergen. Dazwischen hing teilnahmslos und ergeben das matte Gesicht einer fahlen Sonne. Das schmatzende Geräusch, das beim Stapfen durch die gefrorenen Schneemassen entstand, begleitete uns auf dem Weg zur sonntäglichen Messe. Die Jungs zogen pfeifend und prustend ihre Schlitten hinter sich her; von allen Seiten rückten eingemummelte Gestalten auf die Anhöhe zu. Und obwohl es in der Kirche nicht sonderlich warm war, stöhnte jeder erleichtert auf, dem schneidenden Wind, der einem die Luft zum Atmen raubte, für eine Weile glimpflich entkommen zu sein. Dankbar schmiegten sich die Körper nah aneinander. Die physische Nähe vermittelte für einen kleinen Moment das Gefühl von menschlicher Wärme und scheinbarer Geborgenheit. Der Winter zwang unerbittlich, das bisschen Leben zu schützen, und so suchte ein jeder instinktiv seinen Platz in der Gemeinschaft, um den rauen Launen der Natur nicht alleine ausgeliefert zu sein.

Deshalb die missmutigen Gesichter, als es am Ende der Predigt hieß: aufstehen, den angewärmten Platz verlassen und sich auf den kalten Boden knien. Als die Hostien endlich verteilt und die Schäfchen in die Bänke zurückgekehrt waren, sah Pfarrer Bredow auf seine Gemeinde nieder. Es muss sich ihm ein skurriles Bild geboten haben. Wie eine zusammengetriebene Herde hockten wir frierend beieinander, keiner wirklich willens, in die erbarmungslose Schneelandschaft zurückzukehren. Gespannt starrten wir ihn an. Er war immer für Überraschungen gut. Und so warteten wir geduldig ab, was er uns dieses Mal Kluges und Besinnliches mit auf den Weg geben wollte.

„Lasst uns beten für eine arme Seele, die nicht mehr unter uns weilt."

Dick eingemummelte Gestalten erhoben sich schwerfällig, einige knieten ehrfürchtig nieder, andere blieben stehen, mit gefalteten Händen, doch so manch einer machte sich erst gar nicht die Mühe, blieb einfach auf dem angewärmten Platz sitzen.

Unweigerlich musste ich an die alte Katharina denken, die in der Woche zuvor beerdigt worden war. Eine Freundin von Oma, die sie seit Kindertagen kannte. Nun war sie von uns gegangen. Oma hatte tief geseufzt und geholfen, den Leichnam für die letzte Reise nach ritueller Art und Weise zu waschen und herzurichten. Dabei klagten und sangen die alten Weiber ihre Litaneien. Es klang jedes Mal gespenstisch.

Ich faltete die Hände und lauschte Pfarrer Bredows leisen Worten.

„Herr, erbarme dich seiner Seele."

Ich stutzte. Ebenso die anderen Anwesenden. Nicht unsere alte Katharina? Während alle fieberhaft überlegten, wer denn noch gestorben sei, fuhr Bredow in seiner Ansprache fort: „Nimm unseren Bruder Marinus van der Lubbe, der vorigen Mittwoch gewaltsam aus dem Leben gerissen wurde, zu dir. Möge er den ewigen Frieden finden. Verzeih ihm seine Sünden und erbarme dich seiner. Und richte nach deinem Ermessen diejenigen zu ihrer Zeit, die seinen Tod gewaltsam herbeigeführt haben. Amen."

Stille.

Dampfender Atem kroch aus den Mündern. Und eine Zeit lang war nur leises Zischen zu vernehmen, wie ich es mir bei Drachen vorstellte.

„Amen!", schmetterte es durch diesen geweihten Raum.

Herbert vermittelte den Eindruck, als wäre es ihm egal, dass die Blicke aller ihn wie glühende Pfeile trafen. Aufrecht stand er da, und neben ihm sein Sohn Veit, der vor lauter Scham erstarrt zu sein schien.

Über die Hinrichtung des jungen Kommunisten war natürlich im Radio prahlerisch berichtet worden und auch in Vaters Zeitung war die Meldung mit wuchtigen Buchstaben platziert gewesen, damit jeder Deutsche begriff, dass mit den Nazis nicht zu spaßen war. Mutter hatte stumm den Kopf geschüttelt. Herbert, der bei uns noch offen reden durfte, hatte nachdenklich auf den Kasten gestarrt, der mit seinen seelenlosen Stimmen über eine solch sonderbare Macht verfügte.

Hier in der Kirche sah ich in ratlose Mienen, bemerkte hämische Blicke sowie Gesichter, die überhaupt keine Regung zeigten. Nach und nach folgten einige verhaltene „Amen", die wie schwere Wolken über unseren Köpfen hingen. Ein prüfender Augenaufschlag zum Nachbarn, dann setzte die Gemeinde sich langsam wieder. Sie wirkte wie eine nervöse Herde – für einen Augenblick aufgescheucht und dann wieder vom Hütehund im Zaum gehalten. Jetzt wartete sie ängstlich ab, was als Nächstes folgen würde.

Der Bredow wusste um seine Wirkung. Er wartete geduldig, bis auch der Letzte sich endlich in die Bank gedrückt hatte. Ich bewunderte ihn, denn er schien überhaupt nicht zu frieren. Er zitterte nicht und seltsamerweise kroch aus seinem Mund kein dünner Nebel hervor.

„Der Pfarrernotbund in Schlesien, dem ich angehöre, beteiligt sich an der Kanzelabkündigung gegen den neu deklarierten *Maulkorberlass* des Reichsbischofs von vorletzter Woche. Wir werden nicht dulden, dass oppositionelle Pfarrer, die Gottes Wort verkünden, mit Amtsenthebung bedroht werden. Neuerdings geht die Gestapo rigoros gegen Pfarrer und einzelne Gemeindemitglieder vor, die sich nicht parteikonform verhalten. Ich betone hier noch einmal: Das Haus

Gottes ist nicht die Stätte für eine menschenverachtende Diktatur. In meiner Gemeinde dulde ich derartiges Verhalten nicht. Geht nun eures Weges. Und geht mit Gott. Auch in eurem Herzen."

Was wäre wohl gewesen, wenn diese Predigt an einem warmen Sonnentag stattgefunden hätte? Hätten die Leute wie sonst üblich draußen beieinandergestanden und miteinander geredet, und dabei Herberts politische Haltung lauthals erörtert? Welche folgenschweren Konsequenzen hätten sich möglicherweise für die mutige Ansprache des Pfarrers ergeben?

So aber stob jeder von dannen, hinaus in die beißende Kälte; nur schnell nach Hause an den warmen Ofen. Der Winter bedeckte nicht nur die Landschaft mit Schnee, sondern verhinderte mit seinem kalten Mantel auch, dass die Menschen einander Dinge sagten oder antaten, die in ihrer Konsequenz über Tod und Leben hätten entscheiden können. So bewahrte diese totenstille und eisige Jahreszeit einen Rest menschlichen Anstand, bestreut mit Puderzucker; und das Sich-Verkriechen in den eigenen vier Wänden tat ein Übriges.

Natürlich wurde nach dieser Messe unsere Küche bevölkert. Oma und Mutter servierten Schnaps und Striezel und wie immer redeten die Großen in einem fort über die Politik und die Menschen, die sie mit aller Radikalität betrieben.

Das neue Jahr begann im Grunde genommen da, wo das alte aufgehört hatte.

Und wir mittendrin.

„Jahr der Schulung und inneren Ausrichtung"

Reichsparole des Reichsjugendführers Baldur von Schirach

Im Gemeinschaftshaus sollte dem Dorf die neue Botschaft verkündet werden. Alle hatten zu erscheinen.

Diese von oben verordneten Anhörungen erfolgten in den nächsten Jahren in regelmäßigen Abständen. Es war nicht so, dass man sich nicht auch schon vorher getroffen hätte. Unser Bürgermeister Henning rief öfter dazu auf, sich für wichtige Anlässe in den Gemeinschaftsräumen einzufinden, um über Gott und die Welt zu sprechen. Die Bauern tauschten sich über die verschiedenen Erntemethoden aus, der Gemeinderat beschloss wichtige Regelungen und Mutter erzählte gern, dass es in der Zeit nach dem Großen Krieg, als es neu war, dass die Frauen wählen durften, einmal ein Tohuwabohu gegeben habe, weil die Bäuerinnen in eine Sitzung platzten und auf ihr Recht pochten, an den weiteren Planungen für das Dorf mitzuwirken.

Als die Männer maulend protestierten, verließen die Frauen den Raum. Schon frohlockte so mancher Kerl, dass sich *die neumodische liberale Republik* nicht bis nach Mohrau durchsetzen könne. Doch ihren Triumph konnten die Mannsbilder nicht lange genießen: Die Frauen des Dorfes streikten. Sie verrichteten weder die Arbeit im Haus noch die im Stall, geschweige denn auf dem Feld. Es dauerte nicht lange und die Kühe unterstützten den Protest, ebenso die Schafe, Schweine, Ziegen, Hunde, Hühner und Katzen. Ein einziges Blöken und Jaulen drang aus den Ställen und von den Weiden. Ein Hahn krächzte so lange, bis ihm die Stimme wegblieb und er missmutig und stumm auf dem Misthaufen hocken blieb. Seine Frauen gingen in den Eierstreik und so mancher Mann rannte fluchend und schimpfend ohne Socken herum, derweil sich mitten auf dem Hof unübersehbare Wäscheberge türmten.

Aus keiner Küche drang der Duft von Gebratenem oder Gebackenem und Josef hatte in seiner Gaststätte alle Hände voll zu tun, die hungrigen Mäuler zu stopfen. Notgedrungen suchten die Männer hier Zuflucht; da hockten sie nun zusammen und wetterten über diese Republik, die die

Weiber in die Irre leitete. Und das alles, kurz bevor die Ernte eingefahren werden sollte. Mit großen, gut gefüllten Körben zogen dagegen die Frauen, die kleinen Kinder im Schlepptau, schnatternd und vergnügt hinauf zum Hopfenberg. Nicht selten stand ein Vater morgens vor dem Kinderteller, aus dem ihm der Duft des dampfenden Breis in die Nase stieg, und starrte darauf, als ginge es um sein Leben. Die Liebe der Kinder zu beiden Eltern wurde in dieser Zeit auf eine harte Probe gestellt. Für wen sollten sie bloß Partei ergreifen? Die Frauen verbrachten mit dem Proviant, ihren Strick- und Sticknadeln den Tag in der Sonne. Am Nachmittag kehrten sie mit leeren Körben und vollen Bäuchen heim.

Eines Tages versammelten sie sich demonstrativ auf dem Marktplatz und beschlossen ihre eigenen Gesetze, gründeten den ersten Weiberbund und erweiterten damit den Verein der Landfrauen, die sich bis dahin ausschließlich um Rezepte, Kochen, Haushalt sowie die Erziehung gekümmert hatten. Nun ging es für die Frauen auch um politische, gesellschaftliche und alltägliche Belange, bei denen sie Mitbestimmung einforderten. Denn während des Krieges, als die meisten Männer an der Front waren, hatten sie schließlich auch alles allein meistern müssen. Seitdem waren die Frauen nicht mehr bereit, den Männern zu dienen und bedingungslos zu gehorchen. Sie wollten fortan mitbestimmen, was sich wie in Mohrau tat. Die, die schreiben konnten, hielten alles Beschlossene genauestens fest und gaben die Zettel beim Bürgermeister ab.

Der Tag, an dem die Männer sich widerwillig mit einem Besenstiel mit Bettlaken dran zum Marktplatz begaben, als Zeichen der Ergebung, muss für alle Beteiligten unvergesslich gewesen sein. Seitdem waren Männer und Frauen gleichermaßen eingeladen, wenn Belange des Dorfes besprochen werden sollten, und bald lebten alle wieder friedlich vereint. Der Streik war vorbei.

Diese Treffen dienten natürlich auch dazu, sich zu sehen, den neuesten Klatsch auszutauschen und den Abend in einer feuchtfröhlichen Runde ausklingen zu lassen. Vor allem war die Teilnahme freiwillig gewesen.

Nun hatte jeder zu erscheinen. Das schmeckte anders. Seltsam bitter. Und die Mienen waren entsprechend mürrisch bis unverhohlen trotzig. Das Gemeinschaftshaus platzte aus allen Nähten. Die Skier stapelten sich an der Tür, denn für einige war es schier unmöglich gewesen, sich anders durch die gewaltigen Schneemassen fortzubewegen. Etliche Schlitten standen draußen und alles pellte sich aus Wollmänteln, Tüchern und Muffs. Ein leicht modriger Duft stieg uns in die Nase.

Bürgermeister Henning stand auf der niedrigen Bühne. Neben ihm saß Willi in Uniform an einem Tisch. Als das Stimmengewirr nachließ, gab Willi bekannt, dass die Partei von nun an die allgemeine deutsche Staatsbürgerschaft einführe. Die einzelne Staatsangehörigkeit in den Ländern falle weg. Jeder habe sich zu registrieren und es werde alsbald einen neuen deutschen Pass geben.

„Das bedeutet absolute Kontrolle", raunte Otto seiner Gertrud zu.

Herbert, der daneben saß, nickte und lachte hämisch.

„Was wird das für die Juden bedeuten?", folgte prompt seine zynische Frage. „Damit werden die Nazis sie noch mehr schikanieren. In Breslau können sie sich schon nicht mehr frei bewegen. Was wird in ihrem Pass stehen? ‚Menschen zweiter Klasse'?"

Vater sah ihn schweigend an. Mutters Sorgenfalten auf der Stirn gruben sich ein wenig tiefer in die Haut.

Willi fühlte sich wichtig. Alle mussten einzeln vortreten; er hakte jeden auf einer Liste ab, machte sich stirnrunzelnd Notizen, überprüfte in unterstrichenen Zeilen demonstrativ penibel irgendwelche Fakten. Als er dann noch nach einem

Ariernachweis verlangte, wurde es lächerlich. Die meisten wussten überhaupt nicht, was das sein sollte. Hier kannte seit Generationen jeder jeden und so schüttelte man den Kopf und kehrte Willi schnell den Rücken. In Gruppen standen die Menschen beieinander und nutzten das Zusammentreffen, um sich über alltägliche Dinge auszutauschen. Was sollte eine neue Staatsbürgerschaft hier schon bedeuten? Würde sie doch nichts an der Tatsache ändern, dass man hier lebte und wahrscheinlich eines Tages starb. Man war und blieb Schlesier – egal, was die Partei dort oben entschied.

Als Edda die Bühne betrat und laut in die Hände klatschte, wunderte sich doch so mancher und widmete ihr skeptisch seine Aufmerksamkeit. Sie sah seltsam verkleidet aus mit dem dunklen Kostüm und dem lächerlichen Hütchen. Willi nickte ihr aufmunternd zu.

„Frauen! Unser geliebter Führer Adolf Hitler gibt uns die einmalige Möglichkeit, als Mitglied in der Nationalsozialistischen Frauenschaft unser Land mitzugestalten! Hier können wir unserer wahren Bestimmung und unseren ureigenen Aufgaben nachgehen! *‚Die deutsche Frau ist edler Wein. Liebt sie, so blüht die Erde. Die deutsche Frau ist Sonnenschein am heimatlichen Herde. Verehrungswürdig sollt ihr bleiben, nicht fremder Rassen Lust im Spiel. Das Volk soll rein und sauber bleiben, das ist des Führers hohes Ziel.'* Klingt das nicht herrlich? Und wer mag, kann sich auch zur *Reichsarbeitsdienst-Führerin* ausbilden lassen. Was für eine schöne Aufgabe. Ein Ruf der Zeit! Hier können wir unsere Mädchen begleiten, damit sie im Arbeitsdienstlager eine gute und sinnvolle Erziehung genießen. Ein Soldat in Reih und Glied muss das Mädchen sein können! Deutsches Mädel! Deine Ehre ist die Treue zum Blut deines Volkes."

Das war allerdings neu für mich. Nun sollten in diesem Märchen wir Mädchen wie Soldaten erzogen werden? Ich war verblüfft. Und bemerkte, wie Walter und andere Jungen beim Siegfried standen und aufgeregt miteinander plapperten. Bei ihnen war der Traum, Soldat zu werden, längst offenkundig, schon Teil des Märchens, in dem sich unaufhaltsam ein Kapitel ans andere reihte.

„Na, meine Tochter soll erst mal richtig Strümpfe stopfen und Kühe melken lernen, bevor sie Soldat wird!", kam es aus der hinteren Ecke, worauf sich allgemeines Gelächter erhob.

Etliche Mütter beäugten diesen Begeisterungsausbruch von Edda argwöhnisch. Bei uns auf dem Land sei weder Junge noch Mädchen jemals zum Reichsarbeitsdienst verschickt worden, erklärte Mutter, obwohl es den auch vor der NSDAP schon gegeben habe. Hier im Dorf werde jede helfende Hand gebraucht, sei es zur Aussaat oder zur Ernte, zum Erziehen der kleineren Geschwister oder zur Verrichtung der alltäglichen Arbeit auf dem Hof.

Edda spürte die ablehnende Haltung wohl, die Gleichgültigkeit schlug ihr kalt entgegen. Wir Schlesier konnten ziemlich stur sein, wenn uns etwas egal war.

Aber sie wäre nicht Edda gewesen, hätte sie sich so leicht verunsichern lassen. Ein weiterer aufmunternder Blick von Willi und Edda erhob erneut die helle Stimme, die leicht ins Quieken kippte – wie bei einem Ferkel.

„Bald hat unser Führer Geburtstag!" Sie wurde schier hysterisch vor Glück. „Und welches Kind träumt nicht davon, dem Jungvolk der HJ oder dem BDM beizutreten?" Sie breitete die Arme aus wie große Flügel, als wollte sie uns alle mit ihnen umschließen. „Und du, deutsche Mutter, und du, deutscher Vater, ihr seid euch eurer Verantwortung hoffentlich bewusst! Was für ein schönes Gefühl, die Kinder in guten Händen zu wissen. Hier in dieser Gemeinschaft lernen sie sich einzuordnen. Ihr Jungen könnt marschieren, singen und sprechen, ganz anders als in der Schule! Der starke Junge lernt gehorchen. Ihr werdet kraftvoll, ihr dürft für Deutschland marschieren. Und die wunderbaren Fahrten in ein Zeltlager, mit Sport und Spielen. Und wer die Mutproben besteht, wird zu einem ganzen deutschen Kerl."

Nun wandten sich ihr nicht nur die Kinder, sondern doch auch viele der anwesenden Mütter interessiert zu und sie bekam endlich die Aufmerksamkeit, die sie sich so sehr erhoffte.

„Und ihr Mädchen! Auch ihr habt bei uns einen festen Platz. Hier beim BDM könnt ihr Leistung bringen und werdet geehrt und später auch in Führungspositionen gelangen. Spiel, Singen und Spaß – all das könnt ihr in einer vertrauten Gemeinschaft erleben. Sportwettkämpfe und Wanderungen mit Übernachtungen, das gemeinsame Musizieren am Lagerfeuer. Und nun für alle! Die Uniform bekommt jeder, der die Aufnahmeprüfung schafft! Kommt zu uns, ihr seid willkommen!"

Dann lief sie zum Tisch, zog ein kleines Heft hervor, blätterte darin herum und begann schließlich laut vorzulesen: *„‚In diesen Tagen hat die HJ erneut den Beweis dafür angetreten, dass es Ehrenpflicht aller Väter und Mütter in Deutschland sein muss, ihre Söhne und Töchter der HJ oder dem BDM zuzuführen. Die deutsche Jugend ist das wertvollste Gut der Nation und gehört somit dem Führer. Die Jungen und Mädel, die die weltanschauliche Schulung der HJ in sich aufnehmen, haben einzig und allein die Anwartschaft darauf, in die Lehre des Handwerks aufgenommen zu werden. Von euch erwarte ich, dass ihr nur solche Lehrlinge und Lehrmädchen aufnehmt, die den Organisationen der Jugend des Führers angehörten. Ihr seht, ihr habt es in der Hand, die Zukunft eurer Söhne und Töchter mitzuformen.'"*

Damit winkte sie Siegfried auf die Bühne, der stolz nach oben schritt. Mit leuchtend roten Ohren begann er von Pirschpfaden und gewagten Mutproben zu berichten, pries die nationale und stolze Gemeinschaft, lobte das Singen und Marschieren in den höchsten Tönen. Aus einem Rucksack zog er bunte geflochtene Bänder hervor, begann die Uniform und diese Kordeln mit den verschiedenen Farben zu erklären, die bestimmte Rangordnungen symbolisierten. Eine Stille beherrschte den Raum, wie es selten der Fall war. Alles starrte verzückt nach oben, der Held Siegfried zog alle Kinder und auch die meisten Mütter in seinen Bann, wie Mutter erschrocken feststellte und noch am selben Abend in ihr Tagebuch notierte. Die dicke Gerda, Siegfrieds Mutter, stand mit geschwollener Brust neben Günther, der ebenfalls in Uniform erschienen war. Sie waren jetzt wer – nicht einfach nur das Fleischerpaar aus dem Dorf. An Günthers Jacke funkelte die Parteinadel und Gerda zuppelte unentwegt an ihm herum, damit ja kein Staubkorn die Dungfarbe beschmutze.

„Pass auf, es dauert nicht mehr lange und die Schule wird zum Abbild der herrschenden Verhältnisse!", schmetterte Herbert in die Runde.

Dafür erntete er mehrere ärgerliche Blicke, um die er sich aber nicht weiter scherte. Gemeinsam mit Otto stand er beim Bürgermeister; sie waren in ein Gespräch vertieft, das auch den Pfarrer anzog, der sich zu ihnen gesellte.

Der Schnaps ging reihum. Stimmengewirr schwoll über unsere Köpfe hinweg. Sobald die ersten Pläne für die Aussaat geschmiedet wurden, wirkte alles wieder ganz vertraut. Oma schimpfte mit Willi, der wie ein kleiner Junge vor ihr stand, während sie mit ihrem Taschentuch vor seiner Nase wedelte. Edda starrte die alte Frau an, als sei sie ein übles Insekt der besonderen Art. Opa saß bei den anderen älteren Männern, die sich nachdenklich im Saal umschauten. Aus seinem Mund hing die erkaltete Pfeife. Und Siegfried war längst wieder unter uns Kindern und wir trollten uns nach draußen, um uns mit Schneebällen zu bewerfen. Nun war es egal, wer eine Uniform trug und wer nicht. Was jetzt zählte, waren Geschicklichkeit und Kampfgeist und ob man in der Lage war, für seine Mannschaft zu kämpfen und zu siegen.

Erst spät am Abend, kurz vor dem Einschlafen stellte ich fest: Der alte Patron war nicht erschienen. Er hatte sich nicht registrieren lassen. Seit Wochen schon machte er sich rar. Auch bei uns ließ er sich kaum noch blicken. Mutter begann, sich um ihn zu sorgen.

Hin- und hergerissen

Dafür standen einige Wochen später Siegfried und ein anderer Junge namens Dirk bei uns in der Küche. Dirk kam aus dem Nachbardorf, war schon 16 Jahre alt und seit geraumer Zeit der „Jungzugführer der Pimpfe des Jungvolkes", denen auch Siegfried angehörte.

Stolz trug er seine HJ-Kluft: khakifarbene Schiffchenmütze mit roter Ziernaht und HJ-Emblem an der Stirnseite. Die grüne Kordel sprang sofort ins Auge. Später lernten wir, dass diese Kordeln, vor allen Dingen die grüne, wichtiger waren als eine Eins in der Schule. Ab zwölf Jahren konnte man selbst „Führer" oder „Führerin" werden, dann trug man ebenfalls eine solche *Führerkordel*. Die *Körperbluse*, in der gleichen Farbe wie die Schiffermütze, hatte stets akkurat gebügelt zu sein; dazu gehörten das schwarze, mit einem geflochtenen Lederring zusammengehaltene Halstuch und eine kurze schwarze Cordhose mit Ledergürtel. Koppelschloss und Schulterriemen machten das Ensemble perfekt. Wichtigstes Requisit für die Jungen war das Fahrtenmesser mit geriffeltem Schaft, auf dem das HJ-Emblem und die Aufschrift „Blut und Ehre" prangten. Dirk trug es schon bei sich. Siegfried hatte es wohl noch nicht erworben.

Beide wirkten so anders als wir in unserer alltäglichen bäuerlichen Kluft. Das Dorf steckte in den Vorbereitungen für die Aussaat, jede helfende Hand wurde gebraucht und kaum jemand scherte sich um gebügelte Hemden oder eine saubere

Schürze. Vielmehr wurden die Felder gepflügt und bestellt, die Tiere auf die Weiden getrieben. Unsere Gewohnheiten hielten uns fest im Griff und so erschienen mir die zwei proper gekleideten und geschrubbten Jungs wie seltsame Figuren aus dem Schauermärchen der Erwachsenen, die plötzlich bei uns in der Küche standen.

Strahlend berichteten sie meinen Eltern und Traudel, wie gut sie es bei der HJ hätten. Und sie redeten den Großen zu, doch endlich Walter und Peter in die Gemeinschaft eintreten zu lassen, denn die seien mit ihren elf und zwölf Jahren genau im richtigen Alter, um beim Jungvolk mitzumarschieren. Ein absonderliches Bild bot sich uns: Vorn diese beiden mit ihren brav geschniegelten Haaren und dahinter Walter und Peter mit verstrubbelten langen Zotteln und zerrissenen Hosenbeinen. Wahrscheinlich hatten die beiden neben der Feldarbeit erfolgreich eine Schlacht geschlagen, Fritz durch den Schlamm gejagt, das Baumhaus für die neue Jahreszeit hergerichtet und Streifzüge durch unsere Wälder unternommen.

Ich werde nie vergessen, wie die Erwachsenen auf diese uniformierten Kinder starrten, die sie darüber belehrten, wie das Leben fürs Vaterland auszusehen habe. Walter und Peter müssten endlich lernen, dass es Aufgaben gebe, die sie zum Mann machten – Mutter ließ ihren Blick über die spindeldürren Beine wandern, die aus den kurzen HJ-Hosen ragten, und konnte ein Lächeln nicht unterdrücken –, und dass es die Pflicht eines jeden deutschen Jungen sei, dem Führer zu dienen. Mit ernster Miene sprachen sie salbungsvoll; eigentlich hätte man brüllen können vor Lachen. Sie konnten ihren Text besser aufsagen als jedes Gedicht aus der Schule. Walter und Peter standen abwartend am Ofen, gaben keinen Ton von sich. Mit tellergroßen Augen hingen sie förmlich an den Lippen der Jungen.

Außerdem würden sich zum Geburtstag von Hitler alle Kinder ab zehn Jahren aus dem Dorf und der Umgebung anmelden, erklärten die beiden HJler. Dann blieben Peter und Walter ja die Einzigen, die nicht eintreten dürften. Außerdem, triumphierte Siegfried stolz, gebe es bei der HJ echte Lederbälle und nicht die billigen Gummidinger, die so schnell kaputtgingen. Und mit den Lederbällen sei jedes Fußballspiel zu gewinnen! Sie lockten mit abenteuerreichen Freizeitangeboten und verfehlten ihre Wirkung bei Walter und Peter nicht. Denn die Vorstellung, ausgeschlossen zu sein aus dieser Gemeinschaft, bekam plötzlich etwas sehr Bedrohliches. Ein Gefühl, das Walter noch schmerzlich erfahren musste.

Ich betete inbrünstig, dass mein Bruder in diese herrliche HJ aufgenommen würde. Walter zappelte herum, als müsste er dringendst aufs stille Örtchen. Thea saß auf der Ofenbank und hörte aufmerksam zu.

Als die beiden mit ihrer Botschaft am Ende waren und ein schnelles „Heil Hitler" murmelten, setzten sich alle an den großen Tisch. Erleichtert deckten Mutter und Traudel ein. Endlich waren die Kinder ganz normale Kinder mit normalen Bedürfnissen – einem Bärenhunger. Vater verschwand in den Stall, um mit dem letzten bisschen Heu, das noch übrig war, unsere Tiere zu versorgen, wollte zudem noch bei den Großeltern nach dem Rechten sehen. Mutter ahnte allerdings, dass er auch mit ihnen über den Besuch sprechen wollte, wie sie später im Tagebuch notierte. An jenem Tag bekam sie endgültig zu spüren, dass wir Kinder, ob sie es nun guthieß oder nicht, immer weiter in den dunklen Wald des Märchens hineingerieten; keiner konnte sich dem entziehen. Wie Fliegenfänger hingen die langen Arme der Partei in jeder Küche, selbst in diesem letzten Winkel des Deutschen Reiches. Und kam man diesen Fallen zu nahe, blieb man zappelnd daran kleben und konnte sich schwerlich befreien.

Wir Kinder hockten beisammen und Thea blickte bewundernd zu Dirk auf, der im Gegensatz zu uns schon so erwachsen aussah. Er schäkerte ein wenig mit ihr, bis sie ganz rote Wangen bekam. Walter und Peter bestürmten Siegfried lauthals, mehr von den Pirschpfaden zu berichten, von den Mutproben, die die Jungen zu bestehen hatten. Irgendwann war von den nächsten Feierlichkeiten die Rede, an denen wieder das ganze Dorf teilhaben sollte, bis die beiden aufbrechen mussten.

Wir begleiteten Dirk und Siegfried zum Marktplatz. Kurz zuvor hatte Tauwetter eingesetzt und so hüpften wir durch Pfützen und sahen am Wegesrand erste zarte Blüten, die sich durch schlammige Erde ans Licht kämpften. Ostern war nicht mehr weit und damit der abermalige Aufbruch in eine neue Jahreszeit, die von Mensch und Tier sehnsüchtig erwartet wurde. Die ersten Feldarbeiter kehrten nach Mohrau und in die umliegenden Dörfer zurück, Mägde zogen in die Kammern ein. Nach und nach tauchten aus allen Gassen und Wegen Kinder auf und so zog unser großer Kinderpulk, angeführt von zwei Uniformierten, durchs Dorf. Dirk und Siegfried hatten in vielen Familien die Werbetrommel gerührt und es wurde laut gejubelt, dass hier in Mohrau eine eigene HJ- und BDM-Truppe entstehen könne. Kaum eine Familie gab nicht ihren Segen.

Was war schon dabei? Endlich wären die Kinder gut untergekommen, ein bisschen Disziplin habe noch keinem geschadet und so ein bisschen Abwechslung tue den Heranwachsenden gut. So der allgemeine Tenor. Mutter blieb skeptisch.

Ich selbst war ein wenig verwirrt. Die Euphorie war dermaßen ansteckend. Verwundert stellte ich fest, dass der Wunsch, dabei zu sein, zeitweise mehr Macht über mich bekam als die Sorgenfalten meiner Mutter. Alle Kinder wirkten so glücklich und ausgelassen. Die erste laue Frühlingsluft verstärkte noch die Lust auf Neues, auf Aufbruch; diese Energie steckte mich an. Vielleicht keimte da auch die erste

Zelle von Ablösung aus dem Familienbund, die Neugierde auf eine Welt außerhalb der eigenen vier Wände. Dankbar klopften die Jungs Siegfried auf die Schulter. Viele waren heilfroh, endlich, ja, endlich auch dabei sein zu können, und fieberten dem Geburtstag des Führers entgegen, dem großen Tag für die Aufnahme ins Jungvolk und die HJ.

Als wir zurückkamen, durchgefroren, aber glücklich, erschrak ich beim Anblick meiner Mutter. Noch nie hatte ich sie derart ratlos gesehen. Auch Traudel war seltsam ruhig und verließ alsbald kommentarlos mit Peter die Küche.

Mutter ermahnte uns, schnell ins Bett zu gehen, und als wir endlich in der Kammer lagen, kam sie noch einmal zu uns. Wie nebenbei klaubte sie einen Strumpf vom Boden auf, legte ihn ordentlich über die Stuhllehne, überprüfte das Fenster, deckte uns alle fest zu.

Natürlich liebte Mutter uns gleichermaßen. Aber zwischen Walter und ihr gab es eine spezielle Nähe. Sei es, weil er der einzige Junge war, sei es wegen seiner wilden und verträumten Art, die ihn in ihren Augen schutzbedürftig erscheinen ließ; sei es, weil sie einander so ähnlich schienen. Jedenfalls gab es diese Nähe und sie blieb bis zum Schluss etwas Besonderes.

Als er seine Arme um sie schlang und tief seufzte, wusste ich, dass er hin- und hergerissen war. Zwischen dem, was unsere Eltern angesichts der Politik von sich gaben, und dem übermächtigen Wunsch, Großes zu erleben, teilzuhaben an Abenteuer, Ruhm und Ehre, von denen die anderen ihm mittlerweile jeden Tag vorschwärmten. In der Schule war es inzwischen *das* Thema: Wer würde dieses Jahr der HJ oder dem BDM beitreten? Es zerriss ihn tief in seiner Seele, so gegen den Willen seiner Mutter zu empfinden. Nie wagte er in ihrer Gegenwart, seinen innigsten Wunsch zu äußern: dass er der HJ beitreten dürfe. Lieber wäre er heldenhaft gestorben.

Es ist sehr anrührend, wie meine Mutter die Verzweiflung ihres Kindes im Tagebuch festgehalten hat. Sie nahm unsere Sorgen und Ängste immer ernst und versuchte alles Erdenkliche, um nach trüben Gedanken Sonne in die Gemüter zu zaubern.

„Ach, Muttel!", seufzte mein Bruder. Diese schlesische Koseform für „Mutter" hob man sich für besondere Anlässe auf.

Sie strich ihm über die Stirn, sah nachdenklich in die großen Augen, in denen der ganze Weltschmerz schimmerte.

„Weißt du, Walter, manchmal steht man im Leben vor der Entscheidung, einen Weg allein gehen zu müssen. Das erfordert vielleicht sehr viel mehr Mut und Stärke, als blindlings einer Horde hinterherzurennen. Wie oft gehst du ohne deine Freunde in den Wald, versteckst dich oben in deinem Baum? Diesen Pfad gehst du ja auch ganz bewusst ohne jemanden, weil du es für richtig hältst. Dir war jede Strafe egal, weil du für dich gespürt hast – nur dort kannst du ganz du sein. Und so geht es mir auch. Ich kann nicht gutheißen, wie ihr Kinder und jungen Menschen von der Partei erzogen werdet. Außerdem, diese Uniform, die macht mir Angst. Auch bei euch Kindern. Kannst du das ein bisschen verstehen? Ich brauche keine Soldaten in der Familie. Ich will auch keinen Helden, der vielleicht später einmal sein Leben lassen muss. Ein so kostbares und wunderbares Leben."

Walter schwieg. Dann seufzte er erneut.

„Aber ich will doch nur lernen, euch zu beschützen. Das kann ich nicht, wenn ich nicht dabei war. Opa sagt doch immer, dass es Krieg geben wird. Ich kann doch nicht als Schwächling dastehen, wenn alle im Dorf helfen, uns zu verteidigen! Muttel, ich will ja nicht wirklich Soldat werden." Kurz zögerte er. „Vielleicht nur ab und zu, wenn es nötig ist. Aber bei der HJ wird auch richtig Boxen gelernt und Sich-Raufen, wie Max Schmeling in seinen Kämpfen. Wäre das nicht famos, wenn ich eines Tages im Ring stehen könnte? Dann verdiene ich so viel Geld und du und Vater, ihr könnt mächtig stolz sein auf mich. Und den Großeltern könnte ich ein neues Pferd kaufen, eine neue Pfeife für Opa, ein neues Tuch für Oma." Er strahlte Mutter an.

Ihr Herz schmolz wie Schnee in der Sonne.

„Als Dirk mein Baumhaus sah, meinte er ganz ehrlich, dass genau solche Jungs wie ich bei der HJ gebraucht werden. Auf den Wanderungen könnte ich den anderen beibringen, wie man sein Messer selber schnitzt, sich einen Unterschlupf sucht und baut. Ich will doch einfach nur dabei sein. Alle werden jetzt eintreten, was soll ich denn allein im Dorf machen? Du und Vater, ihr wart doch auch früher bei den Pfadfindern und beim Wandervogel. Das ist doch das Gleiche. Oder nicht? Vielleicht ist nicht alles schlecht, was von der Partei kommt. Außerdem, die Bösen sind sooo weit weg! Wir leben hier in Mohrau, wir sind doch nicht in der Stadt. Und vielleicht habt ihr nicht mehr so viel Mühe mit mir, wenn ich dabei bin. Da muss man auch auf seine Uniform achtgeben, das wär doch was, oder?"

Mutter musste lächeln.

„Jede Mühe mit euch allen dreien ist es wert, Mutter zu sein. Ich werde jetzt mit Vater und Traudel sprechen. Aber erst mal ist Hanna dran. Sie steht kurz vor der Einschulung und das sollten wir genauso feiern, meinst du nicht auch?"

„Unsere Guschel kommt in die Schule!" Walter lachte mir zu.

„Ich bin keine Guschel mehr!", konterte ich. „Ich kann schon längst meinen Namen schreiben und deinen und auch deinen, Thea!"

Ein befreites Lachen wischte Sorgen, Ängste und schmerzhafte Träume beiseite. Wir beteten gemeinsam und ließen uns, wie von einer schweren Last befreit, in die Kissen fallen.

Als Mutter leise die Tür hinter sich schloss – heute weiß ich, mit was für einer Bürde sie in die Küche zurückgekehrt sein muss –, sah ich im Schein der Kerze, wie Walter selig an die Decke starrte. Egal, wofür meine Eltern sich jetzt entschieden, er war den ganzen Ballast seines schlechten Gewissens losgeworden. Das Schuldgefühl, das er tief im Herzen gespürt hatte, war verflogen. Mutter war ihm wieder gut und damit war sein unerschütterlicher Glaube an die Welt wieder ungebrochen.

„Sag mal, Walter, hast du vergessen, dass wir deine Bücher vor denen versteckt haben?", wisperte ich vorsichtig.

Die Kerze flackerte kurz, als er sich zu mir drehte. Auf seiner Stirn zeichnete sich eine nachdenkliche Falte ab.

„Nein. Aber vielleicht können wir ja auch den Großen zeigen, dass keiner mehr Angst haben muss. Und dann können wir eines Tages die Bücher von Opa wiederkriegen."

„Und du, Thea? Findest du die Frisur immer noch blöd, die die Mädchen da tragen müssen?", wandte ich mich vorsichtig an meine Schwester. Denn auch bei ihr war neuerdings eine gewisse Faszination zu spüren. Nur war sie in dem Jahr noch nicht an der Reihe.

„Ich kann sie ja einfach abschneiden, dann muss ich sie nicht schneckeln. Und Soldat will ich auch nicht werden, aber vielleicht kann ich ja eines Tages Jungmädelschaftsführerin werden. Und das Sportabzeichen machen, das wär doch was. Außerdem, bei den großen Mädchen sieht die Uniform gar nicht so übel aus. Die Frieda meinte gestern, dass sie so wenigstens kein abgetragenes Zeug oder Selbstgestricktes von alten Tanten tragen muss. Die Uniform kriegt man vom Führer geschenkt."

Thea löschte die Kerze. Ich lag noch eine Weile wach und sah durchs Fenster in den Nachthimmel hinaus. Wolken jagten über den Mond, der in kurzen Abständen zu mir hereinblinkte. Aus der Küche hörte ich die lauten und aufgeregten Stimmen der Erwachsenen. Die Großeltern waren hinzugekommen und es war nicht zu überhören, wie Mutter und Traudel stritten.

Eine Weile leuchtete mir der Mond noch, winkte mir zu, dann bewegte er sich langsam weiter, wahrscheinlich auf der Suche nach einem anderen Fenster, um auch dort einem Kind im Dunkeln sein Licht zu schenken. Mir fielen langsam die Augen zu. Durch den Kopf schwirrten mir die lauten Stimmen aus der Küche, wie dunkle Wolken türmten sie sich über mir auf. Im Traum sah ich Mutter durch den finstern Wald der Bösen laufen. Die Äste zerrten an ihren Haaren, die Bäume offenbarten ihre finsteren Mienen und unheilvolle Augen stierten ihr nach. Ein gewaltiger Ast fletschte gar die Zähne wie ein zotteliger Bär. Hinter einem Baum tauchte der Wolf auf mit pitschnasser Hose, daneben sein Hund, der wie ein kleiner Pinscher heiser bellte. Der Wolf brüllte: „Sitz! Platz! Aus!", dann schlugen sie in einem fort die Hacken zusammen, reckten die Arme in die Höhe und schrien: „Heil Hitler!" Mutter lief und lief, stolperte, rappelte sich wieder auf und versuchte sich einen Weg durch das Dickicht zu bahnen. Dabei rief sie in einem fort nach uns Kindern. Sie war ganz allein. Je lauter sie schrie, desto undurchdringlicher wurde der Wald.

Und keines ihrer Kinder antwortete ihr.

Schlachtfest

Die Einschulung, damals immer eine Woche nach den Ostertagen, bedeutete für die Familien, die es betraf, eine zusätzliche Feier, die ausgerichtet werden musste. Meistens rückte die ganze Verwandtschaft an. Freunde und Bekannte aus dem Dorf gesellten sich gern dazu und so zauberte das Fest für einen Moment eine Fröhlichkeit und Lust herbei, die für einige Kinder mit dem Eintritt in die erste Klasse in eine jahrelange Tortur überging.

Im Dorfleben mit all seinen Verrichtungen auf dem Feld und auf dem Hof war es aber nicht immer einfach, auch noch die Schule zu bewältigen. Gerade für diejenigen, deren

Eltern eine traditionell-bäuerliche Lebensweise bestritten. So manches Kind war schlicht überfordert, schlief gar mitten im Unterricht ein. Für den Ältesten war im Grunde eh klar, dass er eines Tages Haus und Hof übernehmen würde, also bewältigten diese Burschen die paar Schuljahre nur mit Ach und Krach. Für einige Mädchen stand die Hochzeit mit einem Bauern an, deshalb galten auch ihnen eher die praktischen Dinge als erstrebenswert, damit sie später dem Ehemann auf dem Feld und dem Hof zur Hand gehen konnten. Bei denjenigen, deren Eltern sich dem Fortschritt und der Moderne verschrieben, zählten dagegen die schulischen Leistungen, damit sie später in der großen weiten Welt einem Beruf nachgehen konnten. Diese unterschiedlichen Betrachtungsweisen in einem gemeinsamen Unterricht zu bedienen war alles andere als leicht.

In vielen Mohrauer Familien hatten sich besonders während der vergangenen zehn Jahre die Ansichten geändert. Unser Schulleiter und Lehrer Herr Gebauer war einst aus Berlin zu uns gekommen und vermittelte den Eltern, wie wichtig Bildung auch auf dem Lande sei, damit die Kinder am schnellen Fortschritt und Zeitenwandel teilhaben konnten. Er wollte den jungen Pflanzen, wie er die Schulkinder nannte, geistige Freiheit mit auf den Lebensweg geben. Mittlerweile arbeiteten viele jüngere Menschen in Neisse, besonders Frauen hatten sich hier eine gewisse Freiheit erkämpft. Wer es sich erlauben konnte, stellte lieber einige Mägde und Arbeiter ein, um beides erreichen zu können – das Leben auf dem Lande, aber auch einen Bezug zur modernen Welt außerhalb dieser Grenzen. Oft spielte aber auch finanzielle Not eine Rolle; nicht wenige waren darauf angewiesen, sich in den großen Firmen, Fabriken oder Kontoren neben der Arbeit auf dem Hof eine Verdienstmöglichkeit zu suchen. Manchmal scheiterte die Vision von Herrn Gebauer an den gegebenen Strukturen und Abhängigkeiten, die das Leben auf dem Land nun einmal bestimmten. Und natürlich hatten die zwei großen Weltwirtschaftskrisen das Ihre dazugetan, dass für viele noch immer Not und Mangel herrschten.

Ich jedenfalls war froh, dass meine Eltern die Bildung für uns sehr ernst nahmen; und ich war wissbegierig und wollte unbedingt lernen. So manches Mal durfte ich schon mit Walter und Thea mitgehen, saß in der Klasse und fand es mehr als aufregend, wie sich auf der Tafel die große weite Welt mit all ihren Geheimnissen und Wundern offenbarte.

Deswegen war meine Einschulung für mich das Größte überhaupt. Doch kurz vorher kam es noch zum Eklat.

Als meine Eltern tatsächlich beschlossen, dass unser Schwein Fritz für den Festschmaus herhalten sollte, da war das Geschrei und Gezeter bei uns Kindern groß.

Schweine zu halten, sie selbst abzustechen und zu verwerten war das Normalste der Welt. Dazu kamen immer Gerd, ein gelernter Fleischhauer, sowie der Eike und halfen Opa und Vater. Wir schlachteten nur für den eigenen Bedarf; diese Prozedur fand einmal im Jahr statt. Das war jedes Mal ein mulmiges Erlebnis. Der Sautrog wurde in den Hof gestellt – ein Gestell, an dem sie später das geschlachtete Tier auf passend eingesetzten Holzzacken aufhängten, sodass es ausgenommen werden konnte.

In der Küche bereiteten Mutter und Oma einige Töpfe mit heißem Wasser vor. Sobald einer das Tier aus dem Stall ließ, rannte es laut quiekend umher; wahrscheinlich spürte es, was ihm bevorstand. Schließlich drückten die Männer es mit äußerster Kraft zu Boden und fesselten ihm mit dicken Seilen die Hinterbeine. Gerd nahm sein langes Messer und setzte einen kräftigen Schnitt in den Hals des Tieres. Sofort schoss ein starker Blutstrahl aus der Öffnung. Oma fing das Blut in einer Schüssel auf, goss es in einen Eimer und rührte kräftig darin herum, damit es ja nicht stockte. Daraus sollte später die Blutwurst hergestellt werden.

Ich fand es jedes Mal gruselig, wie das Schwein immer leiser schrie und röchelte, bis es schließlich starb. Thea konnte überhaupt nicht zusehen. Walter und Peter versuchten zu helfen, wo sie konnten, aber wirkliche Freude empfanden auch sie an der Prozedur nicht. Es war immer aufs Neue eine Marter für das Tier, das spürte und sah man. Das geschlachtete Tier wurde dann gewälzt und mit dem kochenden Wasser begossen, damit die Borsten ausgingen. Dann hängte man es an den Hinterbeinen auf das Gestell und Gerd schnitt den Bauch der Länge nach auf. Jedes Stück Gedärm, jede Klaue, alles wurde verwertet und konnte eine große Familie über den Winter bringen.

Nur Fritz sollte all das nicht erleben müssen. Walter rannte demonstrativ mit ihm in den Wald und wollte allen Ernstes das Tier in sein Baumhaus hieven. Fritz wog stolze zwei Zentner. Als Walter versuchte, ihn hochzuheben, gab er nur ein paar missmutig-erstaunte Laute von sich. Selbst Thea, die das grunzende Viech nicht sonderlich liebte, war erschrocken bei der Aussicht, dass es auf den Spieß sollte, um dann über dem offenen Feuer gegrillt zu werden. Ich selbst wusste mir gar nicht zu helfen, lief zu den Großeltern, die auch prompt auf unseren Hof eilten.

Für die beiden Alten war dieses Gezeter um ein Schwein eher ungewöhnlich. Sie konnten nicht verstehen, wieso wir Kinder das Schwein partout nicht schlachten wollten. Schlachten war auf dem Lande schließlich die selbstverständlichste Sache der Welt. Opa und Vater stiefelten in den Wald, um die beiden Ausreißer zurückzuholen, während Mutter auf dem Hof stand, um sich von ihrer Mutter anzuhören, dass sie uns Kinder mit ihrem politischen und geistigen Wissen nicht aus der Normalität eines Landlebens herausheben könne. Fritz sei nun einmal im richtigen Alter zum Schlachten und werde natürlich auch für schwere Zeiten einen gewissen Vorrat an Wurst und Schinken liefern.

Nach einer Weile kehrten die Männer mit Walter zurück. Vorneweg Fritz, der seinen Ausflug sichtlich genossen hatte. Grunzend kam er auf uns zugerannt. Selbst Thea blieb stehen und begrüßte ihn mehr oder minder freundlich. Vor lauter Glückseligkeit schmiss er sich in seine Kuhle und wälzte sich herum, bis er sich schlammverschmiert zu uns gesellte. Er sah sich ganz klar als Familienmitglied und blieb abwartend stehen, ganz glücklich, dass er nicht sofort in den Stall musste. Oma brummelte etwas von falsch verstandener Tierliebe, stemmte die Hände in die Hüften und wartete darauf, dass Opa ihr zustimmte. Der jedoch holte umständlich seine Pfeife hervor, besah sich unglaublich sorgfältig die Schaumkrone, wich dem hilfesuchenden Blick von Walter aus. Fritz hoffte, dass Opa etwas Fressbares aus seiner Hosentasche zauberte, und grunzte ihn zärtlich an. Vater pfiff eine Melodie, klaubte einige Kieselsteine vom Boden auf, wusste nichts damit anzufangen, schmiss sie wieder zurück, trat von einem Bein aufs andere. Seine Melodie bestand nur aus drei schiefen Tönen, die sich immer wiederholten. Thea versuchte – was ihr wirklich schwerfallen musste – ein paar Strohhalme aus den Borsten zu ziehen, damit Fritz einigermaßen anständig vor Oma aussah. Interessiert verfolgte ich den stummen Familienrat.

Nun muss ich vielleicht erklären, dass Fritz tatsächlich nicht wie ein normales Bauernhoftier gehalten wurde.

Walter verbrachte die Ferien öfter im Nachbardorf, auf dem Hof von Onkel Hagen, Opas Bruder. Eine der Muttersauen dort hatte einst mehr Ferkel geworfen, als sie säugen konnte, und wie es im Tierreich nun einmal zugeht – das Schwächste wurde abgedrückt, damit wenigstens die anderen eine Chance hatten zu überleben. Nun drohte dieses kleine bisschen Leben elendig zugrunde zu gehen. Onkel Hagen bot Walter an, das junge Tier zu behalten, was Walter begeistert annahm. Er stach ein paar Luftlöcher in einen Schuhkarton und brachte das arme Schweinekind, das so stiefmütterlich behandelt worden war, einfach mit nach Hause.

Mit viel Liebe zog Walter sein Findelkind auf. Mehrmals am Tag gab er ihm das Nuckelfläschchen und das Ferkel gedieh prächtig. Es hatte sich gemütlich in der Küche eingerichtet, nahe beim Ofen. Ich legte Fritzchen gern in meinen Puppenwagen, die Vorderpfoten auf der Bettdecke, und fuhr ihn im Dorf spazieren. Nicht selten schlief er dabei selig ein und die seltsamen Schnarcher aus dem zierlichen Puppenwagen sorgten im Dorf für eine gewisse Heiterkeit. Später folgte Fritzchen uns wie ein Hund, wohin wir auch gingen. Als er dem Schmusealter entwachsen war, musste er in den Stall umziehen. Aus Fritzchen wurde Fritz. Er tobte gern mit uns auf dem Hof herum und diente zudem als wunderbare Waffe gegen unliebsame Feinde.

Als Walter sich einmal mit einigen der größeren Jungen aus dem Dorf überworfen hatte, kam er schreiend auf den Hof gerannt. Dicht gefolgt von einem grölenden Pulk von Bengeln. In seiner Not öffnete Walter die Stalltür und heraus kam ein ausgewachsenes Schwein gestürmt, glücklich über die unerwartete Freiheit. Laut grunzend fegte es über den Platz, sah die Horde auf den Hof eilen, freute sich über noch mehr Spielgefährten und raste auf die grölende Meute zu. Augenblicklich ergriffen die Bengel die Flucht. Fritz, ein wenig enttäuscht angesichts der plötzlichen Leere auf dem Hof, trabte umher, entdeckte in einer Ecke meinen Puppenwagen und ließ sich in Erinnerung an glückliche Zeiten hineinplumpsen. Laut knirschend brach das Korbgeflecht in sich zusammen und blieb als klägliches buntes Häufchen zurück.

So kam es, dass Fritz einfach nicht als Schlachttier angesehen werden konnte. Vielleicht ein wenig zu schwer für ein kuscheliges Haustier, aber als Spielkamerad war er uns allemal ans Herz gewachsen.

Dem allgemeinen Schweigen, unterbrochen nur durch einige Grunzlaute von Fritz, konnte Oma entnehmen, dass ihre traditionellen Ansichten über das Landleben hier auf nicht sehr fruchtbaren Boden fielen. Als sie von Neuem ansetzte, über Wurstvorräte zu räsonieren, taten Opa und Vater so, als müssten sie sich dringendst über eine Holzlatte austauschen, die an irgendeiner Stellwand lose hing. Mutter murmelte etwas von einer Einkaufsliste, die sie unbedingt in der Küche schreiben müsse, Walter stahl sich davon wie auf dem Kriegspfad und lockte Fritz in den Stall. Thea erinnerte sich urplötzlich an eine vergessene Hausaufgabe. Mit einem Mal standen Oma und ich alleine da. Aus der Ferne vernahmen wir ein vorsichtiges Grunzen, das Walter mit einem zischenden „Scht! Leise!" zu übertönen versuchte.

Als ich in Omas Augen sah, bemerkte ich kleine Lachfältchen. Wie feines zerknittertes Seidenpapier bedeckten sie ihr Antlitz. Um ihren Mund zuckte es. Ganz leicht. Sie brummelte was von *schönen Sitten auf dem Lande* und dass ein Schwein es tatsächlich geschafft habe, uralte Rituale einfach über den Haufen zu werfen. Dafür wolle sie schauen, ob sie dem Fritz etwas von ihren Kartoffelschalen in die Kuhle werfen könne. Er verdiene wahrhaftig eine Belohnung. Was bei uns einer ganzen blökenden braunen Partei nicht gelänge, Fritz schaffe das. Und dann raffte sie ihr Tuch fester um die Schultern und schlurfte von dannen.

Nach einer Weile stellte ich fest: Ich war hier ganz allein. Meine bevorstehende Einschulung mit all den dazugehörigen Ritualen wurde von einem Schwein dirigiert.

Das Beste für die Kinder

Als ich die Küche betrat, faltete Mutter ihre Einkaufsliste zusammen und schob sie in die Geldbörse.

„Komm, Hanna, auf zu Gerda und Günther. Wir schauen mal, ob wir ein paar Fleischstücke ergattern können. Eine kräftige Suppe mit Einlage tut's doch auch. Außerdem hat Oma schon dermaßen viel gebacken, damit könnten wir gleich noch das nächste Fest ausrichten. Bei uns wird keiner verhungern."

So nahmen wir die Fahrräder und radelten hinunter ins Dorf. An jeder Ecke trafen wir jemanden; wir hielten kurz an, begrüßten die Leute, wechselten ein paar Worte, fragten nach dem persönlichen Befinden. Mägde und Burschen gingen mit großen Rechen zur Feldarbeit, Pferde zogen rumpelnde offene Wagen hinter sich her, alles schien auf den Beinen zu sein. Mal eben schnell ins Dorf – das war praktisch unmöglich. Vater meinte einmal, das sei wie Zeitung lesen; wenn man nach gefühlten Stunden später wieder nach Hause komme, wisse man über alles Bescheid. Politik, Wirtschaft, Sport und Kulturelles sowie ein wenig Klatsch und Tratsch – alles werde einem unterwegs mitgegeben. So durfte ich an diesem Tag schon im Voraus Glückwünsche für meine bevorstehende Einschulung entgegennehmen und musste viele Hände schütteln.

Als wir endlich vor Günthers Tür standen, an der eine silberne Glocke hing, sprang das große Schild uns förmlich an. Wie ein Mahmmal prangte es auf Augenhöhe.

Trittst Du hier als Deutscher ein/Soll Dein Gruß Heil Hitler sein!

Mutters Miene versteinerte. Für einen Moment blieb sie an der Tür stehen und hielt den Knauf fest umklammert, dann stieß sie sie auf und rief beherzt ein „Gottes Segen sei mit euch!" in den Raum.

„Nanu, Anna, warste in der Beichte?", erwiderte die dralle Gerda erstaunt. Sie wog gerade zwei große Fleischstücke ab, legte noch ein Teilchen dazu, packte alles in eine große Schüssel und wischte sich die Hände an der Schürze ab.

„Nein, aber ich hoffe, dass ich als Deutsche noch an Gott glauben darf. Oder hat der Führer was dagegen?"
Stille.
Gerda sah vorsichtig zu dem Schild und stellte die große Schüssel hinter eine Glaswand.
„Na, das hat ja der Führer nun nicht verboten."
Sie verstummte und sah Mutter an, die ihren Blick erwiderte. Sie waren zusammen zur Schule gegangen, kannten sich von Kindesbeinen an. Es lag eine gewisse Vertrautheit in der Luft.
„Günther ist gerade unten beim Wurst-Machen. Komm, wir gehen ein bisschen an die frische Luft. Oder habt ihr es eilig?"
Mutter schüttelte den Kopf. Wir waren ja erst seit einer Stunde unterwegs, was machte da eine weitere halbe Stunde schon aus? Wir setzten uns draußen auf eine Bank, die seitlich am Haus stand. So konnte Gerda, wenn Kundschaft auftauchte, schnell in den Laden zurück.
Sie schaute sich kurz um, dann nahm sie eine Packung Zigaretten aus der Kitteltasche und bot auch Mutter eine an. „Juno" konnte ich entziffern. Es war selten, aber ab und an rauchte Mutter und so nahm sie die Verführung auch jetzt dankbar an. Gerda zog eine Schachtel Zündhölzer hervor und kurz darauf knisterte eine kleine Flamme und legte sich schmatzend um das Ende der Zigarette. Dann inhalierten die beiden, als ginge es um ihr Leben, lehnten sich zurück und starrten dem Rauch hinterher.
„Das soll der Günther bloß nicht sehen. Der meint ja neuerdings, dass deutsche Frauen nicht rauchen sollen. Zumindest nicht in der Öffentlichkeit. Aber", hier lachte sie, „das ist mein Grundstück, meine Bank, also bin ich nicht in der Öffentlichkeit, sondern klebe an meiner eigenen Wand! Na und wenn schon – was soll's?"
Nachdenklich betrachtete sie die Glut ihrer Zigarette. Beide Frauen rauchten schweigend; ich beobachtete, wie der

Rauch sich langsam in den blauen Himmel schraubte und sich schließlich auflöste.

„Wenn das der Führer sähe ...", kicherte meine Mutter wie ein kleines Gör.

„Und der sieht alles, Anna", kam es ernsthaft von Gerda.

„Das sage ich dir. Ich versuche einfach, mich ein bisschen zu verstecken, verstehst du? Tauch unter in dem ganzen Quatsch und du bist nicht mehr zu erkennen. War das nicht schon immer so?"

„Ihr seid in der Partei, Gerda. Das ist mehr als nur ein bisschen Versteckspielen in der hysterisch gewordenen Masse!", erwiderte Mutter wirsch.

Nun schwieg Gerda.

„Was ist schon dabei, sich auf einem Stück Papier registrieren zu lassen?", murmelte sie schließlich und zuckte die Achseln. „Mit unserem Geschäft standen wir doch sofort unter Beobachtung. Und Günther glaubt wirklich, dass er jetzt mehr Ansehen genießt. Er bekleidet einen Posten und ich wollte, dass unsere Kinder geschützt sind."

„In der HJ geschützt? Dort werden die Bengel und Mädel doch nur der Partei untergeordnet, siehst du das denn nicht, Gerda? Ich steh jetzt da und muss zusehen, wie mein Sohn leidet, weil er nicht dazugehört. Traudel denkt, es kann Peter und ihm nicht schaden! Für sie würde es eine Sorge weniger bedeuten, denn Peter wäre ihrer Ansicht nach dort noch anders versorgt als bei uns. All diese Verführungen! Ich weiß nur, dass wir da nicht mithalten können! Dein Siegfried glaubt doch auch schon, ein Held zu sein."

„Und, Anna, darf er das nicht? Was war er vorher? Der kleine schmächtige Junge mit den roten Haaren und den abstehenden Ohren. Ein Junge, der seinem Vater nie genügt hat. Ein Sohn, der sich, wenn er beim Schlachten zusehen musste, übergeben hat, der Albträume bekam, weil er das elende Gequieke der abgestochenen Schweine nicht aus dem

Kopf bekam. Er, der älteste Sohn eines Metzgers, der dafür bestimmt ist, eines Tages alles hier zu übernehmen."

Sie hielt inne. Ich konnte Siegfried in diesem Augenblick so gut verstehen.

„Anna, dieser Bengel ist mir vor die Hunde gegangen. Ich habe so gebettelt, dass er später nicht Metzger wird, damit er jetzt nicht mehr dabei sein muss, wenn der Schlachter sein blutiges Werk verrichtet ... aber Günther blieb hart. Erst als einer aus dem Nachbardorf vor der Tür stand und uns von den Möglichkeiten bei der HJ erzählte, konnte ich ihn davon überzeugen, dass Siegfried hier vielleicht eine Möglichkeit bekommt, sich anders zu behaupten. Siegfried hat alle Mutproben sofort bestanden. Er ist viel sportlicher, als wir je geahnt haben. Wir haben nie die Zeit gehabt, auf diese Dinge zu achten. Wie auch? Wer von uns kann sich denn wirklich um die Kinder mit ihren Sorgen und Träumen kümmern? Wir sind auf dem Land. Hier zählt nur, dass du am Abend deine Arbeit geschafft hast, damit du am Morgen wieder von vorn beginnen kannst. Mein Sohn hat in der HJ bewiesen, dass er unglaublich zäh ist. Und er geht auf in dieser Gemeinschaft, in der er seinen festen Platz gefunden hat. Die anderen Jungs haben ihn doch nie ernst genommen. Auch dein Walter nicht."

Mutter schwieg. Ich sah förmlich, wie sich, schweren Steinen gleich, düstere Gedanken durch ihren Kopf wälzten, wie sie hin- und hergerissen war zwischen dem, was sie gehört hatte, und ihren politischen Ansichten.

„‚*Des Mannes größte Ehre liegt im Tode vor dem Feinde seines Volkes. Gott ist der Kampf, und der Kampf unser Blut, und darum sind wir geboren.*' – Gerda, was bitte sind das für Texte, die unsere Kinder da singen? Das sind doch Gedanken der SS und SA! Das sind Worte, die erwachsene Männer aussprechen. Die aber wissen, welche Gesinnung sie damit vertreten. Das ist doch ganz dicker brauner Sumpf!"

Mutter schien ratlos.

„Anna, man muss nicht gleich Nazi sein, um das Beste für seine Kinder zu wollen. Sieglinde und Elfriede werden natürlich auch dem BDM beitreten, sobald sie alt genug sind. Elfriede kommt jetzt zu den Jungmädeln und ist schon mächtig stolz. In meinen Augen bekommen meine Töchter hier Möglichkeiten, die wir ihnen gar nicht bieten können. Ich habe eine Parteinummer, ja, aber damit habe ich auch meine Ruhe. Und lass sie doch die Uniform tragen! Für viele bedeutet das tatsächlich, endlich mal guten Stoff auf der Haut zu fühlen. So vielen Kindern hilft diese Uniform, ihre Armut nicht ständig sichtbar auf dem Leib zu tragen. Die Uniform verwischt mit einem Schlag alle äußeren Unterschiede, auch zwischen Arm und Wohlhabend. Das gilt übrigens auch für uns Erwachsene."

Eine Biene summte vorbei und landete im Busch auf einer Blüte, die satt und gelb vor uns hin und her wippte.

„Und Walter?", fragte Gerda leise.

Mutter seufzte, schüttelte müde den Kopf.

„Wir haben ihn angemeldet. Peter auch. Ich habe das Gefühl, mein eigenes Kind verraten zu haben. Verraten an eine Zukunft, die nichts Gutes verheißt!"

Sie drückte die Zigarette mit dem Absatz aus. Unbeholfen hob sie den Stummel auf, sah sich suchend um. Gerda lächelte. Dann gingen die beiden hinters Haus und vergruben ihre verräterischen Hinterlassenschaften in der Erde.

Wieder hinter der Theke, packte Gerda ganz geschäftsmäßig das Fleisch für uns zusammen und legte noch ein paar kleine Stücke extra dazu.

„Damit sich auch ja keiner aus Hunger an Fritz vergreifen muss!", sprach sie lachend, nachdem sie sich mit großem Erstaunen angehört hatte, warum wir nicht selber schlachten wollten.

Einschulung

Endlich der ersehnte Tag! Endlich die ersten Schritte in die große Welt hinaus. Schon früh am Morgen kitzelten mich warme Sonnenstrahlen, tanzten ihre kleinen Pirouetten auf meiner Haut. Walter und Thea schliefen noch. Für diesen Samstag hatten sie schulfrei bekommen, damit wir Erstklässler gebührend aufgenommen werden konnten. So genoss ich im Stillen, wie das Dorf langsam zum Leben erwachte. Gockel, unser Hahn, schmetterte seinen Morgengruß. Eine Amsel hatte sich in unserer Linde eingenistet und trällerte ihr Lied. Das Klappern von Hof- und Stalltüren und andere wohlige, vertraute Geräusche trugen mich in mein neues Leben. Gemurmel aus der Küche, vermischt mit dem Duft von frisch Gebackenem und Kaffee, lockte mich aus den Federn.

Leise stand ich auf, bemerkte die neue Wäsche, die ordentlich gefaltet über der Stuhllehne hing. Ein hellblaues Kleid, dazu eine helle Schürze, frisch gestärkt, und das Schönste überhaupt – die neuen Schuhe, die Großmutter Rotraud mitgebracht hatte. Sie war schon am Vorabend angekommen mit ihrem froschgrünen Auto, das immer wieder für großes Staunen sorgte. Die Frau aus der Stadt, immer nach der neuesten Mode gekleidet. Und wenn sie dann noch mit dem Automobil durchs Dorf fuhr, hüpften Kinder den Weg entlang, ließen sich ein Stück mitziehen und ergatterten ein paar von den Süßigkeiten, die sie lachend verteilte. Und nun gehörten mir diese neuen, aus ganz weichem Leder gemachten, schicken Schuhe, vorn mit einem silbernen Riemchen.

Als ich vor dem Stuhl stand und die Sachen bewunderte, sprangen Walter und Thea aus den Betten und schrien: „Unsere Guschel feiert ihren großen Tag!"

Und aus einer Kommode zauberte Walter ein kleines geschnitztes Pony hervor und Thea ein Haarband, aus bunten Bändern geflochten. Sie drapierten ihre Gaben auf meinem

Kopfkissen und ich war glücklich, von nun an etwas mit meinen Geschwistern teilen zu dürfen. Jeden Morgen würde ich mit beiden zur Schule gehen und nicht mehr sehnsüchtig am Fenster stehen und hinterherschauen.

Wir zogen uns hastig an, wobei Thea darauf bestand, mir noch das bunte Band sorgfältig in eine Haarsträhne zu flechten. Ich platzte vor Neugier, welche Überraschungen ich an diesem Tag noch erwarten durfte.

Oma und Opa saßen schon am Tisch, schnitten das frisch gebackene Brot in Scheiben. Großmutter Rotraud flanierte auf und ab, gestikulierte wild und erzählte den neuesten Tratsch aus der Stadt, wobei sie einen intensiven Maiglöckchenduft verströmte. Peter half Vater beim Auftragen von Ei und Schinken; wie immer war die Küche der Mittelpunkt unseres Lebens. Mutter und Traudel banden noch meine Schultüte zusammen, dann wurde sie feierlich auf meinen Platz gestellt. Vater hob mich hoch, alle klatschten und ich sah in strahlende Gesichter. Für diesen besonderen Augenblick keine ernste Miene, keine seelenlose Stimme aus dem Radio.

Schon länger war der Apparat verstummt und eine Art Normalität zog wieder in unseren gewohnt-vertrauten Alltag ein. Meistens erfuhren meine Eltern die neuesten Nachrichten im Dorf und auf dem Feld, und wie schon im Vorjahr halfen die anfallenden Arbeiten, die Politik immer mal wieder einfach beiseitezudrängen. Es war nicht so, dass sie keine Rolle spielte, sie bekam nur nicht immer den Raum, um uns permanent zu beeinflussen.

Es hatte einen allgemeinen Aufruf gegeben, an diesem Tag keine Schultüten zur öffentlichen Zeremonie mitzunehmen. Nach wie vor waren zu viele Väter arbeitslos und somit nicht in der Lage, ihren Kindern den Luxus einer prall gefüllten Schultüte zu ermöglichen. Es gab Eltern, denen gruben sich die Sorgen und Ängste tief ins Gesicht, und selbst die Kinder wiesen keinen Glanz in ihren Augen auf. Eine süße Tüte war selbst in ihren schillerndsten Träumen nicht drin; die Mütter konnten die zerschlissene Schürze ein wenig flicken, die Hose notdürftig ausbessern, mehr aber auch nicht. Sie mussten froh sein, wenn sie ihre Familie mit ausreichend Brot, Kartoffeln und Rüben versorgen konnten; Fleisch war von vielen Speiseplänen gänzlich gestrichen – es sei denn, der Bauer besaß die Möglichkeit, das bisschen Vieh auf seinem Hof von Zeit zu Zeit selbst zu schlachten. Aus diesem Grunde sollten diejenigen, die sich den Luxus einer Schultüte erlauben konnten, diese ihren Kindern zu Hause überreichen; diejenigen, die notgedrungen leer ausgingen, sollten nicht gleich am ersten Schultag traurig sein und zu spüren bekommen, wie sehr diese Gesellschaft noch in Arm und Reich aufgeteilt war. So sollten verheerende Zustände kaschiert werden, die die Politik trotz all der neuen Verordnungen noch nicht verbessern konnte.

Meine Tüte war gefüllt mit allerlei Dingen, die ich für die Schule brauchte: Lineal, Schiefertafel, ein Schwammdöschen und ein Holzkästchen mit kratzenden, quietschenden grauen Griffeln.

Von der Kreide bis hin zum Radiergummi und allerlei Stiften und den neuen bunten Lakritz-Produkten, die Großmutter Rotraud aus der Stadt mitgebracht hatte, war alles dabei. *HARIBO macht Kinder froh.* Die neue Werbung, die seit dem vergangenen Sommer für uns Kinder überall in Neisse zu lesen war, verhieß puren Luxus. Mit strahlendem Gesicht ließen wir die süße Lakritze gemischt mit Brot, Schinken und Kakao auf der Zunge zergehen. Danach der allgemeine Aufbruch. Stolz trug ich den neuen Lederranzen, aus dem der Tafellappen baumelte.

Herr Gebauer wartete mit einem zufriedenen Lächeln vor dem gelben Gebäude. Sein Stoppelhaarschnitt und der goldgerahmte Kneifer auf der Nase verliehen ihm ein seriöses Aussehen.

Neben ihm standen das Fräulein Wander, die immer ein luftiges Kleid trug, und der ganz alte Paul, der früher hier Schulleiter gewesen war und den Posten aus Altersgründen an Herrn Gebauer abgetreten hatte. Diese drei würden uns durch die folgenden acht Jahre begleiten. Danach sollte sich entscheiden, wer auf die höhere Schule durfte, die im nächsten Ort lag. Für viele hieß es aber nach den acht Jahren vorbei mit den Kindertagen. Aus Kostengründen gingen die meisten in die Lehre, begannen eine Ausbildung oder arbeiteten auf dem Hof der Eltern mit.

Herr Gebauer begrüßte jedes neue Schulkind, für jeden von uns gab es ein paar aufmunternde und kluge Worte, er schüttelte viele Hände und rief schließlich alle hinein. Der große Augenblick war gekommen. Ehrfürchtig saßen wir in den kleinen Schulbänken mit Klapppult und bekleckstem Tintenfass. Wie viele Kinderhände hinterließen hier ihre Spuren? Wie viele Träume, ja, wie viele Tränen hatte dieser Raum in sich aufgenommen und hielt diese Geschehnisse nun schweigend verborgen?

Der erwartungsvolle Blick ging zur Tafel, auf der „Herzlich Willkommen" zu lesen war. Wie ein bunter Frühlingsstrauß sahen wir Kinder in unseren luftigen Kleidern aus, fast jeden Schopf zierten Blumen oder bunte Bänder. Nachdem eine feierliche Ansprache gehalten und die Klasse mit Segenssprüchen eingeweiht worden war, stoben wir hinaus auf die Storchenwiese. Mütter drapierten stolz ihre Kuchen auf großen Decken, dazu gab es Kaffee und Zuckerwasser. So kamen auch die ärmeren Kinder in den Genuss von Süßem, denn hier und heute musste sich keiner ausgegrenzt fühlen.

Am Nachmittag kam noch meine restliche Verwandtschaft aus den umliegenden Dörfern vorbei. Wir feierten bei uns im Garten weiter. Auch die Freunde und Bekannten meiner Eltern gesellten sich dazu und jeder hatte ein paar gute Worte für mich und legte kleine Gaben auf den Tisch.

Ein wundervoller Tag ging zur Neige. Ein Tag, an dem keine Gestalten aus dem finsteren Wald auftauchten und uns in die Irre leiten wollten. Niemand war in Uniform erschienen und keiner wagte es, das Kruzifix zu kommentieren, das nach wie vor anstelle des Führerbildes im Klassenzimmer hing. Heute denke ich, die feierlichen Tage vor Ostern mit den heiligen Messen und Segenssprüchen für das Gelingen der Ernte stärkten noch einmal den Glauben an Gott; daran wollte keiner rühren.

Auch wenn manche Mutter froh war, ihr Kind nun am Vormittag in der Schule zu wissen, saßen nicht wenige mit einem melancholischen Ausdruck in den Augen auf der blühenden Wiese. Ein Stück unbeschwerter Kindheit ward hier abgegeben.

Genau besehen waren wir mit unseren sechs und sieben Jahren doch noch sehr kleine Menschlein, die von nun an einen neuen Lebensweg beschritten, an dem die Mütter nicht mehr so sehr teilhaben sollten. Und nicht nur die Schule. Später würden eben auch die Ideen und Veranstaltungen der HJ einen großen Raum im Leben der jungen Menschen einnehmen.

Das war überall Thema: diese neue Gemeinschaft, fernab der Familie, die ganz subtil die Kinder manipulierte, sie hintrieb zu einem Kollektiv, das irgendwann blind und gehorsam dem Willen eines einzelnen Mannes folgen würde. Für viele hieß das, in einen viel zu frühen Tod zu gehen. Anderen bescherte diese Vereinnahmung Bilder und Erinnerungen, die sich für den Rest des Lebens tief ins Innere einbrannten wie ein glühendes Mal. Und für den Rest des Lebens konnte man nur schamhaft die Hände vors Gesicht halten, um nicht dem bohrenden Blick der Nachkriegsgenerationen ausgeliefert zu sein. Das, was so viele als Kind treu in ihrem Herzen bewahren wollten, verwandelte sich, als sie erwachsen waren, in Schuld und Schande.

Aber welcher wäre der passende Moment gewesen, den nächsten Schritt nicht mitzugehen? Was wäre der richtige Augenblick gewesen, die Stimme zu erheben? Und wann wäre der richtige Zeitpunkt gewesen, Augen und Ohren zu öffnen und zu erkennen, was da mit einem geschah? Die äußeren Zeichen, sie waren doch allgegenwärtig!

Das junge Gelöbnis

Dieser fremdartige Wäschestapel ...

... so ordentlich gefaltet dort auf dem Küchentisch bedeutete für den einen das größte Glück einer heldenhaften Zukunft in der neu propagierten Volksgemeinschaft, für die andere den Inbegriff von Terror und Unterdrückung. Während Walter in Unterwäsche durch den Raum raste, zurück in die Kammer, um seinen Kamm zu suchen, und wieder zurück, schrie er unentwegt zu Peter hinauf in den ersten Stock. Mutter saß stumm vor den neuen Kleidungsstücken, die Siegfried feierlich vorbeigebracht hatte. Von Gerda war noch ein bisschen Wurst eingewickelt und dazugelegt worden, versehen mit einer kleinen Notiz. Mutter las diese, seufzte auf und setzte sich; unentwegt starrte sie die Wäsche angewidert an. Es war der Tag vor Hitlers Geburtstag. An diesem Abend stand die feierliche Aufnahme der Jungen und Mädchen in das Jungvolk der HJ bevor. Sie sollte im Bürgerhaus begangen werden.

Als Walter zurückkam, blieb er wie angewurzelt vor Mutter stehen.

„Muttel, bitte nicht traurig sein! Du wirst sehen, du kannst eines Tages stolz sein auf mich. Bitte sei mir wieder gut!"

Verzweifelt schlang er die Arme um sie. Sie bemühte sich, sie versuchte wirklich, ihrem Sohn, dem all dies so viel bedeutete, wenigstens ein kleines Lächeln zu schenken.

„Bleib nur ehrlich mit dir selber! Du musst immer wissen, was gut und recht ist, und Unrecht darfst du nie zulassen, hörst du, Walter? Versprich mir, dass du ein wacher Junge bleibst und dich nie schikanieren lässt!"
„Das versprech ich dir. Aber jetzt will ich mich anziehen, sonst kommen wir noch zu spät!"
Dieses Versprechen sollte ihn das Leben kosten.
Teil für Teil nahm er andächtig in die Hände. Jeder Knopf des weiß paspelierten Hemdes mit den schwarzen Kanten wurde zugeknöpft; eine Sorgfalt, die ich bei meinem Bruder noch nie erlebt hatte. Am linken Ärmel die Armbinde mit dem Runenzeichen. Das Braunhemd, so hatte Siegfried fachmännisch erklärt, durfte Walter erst nach der bestandenen Pimpfenprobe tragen. Die würde am folgenden Samstag stattfinden. Über sein Hemd kam noch das schwarze Krawattentuch, das mein Bruder mit großem Ernst band. Vater hatte es ihm beigebracht und nun war Walter stolz, niemanden mehr um Hilfe bitten zu müssen. Behände schlüpfte er in die kurze schwarze Hose und als er das blank gewienerte Koppel schloss, da funkelte es: das Emblem mit dem Hakenkreuz.

Während er sich anzog, murmelte er immer wieder die heiligen Worte für die Aufnahme:

„Jungvolkjungen sind hart
schweigsam und treu
Jungvolkjungen sind Kameraden
Der Jungvolkjungen Höchstes ist die Ehre."

Mutter stieß vernehmlich ihren Atem aus und schickte sich an, den Kakao herzurichten. Wir hörten die Treppenstufen knarren; Traudel und Peter kamen herunter und unsere Küche füllte sich mit Lärmen und Rufen. Walter zog die weißen Strümpfe an, die auf seinen gebräunten Beinen schimmerten wie frischer Schnee. Schnell schlüpfte er in die schwarzen Schuhe. Die hatte er am Vorabend geputzt, bis sie wie nasser Lack glänzten. Opa stand daneben, starrte stumm auf den Bengel und spielte hilflos mit seiner Pfeife. Erst als Mutter ihm einen Schnaps brachte, konnte er einigermaßen normal in die Welt sehen. Sogleich begann er mit Walter zu schimpfen, dass er bei diesem braunen Pack mitmachen wolle, aber Walter lachte nur auf.

„Ach, Opa, wenn du wüsstest! Ich will Boxer werden und ich werde tüchtig trainieren und du wirst sehen: Eines Tages steh ich im Ring und dann – ja – dann werde ich der Größte sein!"

Darauf trank Opa einen weiteren Schnaps und fing dann an mit Mutter zu schimpfen, weil sie ihrem Sohn erlaubte, der HJ beizutreten.

Auch Peter trug die Kluft. Und so standen sie da, zwei kleine Helden, die sich ungeheuer wichtig vorkamen. Erst am Vortag waren sie zu Gustav gerannt, um sich die Haare schneiden zu lassen. Das halbe Dorf war bei ihm gewesen. Alle Jungen standen Schlange und ließen sich die zotteligen Haare stutzen und Gustav konnte wieder eine Menge Puppen mit neuen Haaren ausstatten. So manche blonde Locke fiel da nach einem kurzen *Klack-klack* zu Boden und setzte dem Kapitel „Unbeschwerte Kindheit" ein Ende. Nun zierten streichholzkurze Haare die Köpfe. So geschniegelt und akkurat gekleidet – da kam mir mein Bruder schon seltsam fremd vor.

Anders als bei meiner Einschulung verlief dieser Gang hinunter ins Dorf eher still und bedrückend. Die stumme Gesellschaft war von einer seltsamen Düsternis umweht, als wollten wir zu einer Beerdigung. Wortlos schritten die Erwachsenen hinter uns Kindern her. Normalerweise war es genau umgekehrt. Nun trotteten die Großen hinter den Kleinen her, die damit den Weg in eine unbekannte Zukunft vorgaben. Oma schnäuzte sich immer wieder, Opa nuckelte mehr denn je an seiner

Pfeife, Mutter und Traudel gingen mit gesenktem Blick dahin und sahen all die blauen Blumen nicht, die überall aus den Gräsern hervorleuchteten und ihnen zunickten. Vater stierte vor sich hin, begrüßte verdrossen den einen oder anderen Nachbarn. Von überall her strömten sie herbei, die Pimpfe und Jungmädel, aber auch die älteren, die schon Hitlerjunge werden oder in den Bund Deutscher Mädel eintreten durften. Mit den vielen so seltsam verkleideten Kindern sah es aus, als würde eine neue Art Mensch unser Dorf bevölkern.

Heute kann ich nur zu gut verstehen, wie verzweifelt meine Eltern damals gewesen sein müssen. Sie, die sich innerlich gegen den von ihnen so bezeichneten „braunen Sumpf" auflehnten und diese Entrüstung auch offen nach außen trugen, waren an einen Punkt gelangt, an dem sie sich, und vor allem ihre Kinder, dem totalitären System nicht mehr entziehen konnten. Um ihre Familie in dieser engen Dorfgemeinschaft zu schützen, sahen sie sich gezwungen, zu schweigen und zu dulden. In der stillen Hoffnung, dass das Ganze für die Kinder wirklich nur eine verordnete Aktivität bedeutete, bei der sie mit Sportprogramm und Zeltwanderungen neben Feldarbeit und Schule ein wenig ihrer Abenteuerlust frönen konnten. So viele Jungen und Mädchen suchten einen Ort, an dem sie Gleichgesinnte treffen und aufregende Dinge unternehmen konnten; fern der Familie, fern der Reglementierung durch Erwachsene. Hier wurde ihnen eine Tür in ein vermeintliches Paradies aufgestoßen und freudig drängten sie hinein, nicht wissend, was genau dieser Platz ihnen eines Tages bringen würde.

Da nicht nur die Zehn- und Vierzehnjährigen, sondern auch viele jüngere Kinder an diesem Abend den Untergruppen der HJ beitraten, platzte das Bürgerhaus aus allen Nähten. In Theas Augen sah ich Sehnsucht glänzen, als sie ihre Klassenkameradinnen, die wie sie neun Jahre alt waren, in Uniform herumlaufen sah. Sie waren die *Kükenschar*, eine Vorgruppe der Jungmädel. Doch das konnte und wollte sie nicht übers Herz bringen, ihrer Mutter diesen Schmerz zuzufügen, dass gleich zwei ihrer Kinder in der HJ mitmachten. Deshalb verkniff sie sich diesen Wunsch und sah nun traurig mit an, wie ihre Freundinnen sich stolz auf der Bühne aufstellten. Sie musste notgedrungen ein weiteres Jahr warten. Dann, das hatte Mutter ihr versprechen müssen, dann würde auch sie die Uniform der HJ tragen dürfen.

Normalerweise wurden die Aufnahmefeiern von Pimpfen und HJlern strikt getrennt. In diesem kleinen Dorf aber sparte man sich den Aufwand und vereidigte gleich alle miteinander. Deswegen die Fülle an glänzenden Augen, frisch geschrubbten Gesichtern, akkurat geschnittenen Haaren und geflochtenen Zöpfen. Es roch förmlich nach properen Kindern. Unschuldig und frei von Vorurteilen blickten sie in eine Welt, die sie sich eines Tages auf so grausame Weise einverleiben sollte.

All diese jungen Geschöpfe in Uniform! Ein wenig erinnerten sie Mutter an Walters Zinnsoldaten, so aufgestellt, so gleichförmig, eine Masse Mensch, keine Individuen mehr, wie sie später dann in ihrem Tagebuch notierte.

Edda dirigierte eifrig jeden an seinen Platz. Die Eltern durften die gesamte Zeremonie von den Zuschauerreihen aus mitverfolgen. Mutter musste aushalten und zuschauen, wie die Kinder in eine neue Gesellschaftsstruktur hineinzementiert wurden, die sie selbst so nie kennengelernt hatte.

Seit Menschengedenken war man in die traditionelle Dorfgemeinschaft hineingeboren und darin aufgewachsen, hatte sich hier oder im Nachbarort verheiratet und würde aller Voraussicht nach eines Tages in dieser Heimaterde beerdigt werden. Nun geschah mit den Kindern etwas, das eine unsichere Zukunft verhieß; zum ersten Mal wusste niemand, wohin das Ganze führte.

Indessen folgten alle brav, ließen sich an den ihnen zugewiesenen Plätzen aufstellen.

„Wie sie da so aufgereiht stehen, so nah und doch schon so weit weg von uns." Mutters Stimme zitterte und ich sah Tränen in ihren Augen schimmern.

Dann begann die Feier. Es wurde gesungen: *„Ein junges Volk steht zum Sturm bereit!"* Diesen Text hatte man zuvor wochenlang aus allen Häusern vernommen, gesungen von hellen Kinderstimmen. Und nun schwoll dieser „Engelschor" mit großer Inbrunst über unsere Köpfe hinweg. Ich war überwältigt. Eine gewaltige Kraft ging von den Jungen und Mädchen aus und ich bekam mit, dass viele Erwachsene seltsam verklärt nach oben zur Bühne sahen. Erstaunen und ein beglücktes Lächeln schimmerten neben so mancher Träne auf den Gesichtern. Ihre Kinder da oben waren plötzlich gottgleich, so erhaben, so rein!

Dann schritt Willi an den Kindern vorbei und stellte unter andachtsvollem Schweigen das Radio an. Dieses Gerät unterschied sich deutlich von dem, das bei uns in der Küche stand. Dieser Apparat wurde DAF 1011 genannt, der Deutsche Arbeitsfront-Empfänger. Er war für den Gemeinschaftsempfang konzipiert und sollte besonders großen Veranstaltungen wie dieser dienen.

Es folgte die feierliche Übertragung der Rede des Reichsjugendführers Baldur von Schirach. In ganz Deutschland standen in diesem Augenblick, wie hier, Hunderte, Tausende und Abertausende von Jungen und Mädchen und bekamen ihre neue Rolle in dem Märchen zugewiesen.

„Wer in dieser Jugend krank wird, hat Recht und Anspruch auf die Hilfe der Gemeinschaft, denn ebenso wie er der Gemeinschaft gehört, gehört die Gemeinschaft ihm. Die HJ kennt nicht den Stachel des Besitzes. Geld hat in ihrer Gemeinschaft nicht den Wert, den es anderswo hat. Da es keine Einrichtungen der HJ gibt, die nicht allen Kameraden gleichmäßig offen stünde, sei es nun Lager, Heim oder Fahrt, ist es gleichgültig, ob der Hitlerjunge 3 Mark in der Tasche hat oder nichts.

Auch der Sohn des Millionärs hat keine andere Tracht als der Sohn des Arbeitslosen. Beide tragen das Kleid der Kameradschaft. In ganz Deutschland gibt es keinen kostbareren und für einen Träger ehrenvolleren Anzug als das Braunhemd der HJ. Das weiß jeder Hitlerjunge, genau so wie jedes Hitlermädel, dem die Tracht dasselbe bedeutet."

Während alles der Stimme aus dem Radio lauschte, sah ich mich verstohlen um.

Herbert stand in der Tür. Verzweifelte Wut überschattete sein Gesicht. Es war zwischen Traudel und ihm zu einem großen Zerwürfnis gekommen. Er wollte nicht akzeptieren, dass sie Peter dieser Gemeinschaft der NSDAP überließ; konnte nicht begreifen, dass Traudel den bequemeren Weg bevorzugte; bezeichnete sie als Mitläuferin, was sie erbost von sich wies.

Sie wolle nun einmal nicht, dass ihr Sohn an den Rand gedrängt werde – an den Rand, der eines Tages Einsamkeit und Nachteile bedeuten könnte; er solle nicht ausgeschlossen sein aus der Gemeinschaft, die auch vor den Kindern nicht Halt machte.

So hat Mutter den Streit der beiden im Tagebuch beschrieben. Traudel verspürte eine unbändige Angst, weil Peter ohne Vater aufwuchs. Sie fürchtete, dass er dadurch Mangel erfahren würde, und diese Angst bewog sie letztendlich dazu, ihm seinen heiß ersehnten Wunsch zu erfüllen. Wie viele andere glaubte auch sie, dass es sich nur um eine Art Pfadfindergruppe handelte, in der die Jungs ihre überschüssigen Kräfte austoben könnten. Und nun saß sie, eingezwängt zwischen all den anderen Eltern, im Zuschauerraum und ließ sich auf die neuen Zustände ein.

Derweil ich in verklärte Gesichter blicken durfte, sprach die seelenlose Stimme unablässig auf uns ein.

„Millionen der Jugend stehen für ihn auf. Sie vertreten nicht ihre Interessen, sondern das Wohl der Nation. Der Wille des Führers

ist in ihnen lebendig, der ihnen das Wort gab, nach dem sie sich richten: ‚Nichts für uns, alles für Deutschland.'"

Walters Gesicht leuchtete, wie ich es noch nie zuvor gesehen hatte. Einmal drehte er sich zu uns um, strahlte Mutter von oben an und legte dann mit den anderen sein Gelöbnis ab.

„Ich verspreche, in der Hitler-Jugend alle Zeit meine Pflicht zu tun in Liebe und Treue zum Führer und unserer Fahne, so wahr mir Gott helfe."

Willi ergriff das Wort und rief die junge Schar zu treuem Gehorsam auf, zur steten Bereitschaft, Führer und Volk zu dienen, und zur Kameradschaft. Durch Handschlag wurde jeder einzelne Pimpf in die Gemeinschaft aufgenommen.

Dann folgte für die Mädchen der ergreifende Augenblick, in dem ihnen das Halstuch mit Knoten umgebunden wurde. Mit hellen, aber festen Stimmen legten sie folgendes Gelöbnis ab:

„Jungmädel wollen wir sein.
Klare Augen wollen wir haben.
Und tätige Hände.
Stark und stolz wollen wir werden:
Zu gerade, um Streber oder Duckmäuser zu sein,
Zu aufrichtig, um etwas scheinen zu wollen,
Zu gläubig, um zu zagen und zu zweifeln,
Zu ehrlich, um zu schmeicheln,
Zu trotzig, um feige zu sein."

Daraufhin folgte die feierliche Aufnahme der Größeren in die HJ und den BDM. Eine ganze Generation wurde zur proklamierten Stütze eines neu erwachenden Deutschland. Teil des politischen Geschehens, das zu dem Zeitpunkt nicht erahnen ließ, welche katastrophale Richtung es in einer unglaublich nahen Zukunft nehmen würde. In jenem Moment tönten nur die salbungsvollen Gratulationen für das Geburtstagskind

Adolf Hitler zu uns herüber, aus einer anderen Welt, die immer mehr von dem beanspruchte, was über Jahrhunderte nur diesem Dorf gehört hatte. Nun musste das Urvertrauen in unsere Dorfgemeinschaft als Beute für ein gefräßiges, wildes Tier herhalten.

„Der Führer will das so!"

Die Dienste, die unsere frischgebackenen Pimpfe Walter und Peter von nun an verrichteten, lagen immer am Mittwoch- und Samstagnachmittag. Neben Heimarbeiten und Aufmärschen auf dem Marktplatz, bei denen die Erwachsenen am Rande standen, staunend und vielleicht auch ein wenig hilflos angesichts der fast militärischen Ordnung und des selbst auferlegten Drills, den sie dort mitansahen, gab es auf der Storchenwiese ein strenges Sportprogramm, dem sich kaum einer entziehen konnte. Pausenlos wurden Geländespiele organisiert. Hier galt es zum Beispiel, den Wimpel oben auf dem Hopfenberg zu erobern. Der Fähnlein-Führer, der seine Schar von Pimpfen zu erziehen hatte, versteckte sich und die Pimpfe mussten sich wie bei der Wehrmacht anpirschen und dann „das Gebiet einnehmen".

„Militärischer Drill", konterte Herbert hämisch, als Walter versuchte zu erklären, was sie denn nun genau machten, da bei der Hitler-Jugend.

Für Walter zählten die Boxstunden als Glücksmomente, in denen er sein ganzes Können unter Beweis stellen durfte. Walter war beseelt, er schwebte wie auf einer Wolke. Und ich konnte beobachten, wie die Anspannung von meinem Vater wich. Allmählich kehrte Ruhe ein und in den anderen Familien schien es ähnlich zu sein. Die Eltern wirkten erleichtert. Die Kinder waren von der Straße, übten Kameradschaft, zogen gemeinsam in die Ferienlager, sangen und musizierten.

Das Gleiche hatte man ja früher bei den Pfadfindern auch gemacht. Nur Mutter blieb schweigsam, beobachtete Walter aus den Augenwinkeln und ließ sich auf keinerlei Diskussion mehr ein, wenn es um die Verherrlichung der neuen Jugend und ihrer straff geführten Organisation ging.

Vater war eine große Last von den Schultern gefallen. Sein Sohn war nicht mehr der Träumer, der sich stundenlang im Baumhaus verkroch. Gewissenhaft versah Walter seinen Dienst, selbst in der Schule blieb er bis zum Schluss sitzen, denn er wollte um keinen Preis als Ausreißer gelten. Nichts für die Schule zu tun – und damit nichts für sein Vaterland – komme einem Landesverrat gleich, wurde den Jungen eingebläut. Die Uniform symbolisierte die Gemeinschaft, die man nicht einfach verließ. Kameradschaft stand nun an höchster Stelle. Vater glaubte felsenfest, dass dieses kollektive Miteinander Walter den nötigen Respekt vor dem Leben einflößte.

So redete man sich die Sache schön.

Die Kinderschar wurde immer kleiner; nur noch die Jüngsten sah man im Dorf herumtollen. All die anderen gingen uniformiert den neuen Weg und vor ihnen flatterte die Fahne im Wind, die sie stolz und erhaben vor sich hertrugen. Es gab kaum noch jemanden, der diese Erneuerung als negativ empfunden hätte. Und doch beklagte die eine oder andere Mutter irgendwann, dass ihr Kind sich immer häufiger eher seiner HJ-Gruppe anschloss, als bei der eigenen Familie zu sein.

Vor allen Dingen bei den größeren Mädchen wurde dieser Zustand bemängelt. Sie erfuhren im BDM das Gefühl von Souveränität. Vielleicht zum ersten Mal in ihrem Leben. In dieser Gemeinschaft bekamen sie die Möglichkeit, selbst eine Gruppe zu führen, sie bekamen eine Macht zugesprochen, die ihnen zu Hause in keinster Weise zufiel. Die kleine „Führerin" wollte nicht mehr als reine Magd und Bäuerin dienen und so waren Konflikte zu Hause vorprogrammiert. Aber im Großen und Ganzen konnten die Erwachsenen doch ein Stück von der eigenen Verantwortung abgeben. Die meisten von ihnen fanden nach wie vor kaum Zeit, sich politisch zu betätigen, und so vollzog die Ära der NSDAP einen Bruch zwischen den Generationen. Die Jugend lebte mehr nach den Idealen der Partei als so mancher Erwachsene, der hier auf dem Land mit der Monotonie eines vorgeschriebenen Rhythmus durchaus zufrieden war. Die Kinder robbten derweil in vormilitärischer Ertüchtigung eifrig durch die Wälder, kamen abends verstaubt, aber zufrieden nach Hause, lernten Lieder auswendig und rezitierten Regeln und Doktrinen der HJ.

Die ersehnte Pimpfenprobe spornte jeden an, sein Bestes zu geben. Jeder wollte seiner *Schargruppe* Ehre machen. Es galt, 60 Meter in zwölf Sekunden zurückzulegen, 2,75 Meter weit zu springen, einen Schlagball mindestens 25 Meter weit zu werfen sowie drei Klimmzüge zu meistern; zudem musste man in der Lage sein, Hitlers Lebensgeschichte auswendig herzubeten.

Walter und Peter probten ihre Texte wie für ein Bühnenstück, deklamierten in heroischem Ton Hitlers Vision, die ihn immerhin vorübergehend ins Gefängnis gebracht hatte – so sehr glaubte er an das deutsche Volk. Sie sangen *Märkische Heide* und *Siehst du im Osten das Morgenrot*. Die Fahne mit den Runen flatterte ihnen ständig voran und nicht selten standen sie am Abend mit gestrecktem Arm vor dem Radio, bis das Horst-Wessel-Lied verklungen war.

„*Die Fahnen hoch, die Reihen fest geschlossen, SA marschiert...*"

Das allerdings waren die Momente, in denen meine Mutter die Küche einfach verließ, sich in den Garten setzte, eine Zigarette aus der Kittelschürze hervorkramte und eine ganze Weile allein unter der Linde verbrachte; tief inhalierte sie den Rauch, als wär's eine bittere Medizin.

Nach wie vor fand sie, die Uniform repräsentiere den Ungeist, egal, ob bei den Kleinen oder den Großen – das alles schrieb sie haargenau mit zackigen Buchstaben ins Tagebuch. Ihre Schrift zeigt deutlich, wie groß ihr Unmut war. Viele zögen die Kluft gar nicht mehr aus, stellte sie empört fest. Nur Pfarrer Bredow blieb hart. Am Tag des Herrn duldete er die Uniform nicht. Nach wie vor wetterte er von der Kanzel herab gegen die NSDAP, doch allmählich sperrten sich einige gegen seine Meinung. Mutter notierte, er habe ziemlich viele irdische Feinde, er müsse sich von nun an hüten. Wie lange das noch gutgehen werde, wage sie nicht zu prognostizieren. Noch saßen die Kinder ehrfürchtig vor dem Mann Gottes, keiner traute sich in seiner Uniform hierher. Und dennoch, es verging kaum ein Tag, an dem sie sich den Bedingungen der HJ nicht willig unterwarfen.

Einmal im Jahr, so forderte ein Handbuch der Partei, sollte jeder gesunde deutsche Junge den harten Anforderungen des Dienstes in einem Zeltlager gerecht werden: noch mehr Bewegung, längere Ausflüge, das Nächtigen im Lager, stundenlange Geländespiele. All das bestimmte das Leben innerhalb der eingeschworenen, angeblich so intakten Gemeinschaft.

„Es ist der heilige Wille der Jugend, das sich mühen und sich vollenden lassen im Wir."

Gemäß dieser Vision wurde in der Jugend der Durst nach einer Zusammengehörigkeit geweckt – und dann innerhalb der Gruppen gestillt. In dieser so ersehnten Gemeinschaft sammelte Walter Holz, kochte über offenem Feuer Erbsensuppe, spielte Kampfspiele wie Raufeball, übte Zucht und Ordnung im großen Verband und trainierte eisern seine Boxtechnik.

„Hart wie Kruppstahl, zäh wie Leder und flink wie Windhunde", lautete die Devise der Pimpfe.

„Leibesertüchtigung" und Sport drängten die unliebsamen Fächer wie Mathematik und Latein in den Hintergrund. Sätze aus der *Germania* des Publius Cornelius Tacitus galten bald mehr als philosophische und liberale Ansichten.

„*Die Germanen selbst möchte ich für Ureinwohner halten und durchaus nicht durch die Einwanderung und den Aufenthalt anderer Völkerschaften vermischt, weil einerseits in alter Zeit nicht zu Land, sondern auf Flotten diejenigen ankamen, die ihre Wohnsitze zu verändern suchten, und dann weil das unermessliche und sozusagen widerwärtige Weltmeer jenseits nur selten von unserem Erdkreis aus zu Schiff besucht wird ...*"

Herr Gebauer beobachtete nur noch stumm, wie ihm „die jungen Pflanzen" allmählich entglitten. Seiner Meinung nach in eine völlig verkehrte Richtung wuchsen, sich von der Sonne abwendeten und fortan dem Dunkeln folgten. In einem Gespräch mit meiner Mutter konnte er seiner Angst einmal freien Lauf lassen.

„So manche Blüte sehe ich jetzt schon verkümmern, ach, was sage ich da! So viele Blüten werden sich nicht einmal in ihrer ganzen Pracht entfalten. Sie sterben ab, bevor sie überhaupt aufgegangen sind. Hitler holt sie sich genau an dem Punkt, an dem er sie nach seinem Willen formen kann. Das *wunderbare* Rezept der Braunen beinhaltet Zwang, Verführung und Gewalt, genau wie in der SA oder SS. Nur ist das Ganze hier überzogen mit einer süßen, klebrigen Schicht, die da heißt *Verlockung*. So manche Mutter bemerkt sehr wohl, wie die persönliche Bindung zu bröckeln beginnt. Selbst diese kleinen Menschen werden schon vom Regime angestiftet zu spitzeln – zum angeblichen Wohl des Volkes. Und wenn Eltern nicht überzeugte Nationalsozialisten sind, empfinden die Kinder das oft als Schwäche; die lassen ihren Unmut dann an den Jüngeren aus."

Die Schule besaß nicht mehr jene Macht wie in früherer Zeit. Im Gegenteil. Herr Gebauer musste akzeptieren, dass die Kinder morgens auf dem Schulhof erst einmal den Fahnenappell vollzogen, mit allen dazugehörigen Ritualen.

Von ihm erfuhr Mutter auch, dass sowohl in den Klassen als auch auf dem Schulhof schon Sticheleien laut wurden, dass sich die ersten Machtkämpfe abspielten. Die Idee der Partei, *Jugend wird von der Jugend erzogen*, brachte schon bei der heranwachsenden Generation ans Licht, wer sich als kleiner Führer erwies, wer als Mitläufer einfach stumpf hinterhertrottete und wer den Ansprüchen nie genügen würde. Wer auserkoren war, innerhalb dieser Erziehung das Opfer dieser Inklusion zu sein.

Die Partei gab vor, die heranwachsende Generation ernst zu nehmen, hatte ihr eine herrliche Zukunft in Aussicht gestellt und übertrug ihr Verantwortung und Macht. ‚*Die NSDAP ist die Partei der Jugend!*', so Goebbels Worte.

Doch auch das junge Volk missbrauchte diese Macht, genauso wie Erwachsene es taten. Auch hier konnte keiner Einhalt gebieten, denn die Gegenwart der Halbwüchsigen hatte nichts mehr mit der Sturm-und-Drang-Zeit der Eltern zu tun. Die deutsche Jugend im neuen Deutschland wuchs unter anderen Umständen auf. Ihre Gemeinschaft wurde dermaßen von außen geformt und zurechtgehämmert – hin zu einer militärisch gegliederten Hierarchie, wie es sie beim Volk bis dahin in der deutschen Geschichte nicht gegeben hatte.

„*Die Jugend hat ihren Staat für sich. Die Jugend steht dem Erwachsenen in einer geschlossenen Solidarität gegenüber, und dies ist selbstverständlich. Die Bindung des zehnjährigen zu seinem gleich alten Gefährten ist eine natürliche und größere als die zu den Erwachsenen.*"

So beschrieb Hitler schon 1924 in *Mein Kampf* seine Ideale für eine neue Gesellschaftsform.

Die Bücher der HJ taten ein Übriges, um uns zu infiltrieren. *Pimpf im Dienst*, *HJ im Dienst* und *Mädel im Dienst* lagen auf jedem Nachttisch. Alle deutschen Rundfunksender führten sogenannte *Stunden der jungen Nation* ein. Sie wurden von der Reichsjugendführung gestaltet und sollten bei den Heimabenden gehört werden. Baldur von Schirach hatte ganze Arbeit geleistet. Das sollte auch Walter bald zu spüren bekommen.

Auf der Storchenwiese trafen sich jedes Wochenende alle Jugendgruppen, auch die aus anderen Dörfern, zum Wettstreit. Der Druck innerhalb der Gruppen wuchs. Hier spiegelte sich im Kleinen wider, was sich schon bei den Großen tagtäglich vollzog: das Spiel um Macht, um Stärke und Niederlage bis hin zur seelischen Vernichtung, gepaart mit körperlicher Züchtigung. Mutter hielt die einzelnen Entwicklungsstufen im Tagebuch fest. Walter erzählte ganz offen, wie es in seiner Schar zuging. Nicht selten war er hin- und hergerissen zwischen der Freude, dabei sein zu können, und dem Befremden angesichts der Realitäten, die sich dort offenbarten und die so gar nicht dem entsprachen, was er unter einer intakten und kameradschaftlichen Gemeinschaft verstand.

Schon länger hatte er beobachtet, dass Jan immer wieder gezielt gequält wurde. Nie kam er bei den Wettkämpfen mit, immer sah er müde aus. Ein armer Bauernjunge, der neben all den anderen Aufgaben auch täglich auf dem Hof seiner Eltern schuften und bei der Feldarbeit helfen musste. Zudem war er zart und schmächtig und auf eine unkindliche Art blässlich. Besonders jetzt, während der Erntearbeiten konnte der kleine Jan sich so manches Mal kaum auf den Beinen halten. Seine Eltern besaßen einige Kartoffelfelder und besonders diese Ernte war eine Strapaze. Walter versuchte sich für den Jungen stark zu machen, der daraufhin aber nur noch härter herangenommen wurde. Walter verstand diese Ungerechtigkeit nicht, lehnte sich dagegen auf. Es kam zum ersten Zerwürfnis zwischen ihm und Peter, der nicht seine Meinung vertrat.

Normalerweise war Walter immer unterwegs, jetzt aber spürte ich deutlich, dass er verzweifelt Mutters Nähe suchte.

An dem Abend, an dem er sich mit Peter gestritten hatte, saß er lange am Tisch, beobachtete uns, hörte zu, wie wir über neue Aufgaben aus der Schule berichteten, blieb aber schweigsam, wirkte bedrückt. Mutter merkte natürlich sofort, dass ihr Ältester etwas auf dem Herzen trug. Wie nebenbei holte sie eine Schüssel aus dem Schrank. Sie hatte am Tag zuvor vom Markt verschiedene Früchte mitgebracht; jetzt setzte sie sich hin und begann zu schnippeln und zu putzen. Es schien, als sei sie eifrig bei der Sache, doch all ihre wachen Sinne waren auf Walter gerichtet.

„Dein Hemd muss gewaschen werden. Legst du mir das bitte raus?"

Walter nickte. Es hatte nicht sehr lange gedauert, bis er das Braunhemd tragen durfte. Als einer der Ersten hatte er die Pimpfenprobe bestanden.

„Morgen ist ja Sonntag, da brauchst du die Uniform nicht."

Schon füllte sich die Schüssel mit Karotten und Äpfeln. Mutter schob Walter den bunten Salat hin.

„Wie war es denn heute auf der Storchenwiese? Gab es wieder Prüfungen und Wettkämpfe zu bestehen?"

„Mhm", machte mein Bruder, während er verdrossen auf einem Happen herumkaute. Es dauerte eine Weile, dann atmete er tief seufzend ein. Nach einer Pause kamen seine Worte, zögerlich und anrührend kindlich.

„Wenn du etwas nicht richtig findest, Mutter, also ich meine, wenn alle anderen es nicht so sehen, sondern nur du – was würdest du dann machen?"

Er klang hilflos, und doch schien Walter erleichtert, sich endlich von der Seele reden zu können, was ihn bedrückte.

Mutter hielt inne, nahm sich ebenfalls ein Stück Obst und kaute bedächtig darauf herum. Nach einer Weile kam ihre Antwort: „Ich bin der Meinung, dass jeder seine Ansichten vertreten sollte, auch wenn er damit allein dasteht. Vielleicht kommt dir das auch nur so vor. Mir geht es oft so, dass ich erst, wenn ich etwas ausspreche, entdecke, dass es noch mehr Menschen gibt, die das Gleiche empfinden, die aber nicht den Mut aufbringen, es zu sagen. Du musst selbst entscheiden, was dieses Unrecht mit dir macht. Was geschieht in deinem Herzen? Quält es dich zu sehr? Dann wirst du es äußern müssen, und zwar laut und deutlich, denn sonst kannst du nicht mehr ruhig schlafen. Es frisst dich auf. So von innen, verstehst du? Und das tut weh, furchtbar weh."

Mit großen und nachdenklichen Augen blickte Walter zum offenen Fenster. Ein leichter Wind ließ die Blätter rascheln. Es klang wie ein geheimnisvolles Flüstern. Walter schien ihm zu lauschen.

Es gab oft Momente in meinem Leben, in denen ich mich verzweifelt gefragt habe, ob Mutters Sätze ihn in diesem Augenblick so geprägt haben, dass er als Erwachsener keine Form von Ungerechtigkeit dulden konnte. Er entwickelte einen fast fanatischen Gerechtigkeitssinn, der ihn eines Tages aus der Gemeinschaft hinauskatapultierte. Oder haben vielleicht auch viele andere junge Männer wie er plötzlich eingesehen, wohin dieser fatale Gemeinschaftsgeist führte? Und wer hat ihnen zugehört, wer dem Aufmerksamkeit geschenkt? Wie allein muss ein Soldat sich gefühlt haben, wenn er die Treue, die er dem System gelobt hatte, nicht mehr empfand?

Ich werde nie den Gesichtsausdruck meines Bruders vergessen, als er zögerlich berichtete, was vorgefallen war.

„Dem Jan haben sie jetzt schon sein Halstuch weggenommen", begann er stockend zu erzählen, schaute aber weiter nach draußen auf die tanzenden Blätter.

Sein Halstuch zu verlieren galt als Schande; der leere Fleck an der Stelle, wo es hätte sein sollen: für jeden sichtbar. Und schon war man aus der Gemeinschaft ausgestoßen wie ein Aussätziger. Die meisten Kinder wären lieber gestorben, als diese Bestrafung zu erfahren.

„Der schafft die Aufgaben nicht. Ich bin mir sicher, der braucht einfach mehr Zeit. Und heute hat unser Scharführer ihn getreten, als er auf dem Boden entlang gerobbt ist. Er kam nicht richtig vorwärts, dabei glaube ich, er wollte bloß seine blutende Hand schützen. Es war doch nicht zu übersehen, dass er sich bei der Ernte verletzt hatte. Die Kartoffelhaspel hat sich gelöst und er hat blitzschnell hinlangen wollen und sich geschnitten. Wenn er am nächsten Samstag die Aufgaben nicht schafft, fliegt er aus der Einheit raus."

Walter war verzweifelt.

Mutter hörte schlagartig auf zu kauen. Sie starrte ihren Sohn an. Ich konnte sehen, wie sie mit sich rang, um nicht aufzuspringen und ihrer Wut freien Lauf zu lassen.

„Was heißt das, ihr werdet getreten? So behandelt man doch noch nicht einmal sein Vieh!"

„Wer nicht spurt, wird bestraft wie bei der richtigen Reichswehr." Walter hielt inne und sah zur Decke. „Das will der Führer so."

„Dein Führer weiß bestimmt nicht, was da getrieben wird. Das kann er doch gar nicht gutheißen!" Mutter war empört. „Die Uniform bewahrt euch nicht davor, Unrecht zu begehen, Walter, und Macht falsch einzusetzen. Das musst du wissen. Greift denn da niemand ein? Was ist mit Peter?"

Walter war die Verzweiflung anzusehen. Sein bester Freund war nicht seiner Meinung gewesen und jung wie er war, musste er lernen, dass es im Leben Momente gibt, in denen man ganz auf sich gestellt ist. In denen man sich mit seinem Gewissen so einsam fühlt. Und diese Einsamkeit, die man dann allein in seinem Herzen tragen muss, kann schwerer wiegen als die innigste Freundschaft.

Noch lange saßen Mutter und er beieinander. Als Vater nach Hause kam, musste Walter alles noch einmal berichten. Ich weiß nicht, was meine Eltern ihm geraten haben. Ich sah nur, dass er an den nächsten Tagen nicht in Uniform zur Schule ging. Hämische Kommentare verfolgten ihn. Für ein paar Tage war er der Außenseiter, ausgestoßen aus der Gruppe. In dieser Zeit suchte mein Bruder wieder Zuflucht hoch oben in seinem schützenden Baumhaus. Überließ sich einmal mehr dem Gefühl, dem Himmel viel näher zu sein als der Erde.

Das Wochenende nahte. Walters Unruhe war überdeutlich spürbar. Er trug seine Uniform, alles war sauber und saß akkurat. Ein properer deutscher Hitlerjunge. Während wir Mädchen unsere Tornister für die Schule schlossen, packte er gewissenhaft seinen Rucksack und schnürte die Riemen fest. Es standen wieder Wettkämpfe für die Pimpfe an. Er strich sich eine Stulle, die er nachdenklich betrachtete. Mutter nahm ihn in den Arm. Stumm standen sie eng beieinander. Wir hörten Peter die Treppe herunterkommen, spürten förmlich sein Zögern, bemerkten das Innehalten, wie er einen Moment vor der Tür verharrte. Während dieser paar Sekunden herrschte eine gespenstische Ruhe im Raum. Ich sah in Walters Gesicht eine stille Hoffnung aufschimmern; er wagte kaum zu atmen. Dann, leise, wandte Peter sich von der Tür ab und wir hörten, wie er eilig das Haus verließ und den Weg durch unseren Garten entlangstürmte.

Walter biss sich auf die Lippen. Er klaubte seine Sachen zusammen und gemeinsam verließen wir Geschwister das Haus. Kurz vor der Schule trennten wir uns. Er ging in Richtung Storchenwiese, während Thea und ich zum Schulhaus rannten. Herr Gebauer stand schon mit einer Glocke an der Tür und klingelte seine Schützlinge herein. Ich war froh, der Düsternis zu Hause entrinnen zu können.

Jetzt durfte ich Stunden erleben, in denen mir die Welt erklärt wurde, und ich schaufelte alles wissbegierig in mich hinein. Es gab gottlob so viel mehr als die seltsamen Figuren und Geschehnisse im Schauermärchen der Erwachsenen.

Die Welt war so groß! Und ich mittendrin. Ich war eine gute Schülerin und wusste da schon, dass ich einmal Ärztin werden wollte. In einer fernen Zukunft. In einem Kapitel, das im Buch der Erwachsenen noch nicht geschrieben war. Noch befand sich hier eine blanke Seite, die ich einmal würde beschriften müssen.

Zufrieden ging ich am Mittag nach Hause, fiel heißhungrig über das Essen her. Thea war an dem Tag einmal nicht redselig und so konnte ich in Ruhe von meinem Unterricht und meinen Erlebnissen berichten. Die Großeltern waren da und auch Vater kam zurück, nachdem er auf dem Marktlatz Zementplatten verlegt hatte. Nur Walter war noch auf der Storchenwiese; er würde erst am frühen Abend nach Hause kommen. So griff die HJ schon ins Familienleben ein. Das Mittagessen im Familienkreis musste gegenüber den Erfordernissen der neuen Volksgemeinschaft hintenanstehen. Wie immer stellte Mutter einen Teller beiseite.

Nach dem Essen verzogen sich Opa und Vater nach draußen. Es gab einige Zäune zu flicken, eine Hoftür musste repariert und es musste nach den Hühnern gesehen werden. Die verlegten von Zeit zu Zeit gerne ihre Eier, sie suchten sich immer neue Plätze zum Ablegen, um ihren Besitz vor uns Menschen zu verbergen. Dann mussten wir zwischen Stroh- und Heuballen entweder nach den Eiern oder, wenn das Versteck besonders gut gewählt war, den bereits geschlüpften Küken suchen.

Oma hatte sich Näharbeit mitgebracht, Mutter saß über ihr Buch gebeugt. Eine stille Gemeinsamkeit. Die Fotos von meiner Einschulung, wie auch die Aufnahmen von Walters Aufnahme in die HJ besah sie sich besonders lange, bevor sie diese bedächtig einklebte. Schweigsam füllte sie einige Seiten des Tagebuches mit ihrer schönen Schrift. Zwischendurch starrte sie immer wieder zum Fenster hinaus. So hielt sie unser Leben in ihren Worten und Bildern fest.

Ein Zeugnis für die Zukunft, das mir heute die Möglichkeit bietet, der Nachwelt eine Vergangenheit zu offenbaren, die sonst für immer vergessen und verloren wäre.

Eine spätnachmittägliche Stimmung strömte mit lauer Luft süß zu uns herein. Aus der Ferne hörte man Herbert in seiner Schmiede arbeiten, offene Fuhrwerke rumpelten über die Wege. Viele junge Burschen und Mädchen verließen jetzt die Gegend, kehrten in ihre Heimatdörfer zurück. Die Ernte war eingefahren. Auf den Höfen begannen die Vorbereitungen, die Ställe winterfest zu machen; auch die Erntekrone war wieder erfolgreich übergeben worden. Unsere Haferfahne hatte alle vereint; noch einmal warf der Herbst sein goldenes Licht übers Land und betörte die Sinne. Einige kleinere Kinder tummelten sich unten am Bach, warfen Kieselsteine ins Wasser. Ein ganz normaler, friedlicher Tag. In der Ferne das Bellen eines Hundes, das wohlige Schnauben der Pferde und in den Lüften das Rufen und Schreien der Vögel, die sich auf ihre Reise gen Süden vorbereiteten. Ich beendete gerade meine Hausaufgaben, die Oma immer wieder staunend anschaute, denn sie konnte kaum schreiben und lesen, als Walter in die Küche stürmte, direkt hinter ihm Peter. Beide redeten wie wild auf Mutter ein.

„Der Jan blutet! Er bewegt sich nicht mehr! Mutter, du musst helfen!"

„Jetzt sind sie zu weit gegangen! Seine Hand war verbunden und trotzdem sollte er kämpfen und durch den Matsch robben. Als Heinrich und seine Helfer ihn triezen wollten, hat Jan sich auf seine Hand gelegt, damit sie geschützt ist, und dabei ist er am Kopf getroffen worden!"

Peter war außer sich, Walter zwischen Wut und Hoffnung hin- und hergerissen. Wütend darüber, dass ein Wehrloser so schikaniert worden war, hoffnungsvoll, weil sein Freund in dieser schwierigen Situation zu ihm hielt.

Mutter nahm ihre Flasche vom Regal, eine Tinktur, die sie in allen Notfällen einsetzte, dazu ein sauberes Tuch, und dann stürmte sie mit den Jungs aus dem Haus.

„Peter, renn zu Doktor Felder, der soll sofort kommen!", kommandierte sie ihm zu.

Peter lief den Weg ins Dorf hinunter, während Walter und Mutter den Pfad zur Storchenwiese einschlugen.

Dort lag Jan, anscheinend bewusstlos, wie Walter mir später erzählte. Umringt von einem Haufen aufgeregt schreiender und zeternder Jungen. Jeder beschuldigte jeden.

Der Fähnlein-Führer versuchte die Ordnung wiederherzustellen, aber alle redeten wild durcheinander. Erst als meine Mutter sich über Jan beugte, herrschte schlagartig Ruhe. Sie wischte ihm das Blut vom Kopf, versuchte seine Lider anzuheben, um in die Augen blicken zu können. Dann bettete sie seinen Kopf in ihre Schürze und schaute wütend in die Runde.

„Seid ihr noch bei Trost? Wie könnt ihr jemanden an den Kopf treten? Solch eine Grausamkeit hat noch nicht einmal im Krieg ihre Berechtigung!"

„Er hat seinen Einsatz nicht geschafft. Hier einmal die Wiese rauf und runter robben, wie beim richtigen Krieg!" Gebieterisch zeigte Fähnlein-Führer Heinrich auf die Strecke. „Da mussten wir ihn etwas härter rannehmen. *Das ist die Auslese der Tüchtigsten.* Das ist nun mal unsere Regel, da muss ich mich doch dran halten! Unser Führer will das so!", gab er trotzig von sich.

Einige murmelten etwas Anerkennendes, andere jedoch schüttelten verzweifelt den Kopf. Wiederum andere saßen auf der Wiese und ließen ihren Tränen freien Lauf.

Walter rannte hin und her, versuchte zu schlichten und zu beruhigen.

Mit wild entschlossener Miene schlug Heinrich die Hacken zusammen, riss den rechten Arm nach oben und brüllte:

„Wir wählen Hitler! Denn uns ist sein Name/
Gleich einem Licht und einer Weiheflamme.
Vom Weltenlenker eigens uns entfacht/
In Deutschland heutiger dunkler Schicksalsnacht."
Alle starrten ihn verblüfft an.

„Du darfst doch noch gar nicht wählen. Dafür bist du zu klein und eindeutig zu dumm, Heinrich!"

Was Heinrich meiner Mutter darauf am liebsten geantwortet hätte, blieb gottlob sein Geheimnis.

Inzwischen war Doktor Felder mit seinem Automobil angekommen. Peter und er sprangen heraus und stürmten auf den bewusstlosen Jan zu. Der schlug in diesem Moment die Augen auf. Der Doktor beugte sich über ihn und redete leise auf den Jungen ein. Dann schlang er seine Arme um ihn, trug den kleinen, mageren Körper zum Automobil, legte Jan sachte auf die Rückbank und fuhr sofort ins Klinikum nach Neisse.

Eine bedrückende Stille tat sich auf. Nachdem sämtliche Fahnen eingerollt, die Rucksäcke zusammengeschnürt und das Feuer gänzlich ausgetreten waren, gingen alle schweigend heim.

An diesem Tag würde keiner mehr einen Wettkampf gewinnen. Keiner als Held heimkehren und mit seinen heroischen Taten prahlen. Hilflos schlichen Walter und Peter mit Mutter nach Hause.

Die ganze Nacht über hörte ich meinen Bruder sich im Bett herumwälzen. Das Knarzen der Bäume glich düsteren Klagelauten. Beklemmend hallten diese Geräusche durch die Nacht, untermalten die Träume, die in schreienden Farben durch meinen Kopf jagten. So rannte ich durch den Märchenwald; Blut tropfte aus den Bäumen, sickerte in den grünen, schlammigen Morast, durch den ich watete. Ich kam nicht schnell genug vorwärts, fiel immer wieder hin und hinter mir war Heinrich, der immerfort schrie:

„Auf den Boden, hörst du! Das will der Führer so! Du musst wie ein Soldat durch grünen Schlamm robben!"

Erst im Morgengrauen verschwanden diese Bilder. Eine bleierne Müdigkeit hielt mich dafür im Griff. Ich wollte so gar nicht aufstehen, aber letztlich zwang die lähmende Ruhe ringsum auch mich, in die Küche zu gehen. Unsere Eltern hatten wahrscheinlich ebenfalls kaum geschlafen. Stumm und müde saßen sie am Tisch und unter trübem Schweigen nahmen wir unser Frühstück ein. Erst als die Großeltern sowie Traudel und Peter zu uns stießen, rafften wir uns auf, gemeinsam die Messe zu besuchen.

Wie schon lange nicht mehr rannte Walter voraus in Richtung Kirche. Peter hinter ihm her. Irgendwie bedurften wir alle des göttlichen Beistands, brauchten ein wenig Seelentrost. Traudel hatte die ganze Nacht bei Peter gesessen, der in wirren Träumen um sich geschlagen hatte. Alle waren wir unruhig, schweigsam und vollkommen hilflos. Zu uns war noch keinerlei Nachricht durchgedrungen und so war man froh, sich überhaupt austauschen und vereint abwarten zu können, was der Doktor endlich aus Neisse berichten würde.

Man sah es schon von Weitem. An der Art und Weise, wie die Menschen beieinanderstanden. Es war nicht das Entsetzen in den Mienen oder das leise Tuscheln – es war diese seltsame Körperhaltung, als trügen sie jeder eine schwere Last auf den Schultern. Sie wirkten wie eine aufgeschreckte Schafherde und zwischen ihnen schritt mit düster umwölkter Miene der Pfarrer umher. Er war aschfahl, unter seinen Augen lagen schwarze Schatten und seine Lippen waren blutleer.

Sobald wir uns der Herde anschlossen, drang es von allen Seiten auf uns ein wie ein Donnergrollen; eine Woge von Trauer und Entsetzen riss einen mit in Fluten, in denen man zu ertrinken drohte.

„Ja, heute Nacht, der arme Bengel!"

„Nein, heute früh, die Mutter kriegt sich nicht mehr ein!"

„Wenn das der Führer wüsste!"
„Wie können Kinder anderen Kindern so etwas antun?"
„Einfach totgeschlagen ..."
„Kinderkrieg!"
„Gott erbarme sich seiner Seele."

Frauen wischten sich Tränen von den Wangen, Männer rieben sich verschreckt das Kinn, murmelten beruhigend auf die Frauen ein. Kinder saßen auf der Treppe und ließen den Tränen der Verzweiflung freien Lauf.

Der kleine Jan. Ein Bauernjunge aus dem Dorf, den wir alle kannten. Der sich immer bemüht hatte, seinen Eltern tapfer auf dem Hof und auf dem Feld zu helfen. Wie oft war er im Unterricht einfach eingeschlafen oder bei der Heuernte über die eigenen Füße gestolpert, weil er immer zu schwach war! Nun war er tot. Tot, weil er als kleiner Soldat nicht genügt hatte. Die Uniform hatte ihm nicht die Macht geschenkt, sich gegen all die Schikanen zu behaupten; sie hatte ihm nicht die Kraft gegeben, sich körperlich zu wehren, ihm keinen Platz in der vermeintlich wundervollen Gemeinschaft gesichert. Nun war im Schauermärchen der Erwachsenen tatsächlich das erste Blut geflossen.

Als der Pfarrer uns hineinbat, war dies die ruhigste Prozession, die ich je erlebt hatte. Ohne ein Wort, ohne zu drängeln, betraten wir einer nach dem anderen die Kirche. Eine dermaßen tiefe Trauer hielt uns gefangen, aus den Bänken drang keine Silbe, kein Rascheln von Röcken und Jacken, kein einziges Hüsteln.

Bredows Ansprache war die emotionalste und ergreifendste, die ich bis heute gehört habe. Es war, als spräche der Herrgott persönlich durch ihn und beklagte, was aus seiner Schöpfung, seinem Ebenbild, dort unten auf Erden geworden war.

Sehr viel später erst habe ich erfahren, dass er ein Cousin zweiten Grades von Jans Mutter war und damit ein Mitglied der Familie.

Noch in der Nacht habe man ihn nach Neisse gebracht, als es mit Jan zu Ende ging, damit er ihm eine Messe lesen und die letzte Ölung spenden konnte.

Der Junge habe noch einmal die Augen aufgeschlagen und seinen Vater gefragt, ob er die Pimpfenprobe wenigstens dieses Mal bestanden habe. Denn dann dürfe er endlich das Braunhemd tragen wie alle anderen auch. Er sei den Anweisungen doch so tüchtig gefolgt. Der Altbauer habe nur stumm nicken können, als er seinem Bengel in die tellergroßen Augen blickte, die schon in eine Welt hinaufsahen, die wir auf Erden nicht zu erkennen vermögen. Mit einem seligen Lächeln sei Jan schließlich von uns gegangen. Dem Arzt zufolge sei er seinen Kopfverletzungen erlegen.

Irgendwo am Rande des Deutschen Reiches war ein kleiner Junge nicht in der Lage gewesen, den Anforderungen der so gepriesenen Volksgemeinschaft zu genügen. Ein kindliches Opfer dieses riesigen Machtapparats, der noch so viele Menschen gnadenlos verschlingen sollte. Und hinter dem Sarg des Jungen schritt das ganze Dorf. Sprachlos und entsetzt angesichts dieses sinnlosen Geschehens.

Auf der Storchenwiese fanden keine Wettkämpfe mehr statt. Dennoch blieben die HJ-Formationen mit all ihren Aktivitäten bestehen. Trotz einer Anhörung kamen Heinrich und die anderen mit einem blauen Auge davon. Heinrich wurde Führer einer anderen Gruppe und ging seinen Weg bedenkenlos weiter. Paradox daran war, dass seine Eltern vehement gegen die NSDAP waren. Und tatsächlich nutzte Heinrich jede Gelegenheit, seine eigenen Eltern zu schikanieren und zu denunzieren – bis die Mutter sich eines Tages selbst tötete.

Es schien, als hinterließen all die fürchterlichen Geschehnisse, die er mit seinem Verhalten auslöste, weder in seinem Gedächtnis noch in seiner Seele irgendwelche Spuren. Von

Heinrich erzählte man sich später, er bekleide bei der SS eine hohe Position und sei überaus gefürchtet. Als Erwachsener wurde er nach Breslau versetzt, wo er für Deportationen dort ansässiger Juden zuständig war. Gewissenhaft führte er Befehle aus, erteilte selbst welche, blieb bis zum Schluss ein Verfechter dieses grauenhaften Systems. Und nach dem Krieg – da saß er seelenruhig im öffentlichen Dienst und konnte sich bis zur Pensionierung und darüber hinaus eines friedlichen Lebens erfreuen.

Nach dem Krieg begab er sich dann in die unüberschaubar große Gruppe derer, die selbstverständlich behaupteten, nie ein Nazi gewesen zu sein. Plötzlich waren sie alle Kommunisten gewesen, selbst Verfolgte, vielleicht sogar Halbjuden, oder hatten ganz heroisch selbst Juden versteckt. Es war ein Leichtes für Heinrich, unterzutauchen in der neuen deutschen Gesellschaft, die sich in den Alltag stürzte, als sei nie etwas gewesen.

Für Walter und Peter änderte sich einiges. Sie blieben in der HJ, wandten sich aber immer mehr dem Boxen zu. Sie nutzten die Sportprogramme, um zu trainieren, blieben den militärischen Aufgaben gegenüber jedoch zurückhaltend. Zum Geburtstag erhielt Walter die ersehnten Boxhandschuhe, mit denen er dann öfter zu sehen war als mit der Fahne oder den anderen Insignien der HJ. Nach der Tragödie blieben bei uns im Dorf die Treffen der HJ unspektakulär. Weder Walter noch Peter zeigten großes Interesse, sich hier irgendwelche Kordeln oder Abzeichen zu verdienen. Mittwochs und samstags nahmen sie an den Treffen teil, ansonsten sah man die beiden nicht mehr so häufig in Uniform herumlaufen. Die Frage nach Macht und Karriere spielte für sie keine Rolle mehr. Vorerst.

Gebändigtes Chaos

Was bei uns im Dorf im Kleinen geschah, war Monate zuvor im Sommer bereits auf höchster Ebene in ganz großem Rahmen vollzogen worden. Mutter hat alles akribisch festgehalten. An vielen Abenden blieb sie lange in der Küche sitzen, starrte ins Licht der Kerze und hielt ihre Gedanken auf Papier fest.

Hitler hatte potentielle Rivalen aus der SA und der NSDAP mitten in ihrem „Urlaub" festnehmen und kurz darauf hinrichten lassen. Manche sprachen von eiskaltem Mord, andere meinten, Hitler habe seine Helfershelfer beiseiteräumen müssen, um seinen Anspruch auf die absolute Macht nicht zu gefährden. Wieder anderen war es egal, was die dort oben trieben; es versprach ein in vielerlei Hinsicht heißer Sommer zu werden; die Bewässerung der Felder und Beete musste in Angriff genommen werden. Die Ernte nicht zu gefährden war weitaus wichtiger als irgendwelche Machtkämpfe, die ohnehin nur in den Städten eine wirkliche Bedeutung zugeteilt bekamen.

Wieder saßen die Erwachsenen mit großen Augen bei uns vor dem Radio, diskutierten in der rauchgeschwängerten Luft die politische Lage. In ihrem Märchen vollzog sich eine Wendung; die Bösen begannen tatsächlich, sich gegenseitig zu vernichten.

„Man spricht von mehr als vier Millionen Männern in der SA, die Röhm systematisch als eingeschworene Einheit aufgebaut hat. Er hat sie groß gemacht. Er war ihr Leitwolf. Röhm führte die SA von Anfang an als eine der wichtigsten Organisationen der Nationalsozialisten zu ihrer wahren Bestimmung. Wusstet ihr, dass sie am Anfang nur als Saalschutz für Hitler eingeteilt waren, damit er in München in Ruhe seine Reden halten konnte? Und dann ist diese Truppe tatsächlich auf vier Millionen Mann angeschwollen!

Das ist nicht gerade wenig! Hier und da hört man auch schon etwas von einer Revolution munkeln, die Röhm mit diesen vier Millionen anzetteln wollte." Otto redete sich in Rage.

„Das hat dem Führer nicht gepasst", kommentierte Herbert.

„Das hat dem gar nicht gepasst. Der wurde ihm zu mächtig!" Otto nickte. Aufgeregt hockte er ganz nah am Radio.

Vater blätterte in der Zeitung, Mutter und Gertrud beugten sich hinüber und lasen mit. Traudel erzählte indessen, dass in der Porzellanfabrik regelmäßig die Arbeit unterbrochen werde. Sobald eine Ansprache von Goebbels oder Hitler im Radio übertragen werde, gebe es ein Schnarren, die aktuellen Programme würden unterbrochen und die gesamte Belegschaft müsse sich die Reden anhören. Der Betrieb habe dann zu ruhen.

„Dann müssen wir wie die Hühner auf der Stange vor dem Volksempfänger sitzen und uns das interessiert anhören. Diese aufputschenden Sätze. Um uns ja in Schach zu halten. So ist angeblich jeder im Bilde, was die dort oben in der Partei vorhaben. Und dabei lügen sie doch nur das Blaue vom Himmel herunter. Alles Gute und Große, an das wir geglaubt haben, das uns einst erfüllt hat, ist verloren, einfach tot. Ich sage euch, das Volk wächst Hitler zu, und bald ist alles nur noch eine eitrige Geschwulst. Ein Volk, ein Reich, ein Führer – und bald die ganz große Katastrophe.

„Wir alle billigen immer das, was unser Führer tut", tönte in diesem Moment salbungsvoll die Stimme aus dem Radio.

„Ach, Göring, dir ist das doch nur recht! Die Nacht der ‚langen Messer' war dir doch mehr als ein Fest! Röhms Sturmabteilung war für deine Reichswehr doch zu einer Gefahr geworden und du hast schon angefangen, mit deinem dicken Arsch unruhig hin und her zu rutschen! Möchte nicht wissen, wie du da mit dem Goebbels unter einer Decke gesteckt hast", fluchte Herbert dazwischen.

„Genau!", sekundierte Otto. „Da schieb ich dir gleich noch den Himmler mit unter die Göring-Goebbels-Decke. Wo würde der seine SS nicht gern sehen! Nicht immer nur im Schatten der SA. Der ewige Vasall. Die SA hat doch schon am Ende der Weimarer Republik in den Großstädten ihre Aufmärsche abgehalten. Bullige Propaganda für die NSDAP, mit der sie die politischen Gegner systematisch eingeschüchtert haben; da schon haben ihre dressierten Proleten sich mit Anhängern der Linken bürgerkriegsähnliche Straßenschlachten geliefert. Nicht, Herbert? Kannste doch ein Lied von singen, oder?"

„,Solange die SA marschiert, wird Deutschland leben!' Das waren Röhms Worte. Aber ab einem bestimmten Punkt wollte der gute Ernst noch mehr Macht, noch mehr Führungsgewalt an sich reißen. Er sah sich als den eigentlichen Führer. Das ist ihn jetzt teuer zu stehen gekommen", pflichtete Herbert bei und nickte.

„Der Tod seines Stabschefs verdeutlicht doch nur, was für ein verbrecherisches Regime Hitler anstrebt, und zwar mit absoluter Konsequenz", kam die leise Stimme des Patrons.

Nach langer Zeit machte er mal wieder seine Aufwartung und saß ganz vertraut mit uns in der Küche.

„Innerhalb von zwei Tagen entledigt er sich dutzender Abweichler, Rivalen und Querulanten aus den eigenen Reihen? Man sagt im Gau Breslau sind fast 200 Mann aus der SA ohne ordentliches Verfahren von den SS-Mordkommandos schlichtweg hingerichtet worden. So was ordnet doch nur jemand an, der sich weit über die Menschheit stellt. Hier konnte sich meiner Meinung nach die Reichswehr endlich einmal austoben. Die haben, zusammen mit Görings SS-Leibwache, die SA mitten in der Nacht entwaffnet und in ihren Kasernen eingesperrt! Etliche SA-Führer sind einfach abgeknallt worden. Den Reichskanzler a. D. General von Schleicher und seine Frau haben sie ebenfalls erschossen. Und unser ehemaliger Reichskanzler Franz von Papen?"

„Der konnte froh sein, dass er nur ein paar in die Fresse gekriegt hat!" Herbert fuchtelte dabei aufgeregt mit seinem Arm in der Luft herum, als stürme er mitten in das Kampfgemenge.

„Was die NSDAP da durchgezogen hat, grenzt an Massenmord!", echauffierte sich der Patron. Vorsichtig wischte er sich über die Augen, als versuchte er einen bösen Traum beiseitezuschieben. „Jetzt sind diesem Mann keine Grenzen mehr heilig. Wer auch immer sich ihm entgegenstellt, wird ausgemerzt. Wir haben doch gar keine richtige Verfassung mehr. Es herrscht ein gebändigtes Chaos, unterhalten von Intriganten und Ignoranten. Rechtsstaat und parlamentarische Demokratie sind so schnell aufgehoben worden, dass viele es gar nicht bemerkt haben. Und nun wundern sich manche, dass die Politik tatsächlich auch ihr kleines Leben betrifft? Ihr Leben, das sie für so geschützt gehalten haben? Eine blinkende Parteinadel ist kein Garant dafür, nach eigenen Vorstellungen leben zu können. Diese sind nur zugelassen, solange sie genährt und beeinflusst werden von den perversen Ideen dieses vulgären Agitators."

„Vielleicht bekriegen sich aber auch Nazi-Reihen und Reichswehr gegenseitig und bringen Hitler dadurch zu Fall? Das wäre doch im Prinzip möglich!" Otto schien von dieser Idee begeistert.

„Da unterschätzt du die Macht von Göring und Hitler! Und ich möchte nicht wissen, welche Geldgeber da im Spiel waren, um ein paar Unliebsame aus dem Weg zu räumen; Leute, die nur ihren Profit im Blick haben. Auch wenn dafür Blut vergossen wird. Wir sprechen nicht umsonst von ‚Blut und Boden'!" Herbert schüttelte energisch den Kopf.

Der Patron strich sich eine Strähne aus dem Gesicht, die anderen Freunde starrten gebannt auf das Radio. Walter und Peter verfolgten ebenfalls aufmerksam, wie die Stimme den Ablauf der Hinrichtung erklärte und hinzufügte, der

Führer habe bewiesen, wie sehr ihm das Wohl seines Volkes am Herzen liege, denn die Machtansprüche des Herrn Röhm hätten allmählich alles gefährdet. Der Führer habe wahre Größe gezeigt, indem er sich in den eigenen Reihen durchsetzte.

Es folgte Musik. Mutter stellte das Radio leiser. Die Mienen entspannten sich. Opa verteilte Klaren und alle bewunderten mich, weil ich so brav dasaß.

„Na, Anna und Alfred, dafür seid ihr aber als passable deutsche Familie zur *Keimzelle des Volkes geworden!*", schmunzelte Gertrud.

„Ja. Die neuen, gestaffelten Lohnsteuerklassen mindern für uns Ehepaare die Steuern ebenso wie das Modell, nach dem wir gemeinsam zur Einkommensteuer veranlagt werden", erklärte Vater.

„Und damit ködern sie viele Frauen, dass sie sich eher dem Kinderkriegen widmen, als einer eigenen Berufsausbildung nachzugehen. Edda hat ihre wahre Freude und Bestimmung ja nun ebenfalls unter Beweis gestellt. Sie und Willi erwarten ihr erstes Kind. Na, die werden bestimmt noch einen Haufen Nachkömmlinge produzieren!"

„Nach dem neuen Reichserbhofgesetz müssen wir sogar froh sein, nur einen Jungen zu haben. Der Erbhof darf nur ungeteilt an einen Nachkommen vererbt werden. Auch wenn das hier eh üblich war, ich mein, jetzt wird es von oben einfach angeordnet. Was ist, wenn sich die Tochter viel mehr als Bäuerin eignet? Ich frage mich, wie das Leute mit zwei oder gar drei Söhnen hinkriegen."

„Und deine Mädchen? Hoffst du, dass die einen reichen Bauern heiraten, oder wie soll ich deine Aussage verstehen?", fragte Gertrud leicht stirnrunzelnd.

„Nein!", lachte Mutter. „Die beiden sind sehr intelligent. Johanna will Ärztin werden. Ich denke, sie gehen vielleicht sogar eines Tages in die Stadt. Hier wird kein Mädchen dazu erzogen, Hof und Mann zu dienen und dem Volk arische Kinder zu schenken."

Während meine Eltern Wurst und Brot auf den Tisch stellten und Traudel den Mohnkuchen anschnitt, beugten sich Gertrud und Otto über eine Broschüre, die Herbert gerade auf den Tisch gelegt hatte.

„Sie geben nicht auf", sagte er leise und spähte argwöhnisch zum Fenster.

Sein Blick war während der vergangenen Monate unruhiger geworden. Manchmal drehte er sich unvermittelt um, nur um zu überprüfen, ob ihn jemand beobachtete. Traudel legte ihm beruhigend die Hand auf die Schulter. Eine vertraute Geste. So nach und nach hatte sich rumgesprochen, dass die beiden ein Paar waren. Traudel blieb dennoch bei uns wohnen, denn Herbert wollte seinen zwei erwachsenen Kindern nicht eine neue Mutter zumuten. Und Traudel liebte den familiären Kontakt zu uns. Peter war für uns wie ein Geschwisterkind und so blieb alles beim Alten. Eine sehr ungewöhnliche Lebensform für eine eher traditionelle Dorfgemeinschaft.

Opa klopfte seine Pfeife aus und versuchte, von dem Gespräch, das die drei führten, etwas aufzuschnappen. Der Patron betrachtete den silbernen Knauf seines Stockes und nickte Mutter dankbar zu, als sie ihm ein Glas Wein hinstellte. Walter und Peter sahen sich einige von den kleinen Bildern an, die neuerdings in der Schule ausgetauscht wurden. Größere Jungs brachten die „Trommler" mit, typische SA-Zigaretten, entweder von ihrem Vater oder sie rauchten schon heimlich selbst. Die Packungen enthielten Bilder von Uniformträgern, die die Jungen sammelten. Thea hatte sich zu Oma gesetzt und half ihr beim Erbsenpuhlen.

„Was ist das, Herbert?", fragte Vater und nahm die Broschüre zur Hand. *„Die Kunst des Selbstrasierens?"* Er blätterte um und las weiter: *„Die Einheit der Arbeiterklasse ist der Zwang, den uns die Geschichte auferlegt hat."*

„Das *Prager Manifest* der SPD", erklärte Herbert. „Die arbeiten jetzt in der Tschechoslowakei weiter, im Exil. Du weißt doch, die sozialistische Arbeiterpartei, SAP, war eine linke Abspaltung deiner SPD. Sie hat sich halt 1928 von der SPD distanziert, um sich den sozialistischen Zielen der Partei verstärkt zu widmen. Der Einheitsbrei der großen Parteien war ja nicht mehr zu ertragen! Nun arbeitet der Vorstand in der Tschechoslowakei weiter und ruft zum revolutionären Sturz des NS-Regimes auf. Ungefähr 10.000 Dünndruckexemplare des Manifests sind in 40.000 Tarnbroschüren verteilt worden. Das ist eines davon."

„Von wie vielen?", fragte Opa.

Alles hielt inne, starrte den alten Mann erstaunt an. Mit blitzblanken Augen fixierte Opa den Herbert. Der wurde etwas nervös.

„Wie viele von diesen Schriften lagern bei dir, Herbert?" Opa ließ ihn nicht aus den Augen.

„Tausend", kam es leise.

Dunkle Wolken schluckten das restliche Licht der Sonne. Der Wind hatte Anlauf genommen und den Fensterläden einen Schubs gegeben, sodass sie gegen die Hauswand krachten. Hier konnte von einer zur anderen Minute ein Sturm aufbrausen und sich in einem gewaltigen Regenguss entladen; kurz darauf schien wieder die Sonne, als sei nichts geschehen.

„Du vertreibst illegal diese Blätter? Hier in Mohrau?" Opa zündete seine Pfeife an.

Mutter nahm die Broschüre und blätterte darin herum. Traudel starrte auf ihre Hände.

„Nein, hier nicht", antwortete Herbert vorsichtig. Er leckte sich über die Lippen, suchte Blickkontakt zu Traudel. Die stierte unverwandt auf ihre Finger.

Es gibt bei Erwachsenen bestimmte Momente, da ziehen sie unmissverständlich eine Grenze zwischen sich und den

Kindern. Das Schweigen, das nun folgte, markierte genau eine solche Grenze zwischen den Generationen.

„So, Kinder, nu kummt ma mit, der Fritz muss ja auch noch was kriegen und die Ziegen müssen rein, bevor es regnet."
Oma konnte sehr bestimmend sein. Sie stand auf und scheuchte uns Kinder wie die Hühner aus der Küche. Walter und Peter maulten am lautesten, denn gerade war es doch erst richtig spannend geworden. Natürlich spürten wir, dass Herbert im Begriff war, sein Geheimnis zu lüften. Aber Oma blieb hart und schon standen wir auf dem Hof.

Über uns jagten gefährlich dunkle Wolken über den Himmel. Wir rannten zu unseren Tieren, die sich schon Schutz suchend in einer Ecke zusammendrängten. Thea und ich brachten die Ziegen ins Trockene, die Hühner hatten sich längst in ihrem Haus verkrochen und Walter lockte Fritz mit einer Rübe in den Stall. Gerade als wir die Tore schlossen, brach der Regen los, peitschte auf uns herunter und wir konnten zusehen, wie am Horizont ein Blitz zwischen den Wolken explodierte; für den Bruchteil einer Sekunde blendete uns das gleißende Licht. Und in einer großen Pfütze spiegelten sich Millionen von Regentropfen, die auf die Wasseroberfläche prasselten, wie kleine Flöhe hochsprangen und platschend ins Wasser zurücktaumelten.

Ohne Vorwarnung brach mit einer Urkraft der Donner über uns herein. Heftiger Regen und tönender Widerhall von Donnergrollen zeigten uns, was sie vermochten. Noch einmal nahm der Wind uns unter seinen gewaltigen Umhang.

Nach wenigen Minuten war schlagartig alles vorüber. Plötzliche Stille. Befreit atmete die Natur auf. Und aus der Erde stieg ein dampfender und würziger Duft, den wir gierig einsogen.

Wie frisch gewaschen klarte der Himmel auf. Die Sonne verwandelte all die Regentropfen, die noch an den Blättern hingen, im Gras lagen und von Blüten abperlten, in funkelnde

Diamantensplitter. Wir zogen die Schuhe aus und rannten über den Rasen. Gerade traten die Erwachsenen aus der Tür, sahen prüfend in den Himmel und während sich die einen verabschiedeten, schlenderten die anderen gemächlich die kleinen Pfade zwischen den Beeten entlang. Mutter nahm ein paar Blumen auf, die abgebrochen waren, und die Großeltern wischten über die Bank, bevor sie sich langsam daraufsetzten. Alle schauten friedlich drein. Und über uns ein Regenbogen, der irgendwo an seinem Ende einen Topf voll Gold verbarg. Bis heute hat niemand diesen Topf gefunden.

Ich stellte mir oft vor, wie wir über diesen farbenfrohen Bogen wandelten, hinein in eine strahlende Zukunft, weit weg von dem dunklen Märchenwald, dessen Boden literweise Blut aufnahm. Und damit Triebe und Früchte und neues Leben nährte.

Was genau die Erwachsenen in der Küche besprochen hatten, erfuhren wir damals natürlich nicht. Später habe ich bei meiner Mutter im Tagebuch nachgelesen, dass Herbert und Traudel tatsächlich planten, die verbotenen Schriften in Neisse zu verteilen. Traudel sollte dabei helfen, weil sie ja täglich in die Stadt fuhr. In der Kleinbahn, in der Porzellanfabrik und in den Straßenbahnen sollte sie die Broschüren liegenlassen. Herbert wollte einige Tage nach Breslau fahren, um weitere Broschüren entgegenzunehmen und sie gleich dort zu verteilen. Die anderen hatten den beiden vehement abgeraten. Opa redete ihnen wohl auch wegen uns Kindern derart ins Gewissen, dass die beiden sich nicht mehr zu dem Thema äußerten. Interessant war, dass Opa die größten Bedenken wegen der Jungs hegte. Die waren zu dem Zeitpunkt den Idealen der HJ so sehr erlegen, dass er tatsächlich Angst bekam, sie könnten die Tat der Erwachsenen missbilligen und diesen Unmut in einem unbedachten Moment anderen gegenüber äußern. So weit war es also gekommen? Meine Eltern und Großeltern mussten mit der Angst leben, dass ihr eigenes Kind ihre beste Freundin denunzieren könnte? Oder Peter die eigene Mutter?

Ob Traudel und Herbert dennoch bei ihrem Vorhaben geblieben waren, habe ich nie herausgefunden. Vielleicht kamen ihnen aber die Veränderungen zu Hilfe, die sich in der Politik mal wieder anbahnten und mit denen im Schauermärchen ein neues Kapitel aufgeschlagen wurde. Ein Kapitel, das die beiden hoffentlich von diesem gefährlichen Schritt abgehalten hat.

Löffelerbsen mit Einlage

In allen Rundfunksendern war es zu hören, in allen Zeitungen stand es geschrieben. Mitten in der brütenden Hitze des Sommers war es geschehen.

„Es ist uns allen, als ob ein Familienmitglied fehlte", kommentierte Hitler melodramatisch den Tod des 86-jährigen Hindenburg. Staatstrauer. Überall Fotos von der pompösen Beerdigung. Hitler stand in Uniform neben dem Sarg. Den rechten Arm erhoben, gab er dem Mann, der ihm zur Macht verholfen hatte, das letzte Geleit.

Willi hängte die Bilder sorgfältig auf dem Marktplatz aus. Die Fahne wurde auf Halbmast gesenkt und meine Eltern beugten sich nachdenklich über all die Extraausgaben. Ununterbrochen wurde im Radio dieser Staatsakt kommentiert, dem alles beiwohnte, was Rang und Namen hatte.

Kaum war Hindenburg unter der Erde, wurde eine neue Wahl ausgerufen, eine Volksabstimmung, mit der Hitlers neue Position festgeschrieben werden sollte.

„Stimmst du, deutscher Mann, und du, deutsche Frau, der in diesem Gesetz getroffenen Regelung zu?"

Später las ich, dass 89,9 Prozent dem Gesetz zustimmten. 38 Millionen Ja-Stimmen! Was für eine gewaltige Zahl. Fünf

Millionen Stimmen widersetzten sich dem. Darunter wohl einige aus Mohrau.

Am nächsten Tag wurde uns im Bürgerhaus verkündet, dass Hitler nun zum Staatsoberhaupt gekürt sei. Ab sofort war „unser Adolf" Reichskanzler sowie Reichspräsident und Gerichtsherr in einer Person. Mir sagten diese Bezeichnungen vorerst gar nichts, aber den Erwachsenen sah man an, was sie davon hielten. Über manche Gesichter ging ein Leuchten, andere Mienen verdüsterten sich. Es war, als hätte für den einen die gute Fee ihre Segenswünsche ausgesprochen und für den anderen die böse Zauberin ihren Fluch und literweise Pech über der Gemeinde ausgeschüttet.

„Wenn ihm da mal nicht die Hose zu groß wird", frotzelte Vater, während uns stolz erklärt wurde, dass die Bezeichnung „Führer" nun Bestandteil seines staatlichen Titels werde.

Später in der Küche deklarierte Herbert in militärischem Ton: „Damit ist er nicht nur Parteiführer, nein, jetzt auch noch Regierungschef! Fragt sich nur, ob wir überhaupt noch eine Regierung oder schon eine ‚Ein-Mann-Farce' erleben, in der der Führer sich selbst zum Staatsoberhaupt gekürt hat!" Dabei marschierte er hin und her und wedelte ärgerlich mit der Hand, als verscheuche er lästiges Schmeißviech. „Und Oberbefehlshaber der Streitkräfte musste er auch noch werden! Wisst ihr, was das heißt? Damit obliegt ihm die totale Macht! Die Macht über alles und jeden. Der kann jetzt Krieg anordnen, wie er will, wo er will und wann er will! Da braucht er auch den dicken Göring nicht mehr. Und der Goebbels wird uns allen einreden, wie gut und richtig der ‚Führer' handelt. *Die Presse ist ein Erziehungsinstrument, um ein Siebzig-Millionen-Volk in eine einheitliche Weltanschauung zu bringen.*' So redet der Demagoge!"

„Hier", Vater schlug hastig eine Zeitungsseite auf, „Soldaten werden von nun an auf Hitler persönlich vereidigt: *Ich schwöre bei Gott diesen heiligen Eid, daß ich dem Führer*

des deutschen Reiches und Volkes, Adolf Hitler, dem Obersten Befehlshaber der Wehrmacht, unbedingten Gehorsam leisten und als tapferer Soldat bereit sein will, jederzeit für diesen Eid mein Leben einzusetzen.'"
„Du bist nichts, dein Volk ist alles! Nun haben sie ihren *Führerstaat* endgültig verankert. Den Platz des Bösen." Herbert sah kopfschüttelnd auf.

„Mit diesem Eid", sagte der Patron leise, „wird jeglicher Widerstand gegen Hitler so unendlich viel schwerer; eigentlich kann er nur noch mit dem eigenen Tod enden."
Eine Prophezeiung, die sich für meine Familie bitter bewahrheiten sollte.

Nach diesem Sturm trat eine merkwürdige Ruhe ein. Es war, als sagten sich die Erwachsenen: So, nun ist ja alles geregelt, zurück zum Tagewerk. Alles konzentrierte sich auf die Ernte, jeder half mit, wo er am nötigsten gebraucht wurde. Vater und Mutter arbeiteten bei der Kartoffelernte; Opa saß auf seinem Pferdefuhrwerk und verteilte die großen Heuballen, die ihm gereicht wurden; Oma überprüfte die Säcke, die sich mit getrockneten Mohnköpfen füllten. Wir Kinder tobten über die Felder und zogen Rüben und Kartoffeln aus der Erde, lasen Obst auf, wurden überall da eingeteilt, wo Kinderhände vonnöten waren. Das Getreide kam zum Trocknen in die Scheunen und das Dorf erwies sich wieder einmal als ländliche Gemeinschaft, die den althergebrachten Rhythmen folgte. Die Regeln und Rituale, die es hier noch gab, an die konnte man sich zur Not klammern.

Nach wie vor bestimmten unsere Traditionen und alten Sitten den Weg durchs Leben. Erst bei der Haferfahne wurden die Zeichen der Zeit offensichtlicher. In diesem Jahr waren bei diesem Fest fast alle Wagen mit der roten Fahne geschmückt. Das schwarze Hakenkreuz flatterte im Wind und die gesamte HJ marschierte als Kinder- und Jugendtross in Uniform auf.

Einige Männer trugen nicht ohne Stolz die Uniform und so manche Frau, vorneweg natürlich Edda, erschien in der Kluft der *Nazissen*. Am Kragen blitzte eine funkelnde Anstecknadel auf.

Als dann alle zur Feier ins Bürgerhaus einkehrten, war anfangs noch anhand der Belegung der Tische eine Grenze innerhalb der Gemeinde zu erkennen. Günther, Gerda, Willi, Edda und andere saßen mit denen zusammen, die sich ganz offen zur Partei bekannten. Auf der anderen Seite saßen neben meiner Familie und unseren Freunden viele andere, die sich nicht richtig mit der Politik auseinandersetzen wollten oder sich noch nicht sicher waren, wie sie auf das alles reagieren sollten. Und eines kann ich verraten: An diesen Tischen ging es eindeutig am lautesten und lustigsten zu. Erst als mein Vater wieder zur Trompete griff und sich zur Kapelle gesellte, strömte alles auf die Tanzfläche und mischte sich wie eh und je. Bunte Kleider wirbelten um braune Uniformen. Jacken, Schlipse und Kappen mit Sturmriemen wurden ausgezogen; streng geflochtene Frauenfrisuren lösten sich im Laufe des Abends auf. Bald sah ich in viele lachende und zufriedene Gesichter. Wieder einmal war es unseren alten Bräuchen gelungen, die Politik draußen zu halten; sie vom Fest auszuladen und ihr die Tür vor der Nase zuzuschlagen.

Nach dem Fest lief man tagelang beschwingt durchs Dorf, jeder grüßte einen freundlich, man blieb stehen, um über Gott und die Welt zu plaudern. Mutter klebte zufrieden ihre Fotos ein und schrieb seitenlang über die alltäglichen Geschehnisse.

So hielt der Herbst Einzug. Die ersten kühleren Tage kündigten den Übergang in die neue Jahreszeit an. Mit selbst gebastelten Drachen fegten wir über die Stoppeläcker und mit ihnen stiegen unsere Träume und Sehnsüchte bis weit hinter die Wolken, dahin, wo sich eine grenzenlose Freiheit verbarg, weit weg vom Märchen der Erwachsenen!

Blätter verfärbten sich und ein Meer an leuchtenden Feuerfarben schmückte verschwenderisch das Dorf; ein kurzes Aufbäumen, bevor der Winter wieder die Herrschaft übernahm, seinen weißen Mantel über alles drapierte. Nun wurde noch das Getreide gedroschen, das war neben dem Mohn-Auspuhlen die letzte Arbeit, die getan werden musste, ehe die Winterruhe einkehren durfte. Wie waren die wiederkehrenden Rhythmen der Natur wohltuend! Boten sie doch Sicherheit und Schutz gegen die Launen der Menschen, die sich denen der Natur gottlob immer wieder unterordnen mussten.

Als die hochschwangere Edda vor der Tür stand, staunte Mutter nicht schlecht. Strahlend erkundigte sich Edda, ob wir denn auch von den neuesten Verordnungen wüssten, und klapperte mit einer Blechdose direkt unter Mutters Nase.

Mutter erstarrte, musterte sie von oben bis unten. Dann blickte sie hinüber zum Gartenzaun, wo die Post-Gretel stand und zu ihr herüberschaute. Gretel fühlte sich neuerdings dazu berufen, hier und da länger an einer Tür stehen zu bleiben und zu horchen, worüber die Nachbarn sich so unterhielten. Friedrich, ihr Mann, verteilte nach wie vor gewissenhaft die Post. Es war bekannt, dass Gretel sich früh zu den Idealen der Nazis hingezogen gefühlt hatte und nun alles tat, um auch ihren Friedrich zu überzeugen. Er war mehr oder weniger unwillig in die Partei eingetreten, lief aber nie in Uniform herum und nahm es mit all den neuen Verordnungen nicht ganz so genau. Gern stand er mit meinen Eltern am Zaun und sprach mit ihnen über scheinbar Belangloses. Und doch, jedenfalls meinte das Vater, konnte man zwischen den Zeilen hören, dass Friedrich sich über den einen oder anderen Nachbarn und seine Parteifrömmigkeit sehr wunderte. Dass seine Gretel eifrig die Frauenschaft vertrat, das nahm er mit einem Achselzucken hin.

Natürlich waren ihre beiden Kinder in der HJ und Gretel kümmerte sich übereifrig um die Belange der Dorfbewohner. Man hörte, dass es in den Städten sogenannte Blockwarte gab. Diese Leute waren eigens von der NSDAP angewiesen, sich in ihrer Nachbarschaft um alles zu kümmern. So ein Blockwart durfte alles erfahren, durfte sich überall einschalten. Dafür wurden Karteikarten angelegt, auf denen alles genauestens vermerkt wurde. Auch bei uns im Dorf fühlten sich mittlerweile einige dazu auserkoren, sich mehr um das Leben der Nachbarn zu kümmern als um ihr eigenes, wie Mutter im Tagebuch festhielt. Und Gretel war eine von ihnen.

Also bat Mutter Edda herein, schloss demonstrativ die Tür und bugsierte die verdutzte Besucherin in die Küche. Edda setzte sich schnaufend, sah sich genau um und versuchte, wie nebenbei in den Flur zu spähen. Wir Kinder waren gerade mit unseren Hausaufgaben beschäftigt. Thea las ihre Aufgaben noch einmal durch, während Walter und Peter fachmännisch über tropfende Füllfederhalter diskutierten, deren Tinte an Walters Fingern besonders gut zu haften schien. Ich bemühte mich, ein paar Rechenaufgaben zu lösen. Wie immer ging es bei uns munter zu, und laut. Walter und Peter brüllten einander noch irgendwelche Sportergebnisse zu. Oma hatte am Morgen Kuchen herübergebracht, davon bot Mutter Edda ein Stück an; außerdem setzte sie Wasser für Kaffee auf und schaltete wie nebenbei das Radio aus. Eine beschwingte Musik wurde gnadenlos abgewürgt. Sie hatte einer Sendung gelauscht, in der eindeutig in einer anderen Sprache geredet wurde. Das tat sie neuerdings öfter, auch wenn sie nicht viel von dem verstand, was berichtet wurde.

Später erklärte sie mir, allein der Tonfall habe mehr Wahrheiten offenbart als all die pathetischen Reden der deutschen Stimmen.

Ich bemerkte nur, dass ihre Hand zitterte – ganz leicht. Ich sah schnell zu Edda, die unverhohlen neugierig alles in

Augenschein nahm. Ich konnte mich nicht erinnern, Edda jemals bei uns angetroffen zu haben.

„Muttel, wir sind auf dem Hof. Trainieren!"

Und schon waren die Jungs mitsamt Boxhandschuhen draußen. Auf dem Tisch lagen noch diverse Fibeln und Stifte. Mutter seufzte und räumte die Dinge beiseite, während Thea ordentlich ihren Tornister schloss und meinte, sie werde jetzt zu Agnes gehen. Mutter trug ihr Grüße an Gertrud auf und dann wandte sie sich ihrem ungebetenen Gast zu.

Während Edda sich mit großem Appetit über den Kuchen hermachte, stand Mutter schweigend am Fenster und ließ sie nicht aus den Augen. Nachdenklich strich sie sich eine Strähne aus dem Gesicht. Im Vergleich zu Edda sah sie unordentlich aus. Man konnte meine Mutter sicher als schöne Frau bezeichnen, aber sie war nie sonderlich bemüht, das in den Vordergrund zu stellen. Nach wie vor ließ sie sich das Haar auf Kinnlänge schneiden und trotz der Schürze sah sie moderner und jünger aus als Edda, die mit ihren fest über den Ohren liegenden Schnecken eher bäuerlich wirkte.

„Walter und Peter heute gar nicht in Uniform?"

Die Frage sollte wohl beiläufig klingen, aber Mutter registrierte Eddas Wachsamkeit sofort, und die unverhohlene Aufmerksamkeit, die in Eddas Stimme mitschwang.

„Nein, heute mal nicht", erwiderte Mutter knapp. Sie stellte den Kaffee hin, setzte sich und stützte die Arme auf. „Sie sind ja trotz allem noch Kinder. Und keine kleinen Soldaten."

Edda überlegte kurz, wollte gerade zu einer Antwort ansetzen, da fügte Mutter hinzu: „Und der Tod von Jan hat sie sehr mitgenommen. Der ist doch gerade erst unter der Erde. An Walters Uniform sind eingetrocknete Blutspuren von diesem Jungen, der einfach so mit Tritten gegen den Kopf getötet worden ist. Walter und Peter haben sehr viel Mut bewiesen, als sie versucht haben, diesem Wahnsinn Einhalt zu gebieten. Gottlob braucht man für Menschlichkeit und Mut

keine Uniform zu tragen. Die trägt man im Herzen." Sie hielt einen Moment inne, starrte zur Decke. „Und im Gewissen."
Edda ließ die Gabel sinken. Offenbar schmeckte der Kuchen nicht mehr. Kurz legte sie beide Hände auf ihren dicken Bauch.
„Wenn du dann selbst Mutter bist, Edda, wirst du ein paar Dinge anders sehen, glaub mir. Denn all die Verführungen, all diese Gewalt – das erzieht unsere Kinder in Richtung Krieg. Und das wirst du nicht billigen, wenn du selbst Mutter bist."
Damit schenkte sie Kaffee aus und schlürfte genüsslich.
„Ich will unserem Führer und dem deutschen Volk viele Kinder schenken! Eine kleine, stolze Armee. Meine Jungs werden stark und gesund sein! Schau dir doch meinen Wilhelm an! Das müssen doch Prachtkerle werden." Edda strahlte wie ein Engel.
„Und wenn es ein Mädchen wird?", fragte ich vorsichtig.
Edda sah mich an, als wäre ich eine glitschige Kröte. Einfach aus dem Märchentümpel gesprungen, eine dicke hässliche Unke, die es gewagt hatte, sich auf ihrem fruchtbaren Schoß niederzulassen.
„Das wird ein Junge. Und wenn wir später mal ein Mädchen kriegen, hoffe ich, dass sie so wunderbar blonde Haare haben wird wie du."
Es sollte nett klingen, aber das kam irgendwie nicht so rüber. Die Kröte sprang lieber wieder in ihren Tümpel. Der Schoß war eindeutig zu trocken.
Schweigen machte sich breit.
Mutter kramte eine Packung Zigaretten aus ihrem Kittel. Dann suchte sie ihre Zündhölzer, ließ eine Flamme aufzischen und sog genüsslich den Rauch ein. Eddas entsetztes Gesicht ignorierte sie.
Erneut wanderte Eddas vorwurfsvoller Blick durch den Raum. Es war, als saugte er sich regelrecht an den Dingen fest.

„Und das Führerbild, das hängt bei euch in der guten Stube?"

Nun biss sie doch herzhaft in ein weiteres Stück Kuchen, das Mutter ihr wortlos hingeschoben hatte.

„Nein."

Edda kaute mit vollen Backen. Mutter nebelte sich langsam ein. Nichtsdestotrotz verfolgte sie aus gefährlich schmalen Augen jede Bewegung.

„Ich hab gar keine Fahne gesehen, wieso hängt bei euch keine Fahne?"

Edda begann dezent zu hüsteln und starrte unverhohlen auf Mutters Zigarette, die sich allmählich in Asche verwandelte.

„Weil wir keine besitzen."

Mutter drückte die Zigarette aus.

„Das macht die Tiere wuschig, weißt du, wenn da immer was runterbaumelt. Wenn die Ziegen keine Milch mehr geben und wir keinen Käse und keine Butter mehr haben, wenn die Hühner keine Eier legen, die Vögel nicht mehr unterm Fenster brüten – ja, was sollen wir dann machen? Das kann weder der Führer noch der Reichsminister für Ernährung und Landwirtschaft wollen, dass wir hier auf dem Land darben, nicht wahr, Edda? Der Herr Reichsbauernführer Darré sollte uns doch in erster Linie beistehen. Oder wie war das noch gleich...? Damit wir fürs deutsche Reich genug Landwirtschaft betreiben können, ist das nicht so? Und nicht beginnen, Fahnen zu zählen. Von denen werden wir nämlich nicht satt."

„Fritz mag auch keine Fahnen."

Die Kröte blinzelte vorsichtig aus dem Tümpel.

Edda starrte mich an.

„Wer ist Fritz?"

„Unser Schwein."

Die Kröte tauchte wieder ab.

Ich glaube, in diesem Moment wünschte Edda sich mehr denn je so einen richtig strammen deutschen Jungen.

„Schweine sind sehr intelligente Wesen", kam es von Mutter. Dabei sah sie Edda vollkommen ernst an. „Die sollte man nicht unterschätzen. Die Gefahr, die von dieser Fahne ausgeht, könnte drastische Auswirkungen auf uns Menschen haben, deshalb richten wir uns ganz nach Fritz."
„Einem Schwein?", stieß Edda tonlos hervor.
„Ja. Einem Schwein." Mutter nickte.
„Und Alfred, ist der jetzt in der Partei?"
Edda klang verzweifelt.
„Nein, im Fahrradverein."
Jegliche Hoffnung schwand aus Eddas Miene.
Die Kröte beobachtete eine Fliege, die gefährlich nahe am Kuchen herumschwirrte.
„Wie auch Willi, dein Mann. Früher haben wir zusammen Ausflüge gemacht. Als wir befreundet waren. Das war eine herrliche Zeit. Er hat Alfred so gemocht. Alfred war mal wie ein großer Bruder für ihn gewesen, dem er immer vertraut hat." Sie hielt kurz inne. „Jetzt sind die Unterschiede zwischen uns zu groß. Und alles nur, weil wir uns keine Parteinummer geholt und keine Hakenkreuznadel angesteckt haben?"
Die Fliege ließ sich genau vor Edda nieder und labte sich an einem Mohnkrümel.
„Soviel ich mitbekommen habe, herrscht bei der Partei sowieso Aufnahmestopp", fuhr Mutter fort. „Plötzlich wollen zu viele ein guter Nazi sein. Wir können warten. Ich möchte nicht den Anschein erwecken, als wäre ich, ja, wie soll ich das jetzt sagen – ein Parteistreber?"
Sie schenkte Edda ein kleines Lächeln. Beide Frauen beäugten einander.
Entschlossen griff Edda nach ihrer Blechdose und schüttelte sie, woraufhin das Scheppern von Geldstücken erklang.
„Der Führer wünscht, dass wir jeden ersten Sonntag im Monat Eintopf essen und das gesparte Geld dem jeweiligen Ortsgruppenführer übergeben."

Sie bedachte uns mit einem triumphierenden Blick.

„Wilhelm wird dann dafür sorgen, dass das gesparte Geld an die Volkswohlfahrt oder das Winterhilfswerk geht. Mit dieser wunderbaren sozialen Verbundenheit bekunden wir alle unsere Zugehörigkeit zur Volksgemeinschaft. So kann jeder der Partei zeigen, dass wir für unser geliebtes Vaterland einstehen. Und wenn ihr an diesem Tag auswärts essen wollt, werdet ihr sehen, dass auch die Gaststätten ihre Mahlzeiten zu einem vorgeschriebenen Preis anzubieten haben. Und entsprechend müssen sie Spenden abführen. An diesen Tagen kann es Löffelerbsen mit Einlage geben, Nudelsuppe mit Rindfleisch, Gemüsekost mit Fleischeinlage, na, was eben so anfällt. Und nächsten Sonntag ist es soweit. Dem Josef habe ich schon Bescheid gegeben. Es wird eine Kartoffelsuppe geben. Kartoffeln gab es ja dieses Jahr reichlich bei uns. Die kostet dann 50 Pfennig."

Wieder klapperte sie mit der Büchse.

„Und wir wollen, dass die Kinder mit der Büchse im Dorf herumgehen und das Geld einsammeln. Bei jedem."

Die Kröte lugte aus ihrem Teich hervor. Unsere Blicke trafen sich.

„Natürlich nur, wer in der HJ ist. Das muss schon alles seine Ordnung haben. Wir müssen ja vollkommenes Vertrauen haben."

Die Kröte zog sich hinter ein Blatt zurück.

Edda erhob sich, etwas schwerfällig, aber sie sah zufrieden aus. Demonstrativ hielt sie Mutter die Blechbüchse unter die Nase. Mutter stand wortlos auf, ging zur Anrichte, zog die Schublade auf und holte ihre Holzschatulle hervor. Der entnahm sie ein paar Münzen und steckte sie in die Büchse.

„Vielleicht überlegt sich unser Ortsgruppenführer Willi mal, ob man nicht den Eltern von Jan etwas Geld zustecken sollte. Ich mein ja nur, von wegen Volksgemeinschaft und so. Beerdigungen kosten Geld und überhaupt, das wär doch eine menschliche Geste von uns allen, oder nicht?" Damit öffnete sie die Küchentür sehr weit.

„Auf Wiedersehen, Edda", warf die kleine Kröte ein.

Erschrocken sah Edda mich an. Dann nickte sie leicht gequält und schob sich nach draußen. An der Tür drehte sie sich noch einmal um und schaute Mutter an.

„Weißt du, Anna, vielleicht bin ich nicht so intelligent wie du. Willi schwärmt ja regelrecht von dir ... Aber ich weiß, wo mein Platz ist und ich werde alles dafür geben, dass wir hier in Mohrau unsere Pflicht gegenüber dem Vaterland erfüllen. Auch wenn du dir das nicht vorstellen kannst, viele Frauen hier sind sehr gern in meine neu gegründete Nationalsozialistische Frauenschaft eingetreten. Das solltest du dir vielleicht auch mal überlegen."

Damit wandte sie sich ab und schritt erhobenen Hauptes davon.

An der Pforte stand noch immer die Post-Gretel. Kaum trafen die beiden aufeinander, steckten sie die Köpfe zusammen und begannen zu tuscheln. Mutter beobachtete das. Nach einer Weile ging sie ums Haus herum und ließ Fritz aus dem Stall. Glücklich stob er herum und raste in den Garten. Ich kam mit ein paar Möhren und warf sie ihm hin. Schmatzend verleibte er sich das Gemüse ein. Walter und Peter gesellten sich dazu, tobten mit Fritz herum. Edda und die Post-Gretel starrten zu uns herüber.

Fritz derweil grunzte den Damen freundlich zu. Er wusste, was sich gehörte.

Der Herbst schüttete sein Füllhorn über der Natur aus. Leuchtende Farben, wohin man auch blickte; in diesem Jahr wollte der Spätsommer so gar nicht weichen. Wehmütig blickte die Sonne vom Himmel, von Tag zu Tag blasser, und jeden Abend wurde sie früher in die Schranken gewiesen. Eines Morgens öffnete der Himmel seine Pforten und der erste Schnee rieselte sachte herab. Elfengleich glitten die filigranen Flocken lautlos vom Firmament, tanzten ihre Pirouetten, bis sie sanft zu Boden glitten. Die nackten Bäume streiften sich ihr glitzerndes Kleid über und wir zogen uns leise hinter verschlossene Türen zurück. In den Öfen knisterten die Holzscheite und glühten die Kohlen. Schornsteine rauchten. Dieses Bild würde das kleine schlesische Dorf nun für eine lange Zeit abgeben.

Wieder war ein Jahr vergangen. Und in der Weihnachtsmesse saßen wir alle dicht beisammen. Als ich mich umsah, blickte ich in so viele vertraute Gesichter. Manchen Nachbarn sah man an, dass sie älter geworden waren, manche starrten still ins Leere. Wieder andere wirkten etwas entrückt, einige kamen mit stolz erhobenem Haupt. Das seien die, die glaubten durch die politischen Verhältnisse zu Ansehen gekommen zu sein, meinte Vater. Auch wenn es eine friedliche Messe war, das Märchen wies vielen eine konkrete Rolle zu. Jetzt war es an jedem selbst, diese anzunehmen, abzulehnen oder ganz in ihr aufzugehen. Und Jan hatte das Märchen den Tod gebracht.

In der hintersten Reihe saß der Patron und beobachtete – wie immer – alles aus einem gewissen Abstand. Dabei ruhten seine Hände auf dem silbernen Knauf seines Stockes. In seinem Gesicht war nicht zu erkennen, was in ihm vorging. Seine Welt war weit hinter seinen zwei Seelenkammern verborgen. Heute glaube ich, dass er zu einigen Türen seines Herzens einfach die Schlüssel weggeworfen hatte, um nicht in eine Vergangenheit blicken zu müssen, vor deren Hintergrund die Gegenwart und erst recht die nahe Zukunft so unerträglich schienen.

Zum Jahreswechsel erinnerte Mutter uns an die Raunächte.

„Was wirst du dir erträumen?", fragte ich sie.

Sie lächelte, sah mich geheimnisvoll an und flüsterte: „Das wirst du dann schon erleben!"

Schlesien

Mohrau 1935

„Jahr der Ertüchtigung"

Der Frühling weckte die Natur mit einem zärtlichen Kuss, kitzelte uns mit den ersten sanften Sonnenstrahlen aus einem langen Winterschlaf. Im Stall rumorte das wintermüde Vieh. Fenster wurden aufgestoßen, damit frische Luft in stickige Kammern kam. Allmählich verzogen sich die Rauchfahnen aus den Schornsteinen, die restlichen Kohlen wurden in Keller und Hof verbannt. Junge Knospen platzten auf, drängten sich suchend ans Licht, buhlten mit ihren Farben um die Liebe der Sonne. Mensch und Tier kamen schnaufend und blinzelnd aus Häusern und Ställen gekrochen. Steife Gliedmaßen wurden gereckt und gestreckt, der dunkle Winter wie ein lästiger rauer Mantel abgestreift. Die neue Jahreszeit bestimmte den Tageslauf. Pferdefuhrwerke rumpelten bald über die steinigen Wege, Fahrräder bimmelten sich durch gackernde Hühner- und Gänsescharen, Hunde und Katzen streunten um die Häuser, Kinder tobten zwischen all dem umher, alte Menschen saßen auf den Bänken und verfolgten mit weisem Blick das pulsierende Leben.

Mit Anbruch der neuen Jahreszeit wurde auch erneut im Märchenbuch der Erwachsenen geblättert, ein weiteres Kapitel hinzugefügt. Mittlerweile war es Teil des Alltagslebens, sich regelmäßig auszutauschen, die neuesten Verordnungen und Verlautbarungen zu besprechen. Das gehörte in der neuen Volksgemeinschaft dazu: sich entweder anzupassen oder die eigene Haltung zu behaupten, oder, wer konnte, still und leise unterzutauchen. Manch einer lauschte den Gesprächen vielleicht auch nur – und demonstrierte auch damit eine Art Zugehörigkeit zu dieser Gemeinschaft. Das neue Deutschland wurde begrüßt und gefeiert oder einfach schulterzuckend hingenommen.

Auch wenn das Saarland weit weg lag und keiner von uns diese Region je betreten hatte, jubelten doch viele über das zurückgewonnene Gebiet. Dieses Saarland kam jetzt heim, *heim ins Deutsche Reich,* wie ein müder alter Verwandter, der lange verschollen war. Alle standen klatschend an der Pforte und stießen sie beherzt auf, um das verlorene Familienmitglied wieder in den Schoß der Gemeinschaft aufzunehmen.

Der uns aufgebrummte Friedensvertrag von Versailles sprach, wie Willi im Bürgerhaus ausführte, den Franzosen für unvorstellbare 15 Jahre die Eigentumsrechte an den saarländischen Kohlegruben und an den Eisenbahnen westlich der Saar zu. Für diese Zeit verwaltete eine vom Völkerbund eingesetzte Regierungskommission das Saargebiet. Nun sprachen sich am 13. Januar dieses Jahres 90 Prozent der Saarländer in einer Volksabstimmung für eine Rückeingliederung ins Deutsche Reich aus. Und Willi war froh, dass wir Deutschen zu unserem *Blut und Boden* stehen durften. Wir waren doch auserkoren, ein Jemand zu sein. Wurde uns das nicht auch ständig gesagt? Wir, die arische Rasse, die in Zukunft das *Tausendjährige Reich* regieren würde?

Wir waren wieder eins. Vater las neugierig all die Artikel und Mutter lauschte den überschwänglichen Stimmen aus dem Radio, die von nationalem Stolz berichteten. Dieser Siegestaumel steckte ein wenig an. Viel Zeit blieb einem jedoch nicht, sich dieser Freude hinzugeben. Für alle hieß es, Ärmel hochkrempeln und in die Hände spucken. Mutter machte sich bereit, ihren Eltern zu helfen, die zwei kleine Felder bewirtschafteten. Der Prokurist Adam schlängelte sich mit einem Automobil durchs Dorf, brachte Mutter diverse Mappen, und an der Stange hing bereits ein neuer Teppich und wartete wie eine nackte Leinwand auf bunte Motive. Vater begann, seine Platten und Steine nach draußen zu lagern und die ersten Aufträge nahmen ihn und seine Angestellten in Beschlag.

Wieder einmal zog Herr Cheng durchs Dorf, bot seine Seidenbezüge feil. Wir Kinder durften an würzigen Kräutern und Ölen schnuppern und von dem einen oder anderen eine Winzigkeit kosten. Bei Oma setzte er sich eine Weile hin und berichtete von seinen Reisen durch deutsche Ortschaften. Als sie ihn fragte, ob er gute Geschäfte mache, wiegte er bedeutungsvoll den Kopf. Und dann berichtete er, dass doch einige Frauen mit verschränkten Armen vor seinen Waren gestanden und ihm hoheitsvoll erklärten, sie würden ab sofort nur noch deutsche Sachen kaufen. Deutsche Güter, um die deutsche Wirtschaft anzukurbeln. Das seien sie ihrem Führer schuldig. Auch trage ihm sein exotisches Aussehen neuerdings den einen oder anderen bösen Blick ein oder auch ein Tuscheln hinter vorgehaltener Hand. All diese Gesten zeugten vom allgemeinen Sinneswandel. In einer Ortschaft habe man ihm gar einen großen Hund hinterhergejagt. Einen deutschen Schäferhund namens Adolf. Daraufhin wählte Oma einige Stücke aus und platzierte demonstrativ zwei hellgrüne Seidenkissen auf der Bank vor dem Haus. Mit guten Wünschen verabschiedeten wir Herrn Cheng und baten ihn, im nächsten Jahr wiederzukommen. Er verbeugte sich höflich, grinste uns Kinder an und schritt seines Weges.

Ich habe ihn nie wiedergesehen. Bis heute hoffe ich, dass er wohlbehalten in seine Heimat zurückkehren konnte.

„Wer Soldaten züchtet, der will Krieg!"

Wir begannen mit der Aussaat. Die Böden waren von den Frühjahrswinden getrocknet, der Winter endgültig gebannt.

Junge Burschen und Mädchen kamen ins Dorf, um wieder für ein paar Monate auszuhelfen. Zu den Großeltern gesellten sich Großneffe und Großnichte. Mutter hatte entschieden, dass sie und die beiden Alten Unterstützung bräuchten, und so reisten aus dem Nachbardorf Jochen und Margret an, mein Großcousin und die Großcousine. Betten wurden gelüftet, Ställe und Heuböden geleert und wieder instand gesetzt; die Tiere wurden auf die Weiden geschickt und das Leben auf dem Land nahm seinen gewohnten Gang. Am Nachmittag kam Vater hinzu und holte die Drillmaschine aus Opas Schuppen, um das Getreide zu säen. So arbeiteten Herbert und er auf dem Acker mit.

Jochen, ein kräftiger Bursche, führte die beiden Pferde, zwei schwere Kaltblüter, die die Drillmaschine Bahn für Bahn über das Feld zogen. Vater hielt sie gerade, um zu verhindern, dass die Furchen später kreuz und quer über den Acker liefen. Opa ließ derweil das Saatgut ein und wir Kinder liefen an den Furchen entlang und drückten sie zu, damit die kostbaren Samen weder von Vögeln weggepickt noch von Rehen gefressen wurden. Nach dem langen Winter waren natürlich auch die Tiere froh, etwas Essbares zu ergattern. Da gab es kein Halten, es wurde aufgeklaubt, was nur zu finden war – Beute sichern, die Triebfeder allen Lebens, ein Urinstinkt.

Margret, ein dralles junges Ding, half Oma mit der Wäsche und beim Backen. Auf allen Wiesen im Dorf lagen frisch gewaschene Hemden, Kleider und Schürzen ausgebreitet und nach dem Winter, in dem Qualmwolken von Kohlen und Holzscheiten die Räume geschwängert hatten, duftete die Wäsche wieder nach Gras und frischen Blumen.

Am frühen Nachmittag brachten die Frauen einen großen Korb mit Essen aufs Feld. Dann standen oder saßen die Menschen am Rand des Ackers, ließen sich die Sonne auf den Pelz brennen und schauten in die Ferne, über die sanft wiegenden Wipfel der Bäume, in die Wolken, die über den blauen Himmel tanzten. Wenn der Wind aufbrauste, sich in den Ästen austobte, dann rauschte es wohlig in den Ohren. Es war so friedlich. Das war Heimat. Vertraut und geheimnisvoll zugleich.

Nicht umsonst steckt in dem Wort „Geheimnis" auch das Wort „Heim". Denn, davon bin ich bis heute überzeugt, nur dort, wo du ein Heim hast, hütest du auch dein persönliches Ge*heim*nis. Denn nur du weißt, wo du es versteckt hältst, sicher geschützt vor den neugierigen Blicken der anderen. Dafür muss man jeden Winkel kennen, muss einem jede Ecke vertraut sein. Nur hier kann es „heimelig" sein, nur hier, wo alles sicher und geborgen anmutet, wo jedes Ding zu mir spricht, aber auch geheimnisvolle Seiten hat. Hier, auf dem Feld, wo der Wind mit einem Flüstern durch die Blätter streicht, um mir eine Geschichte zu erzählen, hier fühle ich den vertrauten Boden unter den Füßen. Und all die Bilder brennen sich in mein Gedächtnis, um mir für den Rest meines Lebens erhalten zu bleiben. Wo einem des Nachts in den Träumen vertraute Klänge, Düfte und Stimmen begegnen – da ist Heimat.

Die Bauern, die mit Egge und Pferd über die Felder schritten; die bunten Tücher der Frauen, die im Wind flatterten; die Schafe, die zur Schur anstanden und deren Wolle später an den Winterabenden zu Pullovern verarbeitet wurde; dazu das mehrstimmige Konzert, wenn der Wanderhirte Johannes mit seiner Herde über die Felder und Wiesen zog – dann wussten wir Kinder, dass die schönste Zeit begann. Mit seinen Mutterschafen, Böcken, Jährlingen und Lämmern kam er durch jedes Dorf, um an Wiesen und Hängen das beste Gras zu erwischen.

Während der Ablammzeit wurde er in einer Scheune untergebracht und wir Kinder rannten morgens hin, um die neugeborenen Lämmer zu bewundern. Konnte ein Muttertier nicht alle säugen, wurde kurzerhand eine Ziege als „Milchkanne" genutzt. Die ließ auch die Lämmer ran und sobald die Kleinen kräftig genug waren, zog Johannes ins nächste Dorf, bis er dann den ganzen Sommer in den Tälern und auf den Bergen zubrachte. Die Lämmer, die durch die Herde hüpften, das sanfte Muhen der grasenden Kühe – das waren vertraute Bilder und Klänge des Dorflebens.

„Erhalte du, Berggeist Rübezahl, Berggeist der Jahrhunderte, diese unverfälschte, friedvolle Natur, diese Oase der Stille und Schönheit, erhalte du das Land unserer Väter zu unser aller Wohl!"
Diesen Vers sprach ich oft vor mich hin, wenn ich mich so ergriffen umschaute.

Welches wunderbare Gemälde stand dem lieben Gott einst Modell, wer war die himmlische Muse, als er die schlesische Märchenwelt erschuf? Und wo blieb er in jenen Momenten, in denen sich immer neue Gräuelmotive dazwischenschoben, all das Schöne beiseitedrängten und mit düsteren Farben überpinselten?

In dieser Zeit des Jahres kam Walter immer freudig aus der Schule gestürmt und gesellte sich dazu. Er liebte es, auf dem Feld zu arbeiten. Dafür ließ er auch so manches Sporttreffen der HJ sausen. Allgemein wurden im Dorf solche Dienste während der Aussaat- und Erntezeit gern hintangestellt. Die Landwirtschaft genoss eindeutig Vorrang. Das Leben der Bauern wurde ja immer noch ideell von der Partei gefördert, wie Herbert einst zynisch von sich gab. So prahlte der Reichsbauernführer, dass *der deutsche Bauer die wahre Triebfeder der Geschichte* sei. Er sah im Bauerntum *den ewigen Lebensquell der deutschen Rasse*. Das gab vielen das Gefühl, ein Ansehen und eine Würde zurückzuerlangen, die ihnen nach dem Großen Krieg genommen worden schienen.

Dass sich dabei ein Abgrund an menschlicher Hybris auftat, dass die Würde so vieler anderer Menschen mit Füßen getreten wurde, das war die Kehrseite der Medaille, wie

Pfarrer Bredow in einer seiner Tiraden gegen das Nazitum von der Kanzel schmetterte. Was dem einen gegeben wurde, entriss man dem anderen, bis er nackt und schutzlos dastand. Wo war sie geblieben, die christliche Nächstenliebe?

Auch Thea und ich kamen nach der Schule aufs Feld, denn jede helfende Hand wurde gebraucht. Wir warfen die Tornister achtlos ins Gras und wer wollte, entledigte sich schnell noch der Schuhe und Socken. Herbert besah sich die Hufe der Pferde, achtete darauf, dass die Tiere genügend Wasser und Futter erhielten. Nicht wenige Bauern besaßen nur klapprige Pferde, bei denen man beinahe die Rippen zählen konnte. Kraftlos trotteten sie über die Felder. Herbert ermahnte die Leute, sich ja besser um ihr Tier zu kümmern, es nicht bloß als Arbeitstier zu sehen und entsprechend schlecht zu behandeln. Manchmal halfen seine Ratschläge, manchmal aber auch nicht. Da wunderte man sich, dass es diese ausgelaugten Tiere überhaupt schafften, abends den heimatlichen Stall zu erreichen.

Wir Menschen ließen getrocknetes Obst und Zuckerwasser kreisen, um neue Energie zu gewinnen. Wir fanden uns in Grüppchen zusammen und kamen ins Schwatzen, bis jeder sich wieder seinem Stück fruchtbarer Erde widmete.

In einer der Pausen standen Herbert und Vater bei Jochen, der sich den Schweiß von der Stirn wischte. Opa kam hinzu und stopfte seine Pfeife.

„Und, Jochen, was wirst du tun? Werden sie dich jetzt auch einziehen?", fragte Vater besorgt.

Herbert hörte neugierig zu.

„Vater meint, dass ich als Erstgeborener vielleicht zur Ernte wieder nach Hause kann. Ich werde Bauer, nicht Soldat. Das muss man dann sehen, wie lange ich tatsächlich Wehrdienst leiste. Ein Jahr ist auf jeden Fall zu lang. Wie soll denn die ganze Arbeit erledigt werden, wenn ich nicht dabei bin? Die Geschwister schaffen's nicht ohne mich."

Er zuckte hilflos mit den Schultern.

„Diese Wiedereinführung der allgemeinen Wehrpflicht! Damit hat Hitler das Friedensabkommen und den Versailler Vertrag eindeutig gebrochen! Was glaubt ihr, wie rapide sich die marode alte Reichsarmee jetzt zu einem Heer von blutjungen Burschen entwickeln wird! Und keiner lehnt sich auf? Die anderen Länder nehmen das einfach so hin? Mich wundert das immer mehr."

Herbert spuckte auf den Boden.

„Wer Soldaten züchtet, der will Krieg!", meinte Opa und ließ sich von Oma ein Schinkenbrot reichen. Dazu gab es Bier.

„Du wirst Soldat?", fragte Walter und dabei begannen seine Wangen zu glühen.

Da war sie wieder. Diese Gier nach Abenteuer, nach Heldentum. Es hatte meinen Bruder gepackt.

„Wirst du dann auch schießen müssen? Bekommst du ein eigenes Gewehr? Und, Opa, wir kriegen doch keinen Krieg, oder? Und wenn ja, dann will ich auch schießen lernen!"

„Ach, Walter, du weißt doch gar nicht, was du da plapperst. Krieg ist kein Zuckerschlecken", äußerte sich Mutter ärgerlich, schüttelte den Kopf.

„Aber, Jochen, du würdest, wenn du könntest, dich und uns verteidigen, oder?" Das fragte Walter ganz ernsthaft.

„Ich bin doch noch nicht mal zur Musterung geladen worden. Wer weiß, ob die mich überhaupt nehmen! Mutter durchsucht jetzt alles wegen dieses Ariernachweises. Sie jammert immerfort, dass sie so was noch nie gebraucht hat."

Er verstummte, sah auf seine Hände, die schwielig waren.

„Ich würde natürlich immer meinen Hof verteidigen. Aber lieber wär's mir, wenn das gar nicht erst passieren müsste. Ich mein, so ein Krieg", kam es leise. Jochen sah unglücklich aus.

Er setzte sich, nahm ebenfalls ein Schinkenbrot von Oma entgegen, schien jedoch keinen rechten Hunger zu verspüren.

„Weißt du, Walter, bei den meisten Soldaten ist in dem Moment, in dem sie von der Waffe wirklich Gebrauch machen müssen, nicht so viel Mut im Herzen, wie du dir das so vorstellst. Ich hatte Angst, so große Angst wie nie zuvor."

Vater sah kurz zu Mutter, die schnell seine Hand nahm. Die andere legte sie auf ihren Bauch. Sie sah nicht gut aus.

„Du warst Soldat?!"

Walter war hin- und hergerissen zwischen Erstaunen und Neugierde, ja sogar Bewunderung für seinen Vater.

„Ich war noch sehr jung, jünger als Jochen heute. Da haben sie uns Burschen noch in den letzten Monaten für den Großen Krieg geholt. Und es war schon so aussichtslos. Nur wusste ich das zu dem Zeitpunkt nicht. Krieg schmeckt bitter, Walter, schmeckt nach Blut. Und du stehst sehr allein da mit dir und deinem Gewissen. Mein Vater glaubte, er könne stolz sein auf mich, aber ich wusste überhaupt nicht, was ich da tat. Und ständig trägst du dieses Gewehr bei dir. Dieses kalte Gewehr, das dir schon nach ein paar Tagen so schwer vorkommt. Eine fürchterliche Last. Ich war froh, als ich diese Last endlich von mir schmeißen durfte. Da war der Krieg gottlob aus und alle schnauften durch. Ich fühlte mich nicht als Held. Ich hatte Angst, Walter, ganz fürchterliche Angst. Und viele meiner Kameraden empfanden das Gleiche. Und nachts, ja, da hörtest du so manchen starken Mann heimlich weinen. Und wer einen Toten oder Verwundeten sah, der machte sich auch mal in die Hosen. Das war so, Walter. Soldat-Sein kann auch ganz armselig werden."

Opa nickte bedächtig und sah zu Jochen, der blass geworden war.

„Das wird schon, mein Junge, du wirst auf dem Hof gebraucht. Der Hitler kann mit dir als Soldat doch gar nichts anfangen."

Unbeholfen tätschelte er die Hände seines Großneffen.

Jochen lächelte gequält. Dann klatschte Oma in die Hände, und alles erhob sich. Der Alltag holte uns zurück. Aus zermürbenden Gedanken an eine Vergangenheit, die bereits neue Schatten vorauswarf.

Die irdischen Vertreter Gottes

Und während wir Gott dankten für die wunderbare Natur, die er uns schenkte, den fruchtbaren Boden, der uns ernährte, begann – wie ich in den Aufzeichnungen meiner Mutter später lesen konnte – die faschistische Diktatur ihre menschenverachtende völkische Weltanschauung gegenüber den irdischen Vertretern Gottes rigoros durchzusetzen. Die fast religiöse Verehrung eines irdischen Führers deckte sich nicht mit den christlichen Werten und Vorstellungen vom Himmelreich. Zunehmend traten, besonders bei uns in Schlesien, katholische und evangelische Geistliche gemeinsam für die Rechte ihrer Kirchen ein, sprachen sich offen gegen das „Neuheidentum" der NSDAP aus. Diejenigen unter den Kirchenvertretern, die ihre oppositionelle Haltung gegen den Hitlerstaat nach außen trugen und offen in ihren Predigten vertraten, erlebten in diesem Frühjahr eine gnadenlose Verfolgung durch das Naziregime. Davon erzählte Pfarrer Bredow Oma, als sie nach einer Messe noch bei ihm in der Kirche blieb.

Über ihn erfuhr sie auch, dass es im Frühjahr zu einer größeren Verhaftungswelle gekommen war, die sich besonders gegen evangelische Pastoren richtete, aber auch gegen einige katholische Priester. Man sprach von zweihundert solcher Fälle. Oma kriegte sich kaum ein. Sie konnte einfach nicht begreifen, dass die Nazis angesehener waren als die Kirche und ihre Lehren. Die verfolgten Kirchenvertreter weigerten sich, eine Unterschrift zu leisten, welche die Nazis einforderten. Die Nazis sahen diesem Treiben natürlich nicht tatenlos zu und verhafteten zahlreiche Pfarrer. Die betroffenen Geistlichen erhielten Redeverbot und einige von ihnen wurden einfach aus Schlesien ausgewiesen. Viele protestierende Gläubige, darunter auch Pfarrer Bredow, harrten tagelang vor dem Gebäude aus, in dem die Inhaftierten festgehalten wurden, sangen inbrünstig ihre Kirchenlieder um den Gefangen von draußen Mut zuzusprechen.

Unser Pfarrer Bredow focht weiterhin seinen eigenen Kampf gegen das braune Regime. Er war einer der wenigen mutigen Vertreter der katholischen Kirche, die ihre Ideen gegen den Hitlerfaschismus klar vertraten; das hat Mutter in ihrem Tagebuch festgehalten. Sie raufte sich so manches Mal die Haare. Denn mittlerweile hatte der Pfarrer regelrechte Feinde. Sein Nachbar Hans-Karl war von Anbeginn ein leidenschaftlicher Verfechter der nationalsozialistischen Idee. Er bekleidete einen hohen Posten bei der SA; seine Uniform war immer adrett und all die Abzeichen funkelten im Licht. „Goldfasan", murmelten einige hinter vorgehaltener Hand, ein Name, mit dem besonders ehrgeizige Nationalsozialisten bedacht wurden.

Die beiden Kampfhähne wohnten auch noch einander gegenüber. Im Sommer ließ Pfarrer Bredow gern die Kirchentür weit offen und konnte daher den Hof seines Gegners gut einsehen. Seine Tiraden gegen das braune Regime, die auch nicht vor Hans-Karl Halt machten, donnerten lautstark hinüber. Und der Goldfasan ließ es sich nicht nehmen, sein Radio ans offene Fenster zu stellen und über den Volksempfänger die prahlerischen Worte der Partei in voller Lautstärke den Predigten entgegenzustellen. Wie erstarrt saß die Gemeinde da, nicht wissend, ob der liebe Herrgott oder die Vasallen des Führers wütender waren. Und nach wie vor verweigerte Pfarrer Bredow jedem Braunhemd die Hostie.

„Die Fahne hoch!"

Es muss kurz vor Ostern gewesen sein, da bemerkte ich Willi, wie er in unserer Straße auf und ab ging. Hin und wieder warf er einen scheelen Blick in unseren Garten, aber er machte keine Anstalten, näher zu kommen. Ich rannte nach hinten in den Hof und zupfte Vater am Ärmel.

„Du, der Willi ist da! Der will aber nicht reinkommen."

Vater hielt inne, sah kurz zu Boden, strich mir übers Haar und schlenderte gemächlich nach vorn in den Garten. Er begutachtete seine Rosenstämme, zuppelte wie nebenbei an einem Blatt, spähte aus dem Augenwinkel zu Willi hinüber, der wie verloren vor dem Gartentor stand. Er war nicht in Uniform.

„Guten Abend, Willi", begrüßte ihn Vater schließlich.

Willi zuckte zusammen, sah sich kurz nach allen Seiten um.

„Ja, guten Abend, Alfred", murmelte er, hob kurz die rechte Hand, ließ sie schnell wieder fallen. Sein übliches „Heil Hitler" sparte er sich.

„Und, magst du reinkommen?" Vater öffnete die Pforte.

Kurz zögerte Willi.

„Brich dir keen Zacken aus der Krone. Nu komm schon", gab Vater energisch von sich.

Willi nickte dankbar und kam in den Garten.

„Hallo, Hanna, bist ein großes Mädchen geworden." Er lächelte mich an.

Ich freute mich, Willi bei uns zu sehen. Wie lange war er nicht mehr unser Gast gewesen! Er schaute sich um.

„Es ist immer noch sehr schön bei euch. Hast dich als Gärtner gut gemacht", meinte er anerkennend und deutete auf die Rosenbeete.

Vater nickte stolz. Unzählige Knospen wiegten sich im Wind und es duftete nach Frühling. Für den Moment hätte man glauben können, unser Garten sei das Paradies auf Erden. Fachmännisch erklärte Vater, welche Farben er dieses Jahr bei den Blüten erwartete, und dann deutete er auf die verschiedenen Gemüsesorten, die Mutter bereits angepflanzt hatte. Wie alte Vertraute schlenderten sie über den Rasen, nahmen Platz unter der Linde, die mit ihrem sprießenden Blattwerk Schatten spendete.

„Ich habe deinen Sohn bei der Messe gesehen. Einen richtigen Prachtburschen habt ihr da ja!" Vater beglückwünschte Willi zu seinem Sohn.

Willis Brust schwoll sichtlich an. Der kleine Erwin war kurz nach Weihnachten geboren. Natürlich prahlte Edda mit dem Stammhalter und trug ihn stolz umher. Manche Frauen raunten einander zu, dass sie schon wieder in anderen Umständen sei.

Ich rannte in die Küche und holte den beiden einen Krug Most, Reste von Striezel und Mohnzopf fand ich auch noch. Als ich zurückkam, waren die beiden Männer in ein ernstes Gespräch vertieft.

„Nur an bestimmten Tagen, Alfred", redete Willi insistierend auf Vater ein. Der hatte die Stirn in Falten gelegt und hörte schweigend zu. „Das bedeutet doch nicht, dass du sie jeden Tag raushängen musst. Aber jetzt hat der Führer nun mal nächsten Samstag Geburtstag, da ist es unsere verdammte Bürgerpflicht. Auch am 1. Mai musst du sie hissen und am 9. November wird dann auf Halbmast geflaggt. Ich habe dieses Gesetz nicht erlassen. Ich muss dich aber als Ortsgruppenleiter darauf hinweisen. Das ist meine Arbeit. Alfred, ich weiß, wir sind in politischen Dingen nicht einer Meinung, aber ob dir das nun gefällt oder nicht, das ist eine Verordnung, an die auch du dich zu halten hast. Deswegen komme ich heute als dein Freund. Auch wenn du das vielleicht nicht so siehst." Hier hielt er kurz inne und trank einen Schluck. „Besser ich als nachher einer, der euch wirklich Schaden zufügt."

Wieder schwieg er, wagte nicht, Vater in die Augen zu sehen. Der starrte ihn an. Wie ein Giftpfeil bohrte sich sein Blick in Willis Antlitz.

„Es ist also eine strafbare Handlung, die Hakenkreuzfahne an bestimmten Tagen nicht an seinem Haus anzubringen?", fragte er leise.

In seiner Stimme lag etwas zwischen Drohung und Empörung.

„Alfred!", stöhnte Willi verzweifelt. „Ich wage ja schon gar nicht, *mehr* bei euch zu überprüfen! Edda war doch schon bei Anna in der Küche. Es ist offensichtlich, dass ihr nicht parteitreu seid. Das kann euch irgendwann ins Gefängnis bringen."

„KZ nennt ihr es doch – Konzentrationslager. Dagegen klingt ‚Gefängnis' noch ganz harmlos", zischte Vater wütend. Und ließ Willi nicht aus den Augen.

Der schaute hinauf ins dichte Blattwerk, drehte nachdenklich an seinem Ehering.

„Ich kann dir nicht sagen, was dort geschieht. Ich weiß nur, dass es in Breslau einige gibt, vor allem für politische Gefangene."

„Und Juden, Willi, auch für Juden."

„Ich kann dir dazu nichts sagen, Alfred! Seid doch nur etwas – wie soll ich das sagen – nicht ganz so offensichtlich gegen alles, was die Partei fordert. So schwer kann das doch nicht sein! Wir leben hier nun wirklich abseits vieler Dinge und dieser Partei-Aufnahmestopp ist für manche von euch der reine Segen! Da kann ich die Kontrollen von außen abwimmeln. Aber was ist danach? Ihr werdet überwacht und geprüft, glaub mir. In den Städten gibt es schon richtige Blockwarte, die sich in den Miethäusern tummeln und alle genauestens beobachten. Die machen bei der kleinsten Missetat Meldung. Hier wird man das bei mir und beim Henning – weil er Bürgermeister ist – belassen und darauf vertrauen, dass wir das Dorf unter Kontrolle haben. Aber es wird auch bei uns so manchen Miesepeter geben, der sich gern an die *Heimtücke-Verordnung* hält."

Vater blickte entgeistert auf.

„Was für eine Verordnung?"

„Befehl vom Reichspräsidenten persönlich, tut mir leid. Wenn du dich gegen die Partei äußerst, kann jeder dich deswegen anzeigen. Das heißt, jeder Nachbar, jeder Mensch hier im Dorf kann dich, wenn er dir Schaden zufügen will, anzeigen. Jede kritische Äußerung gegen uns wird ernst genommen."

Vater sah schnell zu mir, nahm meine Hand. Ich bekam tatsächlich Angst. Auch Vater war deutlich blasser geworden.

„Auch den Hitlergruß zu verweigern ist mittlerweile eine Straftat", murmelte Willi.

„Willi, das bedeutet doch, dass jeder dieses Gesetz benutzen kann, um unliebsamen Nachbarn persönlich zu schaden! Ja, was glaubst denn du, was das mit so einer kleinen Dorfgemeinschaft macht? Dann führen sich hier doch einige bald wie kleine Hitler auf! Das ist doch Unterdrückung eines ganzen Volkes! Dieses braune Gesindel besitzt doch keine Ehre", stieß Vater hervor und spuckte auf den Boden.

Willi erhob sich müde.

„Das habe ich einfach mal nicht gehört. Ich wollt euch nur helfen. Wenn du das nicht annimmst – andere werden's dir nicht anbieten. Bitte überleg es dir. Und grüß Anna." Er stockte. „Wir waren doch einst Freunde."

Damit verließ er uns. An der Pforte zögerte er kurz, doch dann ging er, ohne sich noch einmal umzudrehen, zurück ins Dorf.

Zwei Tage später begleitete ich Mutter zum Schneider Berg. Gertrud freute sich, zeigte Mutter sofort die neueste Frühjahrskollektion. Luftige Stoffe in Pastelltönen. Mutter sah sich alles stumm an, nickte, wenn Gertrud eine Farbe vorschlug oder ein schönes Muster anpries, holte schließlich tief Luft, räusperte sich und kaute auf den Nägeln. Eine Geste, die sie nur unter ganz besonderer Anspannung tat.

„Also, ich brauch eine Fahne. Sonst weiter nichts."

Gertrud verstummte. Dann nickte sie verständnisvoll.

„Führers Geburtstag?"

„Mhm", kam es von Mutter.

„Ja, wir hatten das gleiche Problem. Willi?", fragte Gertrud.

Mutter nickte erneut.

„Otto hat sich eine ganz Kleine ausgesucht. Die steckt jetzt in einem Blumenkübel. Immerhin, oder? Offiziell kommen wir damit unserer Pflicht nach. Und Willi hat das abgesegnet. Eigentlich nett von ihm, oder?"

„Was hast du denn da?" Mutter sah sich nervös um, hörte gar nicht richtig zu.

„Da viele ihre Fahne erneuert haben wollten, ist nicht so viel Auswahl. Ich könnte dir eine neue nähen – wenn du magst. Irgendwo habe ich bestimmt noch Stoffreste. Ich habe nämlich nur noch eine fertige da, aber die kommt gar nicht in Frage für euch."

„Warum? Fahne ist Fahne."

„Anna, die ist vom Ortsgruppenführer Schmidt aus der Nachbarschaft. Und du weißt doch, wie der ist! *Das dümmste Vieh plärrt am lautesten*! Das ist die größte Fahne, die ich je zu Gesicht bekommen habe. Er wollte zu Hitlers Geburtstag eine nagelneue haben und hat uns diese überlassen. Bis jetzt wollte die keiner haben. So parteitreu scheint unser Mohrau wohl doch nicht zu sein. Damit könntest du euer ganzes Haus dem Führer als Geburtstagsgeschenk einwickeln!"

„Die nehm ich."

Gertrud bekam einen fürchterlichen Hustenanfall. Mutter haute ihr ordentlich auf den Rücken, bis sie beide in ein tönendes Gequietsche verfielen. Sie lachten, bis ihnen die Tränen kamen. Ich war für einen Moment nicht ganz sicher, ob sie nicht beide verrückt geworden waren. Total verrückt.

„Weißt du", japste Mutter. „Vielleicht ist dann endlich mal Ruhe. Immer diese Kontrollblicke, dieses schmierige Beobachten von der Gretel und wie sie alle heißen, all die glühenden Verehrer der Nazis! Sollen sie sich doch die Mäuler zerreißen. Ich nehme die größte Fahne, die es gibt. Ich brauche in nächster Zeit all meine Kraft für mich. Schluss, aus. Alfred und Walter können die Fahne gleich anbringen."

Gertrud musste uns ihren Bollerwagen leihen. Selbst zu zweit hätten wir dieses Monstrum aus Stoff nicht nach Hause tragen können. So kamen Mutter und ich mit dem rumpelnden Bollerwagen an. Walter und Thea liefen uns schon entgegen, so laut ächzten und polterten die Räder auf den Kieselsteinen. Thea war eh schon seit Tagen nervös, denn in diesem Jahr sollte sie in die HJ aufgenommen werden. Nun durfte auch sie zum Jungvolk; die gebügelte Uniform hing bereits über der Stuhllehne.

Im Garten saßen die Großeltern, Vater und Traudel unter der Linde. Es gab Kartoffeln, Quark und Mohnkuchen. Erstaunt sahen sie zu uns herüber. Als sie erkannten, was wir da im Schlepptau hatten, gab es eine Mischung aus Erstaunen, Belustigung und echter Entgeisterung. Alles plapperte wild durcheinander. Aufgeregt strichen Walter und Peter immer wieder über den roten Stoff. Es war gutes Tuch, richtig feine Qualität, wie Oma feststellte. Vater, Walter und Peter verschwanden mit dem großen Paket im Haus, erklommen die Stiege zum Boden. Dort öffneten sie eine Dachluke, hakten die Fahne an eine Stange und ließen den Stoff zu uns heruntersausen. Es gab ein lautes Rauschen, einem Donnergrollen gleich, und mit einem Male flatterte an unserem Haus eine imposante Hakenkreuzfahne im Wind. Das Rot schimmerte wie Blut. Das Hakenkreuz so schwarz wie Ebenholz. Das Weiß so hell wie Schnee. Und mindestens ein Meter Stoff lag noch über die Terrasse gebreitet. Für unser Anwesen war diese Fahne eindeutig zu groß.

Keiner sprach ein Wort.

Am nächsten Tag jedoch schien unser Haus Neugierige anzuziehen wie ein Wallfahrtsort Pilger. Alles kam vorbei, wollte die größte Fahne des Dorfes in Augenschein nehmen. Welch' ein Zeugnis unserer Parteitreue! Gretel kriegte sich gar nicht mehr ein. Gerda stand am Tor und prustete vor Lachen, Otto und Herbert trauten ihren Augen nicht, standen wie versteinert am Straßenrand, wagten sich nicht weiter auf unser Grundstück. So viel Schnaps konnten wir gar nicht verteilen, wie es gebraucht hätte, um die Gemüter zu beruhigen. Und ich muss zugeben, es sah tatsächlich kolossal aus. Insgeheim waren wir Kinder erleichtert, nicht länger im Abseits zu stehen. Nun flatterte auch bei uns die Fahne und verbreitete ihr wohliges Rauschen, sobald sich der Wind im Stoff verfing.

Am Geburtstag des Führers fuhr Willi mit einem SS-Offizier aus Neisse im Dorf herum. In einem schwarzen Wagen wurden die beiden Männer von einem Chauffeur langsam herumkutschiert. An unserem Haus legten sie mit quietschenden Reifen eine Vollbremsung hin. Wir rannten sofort nach draußen. Vater stand bei seinen Rosen, begoss sie liebevoll, völlig in sich gekehrt. Er hatte nichts gehört.

Der schwarze SS-Mann sprang aus dem Auto und rief mit Donnerstimme: „Heil Hitler!"

Vor Schreck ließ Vater seine Gießkanne fallen. Willi kletterte aus dem Auto. Um seine Mundwinkel zuckte es ganz leicht. Vater und er tauschten einen kurzen Blick. Bei beiden bildeten sich um die Augen winzige Lachfältchen.

„Donnerwetter! Wenn das der Führer sähe ...", tönte es aus dem Mund des schwarzen Mannes.

„Und der sieht alles ...", höhnte Mutter und wischte sich die Hände an der Schürze ab.

Opa starrte indigniert auf die Uniform, Oma brabbelte irgendwas vor sich hin; ich glaubte zu hören: *Uffs magerste Fleisch setzen sich die fettesten Fliegen.* Eine typisch schlesische Redensart, wenn es darum geht, seinem Gegenüber eine sehr offensichtliche Unmutsbezeugung zu bekunden.

Der schwarze Mann strahlte über beide Backen. Dann fiel sein Blick auf Walter und Thea, beide in HJ-Uniform. Thea hatte zur Feier des Tages – ihrer Aufnahme ins Jungvolk – die schönen Haare zu zwei strammen Zöpfen geflochten. Der Schwarze stolzierte auf meine Geschwister zu und tätschelte ihnen wohlwollend die Wangen.

„So ist's recht. Der Jugend gilt unsere ganze Aufmerksamkeit! Ihr werdet einst das *Tausendjährige Reich* regieren!" Dann drehte er sich zu uns um. Hinter ihm wehte die Fahne und er knallte die Hacken zusammen und donnerte erneut sein: „Heil Hitler!"

Ein besseres Propagandabild hätten wir nicht abgeben können. Die Hitler-Jugend, das Schwarz der Uniform vor dem Rot der Fahne – das Bild eines perfekten Nazis, wie er so mit erhobenem Arm da stand. Und davor die Bauersfamilie, die ihn mit großen, unschuldigen Augen anstarrte. Walter Darré hätte seine wahre Freude gehabt. Der Herrenmensch und das arische Volk, das zu ihm aufsah.

Just in dem Moment kam Fritz um die Ecke gelaufen, freute sich über den Besuch und stürmte grunzend auf den schicken Offizier zu. Vor Schreck sprang dieser zurück, sodass er auf der Fahne stand, deren unteres Ende sich ja über die Terrasse ergoss. Fritz schnupperte an dem Mann, taperte ebenfalls auf dem Stoff herum.

Walter und Thea versuchten, ihn wegzulotsen. Aber Fritz schien großes Interesse an der Fahne zu haben; fröhlich grunzend stieß er seine Schnauze in die Falten, hoffte womöglich hier etwas Fressbares zu ergattern. Natürlich hatte er sich vorher in der schlammigen Erde gesuhlt und hinterließ nun zahlreiche schwarze Flecken auf dem blutroten Nazibanner. Der Offizier machte einen Schritt zurück, Fritz drängelte ihn aufmunternd weiter, begann dann an der Fahne zu zerren.

Walter und Thea riefen dem Schwein immer neue Beschwichtigungen zu, während ich in die Küche rannte, um nach etwas Essbarem zu suchen, mit dem wir Fritz hätten weglocken können. Gerade als ich wieder nach draußen stürmte, verbiss sich das Tier in den Stoff und zog und zerrte daran. Der Offizier, aus dem Gleichgewicht gebracht, stolperte und fiel und landete in dem zerwühlten Stoff. Mit lautem Getöse riss die Fahne oben vom Haken und fiel wie ein Theatervorhang über das Viech und den Offizier. Der letzte Akt.

Fritz schien höchst amüsiert, tollte weiter unter der Fahne herum, doch der Offizier zappelte und schrie und verhedderte sich immer mehr. Das Hakenkreuz hüpfte auf und ab wie beim Puppentheater. Nun versuchten die Eltern ebenfalls, das Schwein und den SS-Mann zu befreien. Alles trampelte schreiend auf der Fahne herum, Fritz, angeregt durch die geballte Aufmerksamkeit, die er bekam, quiekte in den höchsten Tönen. Irgendwann gelang es jemandem, Schwein und SS-Mann aus dem Stoff zu wickeln. Als Fritz merkte, dass der Spaß vorbei war und es nichts zu fressen gab, grunzte er und rannte auf den Rasen, wo er sich in seiner Kuhle wälzte und schließlich zufrieden in der Sonne aalte.

Der Offizier schnaufte wie ein Ochse. Mutter holte schnell Schnaps und reichte dem Mann ein Gläschen. Willi klopfte indessen an der Uniform des Mannes herum, um auch ja jedes Staubkorn wegzukriegen. Oma hielt sich ihr Spitzentuch vor den Mund. Es war nicht ganz ersichtlich, ob sie ein dezentes Hüsteln zu verbergen suchte oder ein breites Grinsen. Opa biss sich an seiner Pfeife fest. Er hatte sich die ganze Zeit keinen Millimeter bewegt.

„Donnerwetter!", schmetterte der Mann im sonoren Bass. „Eben richtig auf dem Lande hier! Na, wenn ich das erzähle, da wird der Herr Gauleiter aber zufrieden sein können, was? Bei Ihnen geht es ja richtig animalisch zu!" Dann meckerte er ein Lachen.

Wir starrten ihn an. Er ließ sich einen weiteren Schnaps reichen.

„Die Fahne kommt in Ordnung, dafür sorge ich!", versprach er gönnerhaft, verabschiedete sich schnell, wünschte Mutter noch alles Gute und hastete, Willi im Schlepptau, zum Auto zurück.

Der Chauffeur stand mit offenem Mund da, starrte uns an, als entstammten wir Rübezahls Verwandtschaft und seien nun nach Jahrhunderten aus den Bergen zur Menschheit herabgestiegen. Wir blickten dem Auto noch lange nach.

Der Offizier hielt Wort. Tatsächlich kamen nach den Ostertagen zwei Handwerker, die die Fahne wieder herrichteten. Sie wurde professionell angebracht und etwas gekürzt und schon flatterte sie wieder erhaben im Wind. Da der 1. Mai ohnehin nahe war, ließen wir sie gleich hängen. Vielleicht hatte ja Fritz wieder seine Freude dran. Außerdem wurde uns ein Päckchen überreicht. Als Mutter es öffnete, blieb uns allen die Luft weg. Erhaben, majestätisch geradezu starrte uns Adolf Hitler an. Ein Porträt in einem schönen Holzrahmen. Bei der nächsten Fütterung stellten meine Eltern das Bild zu Fritz in den Stall. Nun konnte der Führer dem Schwein beim Schmatzen zusehen. Wie es eben auf dem Lande so zugeht. Wir waren sicher, das hätte dem Offizier gefallen.

So versuchten meine Eltern, sich von nun an zu tarnen. Zum Teil taten sie es so perfekt, dass sie wunderbar im System untertauchten und ihre Abneigung gegenüber der Partei nicht mehr zu erkennen war. Mutter brauchte, wie sie schon angedeutet hatte, nun alle weitere Kraft für sich.

Sonntagskind Paula

Es wurde nicht geheim gehalten, aber auch nicht sonderlich an die große Glocke gehängt. Wie nebenbei war die Rede von einem neuen Geschwisterchen, aber erst als es soweit war, begriff ich, warum Mutter sich von allem ein wenig zurückgezogen und deswegen manche Arbeiten abgegeben hatte. So kam es, dass meine Cousine Margret viel bei uns war – wenn es um die Wäsche ging oder um andere körperlich anstrengende Arbeiten, die Mutter in der Zeit vermeiden wollte. Auch Traudel half mit, war mehr bei uns in der Küche als bei sich oben. So rannte sie letztlich zwischen drei Haushalten hin und her, denn sie weigerte sich nach wie vor, zu Herbert zu ziehen, kümmerte sich aber auch um ihn. Im Dorf raunte man sich die abenteuerlichsten Geschichten über diese „wilde Ehe" zu. Traudel aber blieb hart. Ihr war das Gerede egal. Sie hatte ihren Stempel weg, und das verhalf ihr auch zu einer gewissen Freiheit, wie sie schulterzuckend erklärte.

Und plötzlich war es soweit.

Ich erlebte Vater von einer ganz anderen Seite. Es war kurz vor Mitternacht, da hörte ich ihn in der Küche rumoren. Ein Stimmgewirr drang zu uns in die Kammer. Auch Walter und Thea erwachten. Schnell sprangen wir aus den Betten und als wir in die Küche kamen, waren Oma und Margret dabei, in großen Töpfen Wasser heiß zu machen. Feuchtwarme Dampfschwaden hingen in der Luft, die Scheiben waren beschlagen.

Von draußen hörten wir Opa mit dem Pferdefuhrwerk vorfahren. Vater war sichtlich nervös; immer wieder strich er sich über die Haare. Walter war aus der Küche gestürmt, kam kurz darauf stolpernd und hüpfend zurück und stopfte sich noch den letzten Zipfel vom Hemd in die Hose.

„Ich komm mit!", schrie er Vater zu und schon rannten die beiden zur Tür und sprangen zu Opa in den Wagen.

„So, Thea und Hanna, ihr gebt hier mit Acht. Legt noch ein paar Scheite Holz nach. Das Wasser muss am Kochen gehalten werden, und du, Margret, pass auf die Kinder auf!"

Damit war auch Oma aus der Küche verschwunden.

Ich hörte, wie sie die Tür zum Schlafzimmer öffnete und sofort wieder schloss. Während Thea und Margret sich um das Wasser kümmerten, trat ich ans Fenster und malte mit dem Finger Figuren und Sterne auf die Scheibe. Sanft perlte das Wasser herab und hinterließ Formen und Muster. Draußen schimmerten Mond und Sterne um die Wette. Es dauerte nicht lange, da hörte ich erneut das Rumpeln des Fuhrwerks. Kurz darauf wurde die Tür aufgerissen und die alte Peikert stand in dem dampfigen Raum.

Die Hebamme hatte schon so viele Kinder – und mittlerweile auch deren Kindeskinder – auf die Welt gebracht, dass sie irgendwann aufgehört hatte zu zählen. Fast jedes Haus im Dorf habe sie schon im Schlafzimmer gehabt, wie sie augenzwinkernd von sich gab. Viele Erdenbürger verdankten ihr das Leben, so manche Mutter eine geglückte Niederkunft. Wenn es kompliziert wurde, was nicht selten der Fall war, bewies sich die alte Peikert als wahrer Segen, denn die nächste Klinik befand sich in Neisse, also zu weit weg, um die werdende Mutter hinzubringen. Die Hebamme wusste immer Rat, tat immer, was sie konnte, um einem Kind auf die Welt zu helfen.

In äußersten Notfällen wurde Doktor Felder gerufen, aber meistens war es der Peikert zu verdanken, wenn eine komplizierte Geburt glimpflich vonstatten ging. Und da, wo keine Hilfe mehr nützte, blieb sie bei der Mutter, hielt ihr die Hand und weinte mit ihr um den Engel, den Gott so früh zu sich gerufen hatte. Und starb eine Mutter bei der Geburt, blieb sie im Haus der Trauer, bis der Leichnam so weit hergerichtet war, dass die Angehörigen sich verabschieden konnten. Es kam auch vor, dass sie einem Witwer ein Bündel neues Leben in die Arme legte und die schiere Verzweiflung mit der Freude Hand in Hand ging.

„Mach schnell!", kam es plötzlich von Oma aus dem Flur. „Die Wehen kommen schon alle drei Minuten!"

Die Peikert legte das Kopftuch ab, wickelte sich aus ihrem Umhang und schlurfte gemächlich durch den Flur.

„Na, ein bissl wird's schon noch dauern", brabbelte sie vor sich hin und verschwand hinter der Tür.

Opa erschien und auch Traudel und Peter wankten schlaftrunken zu uns in die Küche. Das ganze Haus war erwacht, um einen neuen Erdenbürger in Empfang zu nehmen. So saßen wir in dem dampfenden Raum am Tisch, im Herrgottswinkel, zu dem Vater öfter hinaufschaute. Ab und zu flackerte Angst in seinen Augen auf. Opa holte die Schnapsflasche und goss sich und Vater einen Klaren ein. Margret servierte starken Bohnenkaffee, den sie schon vorsorglich aufgebrüht hatte. Zwei Tassen brachte sie ins Schlafzimmer.

Vater begann auf und ab zu gehen. Opa schenkte noch einen Klaren nach. Er konnte die eigene Nervosität kaum unterdrücken, sog unablässig an der Pfeife, die aber nicht gestopft war. In der Aufregung hatte er seinen Tabak vergessen, und so stierte er nuckelnd auf das leere Glas.

In der feuchtwarmen Luft begannen sich meine Gedanken im Kreis zu drehen und so langsam fielen mir die Augen zu. Die murmelnden Worte der anderen wiegten mich in einen Dämmerschlaf und ich sah einen riesigen Klapperstorch über unser Dach fliegen. Der Bote des Kindes, so hatte Walter mir erzählt, mit dem auch ich einst ins Haus gekommen sei. Nun kreiste dieser Vogel über unseren Häuptern und hielt ein Bündel Stoff in seinem gewaltigen Schnabel. Er legte sein Geschenk auf der obersten Spitze des Daches ab, klapperte in schnellem Takt mit dem Schnabel, verdrehte seinen langen, schlanken Hals und ermahnte uns, das Bündel anzunehmen.

Plötzlich stand Oma in der Küche und rief, die Arme in die Hüften gestemmt: „Geschafft! Ein Mädchen! Ein Sonntagskind."

Man sah ihr die Erleichterung an. Mit einem beglückten Aufseufzen und einem bedächtigen Schweigen betraten wir leise das Schlafzimmer. Was für ein wunderbares Bild! Ein außergewöhnliches Morgenrot tauchte die Szene in ein unwirkliches rosa Licht. Fassungslos blieb ich an der Schwelle stehen. Ich sah meine Mutter in dem frisch bezogenen, blütenweißen Bett. Matt und erschöpft lag sie in den Kissen, aber ihr schönes Gesicht glänzte und sie lächelte uns selig an.

Vater setzte sich sogleich auf die Bettkante und drückte immer wieder Mutters Hand. Tränen schimmerten in seinen Augen und er war dermaßen erleichtert, dass er vorerst vergaß, sich das Neugeborene überhaupt anzusehen. Um Mutter herum saßen die anderen Erwachsenen, die ebenfalls erleichtert auf sie einredeten. Walter und Thea knieten vor dem Bett und beäugten das neue Geschwisterchen genau. Für sie war dieses Erlebnis nichts Überraschendes mehr, hatten sie doch meine Geburt bestimmt noch in guter Erinnerung. Für mich war das alles neu. Und fremd. In der Mitte des Ehebettes, auf dem Steckkissen, lag ein Häuflein Mensch, eingewickelt in eine Baumwollwindel und darüber das Moltontuch, und das alles ineinander verknotet. So hatte der Storch das winzige Etwas weich und sicher ablegen können.

„Hanna", Mutter bemerkte meine Unsicherheit, „komm her, schau dir dein Schwesterchen an!"

Zögerlich bewegte ich mich vorwärts. Alle strahlten mich an. So ungefähr musste es bei Christi Geburt gewesen sein, nur waren wir hier nicht im Stall. Aber in der Art und Weise, wie alle um das Bett herum saßen und knieten und zufrieden lächelten und wie das Morgenlicht hereinfiel – da spürte ich etwas Göttliches, etwas Erhabenes in mir aufsteigen, wie eine

warme sanfte Welle. Man sah dem kleinen Wesen die übermenschliche Anstrengung noch an, die es vollbracht hatte, um auf diese Welt zu gelangen. Es musste eine Reise von sehr weit her gewesen sein. Friedlich lag es da und war durch nichts in der Welt zu bewegen, die Augen auch nur einen winzigen Spalt zu öffnen.
„Wie heißt sie denn?" Ich wagte nur zu flüstern.
„Paula."
Na ja, fast alles genau wie in der Bibel! Und wenn Jesus ein Mädchen geworden wäre, dann hätte auch er Paula geheißen.

Der große Festschmaus nach der Kindstaufe, zu der die schlesischen Frauen in ihrem allerbesten Putz erschienen, bestand aus einem geflochtenen Kuchen aus Mehl, Milch und Rosenwasser, das Ganze mit Süßigkeiten bestreut. Dieses Ereignis brachte mal wieder Leute von überall her bei uns zusammen. Es war ein strahlender Sommertag. Alle saßen im Garten und es gab süßes Bier, Most und Zuckerwasser. Bei Grögers ließ es sich mal wieder am besten feiern. Günther und Gerda brachten ein frisch geschlachtetes Lamm mit und so schmausten die Leute fröhlich und ausgelassen. Mich erinnerte das Bild an das gute Ende im Märchen, wenn sich alle glücklich vereint bei einem pompösen Fest treffen und den guten Ausgang der Geschichte feiern.

Paula lag in einem Körbchen, schlief friedlich und ließ sich vorerst durch nichts aus der Ruhe bringen. Meine kleine Schwester war am Muttertag geboren, einem der neuen Feiertage. Seit dem letzten Jahr wurde jede Mutter an diesem Sonntag im Mai gewürdigt. Damit sollte die Mutterschaft idealisiert werden.

„Jedes Kind, das sie zur Welt bringt, ist eine Schlacht, die sie besteht für Sein oder Nichtsein ihres Volkes", sprach Edda in einer flammenden Rede.

Nun hätte Anna doch bewiesen, dass sie ihrer wahren Bestimmung gefolgt sei. Sie riet ihr nun an, sich doch endlich für die nationalsozialistische Frauenschaft zu begeistern.

„Und liebe Anna", hob sie ihre Stimme von neuem, die wieder gefährlich zu kippen drohte, „ich glaube, da spreche ich im Namen aller – mit deinen vier prächtigen Kindern hast du wahrhaftig bewiesen, dass du doch eine Auszeichnung verdient hast!"

Mutters Miene versteinerte. Auch Vater blickte irritiert auf. Interessiert verfolgten wir anderen, wie Edda aus ihrer Tasche ein in Samt eingewickeltes Präsent hervorzog. Triumphierend hielt sie es in die Höhe. Als Führerin der NS-Frauenschaft unseres Dorfes schien sie von ihrer Aufgabe tief beeindruckt zu sein. Huldvoll blickte sie in die schweigende Menge. Sie genoss so sehr die Aufmerksamkeit, dass sie Mutters Präsent selber auspackte. Zum Vorschein kam ein Anstecker mit Hakenkreuz, den die *Nazissen* an ihrer Uniform trugen.

Viele klatschten begeistert. Mutter saß weiterhin mit ausdrucksloser Miene da.

Nun möchte ich mit einer Mär aufräumen, die man in Bezug auf das Landleben und das Bauernvolk üblicherweise aufgetischt bekommt. Es war nicht so, dass es in jeder Familie viele Kinder gab. Im Gegenteil. Aufgrund der katastrophalen Entwicklung nach dem Ersten Weltkrieg und der schweren Wirtschaftskrisen war die Geburtenrate stetig zurückgegangen. Kinderreiche Familien waren eher die Ausnahme. Während der Weimarer Zeit setzte sich die Zwei-Kinder-Familie immer mehr durch. Denn im Vordergrund stand, dass man mit jedem weiteren Kind ein hungriges Maul mehr zu stopfen hatte. Außerdem war nach den Reformen, die die Republik mit sich brachte, auch nicht mehr jede Frau willens, sich nur um die Erziehung der Kinder, die Haushaltsführung und die liebevolle Versorgung des Gatten zu kümmern. Zudem war das Erbrecht nicht für Familien mit vielen Kindern geeignet. Nur der Älteste konnte den Hof übernehmen und damit schrumpften die Chancen für andere männliche Nachkommen, sich einen Hof aufzubauen und eine Familie zu gründen.

Die Nationalsozialisten fürchteten von Anfang an, das deutsche Volk könnte eines Tages aussterben und propagierten deshalb so vehement die arische Großfamilie. Und obwohl sie die Familie als Keimzelle des Volkes definierten, war auch im Dritten Reich die Zwei-Kinder-Familie die Regel geblieben. Meine Eltern waren zu der Zeit tatsächlich die Einzigen im Dorf, mit vier Kindern. Welch' ein Hohn, dass gerade Mutter, die sich so sehr gegen die Nazis auflehnte, später mit einem der höchsten Familienorden ausgezeichnet wurde.

Ab 1939 ließ der Führer das Mutterkreuz verleihen.

„Als sichtbares Zeichen des Dankes des deutschen Volkes an kinderreiche Mütter stifte ich das Ehrenkreuz der Deutschen Mütter. Die deutsche kinderreiche Mutter bekommt den gleichen Ehrenplatz in der Volksgemeinschaft wie der Frontsoldat dort, denn ihr Einsatz von Leib und Leben war der gleiche wie der der Frontsoldaten im Donner der Schlachten."

Von da an, jeweils am 12. August, *dem Geburtstag der Mutter unseres Führers,* wurden die deutschen Mütter, die mindestens vier Kinder zur Welt brachten, geehrt. Bei vielen Familien wurde er, der Mann im fernen Berlin, dann auch der offizielle Pate des vierten Kindes.

Gottlob ging dieser Kelch an Paula vorbei. 1935 schien der Führer noch kein sonderliches Interesse an einer Patenschaft in sich zu spüren.

Gerade als Edda Mutter die Insignie der Frauenschaft überreichen wollte, das Metall in der Sonne gleißend aufblitzte, beschloss Paula, sich mit einem ohrenbetäubenden Gebrüll in das Spektakel einzumischen. Mutter sprang wie elektrisiert auf, nahm sie aus dem Körbchen, schnupperte an dem kleinen Päckchen, das sich krebsrot die Seele aus dem Leib schrie.

„Entschuldigt!", rief Mutter aus und war im Haus verschwunden.

Verdattert hielt Edda inne, stand da mit der aufblitzenden Anstecknadel. Mutter war weg.

Eine volle Windel sorgte dafür, dass sie sich nicht schon 1935 auszeichnen ließ.

Als Mutter nach geraumer Zeit mit einer sichtlich gut gelaunten Paula in den Garten zurückkehrte, waren alle wieder am Feiern. Edda hatte mittlerweile genug mit ihrem kleinen Erwin zu tun, der sich partout zu Fritz in die Kuhle legen wollte. Sobald er konnte, krabbelte er zielstrebig auf das Schwein zu. Oma schnappte sich inzwischen das Präsent von Edda, legte es zu den anderen Gaben und später landete es in der hintersten Ecke einer Schublade.

Unter all den Geschenken, die wir bekamen, war auch ein Büchlein dabei. *Die deutsche Mutter und ihr erstes Kind* von Johanna Haarer.

Paula auf dem Arm, in der freien Hand dieses Buch, so schritt Mutter einige Tage durch Haus und Garten. Sie verstummte angesichts dessen, was sie dort las. Noch nie habe ich meine Mutter derart hilflos gesehen. Und als Oma bei uns war, saßen sie draußen auf der Bank, und mir wurde zum ersten Mal bewusst, dass meine Mutter ja auch ein Kind war. Ein Kind, das nun seine Mutter um Rat fragen musste. Paula lag in ihrem Weidenkörbchen und Mutter betrachtete sie traurig. Ich begab mich in die Küche und machte mich an die Hausaufgaben, konnte nebenbei aber dem Gespräch lauschen.

„Haben wir unsere Kinder falsch erzogen?"

Ich weiß nicht, wie Oma ihre Tochter angesehen hat, aber das Schweigen, das folgte, ließ erahnen, dass Oma ziemlich entsetzt sein musste.

„Was hast du denn an deinen Kindern auszusetzen?", kam die entrüstete Gegenfrage.

„Nach diesem Buch zu urteilen haben wir alles verkehrt gemacht."

„Liebe Anna, die meisten in meiner Generation konnten nicht einmal lesen, was glaubst du eigentlich, wie wir euch groß gekriegt haben? Gehört das jetzt zur neuen Volksgemeinschaft: Bücher lesen, um Kinder zu erziehen? Willst du denn damit sagen, dass Alfred ein schlechter Vater ist und du eine schlechte Mutter? Was ist los mit dir?"

„Diese Johanna ist immerhin Ärztin. Ihrer Meinung nach sollten Kinder eine harte Erziehung im Sinne des Regimes genießen. Wir haben nie Härte angewendet und du weißt selbst, wie verzweifelt wir gerade bei Walter waren. Wir erziehen unsere Kinder bewusst dazu, Fragen zu stellen. Und so gut es geht, geben wir ihnen auch Antworten. Ich weiß nicht, aber das hier liest sich, als wäre ich nur eine Gebärmaschine für den Führer sein. Hier, ich lese dir mal was vor ..."

Ich hörte sie hektisch blättern, dann hob sie die Stimme, und selbst wenn ich die Worte ihrem Sinn nach nicht so richtig verstand, klangen sie in meinen Ohren doch seltsam und kalt. Diese Ärztin mochte ich nicht. Ich verpasste ihr in dem Schauermärchen sofort die Rolle der bösen Hexe. Einer Hexe, die die Kinder ins Verderben schicken will.

„,*Eine ungeheure weltanschauliche Verantwortung vollzieht sich in unserem Volk. Neue Pflichten, neue Verantwortungen warten auf Jeden. Auf Frauen wartet als unaufschiebbar dringlichste die eine uralte und ewig neue Pflicht, der Familie, dem Volk, der Rasse Kinder zu schenken.'*"

Mutter blätterte weiter.

„,*Versagt auch der Schnuller, dann liebe Mutter, werde hart! Fange nur nicht an, das Kind aus dem Bett herauszunehmen, es zu tragen, zu wiegen, zu fahren oder es auf dem Schoß zu halten, es gar zu stillen.'*"

Mutter hielt inne, ich hörte sie regelrecht schnaufen. Dann vernahm ich das Geräusch einer reißenden Seite, so heftig blätterte sie in diesem Büchlein.

„‚Vor allem mache es sich die Familie zum Grundsatz, sich nie ohne Anlass mit dem Kind abzugeben. Das tägliche Bad, das regelmäßige Wickeln und Stillen bieten Gelegenheit genug, sich mit dem Kind zu befassen, ihm Zärtlichkeit und Liebe zu erweisen und mit ihm zu reden. Die junge Mutter hat dazu natürlich keine Anleitung nötig, doch hüte sie sich vor lauten und heftigen Bekundungen mütterlicher Gefühle. Solche Affenliebe verzieht das Kind wohl, erzieht es aber nicht, im Gegenteil. Wir haben schon sehr früh darauf hingewiesen, dass es sehr oft schon frühzeitig zu förmlichen Kraftproben zwischen Mutter und Kind kommt, auch wenn das Kind auf die Maßnahmen der Mutter mit eigensinnigem Geschrei antwortet, ja gerade dann lässt sie sich nicht irre machen. Eine deutsche Mutter kennt keinen Fehler außer den einen, ihre Kinder zu verzärteln.' Das klingt doch schon nach HJ für die Kleinsten! Und dieses Buch wird zu Tausenden verkauft! Alfred hat mir gezeigt, wie es in der Zeitung gelobt wird, da steht, dass jede deutsche Mutter es bei sich tragen sollte. Dabei ist es furchtbar, es handelt so wenig von Liebe und Vertrauen ... und ..."

„Von Gott und Religion?", fragte Oma leise.

„Nein, natürlich nicht. Das hat überhaupt keine Bedeutung mehr. Der Führer und die arische Rasse sind jetzt das Göttliche überhaupt. Und wir Mütter sollen für die Nazis und ihre Ideen den Nachwuchs produzieren."

„Siehst du, Anna, damit fängt doch alles Unglück an. Wenn ich an nichts mehr glauben darf und kann, da versiegt auch das letzte Tröpfchen Liebe und Zuversicht. Und wenn deine Kinder diese Liebe nicht mehr kriegen, dann, meine liebe Tochter, dann machst du was verkehrt. Vielleicht solltest du das Buch einfach auf den Misthaufen werfen?"

„Wenn das der Führer sähe! Dann, liebe Mutter, dann lande ich noch im Gefängnis!"

Paula begann zu wimmern. Oma nahm sie wohl aus dem Korb, begann ihr ein Liedchen zu summen, und beide Frauen ließen das sonderbare Büchlein links liegen.

Schon seltsam, dachte ich. Jetzt gab es in dem Schauermärchen auch ein Schauerbuch, eine Geschichte in der Geschichte. Nun konnte man doppelt lesen. So langsam kam ich durcheinander.

Jahre später blätterte ich im Tagebuch meiner Mutter und fand unter dem Jahr 1935 so viele Seiten, auf denen sie ihrem Entsetzen über dieses Büchlein Luft machte. Als ich selbst Mutter wurde, ich werde den Tag nie vergessen, da bekam auch ich von einer Nachbarin diese seltsame Lektüre geschenkt. Selbst weit nach Kriegsende verkaufte diese Johanna Haarer noch ihre fürchterlichen Vorstellungen. Dieses Buch, das wahrscheinlich Hunderttausenden von Kindern eine harte Erziehung und Gefühlskälte beschert hatte; eine Last, die sie wohl nie abschütteln konnten.

Heute weiß man, eine Erziehung ohne Liebe und Vertrauen zerstört einen Menschen, lässt die Seele verkümmern, sodass sie ihre Hilfeschreie hinter einer Mauer aus Schweigen und Resignation gefangen hält. Aber, wer die Nachkriegsjahre erlebt hat, weiß natürlich auch, dass gerade die Erziehung nicht wirklich eine Erneuerung erfahren hat. So erklärt sich auch, dass dieses Werk, in nur leicht veränderter Form, erneut zum Bestseller wurde. Lediglich beim Titel hatte der Verlag den furchtbaren Bezug zu den Nazis abgeschwächt; aus *Die deutsche Mutter* ... war *Die Mutter und ihr erstes Kind* geworden.

Aus purer Neugier las ich, was Frau Haarer geschrieben hatte, und glaubte vieles von dem zu erkennen, was meine Mutter in ihrem Tagebuch als den wahren Feind des Kindes beschrieb. 1939 brachte besagte Johanna Haarer ein weiteres Buch auf dem Markt: *Mutter erzähl von Adolf Hitler!*

Mit diesem Werk zeigte sich diese Frau eindeutig als fanatische Aktivistin nationalsozialistischer Propaganda im Kinderzimmer. So hinterließen die Nationalsozialisten noch lange ihre Spuren und beeinflussten noch Generationen nach ihnen.

Meine Eltern haben an ihrem Erziehungsstil gottlob nichts geändert.

Paula war der Mittelpunkt der Familie. Selbst Walter, der inzwischen 13 Jahre alt war, hing mit großer Liebe an ihr. Auch ich war selig, mich um sie kümmern zu dürfen. Nun war ich nicht mehr die Kleine, die wie eine *Guschel* behandelt wurde, jetzt war auch ich eine große Schwester. Und zeit meines Lebens ist Paula meine große Vertraute und Freundin geblieben. Zusammen haben wir über Jahre hinweg erbittert gegen einen Menschen gekämpft, der Teil dieser fürchterlichen Politik war. Bis zu ihrem Lebensende hat sie gehofft, eine Wiedergutmachung zu erleben. Leider blieb ihr diese Geste verwehrt.

Thea empfand die kleine Schwester allerdings eher als Hemmschuh, denn sie musste überall mitgeschleppt werden, wie es eben auf dem Dorf so war. Vielleicht wurde die Kindererziehung etwas pragmatischer gehandhabt als heute, aber nichtsdestotrotz haben uns die Eltern und Großeltern vergöttert. Zugleich hat man versucht, sich den Alltag da, wo es ging, zu vereinfachen. Denn auch die Hausarbeit war damals eine ganz andere als heute.

Die ewige Wäscherei der Windeltücher zum Beispiel zwang die Frauen, ihre Kinder schnell ans Töpfchen zu gewöhnen. So verbrachten die kleinen Menschen nicht selten Stunden auf dem emaillierten Blech. Manchmal schlidderte Paula, um sich die Zeit zu vertreiben, auf dem Töpfchen, mitsamt Inhalt, über den Fußboden. Das ging besonders gut, wenn die Böden gerade von Oma frisch gelaugt und poliert waren. Ging die

Fahrt zudem rückwärts und versuchte sie dabei, unserem Gockel nachzueifern, indem sie aus vollem Leib krähte, konnte es durchaus passieren, dass sie polternd gegen ein Möbelstück stieß. Und sobald die ersten tapernden Schrittchen gelangen, wurde Paula Teil der großen Kinderschar. Kaum einer besaß ein Laufställchen, man verließ sich einfach auf die älteren Kinder und irgendwann gingen die Sprösslinge durch die Tür und tauchten ein in die Gemeinschaft des Dorfes. Das klappte immer prima – auch ohne die Lehren von Frau Dr. Haarer.

Neue Gesetze

Staubtrocken legte sich der Sommer über das Dorf. Nicht selten knarrte und ächzte das Gebälk in der Hitze. Sobald die Schule vorbei war, sprangen wir Kinder in den Mühlenbach und kühlten uns ab. Die Erwachsenen kamen nach getaner Arbeit hinzu, und auf Decken und Tüchern packten sie Essenskörbe aus und man blieb, bis der frühe Abend die Hitze mit einer leichten frischen Brise vertrieb. Natürlich diskutierten die Erwachsenen auch hier über die Politik, das Schauermärchen wurde gnadenlos weitergeschrieben. Da die meisten immer noch kein Radio besaßen und alle sich fast immer draußen aufhielten, bekamen wir in diesen Wochen kaum Neuigkeiten mit.

Ein Gesetz zur Einberufung irgendeines Arbeitsdienstes trat in Kraft. Für die jungen Männer ab 18 Jahren sollte dieser Dienst verpflichtend sein, die jungen Frauen wurden vorerst nur dazu aufgefordert.

„Der Reichsarbeitsdienst ist Ehrendienst am Deutschen Volke. Alle jungen Deutschen beiderlei Geschlechts sind verpflichtet, ihrem Volk im Reichsarbeitsdienst zu dienen", so die Order.

Das hieß, dass von nun an junge, fremde Menschen bei uns im Dorf aushelfen würden.

Auf dem Lande eigentlich keine Seltenheit; hier war es ohnehin üblich, dass sich Wanderburschen und Mägde zur Aussaat und Ernte als Arbeitskräfte verdingten. Nun sollten uns diese Menschen zugeteilt werden, auch aus den Städten; das kam bei den wenigsten Bauern gut an. Wie sollte ein Studioso beispielsweise bei der Ernte mithelfen? Wie mit den Geräten zurechtkommen, die jeder Bauernjunge natürlich im Schlaf bedienen konnte? Und so kamen tatsächlich Studenten und die hämisch als Muttersöhnchen Bezeichneten aus den Städten zu uns. Trug der junge Mann zudem noch eine Brille, dann war er in manchen Dörfern gleich als behindert eingestuft. Ein gesunder deutscher Kerl brauchte doch keine Brille! Und wer von diesen jungen Erwachsenen sportlich nicht mithalten konnte, wurde nicht selten schlecht behandelt. Da musste jeder lernen, sich zu behaupten. *Der Reichsarbeitsdienst soll die deutsche Jugend im Geiste des Nationalsozialismus zur Volksgemeinschaft und zur wahren Arbeitsauffassung, vor allem zur gebührenden Achtung der Handarbeit erziehen.* Dafür brachte die Zeit beim RAD später Vorteile bei Bewerbungen, die bevorzugt behandelt wurden.

Die Unterbringung während des Reichsarbeitsdienstes erfolgte in Baracken. Die jungen Männer schliefen auf Strohsäcken, lernten Betten selber bauen, alles sauber zu halten, alles unter den gestrengen Blicken der anderen. Alles war straff durchorganisiert. An einem Tag wurde gearbeitet, am anderen Sport getrieben. Die Hilfskräfte mussten ordentlich im Wald zur Hand gehen, Bäume fällen, Wege freiräumen oder auch einen Teich ausheben – alles keine leichte Arbeit. Sie lernten, mit dem Spaten umzugehen, mit diesem Spaten in geschlossenen Formationen zu marschieren, das Gelände zu erkunden – alles Dinge, die sie aus ihrer Zeit bei der HJ kannten. Hier aber wurden sie wirklich auf das Soldatenleben vorbereitet. War diese Zeit beendet, konnte jeder von ihnen das Lied singen:

„0,25 ist der Reinverdienst und dennoch geht's zum Arbeitsdienst."

Denn es gab wirklich nur 0,25 RM pro Tag.

Die jungen Mädchen sollten sich in den fremden Familien auf die Rolle der Mutter und Ehefrau vorbereiten. Einerseits wurde das Gesetz begrüßt, auf der anderen Seite hieß es aber auch, dass die eigenen Kinder weggeschickt werden mussten. In der Gemeinschaft auf dem Land bedeutete das immer, dass vertraute Hände fehlten. Fremde Hände, so meinte Opa, auf die müsse immer geschaut werden, und so wurde auch diese Verordnung mit gemischten Gefühlen zur Kenntnis genommen und in den Gesprächen mit viel Für und Wider kommentiert.

Zu Hause las Vater vor, dass der Reichsarbeitsdienst ein Ehrendienst sei. In nur drei Jahren wäre mein Bruder dann dabei.

„Na, hoffen wir mal", meinte Vater zu Traudel, „dass Walter und Peter dann nicht eines Tages die neue Reichsautobahn mit bauen müssen. Was ich da gehört und gelesen habe, das muss eine Schufterei sein, die an Ausbeutung grenzt. Herbert hat mir mal einen Exil-Bericht der SPD gezeigt, da wurde die Reichsautobahn auch ‚Hunger- und Elendsbahn' genannt. Die Männer, von denen viele lange arbeitslos waren, müssen Schwerstarbeit leisten und hausen in Baracken. Ohne Maschinen haben sie diese Straße durch die Landschaft zu kloppen, und das bei miserabler Ernährung und schlechtem Verdienst. Ich frage mich, was das Ganze soll. Wer kann sich schon ein Auto leisten?"

„In Neisse werden die Arbeiten in den Wochenschauen als große Errungenschaft gefeiert", warf Traudel ein.

„Aber Vater!", jubelte Walter. „Stell dir vor, wie wundervoll man mit so viel PS einfach durch die Landschaft sausen kann! Großmutter Rotraud hat mir eine Reise über die neue Autobahn versprochen!"

Eilig holte er eine Broschüre, die sie ihm mitgegeben hatte. *Die Straßen des Führers*, so der Titel. Peter las uns mit erregter Stimme einen Absatz vor: „,*Die Reichsautobahnen werden mehr sein: Straßen des deutschen Volkes, und jeder Deutsche soll in einer nicht fernen Zukunft in der Lage sein, bequem, wirtschaftlich und sicher die Schönheit Deutschlands für sich zu entdecken.*'"

Er und Walter beugten sich mit roten Wangen über die Bilder. Was ich da sah, hatte mit dem Dorf, wie ich es kannte, nichts zu tun; unserem kleinen Dorf und seinen schmalen Straßen, holprigen Feldwegen und Pfaden am Bach entlang. Auf einem Bild prangte mächtig eine hohe hellgraue Brücke, die weit über den Wald hinausragte, ja beinahe den Himmel zu berühren schien. Gewaltige Stahlzähne klafften aus den Betonpfeilern heraus. Auf einem anderen Foto war eine breite Straße abgebildet, die sich schlangengleich durch die Landschaft wand bis in die Unendlichkeit. Überall Beton und Stahl; das Märchen pries eine Welt, die mir sehr fremd war.

Mit glühenden Augen und bewegter Stimme las Walter vor: „,*Durch seinen Willen nun zur Tat geworden, die kraftvoll ihren Mut beweist, erhebt sich rings in brausenden Akkorden des Volkes schöpferischer Geist. Nach kühnem Maß, das wir im Blute tragen, schwingt sich ihr Rhythmus durch das Reich, die Freude atmend, diesen Plan zu wagen, dem Glühen unsrer Sehnsucht gleich. Der kühne Schwung der Brücken wird nie enden. Mit jedem Pfeiler wächst empor des Volkes Kraft, sich endlich zu vollenden aus unsrer Seelen starkem Chor. In seinem Glauben ward dies Werk begonnen, daß es das Vaterland erschließt, bis aus des Volkes herzenstiefem Brunnen der Glaube mit den Straßen fließt.*'"

„Und ich werde mit dem Motorrad die Straßen entlang brausen und mir den Wind um die Ohren pfeifen lassen!", prahlte Peter. Herbert besaß ein altes Motorrad, mit dem Peter ab und an schon fahren durfte.

„Na", konterte Traudel, „mit dem ollen Teil wirst du gar nicht erst bis zur Autobahn kommen!"

„Wenn ich erst mal Boxer bin, kauf ich mir ein Neues. Eine richtige NSU SS 500!"
Traudel und Vater warfen einander vielsagende Blicke zu, seufzten gleichzeitig und wechselten schnell das Thema. Die beiden Jungen lebten schon in ihrer eigenen Welt voller Träume und unendlicher Möglichkeiten. Sie sahen eine strahlende Zukunft im neuen Deutschland.

Die Hitze lähmte die Gemüter. Nach einer besonders heißen Woche half die Freiwillige Feuerwehr, indem sie unsere Äcker und Felder besprengte. Zu trocken war es geworden, die Ernte drohte uns zu verdorren. Mit ihrem Wagen fuhren sie bimmelnd an den Anger und über ihren großen Schlauch und die Pumpe wurde literweise Wasser auf die Felder und Wiesen gespritzt. Alle Jungen halfen begeistert mit und die Männer der Feuerwehr waren diesen Sommer unsere Helden. So manches Mal mussten sie noch ausrücken. Bei der Haferfahne im Oktober bekamen sie zum Dank die begehrte Erntekrone überreicht, denn ohne ihre Hilfe hätten wir einen harten und hungrigen Winter zu überstehen gehabt.

Noch in diesem Jahr musste unser Lehrer Gebauer seinen persönlichen Kampf gegen die Schulbehörde als verloren bezeichnen. Das Kruzifix an der Wand hinter dem Katheder sollte ab dem Frühjahr 1936 endgültig dem Hitlerbild weichen. Nach Meinung der NSDAP waren Kruzifix und Hitlerbild an einer Wand unvereinbar.

Aus heutiger Sicht lässt sich zweifelsfrei sagen, dass um die Person Hitler ein wahrhaft religiöser Kult entstand. Er war – einem Gott gleich – die herrliche Leitfigur unzähliger Menschen geworden, die bedingungslos an ihn glaubten. Der gläubige Christ Gebauer wandte sich in seiner Not an Pfarrer Bredow, musste aber in der nächsten Messe, die der Pfarrer nutzte, um vor allem die Eltern zur Räson zu rufen, erschreckend feststellen, dass die Politik dabei war, alles wegzudrängen, was nicht der Staatsdoktrin entsprach. Alle hörten die mahnenden Worte, und doch wagte es kaum einer, sich der Verordnung entgegenzustellen. Man tröstete sich damit, dass die Kirche ja noch im Dorf geblieben sei, dass die Kinder hier wie gewohnt ihre Gebete sprechen und die Beichte ablegen könnten. Mit dieser lapidaren Erklärung redete man sich heraus, um Unannehmlichkeiten zu vermeiden.

Aber natürlich waren auch nicht wenige der Auffassung, dass man dieser Verordnung bedingungslos Folge zu leisten habe. Schließlich sei dies der Wille des Führers, und dem habe man sich unterzuordnen. Da wurden die Kinder zu Hause gedrillt und ermahnt, sich ja anzupassen. Der morgendliche Fahnenappell vor Unterrichtsbeginn hatte diejenigen, die in der HJ waren, ohnehin schon aus dem Ritual des Morgengebets herausgelöst. Nun sollte auch noch allmorgendlich ein Spruch gemeinsam aufgesagt werden, der in die politische Landschaft passte. So wurden wir von Kindheit an auf die Fahne eingeschworen. Überall hämmerten einem die Worte und Reden entgegen. Kaum ein Sender bot nicht etwas zum Thema „Wundervolle deutsche Jugend und ihre glorreiche Zukunft im kommenden *Tausendjährigen Reich*".

„Der Knabe in der Schule fühlt instinktiv die Berufung seines Lehrers. Dem einen gehorcht er, gegen den anderen treibt er offene Rebellion. Das Volk prüft durch Widerstand auf allen Lebensgebieten die Fähigkeit der Führung. Am meisten auf dem Gebiet der Politik. Denn es ist klar: die Aufrechterhaltung einer volklichen Gemeinschaft verschiedener Rassenbestandteile hat nur dann einen Sinn, wenn sie von dem Teil führend getragen und verantwortet wird, der die Bildung selbst übernommen und dann ja auch vollendet hat."

Soweit Adolf Hitler.

Der vermeintliche „Gott" vertrat sehr irdische und dämonische Vorstellungen.

Der Nürnberger Reichsparteitag war, soweit man aus dem Radio hörte, ein vor allem der Jugend gewidmetes Spektakel. Heroische Reden und Paraden von Tausenden junger Menschen, gekrönt von einer ausgefeilten Inszenierung aus Licht und Fahnen, wie uns von denen berichtet wurde, die dabei waren. Mit dröhnender Stimme verwies die seelenlose Stimme auf das *arische Blut* und die berüchtigten *Nürnberger Rassengesetze* wurden verabschiedet.

Wer über 14 Jahre alt war, durfte an dem Spektakel teilnehmen. Mit einem eigens eingesetzten Zug fuhr die Jugend zu ihrem Führer, um ihn aus der Nähe zu bewundern. Mit verzückten und leuchtenden Augen kehrten die Reisenden zurück. Ihren Erzählungen nach hätte man glauben können, der Messias habe Einzug gehalten und alle Himmelswesen seien gen Erde geschwebt, um ihm zu huldigen. Danach führten sich die, die in Nürnberg gewesen waren, in der Schule besonders herrisch auf. Sie meinten, nun etwas Besonderes zu sein, denn sie hatten den Führer gesehen. Immer frecher schikanierten sie jene Kinder, die noch nicht in der HJ waren. Auch ich wurde von einem Mädchen, das schon Führerin einer Schar war, aufgefordert, endlich der Kükenschar beizutreten. Das ließ Mutter natürlich nicht auf sich sitzen.

Als sie und Oma eines Mittags nach Schulschluss vorbeikamen, schaute Herr Gebauer sich kurz nach allen Seiten um, bat die beiden herein und schloss die Tür hinter ihnen. Er vergewisserte sich, dass keines der älteren Kinder vor dem Fenster herumlungerte, und erst als er sich sicher wähnte, deutete er auf sein Katheder. Dort lag eine große Mappe. Als er sie öffnete, kamen, so berichtete Mutter später, große Bögen zum Vorschein mit teilweise seltsamen Abbildungen von Gesichtern. Manche sahen unheimlich aus, andere strahlend, wie junge germanische Götter. Wieder andere wiesen einen derart finsteren Blick auf, dass sich Oma schnell bekreuzigte. Und dann demonstrierte Herr Gebauer den beiden Frauen, was er demnächst zu unterrichten hatte: *Die Rassenlehre.*

„Nun hat der Reichserziehungsminister Rust vollständige Rassentrennung in der Schule verfügt. Kein Kind soll die Schule verlassen, ‚*ohne zur letzten Erkenntnis über die Notwendigkeit und das Wesen der Blutreinheit geführt worden zu sein'*. Schaut euch diese Bilder an! Nun muss ich den jungen Seelen erzählen, dass es Menschen gibt, die *Untermenschen* sein sollen. Die angeblich keinen Anspruch auf Würde und Rechte haben. Die unser Blut vergiften. Wie soll ich das mit dem christlichen *Liebe deinen Nächsten* vereinbaren?"

„Würde das denn irgendein Kind hier betreffen?", fragte Mutter vorsichtig.

Herr Gebauer sah verzweifelt auf.

„Ich bete zu Gott, dass dem nicht so ist. Ich hoffe, dass kein Kind hier durchmachen muss, was ich von Kollegen aus anderen Schulen höre. Da werden jüdische Kinder bereits ausgegrenzt und tagtäglich von Lehrern und Mitschülern schikaniert. Sie werden nach vorn zitiert und müssen sich vor der gesamten Klasse anhören, dass sie minderwertig seien. Sie werden vermessen und vorgeführt, als seien sie totes Material und keine menschlichen Wesen! Ich befürchte, ich muss diesen Satz sagen, aber Mohrau scheint – auf den ersten Blick und nach den derzeitigen Rassengesetzen – arisch zu sein. Durch und durch. Und ich befürchte, einige unserer selbsternannten kleinen ‚Führer' und ‚Führerinnen' werden sich sehr genau an die Vorschriften halten."

Typisch jüdische Merkmale?

Es muss nach diesem Gespräch gewesen sein, dass Mutter eilig nach Neisse fuhr. Wie schon mit uns anderen Kindern suchte sie auch mit Paula von Zeit zu Zeit die Ärzte dort auf, und nun stand eine gründlichere Untersuchung an. Als sie wiederkam, war Mutter blass und völlig außer sich. Traudel kam herunter und nahm Paula auf den Arm, während Thea und ich versuchten, das Essen zuzubereiten.

„Stell dir vor, keiner von unseren Ärzten ist noch da! Jetzt ist auch noch Dr. Simon verschwunden. Angeblich sind sie alle weggezogen! Nachdem ich überall geklingelt hatte, ging über mir ein Fenster auf und eine Frau schaute misstrauisch zu mir herunter. Erst als Paula zu schreien begann, wurde sie nervös und bat mich zu sich herein. Und was sie mir erzählt hat, was sie mit eigenen Augen gesehen hat – es ist so unvorstellbar ..."

Mutter begann zu weinen. Thea und ich waren entsetzt, völlig durcheinander. Traudel versuchte zu beschwichtigen.

Erst nach einer ganzen Weile konnte Mutter weiter erzählen. Und was jetzt kam, war ein weiteres düsteres Kapitel in dem Buch der Erwachsenen, aus dem ich eigentlich nichts mehr hören wollte. Aber wie ein schlechter Traum, der einen unverhofft heimsucht, hielt einen eben auch dieses nicht enden wollende Schauermärchen gefangen.

„Schon seit Wochen standen immer wieder SA-Männer vor der Praxis und erzählten den Patienten, dass ein anständiger Deutscher sich nicht von einem Juden behandeln lässt. Eines Abends fuhr ein Lastauto vor. Ein Haufen von diesen SA-Burschen sprang heraus, bewaffnet, und trampelte durchs ganze Haus. Die Kerle brachen die Tür zu Dr. Simons Wohnung auf, zerrten ihn und seine Frau in den Flur. Dabei kam wohl heraus, dass mittlerweile auch seine Tochter mit einem kleinen Kind heimlich dort lebte. An den Haaren haben sie die drei Erwachsenen die Treppe hinunter gezogen und dann wie Lumpensäcke auf den Wagen geschmissen. Und das Kind stand im Flur und schrie die ganze Zeit. Die Mutter hat geweint, der Simon hat immer wieder gerufen: ‚*Lasst uns doch das Kind!*' Aber die haben die drei einfach abtransportiert.

Natürlich waren alle im Haus aufgewacht und scheinbar waren auch alle Mitbewohner empört, aber – eingeschritten ist keiner."

Es war ruhig in der Küche. Selbst Paula hielt ganz still, sah Traudel mit ihren großen Augen an.

„Und das Kind?", flüsterte Thea. Tränen schossen ihr in die Augen, genau wie bei mir. Schnell nahm ich ihre Hand.

„Es ist weinend auf die Straße gerannt. Und keiner dieser Menschen hat sich darum gekümmert. Nur die Frau, bei der ich saß. Sie ist dem Kind wohl, als alle anderen sich hinter ihre Gardinen verzogen hatten, gefolgt. Sie kannte eine Familie, die eng mit den Simons befreundet ist ... war ... Bei denen hat sie das Kind abgegeben. Wir können nur beten, dass sich eine barmherzige Seele dieses unschuldigen Geschöpfes angenommen hat."

„Und diese Frau? Ich mein, das haben doch alle irgendwie mitbekommen, oder?", fragte Traudel leise.

„Ja, natürlich. Deswegen war sie auch so misstrauisch, als ich da vor dem Haus stand. Sie wusste tagelang nicht, ob nicht vielleicht irgendein Nachbar sie denunzieren würde."

„Dazu fällt mir nur ein: *Der größte Lump im ganzen Land, das ist und bleibt der Denunziant!* Da hat sich wohl nichts geändert", giftete Traudel, in ihren Augen machte sich nichtsdestotrotz Entsetzen breit.

Mutter nickte, nahm sich ein Stück Brot und meinte: „Aber vielleicht siegt hier doch so etwas wie ein Gewissen. Bis jetzt ist keine Gestapo bei ihr aufgetaucht."

Mit einem herzhaften Gähnen durchbrach Paula diese Atmosphäre von Angst und Düsternis. Normalerweise war unsere Küche der Ort, an dem wir uns geschützt fühlten. Ich spürte, wie sich die Welt von draußen zu uns herein drängte, sich wie selbstverständlich niederließ, und so gerne hätte ich die Figuren und Dinge, die sich hier so unverschämt breitmachten, schnell weggewischt. Nur ich schien sie zu sehen.

Seltsamerweise blieben sie einfach sitzen und grinsten mich unverhohlen an.

Vater kam müde und verschwitzt herein, war er doch gerade dabei, seine Platten und Steine zu sortieren. Der Herbst hielt Einzug und so langsam musste er das Material wieder für den Winter einlagern. Irgendwie passte die trübe Stimmung, die bei uns herrschte, zum Herbst, der alles Bunte und Lebendige mit seinen Winden davontrug.

Trotz allem aber gewann der Alltag mit seinen tausend Kleinigkeiten bald wieder die Oberhand. Sobald Herbert, die Großeltern, Otto und Gertrud mit ihren Kindern Agnes und Daniel sowie der Patron abends vorbeischauten, gestaltete sich unser Leben wieder halbwegs vertraut und heimelig. Die geisterhaften Fratzen des Schauermärchens verschwanden und ich atmete erleichtert auf.

Walter und Peter packten wie Daniel ihre Rucksäcke und bekamen von Oma und Mutter noch diverse Essenssachen zugeteilt. Sie zogen mit der HJ übers Wochenende in ein Lager. Die kühleren Abende sollten die Burschen abhärten, und neben Lagerfeuer und Zelten war auch eine Nachtwanderung geplant, um die Sinne in der Dunkelheit zu schärfen. Gefahren erkennen; lernen, dass man füreinander verantwortlich ist – das alles sollte diese Wanderung die Jungen lehren. Du allein bist nichts. Nur im Verbund mit den anderen bist du wer, bist du Teil des Ganzen. Kameradschaft, darum sollte es gehen. Auch sollten die HJler lernen, sich anhand von Mond und Sternen zu orientieren. Das alles klang spannend, klang nach Abenteuer. Und sie stützten sich dabei auf das Buch *Hitler-Jugend. Gelände-Übung*, das jeder von ihnen im Rucksack mit sich trug.

Als die uniformierten Jungen wie Soldaten aus der Küche marschierten, blickten die Erwachsenen ihnen einen Moment lang sinnend hinterher. Mittlerweile war es die selbstverständlichste Sache der Welt, dass die Kinder in der HJ waren. Die Eltern hatten ihren Frieden damit geschlossen oder, besser gesagt, es stillschweigend akzeptiert. Thea zog es vor, sich mit Agnes in die Kammer zu verziehen. Auch sie bekamen Aufgaben, die sie für ihre Schar lernen mussten. Am nächsten Tag sollten die Mädchen bestimmte Sport- und Körperübungen beherrschen, dazu Gesetze und Verordnungen auswendig können. So blieb ich wieder einmal als einziges Kind bei den Erwachsenen. Ich half, wo ich konnte, und dann setzte ich mich auf die Bank am Kachelofen und hörte ihnen wieder zu. Paula war eingeschlafen, sie störte sich nicht an den lauten Gesprächen, dem Lachen und Rufen. Im Gegenteil, sie schien es zu lieben, mittendrin zu sein.

Als Mutter jedoch die Geschichte aus Neisse berichtete, kippte die Stimmung. Wieder sah ich in ängstliche, wütende oder nachdenkliche Mienen. Jedes Gesicht spiegelte eine ganz eigene Befindlichkeit wider. Und auch diesen Abend beschrieb Mutter in ihrem Tagebuch. Besonders die Worte des Patrons machten großen Eindruck auf sie – einen Eindruck, der sich Jahre später noch ganz anders in seiner Wahrheit offenbaren sollte.

Die Erzählung des Patrons verdeutlichte, dass sich in Deutschland etwas Unvorstellbares anbahnte, etwas, das eines Tages jegliche Vorstellungskraft sprengen sollte. Hinter vorgehaltener Hand wurde über „wilde Konzentrationslager" gemunkelt, über Zwangsarbeit und Schikanen. Und dass die Juden immer weniger Rechte besaßen, hörte und las man überall. Doch wie genau die Praxis aussah, davon hatten wir hier auf dem Land keinen Begriff. Lange verfolgte mich das Bild, dass diese Kapitel im Schauermärchen versiegelt waren. Keiner durfte hier lesen oder weiterblättern, um genau zu erfahren, was mit den Juden geschah, wenn sie abtransportiert wurden. Erst als diese Siegel mit Gewalt gebrochen wurden, kamen die grausamen und unmenschlichen Bilder und Geschichten ans Licht. Millionen Menschen waren Teil des Schauermärchens geworden, das die Erwachsenen tagtäglich verfassten.

„Die neuen Nürnberger Gesetze verbieten Ehen mit Juden", erklärte der Patron vorsichtig. Er sah keinen an, starrte nur auf seine Hände. „Damit öffnen die Nationalsozialisten dem Rassenwahn Tür und Tor. Dazu gibt es einen Katalog voll von Schikanen gegen die deutschen Juden. Mit diesen Proklamationen soll der Unterschied offenbart werden, warum sie nicht arisch sind. Seltsam ist nur, dass die Nazis das Wort *Arier* für sich in Anspruch nehmen, wie so viele Dinge, die eigentlich nicht zu ihrem Rassenwahn passen. Ist es nicht absurd, einen Begriff zu wählen, der nichts mit Germanentum zu tun hat? Das Wort *Arier* stammt aus Persien. Hier haben sich die Menschen als *arisch* bezeichnet, die dieselbe Sprache sprachen, also ein und demselben Stamm angehörten. Das zeigt doch, dass es den Nationalsozialisten nicht gelingt, etwas zu finden, das den ‚echten Deutschen' kennzeichnet. Den kann es gar nicht geben, den reinen Deutschen. Sind wir nicht ein Volk von so vielen verschiedenen Stämmen? Hat nicht gerade das uns so kulturell reich und vielfältig gemacht? In der Sprache, in der Musik, in der Wissenschaft? Wie viel ist denn nun ‚deutsch' und wie viel hat sich über Hunderte von Jahren in zufälligen Begegnungen mit anderen Völkern gemischt? Aber das Wort *Nichtarier* wird fortan mit *Jude* gleichgesetzt werden. Und was geschieht, wenn ein Jude eine Katholikin geheiratet hat? Die Kinder der beiden sind so genannte *Mischlinge* und werden durch dieses Gesetz ebenfalls ausgegrenzt."

„Ja, selbst in der Schule gibt es jetzt so eine Mappe. Hieraus lernen die Kinder, was es heißt, ein *guter Deutscher* zu sein. Und wie der auszusehen hat!", stimmte Mutter traurig zu.

„Entscheidend dafür, ob einem die Zugehörigkeit zur *arischen Rasse* attestiert wird, ist, was diese Köpfe sich zusammengesponnen haben, nämlich die Herkunft der Großeltern", warf Herbert in die Runde Er legte eine seiner Exil-Schriften auf den Tisch und deutete auf eine aufgeschlagene Seite.

„Wer nur eine jüdische Oma hat, ist ein *Mischling Zweiten Grades*. Wer zwei jüdische Großeltern besitzt, ist ein *Mischling Ersten Grades* und somit *Halbjude*. Damit gehört man nicht mehr zu den arischen Herrenmenschen und hat mit drastischen Einschränkungen seiner persönlichen Rechte zu rechnen; das haben schon einige am eigenen Leib erfahren müssen."

„Wir waren letztens im Kino …", hob Otto an.

„Ja!", unterbrach ihn Gertrud. „Da mussten wir erleben, was geschieht, wenn du als Jude vor allen gedemütigt wirst. Ein junges Pärchen kam aus dem Kino und mehrere von diesen SA-Burschen begannen den jungen Mann zu drangsalieren und forderten das Mädchen auf, mitzukommen. Der Junge wollte seine Freundin beschützen, aber die haben ihn einfach festgehalten. Erst als einer aus der SA-Truppe behauptete, dass der junge Mann kein Jude ist, dass er ihn aus der Schulzeit kenne, haben sie ihn gehen lassen. Die sind nur nach dem Äußeren gegangen – der Junge hatte die angeblich typischen Merkmale!"

„Und die wären?", fragte Traudel erstaunt.

„Schwarze wilde Locken!", lachte Otto.

„Na dann, mein Lieber, bin ich eine Jüdin", antwortete Gertrud ernst.

Unsicher sah er sie an. Auch die anderen starrten auf Gertruds Locken, die wie immer wild vom Kopf abstanden. Für einen seltsam langen Moment musterten die Erwachsenen einander, als begegneten sie sich zum ersten Mal. Und schon waren sie in die Falle hineingetappt; in diese Falle von versteckten Vorurteilen und tief sitzendem Argwohn.

„Du bist doch keine Jüdin", widersprach Otto leise.

„Weißt du's? Ich weiß nicht, ob meine Urururgroßmutter nicht jüdisch war. Und irgendwo, das habe ich mal von einer

Tante erfahren, irgendwo gab es vor Urzeiten mal einen Italiener, der in die Familie eingeheiratet hat. Vielleicht war er Jude?"

„Na, wohl eher Katholik!"

Über diesen Einwurf von Herbert versuchten die Erwachsenen zu lachen.

Es gelang ihnen nicht so ganz.

„Aber mit meinen Haaren trage ich doch ein *typisch jüdisches* Merkmal. Und was ist mit Herberts großen Händen oder Ottos Nase oder Alfreds Füßen? Und Sie, lieber Freund", damit deutete sie auf den Patron: „Ihre herrlich markante Nase! Na, wenn die mal nicht jüdisch ist! So was alles wird jetzt vermessen und dann nach einem Katalog geprüft? Und wenn es Menschen gibt, die an dieses Zeug glauben, ja, was glaubt ihr denn, was das auslösen kann? Da werden doch Menschen wie Tiere durchs Dorf getrieben und vor allen Augen gebrandmarkt! Da werden Familien auseinander gerissen, vielleicht werden auch noch Menschen gesteinigt, wie im Mittelalter? Mit welchem Recht?"

„Die Uniformierten demütigen die von ihnen als *Rassenschänder* bezeichneten Menschen öffentlich und werden noch von gaffenden Zaungästen unterstützt. Das ist wie ein Zoo. Fragt sich nur, wer eigentlich hinter die Gitter gehört."

Herbert verstummte.

Schweigen legte sich über den Raum. Man hörte die Glut im Ofen prasseln und ein Holzscheit laut knisternd in sich zusammenfallen.

„Und ich mit meinen Mandelaugen?" Mutter sah auf.

„Ja", meinte Gertrud, „du bist dann nach Nazimaßstäben auch eine Jüdin. Was genau würde jetzt mit uns beiden hier im Dorf geschehen? Und vor allen Dingen – was mit unseren Kindern?"

Keiner antwortete. Jeder hing seinen eigenen verzweifelten Gedanken nach.

„Ausgestoßen", kam es knapp von Opa. „Auch alle anderen Familienmitglieder würden sofort aus der Gemeinschaft ausgestoßen. Und das wäre wahrscheinlich noch das Harmloseste."

Vater kam zu mir und nahm meine Hand. Er war der Einzige, der bemerkte, dass ein Kind zuhörte. Er strich mir über die Haare. Dann beugte er sich zu mir und sagte leise: „Keine Angst. Ihr Kinder seid sowieso alle Engel. Und bei den Engeln ist es vollkommen egal, welche Rasse und Religion ihr habt."

Ich sah ihn zweifelnd an. Wenn Erwachsene lügen, dann ist das so offensichtlich. Und so dermaßen hilflos!

Dann sah ich auf Paula nieder. Und wirklich, was da schlummernd lag, war bestimmt ein Engel.

„Ich glaube, durch diese Ausgrenzung anderer wird das Gefühl, einer Volksgemeinschaft anzugehören, überhaupt erst erlebbar", erklärte der Patron. „Um nicht selbst eines Tages außen vor zu sein, tauchen viele unter, werden blind und taub. Und befindet sich eine Gesellschaft in diesem Zustand, können die fürchterlichsten Dinge geschehen."

Den Rest des Abends weilte er mit seinen Gedanken in anderen Sphären. Ich konnte beobachten, wie er vor sich hin grübelte.

Im Winter wurde Vater wieder arbeitslos. Wer brauchte auch bei dieser Kälte eine Terrasse oder gar Betonklötze? Und wieder musste er sich mit dem Kohlen-Austeilen plagen. Dafür nahm Mutter mehr Arbeit aus Neisse an. An den langen Winterabenden spannen die alten Frauen den selbst angebauten Flachs, und das traditionelle Mohnkötteln brachte alle zusammen. Eines Nachmittags fand erneut ein Gemeinschaftstreffen im Gemeindehaus statt. Hier äußerten einige Bauern ihren Unmut darüber, nicht die Aufmerksamkeit zu bekommen, die ihnen vor den Wahlen in Aussicht gestellt worden war. Von der lautstark angepriesenen „Rettung des deutschen Bauern" war nicht viel zu spüren.

Selbst hier, im entlegensten Winkel des Deutschen Reiches, bemerkten die Großen, dass der produzierenden Wirtschaft immer mehr Aufmerksamkeit geschenkt wurde. Und zwar vor allem der Rüstungsindustrie. Und natürlich der aufstrebenden Wehrmacht. Die lange verkündete *Blut-und-Boden-*Ideologie, mit der die Landbevölkerung als angeblicher Hauptquell des deutschen Volkes hingestellt worden war, wurde allmählich beiseite gedrängt. Richard Walter Darré, dem Reichsminister für Ernährung, war es schon 1933 gelungen, alle Bauernvereine und den Reichslandbund zu vereinigen, eine Großlandwirtschaft sollte als tragende Säule neben dem Wehrstand ihren Platz in der NS-Propaganda erhalten.

Neuerdings steuerte der Staat mit konkreten Vorschriften die Preise für landwirtschaftliche Erzeugnisse. Es gab Anordnungen und Verbote, die den Bauern vorschrieben, was und wie viel sie zu produzieren, aber auch abzugeben hatten. Und die landesweit festgelegten Preise schnürten vielen Bauern die Luft ab. Da half auch keine ideologische Verbrämung mehr.

„Damit ist kein Gewinn zu machen", polterte einer entrüstet aus, und schnell kamen etliche überein, dass sich für den Bauern und seine schwierige Situation im Grunde nichts gebessert hatte. NSDAP hin oder her. Die Idylle vom harmonischen Landleben mit dem Bauernstand als Basis der Volksgemeinschaft und einer Verherrlichung des erdverbundenen, einfachen Menschen, der als *rassisch wertvoller Germane* im Einklang mit der Natur lebte und arbeitete, bröckelte. Dieses verklärte Bild stand im Widerspruch zur Realität, die von harter körperlicher Arbeit und damit verbundenem Darben geprägt war.

„Nahrungsfreiheit für das deutsche Volk", hieß es einst, und der gesamte Agrarbereich war im *Reichsnährstand* zusammengefasst worden. Dieser zählte Mitte der Dreißigerjahre knapp 17 Millionen Mitglieder, und mit einer strengen hierarchischen Gliederung setzte er einen allumfassenden Kontrollanspruch durch. Eine von oben gesteuerte Lenkung, die zunächst die Gleichschaltung der Agrarverbände und der landwirtschaftlichen Organisationen betrieb. Im Reichsnährstand waren Beamte mit der Erzeugung, der Verwertung und dem Absatz landwirtschaftlicher Produkte beschäftigt. Sie saßen aber nur in gut geheizten Büros, hatten keine wirkliche Ahnung vom Leben auf dem Land.

Es herrschte ein enges Geflecht von Vorschriften und Verboten. Es gab kein Geld für weitere Mechanisierungen und Modernisierungen, die das Leben vereinfacht hätten. Die nationalsozialistischen Autarkiebestrebungen wollten der Landwirtschaft innerhalb der Wirtschaft einen wichtigen Platz sichern. Die *Blut-und-Boden*-Propaganda war aber nicht überall aufgegangen; die Einkommen der Bauern blieben gering, bald sprach man von ihnen als *Stiefkinder des NS-Regimes*.

So kam es, dass einige sich von der Partei abwandten. Auch wenn sie offiziell *deutschen oder stammesgleichen Blutes* waren. Zwei unserer Bauern gaben ganz auf und traten ihren Besitz ab; diese Landflucht sollte in den nächsten Jahren noch dramatisch zunehmen. Viele Männer zogen es dann vor, in der Wehrmacht ihren Weg zu gehen. Hier sahen sie Aufstiegsmöglichkeiten, die Chance, zum Oberleutnant oder gar Hauptmann zu avancieren. Ein Soldat galt mehr als ein Bauer, und so ließen sich nicht wenige den Soldatenrock verpassen. Der war eines jeden Schlesiers Ehrenkleid. Und für das Vaterland zu kämpfen oder gar zu sterben galt fortan als die größte Ehre. Wieder einmal.

Als der Winter endgültig sein Fangnetz aus Schnee über uns warf, deckte er mit seiner Stille für einige Zeit den Lärm und das emsige Treiben im Alltag zu. Die große Aufregung um die

Politik und all die Umformungen, die im neuen Deutschland für jeden spürbar waren, rückte ein wenig beiseite. Man zog sich zurück, und nur die Begegnungen rund um den Kirchgang konnten die Neugier auf Veränderungen oder Neuigkeiten stillen. Wer kam überhaupt noch zur Messe? Was für Nachrichten brachten die Leute mit? Und natürlich verfolgte man besorgt die Predigten von Herrn Bredow, der die Frage nach Gott und Gerechtigkeit schärfer stellte denn je. Oder das menschliche Miteinander forderte. Oma hielt sich eisern daran. Sie nahm Thea und mich im Winter immer mit zu den armen Leuten. Wir hörten schon aus größerer Entfernung ein vertrautes Klappern aus ihren Häusern. In der Wohnstube stand ein Webstuhl und dahinter saß ein verhutzeltes Wesen und dirigierte das Schiffchen mit Füßen und Händen. In einer Ecke hing ein altes Bild, entweder vom Sohn oder vom Ehemann oder sogar von beiden, in Uniform, und darunter die Zeile: „Gefallen für Volk und Vaterland". Die Leidtragenden des Ersten Weltkrieges blieben diese Kriegerwitwen. Der Ernährer war tot und so mussten sie fortan im Wald Brennholz sammeln. Das Holz wurde zu einer Hucke gerichtet und auf den Rücken gebunden. Nicht selten begegnete uns im Wald eine solche alte Frau, die sich vielleicht gerade am Wegesrand ausruhte, bevor sie mit ihrer Last nach Hause schlich. Sie sammelten Pilze, im Sommer und Herbst pflückten sie Blau- und Preiselbeeren und verkauften sie in den umliegenden Dörfern. Aber im Winter, da wuchs die Not. Da versuchten sie sich, wie es einst bei uns üblich gewesen war, mit der Weberei über Wasser zu halten. Und hätten nicht gute Seelen wie meine Oma sich um sie gesorgt, wäre das Leben dieser Frauen mehr als bitter gewesen.

 Einmal in der Woche wurde das fertig Gewebte bei den Fabrikanten abgeliefert. Mit einem zweirädrigen Wagen fuhren die Weber den Barchent – so hieß die gewebte Ware – die acht Kilometer bis nach Neisse, um dort alles abzuliefern und den mageren Lohn dafür in Empfang zu nehmen. Im Austausch für die Ware erhielten sie frisches Garn zum Verarbeiten und zogen mit einem vollen Wägelchen die acht Kilometer wieder zurück.

Es wurde alles gewebt: Leinen, Halbleinen, Seide und Drell. Schlesisches Leinen war einst weltbekannt und sogar bis nach Amerika ausgeführt worden. In allen schlesischen Städten und Dörfern hatte die Weberei eine große Rolle gespielt, im 18. Jahrhundert besaß fast jedes Haus einen Webstuhl. Die Ware wurde zu den Händlern gebracht, oft kilometerweit, zu jeder Jahreszeit. Fehlerhafte Ware wurde nicht angenommen oder der Preis gedrückt. Diese Schikane ließ viele Weberfamilien hungern, die Kinder starben wie die Fliegen. Der Lohn war mehr als dürftig – die Weber lebten in echter Armut. Dieses Elend und Leid beschreibt Gerhart Hauptmann eindrucksvoll in seinem Drama *Die Weber*. Die größte Not trat jedoch ein, als der Engländer James Watt 1774 die erste betriebsfähige Dampfmaschine erfand und damit das industrielle Zeitalter einläutete. Schlagartig wurden die schlesischen Weber arbeitslos, denn ihre alten Webstühle kamen mit den Errungenschaften der Technik nicht mehr mit. Es kam zu gewaltigen Aufständen. In einem Gebiet nicht weit weg wurde sogar das Militär eingesetzt. Es gab Tote und Verletzte. Soldaten schossen auf Arbeiter.

Und damit die alten Menschen nicht wieder ein solches Leid erfahren mussten, gingen wir regelmäßig zu ihnen hin. Einmal nahm ich auch Mutters Kamera mit. Es war bedrückend, später die Abzüge anzusehen; sie hielten das ganze Elend dieser Menschen fest.

So klang ein weiteres Jahr aus. Unsere Familie war um eine Seele reicher geworden, und zu Neujahr kamen unsere Verwandten aus den umliegenden Dörfern. Auch bei ihnen konnten wir erleben, dass die NSDAP-Ideologie zwei, wenn nicht gar drei Lager hervorbrachte. Die einen waren froh über Beständigkeit und eine züchtige Ordnung, die einen scheinbaren Frieden mit sich brachte; die anderen wetterten über den Moloch von braunem Sumpf, der jegliche Art von Ehre und Anstand in den Abgrund riss. Und der dritte Teil zuckte mit den Schultern, glaubte, dass der Hitler sich schon irgendwann beruhigen werde, und war mit Arbeit und eigenen Sorgen so beschäftigt, dass keine Zeit blieb für tiefschürfende Gedanken oder gar daraus folgende Konsequenzen.

Und ich mittendrin. Teil des Schauermärchens, das sich schon über so viele Kapitel entwickelt hatte.

Ein Ende war nicht in Sicht.

Ich nahm mir fest vor, in den bevorstehenden Raunächten von einer besseren und schöneren Welt zu träumen. Einer Welt, in der alle einander friedlich begegneten und das Leben fröhlich bis an ihr Ende genießen durften.

Schlesien

Mohrau 1936/37

Die so genannten „Guten Nazijahre"

Als Kind konnte ich natürlich nicht hinter die Fassaden blicken, die die Erwachsenen wie eine Schutzmauer um sich herum auftürmten. Nur durch Mutters sorgfältig notierte Beobachtungen und das, was ich im Nachhinein gelernt habe – was übrigens jeder erfahren konnte, und was man sehr wohl vermittelt bekam, wenn man dem denn ein Interesse entgegenbrachte –, erscheint mir heute vieles aus dieser seltsamen Zeit plausibler. Die permanent rieselnde massenpsychologische Beeinflussung, die mystischen Rituale um den Führer und seine Vasallen, das alles kommt mir heute so irreal vor. So durchschaubar. Aber damals waren viele diesen Aufmärschen, den im Winde wehenden Fahnen, all den vertrauten Ritualen und heroischen Reden, die zu jeder Tages- und Nachtzeit zu hören und zu lesen waren, regelrecht verfallen. Jung wie Alt. Heute kann ich von einem religiösen Wahn sprechen.

Die Gespräche der Erwachsenen gestalteten sich seltsam verhalten; die einstige Empörung – aufgeweicht. Die aufschäumenden Wellen der Wut brachen sich an Felsen aus Ignoranz, die sich unverrückbar vor einem auftürmten. Die neu zelebrierte Volksgemeinschaft war mächtiger als jede Burg. Nach anfänglichen Schwierigkeiten folgte die Anpassung. Und als die großen Hürden genommen waren, schien es, als würden wir auf eine seltsame Art belohnt. Man erfreute sich am Leben selbst. Es war tatsächlich so, dass zu jener Zeit in dem Märchen die Kapitel geschrieben wurden, in denen eine gewisse Ruhe und – vielleicht muss man das so nennen – Zufriedenheit herrschten. Vor allem die Kinder und die Jugend waren in ihrer Gemeinschaft gut aufgehoben. Der tragische Vorfall mit Jan wurde nicht vergessen, aber wohl als eine Art Preis dafür gesehen, dass es Millionen von Deutschen gut ging. Hier und da war eben auch ein Opfer zu beklagen. Und der kleinen und großen Helden wurde postum gebührend gedacht. Auf der gleißenden Marmorplatte, die Jans Grab schmückte, prangte tatsächlich eine grüne Kordel neben einem Bild von Jan in HJ-Uniform. Edda hatte Mutters Rat angenommen und im Dorf für die Familie gesammelt. War dies wirklich das, was Mutter bezweckt hatte? Das möchte ich bezweifeln.

Die meisten Frauen schlossen sich früher oder später der Frauenschaft an. Neben vorhersehbaren Dingen wie Kochen, Nähen, Spinnen und Federn-Schließen wurden auch ein Sportprogramm angeboten und soziale Aufgaben verteilt. Die Frauen trafen sich, um unter sich zu sein. Mutter und Traudel zögerten lange, aber eines Abends gingen auch sie hin. Und kehrten mit zufriedenen Gesichtern zurück. Edda war es tatsächlich gelungen, Alte und Junge unter einen Hut zu bringen; sie tauschten Ratschläge und Tipps aus, musizierten gemeinsam und gründeten einen Damenchor. Vormittags trafen sie sich, um all denen ein Gymnastikprogramm anzubieten, die das Bedürfnis verspürten, endlich auch mal etwas für ihren geschundenen Körper zu tun. Über politische Dinge sprachen sie kaum. Und als es darum ging, eine alte Scheune, die schon lange leer stand, instand zu setzen und als Raum für die Frauenaktivitäten einzurichten, packten alle mit an. Tagelang tönte Klopfen, Hämmern und Sägen durchs Dorf. Mit offenem Mund standen die Männer da und starrten ihre Frauen an, die sich einfach das Recht nahmen, ihr *Frauenheim* mit eigenen Händen aufzubauen und nach ihren Vorstellungen zu gestalten. Auch die Männer verrichteten ihre Arbeit neben verordneten Treffen, die allerdings meistens bei Josef im „Hopfen" endeten.

Vater ging es in diesem Jahr wirtschaftlich so gut wie nie zuvor. Alle waren gesund, die Freunde blieben unsere regelmäßigen Gäste und Herbert vertrat nach wie vor seine politischen Ideale, besann sich aber auch auf sein Leben in der Dorfgemeinschaft; das eheähnliche Verhältnis mit Traudel festigte sich. Eine offizielle Heirat lehnte sie nach wie vor kategorisch ab. Da sie noch im gebärfähigen Alter war, wie ihr die alte Peikert bestätigte, wollte Traudel partout nicht, dass der Staat Kontrolle über sie erhielt. Neuerdings musste jedes Paar, das heiraten wollte, sich die Bewilligung durch eine Gesundheitsbehörde einholen. So sollte gewährleistet werden, dass die deutsche Frau nur rassisch reine Kinder zur Welt brachte. Das Vorhandensein einer Erbkrankheit hätte eine Ehebefähigung von Amts wegen ausgeschlossen. Auch hörte man von Zwangssterilisationen in Fällen, in denen ein Verdacht vorlag. Darüber hinaus spielte natürlich auch Herberts politische Haltung eine große Rolle. Seine Freunde setzten alles daran, ihn nicht in den Fokus irgendwelcher Aufmerksamkeiten zu rücken.

„Und außerdem", verkündete Traudel, „halte ich nichts von dieser vollständigen Abhängigkeit der Frau vom Willen ihres Ehemannes! Dieses Nazi-Eherecht heißt doch, dass jede Frau erst einmal ihren Mann fragen muss, ob sie überhaupt arbeiten gehen darf! Und ihr gesamtes Vermögen, alles, was sie hat – darüber kann nur er verfügen! Nichts gehört dir dann mehr! Du bist ein Nichts. Ja, sind wir denn ins letzte Jahrtausend zurückgefallen? Diese Beschränkung auf Haushalt und Kindererziehung, nur damit sie uns wegdrängen aus der Gesellschaft? Mit mir nicht!"

„Na, du weißt doch aber, dass Herbert jede Frau eher als Genossin sieht denn als potenzielle Nazibraut", gab Mutter lakonisch zurück.

„Das weiß ich natürlich. Aber wir brauchen nicht von der Partei die Genehmigung, dass wir zusammen sein dürfen. Mir reicht es so. Bis jetzt hatte Herbert nichts dagegen einzuwenden. Und die hämischen Blicke der anderen, die sind mir wirklich egal."

„Du bist ja längst akzeptiert. Schon allein dein Malkurs! Schau sie dir doch an, die eifrigen Damen, wie begierig sie sind, im neuen Heim alles schön zu haben."

Traudel hatte die Organisation der Inneneinrichtung für das neue Heim übernommen und ermunterte alle, die Wände zu bemalen. Vater brachte alte Terrassenplatten vorbei, die nach Traudels Vorschlägen in verschiedenen Mustern gelegt wurden. Richtige kleine Gemälde zierten bald die Wände, auch altes Geschirr wurde bemalt. Hierfür durfte Traudel aus der Porzellanfabrik Farbreste und gebrauchte Pinsel mitbringen. Auch konnte Herbert einen alten Ofen ergattern, damit das Porzellan gebrannt werden konnte. Und da entdeckte so manche Frau ihre kreative Ader. Über die Affäre mit Herbert wurde natürlich getuschelt, immer wieder wurde Traudel ermahnt, sie solle sich nicht von seiner falschen politischen Gesinnung verführen lassen. Traudel war wohl angenommen, aber sie spürte natürlich, dass besonders Edda es sich zum Ziel gesetzt hatte, sie so weit zu bekehren, dass sie endlich eine „anständige deutsche Frau" wurde.

Peter gehörte längst der Kinder- und Jugendschar an. Wie auch Walter war er in den Wettkämpfen immer einer der besten, musste sich um seine Position innerhalb der Gemeinschaft keine Gedanken machen. Ohne Vater aufzuwachsen war seit dem Großen Krieg eh keine Schande. Wie viele Kinder teilten dieses Schicksal mit ihm! Außerdem begrüßten die Nationalsozialisten auch uneheliche Kinder. Natürlich nur die arischen. Und letztendlich dienten wir alle eigentlich nur dem Traum von einem riesigen Heer, das eines Tages das *Tausendjährige Reich* erobern und wahren sollte.

Ich bin mir sicher, dass die Erwachsenen in diesen Jahren kaum eine Ahnung von dem hatten, was andernorts geschah. Es war einfach eine gute Zeit angebrochen, die wir alle dankbar annahmen. Wie eh und je bestimmten die unberechenbare Natur und der Wechsel der Jahreszeiten unseren Lebensrhythmus. Wer aus den Städten oder umliegenden Nachbarorten zurückkehrte, konnte die neuesten politischen Informationen weitergeben; aber was nicht konkret vorstellbar war, drang nicht ins Bewusstsein der Menschen. Und das Radio berichtete nur von den heroisch-guten Dingen, die das große Deutschland vollbrachte. Die Zeitungen quollen über vor Meldungen über die wunderbare Führung der Partei. Die Deutschen waren wieder wer. Hitler führte uns stetig aus den Krisen der ehemaligen Republik, der verhasste und demütigende Versailler Vertrag war endgültig zerrissen, und wirtschaftlich ging es aufwärts.

Was für den einen die „Guten Nazijahre" ausmachte, bedeutete für den anderen die Fortsetzung von Verfolgung, Unterdrückung und Repressalien. So vielen Menschen wurde in jener Zeit die Würde geraubt, wenn nicht gar das Leben. Die Verordnungen, Gesetze, Gerichtsentscheidungen und ständigen Schikanen und Diskriminierungen, die zum Beispiel die jüdische Bevölkerung hinnehmen musste, blendeten die meisten *Arier* einfach aus ihrem begrenzten Blickfeld aus, womit diese Menschen noch weiter an den Rand der Gesellschaft gedrängt, ausgestoßen und im Dreck liegen gelassen wurden. Und plötzlich gab es mehr Raum, mehr Wohnungen, mehr Arbeitsplätze, und das Geld der Juden floss in die Staatskassen, und die meisten wollten nicht wirklich hinterfragen, woher all das kam. Es wurde selbstverständlich genommen, benutzt und irgendwann als das Eigene betrachtet und damit gesellschaftlich akzeptiert. Das war eins der Dinge, die vielen Deutschen das Gefühl vermittelten, *Herrenmenschen* zu sein.

Ich habe viele Jahre gebraucht, mir Stück für Stück dieser unheilvollen Ära zusammenzusuchen, bis das Puzzle meiner Kinder- und Jugendzeit vollständig vor mir lag. Jedes einzelne Teil erzählte eine Geschichte, die mir als Erwachsener vieles veranschaulichte, was ich als Kind natürlich nicht begreifen konnte.

In diesen so genannten „Guten Nazijahren" gelangten selbst viele Systemzweifler zu der Erkenntnis, dass es den Deutschen doch nun besser gehe als in der Weimarer Zeit. Millionen fühlten sich im Dritten Reich geradezu wohl und bemühten sich im Alltag um ein konformes Verhalten. Hier und da konnte sowohl im Privaten als auch in der Wirtschaft ein gewisser Wohlstand erreicht werden. Irgendwann war das Schlagwort „Vollbeschäftigung" in allen Zeitungen, und selbst die großen Nachbarländer zollten Hitler einen gewissen Respekt. Der Friede war gewährleistet. Die Angst, dass Hitler nur Krieg suchte, bestätigte sich vorerst nicht. Nicht, wenn man nur sein eigenes kleines Umfeld betrachtete. So etwas wie ein ganz neues Gefühl der Volksgemeinschaft stärkte den Glauben daran, dass dieses System der Nationalsozialisten endlich die über Jahre ersehnte Normalität zurückbringen könne.

Eine hohe Loyalität entwickelte sich und griff um sich, verbunden mit einem Hyperpragmatismus, besonders in Bezug auf das politische System. Die Realität war eigentlich, dass die Kontrolle immer engmaschiger wurde, die Leute wurden rigoros in das Kollektiv eingebunden und jegliche Individualität im Keim erstickt. Der Mensch Adolf Hitler wurde von Mädchen und Frauen mit Jauchzen und Gekreische angehimmelt wie heute männliche Stars. Alles Gute wurde ihm zugeschrieben. Das, was nicht lief, wurde auf die anderen abgewälzt. Seine Paladine, ja, über die konnte man schimpfen und streiten, denn eigentlich waren ja nur sie schuld an den unschönen Dingen, die eben auch vorkamen.

Wo gehobelt wird, fallen Späne, war die allgemeine Antwort auf Unerfreuliches.

Damit wählten sich die Erwachsenen ihre Sündenböcke und konnten sich die Dinge zurechtbiegen, bis sie ins Lebensmuster passten, und das wiederum machte sie gefügig.

Heute kann ich das erkennen. Damals folgte alles einem gleichbleibenden, stetig vorwärtsmarschierenden Rhythmus, dem man sich nicht verweigern konnte, wollte man nicht aus der Volksgemeinschaft ausgestoßen werden. Und in einem Dorf war das ab einem bestimmten Moment nicht mehr möglich. Hier war jeder auf jeden angewiesen.

Viele säuberten ihre Gedanken von düsteren Ahnungen, unterdrückten ihr menschliches Mitgefühl, löschten Zweifel und argwöhnische Gefühle aus, wenn sie denn doch einmal aufkeimten, und behielten eine verklärte Ansicht auf die Heimat, die mit der Realität nicht viel zu tun hatte. Wäre dieser Blick klarer gewesen, realistischer, hätte daraus eine eigene Verantwortung erwachsen müssen, um die folgenden dunklen Jahre so nicht entstehen zu lassen.

Wer innerhalb der Gemeinschaft seinen Platz eroberte, der konnte sicherlich von dem Glanz profitieren. Dass alles in die Rüstungswirtschaft gepumpt wurde, trauten sich nur einige hinter vorgehaltener Hand zu bemängeln. Die Wehrmacht erhielt schon kurz nach der Machtergreifung mit einer großen und lauten Parade ihre volle Souveränität zurück. Tag und Nacht rotierten die Räder der Fabriken, um Munition aller Art und Maschinenteile in jeder Größe für die Rüstung herzustellen. Alles lief auf Hochtouren; obwohl immer nur von Frieden gesprochen wurde. Es geschah trotzdem. Wie nebenbei.

Die Eingliederung der meisten Leute im Dorf in das totalitäre System vollzog sich schleichend. Man nahm sie einfach hin, die Verordnungen von oben, hörte sich die Reden an und ging dann aufs Feld oder an seine sonstige Arbeit; verrichtete alltägliche Dinge. Schlechte Gedanken schüttelte man ab wie lästige Fliegen. Und da bei uns weder Juden noch aktive Gegner des Systems lebten – denn Herbert blieb trotz seiner Gedanken eher im Hintergrund, äußerte sich nie innerhalb der großen Gemeinschaft – kam keiner in die Situation, sein Gewissen ernsthaft befragen zu müssen.

Diese seltsame Figur aus dem Schauermärchen, mit der schrecklichen schwarz-glatten Haarsträhne, mit diesem seltsam abgebrochenen Oberlippenbart, verkleidet im Braunhemd, das in meiner Fantasie immer nach frischem Dung roch, schrie und gestikulierte und trieb ihre braunen Wolfshunde durch die Straßen und durch den Kinderwald; sie verprügelten und hetzten jüdische Mitbürger und quälten diese. Ja, dieser Mann war jetzt allseits geschätzt und wurde in den höchsten Tönen gepriesen. Diesen Mann bekam man letztlich nie zu sehen, wenn man nicht gerade zu den großen Parteitagen nach Nürnberg reiste. Er wurde als Messias gefeiert und blieb der strahlende Erretter der vermeintlich deutschen Werte und Traditionen. Es war wie im alten Rom. Brot und Spiele für das Volk. Dafür nahm man eben in Kauf, dass auf der Bühne andere den hungrigen Löwen zum Fraß vorgeworfen wurden. Auf die paar Süßigkeiten, die die Oberen dem gaffenden und geifernden Volk zuwarfen, stürzte man sich wie von Sinnen und verleibte sie sich ein, bis sie einem die Sicht auf die Wahrheit trübten.

Das Recht auf bezahlten Urlaub zum Beispiel und von der Partei organisierte Fahrten waren so eine Süßigkeit; sie erzeugten ein dermaßen gefälliges Gefühl der Zufriedenheit. Das NS-Unternehmen *Kraft durch Freude*, kurz KdF genannt, sollte dem Arbeiter die Möglichkeit bieten, sich von den Strapazen des Alltags zu erholen. Diese NS-Organisation bot auch umfangreiche Kultur-, Freizeit- und Ferienaktivitäten an, mit eigenen Hotels, Feriensiedlungen und eigens gebauten Passagierschiffen. Schnell avancierte sie zum mächtigsten Massentourismus- und Freizeitunternehmen Deutschlands. KdF versuchte der breiten Masse kleine, vor allem Wochenend- und Tagesreisen zu ermöglichen. Doch die Realität sah anders aus. Ein Arbeiter verdiente zwischen 120 und 150 Reichsmark im Monat – eine Italien-Reise kostete aber schon 140 Reichsmark. Diese Bevölkerungsschicht war also schon mal von dem Luxus ausgenommen. Für den Arbeiter blieben nur die Tagesausflüge, die es schon ab fünf Reichsmark gab. Da ging es meistens aufs Land, bevorzugt nach Pommern, und übernachtet wurde in Scheunen.

Traudel brachte eines Nachmittages aus Neisse eine Broschüre mit. Ihr Chef ermunterte seine Angestellten, sich ein paar freie Tage zu gönnen und die Angebote der KdF wahrzunehmen. Neugierig besahen wir uns die Bilder von zufriedenen Menschen, die verträumt an der Reling standen und über den weiten Ozean blickten. Weiße Schaumkronen tanzten auf der Oberfläche und eine gewaltige Sonne warf ihre herrlichen Strahlen ins glitzernde Nass.

Ich war noch nie am Meer gewesen und konnte mir vor allem nicht vorstellen, mit so vielen Menschen auf einem Schiff zu sein, von dem man nicht wegkam. Keine Wiese, kein Baum und kein Hopfenberg, auf den man eben mal eilen konnte, um über Wälder, Tal und Dorf zu schauen. Walter und Peter fanden die Vorstellung, so einmal um die ganze Welt zu schippern, ganz kolossal. Das roch nach Abenteuer und Freiheit. Einmal den rauen Wind auf der Haut spüren, die salzige Luft schmecken und vielleicht sogar einen Sturm auf hoher See erleben. Sie waren Feuer und Flamme und hier keimte wohl auch die Idee in Walter, eines Tages als Bootsjunge auf einem solchen Schiff anzuheuern. Herbert besah sich die Broschüre natürlich kritischer und schnaubte verächtlich.

„KdF ist nicht nur eine heimtückisch erdachte und geleitete Organisation zur Betreuung der trägen Massen, sondern geradezu ein Symbol des Sozialismus, den die Nazis propagieren: Du allein bist nichts. Nur in der Masse – wenn du stillhältst – gehörst du zum angeblich auserwählten *arischen Volk.*"

Und dann erzählte er lang und breit, wie hämisch die Exil-Genossen in einem ihrer Blätter über die Massen sprächen, die sich im kollektiven Urlaub zusammenrotten ließen. Da könnten sie in einer kleinen, übersichtlichen Welt die lästige Verantwortung fürs eigene Leben abgeben, sich herumschippern lassen und blöde vor sich hin glotzen. Und überall Spitzel, die genau beobachteten, welche Gesinnung man vertrete. Keine Reise ohne die SA an Bord. Keine Unternehmung, bei der sich die Braunen nicht unters Volk mischten und herumschnüffelten, den Gesprächen lauschten und hinter aufgeschlagener Zeitung die Menschen beobachteten ...

Walter starrte ihn mit offenem Mund an. Das klang nach seinem *Emil und die Detektive* und schon sah er sich, wie er selbst diese hinterhältigen Spitzel beobachtete, ihnen hinterher schlich und dann einen armen Teufel warnte, der ins Visier dieser finsteren Männer rückte ...

„‚Diese KdF-Organisation scheint beweisen zu wollen, daß die Lösung der sozialen Fragen umgangen werden könne, wenn man dem Arbeiter statt mehr Lohn mehr Ehre statt mehr Freizeit mehr Freude statt bessere Arbeit- und Lebensbedingungen mehr kleinbürgerliches Selbstgefühl beschafft. Aber bloß keine Zeit zum Nachdenken geben'", las Herbert aus einem dieser Blätter vor.

Die Frauen seufzten, hörten sich seine Tiraden ergeben an und schielten dann doch wieder auf die bunte Broschüre, die die Sehnsucht nach ein wenig Luxus nährte.

Herbert wurde im Dorf zunehmend schief angesehen, auch offen angefeindet. Man wollte seine Ruhe und keinen Querulanten in der Gemeinschaft haben, der permanent das schöne Bild besudelte. Er selbst lachte nur darüber. Traudel bat ihn inständig, sich ein wenig vorsichtiger zu gebärden, auch um der Kinder willen. Es gab Tage, da blieb Herbert einfach verschwunden. Er sei in Breslau, hieß es dann, und derweil übernahm sein Sohn Veit die Schmiede und Sattlerei. Dann wurde dieser aber für ein Jahr zum Militär einberufen, und für Herbert begann eine schwierige Zeit. Er, der große Pazifist, musste mit ansehen, wie die Wehrmacht seinen Sohn schluckte, wie Hunderttausende anderer junger Männer auch. Wir haben Veit des Öfteren in Uniform gesehen. Trotzdem legte er sie, sobald er zu Hause war, sofort ab. Ihm gefiel es nicht. Die Schikanen, denen die jungen Burschen ausgesetzt waren, hatten mit Kameradschaft nichts zu tun, nichts mit den heroischen Worten, die am 1. Mai zum arbeitsfreien höchsten Fest der Volksgemeinschaft vom Führer persönlich durch das Radio tönten.

„Es war notwendig, dem deutschen Volk jenes große Gefühl der Gemeinschaft zu geben, so wie der einzelne Soldat nichts, aber alles im Rahmen seiner Kompanie, seines Bataillons, seines Regiments, seiner Division, und damit im Rahmen der Armee, so ist der einzelne Volksgenosse nichts, aber alles im Rahmen seiner Volksgemeinschaft. Hier wird persönlich aus dem schwachen Willen von 60 Millionen ein einzelner, ein gigantischer, gewaltiger, zusammengeballter Wille aller. Das muss jedem Volksgenossen sichtbar werden und deshalb hat auch unsere Bewegung dieses ganz besondere Gepräge bekommen, deshalb diese Massenkundgebungen, diese Massendemonstrationen, diese Generalappelle der Nation."

Vater saß öfter am Radio als Mutter, lauschte anderssprachigen Beiträgen und war so manches Mal irritiert. Auch die Länder um uns herum schienen sich mit Hitler und seiner Politik zu arrangieren; die negativen Stimmen verhallten allmählich. Deutschland ging es wirtschaftlich gut, der Friede war gewahrt worden und viele wollten wirklich glauben, dass die Konzentrationslager tatsächlich eine Art

Umerziehungslager waren, in denen Menschen durch Arbeit zur Vernunft gebracht wurden.

Ging man durchs Dorf, bekam man allenthalben zu hören: „Na siehste, ist doch alles gar nicht so übel, was? Der Hitler weiß schon, was er tut!"

Und als bekannt wurde, dass deutsche Truppen die entmilitarisierte Zone des Rheinlands besetzten – und damit den Locarno-Vertrag brachen, wie Vater bei einem ausländischen Sender hörte –, nahmen die meisten das einfach hin.

Otto und Vater erinnerten sich, wie es gewesen war, als der damalige Außenminister Stresemann erklärte, sowohl Frankreich als auch Belgien verzichteten, ebenso wie Deutschland, auf eine gewaltsame Änderung ihrer im Versailler Vertrag fixierten Grenzen. In der Folge erhielt Deutschland einen Sitz im Völkerbund und verdiente sich damit neuen politischen Respekt. Damit war es nun vorbei.

Und als der Reichstag wieder einmal aufgelöst wurde, durfte das deutsche Volk in Neuwahlen seine Zustimmung zu dieser Neuregelung abgeben. 99 Prozent Ja-Stimmen. Besser ging's wahrlich nicht. Die Kommentatoren im Radio jubelten.

Bleierne Stille herrschte in der Küche, ich werde es nie vergessen. Mutter riss das Fenster auf, schnell ging man zu anderen Themen über. Otto schüttelte leicht den Kopf und sah Gertrud an, die nur mit den Schultern zuckte. Es schien unabänderlich. So fügten sie sich. Abermals.

Brot und Spiele

Die ganze Aufmerksamkeit, auch die meiner Eltern, richtete sich weiterhin auf uns Kinder. Die Partei glaubte ihren Anspruch auf uns zu haben. Das Jahr 1936 wurde von der Reichsjugendführung zum *Jahr des deutschen Jungvolkes* erklärt.

Thea und ich waren gute Schülerinnen, Walter verrichtete seinen HJ-Dienst gewissenhaft und versuchte auch der Schule gerecht zu werden. So ganz gelang es ihm nicht. Allmählich verabschiedeten sich meine Eltern von dem Gedanken, ihn nach der Grundschulzeit auf die höhere Schule zu schicken. Der Junge solle lieber eine handfeste Ausbildung beginnen und zusehen, dass er seine Talente in einen Beruf stecke, so Vater, als er mit seiner Mutter über Walter sprach. Großmutter Rotraud war natürlich traurig. Gern hätte sie wenigstens ihren Enkel als Musiklehrer gesehen, aber die Realität war nun einmal eine andere. Für die Ideologie der Nazis stand das Körperliche im Vordergrund, das Praktische, nicht das geistige Gut. Und zu sehr waren die Jungs in der HJ gedrillt worden, sich vor allen Dingen sportlich zu betätigen. Der Drang sich zu bewegen war natürlich schon die Vorbereitung dessen, was die Männer dann im Krieg erwarten sollte.

Und so endete für Walter die Kinder- und Jugendzeit, als er 14 war. Nach dem Sommer begann er seine Lehre als Schlosser. Er war froh, der Enge der Schulklasse zu entkommen. Sein Betrieb lag acht Kilometer entfernt und zum Geburtstag bekam er sein erstes eigenes Fahrrad. So kehrte er abends verschwitzt nach Hause, roch nach Öl und erzählte voller Bewunderung von seiner neuen Welt.

Peter durfte die höhere Schule besuchen. Er bekam von Herrn Gebauer die entsprechende Empfehlung. Damit drohte natürlich die Freundschaft zu zerbröckeln. Da aber die Schule von Peter im selben Ort lag wie der Schlosserbetrieb, in dem Walter seine Ausbildung absolvierte, radelten sie Tag für Tag gemeinsam los. Sie erschlossen sich die gesamte Umgebung und nicht selten blieben sie einfach bei einem unserer Verwandten und schliefen dort in der Scheune. So konnten sie sich trotz der unterschiedlichen Wege, die sie in ihrem neuen Lebensabschnitt gingen, weiterhin der alten Vertrautheit und innigen Freundschaft erfreuen.

Paula wuchs und gedieh, blieb der Sonnenschein der Familie. Im Grunde genommen ging es uns gut. Das redeten sich unsere Eltern ein und versuchten damit, die Politik ein wenig aus ihrem Leben auszublenden. Übers Radio erfuhren wir die Neuigkeiten, was das Gefühl erzeugte, mit dem großen deutschen Reich in irgendeiner Form verbunden zu sein.

Am Freitag, dem 19. Juni, durften Walter und Peter sich, zusammen mit fünf anderen Jungs, mit allem, was dazugehörte, mitten in der Nacht vor dem Radio ausbreiten. Oma brachte noch *Schlesisches Himmelreich* vorbei, eine Köstlichkeit aus Schweinefleisch mit aufgequollenem Backobst und Klößen. *„Und däm kimmt kä Gerichte eim ganze Lande gleich"*, so ein alter Spruch zu diesem Mahl. Mutter buk Striezel, Vater besorgte vom Krämer Huber *Zoka-Kola*. Die schwarzen Boxhandschuhe übergezogen, saßen die jungen Burschen mit roten Wangen vor dem Radio. Ihr geliebter Max Schmeling war im Begriff, in einer Stadt jenseits des Ozeans, nämlich in New York, gegen den allseits bekannten Braunen Bomber Joe Louis in den Ring zu steigen. Und der galt als unschlagbar. Noch nie zuvor hatte ich so ein Geschrei gehört. Ich begriff überhaupt nicht, worum es ging. Ich kann nur wiedergeben, was Walter mir im Nachhinein zu erklären versuchte.

Beim Knock-out – wenn der Gegner nicht mehr auf die Füße kam – begann der Schiedsrichter unter dem Gejohle und Gegröle des Publikums laut zu zählen. In diesem Kampf war das in der zwölften Runde. Als der Joe tatsächlich nicht mehr hochkam, brach ein frenetischer Beifall los. Walter und Peter hopsten in der Küche herum, Paula krächzte glücklich, Opa saugte an seiner Pfeife und Oma verstand gar nichts mehr. Meine Eltern zogen es vor, sich trotz dunkler Nacht unter die Linde zu setzen und Traudel rannte ebenfalls nach draußen, gefolgt von Thea, die die Sportbegeisterung der Jungen definitiv nicht teilte. Der Lärm in der Küche war einfach unbeschreiblich. Walter und Peter schrien sich gegenseitig an. Am liebsten hätten sie am nächsten Tag alles hingeschmissen und wären nach Breslau ausgewandert, um sich dort trainieren zu lassen. Vater winkte nur ab. Aber in dieser Nacht war für Enttäuschungen kein Raum. Die Jungs durften nach Herzenslust jubeln und feiern. Max Schmeling war ein Gott geworden. Für geraume Zeit stahl er dem Hitler die Schau.

Auch im Bürgersaal wohnten viele aus dem Dorf dem Spektakel bei. Mitten in der Nacht waren die Boxbegeisterten hinmarschiert, bepackt mit viel Essen und Bier. Da verflog jede Müdigkeit. Der Sieg galt als eine der größten Überraschungen in der Boxgeschichte und leider avancierte in der Folge Max Schmeling zum Vorzeige-Deutschen der Nazis. Schon seine Traumhochzeit mit der schönen Filmschauspielerin Anny Ondra katapultierte ihn in die Herzen der Deutschen. Nun wurde er zum lebenden Beweis der *arischen Überlegenheit* hochstilisiert. In den Kinos wurde der Kampf unter dem Titel *Max Schmelings Sieg – ein deutscher Sieg* gezeigt. Ich habe irgendwann aufgehört zu zählen, wie oft Walter und Peter ins Nachbardorf radelten und sich diesen Film ansahen.

Und es standen auch schon die nächsten sportlichen Großereignisse an. Alle fieberten den XI. Olympischen Sommerspielen entgegen; Deutschland würde vom 1. bis zum 16. August Gastgeber so vieler Nationen sein! Spekulationen füllten seitenlang die Zeitungen wie sich das *Großdeutsche Reich* präsentieren sollte. Die Hauptstadt wollte sich von ihrer besten Seite zeigen. Otto und Herbert frotzelten, viele Nationen würden sich gar nicht nach Nazideutschland trauen. Ihre Häme wurde bitter enttäuscht. Sie kamen. Alle. Für die Innen- wie auch die Außenpolitik war die Olympiade ein voller Erfolg, lockte die doch Menschen aus der ganzen Welt an.

Die Nationalsozialisten verwandelten die olympischen Kämpfe in ein perfektes Propagandaspektakel. Kaum ein Blatt berichtete nicht darüber. In Berlin gab man sich bewusst weltoffen und tolerant, von antisemitischen Parolen keine Spur. Zigtausende Zuschauer saßen im Berliner Olympiastadion, als der Führer die Spiele in einem feierlichen Akt eröffnete. Die Gäste erlebten ein kolossales Spektakel: eine imposante Lichtinszenierung, als die Fackelträgerstaffette aus Olympia eintraf und das olympische Feuer in Berlin entzündete. *Das Fest der Schönheit.* Das neu gebaute Luftschiff „Hindenburg" flog extra nach Berlin. Über dem Stadion verneigte es sich vor den Zuschauern und der versammelten NS-Führungsriege. Mehrmals dippte es mit dem Bug nach unten, als wolle es den Führer höchstpersönlich begrüßen. Die Masse war begeistert. Dann ertönte Beethovens *Neunte*. Die berühmte Tänzerin Greta Palucca vollführte seltsame Raubtiersprünge, oben an der Umrandung des Stadions rannten Fackelträger und Männer mit hocherhobenen Fahnen entlang und plötzlich stieg aus vielen hundert Kehlen die *Ode an die Freude* auf.

„Alle Menschen werden Brüder, wo dein sanfter Flügel weilt!"

Bei Gott, es war schön und ich wäre gern dabei gewesen. So saß ich ergriffen vor dem Radio und ließ mich gefangen nehmen von der großen Herrlichkeit, die unser Land in Hülle und Fülle besaß.

Insgesamt drei Millionen Besucher sollten hier die nächsten prunkvollen Tage erleben. Deutschland war wieder ein bemerkenswertes Land, aufgestiegen wie Phönix aus der Asche, so präsentierte es sich in neuem, strahlendem Glanz.

Eigens für dieses nationale Ereignis ließ Willi die Dorfbewohner tagtäglich im Bürgerhaus vor dem Radio sitzen. Joseph servierte Bier und Klaren, sämtliche Wettkämpfe wurden übertragen und so bekamen auch wir das Gefühl, mittendrin zu sein.

"Wir sind Gastgeber der ganzen Welt. Meinem Führer sei Dank!"
So die glücklich klingende Stimme aus dem Radio. Die ganze Welt feierte und jubelte in schönster Eintracht. Und so war dieses Fest des Sports für uns nationalsozialistische Deutsche des Dritten Reiches ein beispielloser Triumph. Deutschland errang 33 Gold-, 26 Silber- und 30 Bronzemedaillen, wie Walter zusammenfasste. Wir waren unendlich stolz und fieberten bei jedem Wettkampf mit. Der Sommer blieb herrlich, noch lange schwelgten wir einträchtig im nationalen Stolz.

Eines Nachmittags kam Willi und brachte uns aufgeregt eine Zeitung. Er schlug sie auf und demonstrierte Vater anhand von Bildern und einem langen Artikel, dass diverse Vertreter anderer Länder durch Berlin geführt worden waren. Nirgends seien sie einer antisemitischen Haltung begegnet.

"Und schau, Alfred, hier das Bild. Aufgenommen in einem KZ. Das sieht doch alles ganz ordentlich aus dort. Da spielt sogar einer Geige. Es geht denen nicht so schlecht, wie du immer denkst. Sie sind in diesem Lager gut aufgehoben! Wann glaubst du mir das endlich? Deine Halbwahrheiten über angebliche grausame Verbrechen sind hiermit doch klar widerlegt! Jesse Owens, ein Farbiger, vier Goldmedaillen gewonnen, war der Liebling der Zuschauer. Kein Arier! Was sagst du nun?"

Vater sah sich die Bilder an und las den Artikel sehr aufmerksam. Am Abend zuvor hatte er heimlich einen ausländischen Sender gehört. Auch hier hieß es, dass es in Berlin zu keinerlei unangenehmen Vorkommnissen gekommen sei. Das Ausland begann, uns zu schätzen.

Vater blieb schweigsam. Er hörte damit auf, offen seine Meinung zu äußern. Vielleicht war er aber mittlerweile auch von seinem ewigen Pessimismus irritiert. Sein Bruder

Anton war seit Kurzem ebenfalls in der Wehrmacht, strebte eine Offizierslaufbahn an und kam nur noch in Uniform zu Besuch. Für Walter war er der große Held, an den er sich fortan klammerte. Nun war die Uniform auch innerhalb der Familie „en vogue".

Vater baute derweil seine Terrassen und traf sich, wie es üblich geworden war, mit den anderen Männern des Dorfes zu Versammlungen. Nicht selten endeten diese beim alten Josef im „Hopfen".

Mutter bekam eine elektrische Waschmaschine von der Firma *Miele*. Es war ein Wunder der Technik. Die Frauen des Dorfes versammelten sich um dieses neue Wunderding und staunten über jede Erklärung, die Vater stolz von sich gab. Großmutter Rotraud stand daneben und genoss ihre Erhabenheit. Neben Vater trug sie die Verantwortung für diese Anschaffung. Natürlich besaß sie in Neisse einen Kühlschrank, einen blanken Elektroherd und auch sonst das eine oder andere elektrische Haushaltsgerät. Nun wollte sie es den Landleuten ermöglichen, etwas unbeschwerter an die alltäglichen Verrichtungen heranzugehen.

Sie hatte ein Vermögen gekostet, diese Wundermaschine, aber dafür konnte Mutter nun auch nicht nur unsere, sondern auch die Wäsche ihrer Eltern mit erledigen. Misstrauisch beäugte Oma das sonderbare Ding, in das sie ihre Röcke niemals legen würde, wie sie vor sich hin brummelte. Ein Holzbottich mit einem Drehkreuz am Boden, das durch den darunter befindlichen Elektromotor hin und her bewegt wurde – hier sollte sich also in magischer Weise die Wäsche von allein waschen? Das konnte und wollte Oma nicht wahrhaben. Im großen Wasserkessel wurde vor aller Augen Wasser heiß gemacht, dann wurde es umgefüllt in diesen Bottich. Vater schloss die Wundermaschine an, und die Wäsche wurde gerührt wie die Einlage in einem großen Suppentopf. Damit fiel all das Rubbeln und Bürsten weg. Mutter war begeistert. Und alle Frauen starrten mit offenem Mund, als sie triumphierend die sauberen Wäschestücke herauszog. Es grenzte tatsächlich an ein Wunder. Nebenbei hatte man einfach Kuchen gegessen und sich nett unterhalten. So erlebten wir, wie die guten Wirtschaftsjahre die ersten Früchte abwarfen, auch bei uns. Aber alles barg seinen Preis.

Pünktlich im September wurden wir ermahnt, uns ja die Übertragung des Nürnberger Reichsparteitages anzuhören. Die großen Funktionäre der NSDAP und natürlich der Führer selbst beanspruchten in dieser groß angelegten Inszenierung die Hauptrollen für sich. Mit diesem Bühnenspektakel aus einem Meer an Lichtern, endlosen Paraden, gewaltigen Fahnen, Aufmärschen, pathetischen Reden und Gesängen wurde uns der Mythos vom Führer und seiner Gefolgschaft eindrucksvoll demonstriert. Mehr als 50.000 Jungen und Mädchen waren mit ihren Fahnen zur Jugendkundgebung angereist, einige auch aus Mohrau, unter ihnen auch Peter.

Walter schmerzte es zutiefst, dass er erst im nächsten Jahr würde dabei sein können. Er war gerade 14 geworden, also ein Jahr jünger als Peter, und in diesem Jahr noch nicht vom Jungvolk in die HJ aufgestiegen. Er war nach wie vor *Pimpf*, was ihn kolossal anödete. Und die Leiter der Pimpfe hatten sich entschieden, nicht nach Nürnberg zu fahren. Zu weit, zu teuer und zu viele Kleine in der Gruppe, denen man die Reise nicht zumuten wollte. Mutter war erleichtert, aber Walter wollte mehr. Er wollte bei den Großen sein. Er wollte so sehr das Soldatenleben kennenlernen, wollte ein Held sein dürfen. Deshalb saß er mit entrücktem Blick vor dem Radio und murmelte immer nur: „Und der Peter sieht das alles. Er ist wahrhaftig dabei!"

Und schon dröhnte sie durch den Äther, die gewaltige Stimme, diese Stimme, die ein ganzes Volk betörte und verführte. Ich fieberte jedem einzelnen Satz entgegen.

„*Wie fühlen wir nicht wieder in dieser Stunde das Wunder, das uns zusammenführte! Ihr habt einst die Stimme eines Mannes vernommen und sie schlug an eure Herzen, sie hat euch geweckt, und ihr seid dieser Stimme gefolgt. Ihr seid ihr jahrelang nachgegangen, ohne den Träger der Stimme auch nur gesehen zu haben; ihr habt nur eine Stimme gehört und seid ihr gefolgt das ist das Wunder der Zeit, daß ihr mich gefunden habt unter so vielen Millionen! Und daß ich euch gefunden habe, das ist Deutschlands Glück! So kommt ihr aus euren kleinen Dörfern, aus euren Marktflecken, aus euren Städten, aus Gruben und Fabriken, vom Pflug hinweg an einem Tag in diese Stadt. Ihr kommt, um aus der kleinen Umwelt eures täglichen Lebenskampfes und eures Kampfes um Deutschland und für unser Volk einmal das Gefühl zu bekommen: nun sind wir beisammen, sind bei ihm und er bei uns, und wir sind jetzt Deutschland!*"

Stürmischer Applaus. Fanfaren erklangen. Das Ganze erinnerte an einen Zirkus. Eine Nummer nach der anderen zog die Menschen in ihren Bann und staunend hörte man, was einem geboten wurde. Selbst über das Radio spürten wir, was für ein gigantisches Fest das sein musste. Was für ein erhabenes Gefühl, Teil dieser gewaltigen Masse sein zu dürfen! Aufzugehen in einer Gemeinschaft mit Gesang und wogenden Fahnen, einem Meer aus blutroter Farbe. Und wieder war da die Stimme, wieder waren Worte da, die einen mitrissen.

„*Wenn wir uns hier treffen, dann erfüllt uns alle das Wunderbare dieses Zusammenkommens. Nicht jeder von euch sieht mich, und nicht jeden von euch sehe ich. Aber ich fühle euch, und ihr fühlt mich! Es ist der Glaube an unser Volk, der uns kleine Menschen groß gemacht hat, der uns wankende mutlose, ängstliche Menschen tapfer und mutig gemacht hat; der uns Irrende sehen machte und der uns zusammenfügte!*"

Immer weiter wurde uns die völkische, die kämpferische Gesinnung eingetrichtert, damit wir willig unserer vermeintlichen Bestimmung folgten und den Erhalt des *Tausendjährigen*

Reiches sicherten. Das Märchen der Erwachsenen beherrschte uns mit Leib und Leben.

„Wir sind geboren, für Deutschland zu sterben. Nun lasst die Fahnen fliegen in das große Morgenrot, das uns zu neuen Siegen leuchtet oder brennt zum Tod."

Walter sang mit. Ihm liefen Tränen über die Wangen hinab. Der Reichsmarschall Hermann Göring rief:

„Deutsche Jungen und Mädel, wenn ihr nun die von mir gekennzeichnete nationalsozialistische Haltung bewahrt, die ich mit allem Ernst von euch fordern muß, dann werdet ihr das Vertrauen rechtfertigen, das der Führer in seine Jugend setzt. Nach dem Willen des Führers sollt ihr dereinst Träger deutscher Größe, deutscher Ehre und deutscher Freiheit werden und sein!"

Soldat werden!

Zum 48. Geburtstag des Führers folgte für Walter der ersehnte Eintritt in die HJ. *Im Jahr der Heimbeschaffung*, so die Reichsparole der Jugend für das Jahr 1937.

Nach wie vor war jeder Samstag *Staatsjugendtag*. Da war keine Schule, sondern HJ-Arbeit musste verrichtet werden, es gab diverse Dienste und klar zugeteilte Pflichten. Damit begann für Walter endlich die Zeit als „echter Mann".

Von nun an konnten seine Altersgenossen und er sich in den verschiedenen Fachabteilungen zu Soldaten in allen Waffengattungen ausbilden lassen. Was den Heranwachsenden, offiziellen Verlautbarungen zufolge, weiterhin ein Gemeinschaftsgefühl vermitteln und sie disziplinieren sollte, lief doch schon deutlich darauf hinaus, sie voll und ganz zu für ein fiktives Kriegsgeschehen zu vereinnahmen, was keiner so recht wahrhaben wollte.

Die Jungs lernten alles genauestens kennen: Luftwaffe, Artillerie, Marine mit den jeweils dazugehörigen Waffen,

Motoren und Nachrichtendiensten. So kamen sie in den Genuss, auch mit scharfer Munition zu schießen, echte Gewehre zu tragen, immer im Gleichschritt zu marschieren, nie aus der Reihe tanzen zu dürfen.

Da reichten die selbstgeschnitzten Messer nicht mehr. Auch Motorräder lernten sie beherrschen; bald liehen sie sich in der freien Zeit Herberts alte DAF und sausten über holprige Feldwege. Im Nachbardorf lernten sie auf einem brach liegenden Feld, ein Segelflugzeug zu steuern. Über mehrere Wochenenden fuhren sie an einen großen See und lernten segeln. Da jeder Dorfjunge reiten konnte, unternahm die Gruppe hin und wieder auch, bepackt mit Zelt und Proviant, Geländeausritte. Sie übernachteten in Wäldern und Tälern und wenn sie sonntags am Abend zurückkamen, hörten wir schon von Weitem das Klappern der Hufe und das wohlige Schnauben der Pferde, die Stallgeruch witterten.

Willi brachte den Interessierten bei, wie man ein Funkgerät benutzt, was die technisch begabten Jungs besonders anregte, sich mit eigenen kleinen Erfindungen hervorzutun. Da jaulte und heulte es schon mal durchs ganze Dorf, wenn sie die falsche Frequenz zu weit aufdrehten. Auch Walter tüftelte so manches Mal und staunte, wenn er plötzlich fremde Sprachen hörte, die klangen, als kämen sie von einem anderen Planeten. Auch der Streifendienst wurde geprobt. Geprobt für den Ernstfall. Einen Ernstfall, über den keiner so wirklich redete. Eigentlich wollten alle Frieden. Dennoch beschäftigten sie sich damit zu spionieren, zu kontrollieren, Gleichaltrige zu reglementieren. Und so fand sich in den Lagern der Hitler-Jugend und des BDM das Deutsche Reich im Kleinen wieder.

„Die gesamte deutsche Jugend müsse deshalb auf ihre künftigen Pflichten vorbereitet werden: Sie wird zusammengefasst und ist außer in Elternhaus und Schule in der Hitler-Jugend körperlich und geistig und sittlich im Geiste des Nationalsozialismus zum Dienst am Volk und zur Volksgemeinschaft zu erziehen."

So die mahnenden Worte der Partei an die Jugend.

Letztendlich war der Preis für diesen aufgezwungenen Gruppengeist die persönliche Freiheit. Das konnten wir aber erst viele Jahre später erkennen. Sobald die Uniform angelegt wurde und damit schon rein optisch eine Gleichschaltung stattfand, zählte die Gemeinschaft alles. Der Einzelne war nicht relevant, für Selbstverwirklichung war kein Raum. Dieses Menschenbild, das uns aufgezwungen wurde, wollte das NS-Regime eines Tages in der ganzen Welt durchsetzen. Die junge Generation in der HJ brachte sich mit Leib und Seele ein, wollte ernst genommen werden. Und folgte. Enthusiastisch. Das konnten wir bei Walter und den anderen tagtäglich erleben. Die Partei dagegen war Sache der Erwachsenen. Sie stellte die Regeln auf. Und wir lernten, sie zu befolgen.

Walter brannte für seine Aufgabe. Die Lehre stellte für ihn eine unangenehme Unterbrechung dar, die er nichtsdestotrotz tapfer durchhielt. Denn auch das wurde immer wieder proklamiert: *„Jeder einzelne mit seiner Arbeit verhilft dem großen deutschen Reich als Führungsnation mit zu Ruhm und Ehre."*

Nach wie vor empfanden die Eltern es als angenehm, dass die Jugend so gut beschäftigt war. Und in den Zeiten, in denen jede Hand für Aussaat oder Ernte gebraucht wurde, galten wieder die alten Regeln. Da ließen die Burschen den HJ-Dienst links liegen, legten die Uniform ab, kamen mit aufs Feld und klaubten die Kartoffeln aus der Erde oder hievten das Heu auf den Leiterwagen.

Walter begann, alte Bücher über die Helden des Großen Krieges zu lesen. Er wollte wissen – verstehen – was diese Männer vollbracht hatten, um als strahlende Helden anerkannt zu werden. Das berühmte Kriegstagebuch *U 202* des Kapitäns Edgar von Spiegel von und zu Peckelsheim wurde in der gesamten HJ weitergereicht. Der deutsche Fliegerheld

Manfred von Richthofen wurde nahezu vergöttert. Natürlich Schlesier wie wir!

Wie er im Großen Krieg mit seinem rot angestrichenen Flugzeug die meisten Luftsiege erzielte, die je von einem einzelnen Piloten erreicht wurden, erzählten die Jungen einander. Und dass er selbst in der größten Gefahr seinem Patriotismus treu blieb und bis zum bitteren Schluss dem Feind hinterherjagte, bis er von einer Kugel getroffen wurde – das zeigte doch nur, dass man als deutscher Held sein Leben, wenn es drauf ankam, fürs Vaterland hergeben durfte, ja musste!

Mutter wurde angst und bange, wenn sie ihren Sohn so reden hörte. Sie wehrte jedes Mal energisch ab, wenn Walter fragte, ob es denn bald Krieg geben werde, wie Opa es ständig voraussagte.

„Mach deine Lehre fertig! Da hast du mehr von als von einem Krieg!", erwiderte sie tonlos. Woraufhin Walter entweder in die Kammer schlich oder aber etwas Proviant mitnahm und eines der Heldenbücher, und zu seinem Baumhaus radelte. Immer noch war das der Ort, an den er sich zurückzog vor der Welt, die ihn scheinbar nicht immer verstand.

Aber wo er konnte, suchte er die Nähe der Erwachsenen, wollte sich an ihren Gesprächen beteiligen, dabei sein, mitten im Geschehen, immer in der Hoffnung, seinen Platz zu finden.

Peter indessen hatte sich neuerdings mehr der Schule verschrieben. Er nahm es mit dem Dienst bei der HJ nicht mehr so genau; auch sein Erscheinungsbild änderte sich. Er trug das Haar wieder länger und blieb öfter nach der Schule mit seinen neuen Freunden zusammen. Es gab dort eine Clique, in der er sich besonders wohl fühlte. Seiner Freundschaft mit Walter tat das keinen Abbruch, sie lebten nach wie vor unter einem Dach und zogen häufig zusammen los, um sich in der Umgebung zu tummeln oder sich mit Gleichaltrigen zu treffen. Wie 14-, 15-Jährige das eben so tun.

Auch die Älteren blieben nicht gern allein.

Der Patron etwa genoss sichtlich die Gegenwart und Aufmerksamkeit meiner Mutter. Er strahlte sie an und fuhr sich verlegen mit einer Hand durchs Haar. Während der vergangenen Monate hatte er sich ein wenig rar gemacht. Nun saß er unter der Linde und nahm die Tasse Bohnenkaffee dankbar an.

Großmutter Rotraud konnte es nicht lassen, meine Eltern mit, wie sie es nannte, „Luxusgütern" zu versorgen. In jenen Jahren war Bohnenkaffee noch keine Mangelware, aber er war auch nicht die selbstverständlichste Sache der Welt. Bei den meisten gab es ihn nur sonntags. An den anderen Tagen musste Muckefuck genügen. Meine Mutter hingegen konnte auch zu anderen Anlässen kostbaren Bohnenkaffee anbieten. Und dass ihr lieber Freund, der Patron, ihr seine Aufwartung machte, schien sie besonders zu freuen. Sie plauderten über Gott und die Welt. Und vermieden es beide, über einzelne Kapitel aus dem Schauermärchen zu reden. Nach einer Weile setzte Walter sich dazu und blätterte in der *Frankfurter Allgemeinen Zeitung,* die noch vom Morgen da lag.

„Mutter, das darf doch nicht wahr sein!", kam es plötzlich entrüstet von meinem Bruder.

Mutter und der Patron hielten in ihrem Gespräch inne. Ich war gerade dabei, Paula die zwei neuen Zicklein zu zeigen, die noch etwas scheu im Gras standen. Fritz lag faul herum und ließ sich die Sonne auf die Wampe scheinen. Ohne Hemmungen taperte Paula auf ihn zu und patschte ihm auf den Kopf. Er grunzte zufrieden.

„Unser Luftschiff ist einfach so explodiert?" Walter war fassungslos.

Ich setzte mich zu ihm. Fürchterliche Bilder zeigten einen brennenden Zeppelin. Und die winzigen Punkte unterhalb der Flammen mussten Menschen sein, die um ihr Leben rannten.

"‚Beim Landeanflug auf den Luftschiffhafen Lakehurst nahe New York fing das Heck Feuer. Der Zeppelin, unser Stolz einer ganzen Nation, ging innerhalb von nur 30 Sekunden in Flammen auf. Dabei kamen 36 Menschen ums Leben: 13 Passagiere, 22 Besatzungsmitglieder und ein Mitarbeiter des Bodenpersonals'", las Walter hastig, sah hilflos auf. „Aber die ‚Hindenburg' galt doch als sicher! Wie konnte das passieren?"

Walter war fassungslos. Jede deutsche Errungenschaft galt als perfekt und einzigartig. Und nun war ein deutscher Traum auf fremdem Boden einfach zerschellt.

„Lieber Walter", hob der Patron vorsichtig an, leckte sich über die Lippen, zögerte und fuhr schließlich fort: „Weißt du, nichts, was von Menschenhand gebaut wurde, ist zu hundert Prozent sicher. Der Mensch gehört nicht in die Luft. Das war nie vorgesehen. Und wenn wir uns das Recht nehmen, übers Wasser zu reisen, uns in die Lüfte zu erheben, die höchsten Berge zu erklimmen wie Luis Trenker, dann ist damit immer auch ein Risiko verbunden. Wir können nicht alles beherrschen und sollten das auch nicht anstreben." Er hielt inne.

Walter sah ihn lauernd an. Wieder leckte sich der Patron vorsichtig über die Lippen. Hier offenbarte sich ein jahrzehntelang gelebtes Leben voller Erkenntnisse und Lebensweisheiten, die auf ein noch so junges Leben voller Hoffnungen und Visionen prallten. Ich bemerkte, wie Walter sich innerlich gegen die Worte des Patrons wehrte.

„Schau, Walter, diese Zeppeline sind mit empfindlichem Wasserstoff gefüllt, und der ist leicht entflammbar, das haben wir ja jetzt gesehen. Das nicht brennbare Helium haben nur die Amerikaner. Und die sind weit weg und haben sich entschieden, den Deutschen aus politischen Gründen nichts mehr zu liefern. Daher mussten wir die Gaszellen wieder mit dem alten Material füllen. Und was ist jetzt geschehen?" Er hielt inne, deutete auf die fürchterlichen Bilder. „Und wofür das Ganze? Es war ein reines Freizeitvergnügen.

Die ‚Hindenburg' diente als fliegendes Luxushotel, sie war das komfortabelste und größte Luftschiff, das je von Menschenhand gebaut wurde. Mit ihrer Länge von über 200 Metern und dem Durchmesser von über 40 Metern erreichte sie beinahe die Ausmaße der legendären ‚Titanic'. Und die ist auch einfach untergegangen. Innerhalb von Minuten. Auch das hätte nie ein Mensch für möglich gehalten! Mit einem Volumen von rund 200.000 Kubikmetern schwebte die ‚Hindenburg', von bleischweren Propellern angetrieben, in der Luft, natürlich war sie damit auch jeder Witterung ausgesetzt. Du darfst so einen Zeppelin nicht mit einem Einsitzer vergleichen. Die haben die Möglichkeit, sich zu drehen und wenden, aber so ein gewaltiger Zeppelin ist ein starres Gebilde, das keine große Manövrierfähigkeit besitzt. Man ist dann da oben ein bisschen vom lieben Gott abhängig. Der Kapitän konnte doch nicht über den Himmel bestimmen, über die Wolken, den Regen. All diese Faktoren sind so schwer zu kalkulieren. Und, Walter, es ist immer noch ein Mensch, der dieses gigantische Teil steuert. Und Menschen machen Fehler. Auch wir Deutschen. Wir sind nicht unschlagbar, das sind wir einfach nicht."

Walter starrte ihn an. Ich konnte sehen, wie er mit sich rang. Der Patron sagte Dinge, die nicht dem Bild entsprachen, welches Walter in der HJ vermittelt bekam. Und das, das wussten wir natürlich alle, nicht mit dem übereinstimmte, was uns über das Radio und in den Versammlungen mitgeteilt wurde. Natürlich waren wir dort die Größten. Und er doch mittendrin.

Mutter beäugte ihn kurz, dann sprach sie schnell und beschwichtigend: „Was der Patron sagen will, ist: vielleicht nicht einfach blind den Dingen und Menschen vertrauen, die einem tagtäglich begegnen. Ein bisschen Skepsis kann nie schaden. Und, Walter, jedem Menschen können Fehler passieren. Wie war das genau?" Sie nahm schnell die Zeitung, suchte eine bestimmte Zeile. „Ja, hier, es war doch auch ein Unwetter, nicht wahr? Wie der Patron schon gesagt hat, so was, Walter, kann kein Mensch vorhersehen. Das weißt du doch. Das erleben wir hier doch auch. Denk an die vielen Unwetter, die wir schon hatten; da fackelt auch mal ein Stall ab, wenn der Blitz einschlägt. Wir sind nicht Gott. Wir können nicht über alles herrschen."

„Mehr als dreißig Mal hat die ‚Hindenburg' den Atlantik überquert. Eine Strecke von mehreren tausend Kilometern. Diese weite Reise von Frankfurt nach New York war längst zum Routineflug geworden", meinte der Patron nachdenklich und sah sich die Bilder in der Zeitung an. „Aber genau diese Routine lässt einen vielleicht auch blind werden für Gefahren. Sie waren auf einer Höhe von ungefähr 300 Metern. Drei Tage lang waren die Menschen in den Kabinen eingesperrt und über ihnen dieses gefährlich brennende Gasgemisch. Ich verstehe nicht, wie man dafür 400 Dollar ausgeben kann. Und letztendlich hat dieses aufgeblasene Luftschiff doch nur dazu gedient, Propaganda für Adolf Hitler zu machen."

Wir schwiegen alle.

Walter betrachtete den Patron nachdenklich und versuchte in dessen Gesicht zu lesen, als verberge sich dort auch noch eine andere Wahrheit.

„Magst du Adolf Hitler?", fragte mein Bruder unvermittelt.

Der Patron sah ihn an.

„Wie kann ich einen Menschen mögen, dem ich noch nie in die Augen blicken durfte?"

„Gott hast du auch nicht in die Augen sehen können."

„Ich würde sehr ungern Gott und Adolf Hitler auf eine Stufe stellen."

Walter schwieg. Er haderte mit seinem Gewissen. War hin- und hergerissen zwischen der Treue, die er der HJ geschworen hatte, und seiner Verbundenheit und grenzenlosen Liebe zur

Familie. Er wischte eine Schweißperle weg, die sich träge über seine Wange schob.

Der Sommer war erbarmungslos heiß. Wieder einmal stöhnte das teils marode Gebälk unter der Hitze wie ein alter Mann.

Jede Hand wurde gebraucht, auch die Tiere mussten häufiger getränkt werden. So war das neue Geschenk der Partei – drei Wochen Urlaub im Jahr für jeden Bürger – eine Wohltat, wenn auch eine, die für die Landwirte kaum Sinn machte. Wer von uns sollte drei Wochen lang Haus, Hof und Vieh zurücklassen? Selbst eine Woche hätte sich keiner leisten können. Vater als Selbstständiger war gar nicht imstande, auf die Aufträge zu verzichten, und im Winter, da fehlte es bei fast jedem an Geld, um eine Reise anzutreten. So fuhren wir Fahrrad, machten unsere Tagestouren, die genauso herrlich waren, wie irgendwelche Reisen in die Fremde. Wir wurden knackig braun, und die übervollen Obstbäume versprachen kiloweise Marmelade und süßes Kompott. Wer Hunger verspürte, griff in die Zweige, in die Büsche, und schon waren die Hände voller Beeren, Äpfel und Pflaumen. Den Rhabarber hatten wir nach altem Brauch schon vor dem Johannistag geerntet, den ließen wir uns als herrlich saures Kompott schmecken.

Mitten in die lähmende Hitze hinein fiel die neue Verkündigung, die dem Märchen eine Wendung gab. Von nun an sollten alle jungen Männer ab 18 Jahren für volle zwei Jahre eine Militärdienstzeit antreten.

„Na, damit werden einige hunderttausend Männer von der Straße weggeholt und gelten als beschäftigt", frotzelte Herbert, als er die Meldung im Radio vernahm.

Mutter war entsetzt, ahnte sie doch, dass zwei Jahre lang genug sein konnten, um jeden Burschen ganz auf die Linie der Nationalsozialisten zu bringen.

Von diesem Moment an wehte auch in Walters HJ-Gruppe ein anderer Wind. Die Jungen wurden noch mehr gedrillt, um dann übergangslos in der Wehrmacht als gute Soldaten dabei sein zu können. Der Anspruch war, die Helden von morgen auszubilden.

Thea berichtete, dass auch die Mädchen nach den Sommerferien noch mehr zu leisten hätten, wollten sie doch den Jungs in nichts nachstehen. Die Wettkämpfe, Wanderungen und Aufgaben bestimmten ihr junges Leben schon maßgeblich. Abends war sie einfach nur dankbar, die Kluft ausziehen zu können. Vielleicht hat ihre Eitelkeit sie davor geschützt, ein richtig fanatisch deutsches Mädel zu werden. Sie machte mit, aber nur, solange sie unbedingt musste. Sie spürte keine großen Ambitionen, eines Tages selbst als Führerin einer Schar vorzustehen. Sie freute sich über gewonnene Wettkämpfe und liebte das Singen und die Tänze, aber den Drill, den auch die kleinen Führerinnen an den Tag legen konnten, den versuchte sie möglichst wenig an sich herankommen zu lassen.

An einem Abend Ende des Jahres saßen unsere vertrauten Freunde wieder einmal mit meinen Eltern beisammen. Die Ernte war längst eingefahren; es hatte die Zeit begonnen, in der man sich wieder mehr ins Geschützte zurückzog, nach drinnen. Es war eines der Treffen, die Mutter ebenfalls im Tagebuch festhielt. Zum ersten Mal war mein Vater wankelmütig geworden. Er wusste nicht mehr, was er glauben sollte.

„Jetzt ist die Vollbeschäftigung erreicht", gab er irritiert von sich. „So gut wie keine Arbeitslosen mehr. Die Zahl der Arbeitslosen ist von sieben Millionen auf 530.000 gesunken. In knapp fünf Jahren."

„Na, die hocken alle im Arbeitsdienst, bei der SA oder in der Wehrmacht, Alfred! Das ist doch wirklich nicht die

Lösung des Problems!", zeterte Herbert wie eine unserer Marktfrauen, die um ein paar Pfennige feilschte.

„Der Export blüht." Mein Vater ließ sich nicht beirren. „1.500 Kilometer Autobahn sind bereits fertig gestellt, weitere 1.500 sind im Bau."

„Hast du nicht selbst gesagt, dass die Arbeitsbedingungen dort unmenschlich sind? Geht man so mit Menschen um, die verzweifelt eine Arbeit suchen?" Otto schmierte sich bedächtig eine Stulle.

Kurz schwieg Vater. Trank einen großen Schluck Bier.

„Staatsgäste schütteln Hitler die Hand. Durch das, was so tagtäglich geschieht, sehe ich meine Zweifel allmählich widerlegt. Hitler hat sich zu einer glänzenden Führerfigur entwickelt, die ganze Welt sieht staunend auf uns. Die Olympiade hat's doch gezeigt. Wir waren in aller Munde. Ihm, ich meine Hitler, scheint alles zu gelingen. Muss ich da nicht auch langsam *führergläubig* werden? Was hat dieser Mann alles geleistet! Gut, das mit den Juden gefällt mir auch nicht ..."

„Alfred, was sagst du da? Das kann nicht dein Ernst sein! Du weißt doch was mit den Juden passiert! Erinnere dich an Dr. Simon!" Mutter war maßlos empört.

„Ich möchte in diesen Zeiten kein Jude sein!", warf Gertrud dazwischen.

„In meinem Betrieb sind die meisten mehr oder weniger überzeugte Anhänger des NS-Regimes", gab Traudel zu Bedenken. „So hat es zumindest den Anschein. Oder keiner sagt mehr ehrlich seine Meinung. Und es sind einige nicht mehr dabei, die vor '33 dort gearbeitet haben. Angeblich weiß niemand, was aus denen geworden ist. Ist das nicht seltsam? Du arbeitest jahrelang Seite an Seite mit einem Menschen und urplötzlich ist der Platz neben dir leer? Keiner sagt was, keiner fragt nach. Kurz darauf sitzt jemand Fremdes da. Und wieder sagt niemand was. Und wieder fragt keiner nach. Über Politik reden tut sowieso kaum noch einer. Wir sitzen am Radio, wenn der Betriebsleiter es verlangt, und dann gehen so ganz verhalten die Diskussionen los. Aber meistens ist man mit dem, was dort berichtet wird, zufrieden. Wir erfahren ja eh nur das Gute."

„Mit seiner Aufrüstung hat er sich über die Bestimmungen des Versailler Vertrages hinweggesetzt – sein politischer Triumph über England und Frankreich, die zwei ehemaligen Feinde – und damit die innereuropäischen Machtverhältnisse verschoben. Für viele Deutsche war das in Ordnung. Die Fesseln dieses Schandvertrages – einfach gesprengt! Aber, Alfred, du weißt es doch besser", redete Herbert auf Vater ein. „Natürlich wird Hitler als Wundertäter gefeiert, auch wegen der angeblichen Vollbeschäftigung, und damit kann sich das große deutsche Reich entwickeln. Die Realität ist doch aber: Zwangslöhne und -preise; es gibt keine Gewerkschaften mehr, nur die *Deutsche Arbeitsfront*. Und die hält sich an die Anweisungen von ganz oben. Für die Sorgen und Probleme eines Arbeiters interessieren die sich nicht. Im Gegenteil. Hitler steckt jeden ins KZ, der mehr Lohn verlangt oder mit Streik droht. Das kann doch nicht gut sein. Das ist barbarisch!"

Alle starrten dem Zigarettenrauch nach, der langsam nach oben stieg. Im Ofen knisterte das Holzfeuer, draußen wirbelten die ersten Schneeflocken herum. Draußen wie drinnen war es trübe geworden.

Die lange Winterzeit sollte so manche melancholische Sichtweise verstärken.

Vater blieb nachdenklich an diesem Abend. So ganz gelang es den Freunden nicht, ihn auf ihre Seite zurückzuziehen.

Als wir ins neue Jahr hinein feierten, legte meine Mutter ihren Fotoapparat gar nicht mehr aus der Hand. Jeder Gast, jedes Familienmitglied wurde für das Album festgehalten.

Und von einigen Gesichtern sollten es die letzten Aufnahmen sein.

Schlesien

Mohrau 1938

Die Sintflut

Die Schneeschmelze begann pünktlich zum 1. März. Gewaltige Wassermassen drängten aus den Bergen hinunter in die Täler. Sorgenvoll sahen die Erwachsenen den Pegel der Mohre höher und höher steigen. Der eigentlich friedliche Bach drohte mit einem Mal die Böschungen zu sprengen. Und in dem dahinströmenden Wasser spiegelten sich stahlgraue Wolken, die in rasendem Tempo über den Himmel jagten und sich hoch auftürmten. So begann es auch noch zu regnen. Es war, als öffnete der Himmel sämtliche Schleusen, sintflutartig ergoss sich das Unwetter über uns. Mit finsterer Miene beobachteten die Bauern, wie sich ihre Felder in eine schlammige, blubbernde Brühe verwandelten. Damit rückte die Aussaat in ferne Zukunft. Nie und nimmer würden sich die Böden rechtzeitig erholen; es konnte Wochen dauern, bis sie vollständig getrocknet waren.

Auch die Tiere in den Ställen wurden unruhig. Sie spürten instinktiv die drohende Gefahr. So manches Pferd schlug gegen die Stalltür, die Schafe drängten sich aneinander und blökten ängstlich. Viele Kühe gaben einfach keine Milch. Der lange Winter, die Enge in den Boxen, das fahl schmeckende Heu – sie wollten hinaus, hinaus ins Freie! Nur war daran gar nicht zu denken. Und die Mohre schwoll an zu einem riesigen, unberechenbaren Strom. Als Erstes waren immer die Häuser, die direkt am Bach standen, von der Katastrophe betroffen. Wie das meiner Großeltern. Vorsorglich hatte Opa beizeiten einen Kasten gebaut, der exakt in die Haustür passte. In diesen Kasten stampfte er bei Unwetter frischen Dung, damit konnte dem eindringenden Wasser einige Zeit standgehalten werden. Schmale Rinnsale, die sich schließlich doch den Weg durch kleine Ritzen suchten, bekämpfte Oma tapfer mit dem Scheuerlappen. Als zusätzliche Barrieren wurden Sandsäcke genutzt. Doch als dann die Sturmglocke läutete, wussten wir im Dorf, dass die Lage außer Kontrolle geriet.

Mutter rannte hin, um zu sehen, ob die Alten des Wassers Herr wurden. Über den wackeligen Holzsteg bahnte sie sich den Weg zu ihren Eltern, half unermüdlich, vor allen Dingen Vorräte und Wäsche in die oberen Etagen zu bringen. Am nächsten Tag nahm sie Walter mit. Vater musste, unterstützt von Eike und Bert, Teile seiner Terrassenplatten und Zäune, die im Schuppen lagen, auf eine höhere Ebene verlagern. Die Schule fiel aus und wir Mädchen sahen zu, dass der Regen sich keinen Weg ins Haus bahnte. Die größte Angst aller im Dorf war, dass das Vieh ersaufen könnte. Und so sah man Männer und Frauen ihre Kühe, Schafe und Schweine zum Hopfenberg treiben und dort an Bäumen festbinden. Nur hier waren sie davor geschützt, von der Flut mitgerissen zu werden. Das ganze Dorf war auf den Beinen. Man kam aus den nassen Klamotten nicht mehr heraus. Als Mutter und Walter am Abend nach Hause zurückkehrten, erzählte Mutter verzweifelt, dass sie ihre Eltern gebeten hatte, sich nur noch in den oberen Stockwerken aufzuhalten. Das Wasser stand schon in der Küche, doch die beiden sturen Esel wollten partout nicht zu uns kommen. Sie saßen bei ihrem Hab und Gut – egal, was da kam!

Am nächsten Morgen lief ich mit Mutter und Walter los, um nach den Großeltern zu schauen. Aber als wir ankamen, konnten wir nur fassungslos zusehen, wie Bürgermeister Henning den Steg der Brücke löste. Das musste er tun, sonst wäre alles Holz in den Fluten zerborsten. Das hieß, dass wir nicht an das andere Ufer kamen. Wild hin und her schlingernd hing der Steg in der reißenden Strömung und drohte jeden Moment ganz abzureißen. Wir sahen die Großeltern oben am Fenster stehen. In den unteren Räumen hatte Opa alle Fenster öffnen müssen, damit die Scheiben nicht vom Wasser eingedrückt wurden. Wir konnten nur tatenlos beobachten, wie eine lehmige Brühe in den unteren Räumen die Möbel wie in einem Karussell herumschleuderte.

Mutter geriet in Panik. Sie sprang einfach ins Wasser. Der Bürgermeister versuchte noch, sie aufzuhalten, aber Mutter war schneller. Verzweifelt kämpfte sie sich durch die Flut. Ich schrie wie am Spieß, denn zweimal tauchte der Kopf meiner Mutter in dem reißenden Wasser unter und die Wellen klatschten wütend über ihr zusammen. Henning suchte nach einem Ast, den er ihr hinhalten könnte, ein letzter Versuch ihr doch irgendwie zu helfen. Immer mehr Leute kamen angerannt, alle riefen durcheinander. Und dann – ich wurde ganz ruhig – sah ich meine Mutter nicht mehr. Der Regen schlug mir ins Gesicht, meine Kleider trieften, es war kalt, bitterkalt, aber spüren tat ich nichts mehr. Das Schreien der Erwachsenen verschwamm zu einem lauschigen Gemurmel, bis ich nichts mehr von alledem hörte. Aber die entsetzen Blicke der Großeltern, die gruben sich auf ewig in mein Gedächtnis ein. Diese Hilflosigkeit. Diese Angst.

Und dann schob sich das gierige Wasser zu einer weiteren Welle hoch und klatschte gegen das Ufer. Meterhoch türmte es sich auf und für eine Sekunde sahen wir nicht einmal mehr das Haus meiner Großeltern. Walter riss sich das Hemd vom Leib. Entsetzt sahen die Leute zu, wie er sich in die gewaltigen Fluten stürzte. Vielleicht waren es nur Sekunden, vielleicht auch Minuten. Mein Gehirn arbeitete nur noch wie in einem endlosen Traum. Jede einzelne Bewegung ist mir bis heute im Gedächtnis geblieben. Einem Film gleich, der in Zeitlupe abgespult wird. Wie Walter sich mit seinem gestählten Körper durch das Wasser kämpft. Sein nasses Haar, das ihm am Kopf klebt, wie er ein-, zweimal unter- und dann wieder auftaucht und – als ich ihn wieder sehe – meine Mutter fest umklammert hält.

Ich begann zu weinen und merkte, dass ich mir in die Hose machte. Es war mir egal. Der warme Strahl floss an meinen Beinen entlang und ich empfand es als beruhigend, ja sogar angenehm. Mein Bruder hatte meine Mutter gerettet. Und ich blieb einfach zitternd im klatschenden Regen stehen und Tränen rannen mir über die Wangen und vermischten sich mit perlenden Regentropfen. Als Walter weit genug an die Böschung herangeschwommen war, rannten gleich fünf Männer auf ihn zu und zogen die beiden heraus. Doktor Felder war schon längst da und Mutter wurde gleich auf die Seite gelegt, während der Regen ohne Erbarmen weiter auf uns herabprasselte. Mutter spuckte und würgte alles aus sich heraus, lachte und weinte hemmungslos. Immer wieder drückte sie Walters Hand. Er sah sie so ernst an. In diesem Moment spürte ich, wie sehr ich ihn liebte.

Den ganzen Weg über stützten oder trugen drei Männer Mutter und Walter, die sich nicht mehr auf den Beinen halten konnten. Als wir endlich in der warmen Küche ankamen, schrie Thea auf und legte sogleich Feuerholz nach. Ohne Widerworte gingen Mutter und Walter ins Bett. Vater war dermaßen erschrocken, dass er kaum von ihrer Seite wich. Aber sobald Mutter auch nur ein Wort flüstern konnte, bat sie ihn inständig, nach den Alten zu sehen. Sie sei wohlauf. Walter hielt es auch kaum noch im Bett aus. Tatsächlich konnte nur Doktor Felder durch strenge Ermahnungen erreichen, dass Walter wenigstens an diesem Tag liegen blieb. Mutter war viel zu schwach, um sich irgendwelchen Anordnungen zu widersetzen.

Schon am nächsten Morgen war Walter wieder bei den Männern und half mit, Sandsäcke zu Dämmen aufzuhäufen. Die Feuerwehr war angerückt und mit deren Hilfe gelang es endlich, die Uferböschung einigermaßen zu sichern. Ein Nachbar der Großeltern schaffte es, die beiden über eine Leiter durch das Fenster aufs Dach seiner Scheune zu holen. Da sein Haus eine günstigere Lage aufwies, konnten meine Großeltern über seinen Garten zum Hopfenberg hinüberlaufen. Über einen großen Umweg gelangten sie schließlich auf die andere Seite des Dorfes und stürzten in unser Haus. Sie hatten die ganze Tragödie ja wie Zuschauer mit ansehen müssen und wollten natürlich wissen, wie es der Tochter und dem Enkel ging. Sofort kümmerte sich Oma um Mutter, die mit Fieber im Bett lag.

Auch der Bürgermeister kam kurz vorbei, um nach ihr zu schauen. Mit pitschnassen Klamotten stand er in unserer Küche. Paula stürzte sofort auf ihn zu und umklammerte sein Bein. Sie liebte ihn.

Vater, der schon seit Jahren die Gemeindekasse führte, war dem Henning ein guter Freund geworden. Henning gehörte nicht zur „politischen Runde", wie sich Vater einmal vorsichtig ausdrückte, weil Henning sich einfach nicht irgendwo einmischen wollte. Er war ein äußerst beliebter Bürgermeister, jeder konnte mit seinen Sorgen und Anliegen zu ihm kommen. Nie sah man ihn in der braunen Uniform. Er wollte für alle da sein und seltsamerweise hat nie jemand danach gefragt, ob er in der Partei sei oder nicht. Mit seiner stoischen Ruhe blieb er ein schlichter Bauer, der sich auch mit seiner Kleidung offen zu seiner Herkunft bekannte. Außerdem war er Vater dreier Jungen und hatte schon allein deshalb die Ruhe weg; ihn konnte nichts erschüttern. Stets blieb er gelassen und gewissenhaft.

Eines Tages war Vater mit Paula zu Besuch gekommen und Hennings Jungen hatten sie geradezu närrisch aufgenommen. So kam es, dass die kleine Paula schon früh ihre Ersatzfamilie besaß. Und Henning nahm sie immer auf die Schultern und galoppierte mit ihr über den Hof. Kam er bei uns vorbei, um irgendwelche Abrechnungen zu erledigen, wich Paula ihm nicht von der Seite. Er liebte sie abgöttisch. Wahrscheinlich war meine Schwester ein kleiner Ersatz für die ersehnte eigene Tochter, die ihnen nie gewährt wurde.

So stand Paula auch jetzt vor ihm und hob die kleinen Arme in die Höhe.

„Reiten, hoppa hoppa!" Sie strahlte ihn an.

Er bückte sich, strich ihr liebevoll über die Haare.

„Heute nicht, mein Liebes. Onkel Henning ist viel zu nass!"

„Komm an' Ofen! Ich puste ihn noch richtig warm, nur für dich!", lachte sie und zog ihn energisch zum Ofen. Hier setzte er sich auf die kleine Kachelbank. Mutter hatte sich, in die warme Wolldecke gemummelt, in unseren alten Schaukelstuhl gesetzt und schlürfte Omas Gebräu, das nicht schmeckte, aber eine sehr heilsame Wirkung besaß!

„Henning, du musst raus aus diesen nassen Klamotten!", krächzte Mutter. „Du holst dir noch den Tod!"

„Ach, Anna", erwiderte er bedächtig. „Ich bin der Bürgermeister. Wer sonst sollte sich hier für alles verantwortlich fühlen? Sobald das Unwetter vorbei ist, ruhe ich mich aus. Und lasse mich mal von meiner lieben Veronika so richtig umsorgen!"

„Wie ich dich kenne, ziehst du dich dann doch erst recht nicht zurück! Die Schäden müssen aufgenommen werden, Leute müssen zur Gemeindearbeit eingeteilt werden. Du bist immer so genau, in allem, was du tust. Da wirst du bestimmt nicht müßig in der Stube hocken!", murrte Oma und schenkte ihm nach.

„Na, das kann doch auch der Willi machen, oder nicht? Er ist schließlich Ortsgruppenleiter, der wird schon wissen, was zu tun ist. Nu aber, Anna, nu werde du erst mal wieder gesund. Und liebe Oma Mühe, danke für den Tee. Jetzt muss ich wieder raus. Dem Petrus werde ich mal ein ernstes Wort nach oben schicken!"

Und schon eilte er wieder hinaus in den strömenden Regen.

Endlich ließ das Unwetter nach. Schwer hingen die bleigrauen Wolken über der geschundenen Landschaft. Und als wäre nichts geschehen, riss die Wolkendecke schon am folgenden Tag auf. Helle Sonnenstrahlen tanzten auf nassem Boden. Nur langsam, zentimeterweise, zog sich das Wasser zurück und zaghaft schimmerte die Erde und auch so mancher Grashalm wieder hindurch. Nach drei Tagen unermüdlicher Arbeit konnten wir vorsichtig sagen: „Na, fast haben wir's geschafft."

In einem langen Zug kehrten die Tiere ins Dorf zurück. Tagelang waren wir Kinder damit beschäftigt gewesen, das Futter zum Hopfenberg zu tragen. Nun waren die Tiere froh, wieder in ihr vertrautes Gefilde zu kommen. Da erschien der eigene Stall als sichere Behausung.

Erst als der Alltag sich halbwegs normalisierte, wurde das ganze Ausmaß der Katastrophe sichtbar. Unsere kleine Mohre hatte furchtbar gewütet. Weiter unten im Dorf war die komplette Hälfte eines Hauses weggerissen und die gesamte Umgebung verwüstet. An einigen Stellen waren regelrechte Krater in den Boden gerissen, riesige Bäume lagen kreuz und quer und mussten mit dicken Seilen und Ketten weggezogen werden. Das Ufer war stellenweise fast vollständig abgetragen. Dieses Unwetter stuften die Erwachsenen als Jahrhundertkatastrophe ein. Meine Großeltern räumten über Stunden zähflüssigen Schlamm aus ihrer Küche, der dort vierzig Zentimeter hoch stand. Gottlob, die Sonne schien ein Erbarmen mit uns zu haben; jeden Tag stieg die Temperatur, bis es schließlich richtig warm wurde. So konnten Türen und Fenster zum Lüften und Trocknen weit aufgesperrt werden.

Es sollte Wochen dauern, bis das Holzhaus einigermaßen getrocknet war.

Tagelang kamen keine Zeitungen zu uns, kein Radio gab auch nur ein Sterbenswörtchen von sich. So blieben wir unter uns und es war fast ein wenig wie früher. Jene Familien, deren Häuser in einem desolaten Zustand waren, wurden woanders untergebracht. Hierfür ließ der Patron sein altes Gutshaus öffnen und provisorisch herrichten. Henriette tat ihr Bestes um den Menschen wenigstens zeitweise ein Dach über den Kopf zu bieten. So lernte man einander in der Zeit der Not wieder neu kennen. Für eine Weile wuchs die Gemeinschaft wieder nach alter Sitte eng zusammen. Und dieser Zustand dauerte noch an, als doch wieder Nachrichten aus der restlichen Welt zu uns durchdrangen.

Während wir mitten in unserer Katastrophe steckten, war einfach so der Anschluss Österreichs ans Deutsche Reich vollzogen worden. Das erfuhren wir so nach und nach, als das Leben anfing, langsam wieder seinen gewohnten Gang zu gehen. Neben den gemeinschaftlichen Aufräum- und Reparaturarbeiten fuhren all jene auch wieder in die umliegenden Dörfer und Städte, die dort einer Arbeit nachgingen. So bekamen wir mit, dass Hunderttausende von Österreichern den gebürtigen Landsmann freudig begrüßt hatten. Ihren Adolf. Eigentlich war er doch einer von ihnen!

„Der böhmische Gefreite!", wie Herbert hämisch von sich gab. „Da ist zusammengekommen, was zusammengehört."

Wochenlang noch jubelten die Stimmen im Radio, eindrucksvolle Fanfaren leiteten die Sondermeldungen ein. Die Zeitungen strotzten nur so vor großen schwarzen Buchstaben. Ungläubig las Vater, dass auch England dem Anschluss Österreichs zugestimmt hatte. Zur gleichen Zeit versuchten wir mit aller Mühe, die Böden einigermaßen für die Aussaat zu trocknen. Kaum einer dachte an Schlaf.

Hennings Husten war besorgniserregend. Als er auch noch heftig zu fiebern begann, rannte Oma zu Veronika. In einem kleinen Lederbeutel trug sie ihre geheimen Kräuter bei sich, die sie sofort mit heißem Wasser aufgoss. Sogleich wurde ihr schreckliches Gebräu dem matten Patienten eingeträufelt. Er, der große und starke Mann, litt an einer Lungenentzündung. Denn es war genau so, wie Oma vorausgesagt hatte: Natürlich hatte er nicht Ruhe geben können, solange nicht auch die letzte Familie von den gröbsten Schäden befreit war und die ersten Bauern mit Egge und Pflug auf die Felder zogen, um sie für die Aussaat vorzubereiten. Auch da half er emsig mit. Bis er einfach zusammenbrach. Binnen weniger als vierzehn Tagen war er tot. Er hatte sich buchstäblich für uns geopfert, ohne auf die Signale seines Körpers zu hören. Es war eine Katastrophe. Mein Vater war fassungslos. Veronika stand nun da mit ihren drei Bengeln, der älteste achtzehn, der jüngste gerade mal sechs Jahre alt. Und das auf einem Bauernhof.

An einem strahlenden Frühsommertag wurde unser Bürgermeister Henning zu Grabe getragen. Die Familie verlor einen guten, fürsorglichen Mann und Vater, die Gemeinde einen umsichtigen, stets um Ausgleich bemühten Freund und Fürsprecher.

Und hiermit begann im Schauermärchen der Erwachsenen ein neuer Akt. Als sollte Hennings Tod die Wende für unser Leben im Dorf sein. Der Regen war nur der Vorbote all des Unheils gewesen, das nun folgen sollte. Eine Art schreckliche göttliche Offenbarung, die keiner von uns richtig zu deuten vermochte. Der neu gewählte Bürgermeister kam aus dem Nachbardorf. Er übernahm gleich die Position des Ortsbauernführers und trat in der braunen SA-Uniform auf. Seine rote Armbinde, mit weißem Untergrund und schwarzem Hakenkreuz, war immer weithin zu sehen, immer proper und adrett.

Es dauerte tatsächlich nicht mehr lange, bis auch in den kleinsten Dörfern alle führenden Posten durch die Partei besetzt waren. Und jetzt gingen sie rigoros vor, nichts war ihnen heilig. Es begann die Zeit der Säuberungen.

Mit reinem Gewissen

Die Ostermesse konnte noch wie gehabt gefeiert werden, die Ehrfurcht vor den heiligen Tagen war wohl doch zu groß. Aber dann brachen die Dämme. Die Feindschaft zwischen den Befürwortern der NSDAP und ihren Gegnern wurde skrupellos offen ausgefochten.

Irgendjemand pinselte nachts Parolen gegen die NS-Gewalt auf die Tür von Hans-Karl. Wutschäumend rannte dieser zur Kirche und hisste die Hakenkreuzfahne auf dem Kirchturm. Der Pfarrer ließ sie vor allen Augen wieder herunterreißen und verurteilte in seiner nächsten Predigt die Gewalt gegen die Juden. Er hielt sich nicht an die Verlautbarung, die da hieß: „keine politischen Äußerungen in der Kirche".

Das Konkordat zwischen dem Vatikan und dem Deutschen Reich garantierte zwar der katholischen Kirche die Freiheit des Bekenntnisses, wertete aber im Gegenzug auch die Hitler-Regierung auf. Genau diese Vorgehensweise missbilligte Pfarrer Bredow zutiefst. Nach außen hin garantierte der NS-Staat der katholischen Kirche auch ihre öffentliche Ausübung, den Bestand und die Aktivitäten der katholischen Organisationen und Vereine, sofern sie sich auf religiöse, kulturelle und karitative Zwecke beschränkten. Im Gegenzug hatten neu eingesetzte Bischöfe einen Treueeid auf die Reichsregierung zu leisten, und Priestern und Ordensleuten untersagte der Heilige Stuhl jede parteipolitische Betätigung. Aber die Macht der Partei schmeckte wohl dem Heiligen Stuhl in Rom nicht mehr. In Absprache mit deutschen Kardinälen und Bischöfen wurde ein päpstliches Rundschreiben verfasst. Mit erhobener Stimme las Bredow uns daraus vor: „*‚Mit brennender Sorge und steigendem Befremden beobachten wir seit geraumer Zeit den Leidensweg der Kirche, die wachsende Bedrängnis der ihr in Gesinnung und Tat treubleibenden Bekenner und Bekennerinnen inmitten des Landes und des Volkes.'"*

Er sah auf uns herab. Dann schmetterte er seine Worte wie Pfeile hernieder.

„Selbst der Heilige Vater in Rom erinnert an das Konkordat, das eigentlich abgeschlossen wurde, um uns im Rahmen des Menschenmöglichen Leiden zu ersparen. Auch der Papst kritisiert im Übrigen die Rassenpolitik der Nationalsozialisten und distanziert sich von der nationalsozialistischen Ideologie!"

Die Gemeinde schnappte nach Luft wie ein Schwarm Fische an Land. Die große Mehrheit hielt still. Natürlich war die Tür sperrangelweit offen und jedes Wort dröhnte hinüber zum gegenüberliegenden Hof. Am Ende der Predigt quäkte das Radio Marschmusik zurück, gefolgt von einer prahlerischen Rede unseres Führers.

Als die Gemeinde aus der Kirche trat, gesellte sich Oma zu Pfarrer Bredow und es war deutlich zu erkennen, dass sie hinter ihrem Spitzentuch auf ihn einredete. Er nickte bedächtig, hob die Schultern und blickte gen Himmel.

„Oma Mühe, ich sitze wohl auf einem Pulverfass! Aber ich kann und will mich nicht davon abhalten lassen, die Wahrheit zu predigen. Das bin ich nicht nur meinem Gewissen schuldig, sondern auch unserem Heiland!"

Oma seufzte, nickte und rief: „Amen!"

Das war das letzte Mal, dass ich ihn sah. Was am nächsten Morgen geschah, habe ich aus zahlreichen Erzählungen und Mutters Tagebuch zusammengetragen und so verinnerlicht, als wäre ich selbst dabei gewesen.

Schon früh am Morgen humpelte die alte Minka den Weg entlang und schrie nach meiner Oma. Diese ließ vor lauter Schreck den Korb mit den Eiern fallen. Ohne weiter darauf zu achten, rannte sie vom Hof und lief der Minka entgegen.

„Anna! Anna, jetzt haben sie ernst gemacht! Nun holen sie ihn!"

Minka begann zu weinen.

Mutter fuhr gerade mit dem Rad ins Dorf, als sie erstaunt die beiden alten Frauen wie besessen fortrennen sah: die eine humpelnd, die andere fluchend, wobei sie ihr Tuch, das ihr beständig von den Schultern rutschte, zusammenraffte. Mutter sofort hinterher. Von überall her gesellten sich andere aufgeregte Menschen dazu. Keiner wusste Genaueres, aber wenn die alte Anna lief, dann hatte das etwas zu bedeuten. Der Tross aufgeregter Menschen rannte den Hügel hinauf, jeder stellte die wildesten Vermutungen an. Einer aufgescheuchten Herde gleich.

Und dann stand da diese Limousine vor dem Pfarrhaus. Wie ein übles Insekt lauerte sie da, die Türen weit geöffnet, schwarz glänzend wie nasser Teer. Man konnte sich endlos, bis zur völligen Selbstauflösung darin betrachten. Staunend standen sie alle davor, betrachteten sich in dem Lack wie in einem polierten Spiegel und raunten einander zu, dass das nichts Gutes verhieß. Tatsächlich traten kurz darauf drei Männer mit finsteren Gesichtern und dunklen Ledermänteln aus dem Pfarrhaus. In ihrer Mitte der Pfarrer.

„Was glaubt ihr, wer ihr seid?", wetterte Oma ungehalten. „Wie könnt ihr's wagen, Gottes Diener auf Erden einfach wie ein Viech abzuführen!" Sie war außer sich.

„Oma Mühe, gib Ruhe! Es wird sich sicherlich alles aufklären!", versuchte der Pfarrer sie noch zu beschwichtigen.

Allgemeines Tuscheln und Stammeln hob an, aber keiner unternahm etwas. Wie hypnotisiert starrten alle auf diese Fremden, die unheimlich aussahen in ihrer schwarzen Kluft. Und im Hintergrund stand der Hans-Karl und grinste. Überall blinkten und prangten seine Abzeichen. Der Goldfasan kostete diesen Moment seines Triumphes sichtlich aus. Und über ihm wehte die Hakenkreuzfahne im Wind.

„Der Pfarrer Klaus Bredow wird in Schutzhaft genommen, da die Gefahr besteht, dass er von seiner Freiheit Gebrauch macht und sich gegen den nationalsozialistischen Staat und seine Einrichtungen auflehnen könnte", erklärte Goldfasan der staunenden Menge, dann knallten seine Absätze zusammen, sein rechter Arm schwang sich nach oben und er brüllte: „Heil Hitler!"

Als Oma die Hand nach dem Pfarrer ausstreckte, wurde sie von den Männern unwirsch beiseitegestoßen; so heftig, dass sie hinfiel. Mutter stürzte auf sie zu und half ihr hoch. Der alten Frau liefen Tränen über die Wangen. Sie fuchtelte mit beiden Fäusten und konnte nur stammeln. Natürlich ahnte die Gemeinde schon länger, dass der Pfarrer sich mit seinen politischen Attacken um Kopf und Kragen reden würde, aber nun, da der Moment gekommen war, schmeckte die Wahrheit bitter. Mit harter Hand demonstrierte die Macht, dass auch in diesem hintersten Winkel des Landes niemand mehr seines Lebens sicher war. Und auch wenn es sie nicht offiziell gab, Blockwarte schienen nun auch unter uns zu weilen. Wir lebten in einer weitgehend kontrollierten und durch und durch beherrschten Gesellschaft. Menschen wie dieser Hans-Karl ließen einen die Existenz von Gestapo, Folter und Zuchthaus nie ganz vergessen.

Unversehens waren all die Schrecknisse des Schauermärchens sehr real geworden. Als der Wagen anfuhr, saß der Pfarrer mit versteinerter Miene im Fond und sein letzter Blick galt seiner Kirche. Einem mahnenden Finger Gottes gleich ragte die Kirchturmspitze in den Himmel. In diesem Moment verschluckte eine dunkle Wolke die Sonne und ein kalter Wind fegte um die Mauern.

Tagelang lief Oma immer wieder mit Freunden und Nachbarn zu Willi und zum neuen Bürgermeister Meyer, tobte und forderte eine Erklärung. Doch keiner wusste Genaueres. Dann endlich wurde eine Versammlung einberufen. Es kamen alle. Es war ein einziges Geschubse und Gedränge. Vorn auf dem Boden hockten die Kinder, dahinter die Jugendlichen und dann erst kamen die Bänke, auf denen die Erwachsenen saßen. Die Tür musste offen bleiben, denn auch draußen standen noch viele weitere Menschen. Der neue Bürgermeister, natürlich in Uniform, zog einen Bogen Papier aus einem versiegelten Umschlag und begann vorzulesen. Erst herrschte Stille. Niemand schien zu atmen. Dann kippte die Stimmung plötzlich, es wurde so laut, dass einem der Schädel zu platzen drohte. Der Grund der Verhaftung, der hier verlesen wurde, schlug ein wie eine Bombe. Wir Kinder begriffen natürlich überhaupt nicht, was los war. Die Erwachsenen schrien auf, manche Mutter rannte zu ihrem Kind, es herrschte ein großes Tohuwabohu. Manche schüttelten ungläubig den Kopf, viele jedoch lachten nur laut.

Offiziell wurde Pfarrer Bredow nach Paragraph 175 angeklagt. Wegen homosexueller Handlungen mit Minderjährigen.

Nachdem die Versammlung aufgelöst war, standen alle noch draußen und redeten wild durcheinander. Nur mühsam legte sich die Empörung, aber dann begannen die Erwachsenen, in Ruhe nachzudenken. Und nach einigen Tagen empfanden die meisten den Vorwurf als völlig absurd. Bis dato hatte sich keine Familie je über diesen Pfarrer beschwert. Während der Gerichtsverhandlung aber, an der einige aus dem Dorf teilnahmen, darunter auch Vater, beschuldigte ihn ein Ministrant. Seltsam war nur, dass dieser Ministrant ein Neffe des besagten Hans-Karl war. Der Vorwurf belastete den Pfarrer schwer und der Richter ließ keine Gnade walten. Im Gegenteil, er hielt ihm auch vor, in seinen Predigten gegen die Partei gehetzt zu haben. Er wurde zu neun Jahren Zuchthaus verurteilt. Wie gesagt, ich habe ihn nie wieder gesehen. Meine Eltern waren sich indes sicher, dass in Wahrheit der Widerstand, den er immer wieder an den Tag gelegt hatte, durch dieses Unrecht gebrochen werden sollte.

Der neue Pfarrer Bach hielt sich an die Vorgaben der Partei, teilte die Hostie auch mit den Braunhemden und pries von der

Kanzel herunter das *Tausendjährige Reich*. Das muss in Omas und Mutters Ohren mehr als bedrohlich geklungen haben.

Er versuchte Gott zu spielen, kostete seine Macht aus, die die Partei ihm übertragen hatte, schikanierte Menschen, wo er nur konnte, und bekannte sich offen zur NSDAP.

„Von der Jugend geführt"

Inmitten all dieser Wirren trat ich in die HJ ein und kam zum Jungvolk. Das war inzwischen etwas völlig Normales und da sie wegen der verzögerten Aussaat alle beschäftigt waren, machte keiner der Erwachsenen sonderlich viel Aufhebens um die Zeremonie. Eine schnelle Vereidigung und schon ging man wieder zur Tagesordnung über; der Alltag war beschwerlich genug.

Nun trug auch ich diese Uniform. Derber dunkelblauer Rock, darüber eine weiße Bluse und die gelbbraune Kletterweste mit Lederknöpfen. Die groben Kniestrümpfe steckten in flachen schwarzen Lederschuhen. Ich beäugte mich im Spiegel und kam mir äußerst fremd vor. Im Gegensatz zu Walter und Thea war ich skeptisch und ging auch mit einem eher mulmigen Gefühl zum ersten Treffen. Am Mittwochnachmittag trafen wir uns im Jugendheim, das extra für die HJ und den BDM gebaut worden war. Als ich die Tür öffnete, bot sich mir ein seltsames Bild. Alle in dieser Uniform. Was noch am Morgen mit bunten Kleidern und Schürzen zur Schule ging, verschmolz nun zu einer großen Farbeinheit. Ein Meer an Blau, die weißen Blusen gestärkt und gebügelt – so sahen wir alle aus wie auf einem Werbeplakat für Seifenflocken. Unsere Jungmädchenschaftsführerin Edeltraud wies uns in die Regeln des Jungvolks ein. Danach sangen wir, lernten einen Volkstanz und durften am Ende noch miteinander spielen.

Erleichtert ging ich nach Hause. Es war nicht so schlimm, wie ich befürchtet hatte. Walter und Thea lachten über meine Ängste. Aber was verstanden die schon? Sie waren so sehr mit ihren Gruppen verwachsen und mit eigenen Geschichten beschäftigt, da war die kleine Schwester mit ihren Sorgen nicht wirklich ernst zu nehmen.

Am Samstag unternahmen wir eine Orientierungswanderung nach Karte. Hier zeigte sich, dass ich die Gegend gut kannte und die Karte nicht brauchte. Es folgten Schnitzeljagden, Sketche wurden aufgeführt; Gemeinschaftsspiele brachten uns zusammen, damit wir einander besser kennen- und akzeptieren lernten. Mit Eifer flochten wir Puppenkörbe, und die Basare, die wir gelegentlich veranstalteten, um Bedürftige zu unterstützen, gaben uns das Gefühl, Sinnvolles für die Gemeinschaft zu leisten. Sogar ein Theaterspiel studierten wir ein, um dem Dorf ein kulturelles Programm darzubieten.

So verging der Sommer und ich fand Gefallen an den Treffen, die aus meiner damaligen Sicht nichts mit den Vorkommnissen aus dem Märchen der Erwachsenen gemein hatten. Wir trieben viel Sport, fieberten unserem ersten Wettkampf entgegen und es offenbarte sich, dass so manches Mädchen mehr Ausdauer und Kraft besaß als vermutet. Der Ehrgeiz bohrte sich in die Seelen und keine von uns hätte beim Einsatz für die Gruppe an Kraft und Zeit gespart. Außerdem liebten wir alle die Edeltraud. Sie besaß ein großes Herz und schikanierte niemals eins ihrer Mädchen. Ich fühlte mich aufgehoben. Es war tatsächlich eine glückliche und friedliche Zeit. Für viele Mädchen war es die einzige Möglichkeit, sich zu behaupten, ihr Selbstwertgefühl zu stärken und auch dem Trott zu Hause zu entfliehen. Bei uns in der HJ gab es keine Großen, die in irgendetwas hätten reinreden können. Das war vielleicht auch ein Grund, warum sich so viele in der HJ wohlfühlten: Endlich mal ohne Eltern Zeit verbringen, die einem ständig Vorhaltungen machten oder einen spüren ließen, dass man eben nur ein Kind war.

Am 1. Mai mussten wir uns mit der gesamten HJ und dem BDM aus allen Dörfern im Jugendheim treffen. Zigtausende Jugendliche aus ganz Deutschland waren nach Berlin gefahren. Wir lauschten am Radio der Übertragung aus dem Olympiastadion. Hier wurde der Anschluss Österreichs mit großem Pomp gefeiert. Vor allem der Jugend sollte dafür gedankt werden, dass sie immer an ihr Deutschland geglaubt hatte. Und es war wirklich ein schönes Gefühl, in dieser großen Gemeinschaft zu sein. Nicht wenige saßen mit glühenden Wangen da und auch so manche dicke Träne kullerte über ein verklärtes Gesicht, als der Führer rief: *„Ich bau auf euch, blind und zuversichtlich!"*

Ein einziger Schrei der Bekräftigung dröhnte zu uns in den Raum. Wir saßen nur da und lauschten ergeben, aber trotzdem spürten wir diesen magischen Moment: dass der Führer an uns glaubt! Am Ende brauste unermesslicher Jubel auf. Die deutsche Jugend verabschiedete sich von ihrem Führer.

Und ich mittendrin.

Natürlich beobachtete Mutter mich, wenn ich von Edeltraud und meiner Gruppe schwärmte. Dabei versuchte ich ihr zu erklären, dass wir wirklich nichts Politisches unternahmen und sie um mich keine Angst zu haben brauche. Stolz erklärte ich ihr, dass wir ja von *der Jugend geführt würden* und nicht von den Erwachsenen. Nie hat Mutter versucht, mir etwas auszureden. Sie nahm es stillschweigend hin, dass all ihre großen Kinder der HJ beigetreten waren. Bei Walter und Peter konnte man allerdings beobachten, dass sie das Ganze seit einiger Zeit mehr oder weniger als Pflichtübung ansahen. Ihre anfängliche Euphorie war verflogen. Vor allem Walter wollte mehr, wollte weiterkommen. Aber man gehörte nun einmal dazu und dachte auch nicht weiter darüber nach. Dafür lief

Paula unbekümmert durchs Leben und ahnte nichts von dem Unheil, das sich wie eine dunkle Wolke über unseren Köpfen zusammenschob.

Swing Heil

Walter und Peter fuhren immer häufiger in der Gegend herum, blieben des Öfteren auch nachts fort. Neuerdings schliefen sie bei Freunden, die wir nicht kannten und vorerst nicht zu Gesicht bekamen. Doch eines Tages lernten wir die neue Bekanntschaft kennen. Es war offensichtlich, dass diese jungen Leute von der höheren Schule kamen und nicht der HJ oder dem BDM beigetreten waren. Ihre Kleidung wirkte beinahe wie eine Kostümierung. Es war, als tauchten im Märchen neue Figuren auf, wie aus einer anderen Welt; sie waren so vollständig anders als die, die das Geschehen mittlerweile bis in alle Einzelheiten bestimmten. Lärmend und schrill boten sie für einen kurzen Moment Abwechslung, verdeutlichten, dass den Narren ein Augenblick der Freiheit vergönnt war, und ich lernte, dass es sehr wohl junge Menschen gab, die sich dem Terrorsystem nicht unterordneten. Und das deutschlandweit.

Zu Beginn des NS-Staates gab es verschiedene kommunistische und sozialdemokratische Jugendverbände, die vehement versuchten, sich gegen die NS-Herrschaft aufzulehnen. Sie brachten illegale Flugblätter unter die Menschen, druckten ihre eigenen Zeitungen. Aber es dauerte nicht lange und vor allem die junge kommunistische Opposition wurde in ihren Aktivitäten durch die gnadenlose Verfolgung der SA ausgeblutet und war schon 1934 so gut wie zerschlagen. Viele junge Menschen kamen in Zuchthäuser und Konzentrationslager. Man spricht von Tausenden, die verhaftet und in ihrem

Denken gebrochen wurden. Das Ganze nannte die obere Führung dann „politische Umerziehung".

Neben den klar politischen jungen Gegnern aus den Arbeiterjugendorganisationen gab es auch die neuformierten Jugendbünde, die sich aus ehemaligen Naturfreundejugendgruppen nach März 1933 heimlich weitertrafen. Sie organsierten Fahrten hinaus in die Wälder, sangen die alten Arbeiter- und Wanderlieder: *„Ein neuer Frühling wird in die Heimat kommen. Auch die rauhen Wintertage gehen mal vorüber, dann wird's Mai."* Oder auch: *„Weit ist der Weg zurück ins Heimatland."*

Als Gegner des Regimes trafen sich dort geistesverwandte Jungen und Mädel, und sangen diese Texte, die ihrer damaligen Situation so ganz entsprachen. Im Gegensatz zur HJ, die in den Straßen marschierte, traf man sich hier in der freien Natur. Aber auch sie wurden gnadenlos verfolgt und nach langer Untersuchungshaft wurden nicht wenige dieser jungen Menschen zu hohen Gefängnisstrafen verurteilt. Auch wenn sie keine nach außen gerichtete politische Tätigkeit ausübten, waren sie den Nazis doch ein Dorn im Auge, weil sie sich nicht unterordnen wollten, sich nicht ins Kollektiv der HJ begaben, unter die permanente Kontrolle von außen.

Auch die kirchliche Jugend organisierte ihre heimlichen Gruppen, abseits der NS. Gegen diese Gruppierungen gingen die Mitglieder der HJ besonders massiv vor. Sie verwüsteten ihre Heime, störten deren Veranstaltungen, verstärkten immer mehr den Druck gegen die katholischen und evangelischen Jugendverbände. Ein Treffen einer evangelischen Gemeinde-Jugend zum Beispiel wurde mit folgender Begründung aufgelöst: *„Ein Weg zum Himmel existiere nicht. Der Weg, der zum Himmel führen solle, führe nur dazu, dass sie kurz vor dem Himmel doch herunter fielen. Es sei nur ein Weg, der führe zu Adolf Hitler."* So die Parole der Nationalsozialisten.

Mit einem Erlass vom 29.7.1933 ordnete Baldur von Schirach an:

"Die gleichzeitige Mitgliedschaft von Hitlerjungen und Mitgliedern des Bundes Deutscher Mädel in konfessionellen Jugendorganisationen führt zu ständigen Unzuträglichkeiten, da sich die konfessionellen Organisationen nicht auf ihren eigentlichen kirchlichen Aufgabenkreis beschränken. Ich verbiete daher mit sofortiger Wirkung die gleichzeitige Mitgliedschaft der Mitglieder der nationalsozialistischen Jugendorganisationen. Ich behalte mir ausdrücklich vor, meine Maßnahmen abzuändern, wenn sich die konfessionellen Jugendorganisationen auf ihren eigentlichen Aufgabenkreis beschränken."

Vielen von ihnen blieb nur noch, den Weg in die Illegalität zu gehen.

Die Gestapo ging massiv gegen diese jungen Oppositionellen vor und verurteilte sie wegen *Zersetzung der Staatsjugend*. Auch in Studentenkreisen gab es verschiedene oppositionelle Gruppen, die sich vorwiegend aus früheren Angehörigen illegaler Jungenschaft zusammensetzten. Natürlich war der bekannteste Studentenkreis die Gruppe um die Geschwister Scholl in München. Und wie den meisten bekannt, wurde der harte Kern der Gruppe durch das Fallbeil hingerichtet.

Aber zu diesem Zeitpunkt ahnten wir von alledem nichts. Walter und Peter verbrachten viel Zeit mit ihren neuen Freunden, die sich sehr von denen aus Mohrau unterschieden. Und ein buntes, fröhliches Fest sollte im Märchen alle diese verschiedenen Figuren zusammenbringen.

Einer unserer Höhepunkte im Jahr war die Kirmes, die immer kurz nach der Ernte stattfand. Es gab niemanden, der diesem Ereignis nicht entgegenfieberte, war es doch ein Fest, das für jeden etwas bot. Zu diesen Gelegenheiten kamen sogar die Stadtleute gern zu uns aufs Land gepilgert. Und der sonst stille Dorfanger war Schauplatz eines bunten, quirligen Lebens. Händler, Kaufleute und natürlich Gaukler und

Künstler kamen und bauten dicht an dicht ihre Zelte und Buden auf. Luftschaukeln und Karussells mit wunderschön geschnitzten Figuren drehten sich im Kreis, Schieß- und Würstchenbuden verführten Jung und Alt, hier zu verweilen. Hier durften die Burschen ihre Schießkünste demonstrieren. Die HJ leistete hervorragende Arbeit. Kaum einer der Heranwachsenden verfehlte sein Ziel.

Das Glück verheißende „Goldene Rad" drehte sich unermüdlich und nicht selten ging eine strahlende Frau mit einem kleinen Gewinn nach Hause. So erfüllte ein Wogen und Drängen, ein Pfeifen und Schnattern und Feilschen das sonst eher geruhsame Mohrau, als sei es urplötzlich zu einer großen, handelsbeflissenen Stadt geworden. Bunte Kleider und wilde Perücken überall – man kam aus dem Staunen und Schauen nicht mehr heraus. Biegsame Menschen versetzten die gaffende Menge mit ihren Darbietungen in Erstaunen und der Cowboy, der mit seinen Messern Kunststücke zeigte, avancierte schnell zum Held aller Jungen.

Den Grundstock für den Vergnügungsetat hatten wir uns natürlich aus kleinen Geldgeschenken der Großeltern und anderer Verwandter zusammengespart. Vor allem die Älteren plünderten ihre Sparbüchsen, war das doch einer der seltenen Anlässe, da man seiner Liebsten eine Rose schießen oder sie zu einer Karussellfahrt einladen und dann zärtlich ihre Hand umklammern konnte.

Die größeren Jungs, darunter auch Walter und Peter, erarbeiteten sich eine Runde Karussell fahren, indem sie bei den noch nicht elektrisch betriebenen Karussells in das Gestänge oben unter dem Karusselldach kletterten und das Ganze durch ihre Muskelkraft zum Drehen brachten. Drei Runden drehen, eine Runde fahren. Sie liefen in dem Gestänge herum wie Pferde im Göpel oder Hamster im Rad. Der Karussellbesitzer hatte immer genügend Helfer zur Hand, er konnte sich zufrieden zurücklehnen und dem Treiben gelassen zusehen. Ab und an kurbelte er am Grammophon und die Nadel lockte knisternd eine Melodie hervor, die jeder mitpfeifen oder -summen konnte. Und über allem hing der Duft von Gebackenem wie Streusel- und Pflaumen-, Quark- und Zuckerkuchen und Karamell. Aus einem großen Fass gab es die saure Gurke gleich in die Hand und an jeder Ecke wurde gebechert und geschlemmt. Viele Bauern schlachteten zu diesem Anlass, deshalb drehte sich an mehreren Spießen frisches Fleisch und die Wurst gab es direkt vom Grill. Besonders in jenem Jahr ging es uns gut. Alles war in Hülle und Fülle da. Der Führer hielt sein Wort.

Vater trug Paula auf den Schultern und ich machte mich gerade über eine riesige Zuckerwatte her, als wir Walter und Peter beim Karussell entdeckten. Lässig saßen sie auf der Absperrung, um sie herum zwei auffallend schöne Wesen und ein fein gekleideter Bursche, mit denen sie sich unterhielten. Die Frauen sahen so anders aus als unsere Dorfmädchen. Ich glaubte, sie seien Künstlerinnen, die gleich auf einem der Hochseile ihren Auftritt zum Besten geben würden. Lange, in große Locken eingedrehte Haare hingen offen über die Schultern herab. Die eine trug einen feschen Hosenanzug, die andere ein reizvolles Kleid mit üppig tiefem Ausschnitt, die Augen stark geschminkt und mit ihren kirschroten Lippen lächelten sie und schauten etwas blasiert unter halb geschlossenen Lidern hervor; das bunte Treiben um sie herum schien sie eher anzuöden. Sie erinnerten mich an die Diven auf alten Filmplakaten. Der junge Bursche stützte sich lässig auf einen Regenschirm, obwohl weit und breit keine Wolke in Sicht war.

Mutter ging geradewegs auf die Gruppe zu. Neugierig folgte ich ihr. Walter bemerkte uns gar nicht, er hatte nur Augen für das Mädchen mit dem hübschen Kleid. Sie sah mit leicht geöffneten Lippen zu ihm auf, schlug dann kokett die Augen nieder und spielte mit einer Haarsträhne. Ich war nicht ganz sicher, ob Walter nicht jeden Moment von der Absperrung fiel, so hin und weg war er. Peter dagegen unterhielt sich angeregt mit dem lässigen Burschen, der sich sanft zum Rhythmus der Grammophonmusik bewegte.

„Bringt doch eure Freunde mal mit nach Hause!", rief Mutter ihm aufmunternd zu. Die umstehende Menge drehte sich ihr neugierig zu.

Walter sah verschämt drein, richtete sich auf und murmelte etwas, das ich nicht genau verstand. Die Mädchen musterten Mutters Kleid und sahen belustigt zu Walter, der verlegen an seinem Hemd nestelte. Er hatte es am Morgen extra frisch angezogen. Peter strich sich über die welligen Haare, die eine ähnliche Länge aufwiesen wie die des Burschen. Auch dieser beobachtete uns amüsiert und klopfte auf dem Knauf seines Schirmes einen Takt, der zu dem Lied aus dem Grammophon passte.

Winkend drehte sich Mutter um, nahm meine Hand und zog mich weg. Ich sah mich noch einmal nach diesen Fremden um, dann waren wir schon in der lärmenden Menge untergetaucht.

Zwei Tage dauerte das Fest und wir aßen Süßes und Saures, bis uns schlecht wurde. Noch bis spät in die Naht hörte man die Menschen lachen und lärmen. In allen Scheunen und Schuppen schliefen die Besucher aus den Städten, ließen sich für eine begrenzte Zeit auf das viel gepriesene romantische Landleben ein. Wir Kinder machten es uns zur Aufgabe, am nächsten Morgen all die Strohhalme zu zählen, die unbemerkt in Haarschöpfen hängengeblieben waren.

Am nächsten Tag schlenderte Mutter, diesmal Traudel im Schlepptau, wie nebenbei am Karussell vorbei. So wunderbar auffällig unauffällig, dass Vater laut lachte. Beide Frauen beäugten die jungen Damen, die auch an diesem Tag umwerfend schön und vor allem so anders als die Dorfmädchen aussahen. Auch Peter musste seiner Mutter das Versprechen geben, ihr diese Freunde demnächst vorzustellen. Und das geschah dann auch bald.

Traudel und Mutter waren dermaßen aufgeregt. Wie die Hühner gackerten sie in einem fort. Sie deckten unter der Linde den Tisch, hatten den Morgen über gebacken und setzten sich nun, um ungeduldig zu warten; wie zwei Schulmädchen. Immer wieder fuhr sich Mutter übers Haar, das sie lange gekämmt hatte und ein wenig hochgesteckt trug. Thea half den beiden in der Küche und setzte sich nun ebenfalls abwartend auf die Schaukel. Auch sie fingerte aufgeregt an ihren Haaren herum, die sie am Abend zuvor gewaschen hatte. Danach waren sie mit dünnen Nadeln in Wellen gelegt worden, sodass sie nun aussahen wie frisch onduliert. Einer Prinzessin gleich saß sie da, in ihrem schönsten Kleid. Immer wieder musste Mutter ihr erzählen, wie die Freundinnen aussahen, die unsere Jungs so verzückten und deren Besuch wir nun so gespannt erwarteten. Und dann sahen wir sie den Weg entlangkommen. Mit den Fahrrädern waren Peter und Walter losgeradelt, um die Freunde vom Bahnhof abzuholen. Jetzt geleiteten sie die auffälligen Schönheiten nicht ohne Stolz durchs Dorf. Natürlich sahen wir auch, dass so mancher am Wegesrand stehenblieb und sich gaffend nach den Fremden umschaute.

An diesem Tag sahen die jungen Frauen nicht ganz so auffällig bunt aus, waren dezent geschminkt. Nur ihre Kleidung stach wieder sonderbar hervor. Wie aus einer anderen Welt kamen die neuen Figuren aus dem Märchen direkt auf uns zu. Der junge Mann trug heute keinen Regenschirm bei sich, aber seine Hose unterschied sich deutlich von denen unserer jungen Burschen. Seine Weste war offen, und mit lässigen Schritten kam er den Weg entlanggeschlendert. Die Kleider der Mädchen wirkten luftig, die eine in Blau, die andere in Rosa. Und nun war zu erkennen, dass sie gar nicht viel älter waren als Walter. Alle drei gingen, wie wir später erfuhren, in Peters Klasse.

Traudel stand an der Gartenpforte. Als die bunte Truppe ankam, blieben alle einen stummen Augenblick lang stehen und musterten einander unverhohlen.

„Swing Heil!", grüßte der junge Mann mit einem charmanten Lächeln.

Walter und Peter grinsten. Walter wandte sich kurz prüfend um. Niemand war zu sehen.

Traudel verschlug es förmlich die Sprache.

„Keine Angst, Mutti, so grüßen die sich, weil, sie sind ein bisschen gegen ..."

„Hey, *Hot Boy*, nicht so bescheiden! Guten Tag, also ich heiße mit bürgerlichem Namen Bastian und bin auf jeden Fall gegen sämtliche Formen der Unterdrückung, insbesondere die durch das NS-Regime. Deswegen nicht der offizielle Hitlergruß. Den verweigere ich. Peter meint, dass wir hier frei sprechen dürfen!"

Mutter stürmte an die Pforte, riss diese auf, schnappte nach Luft, bat die Gäste hastig herein, sah sich ängstlich um und scheuchte uns wie eine Herde Schafe unter die Linde. Um ein Haar wäre Walter vor Scham im Boden versunken. Paula quietschte vor Vergnügen und Thea starrte mit offenem Mund die jungen Mädchen an, die schon wie erwachsene Damen aussahen. Den Gästen gefiel es bei uns auf dem Land. Sie lachten, pfiffen eine Melodie und setzten sich laut plappernd, wobei sie betont lässig blieben. Als auch noch Fritz seine Aufwartung machte, war das Gejuchze groß.

„Umwerfend!", kam es von dem Mädchen, dem Walter offenbar sehr zugetan war.

Mein Bruder sah so schüchtern aus. Kein Zweifel, er war verliebt in dieses schöne Wesen, das in meiner Fantasie die Rolle der guten Fee zugeteilt bekam. Mutter erkannte die hormongeschwängerte Situation natürlich sofort und nahm diese seltsame Erscheinung mit den veilchenblauen Augen argwöhnisch unter die Lupe.

Thea bediente die Gäste und schielte neugierig zu Bastian, der sie anlächelte. Sie wurde rot. Paula setzte sich auf Peters Schoß und besah sich das glänzende Goldarmband des anderen Mädchens. Sie hieß Mathilde, nannte sich offiziell aber „Swing Girl".

Die Freundin von Walter ließ sich „Jazzkatze" rufen, und mit bürgerlichem Namen Rita.

„Ihr nehmt euch ziemliche Frechheiten heraus ... habt ihr denn gar keine Angst ... ich mein, ihr seid nicht bei der HJ oder dem BDM ..." Mutter versuchte lässig zu klingen, so ganz gelang es ihr nicht. Ihre wachen Augen sezierten die Neuanwesenden förmlich.

„Noch gibt es keinen Zwang, dieser Staatsjugend beizutreten! Wir lehnen diese grässliche Formationserziehung der HJ ab. *Selig sind die Halbgebildeten, denn das Dritte Reich ist ihrer!* Wie könnt ihr da nur so blind mitrennen? Das verstehen wir nicht!", wandte sich Bastian an Peter und schlug ihm auf die Schulter.

„Ja", fiel die Fee Rita ein, „kommt doch lieber zu uns. Das ist viel individueller und außerdem spaßiger! Und, Walterboy, du bist so musikalisch. Dich könnten wir auch für unsere Gruppe gebrauchen. Wissen Sie", säuselte sie nun an Mutter gewandt, „er spielt hervorragend Mundharmonika. Unsere Swing-Abende sind so *great*, wenn er dabei ist!"

Walter grinste.

„Wir sind keine Nazis", versuchte mein Bruder zu erklären. „Ich bin trotzdem gern bei der HJ. Ich trainiere da eigentlich nur für meine Boxerkarriere. Das ist es, was mich da noch hält. Aber mein Opa meint immer, dass alles bald in einem Krieg endet. Ich möchte mich und meine Familie dann auch verteidigen können. Das ist halt so."

Beeindruckt sah die Fee ihn von der Seite an.

„Trotzdem, Walter, das ist schrecklich, das ist schon politisch unmöglich!", belehrte ihn Mathilde. „All diese Verordnungen und angepassten Dinge, die ihr da ableisten müsst."

„Genau! Und dass die Juden so unterdrückt werden! Hey, all die großartigen Künstler – einfach weg! Rüber nach Amerika! Da muss man sich doch auflehnen! Diese ganzen staatlichen Zwangsmaßnahmen! Die sind nicht *very cool*, Swing-Boy", warf Bastian ein.

Und schon war die Diskussion, die ich nur von den Erwachsenen kannte, auch hier im vollen Gange. Traudel und Mutter ermahnten die jungen Leute wiederholt, doch vielleicht ein wenig leiser zu reden. Argwöhnisch blickte Mutter auf die Straße. Und die anderen steckten die Köpfe zusammen wie eine Bande von Verbrechern. Das wiederum nutzten Walter und Rita aus; sie bekamen es immer hin, dass sich ihre Wangen berührten.

Die vier nannten sich „Swing-Jugend". Auch sie lebten ihre eigenen Bräuche und Sitten aus und, wenn man es so sagen darf, ihre ganz eigene Uninformiertheit. Rita und Mathilde erklärten, für sie komme nur angloamerikanische Kleidung in Frage, wie zum Beispiel der klassische Anzug, ein Regenmantel, die Krawatte, ein Hut und ganz spezielle Kleider für die Mädchen. Sie wollten sich auch optisch von der HJ abheben. Nicht selten erlebten sie Konfrontationen mit den Braunen, die sich ihnen gegenüber regelrecht aggressiv verhielten. Bastian erzählte, in Breslau gebe es immer wieder Streit zwischen der HJ und der Swing-Jugend, bis hin zu endlosen Schlägereien, bei denen es zu gefährlichen Verletzungen kam. Sie rotteten sich in geheimen Unterkünften zusammen und wer konnte, bekehrte auch den einen oder anderen Braunen. Nicht immer schien es sinnvoll, seine politische Gesinnung sofort zu offenbaren. So gab es bestimmte Rituale und geheime Zusammenkünfte, bei denen sie sich verständigten. Ihr Erkennungszeichen: ein Regenschirm und unter dem Arm eine eingerollte ausländische Zeitung.

Mutter schlug die Hände über den Kopf zusammen.

„Na wunderbar! Wenn das die Gestapo rauskriegt. Ich beherberge nicht nur Kommunisten und andere Rebellen wie meine alten Eltern, nein, auch noch die nachfolgenden Verschwörer! Traudel, sag doch was! Dein Sohn ist da auch mittendrin!"

Peter lachte.

„Bloß nicht aufregen! Wir haben einfach ein bisschen Spaß! Walter und ich sind keine wirklichen *Swings*, aber sie sind meine Klassenkameraden und ich verbringe gern Zeit mit ihnen. Das kann uns die HJ ja nun wirklich nicht verbieten."

„Kolossal!", lachte Mathilde und begann in die Hände zu klatschen.

Und schon wippten die anderen mit ihren Oberkörpern und sangen einen lustigen Text.

„Und tritt General HJ einst gegen uns an.
Dann werden wir hotten Mann für Mann.
Der eine am Baß, der andre am Kamm.
Noch sind nicht viele genug.
Doch einst wird es wahr, was bisher nur Spuk.
Wir werden siegen, da gibt´s keinen Muck!"

Dann schnippte Rita mit dem Finger und sang:

„Kurze Haare, große Ohren.
So war die HJ geboren!
Lange Haare, Tangoschritt - da kommt die HJ nicht mit!
Oho, oho!
Und man hört´s an jeder Eck´ - Die HJ muss wieder weg!"

Als Vater hinzukam, zog Walter seine Mundharmonika aus der Tasche und spielte eine beschwingte Melodie. Die beiden

Mädchen schnipsten dazu mit den Fingern, Bastian klopfte den Takt. Rita begann ihre Haare zu schütteln und Mutter und Traudel starrten entgeistert auf die singende Jugend, die sich plötzlich bei uns sauwohl fühlte. Fritz grunzte vor Freude und ließ sich genüsslich von Paula kraulen. Thea saß etwas argwöhnisch daneben, schmolz aber beim kleinsten Lächeln von Bastian dahin. Ich bewunderte einfach nur meinen Bruder, dessen ganzer Oberkörper im Rhythmus mit schwang. Vater setzte sich mit erstaunter Miene und Mutter raunte ihm zu, hier seien besonders treue Jazzfreunde zu Besuch.

„Aha", sagte er, „Ihr seid also die berüchtigten staats- und parteifeindlich eingestellten Jugendlichen, vor denen uns Goebbels schon warnt. Traudel, wo ist denn Herbert? Der hätte doch seine helle Freude an denen!"

Bastian klatschte in die Hände.

„Huhu! *Who is* Herbert?"

„Ja, wir lieben diese entartete Kunstform nun einmal, diese *verjudete Niggermusik,* wie unser Göring sie nennt! Aber noch – noch ist sie nicht offiziell verboten, sie gilt nur als *nicht wünschenswert.*" Mathilde triumphierte.

„Vorsicht, im Reichssender ist sie eben doch verboten, eure Musik!", zischte Traudel.

Vater ging ins Haus und kam kurz darauf mit alten Schallplatten zurück. Nun fachsimpelten sie alle über diese Musik. Dass es trotz der Nazis noch genügend ausländische Swing- und Jazzbands gebe, die in den großen Städten in nur Eingeweihten bekannten Clubs aufträten, erzählten die drei. Und dass sie selbst des Öfteren nach Breslau führen, wo sie einer großen Vereinigung angehörten, die regelmäßig ihre Swing-Abende veranstalte. Mir dämmerte, wie fern von all dem wir hier in unserem Dorf lebten.

Angeregt unterhielten sie sich über die Rhythmen, diskutierten wer welches Stück hervorgebracht hatte. Jeder konnte irgendeine berühmte Persönlichkeit nennen und jeder Name löste bei den Feen ein tiefes Seufzen aus. So gewann das Märchen allmählich ein paar bunte Seiten dazu, die sich gut machten zwischen all dem braunen Dung. Ich war hin- und hergerissen. Einerseits war ich gern in der HJ, aber diese Swing-Jugend verdeutlichte mir, dass es auch Menschen gab, die an eine andere Zukunft glaubten und sich stark machten für ihre Träume, die ihnen so wichtig waren.

Ach, die Welt war so groß, so bunt und so vielfältig.

Es begann bereits zu dämmern, als Peter und Walter ihre Freunde zum Bahnhof zurück begleiteten. Kurz bevor sie aufbrachen, meinte Rita: „Kommt ihr uns besuchen? Im Kino zeigen sie die beiden Filme von der Olympiade in Berlin. Leni Riefenstahl heißt die Regisseurin, sie wird als große Künstlerin gefeiert und das ist ihr Meisterwerk."

„Riefenstahl?", fragte Traudel. „Ist die nicht Schauspielerin? Sie hat doch mit Luis Trenker in diesen Bergfilmen gespielt. Die dreht jetzt selbst Filme? Alle Achtung!"

„Ja, war wohl ein Geschenk zum Geburtstag des Führers!" Rita verzog den Mund. *Fest der Völker* und *Fest der Schönheit*. Das Plakat sieht fabelhaft aus. Wir wollen uns die auf jeden Fall anschauen, mal sehen, wie der Führer sich so vor der Kamera macht."

Walter und Peter waren hellauf begeistert. Was sie nur vom Hören her kannten, konnten sie jetzt auch sehen, sämtliche Sportarten, alle Wettkämpfe! Sie waren Feuer und Flamme.

Bei der allgemeinen Verabschiedung grinste Mathilde.

„Heil *Hotler*!", sagte sie und hob lässig die rechte Hand.

Meine Eltern schüttelten sich aus vor Lachen. Von dem Tag an wurde *Heil Hotler* in unserer Familie zum geflügelten Wort.

Als Walter und Peter zurückkamen, wurden Thea und ich ins Bett geschickt. Paula war längst eingeschlafen und nun zogen wir uns murrend in die Kammer zurück. Wir hörten, dass auch Herbert noch vorbeikam, und dann saßen die

Großen mit den Jungs in der Küche und es wurde lange und heftig debattiert. Sie gebärdeten sich laut und ich hörte heraus, dass Mutter die neuen Freunde wohl schätzte, den Umgang mit ihnen aber nicht gerade befürwortete. Heute weiß ich, dass sie fürchterliche Angst spürte. Sie wollte einfach nicht, dass Walter in Schwierigkeiten geriet. Denn mittlerweile war klar, dass jede öffentlich bekundete Missachtung der Partei Gefahr mit sich brachte. Auch für junge Menschen. Mutter konnte nicht einschätzen, wie gefährlich der Kontakt zu dieser Swing-Jugend war. Und für Peter gestaltete sich die Sache noch weitaus schwieriger, denn er sah seine ungewöhnlichen Freunde jeden Tag in der Schule.

Am nächsten Morgen verriet Walter mir, dass er hatte schwören müssen, sich der Swing-Jugend nicht offiziell anzuschließen. Das Gleiche galt für Peter. Ansonsten traf man sich weiterhin. Im Verborgenen.

Macht der Bilder

Wie versprochen gingen wir ins Kino, um die Olympiade von 1936 auf der Leinwand zu erleben. Noch hatte man all die Stimmen und Rufe im Ohr, noch spukten einem die Jubelschreie und Fanfarenstöße im Kopf herum, und jetzt – jetzt sollten wir all das auch wahrhaftig zu sehen bekommen! Alle gierten danach, diese Filme zu schauen, die überall gelobt und gefeiert wurden. Leni Riefenstahl war in jenen Monaten die umschwärmteste Frau der Nation.

Ich war überwältigt. Nun sah ich ihn zum ersten Mal – beinahe leibhaftig: unseren Führer Adolf Hitler. Da saß er, hoch oben auf der festlich ausstaffierten Empore. Mit aufmerksamem Blick verfolgte er die Sportler aus aller Welt, zu seinen Füßen und um ihn herum sein Volk, das da – ihm treu ergeben – zu Tausenden saß. Hin und wieder ließ er sich mitreißen, wenn der Jubel frenetisch aufbrauste, aber die meiste Zeit glitt sein prüfender Blick über die Masse begeisterter Menschen, die nicht nur den Gewinnern huldigten, sondern auch ihm. Dem Führer. Finster konnte dieser Mann dreinschauen, stechend. Die Augen lagen im Schatten seiner Mütze, auf der ein Adler im Sonnenlicht blitzte. So viele Uniformen, so viele Hände zum Hitlergruß gereckt, so viele Menschen, die an ihn, an das Deutsche Reich glaubten. Und das alles eingebettet in sagenhaft schöne Bilder. Ich war hingerissen. Überwältigt von diesen majestätischen Körpern, dem Spiel der Muskeln im gleißenden Licht der Sonne, den nackten Frauen, die unter üppigen Bäumen wie selbstvergessen tanzten. Ein Staunen und Raunen ging durch den Saal. Dieser Leni Riefenstahl war es gelungen, uns das Gefühl zu geben, dass wir Teil dieser rauschenden Bilderwelt wären. Teil dieser gewaltigen Masse, Teil des Volkes, das so sehr an sich glaubte. Noch nie zuvor hatte ein gastgebender Staat dermaßen viel investiert, um die Olympischen Spiele zur Selbstdarstellung zu nutzen.

Erst sehr viel später konnte ich ihre Filme mit kritischem Blick sehen; erst als Erwachsene habe ich begriffen, wie gefährlich schön ihre Bilder eigentlich waren. Riefenstahl kreierte so ästhetisch-perfekte Bilder und damit, bewusst oder unbewusst, verfälschte sie die Realität. Es mussten erst ganz andere Bilder folgen, die den schönen Schein von Erhabenheit zerstörten, diese visuelle Droge fürs Volk, und den Rauschzustand auf ewig beendeten.

Mit dem Kameramann Walter Frentz an ihrer Seite fand Leni Riefenstahl einen ebenbürtigen Künstler, der ihre Visionen von opulenten Filmen technisch genau umsetzte. Was die Kamera nicht in orgiastischen Bildern festhielt und zeigte, fand nicht statt. Blieb gut gehütet im Verborgenen. Und dieses Verborgene brauchte noch lange, um schonungslos gesehen und erkannt zu werden. Auch hier war es später das Medium Film, das einen erschauern ließ; schreckliche Aufnahmen von Gräueltaten im eigenen Land und den okkupierten Gebieten, Aufnahmen von massenhaft toten Leibern, eingefangen in Bildern, die einem nicht mehr aus dem Sinn gingen.

Nachdem diese Filme entstanden waren, gehörte Walter Frentz als Kameramann zum engeren persönlichen Umfeld Hitlers. Als überzeugter Nationalsozialist stellte er sein Können uneingeschränkt in den Dienst der NSDAP. Er wurde das „kreative Auge" des Dritten Reiches.

Riefenstahls kunstvoll choreografierte Massenaufmärsche, eingebettet in wunderbare Natur und endlose Hitler-Huldigungen von Jung und Alt, offenbarten schonungslos das völlige Aufgehen des Einzelnen im mächtigen Kollektiv. Im Nachhinein war ich erstaunt, mit welch einer Hingabe gerade die Frauen an dem Spektakel mitgewirkt hatten. So verzückte Gesichter hielten diese Filme fest, geradezu orgiastische Gefühle! Es ist schon bemerkenswert, in welchem Ausmaß das Verhältnis der Frauen zu Hitler mehr als erotisch aufgeladen war.

Auf der anderen Seite verkörperten die Männer in den Filmen die potente Macht, indem sie zu Tausenden zusammenstanden und in dieser Masse den Eindruck eines unbesiegbaren Volkes vermittelten.

Im Nachhinein ist Leni Riefenstahl die *ideologische Kurtisane des Führers* genannt worden. Und sie hat ihm weiß Gott in einer Art und Weise gedient, wie es den meisten Männern seiner Partei nicht gelang. Sie hat die Männerdomäne „Film" gesprengt, war Muse des selbst ernannten Genies. Oder war nicht eigentlich sie das Genie? Und er ihr Muserich?

Ich jedenfalls ging nach Hause und hoffte, eines Tages ebenso schöne Filme zu gestalten. Mein neuer Berufswunsch war geboren: Ich wollte auch Regisseurin werden. Und von da an lieh ich mir oft Mutters Kamera und begann wie sie, alles in Bildern festzuhalten, um eines Tages unsere Geschichte erzählen zu können. In einem großen Film. Wir, die aus Mohrau stammten. Einem idyllischen Dorf in Oberschlesien.

Auch in diesem Jahr mussten Peter und Walter wieder dabei sein. Für viele war das *der* Augenblick ihres Lebens: Reichsparteitag in Nürnberg. Hier würde der Führer zu seinen Jungen und Mädeln sprechen. Von überall her reisten sie an, ganze Kolonnen von uniformierten jungen Menschen pilgerten zu diesem Großereignis.

Für meinen Bruder und Peter allerdings bedeutete dieser Gang einen ernsten Konflikt mit sich selbst und den neuen Freunden. Solange die obligatorischen Treffen der HJ bei uns im Dorf stattfanden, waren sie einfach Bestandteil der Routine. Offizielle Anlässe wie der Reichsparteitag aber, bei denen das Politische im Vordergrund stand, die Ideologie, da sah es schon anders aus mit der Treue zur HJ. Walter war kein Schuljunge mehr. Seine Ausbildung forderte viel von ihm, vor allem körperlich. Deshalb nutzte er die HJ-Treffen dazu, sich sportlich zu betätigen. Alles Weitere empfand er mittlerweile als Bürde. Die Erziehung, die unsere Eltern uns angedeihen ließen, trug erste Früchte. Und auch die Liebe zu Rita bewegte etwas in ihm.

Peter war von seinem Bannführer aufgefordert worden, sich endlich die Haare schneiden zu lassen. Wenn er schon den Führer leibhaftig sehen dürfe, dann nicht mit dieser „Lotterfrisur". Und so standen die beiden schließlich vor mir: Akkurat und sauber die Uniform, die rot-weiße Fahne der Hitler-Jugend ordentlich zusammengerollt und mit frisch gekürzten Haaren. Rita und Mathilde kamen vorbei, um sich zu verabschieden. Still sahen sie zu, wie die Rucksäcke gepackt wurden. Seufzend strich Mathilde über Peters kurzes Haar, Rita musterte Walter nur stumm. Die Unterschiede zwischen ihnen hätten nicht deutlicher zutage treten können als in diesem Augenblick, da zwei HJler dem Ruf ihres Führers folgten.

Da das Jungvolk aus Mohrau auch in diesem Jahr nicht mitreiste, konnte ich wieder nur vor dem Radio sitzen und die Zeremonie aus der Ferne verfolgen.

Mutter und Traudel saßen ebenfalls dabei. Allerdings hörten sie nicht wirklich hin. Zu sehr waren sie mit ihren neuen „Sparmarken" beschäftigt. Ich glaube, es gab keinen einzigen Haushalt, in dem diese Marken nicht fieberhaft gesammelt wurden! Der Führer versprach, dass von nun an ein jeder sich eines Tages den Volkswagen leisten könne, wenn er nur fleißig genug spare. *Fünf Mark pro Woche musst du sparen, willst du im eigenen Wagen fahren.*

Wer sonst sollte die Tausende von Kilometern langen neuen Autobahnen nutzen, wenn nicht das deutsche Volk? Also wurde der KdF-Wagen groß propagiert. Der Arbeiter konnte die Kaufsumme zusammensparen, indem er jede Woche über die Kassen der KdF Reichsmarken in Wert von fünf bis fünfzehn Reichsmark erwarb. Die klebte er in ein kleines Heft mit einem Bild des Volkswagens. Wer 750 Reichsmarken zusammenhatte, sollte eine Bestellnummer sowie Anspruch auf Lieferung eines Autos erhalten, das in einem Werk in der Nähe von Fallersleben gebaut wurde. Traudel war hin und weg, und nun beugten die Frauen ihre Köpfe über das noch leere Heft. Höchst feierlich klebte Traudel ihre erste Marke ein, dann prosteten sie einander mit einem Glas Wein zu. Derweil schilderte die Schmetterstimme im Radio den Einmarsch der Jugend in das alte Stadion zu Nürnberg. Ich lauschte gebannt.

Es regnete. Aber nichtsdestotrotz, tapfer marschierte die Jugend mit ihren Fahnen voran, die klitschnass und schwer an ihren Stangen hingen, wie der Sprecher voll des Lobes berichtete. Auf dem Zeppelinfeld, direkt neben dem Stadion, demonstrierte Flugzeuge der deutschen Luftwaffe in halsbrecherischen Kurven und Loopings ihre großartigen

Leistungen. Scheinwerfer ließen wohl das Stadion himmelsgleich erstrahlen und ich hörte wie ein Raunen durch die Massen ging. Immer neue Stürme der Begeisterung, jubelnder Beifall. Alles eingebettet in eine grandiose Inszenierung.

Dann das Kommando: *„Fahnenträger, rührt euch!"*

Ein dumpfes Geräusch, als die Fahnenstangen krachend auf das hölzerne Podium gestellt wurden.

Dann richtete der geliebte Reichsjugendführer Baldur von Schirach das Wort an die Menge: *„Weh dem, der nicht glaubt!"*

Ich musste an Walter und Peter denken, die dort in der Masse standen und doch nicht mit dem Herzen dabei waren, weil sie andere, freier denkende Menschen kennen und lieben gelernt hatten. Ob sie sich, uniformiert wie sie waren, dennoch der Masse zugehörig fühlten? Ich fragte mich, was sie wohl dachten, die großen jungen Männer, die mit ihrer Uniform doch dazugehörten? Trotz ihres Unmutes.

Ich war abgeschweift. Erst als der Führer zu sprechen begann, hörte ich wieder hin. Nun war er ja kein Fremder mehr für mich. Nicht bloß ein Hörerlebnis oder ein Bild, das einem stumm von den Wänden entgegenstarrte. Ich konnte ihn mir genauestens vorstellen.

Er sei stolz auf seine deutsche Jugend, stolz auf die Jugend aus Österreich, die so sehr an ihn geglaubt habe, rief er und schritt die Reihen ab. Eisern und stramm standen an die 60.000 junge Menschen da, alle in der Hoffnung, er werde ihnen einmal persönlich in die Augen sehen. Nach seinem Rundgang brauste frenetischer Jubel auf, die deutsche Jugend verabschiedete ihren Führer. Er grüßte sie noch einmal mit emporgestrecktem Arm und verschwand einfach im Dunkel des Ausgangs, wie Walter später berichtete. Er sollte ihn tatsächlich nie wieder sehen.

Ich sah mich um. Traudel schwärmte, welche Reisen sie mit ihrem neuen Auto unternehmen werde. Auf nach Breslau, in die große Stadt! Oder mal ans Meer! Ihre Augen leuchteten.

Sie sammelte und sammelte immer weiter. Einer bunten Marke folgte die nächste. Und sie liebte ihr Büchlein genauso wie Mutter ihr Tagebuch liebte. Nicht selten saßen sie abends zusammen. Die eine schrieb, hielt unermüdlich fest, was am Tage geschehen war, die andere zählte ihre Marken, sah sich immer aufs Neue die Seiten an, die sich allmählich füllten.

Bereits zwei Jahre später produzierte das große Werk aber keine Volkswagen mehr, sondern unter Einsatz von KZ-Häftlingen und ausländischen Zwangsarbeitern nur noch den praktischen, kompakten Kübelwagen für die Wehrmacht. 300.000 potenzielle Käufer hatten 280 Millionen Reichsmark angespart. Die flossen komplett in den Krieg, in die Rüstungsindustrie. Nach dem Krieg wurde dort in Wolfsburg der VW-Käfer millionenfach produziert.

Aus der Traum von einer Fahrt über die Autobahn, allein mit sich und seinen Träumen. Verloren für immer die Möglichkeit, selbstbestimmt eine Reise anzutreten. Egal, wohin. Man war doch wieder gefangen im Kollektiv. Die Führung versuchte stattdessen den Krieg schmackhaft zu machen, pries den wie eine dicke Wurststulle an. Ganz allmählich ging es los, das Treiben zu einer Schlacht, die viele voraussahen, aber kaum einer wirklich befürwortete. Die Okkupation anderer Gebiete akzeptierten fast alle, feierten diese, aber insgeheim war jeder froh, dass es den eigenen kleinen Lebensraum nicht betraf. Vorläufig. Die Wehrmacht werde es schon richten, so der fromme Glaube, aber bitte weit weg von zu Hause.

Eines Abends kam Willi meinen Vater besuchen. Es war mittlerweile Herbst geworden und so konnte er unbemerkt im Dunkeln durch den Garten huschen, ohne gesehen zu werden. Nach wie vor galten meine Eltern als nicht einschätzbar, was die Politik betraf. Willi wischte sich die Regentropfen vom Gesicht, konnte seine Aufregung kaum verbergen.

„Alfred, wir sind die Stärksten! Nur wir Deutschen besitzen diese fabelhaften Panzerdivisionen und eine ganze

Panzerarmee! Du musst doch endlich mal anerkennen, dass wir groß sind, jeden Tag größer werden! Nun auch noch das Sudetenland! Ist das nicht kolossal? Die Einrichtung des Protektorats Böhmen und Mähren! Hitler hat tatsächlich die Rückeroberung alter deutscher Lebensräume wahrgemacht. Da kann ich nur aus tiefem Herzen sagen: Ein Volk – Ein Reich – Ein Führer! Wann kommst du endlich dazu?"

Vater trank einen Schnaps, sah Willi lange an.

Er konnte ihm keine Antwort geben.

Später berichtete er Herbert von der Begegnung. Auch Mutter hielt das Gespräch im Tagebuch fest. Überhaupt beobachtete sie Vater argwöhnisch, denn er zog sich immer öfter zurück und grübelte unablässig.

„Hitler wird als großer Imperator gesehen", versuchte Herbert ihn zu überzeugen. „Da kannst du denken, was du willst, Alfred. Das ist in den Köpfen der Menschen drin. Und es macht sie satt und zufrieden. Wir können nur abwarten und hoffen, dass er nicht restlos größenwahnsinnig wird. Dieser verkrachte Kunststudent, dieser Postkartenmaler, der nun ein ganzes Imperium unter sich hat."

Vater erwiderte nichts.

Und dann kam wieder alles anders. Wer an Krieg gedacht und geglaubt hatte, er stünde unmittelbar bevor, den belehrten die neuesten Meldungen eines Besseren. Der britische Premierminister Neville Chamberlain sowie Italiens Ministerpräsident Mussolini, Adolf Hitler und der französische Staatschef Édouard Daladier trafen sich in München. Und plötzlich sprachen alle nur noch von Frieden!

Und wir bekamen noch mehr Land! Was für eine Vereinbarung! Das Sudetenland wurde ebenfalls Teil des Großdeutschen Reiches. In einer gewaltigen Autokolonne fuhr der Führer durch die Münchner Straßen, ließ sich von Tausenden, wenn nicht gar Hunderttausenden Menschen bejubeln. Jetzt war er endgültig Deutschlands Held.

Deutschland würde in keinen Waffengang ziehen. Das hatten diese großen Staatsmänner miteinander besprochen. Und wir konnten hören, wie sie überall gefeiert wurden.

„Der französische Ministerpräsident Édouard Daladier wird nach dem erfolgreichen Abschluss der Münchner Konferenz von der französischen Bevölkerung begeistert begrüßt.

Arthur Neville Chamberlain ist nach seiner Rückkehr in London an der Seite des englischen Königs der Mittelpunkt der begeisterten Ovationen.

Der Duce bei seiner Rückkehr in Rom. Das faschistische Italien empfängt ihn mit Sprechchören und Fackelzügen.

Die Bevölkerung der Reichshauptstadt dankt dem Führer im Namen des gesamten deutschen Volkes für die Konferenz von München. Das bedeutet den Beginn einer Epoche des Friedens und der allgemeinen Verständigung. Es gibt keinen Grund, Europa in das Chaos eines Krieges zu stürzen."

Plötzlich liefen alle wieder erhobenen Hauptes durchs Dorf. Der Hitler! Ja, der Hitler ist doch ein Guter!

Es war ein kurzes Aufatmen. Eine geruhsame Zeit, in der wir in alter Gelassenheit unsere Ernte einfahren konnten.

Barbarei

Wozu der verkrachte Kunststudent trotz allem fähig war, sollte sich bald zeigen. Ein Sturm furchtbarer Pogrome fegte über die deutschen Städte und Dörfer hinweg. Eine Zerstörungswut sondergleichen ließ ganz Deutschland erzittern. Wir konnten nur staunend am Radio sitzen und das Geschehen ängstlich verfolgen. Wieder einmal zeigte sich, dass wir sehr fern der Realität lebten. Bei uns gab es keine Synagoge, lebten keine Juden, die gehetzt, verhaftet oder umgebracht wurden. Und dennoch waren auch wir Teil dieses Pogroms. Denn stillhalten, hinnehmen, was geschieht, sich nicht kümmern um das, was woanders passiert – das alles heißt letztlich: zulassen, auch das, was man vielleicht ablehnt. Denn wo beginnt der Fremdenhass? Wie viel Schuld daran trägt jeder Einzelne von uns?

Die schärfste antisemitische Agitation betrieb nach wie vor die Wochenzeitung *Der Stürmer*, die eine Auflage von mehreren Hunderttausend erreichte und in vielen öffentlichen Schaukästen zugänglich gemacht wurde. Auch unser Bürgermeister hängte allwöchentlich die neue Ausgabe aus. So wurden wir über das Treiben des angeblich bösen Juden belehrt, den es auszurotten gelte, damit das deutsche Blut nicht verunreinigt würde. Nicht selten schüttelten die Leute den Kopf über das, was sie lasen, doch dann gingen sie wieder ihres Weges.

Aus Breslau fegten die Berichte wie ein Lauffeuer zu uns ins Dorf. Herbert war wieder dort gewesen; schweigsam und zitternd saß er bei uns in der Küche. Traudel nahm seine Hand. Opa stand am Fenster, stützte sich auf, schüttelte in regelmäßigen Abständen den Kopf. Oma wischte sich die Tränen aus den Augen. Wir saßen alle beisammen. Und ich beobachtete meinen Bruder, der immer noch glaubte, sein Vaterland im Falle eines Krieges verteidigen zu müssen. Was Blutvergießen aber konkret bedeuten konnte, das brachte Herbert uns in sehr klaren Bildern bei.

„Sie sind mit den Löscharbeiten überhaupt nicht hinterhergekommen."

Er hielt inne, schaute an die Decke, schluckte und schien in seiner Erinnerung die Bilder erst zu ordnen.

„Noch nie habe ich so viel Feuer gesehen, noch nie solche Rauchschwaden. Es war wie Krieg, nein – eigentlich noch schlimmer."

Wieder stockte er. Wir anderen schwiegen.

„Im Schützengraben wusste ich nicht, wen ich treffe. Es war und blieb ein Fremder. Das mag hart klingen, aber das war so, und hat vielleicht geholfen, nicht selber abgeknallt zu werden. Aber das da in Breslau, das war anders. Da sind Leute niedergeknüppelt worden, mit denen man vielleicht einst gemeinsam die Schulbank gedrückt hatte. Und mit wem lebte man jahrelang Tür an Tür, dessen Eigentum jetzt einfach kassiert worden ist, als sei das die selbstverständlichste Sache der Welt? Und du stehst da und kannst dich nicht rühren. Ich glaube, sie haben keine einzige Synagoge in Breslau ausgelassen. In einer großen Straße musste ich zusehen, wie der braune Mob alles Hab und Gut plünderte; und was ihnen nicht gefiel, das haben sie kurzerhand zertrümmert. So große Wut, so viel Hass! Zahllose Wohnungen – einfach verwüstet. Persönliche Dinge auf die Straße geworfen. Die Steine sind mit einer solchen Wucht geschmissen worden, die haben alles zerschmettert. Überall gingen Schaufensterscheiben von jüdischen Geschäften klirrend zu Bruch, das Glas flog meterweit. Und dann wurde erst einmal gierig genommen und gehortet. Jeder hat sich da bereichert."

Er schwitzte. Traudel reichte ihm ein Glas Wasser.

„Ist es nicht seltsam, dass das jüdische Eigentum *nicht* schmutzig und *nicht* verboten ist? Das raffen sie sich. Das Ganze hatte was von einem Beutezug. Plötzlich darf der *Arier* sich an jüdischen Dingen bereichern? Und wie viele haben einfach nur dagestanden, zugesehen und nicht eingegriffen! Da sind Menschen auf die Straße gejagt worden wie Vieh, das geschlachtet werden soll. Viele haben sie auf Lastwagen geschmissen wie einen Sack Kohle, egal, ob jung oder alt. Und das wird als *Volkszorn* deklariert. Nur dass das Volk – meiner Meinung nach – überrascht war. Die meisten Leute haben ratlos herumgestanden, wie gelähmt, und SA und SS dabei zugesehen, wie sie – so die Propaganda – das Deutsche Reich von den Juden säuberten. Auch ich! Noch nie war ich so eingeschüchtert. Dieser gewalttätige Pöbel hat gar nichts anderes zugelassen; ich hätte nicht gewusst, wie ich helfen oder wenigstens Mitgefühl zeigen soll; man musste ja aufpassen, dass man nicht selbst angegriffen wird. Ein Mann versuchte einen SA-Burschen aufzuhalten, der auf einen wehrlosen alten Mann einschlug. Daraufhin kamen drei weitere Nazis und verdroschen ihn, bis er blutüberströmt am Boden lag. Viele sind in ihre Wohnungen geflüchtet und haben vom Fenster aus zugesehen, wie diese Schergen alles verwüsteten."

Mutter weinte. Walter sah zu Boden. Peter stützte den Kopf in die Hände und stierte vor sich hin. In diesem Moment wünschte ich mir nichts sehnlicher, als dass keine weiteren Kapitel folgen würden. Warum konnte das Schauermärchen nicht einfach ein Ende haben?

In ihr Tagebuch schrieb Mutter, in diesem Moment habe sie geahnt, dass die wirklich große Katastrophe irgendwo lauerte und nur darauf wartete, über uns alle hinwegzurollen.

Sie sollte so recht behalten.

Sie dauerte noch Wochen an, die Gewalt gegen alles Jüdische. Und Tag für Tag wurden wir mit Informationen gefüttert, bis uns schlecht wurde. Zu Mutters Erstaunen – auch das hielt sie akribisch im Tagebuch fest – gab es nicht viele im Dorf, die dieser Aktion der NSDAP positiv gegenüberstanden. Trotzdem, keiner sagte offen seine Meinung, nur in persönlichen Gesprächen traute man sich, das Entsetzen und den Unmut zu äußern. Alle schlichen herum; schweigend las man die neuen Verordnungen, die so niederschmetternd waren, dass einem die Luft wegblieb. Diese *Reichskristallnacht* bedeutete das definitive Ende für die jüdische Bevölkerung in Deutschland, später in ganz Europa. Von nun an musste das Leben dieser Menschen einem Höllenritt gleichen.

Später erfuhr ich, dass bei der Aktion über 8.000 jüdische Geschäfte verwüstet worden seien, 250 Synagogen und Gemeindehäuser zerstört. 91 Tote habe es gegeben und direkt am 10. November seien mehr als 30.000 männliche Juden aus dem gesamten deutschen Reich in Konzentrationslager verschleppt worden.

Ab sofort durften jüdische Kinder keine deutschen Schulen mehr besuchen. Aus den Universitäten mussten die jüdischen Studenten verschwinden und jegliches Freizeitvergnügen wie Kino, Theater, Museen und Konzerte wurde Juden verboten. Sie hatten ihre Führerscheine abzugeben, ihre Telefone wurden stillgelegt. Überall entließen deutsche Firmen jüdische Angestellte, jüdische Geschäfte und Gewerbe wurden von heute auf morgen aufgelöst.

„Oh mein Gott", stammelte Mutter. „Das bedeutet, dass sie verelenden werden, von allem öffentlichen Leben ausgeschlossen sind! Wo wird das noch hinführen?"

So viele Tote, so großes Leid, so viel Unrecht! Und das alles, wie Herbert meinte, wegen eines einzigen Toten, der all das rechtfertigen sollte? Was war denn geschehen?

Der Stürmer wetterte gegen den 17-jährigen polnischen Juden Herzel Grynszpan, der in der deutschen Botschaft in Paris ein Attentat auf den deutschen Legationssekretär Ernst vom Rath verübt hatte.

Die wahre Geschichte des Herzel Grynszpan sickerte vorerst nur in den ausländischen Zeitungen durch; Peter brachte eines Tages eine von Bastian mit. Mutter schrie in der Küche herum, er setze hier unser aller Leben aufs Spiel. Traudel, völlig aufgelöst, rannte zu Herbert, und der kam und konnte Mutter einigermaßen beruhigen.

Die Zeitung nahm er an sich, nachdem er sie durchgeblättert hatte. Dann erklärte er uns, dass der junge Herzel seine Eltern habe rächen wollen. Die waren von der Gestapo verschleppt, an der deutsch-polnischen Grenze einfach im Niemandsland ausgesetzt und ihrem Schicksal überlassen worden. Und mit ihnen zigtausend weitere polnische Juden. Von seiner ohnmächtigen Wut über dieses Geschehen habe er sich dazu hinreißen lassen, ein Attentat auf einen Deutschen zu verüben. Und damit begründeten die Nazis nun diese Zerstörungswut.

Wie sie in jener Pogromnacht vorgegangen waren, das fand jedoch auch noch Wochen nach der Tat nicht unbedingt die Zustimmung der Bevölkerung. In anderen Zeitungen las Vater, dass es durchaus unverhohlene Ablehnung gab, dass zum Beispiel der Reichsjugendführer Baldur von Schirach sich vehement gegen diese Aktion aussprach. Er hatte wohl die höheren Führer der Hitler-Jugend in Berlin zusammengerufen und gesagt, die HJ-Mitglieder dürften sich an dieser Kulturschande nicht beteiligen; ja, er nannte das Ganze eine verbrecherische Aktion. In seinen Augen handelte es sich bei den Übergriffen um Terrorakte, die nicht vereinbar waren mit der reinen Idee von SS und SA, an die er bedingungslos glauben wollte. Diese Aussage nahm die gesamte HJ in Mohrau sich sehr zu Herzen.

Und dennoch, sowohl der Staat als auch deutsche Firmen bereicherten sich massiv an jüdischem Besitz. Vor allem Unternehmer profitierten von dem großen *Arisierungsgeschäft*. Als auch noch eine Art *Schuldsteuer* von 1 Milliarde Reichsmark erhoben wurde, angeblich die *Schuldsumme*, die alle Juden an den deutschen Staat zu zahlen hatten, da spätestens wurde offensichtlich, dass es um die konsequente Vernichtung des jüdischen Volkes von Staats wegen ging. Sie wurden nicht mehr als Menschen gesehen, galten weniger als Ungeziefer, waren für Hitler *Parasiten am deutschen Volke*.

Viele der Verfolgten versuchten nun doch noch schnell auszureisen und mussten alles zurücklassen. Einige zogen sich in eine Art innere Emigration zurück, andere schieden freiwillig aus dem Leben, weil sie für sich und ihre Familie keinen anderen Ausweg sahen. Die Zahl dieser Selbstmorde ist immer im Dunkeln geblieben. Dennoch zeugt jeder Einzelne von der tiefen Verzweiflung dieser Menschen.

Der letzte Gang

Es war ein Sonntagmorgen, Ende November. Das Poltern vor der Tür riss uns aus dem Schlaf. Kein Stern blinkte am Himmel, nur schwarze Nacht um einen herum. Schlaftrunken knipste Thea ihre Nachttischlampe an. Ich hörte meine Eltern unten an die Tür laufen. Stimmengewirr drang bis nach oben und ohne nachzudenken rannten wir Mädchen in unseren Nachthemden die Stiege hinunter. Walter stürzte ebenfalls aus seiner Kammer, auch Traudel und Peter tauchten auf und folgten dem tosenden Lärm. Und so standen wir alle wie die Geister schlotternd vor der weit geöffneten Tür. Ein kalter Luftzug fuhr heulend um die Ecke. Doktor Felder war weiß wie ein Leichentuch. Neben ihm stand der Dorf-Gendarm, der Erich Bruhns. Das Auto parkte vor dem Tor, der Motor brummelte vor sich hin. Im Licht der grellen Scheinwerfer sah ich Schneeflocken zu Boden rieseln.

„Alfred … Anna, ich wusste nicht, zu wem, ich dachte, ihr wart ihm am nächsten … es ist so furchtbar …"

Dann brach er ab, starrte auf uns Mädchen. Wir hingen förmlich an seinen Lippen. Selbst Paula spürte, dass etwas nicht stimmte. Sie war ganz still und blieb artig an Mutters Hand.

„Nicht vor den Kindern … Alfred, du solltest dich vielleicht schnell anziehen und mitkommen. Anna, du bleib lieber hier, das möchte ich dir ersparen …", murmelte Erich.

Meine Eltern starrten einander an.

„Um Himmels willen! Nun sag schon, Erich, was ist denn los?" Mutters Entsetzen in der Stimme ging einem durch Mark und Bein.

Traudel legte beruhigend den Arm um sie.

Erich schüttelte nur den Kopf. Der Doktor blickte nervös von einem zum anderen, schien sprechen zu wollen. Es gelang ihm nicht.

Vater murmelte: „Bleib du bei den Kindern. Walter, sieh zu, dass die Großeltern rüberkommen." Er sah ihn beschwörend an.

Walter begriff. Egal, was vorgefallen war, Mutter schien ihre Eltern hier zu brauchen.

Und ohne unseren Gockel abzuwarten, brach bei uns der Tag an. Vater und Walter zogen sich schnell an und verschwanden nach draußen, in die Dunkelheit. Vater stieg ins Auto. Die Lichter der Scheinwerfer tanzten immer kleiner werdend noch eine Weile in der Ferne, bis der offene Schlund der Nacht sie schließlich ganz schluckte.

Walter machte sich auf den Weg zu den Großeltern, wir Mädchen zogen uns schweigend an. Bald darauf hantierten wir zusammen mit Traudel in der Küche, stumm und gewissenhaft, warfen den Ofen an und bemühten uns, die üblichen Arbeiten so normal zu verrichten wie sonst auch. Mutter sagte kein Wort. Sie ging mit Peter in den Stall, um nach den Tieren zu sehen.

Es war eine Tragödie. Eine persönliche Tragödie, wie sie sich in jenen Jahren zuhauf ereignete. Sie verdeutlichte ungeschminkt, in welch barbarischem System wir lebten. Es konnte nicht lange geheim gehalten werden; noch am selben Tag verbreitete sich die Nachricht wie ein Lauffeuer in allen umliegenden Orten.

Ich versuche wiederzugeben, was Mutter, Vater und viele andere einander erzählten. Nachdem auch die Kripo aus Neisse vor Ort gewesen war und sich Stück für Stück eine Lebensgeschichte offenbarte, von der wir alle nichts gewusst hatten, konnten wir nur erahnen, was und wie ein Mensch fühlen muss, der auf dieser Erde keinen Sinn mehr für sich sieht.

Doktor Felder fuhr – so erzählte er es später – nachts an einem Acker entlang, als er im Scheinwerferlicht am Fuße eines Eichenbaumes vage eine Gestalt ausmachte. Er fuhr langsamer, hielt schließlich an. Erster Schnee war gefallen und hatte die Landschaft wie mit Puderzucker bestäubt. Nebel stieg aus dem Boden auf und verschleierte ein wenig das Bild, das er im diffusen Licht trotz allem wahrnahm. Er wollte nicht glauben, was er dort erkannte.

Könnte ein Mensch sein, dachte er verzweifelt und stieg beunruhigt aus. Voll düsterer Vorahnung stapfte er über den Acker und je näher er herankam, desto klarer wurde ihm, was da vor ihm lag. An den Baumstamm gelehnt saß ein Mann, dem das halbe Gesicht und die gesamte Schädeldecke fehlten. Überall klebte schwarz getrocknetes Blut, strähnige Haarfetzen deckten das andere Auge zu. Neben dem toten Körper lag eine doppelläufige Jagdflinte. Ein Blick auf die grauenhafte Szene genügte und er wusste, dass hier nichts mehr zu retten war.

Er sprang in den Wagen und raste ins Dorf, zuerst zu Erich, wo er mit aller Kraft gegen die Tür hämmerte, bis oben endlich ein Fenster aufging. Eine Kerze in der Hand, stand Erich im flackernden Licht und spähte nach unten. Beim Anblick des Doktors, dem das Grausen ins Gesicht geschrieben stand, war er schlagartig hellwach.

„Du musst kommen. Ein Toter. Ich glaube, es ist … ich weiß es nicht, komm bitte."

Es dauerte keine fünf Minuten, bis Erich ins Auto sprang. Kurz darauf standen sie bei dem Leichnam. Am Horizont zeichnete sich ein fahler, diffuser Schein eines Sternes ab, der auf die Maske des Todes fiel. Steif und starr ragten die Finger in die Luft.

„Bitte nichts anfassen", mahnte Erich. „Ich glaube, hier muss die Kripo kommen." Dann sah er den Doktor an. „Wen müssen wir benachrichtigen?"

„Ich denke, die Anna und den Alfred." Bedrückt blickte der Doktor auf.

Sie fuhren ins Gemeindehaus, denn dort befand sich eines der wenigen Telefone, die wir im Dorf hatten. Erich ließ sich nach Neisse verbinden. In knappen Sätzen erklärte er, was vorgefallen war. Dann fuhren sie weiter zu unserem Haus und kehrten mit Vater zu dem Acker zurück. Kurz darauf erschien schon der Kriminalinspektor. Vater fiel auf die Knie, als er den Toten erkannte, schüttelte fassungslos den Kopf.

„Mein Gott! Was ist hier bloß passiert?"

Die drei Männer sahen zu, wie der Kriminalinspektor den leblosen Körper genauer anschaute, die Waffe in Augenschein nahm, die Hände des Verstorbenen vorsichtig drehte und an ihnen roch.

„Selbstmord. Aber ich muss den Leichnam mitnehmen; mehr kann und darf ich euch jetzt natürlich noch nicht sagen. Gibt es Angehörige, die benachrichtigt werden müssen?"

Vater schüttelte den Kopf. „Nein, er hatte nur noch uns. Ich meine, unsere Familie war für ihn die Familie."

Der Inspektor nickte verständnisvoll.

„Und Sie, Herr Bruhns, kümmern Sie sich um die Formalitäten? Ich lasse den Toten jetzt abholen."

Erich seufzte und hob den Blick zum Himmel. Es fielen nur noch vereinzelte Schneeflocken und zwischen den Wolken lugte zaghaft eine matte Sonne hervor. Nichtsdestotrotz blieb es ein düsterer Tag.

Vater brachte den Doktor wieder mit zu uns. Die Großeltern waren längst angekommen; erwartungsvoll saßen wir alle da. Vater sah müde aus; er legte eine Hand an die Wange und strich sich über die Bartstoppeln.

„Anna", sagte er leise, „der Patron ist tot. Wir vermuten ..." Hier stockte er, sah kurz zu uns Mädchen und schwieg.

Mechanisch stand Mutter auf und machte ein paar Schritte in Richtung Ofen, auf dem der Kaffee stand. Gerade als sie nach der Kanne greifen wollte, entrang sich ein klägliches Schluchzen ihrer Brust. Oma sprang auf und nahm sie in den

Arm. Opa zog Paula auf den Schoss. Im nächsten Augenblick stand der Doktor bei Mutter und sprach beruhigend auf sie ein. Vater saß mit umwölkter Stirn am Tisch und starrte vor sich hin. Mehr verriet er an diesem Morgen nicht. Über den Selbstmord konnte er vor uns Kindern nicht sprechen und Anna wollte er vorerst auch damit verschonen.

Ich sah zum Fenster. Ein schwarzer Vogel saß dort auf dem Sims und rührte sich nicht, ließ sich auch durch das Treiben hier in der Küche nicht sonderlich stören.

Sein Gefieder ist so schwarz wie der Frack, den der Patron immer anhatte, dachte ich. Dieser gütige und wunderbare Mann. Ein Mensch, den ich wirklich gerngehabt hatte, war auf einmal tot. Mit eiskalten Fingern griff Beklemmung nach meinem Herzen und ich begann leise zu weinen. Da plusterte sich der Vogel auf, schlug mit den Flügeln und war fort, der kleine schwarze Kerl.

Natürlich suchte man im Haus des Patrons fieberhaft nach Hinweisen, die seine unvorstellbare Tat womöglich erklären konnten. Alles war akkurat aufgeräumt, nur auf einem Tisch lag ein Foto, der leere Rahmen daneben. Es muss eine sehr frühe Aufnahme gewesen sein. Sie zeigte den Patron mit seiner Familie, seiner Frau und den beiden kleinen Söhnen. Ein Bild aus frohen Tagen, auf dem er strahlte – ein glücklicher Patriarch. Dieses Foto, eine schöne Erinnerung an vergangene Zeiten, legte Mutter ihm später in den Sarg. Und neben dem Foto fand Henriette einen versiegelten Brief. Er war an meine Mutter adressiert.

Nachdem sie den Brief gelesen hatte, nahm meine Mutter ohne ein Wort zu sagen ihr Fahrrad und fuhr davon. Sie blieb den ganzen Tag fort. Erst im Dunkeln kehrte sie zurück. Sie hat nie mit jemandem über diesen Brief gesprochen. Viele Jahre später fiel der Umschlag in meine Hände. Das brüchige rote Siegel trug noch deutlich erkennbar die Initialen des Patrons: *G. S.*

Die dünnen Seiten – wie oft waren sie auseinandergefaltet und gelesen worden? Wie oft hat Mutter die Seiten wieder zusammengefaltet und vorsichtig in den Umschlag geschoben, um die Erinnerung zu bewahren? Die Erinnerung an eine unschuldige Liebe, die sie viele Jahre lang wie einen Schatz in ihrem Herzen trug.

Und wenn es stimmt, dass die Handschrift die Seele eines Menschen verrät, dann muss der Patron der wunderbarste Mensch auf Erden gewesen sein. So fein, so klar, so gerade. Jeder Buchstabe wie gemalt, eine schmerzhafte Erinnerung an einen Menschen, der sich das Leben genommen hat.

Meine liebe Anna.

Ob Ihr Gott mir den Schritt, den ich nun gehen werde, je vergeben wird, das kann ich zu dieser Stunde nicht erahnen. Ich wünsche nur, dass Sie, liebe Anna, mir vergeben und vielleicht eines Tages auch verstehen, dass es für mich trotz Ihrer Güte und Freundschaft keinen Platz mehr auf Erden gibt. Mein Land, das ich so geliebt habe, mein Land für das ich als Offizier einst gekämpft habe, mein Land, für das meine Söhne gefallen sind – dieses Land will mich nicht mehr. Liebe Anna, verzeihen Sie mir, dass ich in manchen Dingen nie offen war, die Wahrheit für mich behalten habe. Es erschien mir nie wichtig zu erwähnen, dass ich Jude bin. Bin ich nicht in erster Linie ein Mensch, in zweiter Hinsicht ein Deutscher und dann erst ein Jude? Habe ich nicht dieselben Rechte, anerkannt und geachtet zu werden? Meine Mutter war die Patronin Rahel von Schilling. Mein Vater entstammte ebenfalls einer jüdischen Familie. Damit bin ich in den Augen von Adolf Hitler nicht mehr wert, zu leben. Und was das bedeutet, das haben Sie in den vergangenen Wochen in Deutschland sehen können. Der Aufstand deutschen Blutes gegen die jüdischen Volksverderber wird nicht nachlassen. Er wird nicht enden, solange nicht auch der Letzte von uns vernichtet ist.

Das Dorf meiner Ahnen hieß seit Jahrhunderten Schillingstal. Nun haben die Nationalsozialisten das Schild entfernt und uns auf der Landkarte ausradiert. Damit existieren wir nicht mehr. Eine jahrhundertalte Familie einfach ausgelöscht. Viele meiner Verwandten sind bereits vor Jahren geflohen, ausgewandert oder in Konzentrationslager verschleppt worden. Ich habe keinen Menschen mehr auf dieser Erde. Mir ist vollkommen klar, was mit uns geschieht. Und ich offenbare Ihnen, liebe Anna – Ja, ich habe Angst. Nicht vor Schmerzen! Nein, die habe ich oft genug erlitten. Vielmehr habe ich Angst, zusehen zu müssen, wie ein ganzes Volk zerstört und vernichtet wird. Ich habe Angst, inmitten von Tausenden Menschen allein zu sein. Allein in der Stunde des Todes. Ich habe Angst, dass mir auch noch die letzte Würde genommen wird. Ich habe Angst, dass die gütigen Menschen, die mir nahe sind, in ein grausames Schicksal hineingezogen werden und Leid und Kummer erdulden müssen. Denn nicht nur wir Juden werden gejagt und vernichtet, sondern auch jene Menschen, die den Mut haben, ihre Freundschaft offen zu zeigen, und, liebe Anna, ich glaube, Sie ahnen nicht, was Ihnen und Ihren Kindern dann drohen würde. Auf keinen Fall soll meiner wunderbaren neuen Familie irgendein Leid widerfahren.

Ich bitte meinen Gott um Verzeihung für den letzten Schritt, den ich allein und bewusst gehe. Inmitten meiner Landschaft kann ich noch einmal einen Blick werfen auf all das Wundervolle, das die Natur uns geschenkt hat, und mit diesem letzten Bild werde ich von dieser Erde gehen. Es wird viel friedvoller sein, als Sie es sich vielleicht vorstellen können. Und es wird unendlich viel menschlicher sein, als in die Hände dieser Bestien zu fallen.

Liebe Anna, Sie waren die Blume meines Herzens. Sie haben mir mit Ihrem zauberhaften Lächeln so viele wunderbare Momente geschenkt. Ich habe Sie sehr gern, schöne kleine Anna mit dem großen Herzen. Ich hoffe, in diesem Herzen einen kleinen Platz zu behalten.

Leben Sie wohl und glauben Sie an sich
Ihr Georg Schilling

Ich weiß, es gab nicht einen Menschen im Dorf, der von dieser Tragödie nicht tief erschüttert war. Mutter lüftete sein gut gehütetes Geheimnis und zum ersten Mal stellte sich die Frage, wie wären wir hier bei uns mit jüdischen Mitmenschen umgegangen? Alle waren sich einig, dass der Patron nie ein Leid hätte erfahren müssen. Was hatte er alles für dieses Dorf getan! Nun war er tot, und viele, die der Partei angehörten, mussten während der folgenden Tage hinnehmen, dass offen verurteilt wurde, was die Nazis mit den Juden machten. Und als es darum ging, die gesamte HJ nach Reichsberg zu schicken, weil Adolf Hitler dort auf einer Kundgebung zu seiner Jugend sprechen wollte, entschieden die Eltern einhellig, dass ihre Kinder in Mohrau zu bleiben hatten. Um des Patrons zu gedenken und den eigenen Anstand zu wahren. Das Einzige, wozu wir verdonnert wurden, war eine Zusammenkunft im Gemeindehaus, wo wir uns zumindest die Ansprache im Radio anhören mussten. Und während wir um unseren einzigen Juden trauerten, ging im restlichen Großdeutschen Reich die wütende Hatz auf die jüdische Bevölkerung weiter.

So gern manch ein Kind und mancher Heranwachsende der HJ auch angehörte, die Reden, die nun zu uns hereinschallten, klangen ein wenig bitter. Den Älteren unter uns muss klar gewesen sein, dass ein Entkommen aus diesem System kaum noch möglich war. Noch nie hatte eine derartige Stille geherrscht wie an jenem Abend. Jedes Wort prägte sich mir ein. Ich habe noch viele Jahre an diese Sätze denken müssen.

„Diese Jugend, die lernen ja nichts anderes als deutsch denken, deutsch handeln. Und wenn nun dieser Knabe und dieses Mädchen mit ihren zehn Jahren in unsere Organisation hineinkommen und dort nun so oft zum ersten Mal überhaupt eine frische Luft bekommen und fühlen, dann kommen sie vier Jahre später vom Jungvolk in die Hitler-Jugend, und dort behalten wir sie wieder vier Jahre, und dann geben wir sie erst recht nicht zurück in die Hände

unserer alten Klassen- und Standeserzeuger, sondern dann nehmen wir sie sofort in die Partei oder in die Arbeitsfront, in die SA oder in die SS, in das NSKK usw. Und wenn sie dort zwei Jahre oder anderthalb Jahre sind und noch nicht ganze Nationalsozialisten geworden sein sollten, dann kommen sie in den Arbeitsdienst und werden dort wieder sechs bis sieben Monate geschliffen, alle mit einem Symbol: dem deutschen Spaten."

Frenetischer Beifall.

„Und was dann nach sechs oder sieben Monaten noch an Klassenbewusstsein oder Standesdünkel da oder dort vorhanden sein sollte, das übernimmt dann die Wehrmacht zur weiteren Behandlung auf zwei Jahre."

Tosender Beifall.

„Und wenn sie dann nach zwei oder drei oder vier Jahren zurückkehren, dann nehmen wir sie, damit sie auf keinen Fall rückfällig werden, sofort wieder in die SA, SS und so weiter, und sie werden nicht mehr frei ihr ganzes Leben. Und wenn mir einer sagt, da werden aber doch immer noch welche übrig bleiben: Der Nationalsozialismus steht nicht am Ende seiner Tage, sondern erst am Anfang!"

Lebhafter Beifall.

„Ziel und Inhalt der Erziehung ergeben sich aus der nationalsozialistischen Weltanschauung, die in Volksgemeinschaft, Wehrhaftigkeit, Rassenbewußtsein und Führertum die erhaltenden und bewegenden Kräfte der Nation erkennt."

Die Scharführer entließen uns ohne den üblichen Kommentar, dass wir stolz sein müssten, dem Führer dienen zu dürfen. Stumm schlichen alle nach Hause, schlossen leise die Türen.

Mutter organisierte die Beerdigung des Patrons. Natürlich galt für Selbstmörder, dass sie nicht in geweihter Erde bestattet werden durften. An irgendeinem Kreuzwegesrand würde man die arme Seele normalerweise verscharren, ohne ein Gebet.

So war es noch üblich, hier auf dem Lande. Nun besaß der Patron eine eigene Familiengruft, in der schon seine Frau ruhte und auch die Namen seiner Söhne waren in die Tafel gemeißelt. In diese Gruft wurde auch er beigesetzt. Und sie kamen alle. Das ganze Dorf Mohrau, aber ebenso viele auch aus den Nachbarorten. Ein langer Zug folgte dem Sarg. Und Pfarrer Bach hielt eine Ansprache. Keiner, keiner verwehrte diesem Mann die letzte Ehre. Und keiner, keiner war in Uniform erschienen, den Insignien des Terrorregimes. Bei seinem letzten Geleit erfuhr der Patron noch einmal all die Bewunderung und Liebe, die die Menschen ihm entgegenbrachten.

In der Weihnachtsmesse saßen wir wieder alle beisammen. Was in diesem Jahr fehlte, war die Freude, das Glücksgefühl, das der Glaube einem vermitteln konnte. Inbrünstig beteten wir, hörten die Litanei des Pfarrers. Und dennoch – mir kam es so vor, als hätten alle sich ein wenig zurückgezogen. Vor jedem schien eine unsichtbare Mauer aufgetürmt und man verkroch sich dahinter, um sich vor den Blicken, den Gedanken und Meinungen der anderen zu schützen.

Unwillkürlich drehte ich mich um. Mein Blick fiel auf seinen Platz. Wie oft hatte er da gesessen. All dem gelauscht. So nachdenklich, immer mit seinem traurigen Gesichtsausdruck. Und dann bemerkte er jedes Mal, dass ich ihn beobachtete. Er lächelte, hob die Hand und grüßte mich, und ich war beruhigt. Gerade als ich mich von der Erinnerung losreißen wollte, sah ich ihn. Aufrecht saß er da und strahlte mich an. Sein Frack sah wundervoll aus und sein Ausdruck war kein bisschen melancholisch. Er winkte, legte eine Hand aufs Herz und nickte mir verschwörerisch zu.

„Was schaust du denn immer nach hinten?", flüsterte Mutter.

„Ich habe den Patron gesehen! Er hat gelacht und mir zugewinkt!"

Mutter sah mich mit einem seltsamen Ausdruck an. Dann wandte sie sich langsam um und starrte nach hinten. Erst einen langen Augenblick später drehte sie sich wieder zurück.

„Ja", antwortete sie, „dann geht es ihm gut. Egal, wo er jetzt ist."

Und ich war froh und dankbar, dass sie mir glaubte.

Als wir draußen standen in der beißenden Kälte, beäugten die Erwachsenen einander vorsichtig. Ja, es war etwas mit uns geschehen. Wir waren noch eine Gemeinschaft, aber wir misstrauten einander und der böse Feind „Angst" hatte die meisten ergriffen. Es lag etwas Unheilvolles in der Luft.

Natürlich kamen nach der Messe wieder alle Freunde zu uns, denn es galt ja, Mutters Geburtstag zu feiern. Dieses Ritual wollten wir uns nicht nehmen lassen. Auch Rita und Mathilde waren eingeladen. Vater meinte, dass nun die üblichen Verdächtigen beisammenhockten. Nur ging es nicht ganz so laut und fröhlich zu wie in den Jahren zuvor. Die Wände hatten Ohren bekommen, wie Oma meinte. Ich zog mit meinen Freunden durchs Dorf und gemeinsam linsten wir in die Häuser der anderen. Viele hatten ihre Gardinen straff zugezogen. Auch das war neu. Der Blick von außen war nicht mehr erwünscht, löste Unbehagen aus. Oder es gab tatsächlich etwas zu verbergen? Wer wusste das schon? Und dort, wo wir doch hineinspähen konnten, saßen die Menschen mit einer Ernsthaftigkeit beisammen, die zu uns Schlesiern so gar nicht passte.

So klang das Jahr 1938 aus.

In den Raunächten sprachen wir lange mit Mutter über die vergangenen zwölf Monate. Es war kein leichtes Jahr gewesen. Der Tod des Patrons hielt uns allen den Spiegel vor und verdeutlichte nur allzu sehr, zu welchen Entgleisungen dieses Land mittlerweile fähig war, sodass jemand lieber freiwillig aus dem Leben schied, als sich dem auszuliefern. Jetzt galt es, vorsichtig nach vorn zu schauen. Doch welche Träume würden uns die mystischen Nächte bescheren? Was sollte sich in denen offenbaren?

Meine Träume überschütteten mich mit wüsten Bildern. Das Schauermärchen schlug nur Seiten voller übler Fratzen auf: Im Kinderwald rannten die Erwachsenen orientierungslos umher. Viele von ihnen splitternackt. Sie froren. Ganz erbärmlich. Ein Feuer brach aus. Und sie froren trotzdem. Es brannte lichterloh. Bäume stürzten in das Flammenmeer und wir Kinder suchten verzweifelt, das Feuer zu löschen. Die Eimer aber hatten Löcher und wir verloren das Wasser. Immer weiter wurden wir in die Glut hineingetrieben. Walter brüllte, er müsse uns schützen! So wolle es doch die Partei. Dann raste er mit einem kaputten Eimer herum und schrie: „Ich werde in den Krieg ziehen! Für mein Vaterland! Um alle zu retten!"

Und die HJler in Uniform versammelten sich, schwenkten die Fahne und sangen ihre Lieder.

„Deutschland, heiliges Wort, du voll Unendlichkeit.
Über die Zeiten fort seist du gebenedeit.
Heilig sind deine Seen, heilig dein Wald
Und der Kranz deiner stillen Höhn bis an das grüne Meer."

Und ich mittendrin.

Schlesien

Mohrau 1939

Der Beginn des Untergangs

Ob die Natur eine Vorahnung dessen besaß, was dort unweigerlich auf uns zurollte? War es vielleicht ein letztes verzweifeltes Aufbäumen ihrerseits, um die Menschen vor dem eigenen Unglück zu bewahren? Hätte diese eisige Kälte die hitzigen Gemüter nicht ein wenig abkühlen können? Diese immer wiederkehrende Natur mit ihrer eigenen Sprache! Und wer dem nicht lauschen konnte, sie nicht verstand, für den war es einfach nur ein strenger Winter, auf dessen Ende man sehnsüchtig hoffte.

Nichts von alledem schien Hitler zu interessieren. Er proklamierte weiter einen Krieg, an den viele nicht so recht glauben wollten. So saßen sie alle vor dem Radio und horchten wie der Führer gewaltige Pläne angesichts des *Tausendjährigen Reiches* schmiedete. In dieses Reich wurde nicht jedem Einlass gewährt. Die Vernichtung der jüdischen Rasse in Europa wurde offen ausgesprochen. Im gesamten Reich vollzog sich die Ghettoisierung der jüdischen Bevölkerung mit harter Hand; zu Tausenden verschleppte die SA Menschen in sogenannte „Judenhäuser". Aus der Gesellschaft verbannt, auf ewig isoliert. In Breslau zum Beispiel wurden sie in enge Wohnungen zusammengepfercht. Die Reichsfluchtsteuer für emigrierende Juden schnellte in unbezahlbare Höhe. Ein Entrinnen – kaum mehr durchzuführen.

Und das Volk hielt stille. Und wir alle wussten davon.

„Gut, dass der Patron all das nicht mehr miterleben muss!", sprach Mutter eines Morgens, rührte mechanisch in ihrem

Becher. Missmutig gab der Löffel seine Laute von sich, was Mutter nicht zu hören schien.

Im Ofen knisterten die Kohlehäppchen und sah man zum Fenster hinaus, dann verfing sich der Blick in einer endlos grauweißen Landschaft, die sich wie erstarrt und leblos als alltägliches Bild vor uns ausbreitete.

Mit eisernem Griff hielt der Winter mit unbeschreiblich klirrenden Temperaturen alles fest; jeder Schritt konnte nur mühsam bewältigt werden. Kaum wagte man sich aus dem Haus. Alles gefror, Rohre brachen auseinander, die Mohre lag über Wochen starr unter einer glänzenden Eisschicht. Kaum ein Laut war zu vernehmen. Eine Atemlosigkeit beherrschte das gesamte Leben und unser Dorf glich einer ausgestorbenen Geisterstadt, da sich kaum einer vor die Tür wagte. Über zwei Monate Dauerfrost bestimmten den alltäglichen Ablauf. Und dann, pünktlich zum März, lockerte sich der Winterwürgegriff und als die ersten Soldaten ins Dorf einrückten, gab die eisige Umklammerung des Winters endgültig auf.

Tagelang war hier Einquartierung. Endlich war etwas los! Von überall her kamen stolze uniformierte Männer, so entschlossen und ihrer Sache gewiss. Stahlhelme blitzten auf, blankgewienerte Gewehre geschultert, ordentlich geschnürte Tornister auf dem Rücken; so sahen neue Helden aus. Begeistert zogen Kinder und Jugendliche mit den Truppen bis zur nahen Grenze, winkten noch fröhlich und unbekümmert hinterher. Und schon war es geschehen. Wie bei einem Spaziergang an einem luftigen Frühlingsmorgen, so marschierte unsere Wehrmacht in die Tschechoslowakei ein. Die Unterwerfung glich eher dem Befehl an einen Hund, er möge doch endlich Platz machen. Und schon verkündete Hitler am nächsten Tag den Namen des neuen Gebiets: „Protektorat Böhmen und Mähren". Das Großdeutsche Reich expandierte ein weiteres Mal. Und keiner unternahm etwas. Im Gegenteil. Vater und Herbert versuchten an ausländische

Information zu gelangen –, aber seltsamerweise dämmerten Frankreich und England noch in einem Winterschlaf. Keiner von denen schien eine rechte Meinung zu haben, im Gegenteil, sie drehten sich schnell auf die andere Seite um, schlossen erneut die Äuglein, während in Deutschland alle jubelten.

Die Freude war groß. Krieg erschien wie ein nettes Gesellschaftsspiel. So herrlich unkompliziert. Die Soldaten wurden gebührend gefeiert und zwischen all dem wurden Äcker und Felder bestellt. Es war ein Tohuwabohu in unserem kleinen Mohrau. Von überall her pilgerten ebenso die jungen Burschen und Mädchen des Reichsarbeitsdienstes wieder zu uns, um sich als Arbeitskräfte zu verdingen. Dieses Jahr herrschte wahrlich kein Mangel. Nach dem Einmarsch in Prag erfolgte die offizielle Dienstverpflichtung von über 40.000 tschechischen Arbeitskräften für den Einsatz im sogenannten *Altreich*. Sie wurden unter anderem in der Landarbeit eingesetzt. So erzählte ein befreundeter Bauer aus dem Nachbardorf, dass ab sofort Gefangene auf seinem Feld arbeiteten. Stumm und ergeben verrichteten diese scheuen Gestalten die Arbeit – er hätte keine Scherereien mit denen.

Mittlerweile liefen die meisten Männer selbst bei privaten Anlässen in ihren Uniformen herum. Mutters Schnappschüsse aus dieser Zeit verdeutlichen, wie sich die Erwachsenen allmählich von ihrem privaten Ich loslösten, um sich immer enger mit dem Kollektiv zu verbinden.

In einer begeisterten Rede bestätigte Adolf Hitler genau jenes Gefühl, das Millionen in ihrem Herzen trugen. Er sprach genau jene Worte aus, die die Gedanken so vieler seiner Anhänger formten und damit eine Gesinnung bekräftigten, die sie nicht mehr missen wollten. Und wohl auch nicht mehr konnten. Die Manipulation nach den „Guten Nazijahren" zeigte erfolgreiche Auswirkungen. Die Gestaltung der öffentlichen und privaten Meinung entwickelte sich über Jahre zu einem der Eckpfeiler der nationalsozialistischen Macht, getrieben von einem Ministerium für Volksaufklärung und Propaganda, das ein ganzes Volk mit Massensuggestionen in den Irrglauben lenkte, eines Tages die Weltherrschaft zu besitzen.

„Ich habe das Chaos in Deutschland überwunden, die Ordnung wiederhergestellt, die Produktion auf allen Gebieten unserer nationalen Wirtschaft ungeheuer gehoben. Es ist mir gelungen, die uns allen so zu Herzen gehenden sieben Millionen Erwerbslosen restlos wieder in nützliche Produktionen einzubauen. Ich habe das deutsche Volk nicht nur politisch geeint, sondern auch militärisch aufgerüstet, und ich habe weiter versucht, jenen Vertrag Blatt um Blatt zu beseitigen, der in seinen Artikeln die gemeinste Vergewaltigung enthält, die jemals Völkern und Menschen zugemutet worden ist. Ich habe die uns 1919 geraubten Provinzen dem Reich zurückgegeben, ich habe Millionen von uns weggerissene, tiefunglückliche Deutsche wieder in die Heimat geführt, ich habe die tausendjährige historische Einheit des deutschen Lebensraumes wiederhergestellt, und ich habe mich bemüht, dieses alles zu tun, ohne Blut zu vergießen und ohne meinem Volk oder anderen daher das Leid des Krieges zuzufügen. Ich habe dies als ein noch vor 21 Jahren unbekannter Arbeiter und Soldat meines Volkes, aus meiner eigenen Kraft geschaffen ..."

Dem Mythos des Retters und Führers wurde in einer romantisch-mythologischen Art und Weise gehuldigt wie nie zuvor in der deutschen Geschichte. Das unstillbare Verlangen nach Erweckung und Erneuerung, die Sehnsucht nach Führung und die Faszination an den gemeinsamen Paraden, Aufmärschen und rituellen Feiertagsfesten waren groß und fanden millionenfach Gefallen bei Jung und Alt. Das hatte die Weimarer Zeit nicht bieten können. Teilweise glich das ganze Spektakel einer Heiligenverehrung unter den Insignien des totalitären Regimes. Die klassische Inszenierung mit Fahnen, Fackeln, Uniformen und Massenchören verkörperte das sinnliche Gesamterlebnis einer scheinbar gewonnenen Schlacht, das die Volksgemeinschaft tagtäglich nährte und am Leben hielt, selbst als alles in Schutt und Asche lag.

Hitler vermittelte einem das Gefühl, dass er nur unser Wohl im Auge hatte. Doch brachten seiner Meinung nach, nicht alle Menschen die Voraussetzungen mit, die nötig wären, um seine Bedingung zu erfüllen. Diese Menschen bekamen keinen Raum in seinen Reden. Sie bekamen überhaupt keinen Raum mehr, waren ausgestoßen und blieben draußen auf sich allein gestellt.

Die Faszination für alles Militärische, die Anziehungskraft der Rituale innerhalb der Gemeinschaft und die persönliche Verwandlung durch die Uniform gaben vielen das Gefühl, mehr wert zu sein. Der Beruf des Offiziers galt schon lange wieder als attraktiv und sicherte die Zukunft. Schon zu Beginn der Aufstockung der Wehrmacht waren eigens neue Uniformen erstellt und alle dienstbereiten Offiziere in regelmäßigen Abständen zu militärischen Übungen einberufen worden. Die jungen Männer konnten sich nach der Ausbildung auch gleich für zwölf Jahre verpflichten. Dass keiner von diesen Männern jemals die zwölf Jahre beenden würde, konnte man zu dem damaligen Zeitpunkt natürlich nicht ahnen. Viele, die den Krieg überlebten, saßen einige dieser Jahre in Gefangenenlagern ab und blieben zeit ihres Lebens traumatisiert.

Aber vorerst wurden die neuen Werte von den Erwachsenen konsequent in der Erziehung umgesetzt. So mancher Junge fieberte seinem Traum entgegen. Endlich bei der glorreichen Wehrmacht marschieren zu dürfen! Hitlers Ideal war der „widerspruchlos Gehorchende"; sein fanatisches Ziel, die jungen Menschen so früh wie möglich unter Kontrolle zu bringen, ihr gesamtes Leben im Kollektiv zu bestimmen und zu formen. Hitler benutzte Begriffe wie „heranzüchten". Das galt vor allen Dingen für die Jungen, die Erziehung zum Soldaten, eingegliedert im Kollektiv, der freudig in den Tod ziehen wird, um für sein Vaterland und seinen Führer zu sterben. In einer Rede vertrat Hitler über die Erziehung von jungen Menschen folgende These:

„*Er soll lernen, zu schweigen, nicht nur, wenn er mit Recht getadelt wird, sondern soll auch lernen, wenn nötig, Unrecht stillschweigend zu ertragen.*"

Die große Feier im April zum 50. Geburtstag des Führers glich einem rauschenden Ereignis, das alles bis dahin Zelebrierte in den Schatten stellte. Hier wurde nicht nur dem Geburtstagskind gehuldigt, sondern gleich die gesamte Wehrmacht demonstrierte mit allen zur Verfügung stehenden Waffen, Panzern und Flugzeugen ihre Stärke. Natürlich war mein Bruder begeistert.

Schon am Vorabend ließ sich Goebbels einfallen, über alle deutschen Radiostationen eine Ringsendung auszustrahlen.

„*Meine deutsche Volksgenossen und Volksgenossinnen. In einer bewegten und unruhigen Welt begeht Deutschland am morgigen Tage ein nationales Fest in des Wortes wahrster Bedeutung. Es ist ein Feiertag der ganzen Nation. Und diesen Tag mit allen Freunden zu begrüßen, ist dem deutschen Volk in seiner Gesamtheit nur eine Sache des Herzens und nicht des Verstandes. Am morgigen Tage vollendet der Führer sein 50. Lebensjahr. An dem Stolz, den bei diesem festlichen Ereignis das ganze deutsche Volk erfüllt, nehmen alle unsere befreundeten Völker innigsten und herzlichsten Anteil. Selbst die, die uns noch reserviert und ablehnend gegenüberstehen, können sich dem starken Eindruck dieses Vorganges nicht entziehen. Der Name Adolf Hitler ist heute für die ganze Welt ein politisches Programm. Er wandert fast schon wie eine Legende um den Erdball. An diesem Namen scheiden sich die Geister.*"

Am nächsten Tag fand die groß angelegte und minutiös inszenierte Parade statt. Hunderttausende versammelten sich in Berlin und säumten kilometerlang die Straßen. Der vierstündige Aufmarsch der mehreren 10.000 Soldaten bildete einen fulminanten Höhepunkt der Geburtstagsveranstaltung.

„Das höchste, was ein Mensch auf Erden erreichen kann, ist, dass er einer geschichtlichen Epoche seinen Namen gibt und den Stempel seiner Persönlichkeit unauslöschlich seinerzeit auferlegt. Das kann man im weitesten Sinne vom Führer sagen."

Schwärme von Bombern, Kampfflugzeugen und den neuen Stukas dröhnten über die Köpfe hinweg. Selbst ausländische Korrespondenten mussten zugeben, wie beeindruckend diese Vorstellung war. Jedem wurde spätestens hier klar, wie potent die deutsche Armee plötzlich war.

„Denn Adolf Hitler hat der geschichtlichen Entwicklung nicht nur seines Landes, sondern, man kann es ohne zu übertreiben behaupten, der geschichtlichen Entwicklung Europas eine neue Richtung gegeben. Wer Deutschland das letzte Mal, etwa im Jahre 1918, sah und es heute erst wiedersähe, würde es kaum noch erkennen.

Es ist jetzt etwas über ein Jahr her, daß der Führer die Frage des Anschlusses Österreichs an das Reich löste. Damals beging das ganze Volk seinen 49. Geburtstag in der festlichsten Weise. 7,5 Millionen Deutsche aus der Ostmark hatten die Heimkehr ins Reich vollzogen. Wie durch ein Wunder war einer Frage Mitteleuropas, von der man fast hätte glauben mögen, daß sie überhaupt nicht lösbar sei, eine grundsätzliche Lösung zugeführt worden."

Keine andere Nation hätte zu diesem Zeitpunkt mithalten können. Das schaffte die Überlegenheit, die Deutschland nicht nur nach innen, sondern auch sehr bewusst nach außen hin demonstrierte.

„Der Mann von der Straße ist meistens kaum in der Lage, eine politische Situation in ihrer Gesamtheit zu durchschauen und zu überprüfen. Es ist deshalb allzu verständlich, dass er sich nur ungern an Theorien oder Programme anklammert, dass er vielmehr seine eigene Sicherheit ständig im festen und vertrauensvollen Anschluss an eine Persönlichkeit zu suchen bemüht ist.

Ein Volk ist zu jedem Opfer fähig, wenn es weiß, wofür das Opfer gebraucht wird und dass es im Rahmen einer großen Aufgabe notwendig ist.

Das ist heute bei Deutschland der Fall. Keine von den politischen Parolen, die seit 1918 durch die breiten Massen unseres Volkes ging, hat eine so tiefe und nachhaltige Wirkung in der ganzen Nation ausgeübt wie das Wort: Ein Volk, ein Reich, ein Führer!"

Traudel legte am nächsten Tag den *Völkischen Beobachter* auf unseren Tisch Mutter blätterte vorsichtig darin herum, berührte die Seiten nur mit den Fingerspitzen, als ob sie jeden Moment Angst haben müsste, sich zu vergiften.

Mit dem reißerischen Titel „Deutschlands Wehrmacht ist vollendet!" wurde die Feier in prahlerischen Worten besprochen.

Mutter las vor: „,*Dem Führer zu Ehren und zur Freude hat sich die ganze Wucht und eherne Schlagkraft der jungen großdeutschen Wehrmacht sichtbar vor den Augen des ganzen deutschen Volkes entfaltet.'"*

„Mich macht das Wort *jung* ein wenig nervös", unterbrach sie Traudel. „Bald sind auch unsere Jungs dabei. Peter ist jetzt achtzehn, da muss ich mir nichts mehr vormachen. Er erzählt ja andauernd, dass der Reichsarbeitsdienst mehr militärischen Charakter bekommen hat. Er wird an der Waffe ausgebildet, obwohl doch eigentlich offiziell der Spaten als Arbeitsgerät dienen soll. Und da werden sie die Jungen schon für ihre Zwecke benutzen. Eigentlich heißt doch das Motto: ,*Mit Spaten und Ähre'.* Früher umfasste das Spektrum höchstens das Trockenlegen von Mooren und die Kultivierung neuen Ackerlandes bis zur Teilnahme am Bau der Reichsautobahn. Nun hat sich das Blatt gewendet."

Peter war gerade mit der Schule fertig geworden und musste zum Reichsarbeitsdienst antreten. Ich spürte, wie neidisch Walter, angesichts der militärischen Ausbildung war.

Mutter las stumm weiter, dann tippte sie mit dem Finger auf eine Zeile. „Hier, das wird deine Befürchtung leider bestätigen: ,*Wir alle, jeder einzelne von uns, ist mit dieser Wehrmacht gewachsen und hängt mit seinem Herzen und seinem Blute an unserer Wehrmacht. Sie ist uns die Gewähr und die Sicherheit für den Frieden, der freilich ein deutscher Frieden ist und einem starken Volke sein Lebensrecht sichern will.'"*

Mutter stockte. „Was bitte ist ein deutscher Frieden?"

Traudel sah sie stumm an. Erwachsene wissen nicht auf alles eine Antwort.

Die Uniform

Es gab Versammlungen der NSDAP, zu denen unsere Männer aus Mohrau nach Neisse zitiert wurden. Es war nicht immer leicht, sich diesen Verordnungen zu entziehen, wie Mutter leise erklärte. Da Vater nicht als Bauer arbeitete, musste er sich mehr oder minder regelmäßig blicken lassen. Diese Fahrten nutzte er um seine Verwandten wiederzusehen. Auch seine beiden Brüder waren regelmäßig bei diesen Treffen zugegen. Meistens kehrte er abends müde und verwirrt nach Hause, versuchte all die Dogmen und reißerischen Reden von sich abzuschütteln wie einen lästigen Umhang. Er und Herbert witzelten nicht selten über besonders vehemente braune Funktionäre, die sich mal wieder zur Höchstform aufgespielt hatten. Dann tranken sie ihr Bier, blickten sinnierend in die stille Landschaft hinaus und ohne viele Worte genossen sie ihren heimischen Frieden.

Eines Abends kehrte Vater zurück. Unter dem Arm trug er ein Bündel – die Uniform.

Da stand er. Mitten in der Küche. Ich werde nie diesen Gesichtsausdruck vergessen. Hilfesuchend, die Schultern hingen wie bei einem alten Mann schlaff herunter. Er senkte den Blick gen Boden, wagte nicht uns anzusehen. Mutter ließ die Schüssel fallen. Seltsam, dachte ich noch, es ist gar kein

Scheppern zu hören. Aber Scherben sprangen explosionsartig nach allen Seiten.

„Was glaubst du, wer du jetzt bist?" Mutter flüsterte, rang die Hände. „Haben deine Brüder es geschafft, dich zu überzeugen, ja? Kannst du es jetzt endlich dem dummen Bauerngesindel zeigen?"

„Mutter! Vater ist doch kein Nationalsozialist. Das kannst du nicht verstehen, wir wollen doch bloß ..." Aber weiter kam Walter nicht.

„Du mischst dich da nicht ein!", schrie Mutter auf. Sie war so verzweifelt. „Seit Jahren versuche ich euch allen klarzumachen, dass wir nicht dazugehören! Du immer mit deinen Ausreden und deiner Nörgelei, dass du in den Krieg ziehen willst! Was denkst du eigentlich, wie unbesiegbar du bist? Glaubst du, in deinem Körper bleibt keine Patrone stecken?"

Walter war blass geworden.

„Habt ihr alle auch nur eine vage Vorstellung davon, wie's mir geht, wenn ich zusehen muss, wie meine eigene Familie hier mit dem Pack marschiert? Ihr könnt mir noch so viel erzählen, *ihr* wäret nicht so wie die anderen. Natürlich seid ihr welche von denen! Wir alle sind Teil dieser Bewegung, wenn wir einfach tatenlos zusehen, wie unsere Kinder der HJ beitreten, Juden ihrer Würde beraubt werden und Männer gegen fremde Männer Krieg spielen! Man kann sich nicht alles schönreden!"

Sie stürmte aus der Küche. Wir hinterher. In der Stube riss sie eine der Schubladen auf, griff nach dem großen Schlüssel und raste wieder aus dem Raum.

Ich wollte gerade hinterher, als Vater mich festhielt.

„Lass, Hanna, sie wird sich beruhigen!"

Ich starrte ihn an, sah auf die Uniform. Er klammerte sich an ihr fest. Ich konnte förmlich den Dung riechen.

Mutter kehrte mitsamt Reisetruhe zurück, schnaufend wuchtete sie diese über den Boden. All ihre Kleider und Tücher riss sie aus dem Schrank im Schlafzimmer und pfefferte sie achtlos hinein. Und brüllte heulend auf. Wie ein waidwundes Tier. Wir Kinder standen in der Stube und erlebten den ersten Ehekrach. Vater schien nicht recht zu begreifen, was genau er machen sollte, stand wie ein Angeklagter auf einem Fleck und biss sich auf die Lippen. Immer wieder stürmte Mutter in die Stube und schrie uns an. Ihre heisere Stimme kippte allmählich, ab und an mischte sich ein lautes Schluchzen in das heulende Gebrüll.

„Trittst du jetzt auch aus der Kirche aus?", schleuderte sie Vater giftig entgegen. „Denn beides geht nicht, lieber Herr Gröger! Man kann nicht in der Partei sein und dazu ein gläubiger Katholik! Gott kann da nur noch kotzen!"

Vater versuchte sie zu umarmen. Mutter stieß ihn mit Inbrunst von sich. Vater flog gegen den Bücherschrank und es folgte ein ohrenbetäubender Lärm, als die Glasscheibe zu Bruch ging. Vater landete in diesem Scherbenhaufen. Begraben unter seiner eigenen Uniform. Wir Mädchen heulten wie die Schoßhunde, Walter kommandierte uns mit energischer Stimme aus dem Haus, nahm Paula auf den Arm, die längst zu weinen begonnen hatte. Ich klammerte mich an Thea fest und wir stürmten in Richtung Brücke, rannten ohne einmal innezuhalten bis zur Gartentür von den Großeltern.

Als Oma ihre Enkel herbeistürzen sah, wurde sie blass. Opa stand hinter ihr und dirigierte uns in die Küche. Wir Mädchen schluchzten, konnten kaum berichten, was für ein Donnerwetter bei uns gerade herrschte. Walter versuchte sachlich widerzugeben, wie Vater aus Neisse zurückgekommen war und nun der Partei beitreten wollte. Dabei unterbrach ihn Thea immer wieder, um jedes noch so winzige Detail hinzuzufügen. Oma bereitete einen Milchkaffee vor, schmierte mehrere Stullen mit Pflaumenmus, bis es ganz allmählich still wurde. Wir hatten uns müde geweint.

„Wenn euer Vater wirklich aus der Kirche austritt, dann zieht ihr zu uns." Oma klappte energisch eine Stulle zusammen und drapierte diese auf einem Teller.

Ich schnappte nach Luft.

„Ich will nach Hause!", kam es kleinlaut von Paula. Ihr kullerten noch immer die Tränen über das kleine Gesichtchen. Walter schwieg. Ich sah ihm an, dass er todunglücklich war. Ich konnte ihn so gut verstehen. Dieses Hin und Her zwischen den eigenen Vorstellungen und denen der Eltern war für uns alle nicht leicht zu ertragen. Außerhalb des Hauses war man in der Gemeinschaft der HJ gut aufgehoben. Wir fühlten uns dort wohl, auch wenn es die eine oder andere Übung und Vorschrift gab, die uns nicht sonderlich schmeckte. Aber wir jungen Menschen wollten gar nicht all das politisch Böse, wie die Erwachsenen es in ihrem Schauermärchen in grässlichen Bildern und bösen Worten festhielten. Wir waren doch froh, unter uns sein zu dürfen. Und dazwischen nun unsere Eltern, die wir liebten, die aber eine so gefährliche Position bezogen.

Jetzt war Vater nach so vielen Jahren schwach geworden. Seine Familie hatte ihm die letzten Monate sehr zugesetzt. Beide Brüder waren in der Partei, selbst Großmutter Rotraud schwärmte mittlerweile von ihrem „Adolf", der doch so Wunderbares vollbrachte. Sie war vielleicht kein Nazi, aber sie ließ sich davon überzeugen, dass es uns Deutschen doch gut ginge. So gut wie schon lange nicht mehr. Und nun war ihr Ältester wieder in der Position, die er schon einmal durchleben musste. Besaß er erneut die Stärke, dem Neisser Teil der Familie den Rücken zu kehren?

Oma schnappte sich ihr wollenes Dreieckstuch und verließ das Haus. Sie wolle nun doch einmal selber mit ihrem Schwiegersohn *plaudern*, wie sie es vorsichtig formulierte. Opa stopfte seine Pfeife, Walter kramte seine Zigaretten heraus und rauchend hockten die beiden Männer da und wir

Mädchen blickten stumm dem Rauch hinterher. Er hüllte uns sanft ein. Und irgendwie fühlte es sich angenehm beruhigend an.

„Darf ich mal probieren?", kam es zögerlich von Thea.

Walter sah sie amüsiert an, überlegte kurz, reichte ihr dann die Zigarette. Sie griff danach, inhalierte, ließ den Rauch langsam aus dem Mund gleiten. Mit ihren fast 15 Jahren sah sie schon so erwachsen aus. Im Dorf schielten alle jungen Burschen ganz hungrig nach ihr. Thea war noch schöner geworden. Und mit der Zigarette in der Hand sah sie lässig und sehr chic aus. Walter musste plötzlich lachen.

„Na, wenn das unser Führer sähe, meine liebe Schwester! Der wäre nicht begeistert. So ein schönes, arisches Mädchen raucht doch nicht!"

„Der kann mich mal", kam es von ihr und sie nahm einen weiteren Zug. „Der soll bloß nicht die Eltern auseinandertreiben. Da verlass ich die Mädels sofort!"

Walter nickte ernsthaft.

„Ja, dann sieht mich die HJ auch nicht mehr. Rita wäre es sowieso lieber." Er hielt inne und starrte auf seine Hände. „Langsam bekommen die mit ihrer Swing-Meinung richtig Probleme. Bastian ist letztens von einer HJ-Truppe zusammengeschlagen worden. Ach, warum ist das alles so kompliziert? Soll doch jeder seine eigene Meinung vertreten dürfen!"

„Nein, Junge. Das wird unter der Herrschaft der Nazis nicht geduldet. Ein Mensch wie Hitler könnte das gar nicht ertragen, dass wir alle unsere eigene Meinung äußern. Da hat deine Oma recht. Das gelingt einem nur noch in seinem Herzen. Hitler wollte das Christentum in Deutschland mit Stumpf und Stiel, mit all seinen Fasern, ausrotten. Man ist entweder Christ oder Deutscher. Beides kann man nicht sein. Und wenn du glaubst, du kannst es dir erlauben, nach allen Seiten deine Fühler auszustrecken, dann musst du auch damit leben, von allen Seiten angegriffen zu werden."

„Aber, Opa, *du* sagst doch immer, dass es Krieg geben wird. Und ist es so verkehrt, dass ich dann alles, was mir lieb und teuer ist, verteidigen möchte?"

Da schwieg der Großvater. Paula setzte sich auf seinen Schoß, besah sich seine alte Hand. Mit ihrem kleinen Finger strich sie ganz vorsichtig über die Falten und Linien und kreiste die dunklen Flecken ein. Ihre helle Haut wirkte dermaßen unschuldig neben der gegerbten dunklen Hand des alten Mannes.

„Nein, es ist nicht verkehrt. Aber warum braucht es einen Krieg um das, was einem lieb und teuer ist, verteidigen zu können? Das will mir nicht in den Sinn. Kann man das nicht anders lösen? Und, Walter, uns gehört nicht die ganze Welt. Auch wenn ihr das immer in euren Liedern singt. Mit welchem Recht soll euch morgen die ganze Welt gehören? Glaubst du eigentlich nicht, dass andere Menschen auch ihr Land lieben? Ihre Sitten, ihre Lieder und alten Traditionen? Das kann man denen doch nicht einfach wegnehmen!"

Walter seufzte. So saßen wir bestimmt drei Stunden und redeten über uns, das Dorf und von Theas Schulende. Sie wollte nicht auf die höhere Schule. Thea wollte raus, wollte ihren eigenen Weg gehen, doch erst musste sie, wie es so üblich war, noch den typischen Arbeitsdienst der Jugend absolvieren.

Als Oma wie aus dem Nichts in der Küche stand, bemerkte ich sofort, wie blass und müde sie wirkte.

„Ihr könnt jetzt rüber. Ich glaube, euer Vater ist zur Besinnung gekommen. Und, Walter, bitte akzeptiere die Entscheidung deiner Eltern!"

Er nickte. Leise standen wir auf und gingen mit gemischten Gefühlen nach Hause. Welche Stimmung sollte uns erwarten? Wie würden die Eltern miteinander umgehen?

Als wir an der Gartenpforte standen, stieg eine schmale Rauchwolke hinter dem Haus auf. Die Post-Gretel stand neugierig am Wegesrand und musterte uns mit argwöhnischem Blick. Schnell verschwanden wir im Garten und rannten hinters Haus. Dort verbrannte Mutter die verhasste Uniform. Ein Vergehen, das sie ins KZ hätte bringen können. Walter wurde ganz übel, doch tapfer stellte er sich neben Vater und legte die Hand auf seine Schulter.

Zum ersten Mal bemerkte ich, dass er größer war und Vater dagegen ein wenig gebeugter wirkte als die Jahre zuvor. Mit einem Stock stocherte Mutter hektisch im Feuer herum und sah zu, dass wirklich alles in den Flammen aufging. Ein wenig bedröppelt stand Vater daneben, versuchte hilflos sich bei ihr zu entschuldigen. Mutter nickte, kaum wahrnehmbar. Kummer und Gram standen ihr noch ins Gesicht geschrieben. Die Augen lagen tief vor Sorge und einer unendlichen Müdigkeit.

Es hatte innerhalb der Familienbande einen Riss gegeben.

Vater hat nie die braune Uniform getragen.

Mal wieder stellte er sich seiner Familie entgegen. Pausenlos sprachen ihn Nachbarn und Bewohner an, wann er denn nun endlich der Partei beiträte! Das setzte meinen Vater massiv unter Druck. Diesen Druck begann er immer häufiger mit Alkohol wegzuspülen. Er diskutierte nächtelang mit Herbert und Otto. Das gab ihm die Kraft, sich nicht von der Verherrlichung, die von überall prahlerisch zum Besten gegeben wurde, anstecken zu lassen. Mutter beschrieb seitenlang, dass ihr Mann nie wirklich der NSDAP beitreten wollte, sondern ihm einfach der Mut abhandengekommen war, immer nach einer Wahrheit zu suchen, die nicht mehr greifbar war. Die er nicht so leben durfte, wie er es gern getan hätte. Und natürlich war es auch für einen Erwachsenen nicht leicht, immer ausgegrenzt zu werden. Alle Uniformierten glaubten, etwas Besseres zu sein, und ließen die anderen auch spüren, dass er oder sie nicht dazugehörte. Der harte Kern bei uns blieb nach wie vor zusammen, aber – jeder war vorsichtiger geworden. Seine Meinung äußerte man nur noch hinter verschlossenen Türen, im geschützten Raum.

Ich war hellhöriger geworden. Der Streit meiner Eltern hinterließ deutliche Spuren. So bemerkte ich, wie sich der Umgangston insgesamt unter den Menschen veränderte: Er war schärfer, bestimmender. Jede missbilligende Äußerung gegenüber der Partei und dem Führer ahndeten die wachsamen Bluthunde sofort. Auch bei der HJ und dem BDM wurde immer mehr gedrillt und auf eine Zukunft zugesteuert, in der wir eines Tages nur noch zu gehorchen hatten. Die Militarisierung der Kinder vollzog sich mit deutscher Gründlichkeit. Krieg als Spiel – das verlor so allmählich seine Leichtigkeit. Das Spiel wurde zum Krieg.

Meine Opposition

Als unsere Gruppenführerin Edeltraud im April von der Schule ging, musste sie, wie auch meine Schwester Thea, sich entweder freiwillig ins Landjahr melden, das der Hitler-Jugend unterstellt war, oder sie leistete ein Pflichtjahr auf einem Bauernhof oder in einer kinderreichen Familie ab. Die *Arbeitsmaiden*, wie sie genannt wurden, konnten sich zunächst freiwillig am Arbeitsdienst beteiligen, ehe sie im September 1939 ebenso wie die Männer zwangsverpflichtet wurden. Die jungen Frauen sollten in die Haus- und Landwirtschaft eingeführt werden, kamen dafür nicht selten in ein völlig fremdes Gebiet. Für die meisten hieß es: das erste Mal weg von zu Hause. Diese „Kasernierung" entzog die Jugendlichen vollständig dem Elternhaus. Natürlich gehörten auch hier die Uniformpflicht zu einem reglementierten Tagesablauf und Fahnenappelle zur allgegenwärtigen Pflicht dem Führer gegenüber. Erst danach war es einer Frau gestattet, einen

Beruf zu erlernen. Doch die Hoffnung galt, sich bald als deutsche Mutter zu definieren und arische Kinder zur Welt zu bringen. In eine Welt, die eines Tages nur den Deutschen gehören sollte.

Nun reiste Edeltraud in den Westen und ihre Stelle als Gruppenführerin musste neu besetzt werden. So kam es, dass Edith, die Tochter von Gretel und Friedrich, diese Stelle antrat. Und ich lernte, dass es der einzelne Mensch ist, er entscheidet allein, wie sehr Macht und Gewalt ausgeübt werden. Nicht unbedingt Verordnungen und Gesetze. Dass es der einzelne Mensch ist, der eine andere Sichtweise auf die Dinge haben, ja prägen kann, und schon befindet man sich in einer völlig neuen Welt, die plötzlich ein anderes Gesicht aufweist. Und dieses Gesicht ähnelt in keinster Weise dem, was man einst kannte und liebte.

Schon als kleines Kind mochte niemand gern mit Edith spielen. Sie war egoistisch und keiner wagte ihr in die Augen sehen. Ein seltsamer, verschlagener Blick, der das Gegenüber gleich in seine Schranken wies. Ob je eine Seele hinter diesen Augen ruhte, das mochte ich bezweifeln. Nun sollte diese Person eine Gruppe Mädchen führen, einen bunten und munteren Haufen, der neben Disziplin auch Verständnis und Fürsorge benötigte. Von einem Tag auf den anderen spürten wir Macht, Demütigung – viele Mädchen sahen sich sinnlosen Schikanen ausgesetzt. Nichts ähnelte mehr der einst sonnigen Truppe Edeltrauds. Plötzlich sah ich sie überall wieder, die Fratzen aus dem Schauermärchen. Das Dunkle, die Macht und das Beherrschen von Menschen. Der Hitlergruß wurde zum fanatischen Appell und wer nicht akkurat in der Riege stand, den ließ Edith in der Ecke stehen, vor aller Augen gedemütigt. Stramm wie die Soldaten, der Größe nach aufgestellt, Schulter an Schulter standen wir eng beieinander. Der Arm zum Hitler-Gruß erhoben. Wurde der Arm immer schwerer, legte man ihn einfach auf der Schulter des Vordermädchens ab. Eine kleine Erlösung für geringe Zeit. Kaum sah Edith dieses „Vergehen", musste die gesamte Gruppe noch länger in Reih und Glied stehen, den rechten Arm steil nach oben haltend … Bei jedem Treffen wurde das „Heilige Tuch" am Fahnenmast hochgezogen, um es am Ende ebenso feierlich wieder einzuholen.

Ich bezog sofort Opposition. Ich ließ mir nichts gefallen, ging sofort auf die Barrikaden, wenn einem anderen Mädchen Unrecht geschah. Ich tat das alles für Edeltraud. Nie hätte sie zugelassen, dass Derartiges mit ihrer Gruppe passierte. Edith begann mich zu hassen und ich bekam zu spüren, wie es ist, wenn man unter permanenter Beobachtung steht. Überall diese lauernden Augen, die einen wie in einem Spinnennetz gefangen hielten. Edith blieb unerbittlich streng und es gelang ihr in kürzester Zeit, dass jede von uns zu einer unbedeutenden Null degradierte.

In solchen Momenten spürte ich sehr schmerzhaft, dass mir meine ältere Schwester fehlte. Thea hatte sich für das Landjahr entschieden und war gemeinsam mit unserer Cousine Hilde bis ans andere Ende von Deutschland gefahren. Irgendwo nach Schleswig-Holstein. Wir wunderten uns zwar, dass das noch Deutschland sein sollte, denn gleich in ihrem ersten Brief schrieb sie, dass sie die Sprache überhaupt nicht verstand. Aber nun war es so und Mutter empfand es als Qual, wie ihre Familie auseinandergerissen wurde.

Zusammen mit 60 anderen Mädchen wurde Thea streng bewacht und politisch gedrillt. Auch wenn wir nicht immer das beste Verhältnis hatten, konnte ich mich doch stets mit meinen Sorgen und Ängsten auch mal bei ihr ausweinen. Walter war viel zu sehr mit sich beschäftigt. Rita und er bekamen schon seit geraumer Zeit zu spüren, dass sie sich definitiv nicht konform verhielten. Immer häufiger musste sich die Swing-Jugend verstecken, um dann heimlich ihre Aktivitäten weiterverfolgen zu können. Zudem stand Walter kurz vor seiner Gesellenprüfung und die Euphorie im Lande steckte ihn natürlich an. Er war wieder einmal hin- und hergerissen. Einerseits brauchte er die Liebe von Rita und natürlich die Liebe von den Eltern, die ja, wie er wusste, eine andere Einstellung zum System vertraten. Da war aber auch die Lust nach Abenteuer und Mitmachen bei dem großen Einsatz, die seine Liebsten nur still ertrugen. So hatte jeder von uns mit sich zu hadern, sein kleines persönliches Leben zu gestalten und zu formen.

Paula lief vergnügt im Garten umher und versuchte, die Tiere in ein kleines Theaterstück einzubinden. So ganz gelang es ihr nicht, ihnen die zugeordneten Rollen schmackhaft zu machen. Tücher und Kissen lagen im Garten verstreut, Fritz wollte Mutters Brautschleier partout nicht aufbehalten und Gockel fand die Krone eher nervig. Aber sie blieb hartnäckig. Eine Eigenschaft, die ihr später noch sehr zugutekam.

Es war kurz vor den Sommerferien. Alma musste in der brütenden Hitze mitten auf dem Sportplatz stehen. Edith bestrafte sie – für eine Lappalie. Alma hatte nach einigen Runden aufgehört, an dem Lauf teilzunehmen, da ihr schlecht geworden war. Ich konnte jedes Wort hören, das Edith von sich gab. Sie brüllte herum und ließ das arme Mädchen einen Vers aufsagen, immer und immer wieder. Ich spürte eine Wut, die mir die Luft raubte, horchte dieser wimmernden Stimme.

„*DER FÜHRER*
Die Stunde kam, da er sein Werk erkannte,
Jäh stand er auf, zum Opfergang bereit.
Und mit dem Feuer seiner Rede brannte
Er seine Flammen in die Dunkelheit."

Alma stockte, schluckte, wischte sich den Schweiß von der Stirn. Ich ging auf sie zu.

„Kann ich dir helfen? Soll ich dir einen Apfel geben?"

*"Erschüttert lauschten die in Scham Entbrannten,
Der Kreis der Sehnsucht rundete zur Tat."*
Ihre Augen waren angstgeweitet.
„Mensch, Hanna, geh weg, wenn Edith dich bei mir sieht."
*„Und jubelnd folgten sie dem Gott-Gesandten,
Die dumpfe Menge aber schrie Verrat."*
„Johanna! Wie kannst du es wagen, sie anzusprechen!"
Ediths Stimme klang fürchterlich.

Ich reagierte nicht, nahm Almas Hand. Ihr war schon ganz elend zumute. Mich überfiel eine lähmende Angst. Natürlich kam mir die Geschichte von Jan in den Sinn. Alma begann, ihre Sätze hastig rauszupressen:
*„So kam sein Tag ... Millionen Herzen wandten
Sich hin zu ihm und wussten ihre Pflicht.
Der Nebel fiel, die Morgenfeuer ..."*
Und schon stand Edith bei uns.

„Geh sofort in die Gruppe zurück, Johanna. Wer nicht gehorchen will, muss bestraft werden."

Alma wankte, die Hitze war gnadenlos.

*„... brannten,
Groß stand er da und um ihn stand das Licht."*

Ihr wurde übel, sie übergab sich. Edith schrie, sie solle ja ihren Unrat wegwischen, und weinend kniete Alma sich hin und versuchte mit dem Sand alles zu überdecken. Ich hockte mich sofort hin und half ihr. Als ich mich wieder aufrichtete, schlug mir Edith mit voller Wucht ins Gesicht. Ich taumelte, hörte nur noch Almas Aufschrei.

Es dauerte, bis ich wieder einigermaßen klar denken konnte. Ich schmeckte das Blut, das mir aus der Nase und dem Mund lief. Beim Fahnenappell drückte mir eines der Mädchen ein Tuch in die Hand, sodass ich mir das Blut einigermaßen wegwischen konnte.

Ich versuchte alles Erdenkliche, dass meine Mutter nichts bemerkte. Ich rannte erst zu Oma, die aber mit mir schimpfte.

Sie erwartete, dass ich sofort aus der HJ ausstieg. Ihr zu erklären, dass das nicht so einfach sei und von einer höheren Warte aus bestimmt wurde, konnte und wollte sie nicht begreifen. So gut es ging, behandelte sie mich und bis auf die etwas geschwollene Lippe war kaum noch etwas zu sehen. Mutter erklärte ich später, dass ich bei der Gymnastik mit der Keule zu sehr um mich geschwungen und mich dabei selbst verletzt hätte. Sie starrte meine dicke Lippe an.

„Seltsame Übungen, die ihr jungen Mädchen da betreibt."

Ich atmete erleichtert auf. Ich wollte meine Mutter nicht beunruhigen. Sie wäre sofort zu Friedrich gerannt und ich wollte mir nicht ausmalen, was sie gemacht hätte, wäre ihr Edith über den Weg gelaufen ...

Beim nächsten Mal fand ein Gruppentreffen statt. Edith hatte sich über mich bei der Gruppenführerin in Neisse beschwert. Ich wäre aufmüpfig gewesen und hätte mich ganz klar ihren Befehlen widersetzt. Zudem hätte ich nach den Vorkommnissen die Fahne beim Schlussappell nicht gegrüßt.

Ich war derart mit meiner blutenden Nase und Lippe beschäftigt gewesen, dass ich beim Fahnenappell tatsächlich vergessen hatte, den rechten Arm zu heben. Und die Fahne im Dritten Reich nicht zu grüßen, das war kein Vergehen – es war ein Verbrechen.

Daraufhin rief Edith die Jugendgruppen aller Nachbardörfer zusammen. Wir wurden in einem Karree aufgestellt und ich musste mich in die Mitte stellen. Da stand ich. Alle Augen auf mich gerichtet. Es war beklemmend. Edith begann zu schreien. Ich konnte kaum verstehen, was sie sagte, ich spürte nur diese entsetzliche Hilflosigkeit und vor allem eine bedrückende Einsamkeit. Obwohl es ein heißer Sommertag war, fror ich bis auf die Knochen. Meine Lippen bebten und ich begann zu zittern. Ich war so allein. Am Schluss brüllte Edith, ich sei nicht würdig, Teil der HJ zu sein. Als

Höhepunkt nahm sie mir Schlips und Knoten weg. Das kam einer Entehrung gleich, denn diese beiden Insignien machten natürlich erst ein Jungmädel aus. So stand ich quasi nackt und entblößt da, einem geprügelten Hund gleich. Vor allen Kameradinnen wurde ich aus der Gruppe verstoßen. Die meisten sahen verschämt weg, keine durfte mir ins Antlitz blicken. Alma rannen die Tränen herab. Wie eine Aussätzige schickten sie mich weg. So schnell konnte das gehen. Und plötzlich war ich nicht mehr mittendrin. Nicht mehr Teil dieser Gemeinschaft. Ich spürte eine beklemmende Angst, die ich bis dahin nicht gekannt hatte.

Als ich am Abend mit meiner Familie zusammensaß und jeder etwas von seinem Tag berichtete, schwieg ich und konnte einfach nicht den Bissen, an dem ich schon die ganze Zeit kaute, herunterschlucken. Immer wieder kämpfte ich mit meinen Tränen, bis sie dann einfach liefen, ohne dass ich sie stoppen konnte. Walter, der mir gegenübersaß, bemerkte als Erster mein großes Unglück.

„Hanna, was ist mit dir?"

Sofort richtete sich die gesamte Aufmerksamkeit auf mich. Zwei Sturzbächen gleich strömten die Tränen aus meinen Augen. Ich konnte nur stockend wiedergeben, was mir passiert war. Denn egal wie viel Unrecht mir zugestoßen war, es glich trotzdem einem Makel, der mich abgestempelt hatte. Ich spürte nur, dass mir der Boden unter den Füßen weggerissen worden war.

Mutter konnte sich kaum beruhigen.

„Da gehst du mir nie wieder hin!"

Walter schüttelte den Kopf.

„So einfach ist das nicht, Mutter. Sie muss jetzt ohne Schlips und Knoten immer in der letzten Reihe stehen, bis sie sich alles wieder neu verdient hat. Zum Glück sind bald Sommerferien. Da findet sowieso nichts weiter statt und vielleicht hat sich bis dahin die ganze Aufregung gelegt."

Mutter rang mit ihrer Fassung. Nun war eines ihrer Kinder geschlagen worden. Der lange Arm der Partei hatte nach mir gegriffen. Das ertrug sie nicht.

Walter schwieg, sah mich nachdenklich an.

„Hat Alma nicht erzählt, was mit ihr los war? Ich mein, sie hätte doch berichten müssen, dass es ihr nicht gut ging. Da kann Edith nicht einfach jemanden derart schikanieren. Es haben doch alle aus der Geschichte vom kleinen Jan gelernt, oder etwa nicht?"

Ich zuckte nur die Schultern. Ich bezweifelte sehr, dass irgendjemand wagte, sich mit Edith anzulegen. Alle hatten entsetzliche Angst vor ihr. Und jeder versuchte, sich selbst zu schützen. Bloß nicht auffallen.

Eine scheinbar heile Welt in einer heillos unsäglichen Zeit.

Das, was ich erlebt hatte, geschah andernorts genauso, wenn nicht schlimmer. Es ist eine Mär, wenn nur vom romantischen Lagerfeueridyll der HJ berichtet wird. Es gab auch hier sehr wohl das Gegenteil. Schikane, Erpressung und das Ausstoßen aus der vermeintlichen Gemeinschaft bis hin zu körperlicher Züchtigung, die nicht jeder in seiner jungen Seele verkraftete.

Und was war mit den Kindern, denen die Aufnahme in die HJ oder den BDM verwehrt wurde? Die nicht in das deutsche arische Muster passten? Aus heutiger Sicht vielleicht eine Gnade für die Kinderseelen, damals bedeutete es, aus der viel gepriesenen Gemeinschaft ausgeschlossen zu sein. Sie durften keine Sportwettkämpfe mitmachen, an keinem Fest teilnehmen, standen abseits und ohne die Uniform waren sie die Weggedrängten aus der kasernierten Gemeinschaft.

Die weltlichen Schulen waren mit dem Aufkommen der Nationalsozialisten abgeschafft. Abgeschafft auch die gewaltfreie Erziehung und demokratischen Unterrichtsformen. Beim Fahnenappell auf dem Schulhof standen die nichtarischen Kinder ohne Uniform immer im Abseits, im Schatten des Geschehens. Während dieser Zeremonie mussten diese Kinder vor der versammelten Mannschaft antreten, wurden lauthals in die Klasse zurückgeschickt, da ihre Anwesenheit beim Hissen der Flagge als Schande empfunden wurde. Diese Demütigung konnte so manche Kinderseele nicht verkraften. Die Nicht-Zugehörigkeit zu dieser Volksgemeinschaft, die schon bei den Kleinsten zelebriert wurde, bedeutete einen Ausschluss, der besonders junge Seelenknospen auf brutale Art und Weise traf. So lernten sie früh, was es bedeutete, anders zu sein, Mensch zweiter, sogar dritter Klasse zu sein. Ihre kleinen alltäglichen Sorgen und Ängste wurden oft von den großen der Eltern überschattet und sie blieben im Dunkeln, bis ihnen das bisschen Boden, das ihnen übrigblieb, gänzlich weggezogen wurde. Denn diese „Säuberungen", wie die Nazis das Ausschließen von Menschen aus dem Alltag, aus ihren Berufen, aus ihren Wohnungen, aus ihren Leben bezeichneten, zogen sich ab einem gewissen Zeitpunkt durch alle gesellschaftlichen Bereiche und politischen Strukturen.

Jeder lernte in diesem System zu gehorchen, aber auch zu befehlen und Schwächere zu schikanieren. Mitunter fühlten sich viele der kleinen Herrenmenschen sogar ihren Eltern überlegen. Ihre Loyalität galt allein dem Führer, der Einfluss der Eltern wurde immer weiter zurückgedrängt. Damit war der Übergang zum Dienst für den Diktator bewusst gesät worden. Deutschlands neue Generation war fest in den Händen einer Partei, die die jungen Menschen nach Arbeitsdienst, Wehrdienst und anderen Organisationen weiter formten und gefügig hielten und zu perfekten Gliedern des nationalsozialistischen Systems schmiedete. Wie ein präzises Laufwerk schnurrten die Rädchen. Individualität oder gar persönliche Freiheit wie in der kurzen Phase der Weimarer Zeit waren nicht geduldet. Man war Teil der gesunden Volksgemeinschaft. Jedes Stören im Getriebe, wie *ungesunde Deutsche* oder *Nichtarische,* wurde zwangssterilisiert oder gleich getötet.

Wir Mädchen bekamen ebenfalls schon von klein auf unsere Rolle in der neuen Gesellschaft zugewiesen. Keine andere Partei hatte sich vorher je um die Frauen bemüht. Hier galt es nicht nur die Männer zu organisieren, sondern auch das weibliche Geschlecht. So früh wie möglich. Der Dienst entsprach bis auf die militärischen Übungen weitgehend dem der Hitler-Jugend. All die modernen und emanzipatorischen Errungenschaften der Weimarer Zeit wurden schon im Keim erstickt. Andere Werte bestimmten fortan das Weiblich-Sein.

Was in den 20er Jahren als chic und mondän galt, war jetzt verpönt. Was sich die vorherige Frauengeneration versucht hatte zu erobern, wurde gnadenlos ausgemerzt. Seltsamerweise genau von dieser einstigen Aufbruchsgeneration; der Generation, die den Aufbruch in der Zeit nach dem Ersten Weltkrieg vorantrieb.

Ich verbannte die Uniform in den hintersten Teil des Schrankes. Gottlob war mein Zeugnis wunderbar, das gab mir wieder Mut, mich besser zu fühlen. Was brauchte ich schon als angehende Ärztin oder Filmregisseurin den BDM?

Mobilmachung

Walter beendete diesen Sommer seine Lehre und durfte sich fortan als gelernter Schlosser bezeichnen. Von seinem ersten Gehalt kaufte er sich gleich ein gebrauchtes Akkordeon. Unermüdlich saß er im Garten und spielte verschiedene Lieder, zu denen Rita und Mechtild bei ihren Besuchen sangen. Beide Freundinnen gewöhnten sich mit der Zeit an, schlichtere Kleider zu tragen. Sie waren dermaßen angefeindet worden, dass sie sich in eine Art stille Emigration zurückzogen. Nur sehr wenige wussten, dass die beiden nach wie vor der Swing-Jugend angehörten. Alle zwei Monate fuhren sie mit

Gleichgesinnten nach Breslau. Zu diesen Treffen begleitete Walter sie dennoch nie. Peter dagegen reiste immer mit und erzählte, wie sie begannen, Flugblätter gegen die Nazis zu verfassen. Traudel rang die Hände und Herbert mahnte ihn an, ja vorsichtig zu sein. Aber im Grunde genommen war er stolz auf den Jungen und gab ihm den einen oder anderen brauchbaren Tipp. Traudel hielt sich in diesen Momenten die Ohren zu. Mutter hielt dagegen alles im Tagebuch fest.

Nichtsdestotrotz, die Zeit in diesem Sommer stand sonderbar still. Auf irgendetwas schienen alle zu warten. Und dieses Etwas kam früher als uns lieb war. Das nächste Kapitel des Schauermärchens sollte eine neue Wendung in der Geschichte mit sich bringen.

Ich durfte für zwei Wochen zu meinen Verwandten ins Mittelgebirge reisen. Es war herrlich, in der Bahn zu sitzen und sich die Luft um die Ohren wehen zu lassen! Endlich mal weg aus dem Alltagstrott. Ich spürte wie der allgemeine Druck, die ängstlichen Blicke der Mutter, die müden Augen des Vaters, Walters Hin- und Hergerissensein einfach von mir abfielen. Nur noch vom Krieg war die Rede gewesen. Zum ersten Mal beschlich mich bei vielen Parteihörigen das seltsame Gefühl, dass sie dieses Kapitel nicht so mochten. Aber verfassten die Erwachsenen nicht jedes einzelne Kapitel ihres Schauermärchens selbst, malten ihre scheußlichen Bilder darunter und füllten damit immer weitere neue Seiten aus? Im Dorf liefen die Menschen plötzlich besorgt herum, tuschelten leise und verhalten miteinander. Auch die Männer – sonst großmäulige Helden – sahen nicht mehr ganz so euphorisch aus. Aber all das war mir jetzt egal. Diese kleine enge Welt wollte ich für eine Weile abschütteln wie eine zu eng gewordene Jacke, und ich genoss die Reise in neue Gefilde.

Ich liebte meinen Großonkel Richard und Tante Emmy. Ihr Sohn Gustav diente bei der Wehrmacht, besaß ebenfalls die musikalische Ader der Grögers und gehörte dem Militärmusikregiment an. Ihre Tochter Else spielte Harmonium, das ganze Haus und die Atmosphäre waren pausenlos von Musik erfüllt. Welch andere Stimmung! Irgendwie war hier trotz der politischen Lage die Fröhlichkeit als ständiger Gast geblieben. Keiner redete über den Nationalsozialismus. Als pensionierter Lehrer genoss Onkel Richard sein beschauliches Leben. In den nächsten Tagen besuchte ich reihum meine Verwandtschaft, streunte mit den anderen Kindern im Wald umher, lief an den See und erlebte unbeschwerte Tage.

Kurz vor der Abreise wollte ich meinen Onkel bitten, ob ich nicht ein paar Tage länger bleiben dürfte. Ich verspürte kein sonderliches Verlangen, in unser Haus der Düsternis und Traurigkeit zurückzukehren; ich sehnte mich nach Licht und Freude.

In der guten Stube hörte ich ihn mit Gustav reden. Ihre Stimmen klangen anders als sonst. Sorge schwang mit. Und Angst.

„Der Führer hat die Wehrmacht doch schon im Frühjahr angewiesen, den Überfall auf Polen zum Herbst hin zu organisieren. Auf der Bahnlinie häufen sich die Militärtransporte in Richtung Osten. Das sieht nicht nach Manöver aus, da geht es um die Eroberung von Lebensraum im Osten. So wie Hitler es schon immer proklamiert hat. Hier gibt es kein Halten mehr, Vater. Ich befürchte, der Krieg steht schon ganz dicht vor unserer Tür."

Da war es wieder. Dieses Wort der Erwachsenen. Als ich den Raum betrat, sah ich die beiden Männer mit besorgten Mienen am Tisch sitzen.

„Kleine Hanna, komm rein. Und, gefällt es dir bei uns?"

Onkel Richard versuchte munter zu klingen.

Ich nickte, fragte sofort, ob ich nicht noch ein paar Tage länger bleiben könnte. Er schwieg, betrachtete mich nachdenklich.

„Weißt du, ich denke, es ist gut, wenn du wieder heimfährst. In solchen Zeiten ist es besser, wenn die Familien zusammen sind."

Schicksalsschwere Worte, die mich in diesem Moment eher verwirrten.

Als ich nach Mohrau zurückkam, spürte ich sofort, dass irgendetwas in der Luft lag. Eine düstere Spannung machte sich breit. Die Erwachsenen liefen mit gesenktem Blick herum. Das Kriegsgespenst ging um und kehrte ein in jedes Haus. „Mobilmachung" hieß das neue Wort und verbreitete sich wie ein Lauffeuer. Wen würde es zuerst treffen? Eine düstere Vorahnung vom endgültigen Abschied einer unwiederbringlich verlorenen Zeit drückte schwer auf die Gemüter. Kein Jubel, wie damals beim Großen Krieg, wie Großvater uns nervös erklärte. Eine dunkle Ahnung dessen, dass Krieg nie gut verlief, schienen alle Erwachsenen ganz plötzlich einzusehen. Viele der Älteren versuchten plötzlich verworrene Spuren und kleine Umwege sowie düstere Pfade ihrer Lebenslinie aus den Gewalten und Brüchen der Vergangenheit einem Wollknäuel gleich zu entwirren. Die Narben des Großen Krieges, die spürten sie alle. Wie in einem dichten, klebrigen Spinnennetz zappelten sie in ihren aufsteigenden Erinnerungen herum und die Angst vor der großen dunklen Spinne ließ so manchen mürbe werden.

Aber scheinbar niemand konnte diesen Albtraum verhindern. Die Frauen liefen mit ernsten Gesichtern und verweinten Augen umher. An jeder Ecke standen Menschen beieinander, redeten und tuschelten aufgeregt. Männer, die sonst immer den Kraftprotz herauskehrten, wirkten seltsam bedrückt. Die Uniform trug seltsamerweise keiner mehr. Es war, als ob sie nicht auffallen wollten. Einfach untergehen in der Masse.

Viele der Freunde saßen wieder Abend für Abend bei uns und lauschten den seelenlosen und doch schon so vertrauten

Stimmen, die aus dem Radio herüberbellten. Politische Kommentare klangen hasserfüllt. Jetzt war es „der Pole", der unser Feind war. Heftige Diskussionen wurden geführt. Besonders in dieser Phase versuchte Mutter, eine Distanz zum verhassten System zu halten.

Opa ließ sich nicht davon abbringen das Nordlicht, das seit einiger Zeit bis in schlesische Breitengrade zu sehen war, als schlechtes Omen zu deuten. Die alten Leute behaupteten hartnäckig, dass es Krieg bringe, und jeder spürte, dass sich über ihren Häuptern etwas Ungeheuerliches zusammenbraute.

Dabei machte der Schnaps mehrere Runden.

Eines Morgens brachte Friedrich die ersten Gestellungsbefehle vorbei, die er ordnungsgemäß bei Willi abzugeben hatte. Dieser klopfte diejenigen, die es betraf, aus dem Schlaf und überbrachte ihnen ihren persönlichen Stellungsbefehl. Daraufhin folgten das hastige Packen der notwendigen Ausrüstung und die bedrückenden Stunden vor der endgültigen Abfahrt. Schon zwei Tage später fuhren diese Männer zur Sammelstelle. Nicht wenige von ihnen waren schon einmal in den Krieg gezogen. Den hatten sie überlebt. Diejenigen, die schon im Großen Krieg als Unteroffiziere gedient hatten – die wurden jetzt so dringend gebraucht. Es hieß: Abschied nehmen. Nun warf der Ausbruch des Krieges alle beruflichen und privaten Pläne über den Haufen, denn die Kleinbahn fuhr mit den Männern gen Osten, in eine Zukunft, die sich keiner ausmalen konnte. Trauben von Menschen füllten den Bahnsteig, dennoch war es beklemmend still. Frauen und Kinder blieben zurück, sahen stumm und versteinert den Zügen hinterher, die einfach in der Ferne verschwanden. Es folgten für die Zurückgebliebenen einschneidende Erlebnisse, die das Leben und den Alltag der Familien von heut auf morgen veränderten.

Irgendwie war ich froh, dass die Schule bald wieder begann. Denn die Erwachsenen schienen für uns überhaupt keine Aufmerksamkeit mehr übrig zu haben. Zu sehr waren sie mit sich beschäftigt und ihrem Erstaunen, welch unerwartete Wendung ihr selbst geschriebenes Märchen nahm. Nur die kleinen Kinder lebten ihr unbefangenes Leben weiter. Paula konnte die Schwere der Zeit noch nicht begreifen. Sie besaß ihre Freiräume, sprang in ihrem kleinen Kinderparadies herum, wie das nur auf dem Land möglich war. Und ihr sonniges Gemüt half den Erwachsenen, sich überhaupt noch über kleine Dinge zu freuen.

Der Ruf nach Verantwortung

Einen Tag bevor die Schule ihre Pforten öffnete, stand unsere Gruppenführerin Regina vor unserer Tür.

Mutter war so erbost, dass sie sofort die Tür schließen wollte.

„Frau Gröger, ich wollte mich bei Ihnen und Johanna entschuldigen", entgegnete Regina sanft und ließ sich nicht abwimmeln. „Hier bringe ich Schlips und Knoten zurück. Ich habe Erkundigungen eingezogen, besser gesagt, die Alma ist zu mir gekommen und hat mir von dem Vorfall auf dem Sportplatz erzählt. Der Walter hat wohl sehr auf Alma eingeredet, dass sie die Wahrheit erzählen muss. Denn die HJ ist nicht der Ort für Ungerechtigkeiten und das Ausüben von falsch verstandener Macht."

Mutter war so perplex, dass sie nichts mehr erwiderte. Ich bat Regina in die Küche, holte schnell ein Glas Wasser und setzte mich erwartungsvoll hin.

„Mir ist klar geworden, dass Johanna mit ihrer Kritik im Recht war. Zudem habe ich mit einigen Mädchen aus deiner Gruppe gesprochen – es haben alle bestätigt, wie gemein Edith zu euch ist. Und du hättest immer versucht, dieses Unrecht abzuwenden."

Sie nahm dankbar einen Schluck, musterte mich.

„Du bist sehr beliebt, weißt du das?"

Regina lächelte freundlich.

Ich war verlegen, irritiert, starrte nur auf den Schlips und den Knoten. Sie waren gewaschen worden und lagen ordentlich zusammengefaltet auf dem Küchentisch. Ich gebe zu, ich war sehr erleichtert, beides wiederzusehen.

„Richtig wäre gewesen, irgendjemand hätte sich vorher kundig gemacht, wie die Edith eine Gruppe leitet. Meine Tochter musste unter dieser Blamage ziemlich leiden. Wir sind doch nicht bei der Wehrmacht. Wie kann man eine öffentliche Bestrafung bei einem Kind zulassen? Und dann noch jemanden ins Gesicht schlagen? Egal ob Fahnenappell angesagt ist oder nicht!"

Mutter schüttelte entsetzt den Kopf.

Regina sah mich nachdenklich an.

„Johanna, ich wollte dich fragen, ob du nicht in Zukunft die Gruppe übernehmen möchtest?"

„Das kommt gar nicht in Frage!", platzte es aus Mutter heraus. „Meine Kinder sind doch keine kleinen Führer! Zudem, uns stehen schwere Zeiten bevor! Hanna muss nicht Krieg spielen. Außerdem ist sie noch zu jung dafür, oder nicht?"

Ich starrte Regina an. Eine Welle der Freude durchflutete mich. Ich fühlte mich so wunderbar leicht. Mutter blieb hartnäckig.

„Und was ist mit Edith? Die macht ihr doch das Leben zur Hölle!"

„Das glaube ich nicht", beschwichtigte Regina. „Dafür werde ich persönlich sorgen. Edith wird eurer Gruppe auch nicht mehr vorstehen. Wir haben sie sozusagen ... versetzt."

Regina redete lange auf meine Mutter ein. Sie versuchte zu erklären, dass gerade in einer Zeit, in der wir nicht ahnen könnten, was auf uns zukäme, wir Menschen bräuchten, die respektiert und gemocht wurden, um den Frieden zu wahren. Mutter wurde immer schweigsamer.

Am Ende einigten wir uns, dass ich erst einmal probeweise versuchen sollte, meine Gruppe zu leiten. Mein Alter spielte gar keine Rolle dabei. Ich genoss einen guten Ruf und das schien mehr Gewicht zu besitzen als eine pragmatische Vorschrift.

Aus der Probezeit wurden zwei Jahre. Es machte mir wirklich Spaß. Ich übernahm mit Freude Verantwortung, setzte mich für diejenigen ein, die unterdrückt wurden, schwach waren und sich nicht immer in den Vordergrund drängen wollten. Und ich glaube, ich war eine gute Jungmädelführerin. Als Gruppenleiterin gefiel mir nur überhaupt nicht, dass ich den Beitrag von 0,25 RM pro Monat auch bei den recht armen Eltern einkassieren musste. So nahm ich immer das ein oder andere aus der Speisekammer mit, legte ein bisschen Obst und Gemüse oder auch mal eines von Omas Broten bei den Familien in die Küche.

Ich versuchte, so gut es ging, nichts von dem Schauermärchen an uns ranzulassen, was nicht immer ganz einfach war. Wie oft kam ein Mädchen am Nachmittag mit verweinten Augen vorbei, weil ein Verwandter entweder verwundet, vermisst oder gestorben war! Da hieß es dann, viele Tränen zu trocknen. Diese Mädchen wieder in die Gemeinschaftsarbeit einzubinden, ihnen kleine Aufgaben zu übertragen, damit sie sich nicht alleine fühlten, das wurde im Laufe der Zeit immer dringlicher. Und ich wurde schlagartig erwachsen.

Denn der Krieg, der war endgültig ausgebrochen. Dieses Wort, das wie ein Damoklesschwert seit Monaten über unseren Köpfen hing, sollte fortan unser Leben bestimmen, mit seinen unendlich vielen Masken, hinter die man nicht blicken konnte.

Das war sie, unsere momentane Gegenwart, das neue Heute. Aber auch diese Gegenwart war einmal Zukunft gewesen, und damit hätte es doch eine Möglichkeit gegeben, die Weichen für das neue Heute zu stellen. Wann begannen wir zu versagen? Wann hätten wir ganz laut „Stopp" schreien müssen?

Das Jahrhundert der Extreme und des Schreckens wurde hiermit besiegelt; deren Schatten reichen bis heute in unsere Gesellschaft.

Der 1. September 1939

Ein Morgen wie jeder andere und doch, nun begann eine Zeitenwende. Aus dem Radio verkündete Hitler brüllend über den Rundfunk: *„Seit 4.45 Uhr wird zurückgeschossen!"*

Als Walter die Küche betrat tobte bereits der Zweite Weltkrieg in unmittelbarer Nähe. Zwischen Wasserkochen und Brotschneiden erfuhr er diese Nachricht, auf die mein Bruder seit seinen Kindertagen sehnlichst wartete. Sofort stürzte Walter zu meinen Eltern ins Zimmer.

„Vater, Mutter, ihr müsst kommen. Es ist Krieg! Krieg! Opa hat Recht behalten. Um Gottes willen! Bei Danzig wird scharf geschossen."

Dieses Geschrei vernahmen auch Paula und ich und beide eilten wir in die Küche. Mit roten Wangen saß Walter wieder vor dem Radio und lauschte andächtig jedem Wort.

„Hier spricht der Großdeutsche Rundfunk. Wir bringen in Kürze eine Sondermeldung vom Oberkommando der Wehrmacht."

Trompetenfanfaren.

„Seit heute Früh 5:45 Uhr haben die Divisionen der neuen deutschen Wehrmacht in weiter Front die Grenze nach Polen überschritten."

„Walter, was ist Krieg?", fragte Paula. Er schlang seine Arme um sie.

„Ach du kleiner Wicht! Das ist, wenn die Großen sich um etwas streiten, verstehst du, dann rangelt man sich und am

Ende gibt es einen Sieger. Du musst keine Angst haben. Das ist weit weg von uns."

Mutter sah ihn entgeistert an, zog ihre Wollstola fester um die Schultern und forderte Paula auf, sich endlich an ihren Platz zu setzen.

„Lieber Sohn, Polen ist unsere unmittelbare Nachbarschaft. Das ist überhaupt nicht weit weg. Vergiss außerdem nicht, dass Thea dort oben ist, da ist Danzig viel näher dran. Die wird ein bisschen mehr davon abkriegen."

Paula sah Walter erwartungsvoll an.

„Hier kann dir nichts geschehen. Außerdem bin ich da, dich zu beschützen. Und auch Thea wird nichts passieren."

Walter glaubte seinen eigenen Worten.

Paula strahlte unschuldig, Mutters umwölkte Miene hingegen erzählte Bände. Vater verließ ohne einen Kommentar die Küche, verzog sich in den Stall, um die Tiere versorgen, während ich mich für die Schule fertig machte.

Später kam Herbert hinzu und Mutter schrieb in ihr Tagebuch, wie selbst er ganz mutlos geworden war. Der große Pazifist glaubte kaum noch an eine Wendung. Alles rasselte mit den Kriegssäbeln.

„Mit diesem Beschuss der Danziger Westerplatte werden wir jetzt erleben, wie die apokalyptischen Träume des Herrn Hitler Wahrheit werden", meinte er stirnrunzelnd.

Sein Sohn Veit war noch nicht einberufen und er hoffte inbrünstig, dass der gierige Schlund der Wehrmacht mit genügend Männern gefüttert wurde, die sich freiwillig meldeten. Aber im Grunde ahnte Herbert, dass es sich nur noch um wenige Monate handeln konnte, bis die Einberufung auch bei ihm auf den Tisch liegen würde.

Das deutsche Schlachtschiff „Schleswig-Holstein" war in aller Munde. Der Überfall auf Polen – keine wirkliche Überraschung; die NSDAP bezeichnete doch zur Genüge das polnische Volk als minderwertige Rasse und führte uns schon vor Wochen auf diesen engen kleinen Pfad der Dummheit in ein undurchdringbares Dickicht. Dennoch, der wirkliche Schritt zu einem möglichen Krieg, das schreckte viele davon ab, sich einer begeisterten Siegesgewissheit hinzugeben. Es herrschte keine Euphorie wie 25 Jahre zuvor, sondern klirrende Friedhofskälte. Aber das kleine Polen hatte sich wohl erlaubt, das mächtige „Deutsche Reich" anzugreifen, so schallte es aus den Lautsprechern und deshalb wurde eben zurückgeschossen.

Sehr viel später deckte die Forschung auf, dass Hitler zu ganz anderen Mitteln gegriffen hatte, damit er seine Kriegsphantasien endlich dem deutschen Volk unterjubeln konnte. Im Nachhinein gleicht das ganze einer Schmierenkomödie.

1. Akt: Die SS bestellte bei der Abwehr polnische Uniformen und erhielt diese auch ohne irgendeinen Argwohn.

2. Akt: Die SS steckte ihre Leute in genau diese polnischen Uniformen und fingierte einen brutalen Überfall auf den Radiosender „Gleiwitz".

3. Akt: Mit diesem Verbrechen begann der Zweite Weltkrieg. Mit einer Lüge. Und mit leeren Staatskassen.

Hätte Hitler diesen Krieg nicht herbeigelogen, wäre das Große Deutsche Reich bald darauf in eine katastrophale Wirtschaftskrise gestürzt, die vielleicht seiner glorifizierten Persönlichkeit die Maske abgerissen hätte. Aber von den tatsächlichen Machenschaften hinter der braunen Kulisse wussten wir zu dem damaligen Zeitpunkt nichts.

So rollten deutsche Panzer über polnische Dörfer und Städte hinweg bis an die Grenzen der Sowjetunion. Und die kleinen Soldaten marschierten als Fußvolk im Heer mit, lange ohne einem echten feindlichen Soldaten zu begegnen. Für die Polen kam der Angriff völlig überraschend. Sie wurden im wahrsten Sinne des Wortes im Schlaf überrannt. Die Stimmen der Propaganda benutzten ihre zurechtgebastelten Phrasen, um die Rechtfertigung von Mord im Staatsauftrag und Opfertod als höchste Lebensziele zu propagieren.

„Unaufhaltsam dringen unsere Truppen vorwärts, vernichten den Gegner in erbarmungslosen Kesselschlachten und heften Sieg um Sieg auf ihre Fahnen."

So die prahlende Stimme aus dem Radio.

Lange ließen auch die „Gräueltaten" der Polen nicht auf sich warten, wie sie dann überall demonstrativ verkündet wurden. Mit aller Wucht und Genauigkeit berichteten geübte Redner über die Ermordung von Deutschen, die als kleine Minderheit in Polen lebten. Den Hass und die Wut der Polen nutzten die Medien, um hier ein nationales Gefühl der Rache bei den Deutschen zu wecken und immer weiter aufzupeitschen.

Traudel rang die Hände; die Befürchtung, Peter könnte nun auch eingezogen werden, ließ sie aschfahl aussehen. Immer mehr junge Burschen, die ihren Dienst bei der Reichsarbeit ableisteten, wurden wie selbstverständlich weiter in die Manöver hineingezogen.

Salve um Salve regnete es hinüber ins Nachbarland Polen. Insgesamt sollten in den nächsten Wochen über 3.000 Panzer gen Osten vorstoßen, fast 2.000 Flugzeuge in Richtung Polen dröhnen und 1,5 Millionen deutsche Soldaten das Nachbarland überrollen. Unweigerlich musste ich an Opas Worte denken: *„Haben nicht die anderen Länder auch ihre Werte, Traditionen und Träume? Woher nehmen wir uns das Recht, denen alles wegzunehmen?"*

Der alte Mann ging erst einmal in unseren Garten und begann eine große Wiesenfläche umzugraben. Er rupfte ziemlich unsanft Vaters Blumen aus der Erde.

Wir standen alle da und sahen ihm hilflos zu.

„Vati, was machst du da?", kam es kleinlaut von meiner Mutter. Wir sahen bestürzt auf die geköpften Rosen.

Opa sah nicht auf, grub und grub, bis der Schweiß an ihm herunterlief. Mein Vater versuchte zu protestieren, aber seine Stimme versagte.

„Alfred, Blumen kann man nicht essen. Du hast eine Familie zu ernähren. Kinder, tut beten, ein fürchterlicher Krieg naht."

Und Opa schaufelte weiter. Er bereitete den Boden vor, um im nächsten Frühjahr Kartoffeln stecken zu können. Denn Krieg, das hatte der alte Mann einst erfahren, bedeutete Hunger. Und Hunger ließ den Menschen zu einem gefährlichen Tier mutieren. Viel zu gut erinnerte er sich an die Entbehrungen dieser Jahre, geprägt von Misserfolgen, Enttäuschungen, Entwertungen jeder Art, die Inflation, verbunden mit dem Absturz in die beiden Weltwirtschaftskrisen. Alles gebar eine müde Bevölkerung, die sich nun wieder in einen sinnlosen Krieg hineinziehen ließ.

„Jetzt beginnen sie wieder mit diesem Wahnsinn. Sind wir nicht schon genug gebeutelt worden im Großen Krieg? Was der Mensch dem Menschen antun kann", keuchte er wütend, nachdem alles umgegraben war.

Unser Garten sah aus, als wäre die erste Bombe dieses Krieges auf deutschem Boden eingeschlagen.

Nur wenige Stunden später verkündete Hitler großprahlerisch: Danzig gehöre nun wieder zum deutschen Reich! Die NS-Propaganda sah den Angriff als verdiente Strafaktion gegen polnische Grenzverletzungen, die immer wieder genauestens beschrieben wurden. „Der Pole" hatte doch angefangen und wir haben uns nur „gewehrt"! So der Glaube vieler Menschen, um sich selber Mut zuzureden. Da wurde nun Bombe mit Bombe vergolten. Minutiös setzte man uns von allen Seiten in Kenntnis. Man konnte sich der immensen

Flut von Nachrichten gar nicht entziehen. Die NSDAP-Blätter druckten mittlerweile über zwölf Millionen der fast 20 Millionen Zeitungsexemplare, die tagtäglich in Deutschland auf den Markt kamen. Auch hier nur die Berichte großer heroischer Taten der deutschen Wehrmacht. Die restlichen blieben zensiert, überwacht, gleichgeschaltet.

Im Radio ertönte Sondermeldung auf Sondermeldung. Der Siegesjubel klang unbeschreiblich. Aber dieser hatte kaum etwas mit all den Menschen zu tun, die apathisch auf ihre Väter, Männer und Söhne warteten. Hier herrschte eine ängstliche und angespannte Stimmung. Die meisten Betroffenen waren niedergeschlagen. Nicht so wie Opa es 1914 erlebt hatte: keine Begeisterungsstürme, keine verzückten Stimmen, keine taumelnden ekstatischen Menschen, die ihren Soldaten jubelnd zuwinkten. Im Gegenteil. Egal wohin man sah, es herrschte eine bedrückende Ruhe. Alle schienen mehr oder minder von einem lähmenden Entsetzen gepackt zu sein, statt freudig in einen erneuten Waffengang zu ziehen. Es dauerte keine drei Tage, da erklärten Frankreich und Großbritannien Deutschland den Krieg und hielten ihre Zusage, Polens Unabhängigkeit zu verteidigen. Vorerst beschränkten sie sich auf militärische Operationen zu See. Aber nun regnete es das erste Mal Bomben gefährlich nah an einer deutschen Stadt.

Otto und Vater diskutierten vehement den Angriff der britischen Royal Air Force, die vor Brunsbüttel deutsche Kriegsschiffe angriff.

„Ich möchte nicht wissen, wie viele Großunternehmer sich genüsslich die Hände reiben und von all dem Spektakel jetzt gut profitieren und damit zur goldenen Waffenschmiede des glorreichen deutschen Reichs aufsteigen. Das eskaliert jetzt, das schwöre ich dir. Wie lange noch und sie werfen ihre Bomben auch über unsere Städte?" Otto sah müde aus.

Sein Sohn Daniel, im Frühjahr achtzehn geworden, meldete sich freiwillig bei der Wehrmacht. Da half kein Betteln und

Flehen der Eltern. Er wollte unbedingt seinem Vaterland dienen. Während der Ausbildung bemerkte Daniel jedoch, dass das Leben bei der Wehrmacht nicht unbedingt dem entsprach, was er von der HJ gewohnt war. Gertrud berichtete Mutter alles ganz ausführlich. Sie hatte sonst kaum eine andere Freundin im Dorf, mit der sie so offen über ihre Ängste reden durfte. Und Mutter musste sich wohl oder übel mit all diesen Fakten vertraut machen. Denn dass ihr Sohn eines baldigen Tages von all dem betroffen sein würde, dass erkannte sie schmerzvoll.

Exerzieren, Marschieren, Schießen

In einem langen Güterzug traf Daniel nach einigen Tagen im fremden Gebiet ein. Hier sollte die Rekrutenzeit für ihn beginnen.

Zusammen mit fünf Kameraden teilte er sich eine Stube. Gleich am nächsten Morgen erlebte er den rauen Ton und den Drill der Unteroffiziere. Die meisten von denen, nicht sonderlich gebildet, hatten ihre Karriere schon früh bei der Wehrmacht begonnen. Nur hier gab es für sie eine Aufstiegsmöglichkeit und nun standen sie vor den eingeschüchterten jungen Burschen vom Land und schrien: „Raustreten!"

Daniel sollte für seine Stube Kaffee besorgen. Danach hieß es: „Einkleiden!" Den jungen Männern wurde ohne viele Worte die Uniform zugeworfen. Ob sie passte oder nicht, das war gleichgültig. Die Männer versuchten alles so lange untereinander umzutauschen, bis es halbwegs passte.

Auf einem großen Vorplatz einer Kaserne versammelten sich alle, es waren bestimmt 2.000 junge Männer. Sie konnten sich für bestimmte Waffengattungen freiwillig melden. Zuerst kam der Aufruf: „Wer will zu den Panzern?"

Daniel beschrieb, wie fast Dreiviertel aller Freiwilligen nach vorne strömten. Ihm war damals schon klar, dass nur einzelne auf einen Panzer kamen, alle anderen wurden sogenannte Panzergrenadiere – diejenigen, die den auf- und abgesessenen Kampf führen sollten. Also nicht im Schutz des Panzers saßen, sondern dem offenen Kampf ausgeliefert waren. Es folgten weitere Aufrufe zu besonderen Truppenteilen. Zuletzt war der etwa 120-Mann-Tross übrig geblieben, der keine Meinung vertrat und denen es scheinbar egal war, was aus ihnen wurde. Schließlich kam bellend die Frage, ob sie nicht zur schweren Artillerie wollten? Die meisten sagten zu. Doch schon nach zwei Tagen fragte man morgens an, ob sie nicht lieber zur schweren Flak wollten? Aber natürlich! Alles gefährlich und klang nach noch mehr Mut und Männlichkeit.

Erst musste Daniel die normale Infanterie-Ausbildung absolvieren. Es hieß: *Erziehung zur härteren Bekämpfung des inneren Schweinehundes.* Zuletzt befolgte jeder jeden Befehl rein mechanisch: Man warf sich blitzartig hin, egal ob in eine Regenpfütze, auf Steine oder in den Dreck. Vielleicht würde diese schnelle Reaktion später so manchem das Leben retten, obwohl es an Schikane grenzte, wie mit den Männern umgegangen wurde, wie Daniel kopfschüttelnd berichtete. Im Laufschritt mit Gewehr, Stahlhelm und Gasmasken ging es so lange um den Kasernenhof, bis die Ersten umfielen. Daraufhin wurden sie angeschrien, rappelten sich schnell wieder hoch, fielen wieder um. Dann kam der Befehl „im Schritt". Das war praktisch der Gesundheitstest. Die Zusammengebrochenen kehrten in die Heimat zurück, galten als nicht tauglich für die Front. Eine Schmach sondergleichen. *Mann* war nicht würdig, für sein Vaterland zu kämpfen.

Für die anderen bestand die weitere Ausbildung aus: exerzieren, marschieren, schießen und stundenlangem Grüßen. Nicht einer war auf die psychische und physische Belastung vorbereitet, die diese Ausbildung mit sich brachte. Da gab es dann unweigerlich den Punkt, an dem nichts mehr ging. Doch das bot natürlich Anlass für zusätzliche Schikanen.

„Bis euch das Wasser im Arsch kocht!", war die Devise, nach der die Unteroffiziere ihre Gesinnung austobten.

Jeder Unteroffizier war Vorgesetzter und musste gegrüßt werden. Daniel vergaß einmal das Grüßen und wurde sofort zu einem Hauptmann abkommandiert. Sollte er das Grüßen wieder vergessen, meinte dieser, würde sein Urlaub gestrichen. Er hielt ihm die Pflichten eines nationalsozialistischen Soldaten vor Augen.

Abends um zehn – Lichter aus. Kein Spaziergang mehr wie zu Hause durch das Dorf oder hinauf zum Hopfenberg. Einer hatte jeden Abend Stubendienst abzusitzen, musste dann gehorsamst melden, dass alles in Ordnung war. Wenn die Kontrolle einen nicht ausgeleerten Mülleimer vorfand, wurde dieser einfach mitten in der Stube umgekippt und derjenige, der Dienst leistete, musste alles saubermachen. Nach sechs Wochen gab es den ersten Ausgang, die offizielle Ausbildung war beendet. Pünktlich zur Ernte durfte Daniel sich Urlaub nehmen. Die Tage flogen dahin. Jetzt ging es wieder fort. Nur dieses Mal ins richtige Kriegstreiben.

Am Nachmittag reiste er ab. Zwei versteinerten Figuren gleich standen seine Eltern am Bahnhof und konnten nur hinterherwinken, mit einem versuchten Lächeln, um ihre wahren Gefühle nicht preiszugeben. Und auf dem Zug prangten folgende Worte: *Räder müssen rollen für den Sieg.*

Gertrud klammerte sich an das letzte Wort und betete, dass ihr Sohn heil nach Hause kommen möge. Aber nun zog er vorerst in die Schlacht und sie lief von dem Moment an wie ein Gespenst herum. So ging es in vielen Familien zu. Irgendein männlicher Verwandter war schon ausgerückt und es machte sich eine zähe Niedergeschlagenheit breit.

„Nur die jungen Burschen, ja, die sind in diesem Moment von der Größe der Geschichte beeindruckt, zwischen Furcht und Erwartung hin- und hergerissen. Ach, diese dumme deutsche Großmannssucht! Alles schon einmal dagewesen!", wetterte Opa. Noch nicht einmal seine Pfeife schmeckte ihm mehr.

Es dauerte nicht lange da verbreitet sich der Spottvers:
Köpfe müssen rollen für den Sieg und Kinderwagen für den nächsten Krieg.

Der Schlund der Wehrmacht forderte immer mehr menschliche Nahrung und so mancher kritische Geist erkannte sehr schnell die seltsame Familienfreundlichkeit Hitlers und die andauernde Propaganda für kinderreiche Familien. Jeder Sohn wurde dankbar einverleibt.

Walter klebte vor dem Radio. Die Siegesnachrichten überschlugen sich förmlich. Man machte sich gegenseitig Hoffnung, dass es sicherlich nicht lange dauern würde. Aber die Todesanzeigen auf der letzten Seite der „Neisser Zeitung" häuften sich beängstigend. Der erste Blutzoll wurde gezahlt.
Gefallen für Führer, Volk und Vaterland – in stolzer Trauer.

Und nun sah man sie, die Witwen, die keinen Mann und damit keinen Ernährer mehr an ihrer Seite hatten. Kinder, die nie wieder ihren Vater sehen und Mütter, die nie wieder ihre Söhne umarmen würden. Das Leben ging erbarmungslos weiter, eingebettet in persönliche Schicksale.

Propaganda auf Touren

Die Ernte war endgültig eingefahren, der alltägliche Trott half über die erste Verzweiflung hinweg. Und wie in keiner Ernte zuvor wurde jedes Korn, jedes Obst, jedes Blatt, alles was einigermaßen nach Essen aussah, abgeerntet. Denn wie viel Hunger dieser Krieg noch im Gepäck bei sich trug, konnte keiner vorausahnen. Dieses Jahr mussten die Frauen mehr mithelfen. Viele der Männer waren schon vor der Ernte eingezogen worden, was überall zu spüren war. Jede helfende Hand wurde gebraucht. Zwischen Bangen um den Mann und Sohn, die irgendwo kämpften, und der Sorge, genügend Essen zu haben, vergingen bei uns die ersten Kriegsmonate. Als wir alle das erste Mal bei Gerda oder Hubers anstehen mussten, lernten auch wir mit den neuen Lebensmittelkarten umzugehen. So entwickelten sich die Einkäufe zu großen Treffen und man begann untereinander die Ware zu tauschen, die man besser entbehren konnte, und bekam dafür die Lebensmittel, die man selber so sehr benötigte. Es herrschte noch keine wirkliche Not. Aber es war seltsam, nicht mehr nach Lust und Laune einzukaufen. Und die Kontrolle gab einem das permanente Gefühl, nie genug zu besitzen.

Pünktlich zum Kriegsbeginn gab es neben den neu eingeführten Lebensmittelkarten, die jeder vorzeigen musste, auch eine neue „Volksschädlingsverordnung", die genau vor den Gefahren schützen sollte, die man allgemein befürchtete. Plünderungen und sonstige Ausnutzung der Kriegsumstände standen ab sofort unter schwerster Strafe. Dann folgte noch die „Kriegswirtschaftsverordnung", die das Horten von Lebensmitteln und die Schwarzschlachtung seitens der Bauern ahndete. Plötzlich schien jeder Bissen kontrolliert. Auch beim alten Josef mussten wir die Lebensmittelkarten vorzeigen. Wo er konnte, legte er eine Kelle nach bis alle satt waren.

Nichtsdestotrotz besaßen wir unsere kleinen geheimen Vorräte und Möglichkeiten, sodass wir uns ums Essen noch keine großen Sorgen machten. Lebensmittel wie Fett, Fleisch, Butter, Milch, Käse, Zucker und Marmelade erhielten wir ab sofort nur noch über die Lebensmittelkarten. Brot und

Eier folgten einen Monat später. Es gab Punktkarten für Bekleidung, Bezugsscheine für Schuhe und Lebensmittelkarten verschiedener Kategorien. Die, die körperlich viel arbeiteten, bekamen die Kategorie 1–4. Den Hausfrauen wurden ebenfalls die Kategorie 4 zugestanden. Nun galt es allgemein umzudenken.

Oma buk jeden Tag selbst, da sie noch genügend Vorrat an Mehl besaß. Unsere Hühner sperrte Mutter in den Stall; hier konnte sie in den frühen Morgenstunden heimlich die Eier holen, versteckte sie ein paar Tage, bis sie sie verarbeitete. Auch landete öfter als sonst ein Huhn im Suppentopf und die Ziegen gaben weiterhin reichlich Milch und damit gewannen wir auch Butter. So begann man schon früh, sich egoistisch um seine eigenen Bedürfnisse zu kümmern. Derweil tobte im Nachbarland der Krieg.

Mit Kriegsbeginn war amtlich auch die Stilllegung aller privaten Kfz befohlen. Da die meisten von uns eh kein Auto besaßen, traf uns das nicht sonderlich. Der Doktor durfte nur noch in den äußersten Notfällen sein Auto einsetzen. Otto bekam für sein Fuhrunternehmen eine Sondergenehmigung. Nicht nur für die Belange des Dorfes, sondern auch um gewünschtes Rüstungsmaterial auf Befehl von oben zu transportieren. Das schmeckte ihm gar nicht, aber Otto sah keine Möglichkeit, sich aufzulehnen. Großmutter Rotraud schimpfte über diese Verordnung, denn sie empfand es als Anmaßung, sich in die Kleinbahn zu setzen, um uns zu besuchen. Das war ihr dann doch zu profan. Sie wetterte gegen Goebbels, gegen Göring und all die anderen Vasallen Hitlers. Nur den Adolf, den ließ sie in Ruhe. Der konnte ja für nichts etwas. Schuld waren sicherlich die anderen, so ihr unbedingter Glaube.

„Wenn das der Führer wüsste!", so ihr Credo und sie war sich todsicher, dass er all die schlechten Verordnungen nicht mitgeteilt bekam.

Für Herbert war es ein Schlag in die Magengrube. Die Rote Armee marschierte in Ostpolen ein; sein kommunistisches Russland verpasste damit nicht nur Polen, sondern auch ihm, wie er meinte, den tödlichen Dolchstoß.

„Die haben sich wirklich mit Hitler zusammengetan und Polen wird jetzt von zwei großen Mächten attackiert! Der Hitler-Stalin-Pakt sowie dieser Deutsch-Sowjetische-Grenz- und Freundschaftsvertrag will hier Stärke und Macht demonstrieren! Aber Hitler kann doch den Russen nicht ausstehen. Das ist doch alles Taktik!"

„Ja, und die großen Westmächte halten sich vornehm zurück", stellte Vater sachlich fest.

Laut wurde bei uns diskutiert, warum die beiden großen Nationen, England und Frankreich, nicht zur Hilfe eilten und ihr Versprechen an Polen nicht hielten. Es gab darauf keine Antwort. Selbst beim heimlichen Lauschen der Feindsender konnte Vater nichts in Erfahrung bringen. Zudem musste er mehr denn je vorsichtig sein, nicht selbst belauscht und bespitzelt zu werden. So stand er nicht selten mitten in der Nacht auf, verkroch sich einem Hund gleich in der Küche, stellte das Radio so leise wie möglich und mit dem Kopf in die Hände gestützt, verfolgte er die anderen Meinungen.

Das Abhören ausländischer Sender stand mit Kriegsbeginn unter Strafe. Goebbels begründete dies in einer Ansprache, die zu uns in die Küche drang.

„Jedes Wort, das der Gegner herübersendet, ist selbstverständlich verlogen und dazu bestimmt, dem deutschen Volk Schaden zuzufügen. Die Reichsregierung weiß, dass das deutsche Volk diese Gefahr kennt, und erwartet daher, dass jeder Deutsche aus Verantwortungsbewusstsein heraus es zur Anstandspflicht erhebet, grundsätzlich das Abhören ausländischer Sender zu unterlassen. Für diejenigen Volksgenossen, denen das Verantwortungsbewusstsein fehlt, hat der Ministerrat die nachfolgende Verordnung erlassen."

Es folgte eine Aufzählung vieler Paragraphen. Trotz dieser Verordnungen hörte Vater heimlich weiter seinen BBC-Sender. Ich bangte jedes Mal um ihn. Denn in einem der Paragraphen kamen auch die Worte *mit dem Tode geahndet* vor.

Natürlich veränderten sich die Sendungen des Reichsfunks schlagartig. Noch immer gab es viel Musik, aber vor allen Dingen begann die Hetze gegen polnische Menschen. Es wurde uns eingetrichtert, dass sie minderwertig und kriminell seien. *„Polen, das Land der nächtlichen Meuchelmörder und Leichenschänder"*, tönte es aus dem Radio. Damit erhielt das Politisch-Propagandistische mehr Sendezeit. Trotz allem, den Großteil des Programmes bestimmten weiterhin Unterhaltungs- und Musiksendungen, da Goebbels der Meinung war: *„... weil die weitaus überwiegende Mehrzahl aller Rundfunkteilnehmer vom Leben sehr hart und unerbittlich angefasst wird, und Anspruch darauf hat, in den wenigen Ruhe- und Mußestunden auch wirklich Entspannung und Erholung zu finden."*

Herbert wurde bei all dem fast verrückt. Noch immer versuchte er herauszufinden, wie es sein konnte, dass die Großmächte Polen nicht zu Hilfe kamen.

„Die haben nicht mit einem Krieg gerechnet", versuchte Vater zu erklären. „Sie alle haben Hitler unterschätzt. Die beginnen jetzt im eigenen Land nachzuzählen, wie viele Bomben und Soldaten sie überhaupt zur Verfügung haben. Da ist sich doch jeder der Nächste!"

Herbert war sichtlich enttäuscht von den anderen Mächten, auf die er all seine Hoffnungen gesetzt hatte.

„Polen wird es den Russen nie verzeihen, dass sie angegriffen haben", so seine Meinung.

Und im Laufe des nächsten Vormittags fielen die ersten Bomben auf das Stadtgebiet von Warschau. Drei Tage lang, bis die Stadt brannte, dann rückten die Infanteristen vor. Qualm und Rauchwolken stiegen einige hundert Meter hoch. Der Vormarsch erfolgte rasend schnell; die Wehrmacht eroberte Warschau, dann tobte sich die SS dort aus. Im Warschauer Ghetto zündeten SS-Männer die Häuser der Juden an und wenn diese in höchster Not auf die Straßen flüchteten, überrollten sie in den engen Straßen die SS-Panzer.

Deutsche Truppen, die in der Stadt lagerten, wurden teilweise von der polnischen Armee besiegt. In der Stadt kämpfte Mann gegen Mann. So viele Tote auf beiden Seiten. Aber die seelenlosen Stimmen aus dem Radio prahlten mit den Siegen, die die deutschen Truppen schon erreicht hatten.

Es jubelten nach wie vor nicht alle. Die meisten, vor allen die Älteren, gaben sich skeptisch. Erst nach ein paar weiteren Nachrichten, die bestätigen konnten, dass die Deutschen Polen Stück für Stück eroberten, gab man sich entspannter. *Hitler wird es schon machen*, redeten sich alle ein und verschanzten sich hinter dem guten Glauben.

Und dann folgte das Wort, das für den einen das Ende bedeutete, doch für den anderen erst den Anfang für noch so viele weitere Schlachten markierte: „Kapitulation". Das war die ersehnte Siegesgewissheit.

„18 Tage nach einem Blitzkrieg ohnegleichen ist das Schicksal der polnischen Armee besiegelt. Siegesparade in Warschau. Der polnische Staat hat aufgehört zu existieren."

Der Kommentator klang so, als wenn er selbst an vorderster Front mitgekämpft und den Sieg herbeigeführt hätte. Die Propaganda raubte dem Volk die Urteilskraft. Das Dritte Reich siegte, schrie, triumphierte und in den Augen der Bevölkerung leistete die deutsche Armee Unerhörtes. Die Luftwaffe zum Beispiel überschlug sich in Erfolgen und damit konnte die Propaganda das Volk auf höchsten Touren verblenden.

Das kleine Polen war in wenigen Wochen überrannt. Der großen Übermacht und der Schlagkraft des Heeres der deutschen Wehrmacht konnte es nichts Gleichwertiges entgegensetzen. Der „Blitzkrieg" kostete rund 70.000 polnischen Soldaten das Leben. Auf deutscher Seite sprach man von ungefähr 10.000 Toten. Der Polen-Feldzug galt als beendet. Die NS-Führung war sichtlich zufrieden und erwartete das auch vom deutschen Volk. Alle Einheiten wurden in Viehwagen mit der Eisenbahn an die Grenze zurückbefördert, zurück in die Heimat, um hier ihre glorreichen Heldentaten zu verkünden.

Nach dem Polen-Feldzug legten die Russen eine deutsch-russische Grenze an. Meterlange Stacheldrahtzäune zogen sich plötzlich durch das Land, mit einem Streifen von 15 Metern Breite, um die Grenze zu sichern. Dieser Streifen war fein säuberlich geglättet; damit jeder Fußabdruck sofort erkennbar war. Aufgestellte Hochposten gaben den Flüchtlingen keine Chance; in diesem Todesstreifen wurde sofort geschossen.

„Nun ist der Krieg schon vorbei und sie haben mich noch nicht einmal geholt!" Walter sah verzweifelt aus. Er schluckte trocken, ihm war sein Leid wirklich anzusehen.

Meine Eltern starrten ihn an, als ob er ein Fremder wäre. Rita konnte ihn nicht verstehen und zog sich immer mehr von ihm zurück. Die erste große Liebe zerbrach an dem Krieg, der mit seinen prahlerischen Worten und Bildern die Sinne verwirrte.

Und die die nach Hause kehrten, waren plötzlich die Ehrenbürger. Uniformen beherrschten erneut das Bild. Der Soldatenrock schien an deren Leibern wie festgeklebt. Einer Trophäe gleich wurde sie herumgezeigt, bis die Frauen ihnen die verdreckten Klamotten einfach wegnahmen. Überall sah man, wie sie sich an diesen Uniformen abarbeiteten, um Blut und Dreck abzuschrubben. So ganz gelang es ihnen nicht. Die Flecken des Blutvergießens blieben als dunkle Schatten sichtbar zurück.

So kehrten sie zurück, die ersten „Helden". Darunter auch Peter. Walter hing förmlich an seinen Lippen, keine Silbe wollte er verpassen. So gern wäre auch er ein Held gewesen.

Mein Bruder konnte gar nicht genug von dem vermeintlichen Taten hören, die Peter nun prahlerisch zum Besten gab.

„Das Heulen fremder Hunde scheuchte uns nachts aus dem Schlaf hoch", begann eins seiner vielen Abenteuer. „Und in der Ferne hörtest du das Wummern der Bomben, und Schuss für Schuss wagten wir uns in der Dunkelheit vor. Nur die Sterne spendeten ein wenig Licht. So lag ich mit den Männern im Feld und durfte tatsächlich Seit an Seit mit ihnen kämpfen!"

Wie männlich Peter wirkte. Alle lauschten wir diesem neuen Kapitel des Schauermärchens.

„Hattest du denn nie Angst?", fragte ich erstaunt. Zum ersten Mal umwölkte sich sein Blick und ich bemerkte eine feine Linie auf der Stirn. Egal was Peter die letzten Wochen mitansehen musste, es hatte sich doch in seine Seele eingegraben und feine Spuren hinterlassen.

„Natürlich gab es auch die Momente, da habe ich mir fast in die Hosen gemacht. Zur einen Seite lag ein älterer Mann neben mir, und ohne viel zu reden, machte er immer wieder von der Waffe Gebrauch. Ich wusste nie, was er wirklich dachte, und neben mir auf der anderen Seite hockte ein schmächtiger Bursche, der immer zitterte. Manches Mal bemerkte ich auch die Tränen und trotzdem – es war aufregend. Ich spürte, dass ich gebraucht wurde."

Peter stierte an die Decke.

„Es war schon seltsam, den ersten Toten zu sehen." Kurz umwölkte sich sein Blick.

Er sah in die Vergangenheit zurück, verharrte dort für einen Moment, bis er uns in der Gegenwart wiederfand.

„Es war ein Kamerad, den ich erst ein paar Wochen vorher kennengelernt hatte. Er hieß Kurt. Er war also nicht einfach irgendjemand, sondern Kurt, der Trompeter unserer Kompanie."

Und für einen Moment wich alles Heldenhafte aus seinem Gesicht. Er war nichts anderes als unser Peter, ein Sohn, ein Freund, ein Bruder, der im Grunde genommen erleichtert war, wieder zu Hause zu sein. „Es war ganz früh am Morgen.", begann er leise zu erzählen. „Wir bezogen Stellung am Rande eines Waldes und harrten der Dinge, die da kommen sollten. Und plötzlich hörte ich ein ohrenbetäubendes Artilleriefeuer. Einschläge von Granaten in ganz kurzer Entfernung vor unseren Augen. Gott, hatte ich Angst! Und dann ging es los. Aber ich konnte nicht erkennen: Sind es die eigenen Granaten oder die der feindlichen Artillerie? Ich war doch noch ohne Fronterfahrung. Es war meine Feuertaufe und ich wusste nicht: gilt es mir oder gilt es dem anderen! Seltsames Gefühl, du wirfst eine Granate gegen einen Mann, den du gar nicht kennst. Sekunden später hörst du seinen Tod. Es gellt förmlich in den Ohren. Und dann ein erlösendes Trompetensignal. Kurt! Er blies zum Angriff und wies uns damit die Richtung und spornte alle zur Eile an. Dann plötzlich, vor einem Stacheldraht ein verwundeter Feldwebel von der Infanterie. Aber es wurde uns immer wieder eingebläut: nicht helfen! Die Parole lautete vorwärts, vorwärts, vorwärts – immer in Richtung des Tätä-ta-ta Tä-ta-ta! So ertönte das Signal durch den Wald, und ich ließ den Verwundeten hinter mir. Ich hatte keine Ohren, keine Augen für rechts und links ... immer nur geradeaus, immer geradeaus."

Peter stand der Schweiß auf der Stirn. Gierig nahm er einen Schluck Wasser, wischte sich hastig durchs Gesicht. Wir anderen wagten nicht zu atmen.

„Du wirst zum Tier", fuhr er leise fort, „nur deine Instinkte halten dich noch am Leben. Und vor uns Kurt mit seiner Trompete. Immer wieder die lauten Signale: Tätä-ta-ta Tä-ta-ta! Mit einem Male, ich werde es nie vergessen, verstummte die Trompete. Der Feind hatte den Vormarsch gestoppt. Wir verließen den schützenden Wald und auf dem Freigelände empfing uns ein feindlicher Kugelhagel und zwang mich, mich blitzartig hinzuschmeißen. Natürlich haben wir das in vielen, vielen Stunden schon geübt, sodass man es spürte, alle Sinne sind auf deine Rettung gerichtet. Du hoffst auf irgendetwas, das dich da rausholt."

Schlagartig hielt er inne, griff wieder nach dem Glas und trank es in einem Zuge aus. Dabei sah er keinen von uns an. Wir verharrten, starrten wie hypnotisiert auf seine Lippen. Ein Tropfen Wasser perlte dort vorsichtig ab. Seine Stimme klang ganz anders. Rau, brüchig und ich bemerkte, wie sich die Falte tiefer in das junge Gesicht eingrub.

„Als ich die Augen hob, um zu sehen, von wo der nächste Schuss kommen könnte, bemerkte ich eine Vertiefung, eine kleine Kuhle. Mit einigen kurzen Sprüngen war ich gerettet. Die Erde hatte mich verschluckt. Ich bot damit den feindlichen Schützen kein Ziel mehr. Da kauerte ich erstmal, rauchte eine Zigarette, während die Schüsse noch über meinen Kopf hinwegpfiffen. Ich verharrte dort wie ein Karnickel bis zur Dämmerung. Dann erst wagte ich ganz vorsichtig und leise meine Einheit zu suchen. Der Unteroffizier wartete schon im schützenden Wald auf mich. Von allen Seiten schlichen die Kameraden aus ihren Verstecken. Natürlich bemerkte ich, dass auch einige nicht zurückkehrten. Das nimmst du für einen Augenblick wahr, verdrängst es und willst nur noch deinen eigenen Arsch retten. Der Unteroffizier befahl, dass wir uns eingraben, das war die Stelle für unser Nachtquartier. Über die selbst gegrabenen Kuhlen legten wir eine Zeltbahn, um uns gegen die nächtliche Abkühlung zu schützen. Trotz all dieser Erlebnisse schlief ich sofort ein. Ich träumte nichts; alles blendest du aus, nur um dich selbst zu schützen. Am nächsten Morgen weckte uns ein feindliches Artilleriefeuer. Genau vor meinem Schützenloch bohrte sich ein Geschoss mit einem riesen Gejaule in die Erde. Und ich wartete, ich glaubte, das wäre mein Ende – aber nichts dergleichen! Keine Detonation. Ein Blindgänger. Mein bisschen Leben – wie durch ein Wunder verschont. Ich kann dir nur sagen, Walter, in diesen Momenten sind deine Gedanken nur noch ganz an zu Hause gerichtet. Ich habe an dich gedacht, Mutter, an euch, Anna und Alfred. Und natürlich daran, Walter, wie wir im Garten herumgetobt sind. Ich musste sogar an Fritz denken! Es ist ein seltsames Gefühl, wie dein Leben in Sekundenschnelle vor deinen Augen vorbeizieht."

Peter wandte sich schmerzerfüllt ab, verfolgte konzentriert den Flug einer Biene, die mit ihrem leisen Summen alle Gefühle an die vertraute Heimat weckte. Sommer und süßen Honig – in einer Welt, die gerade dabei war sich selbst zu zerstören.

„Aber dann, dann trat da diese seltsame Ruhe ein", sprach Peter wie erlöst von einer schweren Bürde, ließ die Biene nicht aus den Augen. „Wir warteten noch eine Weile ab. Der Unteroffizier gab ein Zeichen, und wir Pioniere räumten das Schlachtfeld vom Vortage von den Gefallenen. Die Opferernte war sehr groß. Nun lag jemand, den du kennst, einfach tot im Feld. Kurts Gesicht war begraben in Schmutz und Schlamm, seine Hand umklammerte noch seine Trompete. Es sah schrecklich aus. Da war er und atmete nicht mehr. Eine Kugel hatte ihn getroffen. Eine unfassbare Wut entfachte in mir. Ich glaube, das half mir, einfach weiterzumachen. Deswegen, Walter, kann ich so gut verstehen, wenn du immer wieder sagst, dass du deine Familie, deinen Hof, dein Leben hier verteidigen würdest. Wenn du da liegst und über dir schmettern die Bomben hinweg – da denkst du nur noch an dich, da willst du nur noch eins: dich retten."

„Was für ein Irrsinn!", widersprach Mutter entsetzt. „Was seid ihr Männer doch für ein komisches Volk! Ihr reißt euch darum, draußen im Feld als Kanonenfutter zerrissen zu werden. Ich kann es einfach nicht verstehen!"

Mutter rannte aus der Küche. Traudel blieb sitzen, sah ihren Sohn an und griff schnell und ängstlich nach seiner Hand.

„Trotz allem, Peter, ich nehme an, all die Ängste, die du hattest, kannst du gut verdrängen, denn die überstandenen Gefechte sehen im Nachhinein doch schon längst nicht mehr so gefährlich aus. Ich bin froh, dass du wieder da bist, heil und gesund. In einigen Familien, das weißt du, ist der Sohn, der Vater, der Bruder oder Mann nicht zurückgekehrt."

Und die, die zurückkehrten, brachten nicht selten ihren Frauen kleine „Souvenirs" mit, besonders aus den eroberten Städten wie Prag und Warschau. Geschenke, die sie sich vielleicht selbst nie hätten leisten können. Da war sie wieder, die deutsche „Herrenmenschenmentalität", wie Vater kopfschüttelnd von sich gab.

Jahre später, als ich in einem Bertolt-Brecht-Stück saß, erlebte ich noch einmal, was es hieß, Kriegsbeute mit nach Hause zu bringen. Ein Geschenk, das so voller Blut klebte.

Und was bekam des Soldaten Weib
Aus der alten Hauptstadt Prag?
Aus Prag bekam sie Stöckelschuh.
Einen Gruß und dazu die Stöckelschuh ...

Während die älteren Burschen ihre „Gaben" überreichten, musste Peter immer wieder von seinen Heldentaten berichten. Immer mehr Details wollte Walter wissen, war absolut wissbegierig, wie denn nun eine Schlacht so aussah. Er fieberte seinem 18. Geburtstag entgegen. Mutter schrieb in ihr Tagebuch, dass sie in diesen Momenten so froh war, dass es noch ein paar Monate dauern würde. Ob sie dabei insgeheim hoffte, dass sich in diesen paar Monaten der Krieg legen würde, das schrieb sie nicht. Denn die Realität sah anders aus. Längst war Walter bei der Musterung gewesen und erzählte mir mit glühenden Wangen, wie es dort zuging.

In diesem engen Raum bestimmte jemand endgültig, ob er gesund genug war für das Vaterland zu sterben und für welche Waffengattung er geeignet war. Auch politische Fragen stellte man ihm, unter anderem über die „schlesischen Kriege", also Reichskunde und Geschichte.

„Es war schon etwas unangenehm", zögerte Walter kurz, „wie du da splitternackt vor einer Kommission von sechs Personen stehst, darunter auch Frauen. Ich kam mir ziemlich blöde vor. Nach meiner körperlichen Begutachtung haben sie mich schließlich für die schwere Artillerie als tauglich befunden."

Fast jede Woche kamen junge, hoch ausgezeichnete Offiziere und warben im Bürgerhaus Freiwillige für ihre Waffengattung. Zum Teil wurden auch in Lichtbildervorträgen die Vorzüge der Elitedivisionen hervorgehoben. Unter anderem kamen Offiziere von der Waffen-SS, Division Groß-Deutschland, Division Hermann Göring, Reserve Offizier-Laufbahn und der Marine Luftwaffe. Die SS war besonders auf große Männer mit blonden Haaren aus. Die Waffen-SS galt als eine kampferprobte Einheit, die sich durch hohe Tapferkeit auszeichnete. Dennoch, viele Mütter spürten instinktiv, dass sie hier endgültig ihr Kind verlieren würden. Die meisten rieten ihren Söhnen von der SS ab. Dennoch gab es genügend Freiwillige, die es besonders schick fanden, in diesen pechschwarzen Uniformen herumzulaufen. Nicht wenige verpflichteten sich gleich für ganze zwölf Jahre. Natürlich haben die meisten davon nicht überlebt. Und doch sprachen sie alle mit einer Inbrunst den Fahneneid. Mit diesem wurden die Jungs zu unbedingtem Gehorsam verpflichtet.

„Ich schwöre bei Gott diesen heiligen Eid, dass ich dem Führer des Deutschen Volkes und Reiches unbedingten Gehorsam leisten und als tapferer Soldat jederzeit bereit sein will, für diesen Eid mein Leben einzusetzen."

Was dies letztendlich bedeutete, können nur diejenigen ermessen, die diese Zeit tatsächlich miterlebt haben. Jeder noch so kleine Vorgesetzte konnte Befehle erteilen, die bedingungslos ausgeführt werden mussten. Jede Befehlsverweigerung landete vor dem Kriegsgericht. Meist wurden darauf Todesurteile verhängt oder man landete in einem Strafbataillon, was quasi einem Todesurteil gleichkam.

Das versteinerte Volk

Trotz des schnellen Sieges über Polen entspannte sich die politische Lage überhaupt nicht. Im Gegenteil. Wie angestachelt rasselte Hitler noch mehr mit den Säbeln. Er hatte Blut geleckt und wollte mehr, sehr viel mehr. Er legte sich mit der ganzen Welt an. Opa meinte eines Tages, bald würde es kein Vaterland mehr geben, denn Hitler zerstöre alles, was ein Vaterland ausmache.

„Wie soll man sich in der Fremde jemals heimisch fühlen? Wie jemals sich vertraut und geborgen fühlen? Und jeden Tag in die Augen derer blicken, denen wir dies alles genommen haben? Wer will und kann in so einem eroberten Gebiet leben wollen? Das ist doch nicht Recht!"

Auch wenn noch einige Männer bei uns im Dorf nicht eingezogen waren, so wussten wir doch, dass es allen eines Tages noch bevorstand. Auch meinem Vater. Nach einer neuen Verordnung hatten alle Kleinbetriebe zu schließen, es durfte nur noch für die Rüstungsindustrie produziert werden. Seine Zementproduktion musste Vater aufgeben. Der Rohstoff Zement wurde jetzt anderswo viel dringender gebraucht, zum Beispiel zum Bau von Bunkern. Er fand Arbeit als Straßenwärter. Wohl ernährte diese Arbeit die Familie, aber irgendwas war mit meinem Vater geschehen. Sein Alkoholkonsum nahm drastischere Ausmaße an. Immer öfter torkelte er angetrunken nach Hause, schrie herum, ließ sich danach schwer auf den Stuhl fallen und schüttelte stumm und verwirrt den Kopf. Was war mit meinem so geliebten Vater geschehen?

Dieses ganze Hin und Her zermürbte ihn. Seine beiden Brüder dienten bei der Wehrmacht, immer mehr Freunde zuckten mit den Schultern, nahmen die Verhältnisse hin, wie sie eben in Deutschland waren. Er wusste einfach nicht mehr, wohin er gehörte. Wir Kinder litten sehr unter diesen Verhältnissen. Walter hielt unabdingbar zu Mutter. Bei mir war die Enttäuschung groß, ich wollte nicht glauben, wie mein so verehrter Vater sich veränderte. Er, der bisher der klügste aller Väter war! Er wusste doch sonst immer alles. Jeder konnte ihn fragen, wonach er wollte, und alle fragten immer viel. Es gab kein Fremdwort, dass er nicht zu erklären gewusst hätte. Wie viele der Dorfleute kamen zu uns, um ihn um Rat und Hilfe zu bitten, wenn sie sich in dem oftmals für sie undurchdringlichen Behördendschungel nicht zurechtfanden. Mein Vater half immer, wusste für alles einen Rat – und nun stand er plötzlich allein da und keiner konnte *ihm* helfen, keiner konnte ihm eine Antwort geben auf all die Fragen, die in seinem Kopf rumorten. Eines Tages meinte Mutter: „Vielleicht wäre es das Beste, wenn sie dich holen. Vielleicht kommst du zur Besinnung, wenn du an der Front bist. Dann weißt du endlich wieder, was du zu Hause hast."

In ihrer Not schrieb sie Großmutter Rotraud, sie möge doch einmal zu ihrem Sohne kommen. Das tat sie dann auch. Nur dauerte die Reise unendlich lange, da die Militärtransporter den Vorrang genossen. Großmutter traf erst viele Stunden später ein, aber dann ging sie sogleich mit ihrem Sohn spazieren und beide redeten lange miteinander. Worüber sie sprachen, das habe ich nie erfahren. Die Situation verbesserte sich ein wenig, aber der Alkohol schien Vaters bester Freund zu sein. Auch Herbert und Otto konnten ihm nicht helfen, waren sie doch selbst damit beschäftigt, sich mit dem Krieg auseinanderzusetzen.

„Das versteinerte Volk ist so selten dämlich und dumpf. Gedankenlos untergeben sich die Leute ihren Beherrschern." Herbert spuckte auf den Boden, nahm sich eine Zigarette und klopfte Vater auf die Schulter. Gemeinsam spülten sie diese Erkenntnis mit einem Klaren hinunter.

Thea beendete ihr Landjahr und kehrte sichtlich erleichtert kurz vor Weihnachten nach Hause zurück. Meine Mutter war unendlich froh, alle wieder am Tisch beisammen zu wissen. Wie in einem gedankenlosen Rausch feierten wir das Weihnachtsfest. Es gab einen Hasenbraten. Ich sah zu, wie Oma ihm das Fell abzog; das Nackte lag bloß und schutzlos vor meinen Augen. Ich kann es nicht erklären, aber es sah seltsam aus. Innerlich begann ich zu frieren. Ich berührte die nackte Haut – sie fühlte sich so kalt an. Der Tod nahm einem wirklich das Leben.

Noch einmal rückten alle zu Mutters Geburtstag in der Küche zusammen. Es war ein wenig so, als wollte man diesem Krieg etwas Freude und Glück entgegensetzen. Noch einmal tanzen, noch einmal Musik hören und sich fühlen, als wären wir tatsächlich freie Menschen. Dieser wunderbar überschaubare Lebensraum, der für so viele Jahre Schutz geboten hatte.

Für meine Familie sollte es das letzte Weihnachtsfest sein, an dem wir gemeinsam unter dem Tannenbaum saßen. Wie oft besah ich mir noch Jahre später Mutters Bilder, versuchte in einem Gesichtsausdruck, einer noch so winzigen Kleinigkeit eine Art Omen zu erkennen, um zu begreifen, dass all das, was noch folgen sollte, von einer höheren Warte aus bestimmt war. Aber es gab nichts, das irgendwie darauf hinwies, dass all das Leid und Elend, das noch folgen sollte, hier schon sichtbar war.

So klang das Jahr 1939 aus, in dem der Zweite Weltkrieg begann. In den Raunächten schreckten wir alle immer wieder aus wirren Träumen hoch. Meine Traumbilder lösten sich rasch ab, blieben als diffuse Erinnerungen am Morgen zurück, die ich nicht zu deuten vermochte.

In welchem Kapitel dieses Schauermärchens sollten wir eine zentrale Rolle spielen?

Es sollte sich bald zeigen.

Schlesien

Mohrau 1940

Opa

Es gibt Winter, die sind kalt. Sehr kalt. Nichtsdestotrotz bleibt es eine romantische Vorstellung, in einer wunderbaren Welt mit Millionen von Kristallen zu leben, sobald wärmende Sonnenstrahlen ihr Licht auf diese winzigen Eisdiamanten werfen. Ein Meer an Farben übergießt die Landschaft – und das kalte Weiß gleicht auf einmal einem schimmernden Regenbogen. Auch der Winterhimmel – so anders als im Sommer; tiefblau, klar und die aufgetürmten Wolken, die aussehen, als hinge Frau Holle ihre Kissen zum Lüften heraus. Eine Wanderung durch diese Landschaft, getränkt mit reiner Luft, vermittelt den Glauben, der Winter sei die Jahreszeit, die einen zur Besinnung kommen lässt, schöne Gedanken verschafft und Kraft spendet. Einen ganzen Tag draußen im Schnee getobt – da lässt lebenspulsierende, neu aufgetankte Energie nicht lange auf sich warten.

Dieser Winter war anders. Wieder herrschte Dauerfrost. Für Wochen zeigte sich kein bisschen blauer Himmel. Wie große, schwere, graue Leinendecken hingen die Wolken dort oben, drohten uns allesamt zu erdrücken. Es gab nicht viel Schnee, aber das, was herunterkam, verwandelte sich gleich in schmutzig graue Eisklumpen.

Diese Tristesse vermittelte ein ganz morbides Gefühl. Lange dunkle Tage gaben einen guten Nährboden für trübe Gedanken und Hirngespinste ab. Zu dem seelischen Weh gesellten sich auch ganz pragmatische Sorgen, die Hand in Hand gingen. Mit diesem strengen Winter waren immense

Transportprobleme verbunden. Unweigerlich kam es zu Engpässen von Nahrungsgütern. Ich glaube, dass die Menschen in den Städten mehr davon betroffen waren als wir. Und dennoch, besonders frische Ware war auch bei uns schwerer zu bekommen. So ernährten sich alle von Eingemachtem, und aus Mehl, Hafer und Wasser gab es immer öfter Grießbrei, Klöße und selbstgemachte Nudeln.

Natürlich packte die meisten Erwachsenen die Angst, dass der Schnee nicht rechtzeitig schmelzen würde, was wieder eine Verzögerung der Aussaat nach sich zöge. Da keiner ahnen konnte, welches Land sich Hitler nun wann holen wollte, wie einige frotzelten, befürchteten sie, dass wieder nicht genügend Männer zur Stelle wären, um mit anzupacken.

Als ich eines Sonntags meine Augen aufschlug, da entdeckte ich tatsächlich einen Fetzen blauen Himmel. Ich rannte zum Fenster und konnte beobachten, wie sich die großen grauen Leinendecken zusammenrollten; dahinter schälte sich ein wunderschönes zartes Hellblau hervor. Ich lief trällernd in die Küche, vergewisserte mich, dass dieses Bild ebenfalls aus dem Küchenfenster zu sichten war. Ja, auch hier zeichnete sich ein frühlingshaftes Gemälde ab; sofort war überall diese wunderbare Energie spürbar. Alles plapperte, Mutter summte ein Lied und als sie ihr Radio einschaltete, atmeten wir erleichtert auf. Keine Politik – nur Musik. *Ich tanze mit dir in den Himmel hinein*, sangen Lilian Harvey und Willy Fritsch. Dann folgte die dunkle rauchige Stimme der Zarah Leander, die Vater gerne hörte. *Kann denn Liebe Sünde sein?* Er nahm Mutter in die Arme und tanzte mit ihr. Ein schöner Augenblick. Ein seltener Moment.

Direkt nach dem Frühstück brachen wir auf, um nach den Großeltern zu sehen. Kamen sie am Sonntag nicht zu uns, liefen wir hinüber, gingen gemeinsam zur Messe und saßen dann wieder bei uns zum Mittag zusammen. Paula und ich rannten vorweg; welch ein schönes und befreiendes Gefühl, die ersten Sonnenstrahlen auf der Haut zu spüren. Paula riss die Tür zur Küche auf und bemerkte: „Keiner da!"

Erstaunt betrat Mutter die Küche, wunderte sich, dass nicht einmal der Ofen nachgeheizt war. Klägliche Reste von lauwarmer Asche und einer dimmenden Glut versuchten noch tapfer gegen die trotzige Kälte anzuhalten. Schnell öffnete Walter die Klappe, legte ein paar Holzscheite nach, schloss die Luke wieder, griff nach dem Wasserkessel und setzte diesen auf den Herd. Mutter langte nach der Kaffeedose. Paula hüpfte singend durch den Flur, spähte in die gute Stube, wollte gerade die Tür zum Schlafzimmer öffnen, als Vater mahnend sprach: „Paula, erst anklopfen."

Sie stellte sich brav hin, klopfte artig und wartete. Stille.

Vater zögerte, drückte vorsichtig die Klinke. Walter und ich kamen gerade nach und konnten in der halbgeöffneten Tür erkennen, wie meine Oma regungslos, mit krummem Rücken, auf dem Bett saß. Einer Statue gleich. Die alte Frau schien uns nicht zu bemerken, hatte ihren Kopf gebeugt und rührte sich überhaupt nicht. Die Vorhänge waren verschlossen, keiner von uns wagte Luft zu holen. Es herrschte eine Ruhe, in der selbst das Atmen unverschämt laut klang. Auch wenn kein Wort fiel, es gibt Momente, da spürt und begreift das Herz schneller als das Gehirn, was geschehen ist.

Im Bett lag Opa. Ganz friedlich. Die Augen geschlossen, als läge er noch im tiefen Schlummer.

Die Stille breitete sich weiter um uns aus. Vielleicht war es genau diese Stille, die Mutter in der Küche spürte. Denn plötzlich stand sie neben mir. Ich hatte keinen ihrer Schritte gehört. Oma sah nicht auf. Noch immer verharrte sie in dieser seltsam anmutenden Körperhaltung.

„Er ist einfach von mir gegangen."

Ihre Stimme klang fremd. So uralt.

„Ich wachte heute Morgen auf und wunderte mich noch, dass ich sein Schnarchen nicht hörte. Es war so friedlich still hier. Als ich meine Hand nach ihm ausstreckte, da berührte ich nur kalte Haut. Was für eine Gnade. So ein schöner Tod. Ich konnte noch nicht einmal weinen, da ich immer in sein friedliches Gesicht blicken muss."

Sie sah so müde aus. So erschöpft von all ihren gelebten Jahren, die am Horizont der Zukunft nicht mehr viele frohe Tage für sie bereithielten.

Mutter setzte sich auf die andere Seite des Bettes, während wir am Fußende stehen blieben. Vater nahm Paula und mich in den Arm. Walter kauerte sich in die Ecke, schlug seine Hände vors Gesicht. Er war immer Opas Liebling gewesen. Wie oft war er einfach von zu Hause ausgebüxt, rannte die Mohre entlang bis zum Haus der Großeltern, an dessen offener Tür Opa ihn schon freudig begrüßte. Keine Missetaten verurteilte Opa. Immer ermahnte er meine Eltern, den Bengel doch so zu lassen, wie er nun einmal war. Und nun hatte er sich noch nicht einmal von ihm verabschieden können.

„Aber warum hast du uns nicht geholt?", jammerte Mutter verzweifelt, berührte Oma leicht an der Schulter. Es war diese Berührung, die sie wie aus einem Traum zu uns in die Gegenwart riss. Sie starrte diese Hand an, sah dann entgeistert zu ihrer Tochter hoch und da flossen sie, die Tränen, wie Sturzbäche und schlagartig begannen wir alle zu weinen.

Opa war gestorben und an diesem Sonntag begann der Frühling allmählich den Winter zu verdrängen.

Am Nachmittag kamen sie alle vorbei. Jeder wollte sich von ihm verabschieden. Die Menschen füllten sämtliche Küchenregale mit allerlei Essen und diversen Getränken. Paula schmückte Opa mit trockenen Blumen, während der Pfarrer murmelnd betend um das Bett schlich und in regelmäßigen Abständen Weihrauch im Raum verteilte.

Am Tag von Opas Beerdigung zog eine der längsten Prozessionen durch das Dorf. Bei keiner anderen Raue hatte ich bisher erlebt, dass so viele Menschen zusammenkamen. Wie bei den meisten anderen Beerdigungsfeiern tranken die Großen dermaßen viel Schnaps und Bier, dass so mancher Erwachsene am Ende nicht einmal mehr wusste, zu welchem Anlass man überhaupt zusammengekommen war. Ich weiß nur, dass ich irgendwann meine Oma suchte, da sie in dieser lauten Gesellschaft nirgends zu finden war. Ich eilte zum Friedhof. Dort stand sie. Ganz allein vor Opas Grab. Die frisch aufgeworfene Erde, mit ein paar Blumen bestückt, wirkte eher trostlos. Nach diesem langen Winter gab es kaum frisches Grünzeug. So schmückten getrocknete Sträuße und kleine Strohkränze das schlichte Grab. Ich beobachtete, wie Oma lautlos vor sich hin murmelte. Dann sah sie in den Himmel und rief ein paar Worte nach oben. Ich konnte sie nicht verstehen, aber in ihrem verzweifelten Gesicht konnte ich lesen, dass sie ihm sehr gerne gefolgt wäre.

Nach einer Weile schlich ich zu ihr, nahm sie bei der Hand und führte sie wieder zurück in ihr Haus. Das Haus, das ohne Opa jetzt so groß und leer schien.

Natürlich stellte sich die Frage, was mit der Oma werden würde? So ganz allein in dem Haus – das ging nicht. Traudel bot sofort an, zu Herbert zu ziehen, was Herbert natürlich sehr begrüßte. Aber Oma wollte ihre gewohnte Umgebung nicht verlassen. Schon während der Beerdigungsfeier schlug Mutters Schwester Irmtraud vor, mit den zwei Kindern ins Haus zu ziehen. Onkel Ernst war eingezogen und nun spürte Irmtraud, dass auch sie überfordert war und lieber bei der eigenen Familie leben wollte. Ihr Sohn Fred war noch nicht eingezogen, da er als Hoferbe und Bauer auf dem Land gebraucht wurde. Hier half die viel gepriesene „Blut- und Bodenideologie" vorerst, sodass ihr Ältester nicht an die Front musste. Zusammen mit seiner jungen Frau Elsbeth versuchte er den Hof aufrechtzuerhalten und konnte seine

Mutter gut ziehen lassen. So kam es, dass Tante Irmtraud nach Mohrau zurückkehrte. Wir freuten uns sehr. Meine beiden Cousinen Annika und Tordis liebte ich. Tordis war ein Jahr älter als ich und Annika würde mit ihren sechs Jahren gleich hier eingeschult werden. So bekam auch Paula eine kleine Spielkameradin. Damit kehrte in Omas Haus wieder Leben ein. Und die paar Kilometer zum Nachbarort – wie schnell waren wir da! So rannten die Mädchen dann auch immer wieder dorthin, um ihren großen Bruder zu besuchen. In der Art und Weise mischten sich die Familienverhältnisse neu. Die, die übriggeblieben waren, rückten näher zusammen.

Spende für den Führer

Mitten in der Aussaat hing Willi ein großes Plakat auf. Auf dem stand:
Auch ich helfe dem Führer.
Metallspende des deutschen Volkes zum 20. April 1940.

Trotz der Siege mangelte es überall gravierend an Rohstoffen. Nun sollte das Volk zum Geburtstag des Führers seine Metallreste spenden, damit weiter die Kriegsräder rollten. Mutter lachte nur laut auf, schüttelte den Kopf und meinte trocken: „So weit kommt es noch! Von mir wird der Führer nichts zum Geburtstag erhalten."

Überall hörten wir in den nächsten Tagen, wie die Menschen nach alten Metallgegenständen kramten und diese in ihrem Hof deponierten. Ein Klirren und Klimpern erscholl von allen Seiten. Bei uns blieb es verdächtig ruhig. Ebenso bei Herbert. Trotz seiner Schmiede.

Nach Bekanntgabe der Verordnung bat Oma Walter und mich ganz nervös zu sich. Gemeinsam saßen wir in ihrer Küche und während wir einen dampfenden Milchkaffee tranken, winkte sie uns geheimnisvoll in den Garten hinaus. Walter sollte aus dem Schuppen noch einen Spaten mitnehmen, dann führte sie uns zu einer hohen Tanne. Diese stand im hintersten Winkel des Gartens und war von der Straße aus nicht zu sehen. Eine finstere Ecke, kaum ein Sonnenstrahl drang hierhin. Seltsamerweise konnte ich keinen Vogel hören, nicht einmal der Wind rauschte durch die Äste. Vor der Tanne lag ein kleiner Findling.

„Opa wollte immer, dass ihr eines Tages erfahrt, was denn nun damit geschehen ist. Und jetzt will ich nicht, dass diese Schnüffler irgendetwas finden. Du musst ungefähr einen Meter graben, Walter, nu mal los!"

Walter grub und grub und kurze Zeit darauf hörten wir ein dumpf-metallenes Geräusch. Er legte sich auf den Boden, griff in das Loch hinein und unter Stöhnen und Ächzen hob er eine Metallkiste hervor. Ich wischte feuchte Erde beiseite und dann sah ich meinen Bruder erstaunt an. Sofort erinnerten wir uns an den Tag, als Opa unsere Bücher an sich genommen hatte, um sie in dieser eisernen Kiste vor den Flammen der Nazis zu verstecken. Mir kamen die Tränen. Ich vermisste meinen Opa in diesem Moment so sehr. Oma zog einen Schlüssel aus ihrer Kittelschürze, überreichte ihn Walter, der unter einem lauten Knirschen das Schloss öffnete. Und da lagen sie. Bücher aus längst vergangenen Kindertagen. Ich zog „Pünktchen und Anton" heraus, strich mit einem Lächeln über den Einband und blätterte vorsichtig darin herum.

„Ihr werdet sie aber weiterhin versteckt halten müssen", meinte Oma warnend. „Bitte vergesst das nicht. Und auch die Kiste, nicht weggeben! An der hat der Opa sehr gehangen."

Sie lieh uns ihren Handwagen. Wie zwei Verschwörer brachten wir kichernd unsere geheimnisumwobene Kiste sicher nach Hause zurück.

„Die wird der Führer nicht bekommen!", lachte Thea, die selig war, ihre alten Bücher wieder in den Händen halten zu können. Nun mussten wir überlegen, wohin mit unserem Schatz. Zusammen mit Peter und Tordis erklommen wir die Stiege zum Boden. Die Jungs schleppten die Kiste mit sich. Peter begann sofort eines der Bodenbretter im hinteren Teil des Daches zu lockern und als er das Brett hochstemmte, verstauten wir die Kiste darunter. Peter ließ das Brett wieder fallen und Walter hämmerte die Nägel wieder fest. Tordis zog Mutters alten Reisekoffer darüber und zufrieden betrachteten wir unser kleines Verbrechen. Wir atmeten erleichtert auf. So könnte wenigstens ein Teil unserer Kindheit den Krieg überleben. Und die Metallkiste musste nicht als Geburtstagsgeschenk für den Führer herhalten.

Unermüdlich zog Edda von Haus zu Haus und sammelte in einem großen Handwagen altes Metall ein, was Otto dann zähneknirschend abtransportieren durfte. Auch die umliegenden Dörfer klapperte er tagelang ab.

Als Edda vor unserer Tür ankam, schüttelte Walter nur mit dem Kopf. Herbert, der hinter ihm stand, sah finster auf den vollen Wagen. Alte Tee- und Kaffeepötte, Töpfe und Metallstangen füllten diesen schon beachtlich. Er murmelte nur: „Na hoffen wir mal, dass daraus nicht *die* Kugel entsteht, mit der dein eigener Sohn eines Tages mal getötet wird."

Edda schluckte schwer, murmelte was von *Vaterlandstreue* und kehrte rasch um.

Herbert weigerte sich strikt, alte Metallreste abzugeben. Er als Schmied hätte wahrlich genug davon gehabt. Als Edda an seinem Hof vorbeikam, war aber nichts zu sehen. Am Abend zuvor versteckten er und Veit alles in einem Schuppen. Alles picobello aufgeräumt und Edda zog ohne die Spende von Herbert und uns von dannen – sie wagte auch nicht weiter zu insistieren.

Dann ging es wieder los. Das große Gejaule und Getöse des Krieges war überall zu hören. Dänemark und Norwegen wurden besetzt. Dänemark kapitulierte sofort, und wieder großer Jubel allenthalben, bellende Siegesmeldungen ertönten aus dem Radio. Nur die norwegische Armee wehrte sich gegen die Angreifer. Der Seekrieg war in vollem Gange. Jeden Tag wurden begeistert die versunkenen Schiffe gezählt. Die Marine! Ja, die Elite der Kriegstruppe! Sie waren die „Seewölfe". Und schon kamen all die abenteuerlichen Geschichten wieder auf, die schon in alten Büchern erzählt worden waren. Die Helden der U-Boote. Walter und Peter malten sich in schauerlichen Geschichten aus, wie es wohl wäre, so tief eingeschlossen im Bauch des Meeres.

„Die Enge, diese Hitze! Und mitten im Manöver erblickst du durch das Fernrohr den Feind. Und mit sicherem Gespür zünde ich die Bombe und kann im Fernrohr die gewaltige Explosion sehen!" Peter redete sich in Rage.

„Und wieder einen Feind geschlagen!" Walter jubelte und schon steckten sie die Köpfe über einer alten Landkarte zusammen, zeichneten auf, wo genau die deutschen Schlachtschiffe und U-Boote lagen.

Wieder zwei neue Helden geboren.

Dass aber nur jeder vierte deutsche U-Bootfahrer den Krieg überleben würde, das gaben die Siegesnachrichten nicht wieder.

Der Führer in Feldgrau

Walter hasste es, abseits zu stehen, wollte dabei sein, um seine Heimat, sein Vaterland zu verteidigen. Der Krieg wohnte mitten unter uns und er durfte nur von außen zusehen. Er fühlte sich als nicht richtig dazugehörend. Denn wer bis dato nicht dem Führer und den großen Siegen vertraute, der war kein richtiger Deutscher mehr, deklarierte Willi während einer Versammlung. Walter litt wie ein junger Hund, den man am Tollen und Raufen hinderte. Er war besessen von der Idee, seinen Beitrag am Kriegsgeschehen leisten zu müssen, egal in welcher Form. Mutter spürte instinktiv die Gefahren, denen alle ihre Angehörigen ausgesetzt wären und die uns letztendlich ins Verderben stürzten, wenn sie weiterhin so vehement gegen ihn redete. So schwieg sie. Und hoffte und bangte.

Mein Bruder lief derweil im Wehrbezirkskommando Neisse die Türen ein. Seine panische Befürchtung, dass der Krieg ohne ihn beendet würde, steckte uns alle an. Peter war inzwischen wieder abkommandiert worden und es wurmte Walter zutiefst, dass sein Freund das Privileg bekam, erneut mitzukämpfen. Traudel hingegen litt. Immer öfter verbrachte sie die Zeit bei Herbert. Sie konnte es nicht ertragen, sich in den leeren Räumen aufzuhalten, ohne den einzigen Sohn in ihrer Nähe zu wissen.

„Immer mit der Ruhe, junger Mann!", beschwichtigte der Mann in der Amtsstube Walter. „Du wirst noch schnell genug drankommen. Nun werde erst einmal achtzehn!"

So fuhr Walter jedes Mal enttäuscht mit der Kleinbahn zurück. Hier musste er sehen, wie fast alle Männer in Uniform in den Abteilen saßen, die feldgraue Kleidung der Wehrmacht. Wie gern hätte er diesen groben Stoff auf seinem Leib gespürt! Mutter hingegen war jedes Mal erleichtert, wenn ihr Sohn zurückkehrte und nicht den braunen Umschlag in seinen Händen hielt. Sie zog sich immer mehr zurück, tat alles, um innerhalb dieser kleinen Familie ein bisschen Ruhe und Frieden aufrechtzuerhalten. Nur Paula bekam von all dem nichts mit. Mit ihren fünf Jahren lebte sie unbeschwert in den Tag hinein. Thea nahm eine Stellung als Kinderbetreuerin in Neisse an und war somit den ganzen Tag nicht zu Hause. Ich blieb weiterhin eine gute Schülerin und versuchte meinen Eltern keinen Kummer zu bereiten. Diese hatten wahrlich genug miteinander zu tun. Vater mühte sich weiter. Doch die Stelle als Straßenwärter war nicht sonderlich von Vorteil, sein Selbstbewusstsein aufzupolieren. Der Alkohol blieb sein stummer Freund. Nach wie vor hörte er heimlich seinen BBC-Sender. Mir wurde immer ganz schummerig, wenn ich die ersten Takte der Erkennungsmelodie hörte. Aber Vater ließ sich nicht davon abhalten, denn nun stand Großbritannien auf Hitlers Liste der „bösen Nationen".

Ein Mr. Churchill war der neue Mann in England. Er ließ sich erst gar nicht auf Hitler ein. Hitler dagegen wurde allmählich größenwahnsinnig. Er griff Belgien, die Niederlande und Luxemburg an und marschierte in Etappen frech in Frankreich ein.

Mutter saß fassungslos vor dem Radio.

„10. Mai 1940. Die deutschen Armeen durchbrechen die französischen Verteidigungsstellungen. Sie stürzen unaufhaltsam in die Tiefe des Landes ein."

Im Wonnemonat Mai. Sechs Wochen lang erfuhren wir, wie deutsche Soldaten sich Meter für Meter eroberten; parallel dazu füllten sich die Zeitungen mit Todesanzeigen. Mitten im Sommer besetzte die deutsche Wehrmacht nahezu kampflos Paris. Frankreich kapitulierte, das Elsass wurde dem Gau Baden zugeteilt, Lothringen verleibte sich die Westmark ein. Von diesem Moment an, durfte nur noch deutsch gesprochen werden. Der Gebrauch der französischen Sprache war strengstens verboten.

„Schon nach acht Tagen Panzer- und Materialschlacht einmaligen Ausmaßes bahnt sich für die französischen Armee und ihre Verbündeten die Katastrophe an. Und diese Katastrophe heißt: Vernichtung, Kapitulation und Gefangenschaft."

Die Stimme sprach voll des Stolzes, und ich ertappte mich so manches Mal, wie auch ich ein wenig Stolz verspürte, dass wir so starke und tapfere Soldaten vorweisen konnten.

50.000 deutsche Gefallene und zwei Millionen gefangene Franzosen meldete der Reichssender. Am 22. Juni 1940 unterzeichnete die französische Abordnung im Salonwagen des

Marschalls Foch, im Walde von Compiégne stehend, die Kapitulation Frankreichs.

Und der Führer trägt plötzlich Feldgrau.

Die Propaganda verwandelte ihn gekonnt in den größten Feldherrn aller Zeiten. Sämtliche Zeitungen prahlten mit genau diesem Foto. Er wurde verherrlicht. *Größter Führer aller Zeiten!* Ein religiöser Wahnsinn, genährt durch den Kriegsrausch, breitete sich aus! Die meisten taumelten jetzt euphorisch dem *Tausendjährigen Reich* entgegen. Die Welt erschien mit einem Male so klein! Und der Satz ... *und morgen gehört uns die ganze Welt!* schien plötzlich in eine ganz nahe Zukunft vorgerückt.

Und was bekam des Soldaten Weib
Aus der Lichterstadt Paris?
Aus Paris bekam sie das seidene Kleid.
Zu der Nachbarin Neid das seiden Kleid
Das bekam sie aus Paris ...

Und mitten im Sommer, da befahl der Führer in der feldgrauen Uniform die Invasion der grünen Insel und eröffnete die Luftschlacht gegen Großbritannien. Die englische Armee und die ganze Welt erwarteten das Unternehmen „Seelöwe". Die deutsche Invasion in England.

Hitlers Wunschliste verlängerte sich von Woche zu Woche. Alles kam zum Einsatz. Die deutschen Flieger galten als nahezu unschlagbar. Besaßen wir nicht die meisten Flugzeuge, wie Peter und Walter mir immer wieder stolz berichteten? Sie waren unsere Ritter der Lüfte! Und ich begann jedes Wort zu glauben.

Am 27. Juni war es für Walter endlich so weit: sein 18. Geburtstag. Ich glaube, es gab keinen Geburtstag, vor dem Mutter so eine grauenvolle Angst verspürte. Es war ein Donnerstag. Mit Blumen und selbst gebackenem Kuchen überraschten wir ihn alle in seiner Kammer.

„Muttel! Sei nicht traurig. Jetzt ist dein Sohn ein richtiger Mann", jubelte Walter und strahlte uns wie beseelt an.

Am Abend wurde gefeiert. Von überall her kamen sie, seine ehemaligen Klassenkameraden, Arbeitskollegen, Nachbarn und Freunde. Ich beobachtete ihn indessen, wie er immer wieder zur Gartenpforte schielte. Auch Rita war eingeladen, aber sie erschien nicht. Für einen winzigen Augenblick stieg eine alte Sehnsucht in ihm hoch. Mit seinen blauen Augen sah er in eine Vergangenheit, die wohl an diesem Abend endgültig ihr Kapitel schloss. Er wischte sich über die Stirn, seufzte und kehrte zu seinen Gästen zurück.

Gleich in der darauffolgenden Woche beschloss er, sich freiwillig zum Militärdienst zu melden. Endlich konnte er in diesem Kriegsspiel mitmischen, dabei sein. Bei ihm fruchtete die jahrelange Propagandamaschinerie, die besonders den Jungen die Liebe zum Vaterland mit dem Dienst an der Waffe predigte, ja geradezu verherrlichte. Ständig überkam ihn die Befürchtung, die Schmach nie zu verwinden, wenn er nicht an dem großen Ganzen teilhaben würde.

Als mein Bruder zurückkehrte, strahlte er und hielt eine Verordnung in den Händen, die ihn in seinem Denken unterstützte. Walter las laut vor:

"'Die Wehrmacht ist der Waffenträger des deutschen Volkes. Sie schützt das Deutsche Reich und Vaterland, das im Nationalsozialismus geeinte Volk und seinen Lebensraum. Die Wurzeln ihrer Kraft liegen in einer ruhmreichen Vergangenheit, im deutschen Volkstum, deutscher Erde und deutscher Arbeit. Der Dienst in der Wehrmacht ist Ehrendienst am deutschen Volke.'"

Wie beseelt ließ Walter das Schriftstück sinken.

Nun wusste Mutter endgültig, dass sie mit ihrer ablehnenden Haltung nichts mehr ausrichten konnte. Ihr wurde übel vor Angst. Seine Entscheidung erdrückte ihre letzte Hoffnung. Jeden Tag zitterte sie, wenn Friedrich mit seinem Fahrrad an unserer Gartenpforte hielt. Klappte er die Tasche auf und nahm einige Briefe heraus, wischte sie sich mechanisch die Hände an der Schürze ab, schlich langsam nach draußen und verharrte wie versteinert an der Tür. Und jedes Mal blickte Friedrich sie an, schüttelte den Kopf und sie flüsterte: „Gott im Himmel, ich danke dir!"

Kam Walter nach Hause, fragte er jedes Mal, ob er Post bekommen hätte. Mutter konnte jeden Abend seine Frage verneinen. Was für den einen das größte Glück bedeutete, war für den anderen nichts weiter, als ein erneuter trister Tag im Leben. Und für viel zu viele endete das Leben schlagartig. Nicht in der Heimat, sondern abseits, irgendwo in der Fremde. Und keiner da, einen zu beweinen, mit Blumen zu schmücken und zu Grabe zu tragen. Dieses Schicksal machte vor keinem Halt.

Als Kaiser Wilhelm II. in seinem Exil in Doorn starb, weinten vor allem die alten Menschen. Oma seufzte immer nur laut auf.

„Ach, der Kaiser! Nie hätte er so ein Barbarentum zugelassen. Wie hat er mit ansehen müssen, was aus seinem Land geworden ist."

Noch einmal durfte diese Generation ihrem einstigen Kaiserreich offen hinterhertrauern, dessen Wohlgeordnetheit, die Oma insbesondere während der Republik vermisst hatte. Das „Goldene Zeitalter", der große Traum einst dorthin zurückzukehren, der war für immer verloren.

Auf Geheiß Hitlers wurde der letzte deutsche Kaiser bei seinem Wohnsitz im Mausoleum Doorn mit militärischen Ehren beigesetzt. Damit schien ein Kapitel der deutschen Geschichte endgültig begraben. Längst war der neue Herrscher auserkoren.

„Hat nicht er, unser glorreicher Führer in wenigen Wochen das erreicht, was der Kaiser in vier Jahren nicht erreicht hat?"

Frenetischer Beifall aus dem Radio.

Das neue Deutschland war gerade dabei, sich sein *Tausendjähriges Reich* zu erobern. Die Popularität Hitlers wuchs.

Nun durfte der dicke Göring zeigen, was er die letzten Jahre aufgebaut und groß gemacht hatte. Die Luftwaffe begann den Angriff auf Großbritannien. Sie wollten es, wie sie immer wieder proklamierten, „einfach ausradieren". Es folgte tagelang, wochenlang das Bombardement auf London.

„So viele unschuldige Menschen", sprach Otto mit alarmierter Stimme, als er eines Abends bei uns saß. In seiner Hand der Umschlag. Nun war auch er dran. Er hatte sein Fuhrunternehmen einzustellen und sollte mit seinem LKW nur noch der Wehrmacht dienen.

Der Pole

Wir begannen indessen an den kommenden Winter zu denken. Die Felder und Äcker waren fällig und in den übervollen Obstbäumen hing eine satte Zufriedenheit. Nur fehlten die Männer, um all das einzufahren. Willi fuhr nach Neisse, besprach sich mit dem Gauleiter und kehrte mit einer neuen Nachricht zurück. Wir würden Hilfe zugewiesen bekommen. Wir warteten gespannt ab.

Kurz vor der Erntezeit tauchten dann in Mohrau polnische Zivilarbeiter auf, die Teil der über 300.0000 Kriegsgefangenen waren, die Deutschland im Zuge des Blitzkrieges gemacht hatte, parallel zu den Massenverhaftungen, Massenerschießungen und der Vertreibung polnischer Bauern von Haus und Hof und ihrer gewaltsamen Umsiedlung. Das Ganze wurde zur „Sicherung der Ernährung und Wirtschaftslage" im Reich definiert, wie es in einem Runderlass Reinhard Heydrichs, des Chefs der Sicherheitspolizei, hieß, der überall verbreitet wurde.

Es war seltsam zu sehen, wie ein Trupp fremder Männer von einem SS-Mann geführt wurde, alle den Blick gen Boden gerichtet. Oma fluchte: „Wie im Mittelalter! Da hat man die Hexen auch so vorangetrieben!"

Ein großes Plakat wurde am Bürgerhaus aufgehängt. Darauf stand: Polen-Erlasse.

Die hatte der SS-Reichsführer Heinrich Himmler verfasst, um jegliche Kontaktaufnahme zwischen Deutschen und Polen zu untersagen. Es stand unter Strafe, einen persönlichen Umgang mit ihnen zu pflegen.

So standen wir neugierig vor diesem Plakat und mussten lesen, wie wir mit diesen Menschen umzugehen hatten.

Werdet nicht zu Verrätern an der deutschen Volksgemeinschaft! Die Polen gehören nicht zur deutschen Volksgemeinschaft. Wer sie wie Deutsche behandelt oder gar noch besser, der stellt seine eigenen Volksgenossen auf eine Stufe mit dem Fremdrassigen. Wenn es nicht zu vermeiden ist, dass sie mit euch unter einem Dach wohnen, dann bringt sie so unter, dass jede engere Berührung mit euren Familien ausgeschlossen ist. Lasst Polen nicht mit an eurem Tisch essen!

Für uns Schlesier war das etwas sehr Seltsames. Wir sind bekannt für unsere Gastfreundschaft, geschätzt dafür, dass wir gerne teilen. Und nun sollten diese Menschen bei uns auf dem Acker arbeiten, auf dem Felde mithelfen, bei der Ernte unter der sengenden Sonne schwitzen, und wie Sklaven behandelt werden?

Es dauerte nicht lange, da entwickelte sich ein relativ vertraulicher Umgang zwischen den Dorfbewohnern und den Polen. Man konnte nicht Seit an Seit auf dem Feld zusammenarbeiten, ohne nicht einmal ein Wort miteinander zu wechseln. Sonst hätte die Ernte noch viel länger gedauert. Denn nur stumm Befehle erteilen, das war den Schlesiern fremd. Diese armen Menschen waren so dankbar für ein freundliches Wort, für das Essen, ja selbst für die dürftige Behausung im Stall. Nach ein paar Wochen konnte man diese sogenannten „Untermenschen" einfach nicht mit dem zusammenbringen, was leibhaftig vor einem stand. Sie lernten schnell die Sprache, selbst den Dialekt beherrschten so einige.

Streng verboten war den Polen auch der Kirchgang. Für dieses tiefgläubige katholische Volk eine harte Entbehrung. So trafen sich die Polen jeden Sonntag heimlich in einer alten Scheune, einst ein Gebäude des Patrons, das ein wenig außerhalb des Dorfes stand. Nun verfiel es zusehends. Viele wussten von dieser Heimlichkeit, die meisten ließen die frommen Menschen gewähren. Leider bekam auch unser Obersturmbandführer Hans-Karl Wind davon. Er ordnete seine Truppe an, sich sofort um diese Schande zu kümmern, und dann wurden die armen Teufel mitten im Gebet mit Schlagstöcken auseinandergetrieben. So musste jeder für sich allein im stillen Kämmerlein beten.

Aber die Kinder liefen ohne Vorurteile auf die Fremden zu. Allen voran Paula. Ich beobachtete an so manchem Sommerabend einen jungen Polen, wie er mit den Kindern spielte, ihnen kleine Figuren schnitzte oder ein Lied seiner Heimat vorsang. Paula klatschte im Takt und begann auch zu Hause die fremden Melodien zu trällern. Von dem jungen Wallis erfuhren wir auch nach und nach seine Lebensgeschichte.

„An einem Abend umstellte eine Gruppe SA-Männer unser Haus und prügelte jeden aus dem Bett, jagte uns wie räudige Hunde nach draußen. Dann kam der Befehl, binnen einer halben Stunde mit einem Gepäck von 30 kg reisefertig zu sein. Wir wieder rein, und als wir voller Angst in den Hof zurückeilten, wurde furchtbar gewütet. Heiligenbilder und unsere Kruzifixe wurden zerbrochen und in den Dreck geworfen. Wir mussten all das stumm ansehen und ertragen. Ohne Umschweife kamen wir in die nächste Kreisstadt und wurden hinter einem Stacheldraht wie die Tiere gehalten. Zwei Tage später – Abtransport. Mein Vater hat es nicht überlebt. Meine

Mutter auch nicht. Wo meine Schwester und die beiden Brüder sind – das weiß nur der Herrgott. Ich bekam nur mit, wie sie meinen Onkel erschossen. Getötet von der deutschen Wehrmacht."

Plötzlich spürte man Scham. Sie waren Menschen, die in dieser Zeit genauso viel litten wie wir. Jeder besaß seinen eigenen Namen, und mit diesem persönlichen Namen konnten wir sie doch nicht anders sehen als einen Menschen, und nicht als ein Tier, wie die Propaganda uns weismachen wollte.

Es gab kaum noch einen Stall, kaum noch eine leere Scheune, in der nicht einer dieser Männer untergebracht war. Sie waren für geraume Zeit Teil der dörflichen Gemeinschaft. Zur traditionellen Haferfahne erlaubte Willi, dass die Polen einen eigenen Tisch bekamen. Somit hielten wir uns einigermaßen an die Regeln, dass sie nicht mit uns gemeinsam an der Tafel aßen, aber sie konnten wenigstens an ihrem eigenen Tisch der Feier beiwohnen. Auf eins wurde allerdings sehr viel Wert gelegt: Es sollte möglichst zu keiner körperlichen Berührung zwischen einem Polen und einer deutschen Frau kommen. Falls es je eine heimliche Liebe bei uns gegeben haben sollte, so wurde diese nie bekannt. Für ein bisschen Nähe und Wärme hätte man mit dem Leben bezahlen müssen.

Als der letzte Wagen Getreide in die Scheune eingefahren war, kehrte der SS-Mann wieder zurück und holte alle ab. Wieder schlichen sie durch das Dorf von dannen. Und in ihren Gesichtern – die pure Angst. Was ihnen die Zukunft bescherte, das weiß ich nicht. Ich habe nie wieder einen dieser Männer gesehen. Auch den jungen Wallis nicht.

Die Jungs in Blau

Während des großen Festes war auch Großmutter Rotraud aus Neisse gekommen. Stolz stellte sie uns den Hans vor. Kaum erkannte ich meinen Großcousin wieder! Er sah umwerfend aus mit dieser eleganten blauen Uniform. Er war der Enkel ihrer Schwester, ein Jahr älter als Walter. Und er kam in der Uniform der Marine. Alle Mädchen schielten ganz hungrig nach ihm. Das war doch was anderes als dieses Mausgrau der Wehrmacht! Diese kecke Matrosenkappe sah einfach schick aus.

„Schau doch mal, Walter, wie schön das ist. Das ist doch mal eine Uniform! Die würde dir auch gut stehen. Was ist, Anna, meinst du nicht auch, dass Walter zur Marine gehen sollte?"

Großmutter Rotraud kriegte sich kaum noch ein.

Selbst Mutter besah sich neugierig die elegante Uniform und so begannen alle zu diskutieren. Jeder plapperte auf Walter ein.

„Mein Sohn!", sprach Mutter ganz erregt. „Bei der Marine, da bist du doch bestimmt sicher. Und immer auf hoher See, würde dir das nicht gefallen?"

„Dann bist du wenigstens nicht an der Front, da wo jeden Tag gestorben wird", argumentierte Vater zustimmend.

Walter ließ bewundernd die Hand über den Stoff gleiten.

„Erzähl mal, ist es aufregend bei euch? Hast du schon eine Schlacht geschlagen? Wie ist es da? Gefällt es dir?", wollte Walter genau wissen.

„Es ist ein ganz kolossales Gefühl dabei zu sein! Ganz großartig!"

Hans prahlte von seiner Ausbildung und wie aufregend er es fand, an Deck herumzulaufen und auf der Haut die Gischt der aufspritzenden Brandung zu spüren. Und wenn sie dann den Feind am Horizont erkannten, wie der Kapitän das Schiff gekonnt durch die peitschende Wellen manövrierte, das wäre hoch spannend! Kommandierte der Kapitän die Matrosen an Deck, um Kanonen zu laden, dann fieberte jeder der Schlacht entgegen! Und welch eine Verantwortung jeder einzelne für die Mannschaft trug! Hier herrschte wirklich Kameradschaft unter den Jungs in Blau, wie die Marinesoldaten genannt wurden. Jeder Griff müsste sitzen, und klettern müsste man können, und laufen und das wäre doch so viel besser, als nur auf der Lauer an der Front zu liegen. Hoch im Ausguck zu stehen, wie ein Vogel fühle er sich jedes Mal, alles von oben zu betrachten, weit in die Ferne blicken zu können. Es klang wie ein herrliches Unternehmen, eine spannende Schifffahrt, bei der man die Meere besegeln und die Welt kennenlernen durfte.

Damit war Walters Schicksal besiegelt. Die Marine, so glaubten meine Eltern, bedeutete, dass hier nicht Mann auf Mann geschossen wurde. Meine Mutter beruhigte sich mit dem Gedanken, dass so ein gewaltiges Schiff doch ihre Matrosen schützen könnte. Und wenn ein Schiff doch getroffen wurde, so gab es immerhin die Rettungsboote. An der Front hingegen gab es nichts. Nur den eigenen Körper, den keiner schützte. Mutter tröstete sich weiter, dass die Marine als relativ sicher galt, im Gegensatz zum Heer einen guten Ruf genoss und weit weg von der Front zu sein schien, an der tagtäglich gestorben wurde. So riet sie ihrem einzigen Sohn zu dieser Alternative. Damit war endgültig eine Entscheidung gefallen.

Der freiwillige Gang zur Marine bedeutete auch, dass Walter die Mitgliedschaft in der SS erspart blieb. Heinrich Himmler, der Reichsführer der SS, war auch Chef der deutschen Polizei. Er vergab Kopfprämien an die Polizisten, die einen Freiwilligen für die Waffen-SS anwarben.

Deren Häscher streunten mittlerweile überall herum, um mit brutalen Einschüchterungstaktiken den Nachwuchs zu rekrutieren. Die Waffen-SS galt als fanatisch und besonders rücksichtslos. Auch war bekannt, dass die SS alle Deserteure standrechtlich erschoss, sobald sie derer habhaft wurden. Zudem war sie sehr kirchenfeindlich, trugen als Emblem einen Totenkopf. Deshalb nahm Oma Walter das Versprechen ab, dass er sich nie bei der SS anwerben ließ; auch die typische

Markierung, die jeder bekam, der ihr beitrat, empfand Mutter als bedenklich. Jeder SS-Angehörige erhielt seine Blutgruppe in den linken Oberarm eintätowiert. Diese sollte den SS-Leuten bei Verwundungen helfen, schnell die entsprechenden Blutkonserven zu bekommen.

Diese Markierung allerdings wurde allen Angehörigen der SS nach 1945 zum Verhängnis, da sie sich nicht herauslügen konnten. Auf ewig eingebrannt.

Keine zwei Tage später meldete sich mein Bruder bei der Marine. Prompt folgte sein Stellungsbefehl und er hatte sich in Stralsund zu melden.

Walter tobte wie wild durch das ganze Haus, packte seinen Leinenrucksack und strahlte wie ein Honigkuchenpferd. Nun war er endlich Teil des Ganzen. Teil des Schauermärchens, das seine ganz eigenen Helden erschuf. Schnell ging er noch zu Gustav, die Haare schneiden, und dann stand er, wie so viele junge Männer vor ihm und noch so viele, die ihm folgen sollten, am Bahnhof. Oma zückte immer wieder ihr Taschentuch aus dem Muff, Irmtraud drückte ihn an ihren großen Busen, plapperte auf ihn ein. Tordis und Annika hatten ihm allerlei Leckereien in einen Beutel gepackt und Paula konnte nicht begreifen, dass ihr einziger Bruder nun fortging.

„Walter, wann kommst du wieder? Wie heißt dein Schiff, und warum willst du nicht bei uns bleiben?"

Er bückte sich, sah ihr lachend ins Gesicht. Sie strich ihm über die kurzen Haare.

„Ach du, Guschel! Ich bin bestimmt zu Weihnachten wieder da. Und dann bringe ich dir ein Matrosenpüppchen mit! Großes Ehrenwort!"

Schon war er in dem Pulk der uniformierten Männer verschwunden, die in den Zug stiegen. Mutter rannte hin und her, um am Fenster noch einen letzten Blick zu erhaschen.

Walter kämpfte sich durch das Abteil, riss eines der Fenster herunter und winkte uns zu.

Noch lange konnten wir seine Hand erkennen, bis der Himmel sie dann verschluckte.

Kaum war Walter abgefahren, bekam Vater ebenfalls seine Post zugestellt. Er wurde dienstverpflichtet, wie es jetzt so schön hieß. Männer, die noch nicht einberufen wurden, hatten sich in Fabriken zu melden, um den großen Bedarf an Rüstungsgütern abzudecken. Nicht nur die Kriegsgefangenen wurden dafür eingesetzt, auch die Deutschen. Er sollte sich sofort in einem Rüstungsbetrieb melden, irgendwo in Thüringen. Das klang weit weg. Nun musste auch Vater von uns gehen. Es war das erste Mal, dass ich erlebte, wie sich meine Eltern trennten.

Immer mehr Leute bekamen in Mohrau entweder die Aufforderung, an die Front zu gehen oder sich in der Rüstungsindustrie zu melden. Und plötzlich, plötzlich sollten auch die Frauen arbeiten. Es war keine Rede mehr davon, die Familie, das traute Heim zu schützen. Jede helfende Hand benötigten sie für die gewaltige Kriegsmaschinerie. Nun bestand auch für Mutter die Gefahr, dass auch sie in einem Rüstungsbetrieb verpflichtet werden könnte, vielleicht weit weg – wer weiß wo. Dem kam sie einfach zuvor und nahm auf der Stelle eine Arbeit in der Schleifmühle an. Die Schleifmühle lag nur etwa einen Kilometer außerhalb des Dorfes, war also schnell mit dem Fahrrad zu erreichen. Sie konnte ihre Arbeitsstätte zur Not auch zu Fuß erreichen, wenn es auf den Winter zuging. Aber für sie war es das Allerwichtigste, dass ihre Kinder sie zu jeder Zeit schnell erreichen könnten, wenn es je erforderlich sein sollte. Mutters Aufgabe war es nun, die geschnittenen Steinplatten per Hand zu schleifen. Mit einem kleinen Schleifstein wurde die raue Oberfläche des Steines geschliffen und anschließend poliert – keine besonders schwere Arbeit, aber eintönig und stumpfsinnig, wie sie mir erklärte. Ich ersetzte nun den Vater, den großen Bruder und tagsüber auch die große Schwester und Mutter. Das hieß, gleich nach der Schule im Hause alles erledigen, was der Alltag so mit sich brachte. Auch wenn wir faktisch nichts von dem Krieg im Dorfe mitbekamen, die Auswirkungen spürten wir dennoch überall. Kaum eine Familie, die nicht davon betroffen war.

Vaters und Walters Post übergab uns der Friedrich. Wie hungrige Wölfe saßen wir Weiber dann eng beieinander und verschlangen jedes ihrer Worte. Mein Bruder berichtete von der Ausbildung, die er aber teilweise als Schikane empfand. Er versuchte sich damit zu trösten, dass es ihn nur noch mehr abhärten könnte. Er war überglücklich, als er sein erstes Bordkommando bekam. Denn beim Betreten des Decks spürte er, dass er hier seine Heldentaten vollbringen würde.

Mutter legte den Brief beiseite, setzte sich an ihr Tagebuch und begann zu schreiben. Vaters Briefe waren nicht so enthusiastisch. In der Rüstungsindustrie zu arbeiten, war nicht sonderlich heldenhaft, wie er meinte. Zudem vermisste er uns und wäre gerne wieder zu Hause. Mutter hoffte wohl im Stillen, dass er hier ein wenig geläutert werden würde, um zu erkennen, ja zu begreifen, dass in diesen schweren Zeiten eine Familie zu haben, der größte Schatz ist, den einer haben kann, wenn um ihn herum der Irrsinn des Krieges tobt und alles zermalmt, das nicht schnell genug reagiert.

Und dann war es so weit. Voller Stolz erzählte die Stimme im Radio: *„Jetzt beherrscht Hitler den europäischen Kontinent!"*

Und einmal mehr erwischte ich Mutter, wie sie den Feindsender BBC hörte. Hier rief Churchill aus: *„Deutschland siegt und siegt; Deutschland siegt sich noch tot!"*

So stürzte sich Deutschland von Triumph zu Triumph und damit unaufhaltsam in eine düstere Zukunft voll der

Niederlagen, die wir aber zu dem Zeitpunkt nicht einmal erahnen konnten. Wir waren vorerst dabei, die Welt zu erobern.

Weihnachten

Der 24. Dezember fiel dieses Jahr auf einen Sonntag. Vater war auf Fronturlaub und natürlich versuchten wir so gut es ging, ein wenig Weihnachtsstimmung zu zaubern. Aber es war das erste Weihnachtsfest ohne Opa, und auch Walter würde nicht dabei sein, wie er uns mitteilen ließ. Vater ging allein in den Wald, um die Tanne zu schlagen, da auch Peter keinen Fronturlaub bekommen hatte; unsere Jungs fehlten uns schmerzlich.

Natürlich durften wir schon seit Jahren offiziell nicht mehr das christliche „Weihnachtsfest" begehen, denn seit 1935 gab es die Germanisierung von Weihnachten als Julfest.

Für Oma immer noch eine regelrechte Schmach! Nichts war mehr so, wie es viele Jahre vertraut und richtig gewesen war.

Für die Familien wurden Weihnachtsbücher mit Vorschlägen zur Festgestaltung herausgegeben. Das sah dann folgendermaßen aus: Der Christbaum sollte in die *Jultanne* umbenannt werden und *Frau Holle* den Nikolaus sowie das Christkind als Gabenüberbringer ablösen. Paula war immer ganz erstaunt, denn sie suchte immer nach großen weißen Kissen, die Frau Holle doch immer ausschütteln musste. Aber die lagen nie unter dem Tannenbaum, sondern eingepackte Päckchen. Christliche Symbolik wie das Kreuz sollte beim Schmücken der Häuser durch ein riesiges Hakenkreuz bzw. Sonnenrad ersetzt werden. So sollte dies zum Beispiel aus Goldpapier auf der Baumspitze stehen, ganz erhaben, eben wie der Führer selbst. Das aber wollte Oma nicht. Und so blieb unser Baum immer ein wenig bescheiden, denn die politischen Symbole wollte sie partout nicht am Heiligen Abend sehen. Dafür schmückten wir die Krippenfiguren mit besonders viel Tannenlaub und Stroh. Dieses Jahr begann Oma bitterlich zu weinen, als Thea und ich diese auspackten. Jede einzelne Figur, die einst durch Opas Hand entstanden war, nahm sie in die ihrige und seufzte schwer.

In den propagandistischen Weihnachtsringsendungen des Großdeutschen Rundfunk von 1940 bis 1943 wurde das Weihnachtsfest auch von den christlichen Wurzeln entkoppelt. Mutter hörte zu, biss sich auf die Lippen. Meine Eltern versuchten möglichst kaum noch Politisches vor uns zu besprechen, seit bekannt wurde, dass es hier genügend Denunzianten gab, die für ein bisschen Ruhm jeden bespitzelten und dann in Neisse Meldung machten. Wir brauchten keine Blockwarte, das erledigte so mancher sehr Parteitreue von ganz allein. Im Dorf wurde zum Beispiel eine Frau von ihrer Nachbarin verraten, als diese über den Krieg zu schimpfen begann. Es dauerte keine drei Tage, da wurde sie abgeholt. Sie hatte ihren einzigen Sohn verloren und war dermaßen verzweifelt gewesen, dass sie ihre Trauer herausschrie. Eine deutsche Mutter trauere nicht um ihren gefallenen Sohn! Sie dürfe stolz darauf sein, dass er mit dem Tod seine Pflicht und Schuldigkeit gegenüber Volk und Vaterland erfülle. So der Vorwurf, den man ihr machte.

Die Raunächte folgten und ich bekam Angst zu träumen. Die Bilder des Schauermärchens waren über die Jahre hinweg so gewaltig in meinem Kopf verankert, dass es mir nicht gelang, sie beiseitezuschieben.

Ich wusste nur, dass dieser Krieg noch viele Kapitel füllen würde.

Schlesien

Mohrau 1941

Neuer Akt im Schauermärchen

Während sich Hitler mit der ganzen Welt anlegte, blieb es bei uns im Dorf relativ ruhig. Mutter rief immer wieder aus: „Gott erhalte uns dieses bisschen Frieden!"

Die meisten unserer Männer lagen irgendwo im Dreck und Blut der Schützengräben und damit übernahmen die Frauen in allen Bereichen die Anliegen und Pflichten im Dorf. Gerda leitete mit ihrer Ältesten die Metzgerei, selbst das Schlachten mussten sie von nun an übernehmen. Günther und Siegfried bekamen gleich zu Beginn des Krieges ihre Einberufung. Brigitta Huber führte den Krämerladen, denn den Jonas Huber stellte die Wehrmacht als Offizier gleich an die Front. Er leitete eine eigene Einheit, trug die Verantwortung für so viele andere Männer. Dem Tod sah er wohl jeden Tag ins Auge, der seine Truppe langsam dezimierte. Getrud führte die Schneiderei, da auch Horst Berg bei der Marine seinen Dienst antrat. Er war sogar irgendein hohes Tier, maßgeblich an strategisch wichtigen Entscheidungen beteiligt. So ungefähr zog sich der rote Faden des Krieges durch alle Familien. Nur einige Altbauern durften bleiben, um die Landwirtschaft aufrechtzuerhalten. Das war's aber auch schon mit der einst so hehren Blut- und Bodenideologie. Und plötzlich waren die Mütter und Ehefrauen rund um die Uhr mit allem beschäftigt. Es machte etwas mit ihnen, das mit Worten kaum zu beschreiben ist.

Standen sie früher noch in kleinen Grüppchen beieinander, tratschten über dies und das, lachten und kicherten auch mal wie die Gören, so blickten sie jetzt nur noch müde aus ernsten und sorgenvollen Mienen. Auch veränderte sich allmählich ihr gesamtes Erscheinungsbild. Die meisten Frauen legten nicht mehr ganz so viel Wert auf ihr Äußeres. Was ich auch bei meiner Mutter erlebte. Es war nicht mehr die Zeit für persönliche Bedürfnisse. Das machte was mit den Menschen. Und färbte natürlich auch auf uns Kinder und Jugendliche ab. Man ging irgendwie geschäftiger und weniger emotional miteinander um. Ich bekam manchmal das Gefühl vermittelt, dass die Frauen ab einem bestimmten Punkt beides in sich trugen: Mann und Frau, verschmolzen zu einem geschlechtslosen Wesen.

Zur Aussaat wurden wieder Kriegsgefangene verpflichtet, die wir nach wie vor so menschlich behandelten, wie es uns im Rahmen des Möglichen erlaubt war. Aber auch hier dominierte das Abarbeiten des Alltags, um am Abend todmüde ins Bett zu fallen; nur um am nächsten Morgen von Neuem zu beginnen.

Walter beendete seine viermonatige Ausbildung und kam für ein paar Tage nach Hause. Er fuhr von nun an auf großen Schiffen in die weite Welt hinaus. Nie wussten wir, wo er gerade Anker warf. Vater war immer noch in der Rüstungsindustrie beschäftigt, bis auch er dann im Frühsommer seine Einberufung zugestellt bekam. Das ging alles so schnell, es blieb kaum Zeit für große Abschiedsgefühle.

Man sagte hinter vorgehaltener Hand, dass es in dem Ablauf der furiosen deutschen Siege eine Wendung gäbe. Hitler musste aufgrund schwerer Verluste den Luftkrieg gegen Großbritannien einstellen. Das hieß, viele Tote waren zu beklagen. Der große Nachschub folgte. Und jetzt wurde auch mein Vater eben Teil dieser Zerstörungswut.

Ich stand an die Tür des Schlafzimmers gelehnt und beobachtete meine Eltern. Vater war in diese feldgraue Uniform gekleidet. Er sah sehr fremd aus. Die wuchtige Uniform besaß etwas Animalisches. Die schweren klobigen Stiefel ließen ihn massiger erscheinen und ich fragte mich viele Jahre später, was all das bei einem Mann auslösen konnte. Welche tiefen Gefühle würden sich offenbaren, wenn er mit dieser Uniform auf dem Schlachtfeld stand? Sie sah grob aus und ich konnte mir bildlich vorstellen, dass dieses Grobe einfach auf die Seele abgefärbt haben muss.

Er packte ein paar Wäschestücke in einen Leinenbeutel, als aus dem Radio eine empörte Stimme von der Zerstörung des größten deutschen Kriegsschiffs, der „Bismarck", durch die Engländer berichtete. Der Verlust von 2.000 Mann wog schwer.

Mutter saß auf dem Bett, blickte nachdenklich zu Boden. Als sie aufsah, betrachtete sie sich im Spiegel ihrer Frisiertoilette. Die zwei schmalen Seitenspiegel standen vorgeklappt und ich konnte sie dreimal erblicken.

Und dreimal beobachtete ich eine Frau, die all ihre Gefühle ganz tief in der hintersten Kammer ihres Herzens verschloss. Das hatte der Krieg aus ihr gemacht.

Auch meinen Vater brachten wir zum Bahnhof. Der Zug war schon überfüllt mit weiteren feldgrauen Uniformträgern. Männer sahen aus den Fenstern hinaus, mancher sehnsüchtig, mancher traurig. Doch bei vielen war eine Wut zu erkennen, eine Wut auch kämpfen zu wollen. Denn es galt, das Deutsche Reich verteidigen zu müssen. Koste es, was es wolle. Was blieb ihnen auch anderes als genau so zu denken? War das nicht auch die Strategie zu überleben? Und damit meine ich nicht nur körperlich, sondern auch seelisch.

Am 22. Juni erschütterte im Morgengrauen der Angriff der deutschen Wehrmacht auf das riesige Russland die ganze Welt. Diese Meldung löste bei jedem ein Schaudern aus. Krieg gegen die Sowjetunion! Damit läuteten die Erwachsenen einen neuen Akt in ihrem fürchterlichen Märchen ein.

Vater wurde nach kurzer Ausbildung sofort an die Ostfront verlegt. Nun begann das große Zittern. Jeden Abend saßen wir vor dem Radio. Seitens der Russen gab es anfangs kaum Widerstand. Alles hing am Radio, es war, als verfolgte man ein spannendes Sportspiel. Man wollte mehr hören, mehr wissen und musste dann bis zum nächsten Tag auf weitere Informationen warten. Thea brachte aus Neisse eine große Weltkarte mit, die wir gleich in die Küche hängten. Mit einem Wollfaden markierte sie den Verlauf der Front. Wie uns fremde Stimmen mitteilten, kamen die deutschen Panzer flott voran. Jeden Tag wuchs der Faden immer weiter, immer weiter weg von unserem kleinen Dorf. Im Geiste sah ich Vater mit diesen wuchtigen Stiefeln vorwärtsmarschieren, immer weiter rein in dieses große weite, fremde Land, das für uns nun Feindesgebiet war.

„*Angriff gegen Russland! Ein neuer Siegeszug ohnegleichen! Die Rote Armee immer wieder zurückgeworfen, zermürbt, demoralisiert, erleidet Niederlage um Niederlage. Die gefürchtete Tiefe und Weite des Landes, die einst Napoleon zum Verhängnis wurde, der deutsche Soldat überwindet sie. Moskau rückt immer näher."*

Der Sommer war vorbei. Der Herbst bescherte uns noch einige warme Tage, derweil die Panzer rollten und das Fußvolk weitermarschierte, und mit ihnen die große Hoffnung, dass doch bis Weihnachten Moskau endlich erobert wäre. Es hieß: Mehr als drei Millionen Soldaten rückten nun von allen Seiten an, um sich dieses riesige Gebiet einzuverleiben. Über 750.000 Pferde wurden gebraucht. Von überall her kamen sie, die Offiziere und nahmen sich die Pferde aus den Dörfern. Nur ein paar durften zurückbleiben, um bei der Ernte und als Transporthilfe zu dienen. Jetzt wurde Herbert noch einmal gebraucht. Er als einziger Schmied im Dorf, war bis jetzt vom Krieg verschont geblieben. Auch Veit hatten sie sich schon längst geholt und nun war er genau wie mein Vater auch auf dem Weg in Richtung Moskau.

Die Zeitungen überboten sich an Kriegsberichterstattungen. Natürlich immer nur Lobeshymnen der glorreichen deutschen Wehrmacht. Und die Todesnachrichten, die wuchsen mit den Siegen. Der Bürgermeister brachte eines Morgens eine Tafel vor dem Bürgerhaus an und nun standen jeden Tag die Frauen davor, konnten sehen, wer gefallen war, wer verwundet, wer vermisst. Trotz der Trauer, keiner lehnte sich auf, alle waren diesem Krieg schicksalshaft ergeben. Nur hinter verschlossenen Türen wurden die Schmerzen der Seele herausgeschrien.

Traudels Manipulation

Eines Abends saß Herbert bei uns in der Küche, Mutter zog hastig die Gardinen vor die Fenster.

Damals wusste ich nicht genau, welche Politik Herbert überhaupt noch vertrat. Später konnte ich in Mutters Tagebüchern nachlesen, dass er nach wie vor versuchte, im Untergrund mitzuarbeiten. Wohl aber nur sehr eingeschränkt, denn ihn packte mittlerweile doch eine kalte Angst. An dieses Gespräch kann ich mich noch sehr genau erinnern. Damals konnte ich überhaupt noch nicht begreifen, was und worüber sie da redeten. Heute weiß ich, dass die Fakten nicht unbedingt ein großes Geheimnis waren. Ich kann nicht begreifen, wie viele nach dem Krieg behaupten konnten, von all dem keine Ahnung gehabt zu haben.

„Weißt du, Anna, in Breslau ist es mittlerweile so offensichtlich. Waggons voller Juden werden einfach weggebracht. Es heißt, irgendwohin nach Polen. Riesige Konzentrationslager sind mittlerweile überfüllt. Man spricht von massenhafter Vernichtung. Und keiner schreitet ein. Die Menschen werden wie Vieh verladen. Das wird noch nicht einmal großartig versteckt. In Breslau gibt es einen Abschnitt am Bahnhof, da darfst du gar nicht hin. Aber sehen kann man alles, wenn man im richtigen Winkel steht. Es wird gemunkelt, dass von dort die Judentransporte abgehen. Ich frage mich nur, wie tötet man Tausende, vielleicht sogar Hunderttausende Menschen? Nur durch Arbeit? Das kann ich mir nicht vorstellen. Welche Waffe besitzen wir Deutschen, um dermaßen viele Menschenleben einfach auszulöschen?"

Er sprach sehr leise.

„Sie prahlen doch immer wieder, dass sie so wundervolle Waffen besitzen, von denen wir alle noch gar nichts ahnen." Mutter klang angespannt. „Im Großen Krieg wurde doch auch schon Gas eingesetzt. Wer weiß, vielleicht ist es wieder so ein Mittel, um Menschen zu töten? Alfred erzählte mir damals, dass er miterleben musste, wie ganze Gräben voller toter Soldaten waren. Die hatten das Gas abbekommen und waren so schnell tot ... Ich vermute, sowas Ähnliches werden sich die Nazis wohl auch überlegt haben. Im Nachhinein kann ich sehr gut verstehen, warum der Patron es mit sich und seinem Gewissen allein ausmachte, dass diese Welt nicht die seine bleiben konnte."

„Aber Anna, du willst doch nicht behaupten, dass die Juden vergast werden?"

„Herbert, ich behaupte gar nichts. Das sind nur Gedanken. Und noch, noch kann mir keiner das Denken verbieten."

Daraufhin schweigen sie. Leise erkundigte sich Mutter nach Traudel. Ihre Porzellanfabrik hatte mittlerweile umrüsten müssen. Nun wurde auch hier Tag für Tag Munition für den Krieg produziert. Traudel weigerte sich anfangs mitzumachen. Es kam zu einer Anhörung und sie musste für ein paar Wochen in ein Arbeitslager. Es war fürchterlich. Wir wussten überhaupt nicht, was mit ihr geschah, bekamen keine Information, durften sie nicht besuchen. Als man sie dann endlich entließ, blieb Traudel stumm ein paar Tage im Bett liegen. Danach nahm sie ihre Arbeit wieder auf. Es blieb ihr nichts anderes übrig. Nun bemalte sie kein Porzellan mehr. Jetzt musste sie bei der Herstellung von Geschossen mithelfen.

Über ihre Zeit im Arbeitslager sprach sie anfangs überhaupt nicht, bis sie sich während eines Spaziergangs Mutter offenbarte. Sie gingen hinauf zum Hopfenberg. Hier berichtete Traudel wohl mit einer rauen Stimme, als wenn sie Kreide gegessen hätte, so Mutters Beschreibung, was ihr in dieser Nazihölle widerfahren war. Mutter hielt diese Erlebnisse im Tagebuch fest. Ansonsten sprach man nicht über das eigene Leid und Schicksal. Jeder trug doch mittlerweile eine Bürde auf den Schultern, da kamen einem manchmal die eigenen Sorgen so unwichtig vor.

Traudel hatte sich tagelang anhören müssen, dass sie als Volksschädling nicht nur die Moral der Soldaten untergrub, sondern auch von allen anderen Menschen, die für das Land arbeiteten und kämpften. Sie wurde körperlich und seelisch gedemütigt. Nur der Gedanke an Peter hielt sie davon ab, sich etwas anzutun. Sie zog daraufhin endgültig zu Herbert und schlich jeden Tag in ihre Fabrik. Einmal verriet sie uns, dass sie herausbekommen konnte, wie sie anhand einer kleinen Schraube die Munition manipulierte. Sie wusste allerdings, wenn sie entdeckt würde, könnte sie sofort für immer in einem der Konzentrationslager verschwinden.

Das war, wie sie meinte, ihr Beitrag, nicht gänzlich an diesem Krieg schuld sein zu müssen. Den Rest müsste sie mit ihrem Gewissen ausmachen.

Auf den meisten Fotos dieser Zeit sind fast nur Frauen zu sehen. Und die Alten. Und die kleinen Kinder. Sobald ein junger Mann sein 18. Lebensjahr erreichte, zog ihn die Wehrmacht ein, um ihn dann in den Krieg und aufs Schlachtfeld zu werfen. Auch wir Jüngeren leisteten unseren Beitrag. Ab 14 Jahren kommandierte Willi uns zu Ernteeinsätzen ab sowie zum Sammeln von Altmaterial und Stanniol für die Kriegswirtschaft. Paula war eingeschult und Mutter arbeitete weiter in der Schleiffabrik. Thea betreute eine Kindergruppe in Neisse und ich versuchte, mit meiner Mädchentruppe ein halbwegs stabiles Programm aufrechtzuerhalten.

Nun wurden auch die „Arbeitsmaiden" zwangsverpflichtet. Tausende junge Frauen dienten unter anderem in der Reichsluftverteidigung zur Abwehr feindlicher Flugzeuge im Horchdienst. Sie hielten Flugwachdienst. Eine typisch männliche Arbeit, die noch vor ein paar Jahren für Frauen undenkbar gewesen wäre! Sie lernten die Morsezeichen des Flugmeldedienstes kennen, hinzu kamen weitere Dienste beim Wetter, Jägerleitdienst und Luftschutzdienst. Nach Schulung und kurzer Einweisung durch die Soldaten nahmen sie deren Plätze ein, während jene an die Front versetzt wurden. Diese Frauen hießen dann die „Blitzmädchen", da sie einen Blitz auf dem Schlips trugen. Immer wieder trällerte das Funkerlied aus dem Radio: *„Ich l-i-ebe Dich!"*

Thea erklärte mir die seltsame Unterbrechung in dem Wort *„liebe"*. Es half den Morsebuchstaben „L" mit dem Klangbild „Di-da-di-did" besser zu erlernen. Dieses Lied entwickelte sich zu einer Art Hymne bei den Blitzmädchen, die trällernd ihre Morse-Rhythmen lernten und dabei an den jungen Soldaten dachten, den sie für so kurze Zeit kennenlernen durften.

Auch Thea musste einspringen und wenn sie abends dann in ihrer Uniform nach Hause kam und ich auch noch die HJ-Uniform am Leibe trug, lamentierte Mutter: „Fehlt nur noch, dass auch die Tiere uniformiert werden."

Edda versuchte weiterhin mit ihrer NS-Frauenschaft, alle Frauen zu motivieren, an den Willen des Führers zu glauben. So ganz gelang es ihr nicht mehr, denn die Sorge um die Männer an der Front überwog, trotz taumelnder Siegesnachrichten. Die Feldpost kam täglich zweimal und auch Sonntagfrüh ließ der Führer die Briefe austragen. Friedrich fuhr nicht nur in unserem Dorf die Post aus, auch zwei andere Dörfer belieferte er seit Kurzem. Fast täglich gab er irgendwo einen dieser folgenschweren Briefe ab, der die Hoffnung auf die Rückkehr eines geliebten Menschen auf ewig begrub.

Auf dem Felde der Ehre. Die Anzeigen mit den schwarzen Balken und den abgebildeten Eisernen Kreuzen mehrten sich in den Zeitungen: *In stolzer Trauer.*

Ich weiß nicht genau, wer stolz darauf war. Keine der Frauen, die gerade ihren Mann verloren hatte oder ihren Sohn, lief sonderlich stolz umher. Zudem musste jede sich vorsehen, welche Worte sie wählte, um ihrem Schmerz freien Lauf zu lassen. Denn eine deutsche Mutter trauerte nicht um ihren Sohn! Sie war stark genug, weiter dem Willen des Führers zu gehorchen. Konnte sie doch einen weiteren Sohn gebären! Für Freiheit, Volk und Vaterland! Das Kriegsrad drehte sich weiter.

Friedrich sah wie ein Gespenst aus, versuchte nicht sichtbar zu sein. Auch sein Sohn war eingezogen. Einmal meinte er zu meiner Mutter, all die Tränen, die er hat sehen müssen, könnten die Mohre in ein reißendes Gewässer verwandeln.

Da halfen auch das neu eingeführte Kindergeld und das Gehalt der im Krieg weilenden Männer nicht, dass nun jeden Monat pünktlich bei der Bank abzuholen war. Vielleicht hob es das Selbstwertgefühl vieler Frauen, es erleichterte die finanzielle Not, half aber nicht darüber hinweg, dass viele Familien auseinandergerissen blieben. Fast jede Frau übernahm mittlerweile auch eine Patenschaft für einen Bauernhof, wo Hilfe vonnöten war. Und so arbeiteten wieder alle Frauen mit krummem Rücken bei der Ernte. Während sie die Kartoffeln lasen, hoffte jede, dass der Krieg zu Weihnachten beendet sein würde.

Doch die ersten schlechten Nachrichten sickerten durch. Ein rascher Sieg wie gegen Polen, Norwegen und Frankreich schien schlagartig in weite Ferne zu rücken. Die Wirklichkeit sah etwas anders aus. Das konnte selbst die Stimme im Radio nicht ganz verleugnen.

„*Der russische Winter kommt dem Gegner zur Hilfe. Über die weiten Schneefelder wehen sibirische Eiswinde. Aber trotz beißender Kälte, Schnee und Frost, der Kampfeswille des deutschen Soldaten ist ungebrochen*", bemühte sich die Stimme noch schnell hinzuzufügen.

Die Rote Armee war stärker als gedacht. Der russische Winter mit horrenden Minusgraden und der starke Widerstand der sowjetischen Soldaten bot der deutschen Wehrmacht Paroli. So kam es zu einem „Stocken der Winterschlacht im Osten", wie meine Mutter erklärte.

Alle waren enttäuscht, dass der Krieg nicht wie erhofft Ende des Jahres vorbei sein würde. Die Zeit der Anfangserfolge schien plötzlich vorbei. Jetzt hatten sich ganze Armeen im Schlamm und Morast festgefahren.

Das störte Hitler scheinbar nicht. Im Gegenteil. Nun griff er auch gierig über den Ozean und erklärte Washington den Krieg. Und irgendwo, ganz weit weg im Pazifik, mischte auch noch Japan mit; und plötzlich befanden wir uns unweigerlich von einem europäischen in einem Zweiten Weltkrieg.

Aus heutiger Sicht ist es so leicht zu fragen, warum habt ihr da alle mitgemacht?

Mit einer neuen Kriegssonderstrafrechtsverordnung vom 26. August 1939 wurde jeder Widerstand gegen den Expansionskrieg durch den Befehl „Tod durch Erschießen" schon im Keim erstickt. Diesen Befehl hatte Hitler im Vorfeld des Überfalls auf Polen schon wohlweislich erlassen. Sie umfasst ein ganzes Bündel von weiteren Tatbeständen unter dem Titel: *Zersetzung der Wehrkraft*. Hierunter fielen kriegskritische Äußerungen an der NS-Führung und ihren Maßnahmen.

Des Weiteren enthielt die neue Kriegssonderstrafrechtsverordnung harte Strafen gegen Kriegsdienstverweigerung,

Selbstverstümmelung, Simulationen und andere Formen der Wehrdienstentziehung. So entschied sich wohl mancher Bursche mitzumachen, durchzuhalten und vielleicht auch so manches Mal die Augen vor der Wirklichkeit zu verschließen.

Weihnachten stand vor der Tür und wir stellten fest, dass es ein reiner Frauenclan war, der sich dort unter dem Tannenbaum einfand. Vater nicht da, Walter auf hoher See, Onkel Ernst ebenfalls abkommandiert, Veit im Krieg, Peter an der Front. Und noch einmal versuchte der Rundfunk uns weiszumachen, dass der deutsche Soldat selbst in diesen Tagen nicht aufhörte, für sein Volk und Vaterland freudig sein Leben zu lassen.

„Und wieder der russische Winter. Von bisher nie erlebter Härte. Unvorstellbar ist das Heldentum unserer Divisionen. Unerschütterlicher Wille durchzuhalten. Auch wenn sie sich vorübergehend auf dem Rückzug befinden."

Uns wäre es jedoch lieber gewesen, dass unsere Männer nicht irgendwo dort draußen ihr Leben riskierten, sondern einfach nur die Familie in schützenden Armen hielten. Was brauchten wir die ganze Welt? Reichte nicht das bisschen Heimat, dass einem vertraut und heimelig war? Wer von hier wollte eines Tages irgendwo in den Weiten von Russland leben? Ich kannte keinen.

In der heiligen Messe beneideten alle die Männer, welche auf Urlaub da waren. In schweren Uniformen hockten sie in sich zusammengekauert in den Bänken und blickten andächtig vor sich hin. Ich glaube, jeder dieser Männer wäre lieber für immer im Dorf geblieben, als zurück in die Schlacht zu kehren.

Gerne hätte ich all die Träume gezählt, die in den Raunächten vom Ende des Krieges handelten. Es hätte wohl Jahre gedauert.

So klang auch dieses Jahr aus.

Schlesien

Mohrau 1942

Frontverlauf

Wenn ich aus dem Fenster hinaussah, mein Blick sich in der verschneiten Landschaft verlor, da spukten Bilder im Kopf herum, was es wohl bedeutete, im russischen Winter an der Front um sein Leben zu bangen. In einem dieser vereisten Schützengräben zu kauern; einem hilflosen Tier gleich. Die meisten Frauen strickten emsig warme Socken und Schals für ihre Männer, die sich irgendwo in diesem großen fremden Gebiet „Russland" aufhielten und dem fremden Feind trotzig entgegenmarschierten. So die tagtägliche Verkündigung aller Zeitungen. Oma brummelte einer Litanei gleich, dass Walter doch so ein Glück gehabt hätte, bei der Marine gelandet zu sein. Zumindest war die Mannschaft in der glücklichen Lage sich auch unter Deck aufzuhalten. Hier war es trocken und einigermaßen warm. Bei Vater sah die Sache anders aus. Wir wussten, dass er sich in den Weiten des schneeverwehten Russlands befand. Und nicht selten träumte ich nachts, wie er sich durch das Schneegestöber hindurchkämpfte, dick vermummt. Nur seine großen blauen Augen suchten irr umher. Dachte er vielleicht darüber nach, wie er sich zum Schluss so bedeutungslos vorgekommen war, hier im kleinen Dorf Mohrau? Nun war er ein unbedeutend kleiner Teil einer ganz großen Masse. Wir wussten nicht einmal, ob er jemals zurückkehren würde.

„Unser großer schlanker Alfred! An dem ist doch nichts dran", gab Oma zu bedenken und strickte ihm einen weiteren Pullover.

Gezwungenermaßen saß man in der warmen Küche beisammen und wenn das Radio in den vergangenen Friedensjahren ein wenig verstummt gewesen war, so hatte es sich jetzt zu einem Familienangehörigen entwickelt. Allabendlich lauschten wir den Nachrichten des Reichsrundfunksenders. Auf der Weltkarte steckten wir weitere kleine Fähnchen, dorthin wo sie den neuen Frontverlauf meldeten. Sobald eine Sondermeldung im Radio das laufende Programm unterbrach, akustisch eingeleitet durch Liszts „les préludes", um die Stimmung anzuheben, ein wohliges Gefühl des Sieges zu vermitteln, versetzte diese Musik vielleicht so manchen Volksdeutschen in Siegestaumel. Mutter dagegen blieb schweigsam, schien jedem Wort, das gesprochen wurde, hinterherzulauschen, in der Hoffnung, irgendwo ein Körnchen Wahrheit herauszufischen. Irgendetwas zu hören, dass vielleicht verschlüsselt daherkam. Es blieb aber immer bei der stolz schmetternden Stimme, die das Nahen des *Tausendjährigen Reiches* voraussagte. Irmtraud schüttelte dabei entgeistert den Kopf. Auch wenn Ernst einen hohen Posten bei der Wehrmacht bekleidete, so ganz glücklich war auch er nicht gewesen, wie schnell und wütend Hitler um sich schlug und immer mehr Gebiete annektierte. Zu hoch der Verlust auf der eigenen Seite, zu viel Blut und sinnloses Sterben auch auf der Gegenseite. Das werde man uns Deutschen nie verzeihen, so seine Worte.

Jeden Schritt der Wehrmacht kommentierte die Stimme wohlwollend, um dem Volk weiszumachen, dass wir Deutschen bald vor einem großen Sieg stünden. Wie eine Schlange wand sich Theas roter Faden durch das große Gebiet Russland, entfernte sich immer weiter von unserem kleinen Dorf. So schrecklich weit war das alles, und irgendwo entlang dieses Fadens, da kämpften Vater und Peter. Herbert besaß mittlerweile ebenfalls einen Volksempfänger und so kauerte auch Traudel vor dem Apparat, konnte es manchmal kaum ertragen, wenn die fremden Stimmen von den verheerenden Wintereinbrüchen berichteten. Die Kompanien gerieten ins Stocken. Keine marschierte mehr mit der Zeit; sie rannte ihnen vorweg und die Aussicht, Weihnachten zu Hause zu sein – ach, darauf wagte keiner mehr zu hoffen.

Auch dieser Winter beharrte hartnäckig auf ein Bleiberecht. Überall konnte man es spüren – dieser Krieg zermürbte einem die Seele, verwundete das Herz, blutete jedes Leben aus.

Im Nachhinein spricht die Wissenschaft von einer psychologischen Krise in der Bevölkerung. Die enttäuschte Erwartung, dass der Krieg nicht wie geplant zu Ende ging, machte viele mutlos. Dort, wo es schon einen Toten zu beklagen gab, war jegliche Hoffnung auf bessere Zeiten gewichen. Die anderen Männer weilten unendlich lange Zeit an der Front, die Frauen waren dementsprechend überfordert mit all den alltäglichen Verrichtungen. Da kam es einer Erlösung gleich, als sich die ersten Frühlingsstrahlen zögerlich einen Weg durch die Wolkendecke bahnten. Alle packten bei der Aussaat mit an. Besonders in dieser Zeit war ich eigentlich froh, ein Mädchen vom Lande zu sein. Die Natur mit ihren aufplatzenden Blüten, der Duft, der einen zärtlich umgab, all das schenkte einem etwas Kraft diese zermürbende Zeit halbwegs durchzustehen.

Doch plötzlich änderte sich auch diese vermeintlich beruhigende Situation. Hatte der Krieg erst einmal woanders stattgefunden, weit weg in der Ferne, den die Soldaten unter sich ausmachten, da plötzlich, da fand er nun auch auf deutschem Boden statt. Er rückte gefährlich nah an uns heran. Und hier waren vorerst keine Soldaten, um uns zu verteidigen. Es traf vor allen Dingen die Bevölkerung. Die ersten deutschen Städte wurden bombardiert. Die Engländer rächten sich für die monatelange Bombardierung auf London. Die kleine Stadt Lübeck wurde komplett zerstört. Das war erst der Anfang! Es sollten noch so viele weitere Städte folgen. Zu dieser Katastrophe zeichnete sich noch eine Ernährungskrise ab. Lebensmittel blieben verdammt knapp. Die Bauern unterlagen einer noch stärkeren kontrollierten Abgabepflicht all ihrer Erzeugnisse. Und die waren eh schon nicht üppig. Die Zuteilungsrationen für die Bevölkerung senkten sich nochmal um bis zu 25 %. Jetzt wurde alles in Kalorien umgerechnet und wie viele jeder davon zu sich nehmen durfte. Diese Maßnahme löste eine weitere große Enttäuschung bei der Bevölkerung aus. Die Stimmung erreichte ihren Tiefpunkt.

Wieder konnten wir auf dem Land ein wenig von dem zehren, was wir selbst anbauten, sodass wir in der Lage waren, uns selbst zu ernähren. Fast alle konnten in ihren Gärten Extrabeete anlegen, auf denen sie Grundnahrungsmittel wie Kartoffeln, Salat, Erbsen und Bohnen anpflanzten. Fast jeder besaß einen Apfel-, Birnen-, Pflaumen- oder Kirschbaum. Oma bepflanzte weiterhin ihren Kräutergarten und in Suppen, Salaten oder getrockneten Tees hatte sie, wie sie immer fest behauptete, die besten Heilmittel parat, um uns vor Krankheiten zu schützen. Während der Sommer- und Herbstmonate konnte man zusätzlich in unseren Wäldern beobachten, wie Jung und Alt wilde Beeren, Pilze, Nüsse und Blätter in großen Körben einsammelten, um all das zu verarbeiten. Auch wenn es verboten war, viele erlegten auch mal einen Hasen, der die Fleischration ein wenig erhöhte. Natürlich war diese Art von Lebensmittelhamsterung verboten. Doch irgendwie sprach keiner darüber. Jeder tat es, und jeder sah weg. Selbst als sie einen Berliner Schweinehändler wegen Schwarzschlachtens zum Tode verurteilten, versuchten wir uns hier von dem zu ernähren, was die Natur uns freiwillig schenkte. Im Nachhinein muss ich zugeben, dass wir auf dem Land nicht wirklich Hunger litten. Mutter führte ein Kontobuch, in dem alles verzeichnet war, was ein- und ausgegeben wurde. So behielt sie den Überblick und nichts wurde verschwendet.

Derweil erfuhren wir von der schnarrenden Radiostimme, wie der Feind Deutschland weiter angriff. Mutter hörte heimlich den BBC-Sender und konnte aufzählen, wie die Briten ihre Siege bekannt gaben. Ziel der Gegner war es, strategisch wichtige Gebiete zu zerstören, um die Rüstungsindustrie der Deutschen lahmzulegen. Aber es galt auch, die deutsche Bevölkerung mürbe zu machen, um ein baldiges Ende des Krieges herbeizuführen.

„Der Tod wird einem mit einer Selbstverständlichkeit tagtäglich über den Rundfunk herübergesendet, als würden sie für eine Seife Reklame machen", gab sie kopfschüttelnd von sich.

Und während all dem, musste ich die Schule beenden. Natürlich gab es gar keine Möglichkeit, mich auf die höhere Schule zu schicken. Geld blieb knapp und zudem war es der Regierung lieber, alle jungen Menschen so früh wie möglich in ihre Vernichtungspläne einzubinden. Auch ich musste nun das Pflichtjahr absolvieren. Ich konnte aussuchen zwischen dem Dienst in einer kinderreichen Familie auf einem Bauernhof, im Landdienst oder im Landjahrlager abzuarbeiten. Landjahrlager hieß: mit einer Horde von 60 weiteren Jugendlichen tagsüber auf den Bauernhöfen zu helfen und in der freien Zeit eine Menge politischen Drill über sich ergehen zu lassen. Landdienst kam etwa auf das Gleiche heraus, war aber in der Regel etwas lockerer geführt. Das Landjahr hingegen grenzte schon an militärische Zucht und Ordnung, wie ich bereits von Thea erfahren hatte. Die Gruppenführerinnen ließen sich keine Gelegenheit entgehen, die Mädchen für Parteikundgebungen und Feierstunden zu drillen und zu erziehen.

Militär unterschied sich nur insofern, dass man dort wenigstens Ausgang bekam. Im Landjahr hingegen nie. Wir bekamen Thea während dieser Zeit nicht einmal zu sehen. Das wollte ich um jeden Preis vermeiden! Bereits vor der Schulentlassung bemühte ich mich um eine Pflichtjahrstelle in einem kinderreichen Haushalt im Nachbardorf. Schon währenddessen konnte ich eine Lehre als technische Zeichnerin in einer Fabrik in der Nähe von Mohrau beginnen. Ich bekam die Lehrstelle zugesagt. So war der Plan, und auch meine Mutter hatte nichts dagegen einzuwenden. Das bedeutete, dass ich in der Nähe der Familie blieb. Die Idee, Filmregisseurin zu werden, spukte mir noch im Kopf herum, aber in diesen Zeiten gab es überhaupt keine Möglichkeit für ein Landmädchen auch nur in die Nähe eines Filmbetriebes zu gelangen. Da ich gut zeichnete, könnte ich schon einmal Bilder und Geschichten entwerfen, dachte ich mir, und diese vielleicht eines Tages, wenn der Krieg vorbei sein sollte, als Filmregisseurin umsetzen. Aber vorerst bestimmte das Märchen der Erwachsenen ein anderes Kapitel für mich. Dem Führer dienen für Volk und Vaterland! Das war also mein persönlicher Anteil an dem Krieg. Aber es kam doch alles wieder anders.

Eines Tages überraschte mich unser Lehrer Gebauer mit der Mitteilung, dass er mich für das Landjahr angemeldet hat. Es war üblich, dass die Lehrer die Abschlussklasse in die verschiedenen Gruppen einteilten. Ich war außer mir! Wie konnte der so über meinen Kopf weg eine Entscheidung treffen, die ich zutiefst ablehnte. Das hätte ich von ihm nie gedacht. Mir kamen die Tränen vor Wut. Natürlich sah er das, nahm mich beiseite und sprach sehr lange mit mir.

„Hanna, wen hätte ich denn sonst schicken sollen, außer dir? Ihr seid doch nur zwei Mädchen im Schulabgangsjahr. Du und Lisa. Lisas Vater ist gerade gefallen und nun muss die Mutter den Bauernhof allein bewirtschaften. Die braucht doch ihre Tochter zu Hause. Ich kann es doch nicht ändern und schau, es ist doch nicht so lange, zu Weihnachten bist du doch wieder da."

Was sollte ich da machen? Nun verlangte auch der Krieg von mir ein persönliches Opfer. Die alles überbordende

Gegenwart des Schauermärchens durchkreuzte all meine Zukunftspläne und riss mir die Sehnsüchte aus dem Herzen, die ich als kostbaren Schatz tief in meinem Inneren verborgen hielt. Als arisches Mädchen durfte ich nicht solche obskuren Karrierepläne verfolgen, sondern hatte den eisernen Willen zu zeigen, als gute Ehefrau und Mutter dem Führer und seinem Land zu dienen.

Das war mein persönliches Kapitel in dem Buch der Erwachsenen. Noch nie war ich so lange von zu Hause weg gewesen – neun Monate sollte ich unter Fremden bleiben. Mir blieb kaum noch Zeit, mich mit all dem sonderlich auseinanderzusetzen, denn schon ein paar Wochen später fand ich mich mit gepacktem Koffer auf dem Bahnhof wieder. Bahnhof der Abschiede. So wurde er mittlerweile genannt. Mit der Kleinbahn ging es bis nach Neisse. Hier war der Sammelpunkt für die Mädchen aus der gesamten Umgebung. Eine Gruppenführerin holte uns alle ab und dann ging es mit dem Zug noch viel weiter in das östliche Gebiet von Schlesien.

In den ersten Jahren hatte man die Mädchen weit weg von ihren Elternhäusern gebracht. Thea war in Schleswig-Holstein gelandet. Jetzt legte man wegen der vielen Luftangriffe die Lager lieber in östliche Regionen. So blieb ich in Schlesien. Immerhin. Und dennoch, es war fern der kleinen Heimat. Es gab keine Möglichkeit, mal eben schnell am Abend vorbeizusehen, Mutter beizustehen, Paula mit ihren Schularbeiten zu helfen.

Kinderlandverschickung

Der lange und heiße Sommer bescherte uns auf dem Land eine trügerisch schöne Zeit. Ich lebte mich gut ein. Meine Zeit als kleine Führerin half mir, meine Position gleich einzunehmen, und so bekam ich immer weitere interessante Aufgaben zugeteilt. Ich blühte auf, ich wurde gebraucht und war in der Lage, meine mir zugeteilte Gruppe zusammenzuhalten und mit ihnen viele Arbeiten zu meistern. Das machte einen blind für das, was woanders geschah. Wir hier in Schlesien bekamen von alldem nicht viel mit, was sich an Gräueltaten in den anderen Gebieten von Deutschland abspielte. Der gesamte Osten schien nicht Ziel der Feinde zu sein, die sich nun gemeinsam gegen uns richteten.

Bomben der Alliierten fielen auf das Ruhrgebiet. Das schrille Heulen der Sirenen klang scheppernd in den Ohren der Bevölkerung, wie wir später erfuhren. Kinder aus diesen Regionen wurden aufs Land geschickt. Überall hieß es nun: Schulkinder aus den besonders gefährdeten Großstädten in Regionen des Deutschen Reiches zu bringen, die von den britischen Inseln mit den damaligen Flugzeugen nicht zu erreichen waren.

„Der Führer hat angeordnet, dass die Jugend aus Gebieten, die immer wieder nächtliche Luftalarme haben, auf der Grundlage der Freiwilligkeit in die übrigen Gebiete des Reiches geschickt wird. Hierbei sollen vor allem Kinder aus Laubenkolonien und solchen Stadtteilen, die keine ausreichenden Luftschutzkeller besitzen, berücksichtig werden. Die Unterbringung erfolgt, soweit möglich, schul- bzw. klassenweise."

Dieses Rundschreiben des Reichsleiters Bormann wurde an alle obersten Reichs- und Parteistellen zur Landverschickung zugesendet. Willi hielt eine schmetternde Rede im Bürgerhaus und ordnete an, dass sich möglichst viele Familien dieser Kinder annähmen, wie Mutter mir im Brief erklärte. Jetzt ging Edda alle Eventualitäten durch, sprach jeden Haushalt an, ja eins dieser Kinder aufzunehmen.

So wurden diese jungen Geschöpfe zu Tausenden ihren Familien entrissen und zogen in Gebiete, die sie vorher nie gesehen hatten, geschweige denn kannten. Viele erkrankten, litten unter starkem Heimweh, nachts weinten sie sich in den Schlaf, wurden zu Bettnässern, schlimme Träume plagten sie nicht nur in der Nacht. Kaum ein Stadtkind kannte nicht alle Arten von Spreng- und Brandbomben. Der Krieg bestimmte neue Spielregeln. Die Jungen sammelten eifrig Bombensplitter – wer den größten fand, war für einen Moment der Held. Im großen Umfang organisierte die NSV die Verschickung der Stadtkinder. Der Druck auf die Eltern, sich von ihren Kindern zu trennen, wurde verstärkt. Insgesamt nahmen an der Kinderlandverschickung mehrere Millionen Kinder teil. Und so standen sie da, die proper gekleideten Menschlein, blass und mit erschrockenen Augen.

Die umgehängten Schilder bestimmten den neuen Aufenthaltsort der Kinder und wie eine verschreckte Schafherde standen sie eines Tages auf unserem kleinen Bahnhof. Bei uns sollten sie sich von den Strapazen des nächtlichen Bombenangriffs erholen dürfen.

Mutter beschrieb, wie ausgemergelt und nervös sie doch waren, zwei sogar noch nicht einmal im schulpflichtigen Alter, sprich unter sechs Jahren! Aber in ihren kleinen Gesichtern konnte man schon die ganze Katastrophe und das Ausmaß des Krieges ablesen. Diese beiden Kleinkinder wurden von ihren Müttern begleitet, um ihnen das Eingewöhnen in der neuen Umgebung etwas zu erleichtern. Natürlich war es schwer für diese Kleinen. Bei den größeren Kindern spürte man neben dem Heimweh natürlich die plagende Sorge, um die daheimgebliebenen Eltern. Es gab Sprachprobleme. Beide Seiten verstanden nicht den jeweiligen Dialekt und das machte vor allen Dingen diesen Kindern Angst. Sie fühlten sich vorerst ausgegrenzt. In der Schule waren sie wegen der häufigen Bombenangriffe in ihrer Heimat weit zurückgeblieben. Herr Gebauer hatte genug damit zu tun, mit ihnen den verpassten Unterrichtsstoff aufzuarbeiten. Das hieß: viel Geduld, Liebe und Trost bei so mancher Träne, die über die Wange lief.

Was für uns unvorstellbar war – diese Kinder hatten tatsächlich noch nie eine Kuh oder ein Schwein aus der Nähe gesehen. Mutter beobachtete, wie sie an der Hand der Bauern durch die Ställe geführt wurden. Der scharfe Stallgeruch war neu und nur die kleinen Ferkel ließen die Angst ein wenig schmelzen. Auch meine Mutter nahm ein Mädchen auf. Oma führte Lotte durch unseren Stall und Fritz, schon ziemlich betagt, freute sich mächtig, ein neues Familienmitglied begrüßen zu dürfen. Oma stellte das Pferd Oskar vor, eines der ganz wenigen, das noch im Dorf übrig geblieben war. Oma erklärte Lotte, dass es früher viel mehr Pferde hier gegeben habe. Aber nun seien sie im Kriegseinsatz und nur wenige Bauern dürften ihre Tiere behalten, weil die Ochsen zu langsam waren und die Kühe deutlich weniger Milch gaben, wenn sie die schweren Wagen ziehen mussten. Auch befanden sich nur noch wenige Traktoren in den Ställen. Diese wurden ebenso im Krieg gebraucht, um schwere Kanonen zu ziehen. Zudem gab es nicht genügend Treibstoff für die Trecker.

Nachdem Lotte ein bisschen Vertrauen zu Mutter und Oma gefasst hatte – auch Tordis und Annika bemühten sich um sie –, begann sie von ihren Erlebnissen von zu Hause zu berichten. Mutter schrieb alles auf. Noch heute kann ich zwischen den Zeilen lesen, dass sie den Schmerz dieses Kindes kaum aushielt, ihre Wut gegen diesen Krieg in die Buchstaben hineindrückte und presste, bis die Tinte ihre missmutigen Kleckse von sich gab.

Die Amerikaner waren tagsüber mit ihren Flugzeugen über die Stadt gedröhnt und zerschlugen die gesamte Rüstungsindustrie zwischen Ruhr und Lippe, begann Lotte in stockenden Worten widerzugeben. Alles Kindliche war aus ihrem Gesicht gewichen. Augen blickten wie versteinert auf den Tisch; erloschen, einer alten Frau gleich. So renne man immer nur in die Luftschutzbunker, flüsterte sie. Von

Schule war gar keine Rede mehr. Auch konnten die Mütter kaum noch einkaufen gehen, alles endete in einem riesigen Chaos. Die Engländer kamen dann nachts. Sie brachten die roten, grünen und weißen Leuchtkugeln, die „Christbäume", wie sie von allen genannt wurden, die am Himmel in schillernden Farben aufleuchteten.

Als Lotte dieses Inferno zum ersten Mal mitbekam, stand sie nur mit offenem Mund auf der Straße und starrte in den Himmel. Es sah so wunderschön aus. Ihre Mutter musste sie wegreißen, bevor diese schönen Kugeln auf den Boden aufschlugen, um dann mit einem fürchterlichen Getöse aufzuplatzen und alles um sie herum zu zerstören. Diese Christbäume waren keine schön geschmückten Tannenbäume, sondern großkalibrige Leuchtbomben, die eine ungeheuerliche Zerstörungswucht besaßen, wie ihre Mutter erklärte und sie dabei anmahnte, ja nie in die Nähe dieser zerplatzten Kugeln zu gehen.

Die Engländer ließen zudem Stanniolstreifen vom Nachthimmel regnen, um Funkgeräte außer Gefecht zu setzen. Die Radargeräte gerieten völlig durcheinander. Damit war die Flak blind und die Kinder der HJ wurden in den Städten losgeschickt, um diese Stanniolstreifen aufzusammeln. All diese Geschichten verdeutlichten umso mehr, wie wenig wir in Schlesien vom eigentlichen Kriegstreiben mitbekamen. Wir waren froh, in irgendeiner Form unseren Beitrag zu leisten, indem wir jemandem, der all diese Bilder in sich trug, die einfach in der Seele haften blieben, für eine geraume Zeit ein bisschen Frieden schenken durften.

Mit ihren zwölf Jahren war Lotte alt genug gewesen, ohne ihre Mutter anzureisen. Auch wenn sie am Anfang fremdelte, so lebte sie sich doch rasch gut bei uns ein. Tordis und Annika halfen ihr über die erste schwere Zeit hinweg und Oma erklärte ihr geduldig, wie das Leben auf dem Land so vor sich ging. Wochen später kam Lottes jüngere Schwester dazu und

Paula bekam eine Spielkameradin. Sie bestand sofort darauf, dass die kleine Rosa mit ihr die Kammer teilte.

All das half meiner Mutter ein wenig darüber hinweg, dass Walter, Vater und ich nicht daheim waren. Sie schrieb mir, dass sie sich Sorgen mache, weil sie von Walter so lange nichts mehr gehört hatte. Die beiden letzten Briefe klangen nicht sonderlich glücklich. Aber sie vermutete auch, dass Walter nicht das schrieb, was er wirklich in seinem Herzen fühlte. Wahrscheinlich wurde den Männern an der Front eingebläut, nur Gutes aus dem Krieg zu berichten. Das musste Walter schwerfallen, ihm, der doch seine Gefühle nie zu verbergen wusste. Auch von Vater hatte sie schon sehr lange nichts mehr gehört. Sie schrieb: *Es ist schon seltsam, du stehst morgens auf, und weißt noch nicht einmal, ob all deine Lieben überhaupt noch leben. Du verrichtest deine ganze Arbeit, wie immer, alles vertraut und gewohnt. Schaust du in den Himmel, wird dir immer wieder bewusst, dass dieses Leben auf Erden einzigartig und kostbar ist. Und wie viele Männer sind gerade im Begriff, dieses bisschen Leben wegzuwerfen? Wie viele Männer werden gezwungen, dieses bisschen Leben herzugeben für eine Idee, die von einem einzigen Menschen ausgeht? Aber der Bevölkerung wird weiterhin weisgemacht, dass der Sieg bald bevorstehe.*

Wer mehr erfahren wollte, fuhr nach Neisse, um in einem der Kinos die Wochenschauen zu sehen, die tagtäglich der Bevölkerung gezeigt wurden. Traudel kam öfters am Abend bei Mutter vorbei und berichtete, welche Bilder sie dort zu sehen bekam. Obwohl Mutter sich weigerte, auch nur eine dieser Wochenschauen anzusehen, die sie als propagandistischen Mist empfand, hielt sie Traudels Eindrücke dennoch in ihrem Tagebuch fest.

„Anna, das ist was anderes, als nur eine Stimme zu hören. Auch wenn sie versuchen zu beschönigen. Du blickst in Gesichter von Soldaten, die tagelang in Dreck, Staub und

Hitze marschiert sind. Jetzt verkünden sie uns prahlerisch, wie unseren Soldaten der 6. Armee der Angriff auf Stalingrad gegen den hartnäckigen Widerstand der sowjetischen Armee geglückt ist. Angeblich haben sie große Teile der Stadt unter ihre Kontrolle gebracht. Was das vielleicht die Männer gekostet hat, das erzählen sie nicht."

Wütend schnippelte sie die Bohnen, setzte sich dann plötzlich hin, griff sich kurz ans Herz, stockte. Sie seufzte auf, wischte sich über die trockenen Lippen.

„Aber du kannst es erahnen, da kann auch die Kamera nicht mehr lügen. Und in unseren Städten fallen die Bomben, auch wenn sie versuchen zu zeigen, wie das deutsche Volk alles tapfer erträgt. Der Krieg, Anna, ist mehr als eine euphorische Stimme aus dem Radio. Mittendrin stecken unsere Söhne fest! Und dein Alfred. Ich frage mich langsam, hätten wir nicht viel früher ‚Halt!' schreien müssen? Und viele Menschen machen stoisch weiter? Da werden die Bombenschäden ein wenig beseitigt, die Toten lässt man unter dem Geröll liegen, und jeder geht seines Weges! Und in den Städten wird das Leben zelebriert, ich kann dir sagen, Sachen habe ich erfahren! Die einen saufen weiterhin ihren Champagner, als wären wir noch in der wilden Zeit und andere krepieren zu deren Füßen. Ich kann das nicht verstehen! Die Ideologie dieser ach so großen Volksgemeinschaft entfaltet jetzt erst ihre wahre Wirkung und diese scheint mittlerweile ansteckend zu sein, wie ein bösartiger Virus. Die Menschen haben sich an den Krieg gewöhnt. Sowas gibt's!"

Mutter nickte. Irgendeine Stimme aus dem Radio schmetterte über Traudel hinweg.

Stiefel für die Kompanie

Ein Ereignis, dass Oma erlebt hatte, berührte meine Mutter derart, dass sie es mir sofort schrieb. Natürlich ein wenig abgeschwächt, denn unsere Post wurde teilweise kontrolliert. Aber auch diese Geschichte hielt sie akribisch in ihrem Tagebuch fest.

Es muss ein wunderschöner Sommertag gewesen sein und trotzdem dachte Oma auch schon an die nächste Jahreszeit, die besonders während eines Krieges nie einfach ist. Der letzte Winter hatte noch lange seine Schatten geworfen; am Ende waren wir an allem knapp gewesen. Ein paar von meinen alten Schuhen wollte sie daher für Paula aufbessern, denn mittlerweile bekam jeder neue Schuhe und Kleidungsstücke nur noch über sogenannte Bezugsscheine. Und jeden Schein, der eingespart wurde, konnten wir für etwas anderes ausgeben. Uns Kinder störte es eh nicht. Die Sachen der älteren Geschwister aufzutragen – so war es schon immer gewesen. Ich übernahm alle Kleider von Thea, jetzt bekam Paula eben meine Sachen. Nur Walter war öfters in den Genuss gekommen, eine neue Hose zu bekommen. Gertrud ließ sich da immer wieder etwas einfallen. Wo sie konnte, legte sie Stoffreste für uns beiseite.

Nun ging Oma mit meiner kleinen Schwester zum alten Schuster Jonathan. Oma und er kannten sich schon ein Leben lang. Sie waren zusammen zur Schule gegangen, ließen sich in der gleichen Woche trauen, seine und ihre Kinder waren zusammen groß geworden. Seine beiden Söhne waren ebenfalls im Krieg, auch der Enkel Rudolf, der mit Walter zusammen die Schulbank gedrückt hatte. Eigentlich sollte Rudolf eine Lehre bei ihm anfangen, aber auch den jungen Burschen verlud man kurzerhand an die Front. Nun saß der Alte alleine da, in seiner Werkstatt, die wie alle anderen Häuser im Dorf natürlich so vertraut war.

Wie gerne hatte ich meine Mutter immer dorthin begleitet! Es roch würzig nach Leder und all die Rollen und großen Nadeln blieben Erinnerungen meiner Kindheit. Ich fand es spannend zu beobachten, wie der alte Jonathan die Schuhe formte, das Leder zurechtschnitt, zusammennähte, weich klopfte, bis sie einem angepasst wurden. Das war eine Kunst für sich. Stolz trug man dann ein paar Schuhe und wusste, dass sie wirklich einzigartig blieben.

Als Oma und Paula ankamen, beobachteten sie zwei Männer in schwarzer Uniform, die aus dem Laden herausstürmten, sich in ein Auto setzten und mit quietschenden Reifen abfuhren. Es war schon seltsam genug, überhaupt ein Auto zu sehen, denn es war natürlich in der Kriegszeit verboten, ein Auto zu fahren. Jeder Tropfen Benzin, jedes Stück Blech wurde für den Krieg verwertet. Aber bei der SS mache man da wohl eine Ausnahme, muss Oma vor sich hin gebrabbelt haben.

Genau wie Mutter war sie vorsichtiger geworden. Ihren Gedanken ließ sie in Gegenwart anderer keinen freien Lauf mehr. Als das Auto weit genug weg war, spuckte sie dennoch verächtlich auf den Boden. Paula tat es ihr gleich nach. Da musste Oma sie mahnen, das ja nicht vor Fremden zu machen, die diese Geste als Frevel ansehen könnten. Paula musste ihr das hoch und heilig versprechen. Als sie dann endlich den Laden betraten, saß der Schuster auf einem kleinen Hocker und starrte leblos vor sich hin. Er hörte die beiden nicht. Selbst Paula blieb ganz ruhig, denn in der Art und Weise, wie der alte Mann da in sich versunken saß, spürte auch sie instinktiv, dass irgendetwas geschehen war. Als er dann allmählich wie aus einem Traum zu erwachen schien, sah er hoch, starrte Oma befremdend an. Nach einer Weile kam es ganz leise: „Ach, du bist es. Wie schön, ein menschliches Gesicht zu erblicken. Geht es dir nicht manchmal auch so, ich muss immer darüber nachdenken, was ist bloß mit unserem Leben geschehen? Wir haben doch beide schon zwei Kriege miterlebt, aber das hier, das ist wirklich alles sonderbar, anders als 1871 oder im Großen Krieg. Oder?"

Dann erhob er sich schwerfällig, strich seine Lederschürze glatt, ging in die Ecke und klopfte auf eine Sohle, die über einen Schaft gespannt hing. „Was kann ich für dich tun, Anna?"

„Alles in Ordnung bei dir, Jonathan? Was wollten die blutsaugenden Zecken bei dir?"

Er sah vorsichtig hoch.

„Was ist schon in diesen Zeiten in Ordnung? Was ist bloß aus unserem Land geworden! Da kommen diese zwei Burschen hier herein, grüßen dich nicht einmal und befehlen dir, dass auch du deinen Beitrag für das Vaterland zu zollen hast. Ich soll in dieser kleinen Werkstatt Stiefel herstellen, so viele wie möglich. Für eine ganze Kompanie! Und weißt du, wo sie dann hinkommen? In den nächsten russischen Winter! Gutes deutsches Leder hält russischen Schmutz und Feuchtigkeit ab, behaupten sie."

Eine beklemmende Stille nahm den Raum gefangen. Nur aus dem offenen Fenster drang ein Lachen zu ihnen hinein, ein Bollerwagen rumpelte vorbei, Bienen summten in den blühenden Mohnwiesen, und am Himmel sah Oma eine winzige fluffigweiße Wolke. Was für ein trügerisches Bild, dachte sie sich noch, als sie dem Schweigen lauschte.

In diese Stille hinein zupfte Paula der Oma am Ärmel.

„Ist Papa nicht auch in Russland, Oma?"

Schnell strich sie dem Kind über den Schopf.

„Ja, aber er wird bald zu Hause sein."

Lange sahen sich die Alten an.

„Und auch der Walter, Peter, und der Jakob und Rudolf vom Jonathan?" Paula war aufmerksam wie ein Luchs. Der alte Jonathan schaute in diesem Moment hilflos und wehmütig drein, was Oma natürlich sofort bemerkte.

„Glaub an Gott, dann wird dir geholfen werden!", versuchte Oma ihn zu überzeugen.

„Ach Anna, ich frage mich schon lange nicht mehr, wohin der Gott eigentlich so blickt. Er scheint diesem grausamen Schauspiel vom Himmel aus mitleidlos zuzusehen. Nein, ich glaube, diese Verantwortung können wir nicht einfach auf Gott abwälzen."

Er hielt inne.

„Ich habe abgelehnt. Wie soll ich mit meinen über 70 Jahren für eine ganze Kompanie Lederstiefel herstellen? Ich habe vorgeschlagen, wenn sie mir meinen Sohn und Enkel zurückschicken, dann hätte ich doch hier Hilfe. Da sah sich der eine Kerl um, rümpfte die Nase und meinte zu dem anderen: ‚*Na, mit zwei Kriegsgefangenen müsste das doch wohl zu schaffen sein, oder?*' Als sie dann noch begannen in meinen Sachen herumzuwühlen, habe ich ihnen mitgeteilt, dass mir die Herstellung normaler Schuhe für mein deutsches Volk vollkommen ausreiche. ‚*Ich glaube, wir verschwenden hier nur unsere Zeit*', meinte dann der andere sarkastisch und wie auf Kommando brüllten sie ihr ‚*Heil Hitler!*' heraus! Ich habe nur erwidert: ‚*Heil unseren deutschen Soldaten, die sich im Gegensatz zu Ihnen beiden im Kriegsgeschehen befinden.*'"

Da lachte er kurz auf. Oma schüttelte nur den Kopf.

„Jonathan, sei vorsichtig."

„Das aus deinem Munde, Anna?"

„Ja. Man kann auch noch im Alter dazulernen. Hier haben selbst die Bäume Ohren bekommen."

Dann holte sie aus einem Beutel meine alten Schuhe hervor und während Jonathan an ihnen herumnestelte, sprachen die beiden Alten über vergangene Zeiten, als es noch kein Radio, keine Zeitung gab und man nur die Sorge hegte, ob der liebe Herrgott einem auch ja gnädig gesinnt war.

Wie es schien – den Deutschen war er wohl nicht sonderlich gesonnen. Während sich im eigenen Land die Lage dermaßen zuspitzte, weil die Alliierten nicht müde wurden, uns zu bombardieren, brüllte die Stimme aus dem Radio: „*Russische Gegenangriffe brechen die Feuer unserer Soldaten zusammen!*"

Nicht nur blieb die 6. Armee in einem Schneesturm stecken, der Roten Armee gelang es zudem eine Großoffensive zu starten, die den Einschluss der 6. Armee und weiterer deutscher verbündeter Truppen zur Folge hatte. Man munkelte von über 300.000 Mann im Kesselgriff von Stalingrad.

Mutter schrieb mir verzweifelte Briefe. Traudel rannte nur noch wie eine graue Maus umher. Nicht eine einzige Nachricht von Peter und Vater. Ich versuchte all das auszublenden und begann stoisch, mich um meine Aufgaben zu kümmern. Dieses Schauermärchen sollten doch die Erwachsenen bis zur letzten Seite allein auslöffeln. Warum musste es unser junges Leben aussaugen und zerstören? Als junger Mensch versuchte man sich auch in diesen Zeiten in irgendeiner Form ein wenig von den Erwachsenen zu distanzieren. Nur war es um so vieles schwieriger als in Friedenszeiten, sich einen eigenen Weg in diesem Dickicht aus Verordnungen, Verboten, Gleichschaltung und Kriegsgeheule zu suchen. In diesem überkontrollierten Kollektiv gefangen, schwamm man mit in der großen Masse, und nur wenn man für sich die eine oder andere Nische entdeckte, konnte man sich vielleicht einige Privilegien ergattern.

Nun hofften wir alle auf das Ende dieser Pflicht. Ich betete inständig, doch noch meinen Ausbildungsplatz zu bekommen. Vielleicht war er frei geblieben, vielleicht würde man dort auf mich warten? Ab Januar, so schwor ich mir, da würde ich versuchen mein eigenes Leben mit Ausbildung und einem späteren Beruf aufzubauen.

Dann machte der Krieg der Erwachsenen mir einen gewaltigen Strich durch die Rechnung. Oder besser gesagt, die übereifrigen Parteihörigen, die ihre Zukunft nur noch als Teil dieser Ideologie verstanden.

Unsere Gruppenführerin ließ uns an einem düsteren Wintertag zu einem außerordentlichen Appell antreten.

„Wie ihr wisst", donnerte ihre Stimme über unsere Köpfe hinweg, „muss jeder Volksgenosse in dieser äußerst schwierigen Lage, in der wir uns alle befinden, unseren tapferen Soldaten draußen an der Front den Rücken stärken. Was leisten sie nicht wahrhaft Heldenhaftes für uns in der Heimat! Ich habe daher dem Gauleiter den Vorschlag unterbreitet, unseren Beitrag dazuzugeben. Wir verlängern die bisherige Dienstzeit von neun Monaten auf ein Jahr! Ihr bekommt wie geplant ab dem 19. Dezember euren wohlverdienten Urlaub, um euren Müttern in der Heimat beizustehen. Aber am 4. Januar tretet ihr alle wieder hier euren Dienst an und werdet dann erst Ende März entlassen. Es gibt auch im Winter genug Arbeit auf dem Land. Wir werden schon Aufgaben für euch finden. Dem Gauleiter hat dieser Vorschlag derart imponiert, dass er diese Idee persönlich an höchster Stelle unterbreiten will. Das könnte bedeuten, dass ab dem nächsten Jahr alle einen einjährigen Dienst leisten dürfen. Und ihr wäret die Ersten! Ihr könnt stolz sein. Ich erwarte, dass ihr diese besondere Ehre annehmt!"

Fassungsloses Entsetzen grub sich in die Gesichter der Mädchen ein. Einige konnten die Tränen der Enttäuschung nur mit Mühe zurückhalten. Ich bebte vor Wut. Erst am Abend konnten wir es uns erlauben, unsere Enttäuschung herauszubrüllen. Uns war es egal, ob die Lauscherinnen vor den Türen standen. Doch das große Donnerwetter blieb aus. Von da an herrschte ein etwas aufgelockerteres Klima. Wir Mädchen ließen uns von der Gruppenführerin nicht mehr derart gängeln. Hinzu kam, dass einige Mütter sich beschwerten, da sie ihre Mädchen dringendst zu Hause benötigten. Und tatsächlich durften einige gehen, denn die Arbeit auf den großen Höfen war ohne die Hilfe der Männer kaum zu bewerkstelligen. Ich bekam keine Chance. Der reine Weiberhaushalt bei meiner Mutter konnte auf genügend zupackende Hände zurückgreifen und da wir nicht als klassische Bauern galten, gab es für mich keinen Grund, den Dienst beim Landjahr nicht weiter zu leisten. So begrub ich mal wieder einen Traum. Die Gruppenführerin bekam den Unmut von uns allen zu spüren und lockerte die strenge Disziplin etwas. Am folgenden Wochenende durften wir sogar ins Kino gehen, ein Film, der nicht nur als „staatspolitisch" und „volkstümlich wertvoll" galt, sondern auch das Prädikat „Jugendwert" bekam. „Die große Liebe", so der Titel. In diesem von der Bevölkerung gefeierten Film spielte und erstrahlte die Schwedin Zarah Leander als große heroische Heldin. Diese von Goebbels so verehrte Künstlerin galt mit diesem Film als eine von uns.

Mit großen, melodramatischen Augen wartete sie sehnsuchtsvoll auf ihren Fliegeroffizier, dicke Tränen bahnten sich einen Weg über ihre Wangen. Sofort musste ich an meinen Vater denken. Er verehrte diese Frau, mit der sanft rauchigen Stimme. Ihr Lied: *Es wird einmal ein Wunder geschehen*, lullte uns alle derart ein, dass wir uns unterhakten und das ganze Kino schunkelte mit. Einige hatten den Film wohl schon öfters gesehen und sangen lauthals mit. Noch heute habe ich die erste Strophe im Kopf, denn bei ihr musste ich wiederholt stark und sehnsuchtsvoll an meinen Vater denken.

Wenn ich ohne Hoffnung leben müßte,
wenn ich glauben müßte, daß mich niemand liebt,
daß es nie für mich ein Glück mehr gibt, ach, das wär' schwer.
Wenn ich nicht in meinem Herzen wüßte, daß du einmal zu mir sagst:
Ich liebe dich, wär' das Leben ohne Sinn für mich, doch ich weiß mehr: Ich weiß, es wird einmal ein Wunder geschehn und dann werden tausend Märchen wahr.
Ich weiß, so schnell kann keine Liebe vergehn, die so groß ist und so wunderbar.

Tagelang trällerten wir Mädchen dieses Lied, und selbst als wir in die beißende Kälte hinausmussten, um Geld einzusammeln für unsere tapferen Frontsoldaten, *Für Führer, Volk und Vaterland!* summten wir diesen Ohrwurm. Mit einer blechernen Sammelbüchse trabten wir von Haus zu Haus und sammelten für das Winterhilfswerk, für die Soldaten an der Front. Wir verkauften kleine Holzfiguren und sangen dabei: *Es wird einmal ein Wunder geschehen ...* Es half tatsächlich über die überbordende Angst hinweg, was denn nun tatsächlich mit all unseren Vätern und Brüdern an der Front geschah.

Endlich die ersehnten Weihnachtsferien. Natürlich fuhren wir nicht so euphorisch von dannen, denn der Gedanke, zurückkehren zu müssen, schmeckte bitter. Bevor ich zum Zug rannte, drückte mir die Gruppenführerin noch schnell einen Brief in die Hand. Ich erkannte die Schrift meiner Mutter und erst im Zug riss ich den Umschlag auf.

Meine Mutter hatte vor lauter Freude in riesigen Buchstaben geschrieben, sodass sich locker zehn Seiten ergaben. Endlich waren Briefe sowohl von Vater als auch von Walter angekommen. Vater berichtete, wie sein Kompaniechef allmählich die Lage einzuordnen wusste und erkannte, dass die Soldaten nach längerem Kampieren im Schützengraben vom Grabenkoller befallen wurden. Er wollte rechtzeitig die Notbremse ziehen und seine Einheit durch frische Truppen ablösen lassen. So war mein Vater nicht bis nach Stalingrad gekommen und schon längst auf dem Rückweg in Richtung Deutschland. Es sah aber so aus, dass er nach Kassel verlegt wurde und deshalb Weihnachten nicht zu Hause sein konnte. Aber das war jetzt egal. Kassel war nicht Russland. Mutter dankte dem lieben Gott, dass er ihren Mann aus Kälte und Hoffnungslosigkeit herausnahm.

Walters Brief hingegen klang nicht sonderlich positiv. Seine Vorgesetzten hatten ihm seinen Urlaub gestrichen. Er war zum wiederholten Male aufsässig geworden und wurde dafür hart bestraft. Genaueres konnte er nicht schreiben und natürlich war Mutter enttäuscht, spürte eine vehemente Angst. *Wenn Walter sich bloß nicht die Finger verbrennen tut!* schrieb sie mir und aus diesen Zeilen spürte ich ihre Verzweiflung. Sich mit der Wehrmacht anzulegen, wurde mit dem Tod bestraft.

Von Peter kam keine Post. Traudel wurde schier verrückt. Veit war auf Urlaub und so durfte zumindest Herbert aufatmen. Der Daniel von Gertrud und Otto, der Siegfried von der dicken Gerda und zwei weitere Spielkameraden von Walter waren gefallen. Allesamt Freunde aus Kindertagen! Ich ließ den Brief sinken. Eine eiskalte Klaue griff nach meinem Herzen und ich spürte einen stechenden Schmerz.

So lernte ich mitten in einem überfüllten Abteil das einsame Gefühl kennen, Menschen, Freunde, Vertraute, die ich, seit ich denken konnte, kannte, nie wiederzusehen. Und neben mir sauste die trostlose Winterlandschaft am Fenster vorbei. Tot wirkende Bäume säumten den Weg; der Schnee hüllte alle Felder und Wege mit seiner kalten Decke ein. Schwarze Dohlen hockten missmutig in den Zweigen, eine fahle Sonne lugte wie verschämt hinter einer Wolke hervor. So fühlte sich also der Tod an. Unweigerlich kamen mir Bilder aus längst vergangenen Tagen in den Sinn. Winter auf dem Hopfenberg. Da haben sie noch alle gelebt. Die feuerroten Ohren von Siegfried leuchteten glühend auf im weißen Schnee, der schöne Daniel – wie oft war er mit seinen Eltern bei uns gewesen – tot. Wir Kinder wuchsen alle wie Geschwister zusammen auf, eine einzige große Familie. Die Lebensideale der Erwachsenen zerrissen diese Kinderbande. Sie waren doch so jung gewesen! Scheinbar zu jung fürs Leben, aber ein sterbensreifes Alter für die Pläne der Menschen, die gierig einem Traum hinterherjagten.

Als ich Gertrud beim Krämer antraf, war sie nur noch ein Schatten ihrer selbst. Ottos Haare waren über Nacht weiß geworden. In so viele Familien riss der Tod eine Lücke. Mit all diesen Todesnachrichten fühlte es sich an, als sei ein Mitglied aus der eigenen Familie hinfort gerissen worden. Da half auch keine weihnachtliche Stimmung. Statt einer Geburt zu huldigen und sich zu freuen, mussten so viele Familien den Tod beklagen.

Die Weihnachtssendung endete mit den Worten des Führers: *„Wir feiern den Sieg des Lichts über die Finsternis. Wir warten auf die Sonnenwende."*

Ja, diese Finsternis trugen so einige in ihrem Herzen und in der Seele.

In der Weihnachtsmesse verzichtete der Pfarrer darauf, von der Herrlichkeit des *Tausendjährigen Reiches* zu prahlen. Zu erschüttert saßen die Angehörigen der Gefallenen in ihren Bänken. Neuerdings durfte die Kirche wieder Teil unserer Gesellschaft sein. Die Partei hatte verordnet, all der Toten würdig und feierlich zu gedenken. Nun sollte von jedem gefallenen Soldaten für die Dauer einer Messe ein Kranz mit seinem Namen in der Kirche stehen dürfen. Nach langer Zeit suchte so manch einer wieder bei Gott Trost, eine seelische Kraft. Doch ob sie einem wirklich gewährt wurde?

Zu Mutters Geburtstag kehrten fast alle Freunde bei uns ein. Dieses Jahr ertönte keine laute Musik, keine beschwingte Feier. Gemeinsam saßen wir zusammen, gedachten der Toten und jeder, jeder von uns trug in den Augen die große Hoffnung und Sehnsucht, dass dieser Krieg doch bald ein Ende fände. Ich lernte allmählich, das Leben so zu sehen, wie es wirklich war; mit all seinen schroffen und kargen Klippen und dunklen Gefahren, mitten in einem rauschenden Ozean, dessen eiskalten Wellen über uns zusammenschlugen.

Die Raunächte mussten von Träumen über Frieden und Ruhe überfüllt gewesen sein, durchtränkt von salzigen Tränen. Das Neue Jahr brachte allerdings nur weiteres Leid, gepaart mit einer grenzenlosen Hoffnungslosigkeit.

Schlesien

Mohrau 1943

Das Schicksalsjahr

Es muss ein sehr seltsames Bild gewesen sein. Am frühen Morgen stapfte ein ganzer Tross Weiber in Richtung Bahnhof. Alle wollten sie mich begleiten. Mutter, Oma, Paula, Tordis, Annika, Irmtraud und Thea. Schlotternd standen wir auf dem Bahnsteig und warteten auf den Zug, der mich wieder in die fremde Ferne bringen sollte. Dieser Abschied brannte sich dermaßen stark in meine Seele ein. Wenn sich unsere Gruppenführerin Marthe nicht dermaßen hätte profilieren müssen, wäre ich jetzt hiergeblieben, hätte zumindest einen ganz kleinen Teil von meinem eigenen Leben selbst in die Hand nehmen können. Stattdessen stand ich uniformiert auf dem Bahnsteig und wartete auf die Kleinbahn, spürte natürlich, wie Mutters Blick kurz verachtend über meinen Rock strich. Sie konnte sich immer noch nicht damit anfreunden, wie ich in dieser Gemeinschaft einen festen Platz zugewiesen bekam. Tordis hatte mehr Glück gehabt. Sie beendete ihre Anstellung bei einer kinderreichen Familie im Nachbarort, in der sie eine gute Zeit erleben durfte und musste nun nicht länger dort verweilen. Von der folgenden Woche an, begann ihre Ausbildung zur Schneiderin. So unterschiedlich die Biografien.

Als ich später im Zug saß, öffnete ich trotz der Kälte das Fenster und blickte in diese so vertrauten Gesichter. Ich winkte ihnen noch lange nach, während eisiger Wind heulend um meine Ohren pfiff. Ich glaube, auch einige Tränen rollten über meine Wangen, gefroren zu kleinen Kristallen. Ich wusste nicht, was mich in nächster Zeit erwarten würde, aber ich nahm mir vor, meine Pflicht zu erfüllen, möglichst viel Anerkennung zu ernten, um mit einer guten Beurteilung endlich eine Lehrstelle zu beginnen. Mit diesen Gedanken trat ich meinen Dienst an.

Es verging kaum eine Woche, da zitierte uns Gruppenführerin Marthe alle zusammen. Stolz verkündete sie, dass wir jungen Frauen den Männern nun in nichts nachstünden. Dank ihres guten Zuredens leisteten wir unseren Teil für diesen Krieg, denn Adolf Hitler führte ab sofort einen weiteren Erlass für die jungen Männer ein. Eine neue Verordnung enthielt die Registrierpflicht der Männer zwischen 16 und 65 Jahren. Das bedeutete, auch die ganz jungen Burschen wurden in den Kriegskessel geworfen und verfeuert. Kurz musste ich an ein paar Jungen aus meinem Dorf denken – und bei Gott! – sie waren doch noch halbe Kinder! Sie sollten für die Luftwaffe zum Hilfsdienst an Flakgeschützen der Luftwaffe und der Marine eingesetzt werden. Marthe sprach groß prahlerisch die Worte von Baldur von Schirach: *„Dein Körper gehört deiner Nation, denn ihr verdankst du dein Dasein. Du bist für deinen Körper verantwortlich."* Dem sollten wir Mädchen doch in nichts nachstehen! Und damit erhöhte sie auch unser Pensum an körperlicher Ertüchtigung. Das hieß, morgens raus in die Kälte, laufen, Gymnastikübungen und am Abend die gleiche Prozedur. Sie wollte, dass wir eines Tages als gesunde deutsche Mütter prächtige arische Kinder, möglichst Jungen, zur Welt bringen.

Natürlich betraf dieser neue Erlass auch die Menschen in Mohrau. Mutter schrieb mir, wie Herr Gebauer eines Abends zu ihr kam und sich die Haare raufte. Im Tagebuch hielt sie all seine verzweifelten Gedanken fest.

„Liebe Frau Anna, stellen Sie sich vor, jetzt muss ich tatsächlich mit ansehen, wie ein ganzer Jahrgang aus dem Unterricht gerufen und in das Zimmer eines Lagermannschaftsführers nach Neisse gebracht wird. Von diesen jungen Menschen legen sie nun Wehrstammkarten an. Das heißt, sobald sie gebraucht werden, ich vermute mal, bald wird das wohl auch so sein, dienen diese jungen Burschen dann den Kriegsphantasien eines Diktators. Der HJ ist es wirklich gelungen, sowohl die Gesamtheit der Jugend, wie auch den gesamten Lebensbereich des jungen Deutschen zu erfassen."

„Noch, noch scheint der Krieg uns hier im Osten des Reiches nicht gefunden zu haben!", versuchte meine Mutter ihn zu beschwichtigen. „Sie müssen beten, einfach nur beten und hoffen, dass dieser furchtbare Kelch an uns vorbeigeht."

Herr Gebauer saß noch den ganzen Abend in der Küche. Gemeinsam zählten sie die Namen von den Personen auf, die schon nicht mehr unter uns weilten. Zu jedem konnte Herr Gebauer eine kleine Anekdote berichten. Es muss seltsam für ihn gewesen sein mit anzusehen, dass all die Gefühle und die Kraft, die er einst in diese Kinder gesteckt hatte, vergeblich geworden war, da sich deren Blüte nie in ihrer ganzen Pracht entfalten konnte.

„Geboren, um so sinnlos zu sterben!", jammerte er tief unglücklich.

Mutter mahnte ihn mehrmals, die Stimme nicht so anzuheben. Mittlerweile war es offensichtlich, wer auch hier im Dorf denunzierte. Genau diese Geister schwirrten überall.

Karriere beim BDM

Ich befreundete mich mit Lena aus meiner Gruppe. Ihr Vater bekleidete einen ziemlich hohen Posten bei der Wehrmacht. Ihre Post durfte niemand öffnen. Auf jedem der Briefumschläge prangte ein Siegel der Wehrmacht. Im Vertrauen erklärte sie mir, wie sich ihr Vater im Laufe der letzten zwei Jahre immer mehr von Hitler und seinen Illusionen abwand. Er war einer der Oberbefehlshaber gewesen, der den Russlandkrieg mit vorwärts getrieben hatte, aber ab einem bestimmten Zeitpunkt kam ihm die Erkenntnis, wie aussichtslos dieser Krieg war. Er versuchte fortan, diesem sinnlosen Treiben ein Ende zu setzen, indem er seine Truppen nicht in die Feuergeschütze der Russen laufen ließ. Aber es war schwieriger als gedacht. Zu viele andere Generäle blieben ihrer Sache so sicher, wenn nötig gar bis in den Tod. So konnte Lenas Vater nur ganz subtil versuchen, möglichst viele Soldaten ins Lazarett zu schicken, die dann mit dem nächsten Transport in die Heimat zurückfuhren. Lena lief mit der permanenten Angst herum, dass ihr Vater doch noch eines Tages auffliegen würde. Als ich ihr erzählte, dass auch meine Mutter diesem ganzen System nicht sonderlich positiv gegenüberstand, versuchten wir uns in langen Spaziergängen gegenseitig Mut zuzusprechen und beteten inständig, dass dieser Krieg bald vorüberginge. Endlich ein Ende dieses Schauermärchens.

Nichtsdestotrotz, ich war nach wie vor hin- und hergerissen. Einerseits liebte ich meine Aufgabe, eine Gruppe zu leiten, zu sehen, wie ich eine Autorität besaß und man mir Respekt zollte. Die Mädchen mochten mich, es ging ihnen gut bei mir und trotzdem achtete ich darauf, dass wir das Arbeitspensum erfüllten. Ich spürte den Gehorsam, mit dem ich mir eines Tages vielleicht die Erwachsenenwelt erobern könnte, und ich musste in den letzten Jahren notgedrungen lernen, dass die staatlich verordnete Gesinnung meiner Nation unantastbar zu sein hatte.

Auf der anderen Seite spürte und ahnte ich natürlich, dass dieser Krieg auch ein ganz anderes Gesicht besaß. Doch dieses Gesicht bekam ich selbst nie zu sehen. Noch, noch gab es in unserer Familie keinen Toten. Und vielleicht, vielleicht blendete ich damit eine gewisse Realität aus. Das ging so lange gut, bis die Wahrheit den Vorhang einfach beiseitezerrte.

Eines Tages berichtete mir Lena im Vertrauen, dass diese so großartige 6. Armee in Stalingrad den Kampf einstellte. Sie kapitulierte. In diesem Moment spürte ich nur, wie mir eine ungeheure Macht die Füße wegriss. Ich dankte dem lieben Gott, dass er meinen Vater vorher da herausgeholt hatte. Vielleicht war es sogar Lenas Vater gewesen, der ihm die Chance geboten hatte? Das wusste ich natürlich nicht, aber in diesem Moment empfand ich eine große Dankbarkeit, dass es Menschen wie Lenas Vater gab, die ein Menschenleben über den Sieg stellten.

Zigtausend verwundete Soldaten mussten nach der Kapitulation ausgeflogen werden. Mutter schrieb mir, dass Peter einer von ihnen war. Er war schwer verwundet. Traudel pflegte Tag und Nacht ihr einziges Kind, dass nichts Kindliches mehr in sich trug. Peter hatte einen Arm und ein Auge verloren, völlig traumatisiert fieberte er vor sich hin, sprach in wirren Sätzen, hielt es kaum aus, allein zu sein, geschweige denn im Dunkeln oder der Stille ausgesetzt zu sein. Wie aus dem nichts war er einfach anwesend – ganz nah – dieser Teil des Krieges, den man immer versuchte auszublenden, all die Wunden und Verluste, die der Krieg einem bescherte.

Peter war, seit ich denken kann, so etwas wie ein Bruder für mich. Und nun zeigte der Krieg tatsächlich auch bei uns seine fürchterlichen Klauen. Von Lena erfuhr ich zusätzlich, dass unendlich viele Soldaten in Kriegsgefangenschaft gekommen waren. Es hieß, so wusste sie von ihrem Vater, hier gab es kaum eine Überlebenschance. Die Ernährung war katastrophal und die Arbeitslager, in denen die Soldaten untergebracht waren, nahmen keine Rücksicht auf geschundene Körper und Seelen. All diese Informationen nagten an meiner Seele, raubten meiner Jugend die Unschuld und das Gefühl der Arglosigkeit war für immer verloren.

Mutter schrieb in ihr Tagebuch, dass es dieser Kapitulation zu verdanken war, dass viele Menschen desillusioniert in die Zukunft blickten. Es war eine besorgniserregende Situation.

Auch wenn sich das Leben auf dem Land äußerlich nicht sonderlich veränderte, eine morbide Stimmung machte sich breit, als wenn eine unsichtbare Hand den Faden des Lebens einfach abschnitt. In den Städten wurde das Leben zusehends dramatischer. Herbert, der sich nach wie vor in Breslau umhertrieb, berichtete Mutter, wie nach und nach nicht kriegswichtige Handelsbetriebe und Gaststätten geschlossen wurden. Auch in den Theatern und anderen Unterhaltungsstätten gab es keine Vorstellungen mehr. In den Rüstungsbetrieben mussten die Beschäftigten bis zu 14 Stunden am Tag arbeiten. Auch die Frauen wurden vom 17. bis zum 45. Lebensjahr rigoros für Aufgaben in der Reichsverteidigung abberufen. Egal wieviele Kinder sie hatten. Das Bild der deutschen Mutter, die strahlend und erfüllt im trauten Heim steht und glückbeseelt ihre Kinderschar ansieht – wie ausradiert. Es war, als wenn hier die Farben des alten Kapitels im Märchenbuch verblassten.

Willi musste sich mittlerweile immer mehr den Frust aller anhören, bemerkte, wie die Leute zusehends beunruhigter wurden, da sie ihren geliebten Adolf Hitler kaum noch sahen. Keine Zeitung präsentierte ein aktuelles Bild des Führers. Die Berichterstattung in der Presse oder den Wochenschauen zeigte ihn seit Kriegsbeginn immer nur noch im Kreise von Soldaten. Hier demonstrierte er die Macht und wie genial er als Feldherr und Eroberer von Feindesland sei, sich aufopferungsvoll um die Truppen und um die Kranken in den Lazaretten kümmerte. Die seelische Begegnung zwischen dem Führer und seinem Volk hingegen fand immer seltener statt, versuchte Willi Mutter zu erklären. Man könnte sagen, es fand allmählich eine Entfremdung Hitlers zu seinem Volk statt. Das nahm ihm die Bevölkerung übel.

„Volk ist Abstammungsgeschichte und Schicksalsgemeinschaft zugleich! Das klebt an dir, wie ein Makel", beschrieb Herbert einst, als er gefragt wurde, warum er denn nicht dieses Land verlasse, wenn ihm das alles nicht in den Kram passe.

Und dieses Volk spürte momentan nur noch die bitteren Seiten des Krieges. All die fürchterlichen Auswirkungen brachen über uns herein, vor allem hieß es Tote zu beklagen und der Held, für den sie doch all dieses in Kauf nahmen, der schien einfach von der Bildfläche verschwunden. So nahm Goebbels noch einmal die Chance wahr, um dem Volk über das Radio vom Führer zu berichten.

„Der Führer hat seit Beginn des Krieges und lange vorher nicht einen Tag Urlaub gehabt. Wenn also der erste Mann im Staate seine Pflicht so verantwortungsvoll auffasst, dann muss das für jeden Bürger und jede Bürgerin des Staates eine stumme, doch unüberhörbare Aufforderung sein, sich auch danach zu richten."

So erklärte Goebbels zu Beginn seiner Rede und forderte dann das Volk auf, sich dem *totalen Krieg* zu stellen.

Marthe zitierte uns in den Saal, damit wir die großartige Rede des Reichspropagandaministers Dr. Joseph Goebbels anhörten. Wie gebannt saßen wir vor dem Volksempfänger. Aus dem Berliner Sportpalast hörten wir das Jubeln und Raunen der euphorischen Masse. Als Goebbels dann ausrief: „Wollt ihr den totalen Krieg?", schrien die begeisterten Menschen ihr *Ja!* über den deutschen Rundfunk. Eine minutenlange Hysterie und eine in Ekstase versetzte Menge brüllte ihre bedingungslose Ergebenheit zu Hitler und seinen menschenverachtenden Plänen.

Und da war es wieder. Dieses seltsame Gefühl, dieses seltsame Gefühl dem Rausch einer Masse zu unterliegen. Um mich herum klatschten und jubelten die Mädchen, ich sah in tränenüberströmte Gesichter, manche bekamen ganz rote Wangen. Marthe strahlte und schien uns weder zu sehen noch zu hören. Es war so schön, so aufregend, so abenteuerlich und doch so erschreckend! Goebbels wurde unterbrochen von einem Jubel, der aufstieg wie aus einem menschlichen

Meer, das den Führer für seine glorreichen Taten und Worte anbetete und dem er befehlen konnte, bedingungslos.

Und ich war Teil dieser Masse.

Gab es doch noch eine Hoffnung, dass sich alles zum Guten wenden sollte? Nach dieser Rede glaubten viele Menschen, dass Hitler uns doch noch zum Sieg führte.

Heute weiß ich natürlich, dass das Ganze eine glänzende Volksrede war, die den Rausch ins Unermessliche steigerte. Die Partei erzog uns schon seit Jahren mit diesen Propagandareden zur im Inneren duldenden Volksgemeinschaft, bis hin zur blöden Masse, die weder nach links noch rechts schielte. Und die Wehrmacht erwartete von ihrem Volk, die Verteidigung dieser Volksgemeinschaft nach außen, um überhaupt den Sinn zu verstehen, ihr Leben im fremden Land zu lassen.

In einem Brief berichtete Mutter, dass Oma ein weiteres Urenkelchen bekommen hatte. Sie schrieb noch, das Kind von Elsbeth und Heinz wurde geboren und erblickte kein Licht der Welt; nur die Düsternisse des Krieges.

Ich dagegen hoffte, dass wir diesen Krieg gewinnen. Gewinnen, um dann Ruhe zu finden. Kurz bevor sich das Ende unseres Landjahres näherte – jeden Tag blickten wir aus dem Fenster und mit jedem Frühlingsstrahl wussten wir, dass wir bald nach Hause konnten –, bat mich Marthe zu sich. Als ich ihr Zimmer betrat, saß eine andere Frau mit an dem Tisch. Die kannte ich nicht. Ich stutzte – was hatte ich falsch gemacht? Oder hatte Marthe doch etwas an mir auszusetzen gehabt? Oder noch schlimmer, hatte sie heimlich die Post von Lena gelesen? So blieb ich abwartend, vorsichtig, spähte einmal lauernd zu Marthe, die jedoch nur mit einem Stapel Papieren neben dieser fremden Frau saß.

„Johanna. Marthe hat dich mir gegenüber sehr lobend erwähnt. Sie hält dich für ein begabtes Mädchen."

Ich starrte Marthe an. So war das also. Erst drillte sie einen bis zum Umfallen und dann fand sie tatsächlich auch einmal lobende Worte? Sie sah mir ins Gesicht. Doch auch in diesem Moment konnte ich überhaupt keine Emotion erkennen. So beobachtete ich lauernd die mir fremde Frau. Was wollte sie von mir?

„Du sollst sehr intelligent sein. Ich will nicht lange hinter dem Berg halten. Ich mache dir einen Vorschlag. Du kannst auf unsere Kosten in Neisse das Lyzeum besuchen. Der Jugendverband bezahlt das Stipendium. Was hältst du davon? Damit kommst du auf die höhere Schule und kannst dann später einen Beruf erlernen, der dich mit all deinen Begabungen bestimmt sehr weit bringen wird. Solche Frauen wie dich können wir für dieses Land gebrauchen.

„Das wäre ja ... ich kann es nur nicht glauben ...", konnte ich nur stammelnd von mir geben. Und trotzdem, in meinem Herzen flammte eine Freude auf! Ich könnte weiterlernen! Ich würde tatsächlich eines Tages einen richtigen Beruf erlernen!

„Doch, das kannst du schon glauben. Allerdings ...", sie blätterte in ein paar Seiten herum, las, blickte wieder auf. Graue Augen musterten mich. „An einigen Tagen in der Woche müsstest du dich allerdings für unsere Jugendarbeit zur Verfügung stellen. Wir erwarten ebenfalls, dass du auch zu unseren Versammlungen erscheinst."

Mit diesen wunderbaren Aussichten vergingen die letzten Tage im Landjahr rapide. Die Bannmädelführerin hatte mich persönlich angesprochen! Das kam einer Auszeichnung gleich. Ich fieberte jetzt erst recht dem Ende entgegen. All diese politischen Bildungen, Schulungen, allerlei hauswirtschaftlichen Wettbewerben und Basteln sollten tatsächlich vorüber sein. Im Winter mussten wir nicht mehr auf den Bauernhöfen helfen, aber wir wurden zusehends gedrillt, das *Tausendjährige Reich*, das in Bälde kommen sollte, mit Haut und Haar zu unterstützen.

Aber all das konnte meine Laune nicht trüben. Ich durfte einer Zukunft entgegenblicken, die nicht vielen jungen Frauen beschert war. Die Partei hatte mit dem weiblichen Geschlecht natürlich ganz anderes im Sinn.

Jegliche Form als Frau in politischen Gremien in leitender Funktion zu arbeiten oder Machtpositionen innezuhaben, wurde bereits mit der Machtübernahme von 1933 ausgeschlossen. Innerhalb der preußischen Behörden zum Beispiel, verloren alle verheirateten Frauen 1933 ihren Arbeitsplatz. Frauen unter 35, sprich im gebärfähigen Alter, durften nicht mehr in den öffentlichen Dienst eintreten.

Während Joseph Goebbels versicherte, die Verdrängung der Frau aus dem öffentlichen Leben erfolge nur, um ihr ihre wesentliche Würde zurückzugeben, äußerte Hitler: *„Wenn früher die liberalen intellektualistischen Frauenbewegungen in ihren Programmen viele, viele Punkte enthielten, ihren Ausgang vom so genannten Geiste nahmen, dann enthält das Programm unserer nationalsozialistischen Frauenbewegung eigentlich nur einen einzigen Punkt, und dieser Punkt heißt: das Kind. Dann wird niemals zwischen den beiden Geschlechtern Streit und Hader entbrennen können, sondern sie werden dann Hand in Hand gemeinsam kämpfend durch dieses Leben wandeln, so, wie die Vorsehung es gewollt hat, die sie zu diesem Zwecke beide erschuf."*

Im Justizbereich betrug 1934 der Anteil des weiblichen Geschlechts nur noch drei Prozent. Diese wenigen waren einer permanenten Schikane und Diskriminierung ausgesetzt. Wohlgemerkt, nicht nur von den männlichen Kollegen, auch von den Frauen, denen sie tagtäglich begegneten.

Die neu angestrebte Volksgemeinschaft der NSDAP, die nationale Erhebung und Glorifizierung unter der rigorosen Führung Adolf Hitlers, wies hier klare Strukturen auf, denen sich kaum eine entziehen konnte, ohne dabei ihr Leben zu riskieren. Aber der Ideologie von der Hüterin des Heimes stand eine andere Wirklichkeit gegenüber: Viele Frauen mussten weiterhin in irgendeiner Form einer

Tätigkeit nachgehen, um die Familie zu ernähren. Die Wirtschaftskrise von 1929 warf noch lange ihre Schatten ins nächste Jahrzehnt. Bis 1936 stellten die Frauen ein Drittel aller Erwerbstätigen. Und ab 1939 wurden sie zwangsverpflichtet, in der Rüstungsindustrie ihren Dienst für das Vaterland zu leisten.

Endlich folgte die feierliche Verabschiedung. Jede bekam ein Zeugnis, den Landjahr-Pass, mit einer ausführlichen Beurteilung, die so entscheidend sein konnte, wie es um unsere Zukunft stand. Ich verstand in diesem Moment, warum ich mich auf das Ganze hier eingelassen hatte. Ich wollte weiterkommen im Leben! Und dafür habe ich mich angepasst. Ein Lichtbild, natürlich in Uniform, komplettierte das Schriftwerk, damit auch jeder wusste, mit wem er es zu tun hatte. Ich war stolz auf meinen Pass. Er würde mir in meinem beruflichen Fortkommen sicher manche Türen öffnen.

Ich war so beseelt, dass ich überhaupt nicht darüber nachdachte, was diese Frau mir da erzählte. Nach einer Woche saß ich wieder im Zug Richtung Mohrau. Ich blickte in eine Bilderbuchlandschaft, die mir dieses Mal so anders erschien als an jenem Wintermorgen, als ich wieder zurückfahren musste. Wie hatte sich das Bild verändert! Alles war wie neu gemalt! Überall blühte und sprühte es, kleine weiße Wolken zierten den blauen Himmel und ich war nur beglückt und beseelt! Tausend Gedanken schwirrten mir durch den Kopf. Ich sollte also auf das Lyzeum dürfen! Wenn ich das Großmutter Rotraud erzählte! Die würde staunen und vor Stolz platzen. Endlich jemand aus der Familie, der den akademischen Weg wählte. Während der Zug mit mir durch die frühlingshafte Landschaft ratterte, malte ich mir aus, was meine Mutter wohl für Augen machen würde.

„Hanna, daraus wird nichts, schlage dir das aus dem Kopf."

Mutter sprach ganz ruhig. Eine beängstigende Stille ging von ihr aus. In meinem ganzen Körper spürte ich, dass sich alles in mir zusammenzog. Unglaubliche Schmerzen durchzogen meine Brust. Ich war so entsetzt über die Reaktion meiner Mutter, dass ich nur noch stammelnd fragte: „Warum denn nicht?"

Schweigen.

Und draußen roch der Frühling so süß. Aber hier drinnen, hier in der Küche, da schmeckte ich nur Bitternis und Wut.

„Jetzt hör mal ganz genau zu. Wenn du dich der Hitler-Jugend mit Haut und Haaren verschreibst, wirst du es bitter bereuen, wenn hier einmal alles zusammenbricht. Dann bist du doch die Erste, die sie aufhängen!"

Ich war fassungslos. In dieser Art und Weise hatte Mutter noch nie mit irgendjemanden von uns gesprochen.

„Wir verlieren doch nicht den Krieg!", erwiderte ich empört. „Es haben doch alle für den totalen Krieg gestimmt! Jetzt geht es doch erst richtig los! Marthe ist sich sicher, dass die Wehrmacht noch ganz wunderbare Waffen besäße, die sie einfach nur noch nicht zum Einsatz gebracht hat. Damit werden wir die Feinde schon vernichtend schlagen!"

Mutter starrte mich an. In diesem Moment glaube ich, dass sie mich nicht als ihr eigenes Kind erkannte, sondern eine ihr scheinbar gänzlich fremde Person musterte.

„Du bist doch tatsächlich das beste Beispiel dafür, wie die Nazis nicht nur die Köpfe gefüllt haben, sondern auch dein Herz schon nach ihrem Gutdünken geformt ist. Und was viel schlimmer ist, Johanna, auch deine Seele haben sie bis zur Übersättigung gefüttert. Aber du bleibst für deine Seele selbst verantwortlich."

Johanna nannte sie mich nie. Das Band zwischen Mutter und Tochter wurde in diesem Moment auf eine harte Probe gestellt. Wenn ich mich jetzt gegen sie auflehnen sollte – die

Unterstützung der Partei wäre mir gewiss. Dafür hätte ich keine Mutter mehr. So weit war die Saat der Nazis dann doch nicht bei mir aufgegangen. Kurz erinnerte ich mich, wie Annette aus meiner Gruppe überall damit prahlte, ihre Mutter angezeigt zu haben. Sie hatte sich abfällig über Hitler geäußert, dass dieser doch nie selbst an der Front stehe, damit nie Gefahr laufe, selbst von einer Kugel zerschmettert zu werden, und ja noch nicht einmal Kinder gezeugt hätte für sein Germanenreich. Der einzig Arbeitslose im deutschen Staate sei sein kleines Schniedelmännchen, immer gut versteckt gehalten. Entrüstet war Annette daraufhin zu ihrem Blockwart gerannt und denunzierte ihre eigene Mutter. Sie wurde abgeholt und war bisher nicht zurückgekehrt. Annette glaubte felsenfest, dass sie nur ihre treusorgende Pflicht fürs Vaterland erfüllt hätte.

Ich entschied mich für meine Mutter.

Dass sie aber so Recht behalten sollte, wurde kurz nach der Kapitulation allen ehemaligen HJler und BDM-Mädchen bitter bewusst.

Am 4. Juni 1945 verbreitete der Rundfunk die Meldung, dass die Alliierten entschieden, alle Jugendführer und BDM-Führerinnen mit Führerzugehörigkeit zu verhaften und unter automatischen Arrest zu stellen, um sie mit der gesamten Hitler-Jugend unter Anklage als verbrecherische Organisation zu stellen. Als ich das hörte, wurde ich aschfahl. Jeder wusste von meiner Zugehörigkeit zum BDM. In allen Städten nahmen die Alliierten schon ehemalige Führerinnen und Führer der Hitler-Jugend fest, wo immer sie diese aufstöberten. Erst eine sehr merkwürdige Wendung nahm von uns allen diese schwere Verantwortung und Bürde.

Baldur von Schirach, der oberste Repräsentant der HJ-Generation, galt bei Kriegsende als tot. Plötzlich tauchte er auf, um sich den Alliierten zu stellen und für die Jugend, die er einmal geführt hatte, die volle Verantwortung zu übernehmen. Im Gegensatz zu so vielen anderen Repräsentanten dieses Unrechtsstaates gab er seine Schuld zu und stellte sich vor uns junge Menschen.

Am 20. Mai 1946 erklärte Schirach im Nürnberger Prozess folgendes: *„Die junge Generation ist schuldlos. Sie wuchs auf in einem antisemitischen Staat mit antisemitischen Gesetzen. Die Jugend war an diese Gesetze gebunden, sie verstand deshalb unter Rassenpolitik nichts Verbrecherisches. Wenn aber auf dem Boden der Rassenpolitik und des Antisemitismus ein Auschwitz möglich war, da muß Auschwitz das Ende der Rassenpolitik und das Ende des Antisemitismus sein. Hitler ist tot. Ich habe ihn nicht verraten, ich habe nicht gegen ihn geputscht, ich habe kein Attentat gegen ihn geplant, ich habe meinen Eid gehalten als Offizier, als Jugendführer, als Beamter. Ich war Nationalsozialist aus Überzeugung von Jugend auf; als solcher war ich auch Antisemit. Hitlers Rassenpolitik war ein Verbrechen. Diese Politik ist fünf Millionen Juden und allen Deutschen zum Verhängnis geworden. Die Jugend ist ohne Schuld. Tragen Sie, meine Herren Richter, durch Ihr Urteil dazu bei, für die junge Generation eine Atmosphäre gegenseitiger Achtung zu schaffen, eine Atmosphäre, die frei ist von Haß und Rache. Das ist meine letzte Bitte, eine herzliche Bitte für unsere deutsche Jugend."*

Schirach gelang es mit dieser beispiellosen Tat, die Anklage gegen seine Hitler-Jugend auszuräumen. Er büßte in Spandau seine 20-jährige Haftstrafe ab, stellvertretend für die amnestierte Jugend, deren glänzende Symbolfigur er gewesen war. Er schenkte uns damit ein neues Leben in einem neuen Staat. Was man mit dieser gewonnenen Freiheit machte, musste von da an jeder für sich selbst verantworten.

Das konnte ich aber zum damaligen Zeitpunkt alles noch nicht ahnen. Fürs Erste fühlte ich mich von meiner Mutter allein gelassen.

Damit war der Traum aus, die akademische Laufbahn einzuschlagen. Jetzt durfte ich wieder neu überlegen, was aus mir, Johanna Gröger, werden sollte. Ich fühlte mich so hundeelend, so niedergeschlagen, dass Mutter mich erst einmal mit meinen Launen gewähren ließ. Ich wehrte mich, sofort in irgendeine Ausbildung zu gehen, blieb lieber daheim und half sowohl bei ihr wie auch bei Oma auf dem Hof aus. Natürlich war die Stelle als technische Zeichnerin schon besetzt, von daher konnte ich auch diesen Weg nicht weiterverfolgen, und so zog ich mich in meine junge Einsamkeit zurück.

Peters Träume

Während ich mit allem haderte, am allermeisten aber mit mir selbst, wurde der Geburtstag unseres Führers verkündet. Ich kann mich noch sehr genau an diesen Geburtstag erinnern. Goebbels ließ sich nicht davon abhalten, dem deutschen Volk über den Äther mitzuteilen, dass wir zusammen mit diesem großartigen Führer bald vor dem größten aller Siege stünden.

„Als Volk von 90 Millionen legen wir heute erneut unser Bekenntnis zu ihm ab: wir glauben an den großen deutschen Sieg, weil wir an ihn glauben! Aus der tiefsten Tiefe unserer Herzen steigen unsere heißen Wünsche für ihn auf. Gott gebe ihm Gesundheit, Kraft und die Gnade des Entschlusses. Treu und unbeirrt wie immer sonst wollen wir ihm folgen, wohin er uns führt. Er ist unser Glaube und unsere stolze Hoffnung; festen Schrittes wollen wir den Weg in die Zukunft beschreiten, den seine Hand uns weist. Ein Volk, das einen solchen Führer sein eigen nennt, ihm in einer so bedingungslosen Treue anhängt, ist zu Großem berufen, es muss das Große nur unentwegt wollen!"

Nach Goebbels Rede mussten einige Kinder aus unserem Dorf der HJ beitreten. Nun war die Staatsjugend Pflicht geworden. So liefen die kleinen Menschen aufgeregt und glücklich in ihren Uniformen ins Bürgerhaus. Ich musste unweigerlich an Walter denken. Mit welch einer Freude waren damals er und Peter hingerannt! Die zwei Jungen, so enthusiastisch und eigentlich so unschuldig! Und jetzt? Ich wusste nicht einmal, wo sich mein Bruder überhaupt aufhielt, und Peter, ja den hatte der Krieg einfach wieder ausgespuckt. Andere Väter, Söhne und Brüder rückten ein, manche kamen auf Urlaub, fuhren wieder zurück zur Truppe. Abschiede ohne Ende.

So begann ich mich um Peter zu kümmern. Es war schon komisch, in dieses schöne Gesicht zu blicken, das nun mit einer schwarzen Augenklappe für immer das Siegel des Krieges als Makel mit sich umhertragen würde. Nur mühsam erlernte er, alles mit der linken Hand zu verrichten. Als ich vorsichtig anfragte, wie all das geschehen konnte, schüttelte er nur den Kopf. Keine Erinnerung an den Krieg ließ er an sich heran, wischte die dämonenhaften Bilder schnell beiseite, wenn diese ihn dann doch des Nachtens einholten. Sobald Traudel und Herbert dem Radio lauschten und Peter die Küche betrat, sprang Traudel wie elektrifiziert auf, stellte sofort den Kasten ab. Er wollte nichts hören, nichts sehen, blieb wie ein Eigenbrötler in seiner verdunkelten Kammer hocken. Sein Schweigen wurde für uns alle unerträglich. Die jahrelange Manipulation der HJ und die zermürbenden Jahre des Krieges hatten das junge Leben zerstört und keine Zukunft bereitgehalten.

Trotz allem besuchte ich ihn regelmäßig. Es gelang mir mit den Monaten, dass er sich wenigstens mit auf die Bank vors Haus setzte. Und einmal, da versuchte er, mühsam nach Worten suchend, ein wenig von dem zu erzählen, was nachts in seinem Kopf herumspukte.

„Meine Mutter wird noch ganz verrückt, weil ich lieber schweigen möchte. Alle reden sie so viel, und sagen doch nichts von Bedeutung Dieses ganze Reden kann doch nicht ungeschehen machen, was vorgefallen ist."

„Aber Peter, du kennst doch das Sprichwort: Geteiltes Leid ist halbes Leid! Deine Mutter möchte helfen. Wir alle möchten dir helfen. Weißt du, wir sitzen hier so dermaßen hilflos, ich glaube, die meisten von uns verstehen nicht wirklich, was Krieg überhaupt bedeutet. Wir werden nicht bombardiert, müssen keinen Hunger leiden; so überfällt uns dann das große Entsetzen, wenn wir jemanden verlieren oder wie bei dir die Wunden und Narben des Krieges so offensichtlich zu sehen bekommen. Ich würde an deiner Stelle ersticken, wenn ich nicht reden könnte."

„Weißt du, Hanna, das Verrückte ist, ich kann mich gar nicht an allzu Vieles erinnern. Es ist, als ob mein Schädel alles ausblendet. Es hat Wochen gedauert, bis ich mich überhaupt an diesen einen Tag erinnern konnte und diese eine Nacht. Da erst, ganz langsam, kehrten sie bruchstückartig wieder zurück, diese fürchterlichen Erinnerungen."

Wir schwiegen. Er aus Entsetzen, was dort in seinem Kopf herumspukte, ich aus Nachsicht, weil ich wohl nie das ganze Ausmaß begreifen würde, welche Bilder ihn plagten.

„Unser Kompaniechef teilte uns den Auftrag mit, als Vorposten die ruhende Truppe vor möglichen Überraschungen zu sichern", begann er leise zu reden, aber mehr für sich, so als ob er alles noch einmal durchleben musste, um zu begreifen, was da tatsächlich mit ihm geschehen war.

„Es war schon später Nachmittag, als ich in das fremde Gelände von einem Vorgesetzten eingewiesen wurde."

Er hielt inne, nahm sich eine Zigarette, was ihm schwerfiel, denn in einem regelmäßigen Rhythmus unterbrach er sich selbst und schien erstaunt zu sein, dass der rechte Arm nicht seinem Willen folgte. Dann umwölkte sich sein Gesicht und er tauchte ab in unendlich tiefe Kammern seiner Seele. Mit der Zigarette im Mundwinkel verharrte er, da er nicht schnell genug an die Zündhölzer kam. Umständlich griff er mit der linken Hand in seine Hosentasche, alles unter einem ernsten Schweigen. Es dauerte, bis er seine Stimme wiederfand.

„Was mir nicht aus dem Kopfe will, es war so idyllisch! Ein parkähnliches Wäldchen, ich fühlte mich wie zu Hause, und wie bei unserem Hopfenberg gab es zu der anderen Seite einen steilen Abhang, und in der Tiefe ein friedliches Plätschern des Wassers. Das trotz der Eiseskälte! Alles war eingeschneit, wie auf Weihnachtsmärkten. Vom Himmel lachte die Sonne und der Schnee glitzerte wie Muttis Perlenkette. An dieser Grenze zwischen Park und Abhang wurden wir als Posten eingeteilt. Wir sollten eine Truppe anderer Soldaten ablösen. Aber als wir ankamen, waren diese Männer bereits tot. Sie lagen verblutet im Schnee. Seltsam, dieses Rot auf dem Schnee. Ein Kamerad flüsterte mir zu, die Stalinorgel hätte sie dahingemäht. Ich hatte vorher nie davon gehört. Und dann durfte auch ich diese mörderische Waffe der Russen erleben. Plötzlich ein Heulen, Zischen und seltsames Brausen in der Luft und im Bruchteil von Sekunden hüllte sich die ganze Umgebung in ein wütendes Flammenmeer. Das alles in einer mit einschlägiger, maschinengewehrartiger Geschwindigkeit. Das war definitiv die berüchtigt gefürchtete Stalinorgel, schoss es mir noch hämmernd durch den Schädel. Es blieb mir keine Zeit in volle Deckung zu gehen. Vor dem herannahenden Unheil half nur ein blitzartiges Hinlegen an Ort und Stelle und warten, warten bis der Spuk vorüber war. Zu meinem Glück, die Stalinorgel verfügt nur über eine begrenzte Anzahl von Geschossen, und einmal das Pulver verschossen, ist die Gefahr vorbei. Vorerst. Als ich mich aufrichtete, schmeckte ich Blut. Meinen rechten Arm, den spürte ich nicht mehr. Und meine Kameraden, die lagen unter den Bäumen in diesem idyllischen Wäldchen und waren alle tot. Ich hatte bis dahin von der Existenz dieser mörderischen Waffe nichts gewusst. Oder hatte man uns das einfach verschwiegen, als sie uns rekrutierten?" Hier lachte Peter zynisch, drückte wütend die Zigarette aus. „Mein Kompaniechef tauchte auf, zusammen mit zwei anderen Soldaten. Die toten Kameraden wurden dann auf sein Geheiß hin in dem Wäldchen begraben. In dem Wäldchen, wo die anderen von den Russen getötet wurden. Vorerst hatten wir ihre Erkennungsmarke abzuknicken, penible deutsche Gründlichkeit auch in dieser Situation! Die eine Hälfte wurde dann nach Hause verschickt, die andere verblieb am Hals des toten Kameraden und wurde mit ihm begraben.

An diesem Tag erhob sich für mich der faulig-stinkende Geruch dieser sinnlosen Schlacht und hing über mir wie ein Hut, den ich seitdem nicht mehr abbekomme. Und du keuchst in dieser dicken, angsterfüllten Luft, taumelst und ich spürte einfach nur noch Angst. Schon hörten wir es wieder, diese Orgel mit ihrer schrecklichen Musik. Ich weiß nicht wie, aber sie brachten mich fort. In einem Lazarett, da erfuhr ich dann die ganze Wahrheit. Mein Auge hin, mein Arm zerschmettert – es blieb nichts anderes übrig, als mich als Krüppel nach Hause zu schicken. Ich war – nein – bin k.o. Das, liebe Hanna, das ist das wahre Gesicht des Krieges."

Er begann zu schwitzen. Instinktiv wollte er mit seiner rechten Hand über das Gesicht wischen. Ich sah erneut, wie es in dem Stumpfen zuckte. Dann schüttelte er den Kopf, hob mühsam den linken Arm und wischte sich eine Schweißperle vom Gesicht.

„Erinnern heißt leben, Peter! Und du lebst."

Er sah zu Boden. Nach einer Weile nickte er. Unmerklich.

„Hast du irgendeine Nachricht von Walter oder deinem Vater?"

Ich zögerte kurz.

„Nicht offiziell."

Peter sah mich von der Seite an, stutzte und hakte nach: „Was heißt das, *nicht offiziell?*"

Ich kaute auf der Lippe, sah mich vorsichtig um. Peters Auge weitete sich und seit langer Zeit vermittelte er mir das Gefühl, dass er wieder Anteil an dem nahm, was um ihn herum geschah. Ich erzählte ihm, wie wir bis vor Kurzem eigentlich alle nur noch jeden Tag hofften, irgendetwas in Erfahrung zu bringen. Vater war, Gottlob, nicht mehr in Russland, sondern irgendwo bei Kassel stationiert. Immer mal wieder brachte uns der Friedrich seine Feldpost und somit wussten wir zumindest, dass Vater noch lebte. Aber Walter, von dem hatten wir lange nichts mehr gehört. Die letzten Briefe klangen so seltsam, so unpersönlich, so gar nicht nach Walter, wie wir ihn kannten. Eigentlich teilte er uns nichts von Belang mit. Das machte uns nervös, weil diese Nachrichten fast schlechter auf uns wirkten als gar keine Nachricht. Meine Mutter fieberte natürlich jeden Tag auf weitere Post von ihm. Der arme Friedrich traute sich schon fast nicht mehr an unserem Garten vorbeizuradeln. Es gab seit Wochen keine Post für uns. Damit begann das Warten auf den einzigen Sohn und Bruder. Und dieses Warten wuchs zum großen Warten auf das Ende dieses Krieges, das nie ausgesprochen werden durfte. Aber die Mienen aller Dorfbewohner verrieten doch alle diesen geheimen und innigsten Wunsch. Ich stoppte in meinem Redefluss. Peters Auge stierte mich seltsam an.

„Walters Abwesenheit hielt uns alle mit klammen Fingern fest im Griff", versuchte ich Peter zu erklären. „Obwohl mein Bruder nicht da war, so empfand ich nicht selten das sonderbare Gefühl, als würde er durch seine Nichtpräsenz anwesender sein als alle anderen im Raum. Und dann stand vor einigen Wochen plötzlich Willi vor unserer Tür. In voller Montur. Ich bemerkte, wie er lauernd um sich sah, bevor er unsere Pforte öffnete, die nach wie vor ein leichtes Quietschen von sich gibt. Erstaunt blickte er der Tür hinterher, wie sie langsam ins Schloss fiel. Wahrscheinlich konnte er sich noch dieses Geräusches von früher her erinnern. Meine Mutter beobachtete ihn stumm. Ich konnte sehen, wie sie versuchte sich einer Schildkröte gleich, in einen dicken Panzer zurückzuziehen. Sie vertraut mittlerweile niemand mehr. Willi bemerkte mich, zögerte ein weiteres Mal und da ich klug genug bin zu wissen, wann Erwachsene unter sich sein wollen, schnappte ich mein Fahrrad und ließ die beiden im Garten zurück."

Ich hielt inne, wartete ab, wie mein Redefluss auf Peter wirkte.

Nach einer Weile, in der Peter nichts erwiderte, sich umständlich eine neue Zigarette anzündete und mir das vertraute Gefühl schenkte, gerne bei mir sitzen zu wollen, erzählte ich ihm weiter von meinem Geheimnis. Von Satz zu Satz veränderte sich sein Gesichtsausdruck. Ganz allmählich erkannte ich den frechen und offenen Jungen von einst. Meine Erzählung holte ihn allmählich wieder ins gegenwärtige Dorfgeschehen zurück.

Als ich später nach Hause zurückkehrte, erklärte ich Peter, saßen Mutter und Thea in der Küche. Beide waren so still. Auf dem Tisch lagen drei geöffnete Briefumschläge und drumherum mehrere kleine Seiten. Ich setzte mich zu ihnen, berührte meine Mutter leicht an der Schulter. Sie sah mich nicht an. Endlich durchbrach sie dieses sonderbare Schweigen.

„Das sind Briefe von Walter."

Ich war dermaßen verblüfft, dass ich hastig nach einem der Blätter griff und auf der Stelle seine unsichere Handschrift erkannte. Mit erstickter Stimme konnte ich fast nur noch hauchen: „Wo kommen die plötzlich alle her?"

Sofort mahnte mich Thea an, leiser zu sein. Schnell wie ein Wiesel stand sie auf, schloss bedächtig Fenster und Tür.

„Wo ist Paula?", fragte sie Mutter in einem verschwörerischen Ton.

„Bei Oma."

Thea setzte sich wieder an den Tisch. Sie und Mutter sahen sich ganz seltsam an. Ich kam mir vor wie bei einem von Herberts geheimen Treffen.

Und dann wurde mir schlagartig etwas bewusst – Willi! Was hatte Willi damit zu tun? Unsicher sah ich zu Mutter. Doch sie starrte wie verklärt auf diese Briefe.

„Wir sollen nicht fragen, wie er an diese Briefe gelangt ist. Es scheint so zu sein, dass er trotz seiner Ideologie irgendwo in seiner Seele noch eine Kammer gefunden hat, die so etwas wie Menschlichkeit besitzt. Er hat mir verraten, dass einzig hinausgeschmuggelte Briefe die wahren Gefühle vieler desillusionierter Soldaten und Matrosen vermitteln. Alle andere Post ist zensiert. Deswegen hat Walter immer so kümmerlich geschrieben! Er konnte nicht wirklich ausdrücken, was ihm widerfahren ist. Und wenn ich jetzt diese Post so lese, ja was soll ich sagen, es sind Worte und Gedanken, die wie Hilfeschreie an die Heimat klingen. Und wir sitzen hier und tun nichts."

Dann begann Mutter die Briefe vorzulesen. Es war so schmerzhaft zu erfahren, wie Walter versuchte, sich nach drei Jahren bitterer Kriegserfahrung gegen das Kriegstreiben aufzulehnen. Er nutzte wohl jede Gelegenheit, sich gegen die Härte des Militärs zu wehren. Ich schüttelte nur stumm vor Wut und Trauer den Kopf.

Später schrieb meine Mutter ihre Gedanken auf. Was Walter und so viele andere junge Menschen zuvor nur aus dem Radio kannten, in Zeitungen gelesen, in alter Heldenliteratur gekostet hatten, war nun eine andere Realität geworden, die er so nicht hinnehmen wollte.

Im letzten Brief schrieb Walter, dass er mal wieder vor einer weiteren Vernehmung stand, Arrest bekommen hatte, und daher nur über die zensierte Post mit uns kommunizieren konnte. Da beschloss er, uns seine wahren Briefe auf anderem Wege zukommen zu lassen. Wie, das konnten und sollten wir nicht in Erfahrung bringen. Sicher war nur, am Ende dieser Kette stand Willi und war damit in der Lage, uns die Briefe heimlich zuzustecken.

So vertraut saßen wir lange beieinander. Erst als wir die plappernde Paula von draußen zusammen mit den brummelnden Worten Omas hörten, da bemerkten wir, wie das Licht allmählich verblasst war. Oma öffnete die Küchentür, blieb wie angewurzelt stehen. Es muss auch ein seltsames Bild gewesen sein, wie wir da schweigend in der dunklen Küche beieinandersaßen und vor uns hin stierten. Sie ging sofort auf Mutter zu.

„Anna, ist irgendetwas vorgefallen? Mit Walter? Mit Alfred?"

Mutter schüttelte schnell beruhigend den Kopf. Paula stürzte auf sie zu, kletterte auf die Bank und erzählte uns allen, wie sie die Küken füttern durfte. Oma merkte natürlich sofort, wie das Unausgesprochene schwer im Raum hing. Sie nahm Paula bei der Hand und erklärte ihr, dass die Zeit einen nun mahnte, sich in die Kammer zurückzuziehen. Sie läse ihr noch aus der Bibel vor, doch dann wäre es spät genug schlafen zu gehen, um sich morgen weiter um die Küken zu kümmern.

Nach ungefähr einer halben Stunde kehrte Oma zurück und setzte sich zu uns an den Tisch. Thea hatte in der Zwischenzeit Licht gemacht. Auch wenn wir hier nicht bombardiert wurden, so galt natürlich auch bei uns die Aufforderung, bei Anbruch der Nacht die Fenster zu verdunkeln. Da die meisten von uns nicht daran glaubten, dass der Krieg bis nach Schlesien dringen würde, hielten sich nicht sonderlich viele an diese Verordnung. Bei uns gab es nach wie vor keine dröhnenden Flugzeuge und Bombengeschosse, die alles plattwalzten. Thea zog gewissenhaft die Gardinen zu und zündete einige Kerzen an. Wir saßen zusammen, begannen die Möglichkeit zu besprechen, die Thea vorschlug, nämlich einen Brief zu verfassen. Mutter wehrte sich vehement gegen diese, wie sie fand, absurde Idee. Doch Oma und ich jubelten begeistert und schon holte ich einen Bogen Papier aus der guten Stube, den teuren Füllfederhalter von Vater, und Thea setzte sich hin und begann Wort für Wort niederzuschreiben. Immer wieder formulierte und diktierte ich ihr einiges hinzu, Oma nickte bestätigend, Mutter starrte ihre Töchter und alte Mutter fassungslos an.

Am nächsten Tag gingen Thea und ich zu Willi. Er saß im Bürgerhaus, diverse Akten lagen auf seinem Tisch gestapelt. Müde sah er auf. Als Willi uns erkannte, sprang er schnell auf und schloss hinter uns die Tür. Dann linste er zum Fenster, setzte sich an die Kante seines Schreibtisches und sah uns abwartend an.

„Wir sollen dich von Mutter schön grüßen", sprach Thea freundlich. Sie lächelte süß, wusste wie immer ihre Reize gut dosiert einzusetzen. In seinen Augen begann es zu funkeln. Ein kleines Lächeln huschte über sein Gesicht. Ich war es schon gewohnt, dass sich die hungrigen männlichen Blicke wie ein Bienenschwarm auf ihr niederließen. Welche Frau möchte auf derart bewundernde Blicke verzichten, wenn sie ihr schon so freiwillig entgegengeschleudert wurden? Nach mir sah sich keiner um.

„Was kann ich für euch tun?", fragte er ruhig. „Ich muss schon sagen, ihr beide seid wirklich zwei sehr schöne junge Frauen geworden. Ich kenne euch noch, als ihr so klein ward."

Dann deutete er mit der Hand die Höhe eines kleinen Kindes an. Thea und ich sahen uns an; wir mussten beide lachen. Gott, wie vertraut war das doch wieder, mit Willi zu reden! Wie gerne mochte ich ihn. Und nun saß er da, in dieser dungfarbenen Uniform und eigentlich, wenn er die ausziehen würde, dann wäre er doch wieder der gute alte Willi. Der Willi, der einst meine Mutter so verehrt und meinen Vater bewundert hatte. Aber als ich ihn mir genauer ansah, bemerkte ich die müden Falten um die Augen, aus denen der Glanz verschwunden war. Die letzten braunen Jahre hatten auch ihn gezeichnet. Er war dafür verantwortlich, dass hier im Dorf alles so funktionierte, wie die Partei es wünschte. Immer diese Kontrollen des Gauleiters, immer wieder fuhr eine schwarze Limousine der SS durchs Dorf. Wir standen unter einer permanenten Beobachtung. Und das war nicht immer leicht. Einerseits wollte Willi der Partei treu sein, andererseits war er hier geboren, hier aufgewachsen und kannte jeden Einzelnen. Er wusste ganz genau, wer in der Partei war. Willi kannte diejenigen, die sich vehement gegen diesen Krieg wehrten und sich auch offen dazu äußerten, und doch, das musste man ihm lassen, wurde nie jemand aufgrund seiner Person und Position denunziert. Das kam immer von den anderen, von denen, die sich beweisen mussten. Wir schwiegen uns an. Willi beobachtete ernst die Gesichter von zwei jungen Frauen, die gerade im Begriff waren, ihn zu etwas Illegalem anzustiften. Dann zog Thea zögerlich einen Umschlag aus ihrer Tasche. Willi starrte darauf. Vorsichtig legte sie ihn auf seinen Schreibtisch. Es gab keine Anschrift, nur unseren Absender.

„Ist der an Walter?"

„Nein", antwortete Thea leise. „Wir möchten gerne, dass Walter nach Hause kommt – na wenigstens für ein paar Tage. Es ist eine Aufforderung an seinen Vorgesetzten, dass er aus familiären Gründen nach Hause muss. Mutter braucht ihn. Sie muss endlich einmal nach drei Jahren ihren Sohn sehen können. Ihn auch einmal umarmen dürfen."

Willi wagte nicht uns anzusehen. Er starrte noch immer auf diesen weißen Umschlag.

„Kannst du uns helfen, Willi?" Thea flüsterte.

Wir hörten eilige Schritte draußen im Flur, eine Nebentür wurde aufgerissen und die Schritte verstummten. Willi nahm den Umschlag, legte ihn in eine Schublade, die er vorher mit einem Schlüssel öffnete. Erst als der Schlüssel wieder sicher in seiner Tasche verstaut war, er die Schublade noch einmal überprüft hatte, da erst nickte er behutsam.

„Geht lieber. Ihr seid schon erwachsene Mädchen. Ihr dürft um Himmels willen mit keinem darüber reden. Das kann mich ins KZ bringen."

Wir nickten. Dieses Wort. Ja, dieses Wort, das kannten wir. Peter pfiff anerkennend.

„Na, dass ihr immer die Rebellen im Dorf wart, das weiß ich ja. Meine Mutter und Herbert gehören ja auch zu eurer verschworenen Gemeinschaft. Aber das ist wirklich ein mutiges Ding, was ihr da ausgeheckt habt. Soll doch mal einer sagen, Frauen hätten keine Ahnung von strategischer Kriegsführung!"

Dann schwiegen wir beide. So saßen wir in unserem vertrauten Dorf. Damals konnte ich überhaupt nicht ahnen, was die weiteren Kapitel dieses Schauermärchens uns noch offenbaren sollten. Denn auch wenn wir Jüngeren in diesen Krieg involviert waren, die Handlung dieser Geschichte schrieben dennoch die Älteren.

Bilder des Krieges

Als ich den Flur betrat, fiel mein Blick sofort auf die Truhe. Oma hatte einst eine weiße Decke gestickt, die sich immer von dem braunen Holz abhob. Früher stellte Vater einzelne Blumen in die Vase, die er abgeknickt im Garten zwischen den Rosenhecken vorfand. Seit Beginn des Krieges führte Mutter diese Tradition fort. Sobald die letzten Blumen im Herbst gefunden waren, trocknete Mutter diese und so zierte auch in den dunklen Wintermonaten eine von Vaters Rosen diese Truhe. Nun lag auf der weißen Decke, geschmückt mit einer gelben Rose, Koppel und Pistole und aus der Küche vernahm ich eine vertraute Stimme. Vater! Vater war nach Hause zurückgekehrt! Kurz bevor ich losstürmte, sah ich mir neugierig diese schwarz glänzende Pistole an. Ich berührte sie zaghaft. So kalt. Hatte er hiermit einen Menschen getötet? Schnell wischte ich diese morbiden Gedanken weg. Die Erkenntnis, was Krieg aus Menschen machen kann, sollte sich nicht als düsteres Bild in meinem Kopf verankern.

Und dann saß er da. In dieser feldgrauen Uniform. Er hatte wohl versucht, sich ein wenig herzurichten – und dennoch –, es war nicht zu übersehen, dass alles an ihm ein wenig heruntergekommen und schmuddelig wirkte. Grau und müde sah Vater aus. Er drückte mich so lange, dass mir fast die Luft wegblieb. Oma, Thea und Irmtraud saßen an einem gedeckten Kaffeetisch. Mutter zauberte gerade ihre eiserne Reserve an echten Kaffeebohnen hervor. Natürlich gab es den teuren Bohnenkaffee kaum noch. Aber jede Frau besaß ihre geheimen Vorräte, für genau solche Anlässe. Und wenn es nur für den Moment war, ein bisschen von vergangenem Frieden am eigenen Tisch unter dem eigenen Dach hervorzuzaubern.

Mutter war außer sich vor Freude. Wie viele Jahre hatte ich nicht mehr so eine Liebe in ihren Augen gesehen! Sie war wie ausgewechselt. Oma und sie kratzten auf die Schnelle Kuchenreste zusammen, da Vater keine Zeit mehr gefunden hatte, uns Bescheid zu geben, dass er für zwei Wochen zu Hause bleiben konnte. Ich setzte mich und während wir Frauen, schier hysterisch vor Glück, ohne Punkt und Komma auf Vater einplapperten, schrieb Mutter schnell ein paar Zeilen, um Großmutter Rotraud zu informieren. Dann bat sie mich, den Brief schnell dem Friedrich vorbeizubringen, damit der diesen so rasch wie möglich weiterbefördere. Natürlich besaß Rotraud in Neisse ein Telefon. Aber wir nicht. Und für private Gespräche gab das Bürgerhaus das Telefon nicht her.

Wenn Alfred Glück hätte, meinte Mutter, dann könnte Rotraud in drei Tagen hier sein. Mit meinem Auftrag trat ich wieder nach draußen. Das Dorfleben sah plötzlich ganz anders aus. Die Sonne schien, es war ein strahlend blauer Himmel, und von überall her hörte ich die Tiere schnaufen. Zufriedene und wohlige Laute drangen an mein Ohr. Wie anders mutete einem doch das Leben an, wenn der Alltag des Krieges die geschundene Seele nicht mehr so zermürbte. Vater war da! Er lebte! Dann wurde ich ganz still. Mir wurde schlagartig bewusst, dass dieses Glück nicht allen Familien beschert war. Während ich des Weges ging, betete ich zu Gott, dass nun auch Walter nach Hause kommen möge. Der einzige Sohn, der einzige Bruder. Als ich bei Friedrich klingelte, öffnete er mir sofort die Tür.

„Mutter und Vater lassen dich grüßen. Kannst du diesen Brief für die Großmutter Rotraud an dich nehmen und so schnell wie möglich weiterreichen? Vater ist auf Fronturlaub. Nun möchte er natürlich, dass seine Mutter ihn wenigstens einmal sieht."

Friedrich nickte. Er sah zermürbt aus. Dieses Bild hatte sich überall eingeschlichen, man erkannte es schon in den Gesichtern, den müden Augen, dass die anderen immer noch voller Angst warteten, bangten und hofften. Ich wagte nicht zu fragen, ob er schon Nachricht von seinem Sohn bekommen hätte. Dieses Warten und Bangen zog sich über Jahre, ein Zustand, der für alle unerträglich war. Man selbst trug so viel Leid mit sich herum, dass man nicht in der Lage war, sich das Leid der anderen Menschen auch noch anzuhören, gar anzunehmen. Friedrich nickte, bestellte mir noch schöne Grüße nach Hause, schloss dann leise die Tür. Ich atmete ein wenig erleichtert auf. Denn heute, heute sollte nichts meine gute Laune trüben!

Als ich in die Küche zurückkehrte, war die Stimmung etwas gedrückter; ich konnte in den Gesichtern der anderen lesen, dass sie natürlich über den Krieg sprachen. So wie das wahrscheinlich hinter allen verschlossenen Türen geschah. Denn auf der Straße oder in der Öffentlichkeit, da durfte keiner seinen Gedanken freien Lauf lassen.

„Die Stille des Waldes tat mir so wohl und ich aß mit diesem jungen Russen einen Schlag Erbsensuppe." Vater schien mitten in einer Erzählung zu sein.

Ich setzte mich hin und lauschte ihm.

„Als Dank säuberte er sogar das Kochgeschirr. So gingen die Tage dahin, oder waren es Wochen? Ich weiß es nicht mehr. Ich jedenfalls lernte die Russen als ehrliche, arme und sehr hilfsbereite Menschen kennen. Wie bei uns kämpften die ganzen jungen Männer natürlich als Soldaten im Krieg. So traf man nur die Alten, die Kinder und Frauen im Dorf."

Er hing seinen Gedanken nach, hielt den Becher umklammert, wie einen kostbaren Schatz. Diese Kriegserlebnisse bestimmten mittlerweile das gesamte Märchen. All die düsteren Farben verdeutlichten umso mehr die üblen Fratzen, die aus jedem Kapitel hervorlugten.

„Es war seltsam", begann er vorsichtig, tastend nach den richtigen Worten, um weiterzuerzählen, „sie ließen sich nicht anmerken, dass wir eigentlich die Feinde in ihrem Land waren! Wie beruhigend war diese kleine Verschnaufpause. Denn vorher mussten wir nach einem Gefecht allen unseren gefallenen Kameraden ein einsames Grab in der Fremde schaufeln. Dann hingen wir ihre Helme aufs Kreuz und zogen mit unseren ausgemergelten Pferden weiter, bis wir dieses kleine Dorf erreichten, das mich sogar ein wenig an Mohrau erinnerte.

Aber bald musste ich diese ländliche Idylle wieder verlassen. Die grausame Wirklichkeit des Krieges nahm mich in die Pflicht, und so war ich wieder eingegliedert in der langen Abwehrfront zwischen Leningrad und Stalingrad. Dann kam der Befehl zum Stellungswechsel. Und nun kam es zu Aufgaben, die ich am liebsten verweigert hätte. Aber ...", hastig nahm er einen Schluck. Oma griff schnell nach Mutters Hand, die blass und wie erstarrt seinem Bericht lauschte.

„Ich wäre daraufhin standrechtlich erschossen worden. Wir

befanden uns im Frontgebiet und in einer landwirtschaftlichen Kleinsiedlung erhielt ich den Auftrag, die Bewohner aufzufordern, innerhalb kürzester Zeit ihre Häuser zu verlassen. Da stand ich nun, musste dem traurigen Auszug zusehen, die Leute antreiben, weil laufend der Unteroffizier, so ein junger arroganter Pimpf, vorbeikam und uns anschrie, weil ihm alles zu langsam ging. Der Krieg traf also wieder einmal die Zivilbevölkerung. Ich hab mich nicht wohl gefühlt dabei. Und jeder Soldat nahm sich aus dem verlassenen Haus das heraus, was er für sich brauchte, sobald die Zivilbevölkerung aus dem Wohngebiet entfernt worden war. Alles was für Ernährung und persönlichen Schutz geeignet war. Plünderungen sind zwar bei schwerer Strafe verboten, doch es gab immer wieder diese Übergriffe. Im Krieg wird der Soldat zu Taten hingerissen, die er in seinem Privatleben vielleicht nie getan hätte. Doch das Traurigste erblickte ich hinter den Häusern und hinter den Kleingärten. Da stehen die Holzkreuze der Frauen, Greise und Kinder, die Opfer dieses Krieges wurden. Oh, grausamer Krieg!"

Oma bekreuzigte sich. Ich fragte mich unaufhörlich, warum die Erwachsenen all das so sehr gewollt hatten? All das so sehr herbeigesehnt. Vielleicht nicht meine Eltern, aber doch schon mein Bruder und so viele meiner Freunde und Nachbarn. Wo waren die, die sich als Helden fühlten? Mein Vater sicherlich nicht. Schnell zündete er sich eine Zigarette an und der Rauch beruhigte irgendwie die aufgewühlten Sinne. Wie gedankenverloren sah ich den Qualm langsam aufsteigen, bis er sich gänzlich auflöste. Vater schien sich zu sammeln, fand nach einem geraumen Moment auch seine Stimme wieder.

„Mit meinen Männern erhielt ich dann den Auftrag, einen Minengürtel vor unsere Stellungen zu legen. Und so mussten wir die Minen im Schmutz von Schnee und Kälte fertig machen. Das Verlegen der Mine ist immer mit einem gewissen Risiko verbunden. Ein besonders junger Pionier war mir zur Seite gestellt worden, der die Minen sichern sollte. Aber diese Mine detonierte zu früh. Ich hörte nur noch seine Worte: *Ach Alfred, halte meine Hand* … und dann war ich weg, hörte und sah nichts mehr. Auf einem Verbandsplatz kam ich wieder zu mir. Ein Arzt bemühte sich um mich, durch die Schmerzen war ich aufgewacht. Ich hatte das Glück, dass ein Arzt zugegen war, der mir gleich kurz nach dem Unglück die Augen säuberte und mir damit vielleicht das Augenlicht rettete. Aber ich war sonst nicht verwundet. Der kleine Pionier, den hatte es erwischt. So wie er waren viele Söhne nicht zu halten gewesen. Die meisten konnten gar nicht mit dem Gewehr umgehen, kaum schienen sie das schwere Ding überhaupt halten zu können, geschweige denn auch noch damit zu zielen. Aber sie wollten als Helden zurückkehren! Und was kommt zurück? *Für Deutschland gefallen!* Ein paar lächerliche Zeilen!"

Stille beherrschte den Raum. Eine schwere Stille. Nur die alte Wanduhr tickte im gleichbleibenden Rhythmus. Fast wie ein Herzschlag pumpte es unaufhörlich, als mahnende Erinnerung dessen, dass Zeit nie stehen blieb. Wir konnten nichts rückgängig machen. Auch die Zeit nicht anhalten.

„All unsere Decken waren verwanzt. Alles juckte und jeder kratzte sich, aber diese beißenden Insekten saugen einem noch das letzte Blut aus dem Hirn. Zu allem Unglück kam hinzu, dass ich Nesselfieber bekam. Mein Körper fühlte sich glühend heiß an; die Läuse wurden überaus lebendig und trieben mich fast in den Wahnsinn. Im Allgemeinen herrschte Weltuntergangsstimmung. Wir waren wirklich am Ende. Und wir spürten alle eine tiefe Angst, die drohte uns von innen auszuhöhlen. Wie viele andere Kameraden auch, konnte ich mich endlich dieser Angst hingeben. Aber die Angst ist gefährlicher als der heranrückende Feind. Und unser Kompaniechef wusste das. Ein wunderbarer Mensch.

Ich bin heute sehr dankbar, dass er letztendlich den Befehl erteilte, dass die Überlebenden von der Front in die Heimat zu versetzen seien. Da hatte ich wirklich Glück. So einen guten Kompaniechef, den haben nicht viele. Ich glaube nicht, dass sich hier irgendjemand in so eine Stimmung hineinversetzen kann. Die eisenhaltige Luft und die ständige Angst, wenn es unaufhaltsam knallt und kracht, prägen den Menschen. Und du musst dich hundertprozentig auf deinen Kameraden verlassen können. Du lernst dich kennen, im Besonderen wenn es heißt, einen Verwundeten oder Toten zu bergen. Fremde Kameraden setzen da nicht so leicht ihr Leben aufs Spiel."

Vater erzählte weiter. Langsam dämmerte es und wir saßen eng beieinander. Die Bilder, die er in seinem Gepäck der Erinnerungen aufbewahrte, brachte er nun ans Licht. Und die Wahrheit war manchmal kaum zu ertragen. Mutter rannen immer wieder die Tränen über die Wangen, Oma nestelte an ihrem kleinen Tuch herum und Irmtraud starrte ihren Schwager nur mit offenem Mund an. Natürlich wusste sie von ihrem eigenen Mann, was Krieg bedeutete, aber jede einzelne Geschichte offenbarte immer wieder eine andere Wahrheit. Und jede dieser persönlichen Wahrheiten schmeckte bitter. Thea hielt indessen seine Hand. Sie blickte auf den Tisch, ihre Miene wirkte wie versteinert.

Vor Kurzem hatte sie sich mit einem jungen Feldwebel verlobt, der kurz darauf ebenfalls in den Krieg ziehen musste. Sie sah sehr nachdenklich aus. Frank war nur zu Besuch bei seiner verheirateten Schwester, verbrachte hier seinen Fronturlaub. In seiner Uniform sah er ganz passabel aus und Thea verliebte sich sofort in ihn. Sie bat Mutter immer wieder, doch schnell heiraten zu dürfen. Mutter war darüber nicht sehr glücklich gewesen. Eine Trauung in diesen Zeiten, das passte in ihren Augen einfach nicht zu der allgemeinen angespannten Situation, getrieben von Tod und

Verletzungen. Thea blieb hartnäckig. Nun war Vater auch noch da. Wahrscheinlich hoffte sie, dass dieser Besuch doch genug Grund wäre, auch ein bisschen Freude ins Haus zu tragen. Aber in diesem Moment wusste mein Vater nichts von all unseren Sorgen und Ängsten, war zu sehr gerieben von seinen Erlebnissen, die aus ihm rausmussten wie ein böses Fieber. Er erzählte weiter, wie sie dann alle nach der erfreulichen Meldung, ganz erleichtert ihr Hab und Gut packten, um den Schauplatz Russland zu verlassen.

„Natürlich waren wir alle euphorisch. Die tagelange Reise war zwar zermürbend, aber zurück auf deutschem Boden übernachteten wir in einem Soldatenheim. Hier trafen wir andere Soldaten, die auf dem Weg in ihren Fronturlaub waren. Die Stimmung war besonders gut und sogar ein wenig ausgelassen. Kameradschaftlich teilte man mit uns die Zigaretten, auch ein bisschen Rum machte die Runde, aber keiner, keiner sprach vom Krieg und seinen Auswirkungen. Jeder hing seinen Gedanken nach. Man wollte eigentlich auch gar nicht wissen, was das Gegenüber vielleicht erlebt, ja, vielleicht gesehen hat.

Natürlich war das Heim mit einem Volksempfänger ausgestattet. Und als wir die Stimme Goebbels hörten, wie er schrie: ‚Glaubt ihr mit dem Führer und mit uns an den endgültigen totalen Sieg des deutschen Volkes?' und ihm und damit auch uns ein Tausendfaches ‚Ja!' entgegenscholl, da wurde es ganz still in dem Heim. ‚Wollt ihr ihn, wenn nötig, totaler und radikaler, als wir ihn uns heute überhaupt vorstellen können? Wollt ihr den totalen Krieg?' Die Antwort ließ nicht auf sich warten. ‚Ja!'

Da war sie wieder, diese organische Volksgemeinschaft, die doch nur die totale Unfreiheit beinhaltet.

Wir Soldaten sahen uns nur an, ohne eine Silbe zu sprechen. Ein verkehrtes Wort und es würde als Zersetzung der Wehrkraft gedeutet werden. Damit hielt der Krieg uns natürlich wieder in seinen Klauen, umklammerte uns fest, dass einem schwindlig werden konnte. Während die Glücklichen am nächsten Tag in den Urlaubszug stiegen, wurden wir in einen anderen Waggon verfrachtet, der uns wieder mitten in das Kriegsgeschehen hineinkarren sollte. Ein wenig kam ich mir vor wie Vieh, das sie dort verladen."

Mutter stand auf, gemeinsam mit Oma deckte sie den Tisch mit allem, was wir zu bieten hatten. Natürlich war es nicht mehr das, wie vor ein paar Jahren, aber Mutter schien immer ihre Geheimreserven zu besitzen, wohl wissend, dass Männer immer einen ganzen Ranzen Hunger mit nach Hause brachten.

Vater schien das alles nicht zu bemerken. Mit gesenkten Lidern sprach er unaufhörlich weiter. Seine Stimme war ein wenig rauer als früher und ich spürte, dass er in sich gekehrt versuchte, all seine eingefangenen Erinnerungen aus seinem Kopf, aus seinen Gedanken rauszupressen. Vielleicht in der Hoffnung, sie mögen nie zurückkehren. Es erinnerte mich an Peter.

Später, Jahre nach dem Krieg, redete Vater nie wieder von seinen Erlebnissen. Wie unzählige andere Männer seiner Generation war er nicht mehr in der Lage, diese Bilder wiederzugeben. Auch bei ihm blieben sie wie in einer eisernen Kammer bis an sein Lebensende tief in seinem Inneren verborgen. Nur an diesem Abend, in der vertrauten Runde, in der Heimat, hier war er nicht zu bremsen und wir ließen ihn gewähren. Als Paula heimkehrte, bemühte er sich, seine Erlebnisse beiseitezudrängen. Für eine Stunde brachte das Kind ein wenig Heiterkeit mit und fast hätte man annehmen können, einen ganz normalen Familienabend miteinander zu verbringen. Erst als das Kind im Bett war, fiel er in seine gebeugte Haltung zurück und versuchte zu verstehen, was er in Deutschland erlebt hatte.

Seine Kompanie war von der Ostfront ausgewechselt worden, sie sollten sich von den schweren Kämpfen an der Front erholen, wie es in dem Wehrbericht hieß. Aber in Deutschland erlebte er ein größeres Grauen, wie er flüsternd von sich gab. Nun musste er mit ansehen, wie Frauen und Kinder Opfer des Krieges wurden. Und er sagte voller Überzeugung: „Lieber kämpfe ich an der Front, als Frauen und Kinder so hilflos dem Bombenhagel ausgesetzt zu sehen. An der Front kannst du dich wenigstens verteidigen. Zumindest bildest du dir ein, dass ein gestandenes Mannsbild vor dir steht. Und nicht ein Kind, oder ein Greis, oder eine Frau. Aber ihr könnt euch das nicht vorstellen, wenn Bomben niederregnen, dann beginnt die Luft ganz seltsam zu vibrieren. Nach ein paar Sekunden überträgt sich das auf den Boden und plötzlich beginnt alles um dich herum zu beben und du spürst deine Füße nicht mehr. Du spürst eigentlich gar nichts mehr. Aber dein Gehirn, dein Gehirn arbeitet fieberhaft weiter. Du wirst zu einem Tier, das den unbedingten Willen spürt, zu überleben. So sehr wirst du durchgeschüttelt, und du weißt, eigentlich müsstest du rennen, nur rennen, aber du starrst nur auf diese Füße, die durch heftiges Zittern nicht mehr kontrollierbar sind. Und dann folgt eigentlich erst das wirkliche Grauen. Schutt und Asche rieseln als feiner Regen auf dich herab. Und überall Wimmern und Stöhnen. Du musst lernen, dein Herz gegen Mitleid zu wappnen. Du siehst nur noch durch Bombensplitter zerfetzte Gesichter und Leiber. All deine Sinne werden permanent bombardiert und du fragst dich immer wieder, wann nichts mehr geht. Und jeden Tag geht doch ein bisschen mehr. Der Krieg hat einen ganz bestimmten, unverkennbaren Geruch: dieser kalte Rauch; dieser Dampf, der am nächsten Tag noch aus den Mauerritzen herauskriecht. Und am Tage vorher konnte diese Hitze bis zu 1.000 Grad erreichen. Menschen sind einfach in den Flammen zusammengeschrumpft, als wären sie nur aus

Wachs. Und so viele Tote, einfach begraben unter der Last von Schutt und Asche. Und unter den toten Frauenkörpern die geschützten Kinderleichen. Es gibt zwei Arten von Bomben und wie sie dich umbringen. Entweder Sprengbomben: Man wird verschüttet bei lebendigem Leib. Oder Brandbomben: Man verbrennt bei lebendigem Leib. Manchmal war die Stadt ein reines Feuermeer und ich musste mich einmal an den Bäumen festkrallen, um vom Sog nicht einfach weggerissen zu werden."

„Da ließ der Herr Schwefel und Feuer regnen vom Himmel; herab auf Sodom und Gomorrha und die ganze Gegend und alle Einwohner der Städte, und was auf dem Lande gewachsen war."

Omas Stimme klang ein wenig wie die einer Hexe. Aber hatte sie nicht auch recht? Vielleicht strafte Gott uns wirklich für all das Leid, das wir in die Welt hinaustrugen.

Die Nacht schien angesichts all dieser Erinnerungen nicht enden zu wollen. Bis zum ersten Morgenlicht saßen wir beieinander. Diese vertraute Nähe gab Kraft.

Unerwarteter Besuch

Mutter schickte mich am nächsten Tag los, um einiges für das Mittagessen zu besorgen. Mit all den gesammelten Lebensmittelkarten radelte ich beschwingt durchs Dorf. Vater war da und die Welt kehrte ihre sonnigen Seiten wieder hervor. Auf dem Marktplatz tummelten sich einige Menschen. Hauptsächlich Frauen, Kinder und die Alten. Zwei Hunde streunten herum, jemand zog eine Kuh in Richtung Hopfenberg, junge Burschen und Mädchen saßen dicht beieinander und tauschten verliebte Blicke aus. Ich setzte mich auf eine Bank und ließ dieses idyllische Bild auf mich wirken. Kinder spielten zwischen den Hühnern mit bunten Glasmurmeln. Frauen begutachteten gegenseitig die vollen Körbe. Wer konnte, tauschte das eine oder andere Lebensmittel untereinander um. Es war der erste Tag der Sommerferien und nun begann für viele Kinder und Jugendliche die schönste Zeit. Über uns thronte die Sonne wie erhaben an ihrem Firmament. Hier war so wenig von Krieg zu spüren. Was für eine trügerische Idylle.

Nach all den Erzählungen von Vater glaubte ich für einen Moment tatsächlich, dass ich hier in einem Märchen lebte. In diesem Kapitel blendete man den Krieg aus. Sah ich aber genau in die Mienen der Menschen, war die einstige Fröhlichkeit, die Unbeschwertheit verschwunden. Mir fiel es immer wieder auf – nirgends ein Lachen. Die Stimmen waren insgesamt ruhiger, leiser und verhaltener geworden. Ich riss mich von diesem Anblick los und nachdem ich alle Lebensmittelkarten gegen Essbares eintauschen konnte, schob ich mein Fahrrad und sog den würzigen Duft der satten Felder und blühenden Bäume ein.

Ich stellte zufrieden fest, dass wir dieses Jahr eine reiche Ernte erwarten durften. Selbst nach all den Abgaben, denen die Bauern unterlagen, konnten wir einem gesicherten Winter entgegensehen. Prüfend ließ ich meinen Blick über das satte Korn wandern.

Am Ende des Weges bemerkte ich eine Gestalt, die langsam, ja mit fast zögerlichen Schritten daherschlurfte. Das war der Hauptweg vom Bahnhof zu uns ins Dorf. Ich konnte sofort erkennen, dass es ein junger Mann war, der seinen Fronturlaub antrat. Müde, meistens ein wenig ausgezehrt, so schlichen sie alle mehr oder weniger immer ihren einsamen Weg. *„Als junge Menschen waren sie in den Krieg gezogen, als alte gebrochene Männer kehren sie wieder zurück."* So Herberts Worte, als Veit seinen ersten Fronturlaub antrat. So ging es wohl den meisten Eltern. Irgendwo dort draußen gaben ihre Söhne die Kindheit endgültig ab. Bei den meisten war nichts mehr von der einstigen Euphorie und den prahlerischen Reden über Heldentum und Ruhm übrig geblieben. Blut und Boden als die entscheidenden völkischen Werte schienen für einen Großteil keinen Sinn mehr zu ergeben. Denn in vielen Teilen Deutschlands wurde der Boden gerade von den Alliierten vernichtet. Und dafür sein Blut zu lassen, das kam doch vielen mittlerweile schier sinnlos vor.

Auch dieser junge Mann schien seine letzten Kraftreserven aufbringen zu müssen, um in seine geliebte Heimat zu gelangen. Über den Schultern hing der grobe Leinenrucksack. Etwas an seinem Gang machte mich ein wenig stutzig. So hielt ich an und beobachtete diese Gestalt, die für einen Moment stehen blieb. Der Blick schweifte über das Korn, mit seiner Hand streichelte er zärtlich darüber. Als er den Kopf hob, um in die Weite des Himmels zu schauen, nahm er einen tiefen Zug, als drohte er sonst zu ersticken. In der Art und Weise, wie er seine Strähnen aus dem Gesicht strich, glaubte ich, etwas so Vertrautes zu erkennen, das ich aber vorerst nicht einordnen konnte.

Sekunden später ließ ich mein Fahrrad fallen. Ich rannte den Weg entlang, stolperte einmal, rappelte mich sofort wieder auf und rannte und rannte dieser verdutzten Gestalt entgegen. Ich bemerkte sofort die großen Augen, als sein Erstaunen allmählich wich, und in dem Augenblick, als dieses Lächeln seine düster umwölkte Miene erhellte, da erst erkannte ich meinen Bruder wirklich. Was hatte der Krieg aber aus ihm gemacht! Ich warf mich an seine Brust und spürte seine muskulösen Arme, die mich umschlossen. Beide weinten wir, redeten durcheinander und verstanden zuerst überhaupt nicht, was der andere meinte. Drei lange Jahre hatte ich Walter nicht gesehen! Aus ihm war ein stattlicher Mann geworden. Auch seinen Blick ließ er wohlwollend über mich gleiten. Natürlich war auch ich kein kleines Mädchen mehr. So standen sich zwei Geschwister gegenüber, die der permanente Krieg schon ein wenig entfremdete. Erst nachdem ich mich etwas beruhigt hatte, war ich überhaupt in der Lage seine Frage zu verstehen.

„Wie geht es ihr denn nun? Ich mach mir solche Sorgen! Denn es stand da nichts weiter drin, was ihr denn fehlt!"

Ganz verdattert blickte ich ihn an. Ich wusste überhaupt nicht, über wen Walter redete.

„Nun sag schon, Hanna, was fehlt ihr denn?"

Allmählich dämmerte es mir. Ich lachte laut, ertappte mich dabei, sah mich erschrocken um und hielt die Hand wie eine Verräterin vor den Mund. Natürlich war keine Menschenseele weit und breit. Dennoch, der Alltag bewies ständig, dass man immer vorsichtig mit seinen Gefühlsausbrüchen sein musste.

Ich erklärte Walter, dass es Mutter an nichts fehle, begann ihm die Geschichte zu erzählen, wie wir uns diesen Brief ausgedacht hatten. Wir schrieben in den dramatischsten Tönen, dass Mutter sehr krank wäre, die Angst sie verfolgte, dass sie vielleicht ihren einzigen Sohn nicht noch einmal lebend sehen könnte. Das schien gewirkt zu haben. Walter berichtete, wie er morgens ins Büro seines Vorgesetzten der Marine zitiert wurde. Mit dunkler Stimme sprach mein Bruder, wie ihn eine fürchterliche Panik ergriff. Er stand eh schon unter Arrest, befürchtete nun, dass man ihm wieder etwas vorzuwerfen hatte. Als er dann das Büro betrat, sah er in ernste Mienen. Sein Vorgesetzter las ihm den Brief vor.

„Ich schwöre dir, Hanna, in dem Moment bereute ich jede Auflehnung und jede negative Äußerung, die ich mir in den letzten drei Jahren bei der Marine erlaubt hatte. Dreimal wurde mir der Urlaub gestrichen, kaum einen Freigang gewährten sie mir. Ich wusste, dass ich damit das Risiko eingegangen bin, euch nicht zu sehen. Aber ich konnte und wollte mich nicht verstellen! Wir werden bei der Marine auf unglaubliche Weise schikaniert! Es ist kaum zu ertragen! Und nun musste ich erfahren, dass Mutter so schwer krank ist. Ich habe mir solche Vorwürfe gemacht. Es war sehr klug von Thea zu erwähnen, dass Mutter das Mutterverdienstkreuz gleich 1939 bekommen hatte! Auch sehr klug, nicht zu erwähnen, dass das Kreuz irgendwo im Schweinestall gelandet war. Zum Altar der Nazi-Insignien, wo auch das Hitler-Bild modert."

Wir mussten beide lachen. Zum ersten Mal erkannte ich das spitzbübische Grinsen wieder, das mir so charmant in Erinnerung geblieben war. Ich erschrak, als ich die Falten um seine Augen bemerkte. Die dunklen Augenringe. Ich fragte mich in diesem Moment, ob Mutter das überhaupt ertragen konnte, wie gezeichnet ihr Sohn vom Krieg war. Aber Walter schien das alles nicht zu bemerken. Er schien so erleichtert über die positive Nachricht. Dann fuhr er fast gut gelaunt in seiner Erzählung fort: „Von daher glaubte die gesamte Mannschaft, dass Mutter eine sehr treue Parteianhängerin ist. Und dann, dann richtete sich der Müller auf und brüllte: ‚Und daher erlauben wir Ihnen, Ihre kranke Mutter zu besuchen! Heil Hitler.'"

Er hob gekonnt den rechten Arm nach oben, knalle seine Hacken zusammen und ich starrte in das Gesicht, das innerhalb von einer Sekunde voller Wut, Hass und Schmerz all die Fröhlichkeit einfach verschluckte. Obwohl dieser Hitlergruß Normalität war, so kam es mir immer wieder wie Teil einer makabren Maskerade vor. Wie eine gut einstudierte Rolle, die ich schon im Schlaf beherrschte. Und dennoch, sie war nur gespielt. Zumindest bei mir. Wohl auch bei Walter. Wir kamen bei meinem Fahrrad an und schnell hoben wir die herausgefallenen Sachen auf, legten sie in den Korb zurück und während ich mein Fahrrad schob, fragte mich Walter Löcher in den Bauch. Er freute sich, dass auch Vater zu Hause war. Als ich ihm die Geschichte von Peter erzählte, da blieb er stehen, schüttelte den Kopf und ein tiefes verzweifeltes Seufzen kam stöhnend aus seinem Mund hervorgekrochen.

Es war nicht zu übersehen, wie sehr diese Nachricht meinen Bruder erschütterte.

„Auch ich habe so viele Kameraden verloren, habe zusehen müssen, wie verletzt manche zurück in die Heimat geschickt wurden. Für viele gab es die Heimat gar nicht mehr. Ausgebombt, Familienmitglieder tot oder vermisst. Bei manchem war ich mir nicht ganz sicher, ob der Tod nicht die bessere Lösung gewesen wäre. Sie waren Krüppel, nie wieder ohne die Hilfe eines anderen Menschen lebensfähig. Denn Leben um jeden Preis, das ist wirklich etwas, das man mal hinterfragen muss. Trotzdem, ich würde leben wollen. Auf jeden Fall – um jeden Preis."

Wir verlangsamten unseren Schritt. Walter wollte alles genau wissen, bevor er zu Hause ankam. So gut ich konnte, versuchte ich von all den Freunden, Bekannten und Familienmitgliedern in ein paar kurzen Sätzen zu berichten, wie es um jeden stand. Dort, wo es Tote zu beklagen gab, schüttelte er nur stumm den Kopf, starrte in den Himmel. Doch die herrlichen Sommerwolken zogen spielerisch über das endlose Blau und ihr Weiß strahlte, als wenn irgendwo dort oben nur Glück und Seligkeit herrschte. Am Ende schwieg ich. All das Leid erlebte ich durch meine Erzählung aufs Neue. Walter drückte mir die Hand.

So war er darauf vorbereitet, konnte mittlerweile die Situation der Menschen hier im Dorf ganz gut einschätzen.

Als wir vor unserem Haus standen, blieb Walter wie angewurzelt stehen. Langsam ließ er seinen Blick über alles schweifen, als betrachtete er ein Gemälde, ließ jedes Detail auf sich einwirken. Natürlich hatte sich hier nichts verändert. Es war genau so wie damals vor drei Jahren, als er Haus und Dorf verlassen hatte. Jetzt im Sommer blühte der Garten, die Natur protzte mit ihrer Kraft und goss großzügig ihre satten Farben aus. Aus dem Küchenfenster vernahmen wir die verhaltenen Stimmen der anderen. Wir gingen durch das große Hoftor.

Langsam schritt er auf die offene Tür zu. In diesem Moment sah Mutter aus dem Fenster. Wahrscheinlich wunderte sie sich, warum ich nicht zurückkehrte. Ich werde diesen Gesichtsausdruck für den Rest meines Lebens nicht vergessen. Mutter und Walter starrten sich an. Es war, als ob man mitten in einem großen Film einfach die Spule anhielt. Wieder diese sonderbar vertraute Nähe zwischen ihnen. Mutter trat an die Tür. Sie stürzte nicht, wie ich erwartete, auf ihren Sohn zu, sondern sie kam mit ganz langsamen Schritten. Ihr Blick wanderte von oben bis unten. In ihren schmerzerfüllten Augen konnte ich die Wunden sehen, die dieses Bild ihres Sohnes bei ihr verursachte. Vorsichtig tastete sie nach seinem Arm, ihr Blick ruhte auf seinem Gesicht und in dem Moment bemerkte ich, dass sie kleiner geworden war. Oder Walter war gewachsen. Auf jeden Fall wirkte meine Mutter sehr zerbrechlich und zart. Dann nahm Walter seine Mutter in den Arm. Für eine Ewigkeit standen sie eng umschlungen beieinander. Paula und Thea traten heraus, und stumm betrachteten wir Schwestern dieses Bild. Mutter schluchzte, Walter rannen die Tränen über die Wangen. Nach einer ganzen Weile blickte mein Bruder auf, erkannte Thea und Paula, streckte wie hilfesuchend einen Arm nach ihnen aus. Sofort gingen die beiden auf ihn zu und umarmten ihren Bruder.

Ich brachte inzwischen die Sachen in die Küche, sah dann aus dem Fenster. Ich freute mich darüber, dass uns ein bisschen Zeit geschenkt wurde, in der die ganze Familie beisammen sein durfte. Als die anderen die Küche betraten, redeten alle fröhlich durcheinander. Es vermittelte den Anschein, als wenn wir versuchten, all die aufgestauten Gedanken, Gefühle, Ängste und Wünsche der letzten Jahre so schnell wie möglich in dieser kurzen kostbaren Zeit loszuwerden. Als Walter die wichtigsten Fragen beantwortet hatte, fragte er nach Vater und Oma. Thea erklärte ihm, dass Vater schon den ganzen Vormittag bei Herbert saß und so nahm

Walter Paula an die Hand, um erst einmal Oma zu besuchen. Auf dem Rückweg würde er noch bei Peter vorbeischauen und dann auch den Vater mit nach Hause bringen.

Wir mussten in den Garten ausweichen. All die mühselig gehorteten guten Sachen mussten dran glauben. Aber mit großer Freude tischten Mutter und Oma ihre geheimen Vorräte auf.

Denn alle kamen sie vorbei. Traudel, Herbert, Peter, Oma mit Irmtraud, Tordis und Annika. Und wie in alten Zeiten saßen wir unter der Linde, und in dieser lauen Sommernacht durften wir uns für kurze Zeit dem Gefühl hingeben, als seien wir hier im Paradies. Nichts vermochte diesen Frieden zu stören. Wieder wurde mir bewusst, wie privilegiert wir hier lebten, da der Krieg mit seiner wütenden Zerstörungskraft seinen Weg noch nicht bis hierher erobert hatte.

Diese wundervollen Abendstunden, die sich wie eine schützende Haube über das Dorf legten, erzeugten eine ganz spezielle Stimmung. Hinter den Bäumen schien die Sonne am Himmel zu verglühen; der Horizont brannte lichterloh und mit diesem roten Schein küsste die Feuerkugel in der Ferne die Spitze der Berge, die weit in den Himmel ragten. Alles so friedlich. Doch hundert Kilometer ostwärts tobte der Krieg mit all seinen Grausamkeiten und Schrecken.

Vater und Walter zogen sich später um und in ihren Alltagssachen konnte man fast glauben, sie wären die Alten geblieben. Dennoch, die letzten Jahre offenbarten deutliche Spuren. Bei jeder Geste, bei jedem Blick, in jedem vorsichtig lauernden Umsichschauen, da war es nicht zu übersehen; diese permanente Angst, dieses Misstrauen und dass die andere Welt sie eigentlich mehr geprägt hatte, als wir ahnen konnten. Erst als Annika und Paula aufstanden, um sich mit anderen Kindern am Bach zu treffen, folgten die ersten zögerlichen Fragen an Walter. Es dauerte nicht lange, bis auch Walter im dämmernden Abendlicht über seine Kriegserlebnisse zu erzählen begann. Wie bei Peter und Vater kamen die Worte nur stockend, als müsste er sie erst zusammensuchen, in seinen Gedanken herumwühlen, und dann platzten die Worte wie ein Sommerregen nur so aus ihm heraus.

Die anfängliche Kriegseuphorie war gänzlich verflogen. Aus einem Jugendtraum war ein Albtraum geworden. Der unerschütterliche Glaube an den Führer und die angepriesenen wundervollen Bilder seiner hehren Ziele waren wie morsches Gebälk in sich zusammengefallen.

Wir erlebten einen traumatisierten jungen Mann, der mit Fassungslosigkeit über die miserablen Zustände bei der Marine berichtete.

„Wie Sklaven werden wir Matrosen schikaniert und insbesondere ich werde permanent bestraft, weil ich mich zur Wehr setze. Das, was zuerst von der HJ und dem RAD wie eine wunderbare ‚Stulle' angepriesen wurde, schmeckt nun bitter nach Blut und Tod. Mutter, Vater, ihr habt so recht gehabt! Was muss ich blind gewesen sein, zu glauben, in diesem Krieg eines Tages ein Held sein zu dürfen. Ich frage mich nur noch die ganze Zeit, ob Männer, mit denen man eigentlich einen Krieg gewinnen will und auf deren Loyalität man angewiesen ist, dermaßen schikaniert werden müssen? Mitunter geht das bis zur Entwürdigung. Waren wir nicht die gepriesene Generation von Hitler, die eines Tages das *Tausendjährige Reich* mit ihm aufbauen sollte? Dafür braucht man doch Kraft, Ideale und vor allen Dingen einen unbedingten Glauben an etwas, das uns doch auch schützt. Mich hat niemand in den letzten Jahren geschützt. Habe ich nicht ein Recht zu leben, statt mich so sinnlos verheizen zu lassen? Ich bin doch nur noch eine Nummer geworden, eine Nummer, deren Leben eigentlich keinen Wert mehr hat."

Als Walter seine Erlebnisse erzählte, glaubte ich, einen Fremden vor mir zu sehen. Sein Gesichtsausdruck veränderte sich schlagartig. Nur sein sonniges Lächeln war das einzig übrig gebliebene Gepäckstück, das er aus seiner Kindheit ins Erwachsenenalter hatte retten können.

Das leise Quietschen der Gartenpforte ließ uns alle schlagartig verstummen. Schon beim leisesten Anzeichen eines Fremden, witterte man sofort die Gefahr. Ja, ich würde sagen, wir waren den Tieren mittlerweile sehr ähnlich geworden. Alle Sinne, alle Instinkte wurden viel mehr genutzt als vor den Kriegsjahren. Aber Tiere hätten sich untereinander derartige Grausamkeiten nie angetan. Dazu waren eigentlich nur die Menschen in der Lage.

Im Dunkeln sah ich plötzlich drei Gestalten stehen. Dann sprang Mutter erleichtert auf und rannte ihnen entgegen. Als sie dann zum Tisch traten, erkannten wir Gertrud, Otto und Agnes. Vater schritt langsam auf sie zu, drückte Otto und Gertrud lange. Er murmelte tröstende Worte des Beileids. Auch Walter war aufgestanden und schüttelte ihnen die Hände. Gertrud nickte stumm, nahm dankbar ein Glas Wein an, das Oma ihr reichte. Wir rückten näher zusammen und die drei setzten sich zu uns an den Tisch. Was für eine vertraute Runde! Doch wie hatte sich so vieles verändert! Die Unbeschwertheit vergangener Tage schien für immer verloren. In ihrer Gegenwart versuchte Walter nicht mehr alles so negativ zu erzählen. Natürlich war ihm bewusst, keine Schikanen der Welt, kein Arrest der Welt können den Tod eines geliebten Menschen aufwiegen. So versuchten wir über alte Tage zu reden. Erinnerungen kamen hoch, so manches Mal mussten wir auch herzlich lachen. Dennoch, irgendwie saß dieser verdammte Krieg wie ein stummer und ungebetener Gast mit am Tisch. Ein Gast, mit dem keiner reden wollte, den keiner anzusehen wagte, der aber unweigerlich die Gedanken und die Gefühle steuerte und bestimmte.

„Entschuldigt, ich will nicht stören …"

Peter und Walter sprangen sofort auf. Im Licht der Kerzen konnten wir ihn erkennen. Willi.

„Um Gottes Willen! Du hast uns vielleicht erschreckt", polterte Oma ihm entgegen.

„Oma Mühe, ich hatte sogar an der offenen Tür geklopft, ihr habt mich nicht gehört. Es tut mir leid, ich ..."

„Setz dich doch, Willi", sprach Mutter, zog ihn an der Hand und platzierte ihn direkt neben Walter. Natürlich beäugten ihn Otto und Gertrud argwöhnisch.

„Es ist gut", flüsterte Mutter. Sie nahm Gertruds Hand, drückte sie lange, sah sie bittend an, dann schwieg sie. Gertrud und Otto nickten langsam, reichten Willi die Hand. Dieser nahm dankbar die Geste des Vertrauens an.

„Danke, Willi", kam es leise von Walter. Selbst im Kerzenschein konnte ich erkennen, wie verlegen Willi wurde. Nach einer bedrückenden Schweigeminute stellten Irmtraud und Oma ein paar Gläser auf den Tisch, holten den Schnaps hervor und als dieser die Runde machte, begann man wieder zögerlich miteinander zu reden. Bis weit nach Mitternacht blieben wir in dieser vertrauten Runde beisammen. Ich bemerkte erst am Ende, dass Walter sich nicht an den Gesprächen beteiligte. Ein wenig in sich gekehrt, als wenn zermürbende Gedanken ihn von innen auffressen würden. Er war erschöpft vom Kampf gegen das wirkliche Leben, das er nicht wie einen alten Handschuh einfach abstreifen konnte.

Bei Tag verdrängte Walter die bösen Erinnerungen der letzten Jahre. Doch bekam ich jede Nacht mit, wie er schweißgebadet aus dunklen Träumen aufschreckte. Er lag zurzeit mit seiner Flottille in der Stadt Wilhelmshaven, die unter extremen Luftangriffen litt. Die Engländer überschütteten die Stadt mit Phosphorbomben. Walter musste mit ansehen, wie junge Burschen, noch halbe Kinder, die an der Flak standen, wie lodernde Fackeln brannten und in ihrer Not schreiend von Häusern und Kaminmauern ins Wasser sprangen. Die rote Glut stürzte sich auf die Kinder wie ein ausgehungertes wildes Tier. Diese jungen Burschen, oft noch keine 14 Jahre alt, wurden an heimatnahe Flakstellungen gebracht, wo sie an den Funkmessgeräten, an optischen Ortungsgeräten und an den Flakgeschützen die erwachsenen Soldaten ersetzen mussten. Damit versuchte die Wehrmacht, das immer größer werdende Personalproblem zu lösen. Denn so langsam gingen ihnen die jungen, wehrtüchtigen Männer aus.

Regen von Flaksplittern prasselten auf jeden nieder. Eine gewaltige Glutwolke hing über der Stadt, einem apokalyptischen Inferno gleich. Es gelang Walter nicht, diese Bilder aus seinen Träumen zu verbannen. Er sah Glas schmelzen, Asphalt kochen. Überall verkohlte Leichen, zusammengeschrumpft auf Puppengröße. Ein wenig außerhalb der Stadt hatte sich eine Sprengbombe im See verirrt. Obenauf lagen Unmengen toter Fische.

„Ihr seht, selbst die Tiere sind nicht gefeit vor diesem Krieg", bemerkte Walter an einem Morgen, während er sich gierig auf die Brote und frische Wurst stürzte. „Und im Frühjahr, da regnete es tote Vögel vom Himmel. Sie hatten Pech. Ihre Reise zurück in den Norden führte sie mitten in ein Geschwader von Flugzeugen. Mutter, das sagen alle ... dieser Krieg ist verloren. Sieh zu, dass du dein Leben und das der Mädchen rettest."

„Ach Walter, wo sollen wir denn hin? Bis jetzt sind wir verschont geblieben. Ich darf die Hoffnung nicht verlieren."

Walter sah müde auf den Tisch. Er schüttelte langsam den Kopf. Als er wieder aufblickte, da traf mich die ganze Wucht seiner Verzweiflung.

Wir mussten erkennen, dass der Krieg an der Front so anders war als die dauernden Erfolgsmeldungen aus dem Lautsprecher des Volksempfängers. Kann man es da jemandem verübeln, dass er sich mit aller Macht sein bisschen irdisches Glück nimmt?

Thea bat ihre Eltern nun energisch um die Heiratserlaubnis, einer sogenannten „Kriegstrauung". So lernten auch Vater und Walter ihren Bräutigam Frank kennen. Er war sympathisch und doch spürten wir gleich, dass er dem Krieg ganz anders gegenüberstand als wir. Ich konnte Thea nicht verstehen, wie sie sich mit einem jungen Nazi verheiraten konnte. So blieb die Begegnung trotz einer gewissen Sympathie sehr unterkühlt. Natürlich bemerkte Frank, wie Vater und Walter vom Krieg gezeichnet waren. Es war nicht so, dass er nicht darüber nachdachte, was an der Front wirklich geschah, aber er glaubte unbedingt an den großen deutschen Sieg und ließ sich auch nicht vom möglichen Gegenteil beirren. Vater war viel zu müde, um seiner Tochter ins Gewissen zu reden, Walter wollte einfach seine Ruhe genießen. Er hatte viel zu viele Kameraden fallen sehen. Er wusste doch auch aus Erfahrung, dass man die jungen Wilden nicht aufhalten konnte. Sie mussten alle wohl ihr eigenes Schicksal kennenlernen. So willigten meine Eltern in diese Trauung ein und es wurde geplant, dass bei Franks nächstem Fronturlaub geheiratet werden sollte.

Walter nutzte einen seiner freien Tage, um Rita im Nachbardorf aufzusuchen. Vor längerer Zeit schon hatten sie begonnen sich zu schreiben, und doch, die Briefe wurden ihrerseits immer spärlicher, bis sie auf einmal ganz ausblieben. So nahm er sein altes Fahrrad aus dem Schuppen, trat in die Pedale und ich sah noch lange Zeit, wie die Bänder seiner Matrosenmütze im Fahrtwind flatterten. Wahrscheinlich erhoffte mein Bruder, mit seiner Uniform ein wenig Eindruck zu schinden. Er blieb bis in die frühen Abendstunden. Als Walter zurückkam, verweilte er im Garten, nervösen Schrittes eilte er hin und her, schien mit sich selbst zu hadern. Mutter ging zu ihm heraus und beide redeten mindestens eine Stunde miteinander. Ich traute mich nicht zu fragen, wie die Begegnung verlaufen war.

Später konnte ich in Mutters Tagebüchern nachlesen, dass Rita von irgendeinem Fliegeroffizier schwanger war, der dann an die Front versetzt wurde und nichts mehr von sich hören ließ. Nach einem anfänglichen Schock nahm Walter sie in den Arm und versprach Rita, dass er sie heiraten würde, wenn er aus dem Krieg zurückkehre. Zusammen mit ihr wollte er das Kind dann großziehen. Mutter war das überhaupt nicht recht. Immer noch befürchtete sie, dass Rita keinen guten Einfluss auf Walter ausübte. Aber sie hatte sich politisch komplett aus der Swing-Jugend zurückgezogen. Zu gefährlich seien die Zeiten geworden. Nachdem die Gestapo Bastian ins KZ gesteckt hatte, hörte sie auf, die Versammlungen in Breslau zu besuchen. Bis zu dem Tage hatte niemand gehört, was aus Bastian geworden war. Mathilde arbeitete in Neisse und auch hier herrschte kaum noch Kontakt. Wie viele andere junge Frauen wurde Rita in der Rüstungsindustrie eingesetzt und musste so manchen ihrer Träume begraben.

Walter kam mit Mutter in die Küche, schien mit seinen Gedanken ganz woanders zu sein. Kurz darauf erschienen Herbert und Traudel zusammen mit Peter und sofort setzten sich die beiden Jungens in die Ecke und steckten die Köpfe zusammen. Mit ernsten Mienen saßen sie da, redeten leise, nur unterbrochen von Peters bedeutungsvollem Nicken. Paula kam mit einem Blechkasten, setzte sich zu den beiden und öffnete diesen. Und heraus purzelten all die kleinen Zinnsoldaten von Peter. Traudel hatte ihr den Kasten zum Spielen gegeben und ich beobachtete, wie diese beiden erwachsenen jungen Männer mit einem wehmütigen Gesichtsausruck liebevoll die einzelnen Figuren in die Hand nahmen.

Es musste Jahre her gewesen sein, als sie hier in der Küche am Tisch mit ihnen gespielt hatten. Paula wollte wissen, wie man denn nun genau mit diesen Puppen, wie sie die kleinen Soldaten nannte, spielen könne. Peter bekam einen ganz nachdenklichen Gesichtsausdruck. Walter nahm seine kleine

Schwester, setzte sie auf seinen Schoß und versuchte ihr zu erklären, dass sie zwei verschiedenen Gruppen angehörten. Daraufhin baute er die Soldaten auf. Auf der einen Seite die mit der roten Jacke, auf der anderen Seite die mit der blauen. Und in der Mitte gab es die beiden ranghohen Offiziere. Auch die stellte er gegenüber auf.

„Siehst du, Paula, und jetzt stehen sich beide Heere gegenüber. Aber sie kennen sich alle nicht. Und jetzt sagt der eine General zu seiner Gruppe, dass sie die andere Gruppe bekämpfen müssten. Das sagt aber auch der Offizier von der anderen Gruppe und nun stehen sich beide Heere gegenüber und sollen einen Krieg führen, obwohl sie sich nicht kennen. Und der einen Gruppe, die den Kampf verliert, wird einfach ihr Land weggenommen."

„Das ist aber kein schönes Spiel!", maulte Paula entrüstet.

„Nein", kam es von Peter. „Nein, Paula, das ist wirklich kein schönes Spiel."

Diese bittere Überzeugung war gezwungenermaßen mitten im Krieg widerstandslos in ihn hineingeglitten wie ein scharfes Messer. Kalt und heiß zugleich. Diese eigene Erfahrung war nötig gewesen, um die Sinnlosigkeit von Kriegen zu begreifen.

„Aber wir können ja auch die Regeln dieses Spieles verändern. Schau, sowohl die Blauen wie auch die Roten sollen doch einfach gemeinsam in diesem Land leben. Ganz friedlich nebeneinander. Wir gesellen zu jedem der roten Figuren eine blaue Figur dazu, und nun dürfen sie sich alle überhaupt erst einmal kennenlernen. Wir heben die Grenzen auf. Da ist genügend Platz für jedermann. Was hältst du davon?"

Paula schien zufrieden. Sie spielte mit diesen beiden jungen Männern ein Spiel des Friedens. Mutter holte ihre Kamera und hielt auch diesen Abend in unzähligen Bildern fest.

Viele Jahre später sah ich mir fast wehmütig diese Bilder an. Warum war es nicht einfach so in dem Märchen weitergegangen? Man spielte Frieden und nicht Krieg. Es war so ein schönes Bild, wie sie kleine Geschichten erfanden, was die beiden Heere in dem neuen Land alles anstellten, damit die Menschen gemeinsam miteinander leben konnten. Eine winzige Nebenwelt in dem riesigen Großdeutschen Reich, in dem schauermärchengleich überall sonst nur Blut und Tränen flossen. Aus dem spielerischen Abzählen bei der HJ war der militärische Appell gefolgt, aus der Schwärmerei der blinde Fanatismus, aus der gemütlichen Wanderung der gedrillte Gepäckmarsch, auf direktem Weg zur Front.

Und zurück kehrten so viele lahm und blind geschossene Soldaten. Die meisten von ihnen waren irgendwann vom betäubenden Rauschgift nationaler Eitelkeit süchtig geworden.

Natürlich flog diese kostbare Zeit, die uns geschenkt worden war, wie im Fluge vorbei. Paula klammerte sich besonders in den letzten Tagen an ihren großen Bruder. Immer wieder musste Walter ihr das Fahrradfahren im Hof beibringen. Walter leistete einen Indianerschwur, dass er ihr beim nächsten Fronturlaub eine kleine Geldbörse mitbringen würde. Dann war er unweigerlich da, der letzte Abend. Noch einmal saßen wir alle eng beieinander. Auch weitere Bekannte aus dem Dorf gesellten sich dazu und wie früher konnte man sogar in Kriegszeiten bei den Grögers wunderbar feiern! Wir nahmen uns einfach das Recht, es uns gut gehen zu lassen. Wir spürten tief im Inneren, dass der Alltag mit seiner ständigen Trauer, den Sorgen und Nächten voller böser Träume, uns schnell genug wieder einholen würde.

Nacheinander reisten Vater und Walter zu ihren Einheiten zurück. Walter nach Wilhelmshaven, Alfred nach Kassel. Beide traten aus dem familiär Geschützten hinaus in die bleigeschwängerte und blutige Realität, hinein in die große Anonymität des Krieges.

Walter wusste schon, dass sein nächster Einsatz auf dem großem Kriegsschlachtschiff „Scharnhorst" stattfand. Mutter war beruhigt. Je größer das Schiff, so dachte sie, desto größer dann auch der Schutz vor den Feinden. Schon seltsam, wie man im Nachhinein minutiös versucht, letzte Augenblicke zu rekonstruieren. Beide Male brachten die gesamte Familie, Freunde und Bekannte unsere Männer zum Bahnhof. Vater nahm noch einmal seinen Sohn in den Arm, verlegen drückte er ihn.

„Pass auf dich auf, mein Junge!", kam es fast verschämt.

Walter konnte nur stumm nicken. Das müde Gesicht meines Vaters, das vom offenen Fenster eingerahmt wurde, das prägte sich für den Rest meines Lebens in meinem Gedächtnis ein. Traurig sah er auf uns herab und irgendwie spürten wir, dass dieser verdammte Krieg noch einiges im Gepäck versteckt hielt. Mutter rannte noch einmal ans Fenster, reichte ihm die Hand und beide sahen sich sehr lange an. Dann setzte sich der Zug in Bewegung. Mutter lief noch ein wenig den Bahnsteig entlang, bis auch dieser Zug in der Ferne verschwunden war. In eine Ferne, die ihre grausame Gegenwart schon bereithielt.

Dann folgte der Abschied von Walter. Für Mutter vielleicht der schmerzhaftere von beiden. Er nahm zuerst Thea in den Arm, versuchte seiner Schwester noch ein wenig ins Gewissen zu reden.

„Mensch, Thea, du bist doch noch so jung! Warte doch diesen verdammten Krieg ab. Was willst du dich jetzt schon verheiraten? Du weißt noch nicht einmal, ob Frank jemals zurückkehren wird!"

Thea lachte jedoch nur ihr glockenhelles Lachen, drückte ihren großen Bruder und versprach ihm, dass sie sich das alles noch einmal gut überlegen würde. Paula weinte bittere Tränen. Walter musste ihr hoch und heilig versprechen, beim nächsten Mal mit ihr eine große Fahrradtour in den Wäldern zu veranstalten. Oma zückte immer wieder ihr Taschentuch, ließ sich von Walter in den Arm nehmen und schnäuzte sich hernach kräftig. Irmtraud, Tordis und Annika drückten ihn, überreichten ihm kleine Päckchen mit etwas Essbaren, warmen Socken, Handschuhen und Strümpfen. Als Letztes nahm er mich in den Arm und flüsterte: „Danke. Danke, dass du so eine große Stütze für Mutter geworden bist. Um dich mach ich mir am wenigsten Sorgen. Aber sieh zu, Hanna, dass du einen Weg findest, damit dein Leben später einmal glücklich verläuft. Das musst du mir versprechen."

Ich freute mich über dieses Lob, versicherte ihm, dass ich mir eine gute Lehrstelle suchen würde, und sah noch einmal in diese tiefblauen Augen. Er hatte sich bei uns ein wenig erholen können. So ganz war der alte Walter nicht zurückgekehrt, aber seine Gesichtszüge wirkten wieder ein wenig weicher. Eine Strähne fiel ihm in die Stirn, lachend streifte er sie zurück, dann umarmte er uns alle noch einmal, bevor er endgültig in den Zug stieg. Im Abteil öffnete er sofort ein Fenster. Es war ein sehr heißer Sommertag, die Luft würde stickig werden. Mit einem großen Gequietsche und Gezische rollte der Zug langsam aus unserem Bahnhof heraus und bis zum Schluss sah ich ihn winken, mit dieser flatternden Haarsträhne im Winde – dieses Bild werde ich nie vergessen – und wie wir dort auf dem Bahnhof standen. Wie wir traumverloren in die Ferne starrten, selbst nachdem der Zug nicht mehr zu erkennen war. Hier beendete das Schauermärchen der Erwachsenen das letzte Kapitel meiner Familie.

Die Stunde der Vergeltung

Tagelang zehrte Mutter von den paar fröhlichen Tagen. Das Ende des Krieges wurde von jedem herbeigesehnt. Wie lange sollte das noch dauern? Der Erste Weltkrieg hatte vier Jahre gedauert. Die waren fast vorbei und immer noch war kein Ende in Sicht.

Militärisch schienen wir weit entfernt von einem großartigen Sieg, den uns die Propaganda aber immer wieder voraussagte. Über den Rundfunk erfuhren wir, dass sich die deutsche Wehrmacht vor der Roten Armee zurückziehen musste. Jede Zeitung berichtete von tapferen Soldaten, die sich dem Feinde mutig entgegenstellten. Mutter dankte jeden Tag dem lieben Gott, dass Alfred nicht in Russland stationiert war. Aber in vielen deutschen Städten richteten die Bomben der Alliierten Verheerendes an. Neben den Todesanzeigen wuchsen auch die Listen der Vermissten. Das traf auch unsere Familie. Nun galt mein Onkel Ernst als vermisst. Ich lernte, dass das Nichtwissen, ob ein geliebter Mensch überhaupt noch am Leben war, einen genauso von innen zermürbte wie die Todesnachricht. Wir Frauen rückten noch enger zusammen. Tordis und Annika gehörten nun auch zu jenen Kindern, die, wie so viele andere auch, nicht wussten, ob sie jemals den Vater wiedersehen sollten. Wir verdrängten diese Angst. Allein, dass mein Vater zu Besuch da gewesen war, schenkte uns das Gefühl, dass er nun so lange Zeit überlebt hatte, dass er auch die nächste ungewisse Kriegsphase überstehen würde. Alle sprachen auch von einem baldigen Ende. Die, die an den großen Sieg glaubten, versuchten sich schönzureden, dass Hitler schon genau wisse, was er tue, und wir irgendwann einsehen müssten, dass das alles seine Richtigkeit besaß. Andere Stimmen wurden hinter vorgehaltener Hand immer lauter: Ob wir den Krieg denn überhaupt noch gewinnen könnten? Wagte jemand auch nur anzudeuten, dass dieser Krieg verloren war, verschwand er sofort in ein KZ.

In der momentanen Lage gab es keine passende Lehrstelle für mich. So nahm ich einen Ausbildungsplatz auf einem großen Bauernhof an. In diesen Zeiten, so tröstete ich mich, ging es nicht um die persönliche Entfaltung, sondern um das nackte Überleben. Diese praktische Arbeit in der Natur und mit den Tieren vermittelte mir das beruhigende Gefühl, nicht wirklich Teil dieser Kriegsmaschinerie zu sein. Zudem bekamen wir genug zu essen, sodass wir nach wie vor keinen Hunger litten. Ich konnte froh sein, dass ich noch nicht in dem Alter war, um in der Rüstungsindustrie eingesetzt zu werden. Thea fuhr jeden Morgen weiterhin in ihren Kindergarten, kam aber nichtsdestotrotz erst am späten Abend wieder. Sie wurde per Erlass aufgefordert, selbst nach ihrer Arbeit noch in einer Rüstungsfabrik auszuhelfen. Hier musste sie Schrauben sortieren. Kistenweise. Natürlich wussten wir alle, dass diese irgendwann in irgendwelchen Panzern, Gewehren oder anderen technischen Dingen eingesetzt würden, um diesen Krieg fortzusetzen. Auch um Menschen zu töten.

Tordis nahm ebenfalls eine Lehrstelle in der Weberei in Neisse an. Zuerst arbeitet sie im Lohnbüro, dann als Näherin. Die meiste Zeit durfte sie sich als Warenprüferin verdingen. Hier musste sie ein sehr gutes Augenmaß besitzen und besonders aufmerksam sein, um selbst die kleinsten Fehler zu erkennen. Es wurde alles gewebt: Leinen, Halbleinen, Seide, Drell. Natürlich ging das meiste an die Front, denn immer noch mussten die Soldaten vor dem russischen Winter geschützt werden. Aber ihr machte die Arbeit Spaß und eines Tages, so hoffte sie, könnte sie ein Atelier besitzen und ihre eigene Mode entwerfen. So nahm sie sich trotzig das Recht, einen Traum zu hegen.

Im späten Herbst war mittlerweile die Bereitschaft des Volkes, sich weiter ausbluten zu lassen, auf einem Tiefpunkt angelangt. Wieder versuchte Hitler noch einmal sein Volk über den Rundfunk weiszumachen, dass Deutschland noch lange nicht aufgeben müsste. Aus der Münchner Feldherrnhalle dröhnte seine Stimme zu uns nach Mohrau:

„Die Stunde der Vergeltung wird kommen! Es mag dieser Krieg dauern, so lange er will, niemals wird Deutschland kapitulieren. Niemals werden wir den Fehler des Jahres 1918 wiederholen, nämlich eine Viertelstunde vor zwölf die Waffen niederzulegen. Darauf kann man sich verlassen: Derjenige, der die Waffen als letzter niederlegt, das wird Deutschland sein, und zwar fünf Minuten nach zwölf."

Das verhieß nichts Gutes. Selbst viele der gläubigen Parteianhänger begannen bereits an seinen hehren Worten zu zweifeln.

„Das kann doch das tapferste Volk nicht aushalten!", entfuhr es Irmtraud. „Wie soll man sich jahrelang gleichzeitig an so vielen Fronten gegen alle Welt verteidigen?"

Während die einen voller Sorge auf ihre Angehörigen warteten, bombardierten die Alliierten weiterhin ganz gezielt Fabriken in Deutschland. Die Luftangriffe wurden für die Zivilbevölkerung immer unerträglicher. Die permanente Zerstörung zeigte natürlich ganz deutlich, dass dieser Krieg kaum zu gewinnen war. Wo sollte der dringend benötigte Nachschub denn überhaupt noch herkommen, um den proklamierten deutschen Sieg zu erringen? Die Sondermeldungen von versenkter Schiffstonnage wurden auch immer spärlicher. Zu Land, zu Wasser und in der Luft drang Niederlage um Niederlage aus allen Sendern. Schon lange hatte Thea aufgehört, ihren roten Wollfaden über die Weltkarte zu spinnen. Eines Tages war er sogar ganz von der Karte gefallen und baumelte wie ein dünnes Rinnsal an der Wand.

Walter

Der Winter setzte früh ein. Die erstarrte, in Schnee gehüllte Landschaft gaukelte uns allen eine Weihnachtsstimmung vor. Auch wenn Mutter die Hoffnung bis zuletzt nicht aufgab, natürlich ahnten wir, dass es wieder hieß: ein Weihnachten ohne unsere Männer. Die Bescherung fiel relativ dürftig aus, dennoch versuchten wir uns ein wenig Zeit zu gönnen, um wenigstens ein klein wenig Besinnlichkeit aufkommen zu lassen. In der Weihnachtsmesse saßen hauptsächlich die Frauen, Kinder und die Alten. Kaum ein Mann war noch zugegen. Nur diejenigen, die einen Posten besetzten, damit das Leben und der Alltag ihren normalen Gang beibehielten. Oder Männer wie Herbert, die für Dorf- und Landlebensangelegenheiten unersetzlich waren. Er bekam immer öfter den Auftrag, irgendwelche Dinge zu schmieden, die dann zu Einheiten befördert wurden, die damit begannen, die Grenzen vor den heranrückenden Feinden zu schützen. Das Kriegsblatt wendete sich. Nun ging es den meisten nicht mehr darum Gebiete zu erobern, sondern das eigene Land vor den Angriffen der Alliierten zu verteidigen.

Wie immer lud Mutter auch in diesem Jahr ihre Freunde und Nachbarn am 25.12. zu ihrem Geburtstag ein. Traudel und Herbert kamen vorbei, auch Peter gesellte sich zu uns. Otto und Gertrud saßen ebenfalls am Tisch, beteiligten sich aber nicht sonderlich an weiteren Kriegsberichten. Zu später Stunde ließ sich auch Willi blicken. Aber die Feiergesellschaft saß wie gelähmt vor dem „Volksempfänger". Bei allen war nur noch eine Müdigkeit zu erkennen, die unerträgliche Spannung steigerte sich von Nachricht zu Nachricht.

Früh am Morgen des 27. Dezember hörte ich im Dämmerschlaf meine Mutter, wie sie langsam, einer alten Frau gleich, über den Flur schlurfte. So ein vertrautes Geräusch mittlerweile, stellte ich entsetzt fest. Denn dieser müde Gang, der hatte sich erst im letzten Jahr ganz allmählich eingeschlichen. Manchmal ertappte ich mich dabei, wie ich glaubte, Oma zu hören. Meine Mutter war tatsächlich in den letzten zwei Jahren eine alte Frau geworden.

In der Küche angekommen, öffnete sie die Ofenklappe, schaufelte eine Ladung Kohle in die dimmende Glut, damit wir Mädchen morgens in einer warmen Küche saßen. Danach war ihr erster Griff immer der zum Radioknopf, um die Frühnachrichten zu hören. Was würden sie heute wieder bringen? Es begann ja mittlerweile kein Tag ohne aufregende Neuigkeiten. Zudem wurde in letzter Zeit so viel vom „ruhmreichen Rückzug zum Zwecke der Frontbegradigung" gesprochen.

Willi versuchte noch am Abend bei Mutters Geburtstag zu erklären, dass dies eine spezielle Taktik der Wehrmacht sei. Damit würde man vor allen Dingen Soldaten schonen und könnte so in Ruhe auf den erhofften Nachschub aus der Heimat hoffen. Natürlich entzündete sich dann der Streit zwischen Herbert und Willi wieder auf ein Neues.

„Wo soll denn der ganze Nachschub herkommen, Willi? Wir haben doch nichts mehr, in eurer so gepriesenen Heimat!", brüllte Herbert in den Raum.

So war die Diskussion wieder im vollen Gange gewesen. Während ich noch im Halbschlaf den Abend Revue passieren ließ, hörte ich in die morgendliche Stille hinein, wie aus dem Nichts ein erbitterter markerschütternder Schrei aus der Küche zu mir schwappte. Es klang wie ein langanhaltender Klagelaut. Ich saß aufrecht im Bett, sprang auf, stolperte zur Tür, riss sie auf, blickte als Erstes in das ängstliche Gesicht von Paula. Dieser entsetzliche Schrei aus der Küche hatte auch sie aus dem Schlaf gerissen. Thea war für ein paar Tage bei einer Freundin geblieben. Das machte sie jetzt öfter, um nicht immer wieder einen dieser langen Heimwege anzutreten. Jetzt im Winter war es schon schwierig genug, per Rad oder zu Fuß auch nur ins nächste Dorf zu gelangen. So blieb sie aus Sicherheitsgründen immer öfter fort. Ich rannte auf nackten Füßen den Flur hinunter, spürte, wie mein Herz panisch gegen meine Brust schlug, als wollte es sich aus einem dunklen und engen Gefängnis befreien. In der Küche fand ich Mutter völlig versteinert vor. Ihre Augen stierten ins Leere. Und aus dem Radio dröhnte eine Stimme zu uns herüber, berichtete etwas von einem erbitterten Seegefecht mit englischen Verbänden.

„Mama, was ist?", schrie ich sie an. Aber Mutter reagierte überhaupt nicht. Sie starrte in die Luft, als sähe sie in eine andere Welt. Paula war hinzugekommen, begann zu zittern und zu weinen. Mutter sah furchterregend aus. Sie schien uns überhaupt nicht zu bemerken.

„Lauf rüber, hol Oma!", kommandierte ich im barschen Ton und Paula rannte sofort in ihre Kammer, zog sich nur das Nötigste an und lief aus dem Haus. Mutters Verkrampfungen lösten sich allmählich und mit einem Schwall erlösender Tränen klappte sie vornüber. Ich versuchte sie an den Schultern zu greifen, damit sie nicht zu Boden fiel. Mutter brüllte wie ein waidwundes Tier, immer wieder geschüttelt von weiteren Weinkrämpfen, und ich wusste immer noch nicht, was überhaupt los war. Nachdem ich sie einigermaßen aufrichten konnte, drehte ich mich zum Radio, da ich nicht mehr den Sinn dessen verstand, wovon diese seelenlose Stimme überhaupt sprach. Ich versuchte einen anderen Sender zu finden. Hier teilte eine Stimme die neuesten Nachrichten mit. Ich bemühte mich, dem Ganzen zuzuhören.

„Das Oberkommando der Wehrmacht gibt bekannt: in der vergangenen Nacht verloren wir im Laufe eines erbitterten Seegefechtes mit englischen Verbänden unser stolzes Schlachtschiff ‚Scharnhorst'."

Ich taumelte zurück, presste meine Hand auf den Mund und biss mir in die Finger. Dann schnappte ich nach Luft, begann hemmungslos zu weinen. Mutter griff verzweifelt nach mir und versuchte mich zu beruhigen. Der große deutsche Traum, schoss es mir noch durch den Kopf, einfach untergegangen. Und mit ihm Walter. In sachlich kühler Weise berichtete die Stimme, wie die „Scharnhorst" nach einem Gefecht mit den

Sicherungsschiffen des alliierten Konvois JW 55 B im Eismeer versunken war. Und mit ihm die Besatzung von 1.600 Mann.

Um mich herum wurde alles ganz dumpf. Ich weiß nur, dass ich mich in diesem Moment fragte, wie viele Mütter, wie viele Schwestern säßen jetzt wie wir hier und mit nur einem Satz aus dem Rundfunk veränderte sich schlagartig auf ewig ihr Leben. 1.600 Namen, 1.600 Familien, 1.600 Mütter ...

Plötzlich stand Oma in der Tür, an ihrer Hand Paula. Sie wusste Bescheid. Irmtraud hatte beim Umzug nach Mohrau ihren Volksempfänger mitgebracht und bei Oma in der Küche angeschlossen. So war Oma genauso informiert wie wir.

„Was ist das für ein Leben?", schimpfte sie. „Jetzt als alte Frau habe ich nur noch die Aufgabe, meine Töchter zu trösten. Erst der Schwiegersohn, nun auch noch mein Enkel."

Sie ging zum Regal, griff zu einer kleinen Dose, die noch etwas von dem kostbaren Bohnenkaffee enthielt. Sie setzte Wasser auf. Ihr kullerten schwere Tränen die alten Wangen hinab. Paula war auf Mutters Schoss geklettert und diese blickte ganz verzweifelt ihr kleines Kind an, dabei weinte sie hemmungslos. Ich stand auf, versuchte meiner Oma zu helfen. Ich griff nach einer Tasse, griff aber ins Leere, spürte nur, wie ich zu taumeln begann, alles schwamm vor meinen Augen. Oma befahl mir, mich wieder hinzusetzen.

„Wie viele müssen es denn noch werden? Hört denn der Wahnsinn überhaupt nicht auf? Was wird am Ende dabei herauskommen? Wir werden den Krieg doch verlieren, aber erst müssen noch Abertausende draufgehen."

Mutter war aufgestanden, tigerte wie eine Verstörte hin und her, kreischte ihre Wut, ihre pure Verzweiflung hinaus.

„Mutter, sei vorsichtig mit dem, was du sagst!", versuchte ich sie zu beschwichtigen. „Wenn das jemand hört, bringen sie dich noch ins KZ."

„Na, den möchte ich sehen, der eine Mutter, die gerade ihren Sohn verloren hat, ins KZ bringt! Mein Sohn ist für dieses Land gefallen! Überall müssen wir Deutschen die Nase dazwischen haben. Haben wir nur jemals einen Krieg gewonnen? Was bringt es einem? Nur Leid und Elend."

„Du hast ja recht, Anna-Kind", versuchte ihre Mutter sie zu beschwichtigen. „Nur mäßige deinen Ton, du hast noch drei Töchter. Bitte vergiss das nicht."

Plötzlich setzte sich Mutter hin und bettete ihren Kopf auf den Tisch.

„Mir ist heute nicht danach zu diskutieren. Lasst mich bitte allein."

Oma nahm die völlig aufgelöste Paula mit zu sich.

Ich versuchte den ganzen Vormittag so gut es ging, mich um Mutter zu kümmern. Immer wieder biss ich mir auf die Lippen, unterdrückte die Tränen. Mutter wollte mit ihren Gedanken allein sein. Sie malte sich ständig aus, wie die „Scharnhorst" torpediert wurde, wie die vielen jungen Männer in der eiskalten Nordsee verzweifelt um ihr einziges Leben kämpften.

Ein paar verspätete Geburtstagsgratulanten wollten meine Mutter noch sehen, wohl auch mit dem Wissen, dass Walter gefallen war. Denn diese Nachricht sprach sich in Windeseile im Dorf herum. Es war ja allseits bekannt, dass Walter bei der Marine war. Doch sie schützte Kopfschmerzen vor. Am späten Nachmittag klopfte es erneut. Ich eilte zur Tür, murmelte meinen Satz, den ich schon parat hatte, um meine Mutter zu entschuldigen, als ich Edda erkannte. Ich verharrte, starrte sie nur an.

„Hallo Hanna, kann ich kurz mit Anna sprechen?"

Ich war wie versteinert und reagierte nicht. Edda war bis auf die paar Formalitäten, die sie in den Haushalten zu erledigen hatte, nie privat bei uns zu Besuch gewesen.

„Bitte …, ich …", dann schaute sie über ihre Schulter, beugte sich weiter vor und flüsterte: „Willi wäre lieber selbst erschienen, aber er ist in Neisse im Wehrmachtsbüro.

Er hat mich gebeten, ganz dringend mit deiner Mutter zu reden."

Es war so sonderbar. Mir blieb nichts anderes übrig, als sie reinzulassen. Mutter saß in der Küche, starrte aus dem Fenster. Edda blieb vorerst in der Tür stehen, wagte nicht näher zu kommen, denn Mutter reagierte überhaupt nicht auf unser Eintreten. Ich berührte meine Mutter vorsichtig und murmelte, dass wir Besuch hätten. Nur mühsam löste sie sich von dem Bild, das sie scheinbar aus dem Fenster betrachtete. Als sie jedoch Edda erkannte, war sie so erstaunt, dass sie wie elektrifiziert aufsprang.

„Was machst *du* denn hier?"

In ihr Erstaunen mischte sich auch eine gewisse Missbilligung.

„Ich habe von Walter gehört, es tut mir sehr leid für dich", sprach Edda ganz ruhig. „Als Willi diese Nachricht hörte, hat er sofort versucht, Kontakt zu einem Marineoberst im Wehrbezirkskommando aufzunehmen."

Hier verstummte sie.

Es wurde plötzlich ganz still. Edda stand immer noch an der Tür. Stumm schob Mutter einen Stuhl unter dem Tisch hervor und gab Edda ein Zeichen, sich zu setzen. Dann schloss sie die Tür, sah kurz aus dem Fenster, setzte sich an den Tisch. Ich lehnte mich an die Wand und beobachtete die beiden Frauen. Mutter war schlagartig aus ihrer Lethargie erwacht. Sie musterten sich gegenseitig, dann seufzte Edda auf und fuhr fort.

„Willi hat erfahren, dass einige Matrosen überlebt haben und von den Engländern gerettet worden sind. Ja, was heißt gerettet! Sie sind dann wahrscheinlich in Kriegsgefangenschaft gekommen. Aber sie leben. Es sollen 36 Männer sein."

„Woher wisst ihr das?", argwöhnte meine Mutter.

Aber in ihrem Gesichtsausdruck konnte ich erkennen, dass sie nun zwischen Hoffen und Bangen schwebte. Ihre ganze

Lebensenergie war plötzlich zurückgekehrt. Auch mein Herz begann wieder zu rasen. Was für eine Neuigkeit!

„Der englische Sender bringt jede Nacht Nachrichten, auch in deutscher Sprache, unter anderem verlesen sie die Namen derer, die in Gefangenschaft geraten sind. Das heißt, du könntest sogar selbst erfahren, ob Walter unter den Überlebenden ist. Es ist aber nur ein ganz spezieller Sender."

Dann stand sie auf, ging zum Radio, drehte an einigen Knöpfen und schon vernahmen wir englische Worte. Mutter sprang auf, drehte das Radio leiser, merkte sich genau, wo Edda den Sender eingestellt hatte. Meine Mutter musste hoch und heilig versprechen, ihr Wissen für sich zu behalten. Erst sehr viel später verließ Edda unsere Küche. Mutter erkannte, dass Willi und Edda sich in Gefahr begaben, um uns zu helfen. Was für eine seltsame Situation, in der sich Freunde offenbarten.

Mutter nahm fortan die Beileidsbekundungen entgegen. So viele Hände mussten geschüttelt werden, aber wir hatten zu schweigen; innerlich hofften wir auf ein Wunder. Dieses Wechselbad der Gefühle ist kaum mit Worten zu beschreiben. Und dennoch, nichts war wirklich sicher. Denn der Name Walter Gröger fiel bei den Engländern nicht. Meine Angstschreie hallten ins Leere. Nacht für Nacht hing Mutter am Radio, bis ihr die Augen zuklappten. Ganz leise musste das Radio laufen, damit niemand das berühmte „Bum-bum-bum-bum" von der BBC hören konnte. Auch Paula durfte noch nichts wissen. Die Gefahr, sich zu verplappern, war einfach zu riskant für uns alle.

Wenn Mutter durch das Fenster sah, glaubte sie vertraute Schatten zu erkennen, die ihr zuwinkten. Rannte sie freudig hinaus, musste sie jedes Mal erkennen, dass niemand dort war. Die Schatten waren verflogen. Nur kalte Luft umgab sie; der Himmel hing wie ein ausgewrungener Lappen über ihrer Enttäuschung. Wochenlang war die Sonne nicht hervorgekrochen. Mutter musste lernen, ihre Hoffnungen unter Kontrolle zu halten.

In den Raunächten fürchtete sie zu schlafen. Zu groß die Angst, das sich morbide Bilder und Gedanken in ihre Träume schlichen. So wachte sie in der Küche, starrte mit glasigem Blick in den Schein der Kerze, die sich langsam dem Ende neigte, und richtete ihre Gedanken auf die eine Hoffnung: Walter lebt!

In meinen Träumen zogen im rasenden Tempo unendliche Kapitel dieses Schauermärchens einer gewaltigen Bilderflut gleich an mir vorbei. Zwischen Düsternis und hellem Sonnenschein marschierten fröhlich singende Kinder im Wald herum, bis plötzlich ein Heer von Fahnen mit Runen und Hakenkreuzen das Bild bestimmte. Unendlich viele Fahnen, hinter denen weißblasse Kinder stumm marschierten, mit erhobenem rechten Arm. Sie liefen an der Mohre entlang, diese war getränkt mit Blut, gewaltige Fluten türmten sich auf, die in Windeseile alle Häuser unter sich begruben.

Schlesien

Mohrau 1944

Gefallen für Führer, Volk und Vaterland

Die Neujahrsrede im Reichsrundfunk drang in die kleinste Ritze. Kaum ertrug Mutter diese Worte. Immer noch diese salbungsvollen Reden, wie dieses Reich zu seiner vollen Größe erblühen wird und dass der Krieg bald beendet sei. Mutter klammerte sich an das bisschen Hoffnung, das ihr geblieben war.

Ein paar Wochen später erhielten wir jedoch die amtliche Todesnachricht mit Bild: Ein wogendes Meer, darauf ein schwimmender Kranz mit Hakenkreuz. Walter sei für Führer, Volk und Vaterland gefallen. Den ehrenhaften Heldentod gestorben. Diese Worte taten weh. Walter wollte all das nicht. So nisteten sich diese letzten makabren Worte in die Seele ein und blieben dort wie eine vergessene Jacke hängen.

Mutter brach zusammen, schrie ihre Wut gegen das Regime heraus, musste dabei noch aufpassen, nicht von Nachbarn denunziert zu werden.

Wochenlang sperrte sie die ihr mittlerweile so verhasste Welt vor der Tür aus. Weder ließ sie das Leben der Gegenwart hinein, noch trat sie selbst hinaus, lebte nur in ihrer eigenen Vergangenheit. Die dunkle Küche blieb der einzige Ort für alle Erinnerungen an jene Zeit, als wir hier noch glücklich beisammensaßen.

Uns Kindern übertrug sie stapelweise Aufträge und Anordnungen, und wie in Trance versuchten wir all die kleinen Alltäglichkeiten zu erledigen, was uns am normalen Leben hielt.

Es herrschte eine todesschwangere Gewitterstimmung. Überall schien Walter anwesend zu sein. Es war mehr als sonderbar, wie die Erinnerung an einen Toten so viel schwerer wog, ja so lebendig erschien, als die Erinnerung an das eigene Leben, das man von Minute zu Minute ablebte. Ich weiß nicht mehr, wie ich diese Zeit verbrachte. Die Tage tropften nur mühsam und quälend vorbei. Der Verlust von Walter kroch durch das ganze Haus. Und er ließ keine Ecke aus. In jede kleinste Ritze drängte sich der quälende Schmerz hinein und blieb dort staubgleich liegen. Der tägliche stumme Schrei der Mutter hallte wie lärmendes Getöse aus jeder verborgenen Nische. Mit weit aufgerissenen Augen sah sie um sich, schien mit den Augen zu horchen, nach seinem leichten Gang, den sie nie wieder zu hören bekommen würde. Sie lauschte nach seinem Lachen, seinen Worten; beides sollte nie wieder durch das Haus schallen. Mir war, als führte ihre Lebenstreppe von irgendwo nach nirgendwo. Es war, als hätte sie nie eine gehabt. Fast schien sie uns andere allmählich zu vergessen.

Thea blieb weiter von uns fern, da es ihr davor graute, in das leere Haus zurückzukehren, um dann nur über Krieg und Tote zu reden, was alle Räume füllte, den Lebenden keine Luft zum Atmen gönnte. Sie erfuhr, dass Frank in einem Bombenhagel umgekommen war. Damit begrub sie das Bild einer strahlenden Hochzeit. Und zu Hause bekam sie nicht das Mitgefühl, das sie so dringend suchte. Walters Nichtanwesenheit hielt ohne Rücksicht alle mit seinen klammen Fingern fest im Griff.

Seine Todesnachricht wurde uns von Amts wegen korrekt zugestellt. Meine Mutter wollte sich nicht mit der Tatsache abfinden, dass ihr einziger Sohn im Krieg gefallen war. Sie machte sich schwere Vorwürfe, dass sie Walter dazu überredet hatte, zur Marine zu gehen.

„Er könnte bestimmt noch leben!", weinte sie immer wieder, mit einer schier unendlichen Verzweiflung. Der

Gedanke an den grässlichen Tod in den eisigen Fluten riss ihr fast das Herz aus dem Leib.

Die ganze Dorfgemeinschaft nahm am Requiem für Walter teil. Viele Frauen, natürlich auch Herbert und Otto, die immer noch vom Kriegsgeschehen verschont blieben. Großmutter Rotraud reiste aus Neisse an, uralt war sie geworden. Ihr jüngster Söhn war kurz vorher gefallen, der andere war schwer verwundet in Kriegsgefangenschaft geraten. Vom Ältesten, also meinem Vater, hörte sie nichts. Jetzt auch noch ihr Enkel. Die tröstenden Worte des Pfarrers nahm ich kaum wahr. Ich glaube, jeder war mit seinen Gedanken bei Walter, der uns allen so viel Freude geschenkt hatte. Er war der Stolz der ganzen Familie gewesen, so ein hübscher Mann. Wie so viele andere Männer hatte er diesen Kampf verloren. Sein junges Leben im sinnlosen Krieg verwirkt. Voller Hoffnung und Enthusiasmus war er in den Krieg gezogen, um seinem Vaterland stolz zu dienen. Sein kurzes Erdengastspiel war hiermit beendet. Nachdenklich gingen alle nach der Totenfeier wieder ihrer Beschäftigung nach. Nur das half, den Alltag zu meistern.

Mutter begann sich körperliche Schmerzen zuzufügen, um diese nicht tagtäglich in ihrer Seele zu spüren und deren erbarmungslose Schreie zu hören. Ich sah meiner Mutter beim ewigen Leiden zu. Stundenlang saß sie an ihrem Tagebuch und schrieb Seite um Seite.

„Mama", versuchte ich leise auf sie einzureden, „du tust dir doch nur noch mehr weh damit. Schreib doch nicht jeden Gedanken auf, wie Walter vielleicht gestorben ist. Lass ihn doch in Frieden ruhen."

„Ich will aber nicht, dass *meine* Erinnerungen nur ruhen, verstehst du? Sie sollen weiterleben, jetzt und auch in Zukunft. Jeder soll wissen, was dieser Krieg aus mir macht. Meinst du nicht auch, dass es jeder Mutter so geht, die einen Sohn zu Hause hat, der vielleicht noch in diesen Krieg ziehen muss?

Denen ist doch alles zuzutrauen, dass sie uns auch noch die letzten Burschen aus dem Dorf holen! Vielleicht auch noch die Alten, die sich kaum auf den Beinen halten können! Gut, dass Opa das alles nicht mehr zu erleben braucht."

Die politische Lage gab ihr Recht. Im Frühjahr folgte die totale Lufthoheit der Alliierten über deutschem Boden. Bei Tag und bei Nacht wurde alles zerbombt. Immer weiter sollte die Rüstungsindustrie nachliefern – doch es gab einfach nichts mehr. Ebenso fehlte es in der Landarbeit an allem: Kein Material, keine Leute, selbst Hufeisen für die Pferde musste Herbert illegal beschaffen. Die paar Pferde, die uns im Dorf geblieben waren, verrichteten die gesamte Arbeit und dienten auch als Lastentiere, konnten vor Kutschen und Leiterwagen gespannt werden. Damit gelang es uns, so halbwegs unsere Aussaat zu bewältigen. Es war jetzt schon absehbar, dass der nächste Winter sich mehr als bitter abzeichnete. Die Partei schikanierte permanent die Bauern, neue Abgabequoten, neue Bestimmungen und Verordnungen ließen stetig den Groll der Landbevölkerung wachsen. Es fehlte an Eggen, Sensen, Milchkannen und Wagenreifen. Um diese aber zu bekommen, die im Laufe des Krieges beschlagnahmt worden waren, die der Doktor aber so nötig brauchte, um die Kranken auch mal nach Neisse zu transportieren, musste er regelrechte Papierkriege mit Ämtern führen, die keine Ahnung von uns Landleuten hatten. Die saßen in ihrer warmen Amtsstube, meistens bekleidet mit dieser unsäglichen Uniform. Dringlichkeitsbescheinigungen standen hier auf der Tagesordnung.

Trotz der Illegalität versuchte jeder sich ein bisschen mehr zu ergattern, als die Lebensmittelkarten hergaben. Es war verboten selbst zu buttern, aber alle taten das: die Sahne wurde in der Kanne heimlich gestampft. Mutter konnte die Ziegenbutter mit anderen Gütern tauschen. Wenn die Butter ranzig, die Wust schlecht war, dann hieß es höhnisch: Wenn das der Führer wüsste!

Als neue Währung setzten sich auch Tabak und Zigaretten durch. Schon lange war die unkontrollierte Hausschlachtung strengstens verboten. Und doch hielt sich jeder nach wie vor die paar Hühner, auch ein Schwein, ein Lamm oder einen Hasen; in der hintersten Ecke des Hofes schlachteten die Frauen heimlich selbst.

Wir waren unendlich froh, dass Fritz einen ganz normalen Tod sterben durfte. Kurz nachdem Walter an die Front zurückgekehrt war, legte er sich in seine Kuhle und wachte einfach nicht mehr auf. Welch eine Gnade! So kamen wir nicht in die Versuchung das Hausschwein, das uns so viel Freude beschert hatte, doch noch wegen schlechter Zeiten in den Ofen schieben zu müssen.

Den Müttern der Gefallenen ...

Nach wie vor hörte Mutter heimlich den Londoner Rundfunk. Auch wenn sie nicht mehr hoffen konnte, dass Walters Name fiel, so wollte sie sich nun vergewissern, dass das, was die Deutschen von sich gaben, nichts mit dem zu tun hatte, wie man im Ausland über den Verlauf des Krieges berichtete. Die englischen Sender prophezeiten eine andere Zukunft als das *Tausendjährige Reich*, an dem die deutsche Propaganda tagtäglich noch bastelte. Die Angst vor der Front, die Angst vor den Russen, sie begann sich ganz allmählich in den Köpfen der Menschen einzuschleichen, sich festzusetzen wie ein schlechtes Gewissen. So langsam bekamen viele eine Ahnung, dass niemand uns mit Samthandschuhen anfassen würde, wenn der Krieg verloren ginge. Die NS-Propaganda schürte diese Angst mit dem Slogan: *Sie nageln dir die Zunge an die Wand*. Somit wurde pure Verzweiflung geschürt, dass wir diesen Krieg um jeden Preis zu gewinnen hätten. Diese nackte und kalte Angst ließ aufkommendem Zweifel keinen Raum.

Ein englischer Sender kommentierte diese Zerrissenheit mit folgenden Worten: *"Göbbels und seine Partei haben Angst vor dem Schicksal, das ihnen bevorstünde, wenn der politische Wille des deutschen Volkes frei zum Ausdruck käme."*

Zum Muttertag ließ der Wehrmachtsbericht verlauten, dass jede Mutter, die ihren Sohn im Kriege verloren hatte, stolz auf ihn sein sollte! Von wagemutigen Abwehrkämpfen im Osten war die Rede, vom heldenmutigen Ausharren, von deutschem kühnen Angriffsgeist und opferfreudiger Kameradschaft. An diesen Müttern bildete sich das Wort von der „stolzen" Trauer, das wir so häufig in den Gefallenenanzeigen lesen mussten.

„Den Müttern der Gefallenen gilt am heutigen Muttertag vor allen anderen unser Gedenken und unser Dank. Das ganze Volk schart sich im Geiste um sie und umfängt sie mit seiner Kindesliebe …"

Darunter unendliche Anzeigen von Gefallenen.

„Sie trugen einst die Tapferkeitsmedaille. Sie fielen in unwandelbarer Treue zu unserem Führer und im festen Glauben an den Sieg Deutschlands. In stolzer Trauer Frau …"

Sobald diese Todesnachrichten im Dorf eintrafen, herrschte natürlich eine gedrückte Stimmung. Selbst die Kinder wagten nicht, sich unbeschwert zu bewegen oder gar laut zu werden.

Herbert baute ein Holzkreuz in der Form eines „Eisernen Kreuzes". In der Mitte standen die Namen, die Geburts- und Todestage all der gefallenen Soldaten von Mohrau. Es waren etliche Namen, die an die Männer und Jungen erinnerten, die nie mehr ins Dorf zurückkehren würden. Als er das Kreuz aufstellte, direkt vor der Kirche, hielt Pfarrer Bach einen Trauergottesdienst ab. Während der Aufstellung und des Einsegnens spielten einige der älteren Männer auf Blasinstrumenten das Lied vom „Kameraden": Mit Tränen in den Augen und schluchzenden Stimmen krächzten die Umherstehenden den Text. Natürlich kann ich diesen Text bis heute noch auswendig. Wann und in welchem Haus wurde er nicht gesungen?

> *Ich hat einen Kameraden,*
> *einen bessern findst du nit.*
> *Die Trommel schlug zum Streite,*
> *er ging an meiner Seite*
> *im gleichen Schritt und Tritt.*
> *Eine Kugel kam geflogen:*
> *Gilt´s mir oder gilt es dir?*
> *Ihn hat es weggerissen,*
> *er liegt vor meinen Füßen*
> *als wär's ein Stück von mir.*
> *Will mir die Hand noch reichen,*
> *derweil ich eben lad'.*
> *Kann dir die Hand nicht geben,*
> *bleib du im ew'gen Leben, ein guter Kamerad!*

Währenddessen landeten amerikanische Truppen in der Normandie und die Engländer beschossen Häuser im Tiefflug mit Bordwaffen, der berüchtigten „Spitfire". Schon seit letztem Jahr hörte man auch kein „Sieg Heil" mehr aus dem Radio schallen.

Ich war mir nicht sicher, ob sich das einfach so eingeschlichen hatte, oder ob es eine Verordnung gab. Der Krieg dort draußen war anders als die schwülstigen Erfolgsmeldungen, die unaufhörlich aus dem Lautsprecher des Volksempfängers dröhnten. Ich fragte mich manchmal, ob wir nicht zu pessimistisch wären. Der Tod so vieler fremder Menschen war so selbstverständlich geworden, als gehörte er zum täglich Brot. Hitler war Herr über Leben und Tod. Er konnte Gesetze erlassen, ohne auf eine Verfassung zu achten, und selbst Richter zwingen, Todesurteile zu fällen. Und so viele jubelten ihm immer noch zu, denn zu viele glaubten weiterhin an den großen Sieg. Ob aus Verzweiflung oder aus wirklicher Überzeugung, alles andere war so unvorstellbar, dass es eine Art Vakuum in den Köpfen auslöste.

Der Führer lebt!

Es war im Sommer, als ich müde und körperlich ausgelaugt zu Hause ankam. Der Bauer hatte mir ein bisschen Käse und zwei Laibe Brote mitgegeben. Auch einige Äpfel steckte er mir zu. So ausgestattet radelte ich auf unseren Hof, sah zur Linde, deren Zweige sich bis zum Boden neigten und bemerkte, dass unsere Bank ein wenig verfallen war. Auch der Tisch sah abgenutzt und verbraucht aus. Da wurde mir schlagartig bewusst, dass es ein Jahr her war, als wir hier alle noch zusammen gesessen hatten. Ab und an erhielten wir von Vater seine Feldpost. So wussten wir, dass er lebte. Aber was er wirklich fühlte und dachte, das konnten wir aus den paar Zeilen nicht herauslesen. Mit einem Seufzen betrat ich das Haus, vernahm sofort, dass das Radio lief.

Ich war ganz erstaunt, als ich Herbert und Traudel in der Küche antraf. Mutter und Oma saßen ebenfalls am Tisch, alle mit gesenkten Häuptern und sie lauschten wieder den Worten aus dem Volksempfänger. Ich erkannte diese Stimme sofort. Es war der Führer selbst, der dort zu uns sprach. Man hörte, wie er mühsam nach Worten rang, sich zu beherrschen suchte und dennoch, die Wut, die in diesen Worten steckte, war deutlich zu bemerken.

„... eine ganz kleine Clique ehrgeiziger, gewissenloser und zugleich verbrecherischer und dummer Offiziere hat einen Komplott geschmiedet, um mich zu beseitigen. Und zugleich mit mir den Stab der deutschen Wehrmachtsführung auszurotten. Die Bombe, die von dem Graf von Stauffenberg gelegt wurde, detonierte nur zwei Meter von meiner rechten Seite. Er hat eine Reihe mir treuer Mitarbeiter

getötet und schwer verletzt. Ich bin selbst völlig unverletzt bis auf einige ganz kleiner Hautabschürfungen, Prellungen ..."

„Was für ein Unglück! Und damit meine ich ein Unglück für das deutsche Volk", keuchte Herbert und schüttelte dabei den Kopf. Sein Haar war schlohweiß geworden. Gerade letzte Woche stand auf der Liste, dass sein Sohn Veit als vermisst galt. Dunkle Augenringe gruben sich seitdem immer tiefer in sein Gesicht.

Ich war irritiert. Ich war so sehr in dieser Zeit groß geworden, dass ich es als seltsam empfand, dass es jemanden gab, der den Wunsch hegte, unseren Führer zu töten. Auch ich wollte diesen Krieg nicht, aber es war seltsam, ein Deutschland ohne Hitler konnte ich mir zum damaligen Zeitpunkt einfach nicht vorstellen. Hitler war Deutschland. Während ich die Brote auf den Tisch legte, die Äpfel in einem Korb verstaute, versuchte ich nicht, an den Gesprächen der Erwachsenen teilzunehmen. Das Attentat auf Hitler war das Thema der nächsten Tage. Eine Sondermeldung jagte die nächste und man versuchte uns zu beruhigen, dass dem Führer nichts geschehen wäre.

Robert Ley brüllte über den Äther: *„... eine kleine Clique blaublütiger Schweinehunde hat einen Anschlag auf das Leben unseres geliebten Führers unternommen!"*

„Gott erhalte Adolf Hitler, Gott erhalte Robert Ley; Röhm, den hat er schon erhalten, Gott erhalte alle drei!", kommentiere Herbert süffisant. Diesen Satz sprach so mancher hinter vorgehaltener Hand.

Da stand Mutter auf, stellte das Radio aus. Damit begann erneut das Philosophieren und Diskutieren, was für einen Vorteil der Tod Hitlers tatsächlich gehabt hätte. Peter war indessen noch hinzugekommen und versuchte zu erklären, dass der Tod Hitlers keinem was bringen würde. Zu viele Männer behielten auch dann noch ihre hohen Positionen und führten im Prinzip all das weiter aus, was die NSDAP seit Jahren aufgebaut und stringent vorgelebt hatte.

Ich stellte später fest, dass ich in einer Welt groß geworden war, die versuchte eine Vergangenheit auszulöschen, aber in weiter Ferne keine Zukunft für uns parat hielt. Und dennoch duldete keiner eine unabhängige Stimme neben sich; eine Topographie des Todes und des Kampfes ums Überleben, das war unübersehbar geworden.

In den nächsten Tagen erfolgten so viele Hinrichtungen, dass einem ganz schlecht wurde. Das ganze Ausmaß, wie viele Menschen an diesem Komplott beteiligt gewesen waren, verdeutlichte ja nur, dass selbst Offiziere und Generäle in den höchsten Positionen versuchten, sich gegen den Menschen Hitler und seine Art, Krieg zu führen, mit den letzten verzweifelten Mitteln gewehrt hatten. Herbert erfuhr aus Breslau, dass bei den meisten Verrätern die Schergen Hitlers die gesamte Familie in Sippenhaft nahmen. Die Frauen mussten ins Gefängnis, die Kinder, darunter sogar ein Säugling, wurden allesamt in Heimen untergebracht, damit sie umerzogen werden konnten. Das bedeutete, die Partei versuchte alles, diese Kinder von ihren Eltern und ihrer Familie zu lösen. Mit neuer Identität sollten sie ab dem Zeitpunkt ihrer Einlieferung zu „brauchbaren" und „loyalen" Menschen erzogen werden, die dann eines Tages dem Land in der Art und Weise dienen konnten, wie sich die Nazis das wünschten. Mir wurde schlecht. Selbst die Unschuldigsten waren vor diesem System nicht sicher. Warum wehrte sich eigentlich nicht das ganze deutsche Volk? Mutter verbot mir, auch nur solche Gedanken zu hegen.

So erzog man systematisch die Bürger zu wachsamen Volksgenossen. Eine Eigenschaft, die bei der Volksgemeinschaft vorausgesetzt und von ihr erwartet wurde. Für brauchbare Informationen winkten nicht selten mehrere tausend Reichsmark, um das gesunde Volksempfinden aufrechtzuerhalten. Das Regime wollte den politischen Wächter. So wurde jeder gezwungen hinter Fassaden und Mauern zu blicken. Jedes geöffnete Fenster bot die Möglichkeit zu lauschen, hinter Gardinen still zu beobachten und Wohnungen und Häuser entwickelten sich zu Zellen aus einem durchsichtigen Getriebe, in denen Spionieren und Verrat die Menschen formten und prägten. Das schuf eine Atmosphäre von Einschüchterung, Angst und Bedrohung. Die Privatsphäre war politisiert. Empathielosigkeit war das Allheilmittel, um nicht selbst in dieser Zelle vernichtet zu werden, denn Mitgefühl wurde im Keime erstickt.

Man zog sich scheinbar in eine innere Emigration zurück. Viele intervenierten nicht, viele besaßen nicht den Mut, sich der Zerstörung eines Lebens entgegenzustellen, versuchten sich zu tarnen, zum Teil so perfekt, dass sie wunderbar in dem System untertauchten, nicht mehr zu unterscheiden waren.

Stigmatisierte Mitbürger wurden gemieden. Man senkte beschämt den Blick, und irgendwann war dieser Mensch einfach spurlos verschwunden, als hätte er nie existiert. Die erstrebte Volksgemeinschaft zog mit brutaler Konsequenz den Ausschluss vieler Mitbürger mit sich. Menschen, die vormals am täglichen Leben innerhalb der Gemeinschaft teilgenommen hatten. Umfangreiche Verhaftungen führten dazu, dass Beziehungen und Freundschaften von einst zerbrachen, die dem Übergang in Terror und Diktatur nicht standhalten konnten. Jede missbilligende Äußerung wurde mit KZ oder gleich mit dem Tod bestraft. Vieles wurde nicht gesagt, manches nur geflüstert, kaum einer wagte zu schreien. Und so manch einer redete sich um Kopf und Kragen, um eigentlich nur das Schweigen zu üben.

Einer meiner Klassenkameraden, der gerade eingezogen worden war und in der Ausbildung steckte, erklärte noch großprahlerisch, wie die gesamte Wehrmacht seit dem

Attentat nicht mehr militärisch zu grüßen hätte, sondern nur noch mit dem deutschen Gruß.

Es war vielleicht nur eine banale Kleinigkeit, meinte Herbert, aber damit unterjochte sich die Wehrmacht noch mehr der Person Hitler. Er saß oben auf dem Thron und duldete niemanden neben sich.

Aus heutiger Sicht einfach unvorstellbar, wie Massen manipuliert werden konnten, sich manipulieren ließen. Ob das heute noch so möglich wäre? Ist unsere Gesellschaft wirklich krisenfester geworden? Ich bin mir nicht sicher. Heute übergeben wir unsere Verantwortung den technischen Medien und wundern uns dann, wenn diese überhandnehmen, nicht mehr kontrollierbar erscheinen. Ist unsere heutige Gesellschaft wirklich aufgeklärter, bewusster und vor allem kritischer?

Der Sommer gaukelte weiter einen trügerischen Frieden vor. Manchmal fühlte es sich so unwirklich an, vor allem dann, wenn man all die Nachrichten zur Kenntnis nahm, die aus dem Radio zu uns drangen. Auf dem Marktplatz saßen die alten Männer und blätterten in Zeitungen, die von den verheerenden Folgen des Krieges berichteten, die die Feinde uns überall antaten. Der Durchhaltewille der Soldaten sollte uns an der Heimatfront dazu motivieren, an die Richtigkeit dieses Krieges zu glauben. Wir bekamen den Waffengang nur von fremden Stimmen, nur von gedruckten Worten zu schmecken.

Nichtsdestotrotz, der eiserne Wille des deutschen Volkes wurde gerühmt und von nun an sprachen Goebbels und Hitler auch von einer geheimen Wunderwaffe, die den Feind vernichtend schlagen sollte. Jeder versuchte zu spekulieren, was es damit auf sich hatte, diese Wunderwaffe, die aber bis dato niemand gesehen hatte, geschweige denn wusste, wie sie überhaupt einzusetzen wäre. Goebbels pries die geheime Wunderwaffe, auch genannt die Vergeltungswaffe 2, kurz V2. Was war das für ein Gerät? Fliegt es, kann es überhaupt ein Ziel treffen? Sollte es tatsächlich in der Lage sein, die konventionellen Bomben, die tagtäglich auf die Städte abgeworfen wurden, zu torpedieren? Mittlerweile setzten die Alliierten fast einer Choreografie gleich verschiedene Bomben ein. Jeder Junge beschrieb ihre Bezeichnungen und Wirkungen auswendig, wie einen Schulspruch.

Die Reihenfolge der Zerstörung war immer die gleiche: zuerst fielen die Sprengbomben, um das Gemäuer zu zerstören. Kurz darauf folgten die Brandbomben, die sich dann besser entfalteten und zu guter Letzt jagten sie noch die Luftminen hinterher, die etwas später explodierten. Durch diese Verzögerung kam es, dass unglaublich viele Menschen, die eigentlich helfen und retten wollten, selbst getroffen wurden. Das waren oftmals die Feuerwehrmänner. Sie sollten eigentlich die Flammstrahlbomben, die – ähnlich wie Phosphorbomben, die mit Brandflüssigkeiten gefüllt waren, die in die Häuser katapultiert wurden und mit Wasser nicht zu löschen waren – irgendwie zum Stoppen bringen. Stattdessen wurden sie von den Minen zerrissen. Eine ausgeklügelte Taktik, die die Amerikaner zuvor in der Wüste Nevada ausprobiert hatten. Hier arbeiteten sie systematisch daran, wie deutsche Dächer und Ziegel am effektivsten zu zerstören waren.

Und nun sollte diese wunderbare Waffe von Goebbels all das in den Schatten stellen? Heute denke ich, dass die Menschen wirklich versuchten an diese Wunderwaffe zu glauben. Es blieb ihnen doch auch nichts anderes übrig. Wir klammerten uns damals alle an den Retter und seine vielgepriesene „Wunderwaffe".

„*Führer befiehl – wir folgen dir.*"

Brief aus dem Wehrmachtsgefängnis

Als ich die Gartenpforte öffnete und sie mit dem vertrauten Quietschen ins Schloss zurückfiel, konnte ich mich an dem Bild unseres wundervollen Gartens nicht sattsehen. Aufopferungsvoll bemühte sich Mutter um Vaters Rosen, die in ihrer ganzen Herrlichkeit blühten. Bienen summten herum, die Hühner pickten und scharrten im Hof, und dieses Mal verkaufte Mutter die kleinen Zicklein nicht, sondern behielt sie selbst.

„Wer weiß, was dieser Winter noch mit sich bringt?", so ihre Meinung und hatte die drei Kleinen über den Sommer aufgepäppelt. Paula spielte mit einer Freundin im Garten, am Wegesrand standen vier Frauen dicht beieinander und tuschelten, besahen sich gegenseitig ihre Körbe. Ich schaute zum Himmel auf. Zwei Kraniche zogen ganz gemächlich ihre Bahn. Die Sonne strahlte gleißend hell und schien ziemlich unberührt von all dem, was in der Welt so geschah.

Was für ein Bilderbuch, dachte ich; und doch war man nie sicher, ob nicht schon am nächsten Morgen der Krieg auch an unserer Tür anklopfte. Die ersten Anzeichen gab es schon. „Der Iwan" rückte gefährlich nah, wie überall gemunkelt wurde.

Ich war müde und hungrig, betrat die Küche und als ich meine Mutter bewegungslos am Tisch sitzen sah, hielt ich inne. Ein Sonnenstrahl fiel direkt auf den Herrgottswinkel, das glänzend dunkle Holz des Kreuzes leuchtete erhaben auf.

Als Kind empfand ich es als so wundervoll, wie dieses warme Licht das Gesicht von Jesus berührte, einem Kusse gleich. Er bekam für den Hauch eines Momentes etwas Magisches in seinem leidvollen Blick. Gott fühlte sich so nah an. Nun saß meine Mutter da, starrte auf das Kreuz und in dem Lichtstrahl tanzten kleine Staubflocken. Eine Mücke kreiste umher. Von draußen drang das Lachen und

Plappern der Kinder zu uns herein. Langsam ging ich zum Tisch und starrte meine Mutter an, die mit einem so seltsamen Gesichtsausdruck dasaß, dass mir angst und bange wurde. Vor ihr lagen mehrere Seiten eines Briefes. Plötzlich packte mich eine beklemmende Angst. Ich starrte auf den Umschlag – irgendetwas Amtliches mit einem imposanten Stempel. Der Reichsadler war sofort zu erkennen.

„Mama, was ist das für ein Brief? Ist doch nicht Vater, oder …?"

Meistens versah die Wehrmacht die amtlichen Todesnachrichten mit einem speziellen Stempel. Ich glaubte zu spüren, wie der Boden unter meinen Füßen weg glitt.

„Ich musste mich erstmal setzen. Ich habe diesen Brief jetzt dreimal gelesen." Ihre Stimme klang seltsam.

Mutter schwieg. Ich verharrte, hielt die Luft an und starrte noch einmal auf den Umschlag zurück.

Dann sah Mutter mich an, ganz erstaunt. Wie ein kleines Kind begann sie zu plappern.

„Der Brief ist von Walter. Du glaubst es nicht. Ein Brief von deinem Bruder. Ist das nicht schön? Er hat uns endlich mal geschrieben. So lange lässt der Junge nichts von sich hören! Das ist doch ungezogen, findest du nicht auch? Also manchmal frage ich mich, ob wir ihn nicht doch strenger erziehen sollten."

Mir wurde ganz übel. Wie oft geschah es, dass die amtliche Todesnachricht der Wehrmacht meistens schneller eintraf, als der persönliche Brief des Soldaten von der Front. Es war dann, als würden die Verstorbenen aus dem Jenseits schreiben. Wann hatte Walter diesen Brief abgeschickt? War das noch kurz bevor er seinen grausigen Tod fand? Während mir diese Sätze mein Hirn zermarterten, griff Mutter nach meiner Hand, aber dermaßen heftig, dass ich kurz aufschrie. Als ich wieder in ihr Gesicht zurücksah, lächelte sie ganz seltsam. Ich bekam Angst.

Sie ist verrückt geworden, dachte ich noch.

„Walter lebt! Hanna, hörst du? Dein Bruder lebt!"

Mit wirrem Blick schob sie mir diese Papiere hin. Ich erkannte sofort die hilflosen Buchstaben meines Bruders, die immer wirkten, als würden sie eigentlich lieber verschwinden. Eng an eng hatte er sie geschrieben, mehrere Seiten lagen vor mir. Dann sah ich auf das Datum. Ich stöhnte auf. Der Brief war vom 1. August 1944. Das hieß, Walter lebte! Mutters Worte sprudelten wie ein Wasserfall. Sie plapperte in einem fort, ich weiß nicht mehr, was sie alles erzählte. Irgendwann konnte ich meine konfusen Gedanken sortieren und versuchte ihr zu folgen.

Walter war nicht auf der „Scharnhorst" gewesen, als diese unterging; er war eingesperrt, saß in Oslo im Militärgerichtsgefängnis. Auf ihn wartete jetzt das Militärgerichtsverfahren. Sie wüsste gar nicht, ob sie sich jetzt darüber freuen oder zornig sein sollte. Es klang alles so unglaublich. Unser Walter lebte!

Endlich las ich Seite um Seite des Briefes, mit jedem Wort wechselten sich Freude und Panik ab.

Liebe Muttel!
Ich möchte nicht wissen, was für Nächte, Tage, Monate, du hinter dir hast. Ich konnte mich leider nicht vorher melden, die Situation war einfach zu kompliziert. Aber nur dass du es weißt, liebe Muttel, ich lebe! Und es geht mir verhältnismäßig gut. Aber nun alles der Reihe nach. Ich gehe einfach zu dem Tag zurück, der mein Leben von Grund auf veränderte. Oder soll ich lieber sagen, mich vorerst vor einem fürchterlichen Schicksal bewahrte?
Es war dein Geburtstag, also der 25. Dezember. Mit einigen Kameraden wollte ich an Land im Wehrmachtsheim ein wenig Weihnachten feiern. Wir hatten in Oslo Station gemacht. Und es war eigentlich, wie immer, eine ziemlich trübe Stimmung an Bord gewesen. So nutzten wir den Augenblick, um festen Boden unter

den Füßen zu spüren, vielleicht auch mal ein nettes Gesicht zu erblicken. Es war hier alles so festlich hergerichtet, dass mir ganz schwermütig wurde. Man bemühte sich tatsächlich darum, uns so etwas wie eine feierliche Stimmung zu schenken. Ich musste natürlich an zu Hause denken! Ich musste daran denken, wie ich die Krippenfiguren für Oma hätte aufbauen können, Paula eine kleine Geldbörse unter dem Tannenbaum legen, und, Muttel, ach wie gern hätte ich deine Mohnklöße gegessen! Aber nun waren wir hier in der Fremde, und ein paar Tage zuvor hatten wir auch einige Kameraden in einem Gefecht verloren.

Es war wirklich eine mehr als traurige Stimmung. Und so begannen wir einfach uns ein wenig Zeit zu stehlen und an die Lieben in der Heimat zu denken. Sogar ein Klavier stand im Raum. Alles war so schön geschmückt. Zuerst war's eine wirklich feierliche Stimmung und dennoch, so manch einer heulte vor sich hin wie ein kleines Kind. Dann wurde getrunken und gegessen. Irgendwie schien es dabei kein Ende zu nehmen. Bald waren wir alle sternhagel blau. Dazu die feierliche Stimmung, also, einen größeren Moralischen konnten wir nicht haben. In der Ecke des Wehrmachtsheimes rollte ich mich wie ein Tier zusammen und ich weiß nur, dass ich noch vor mich hin murmelte: „Meine Mutter hat heute Geburtstag, hoch soll sie leben."

Die anderen Kameraden begannen ihre Wut und Trauer anders auszuleben. Sie schmissen mit Gläsern und Tellern um sich. Schließlich wurde in ihrer Zerstörungswut alles kurz und klein geschlagen. Ein Kamerad war in voller Uniform ins Goldfischbecken geworfen worden. Ich kann mich nur noch daran erinnern, wie ein Goldfisch auf dem Boden zappelte. Als ich am nächsten Morgen aufwachte, war es bereits heller Tag und eine norwegische Putzfrau versuchte die Spuren des Gelages zu beseitigen. Ich selbst befand mich mitten im Trümmerhaufen. Aber von meinen Kameraden fehlte jede Spur. Warum hatte mich denn niemand geweckt? Wir sollten doch noch in der gleichen Nacht nach Narvik weiterreisen. Wenn mich diese „Kettenhunde" erwischen würden, wäre ich sofort dran. Mir war klar, dass ich doch wieder in den Bau müsste! So schulterte ich meinen Seesack und trat ins Freie.

Es war menschenleer. Hier war ich ein einsamer Fremder, der alleine die Straßen entlang ging. Am Bahnhof musste ich feststellen, dass mein Zug bereits weg war, und erst in zwei Stunden könnte ich in den nächsten steigen. Die durchzechte Nacht hing mir dermaßen in den Knochen. Auf einer Bank legte ich mich hin, versuchte ein wenig auszuruhen. Als der Zug endlich anrollte, stieg ich ein in Richtung Narvik. Nur einige Matrosen, zwei Wehrmachtangehörige saßen in meinem Abteil; es blieb angenehm ruhig. Jeder hing seinen eigenen Gedanken nach. Es war ja noch Feiertag und ich vermute mal, dass jeder an seine Heimat dachte. In Trondheim stiegen ein paar Soldaten dazu und plötzlich wurde es laut.

„Hallo Kumpels, hört mal alle her!", rief einer gewichtig aus. Alle wandten ihre müde Blicke in Richtung des jungen Burschen.

„Habt ihr es schon gehört, die ‚Scharnhorst' ist heute Nacht versenkt worden."

Alles redete wild durcheinander. Jeder sprach auf jeden ein. Und ich, ich konnte nicht wirklich verstehen, was ich da gerade hörte. Mir wurde schlecht. Das war nicht wegen des Bieres von gestern Nacht. Das kann doch nicht wahr sein, ratterten mir die Gedanken durch meinen Kopf. Es war überhaupt nicht geplant gewesen, dass die ‚Scharnhorst' noch vor Neujahr auslaufen sollte! Was hatte das Ganze zu bedeuten? Da wurde mir plötzlich klar, wenn man mich jetzt erwischen würde, dass es doch in der Tat so aussähe, als sei ich desertiert. Das hieß: Kriegsgericht. Was sollte ich bloß tun? Eigentlich wäre ich heute Nacht mit abgesoffen. Weißt du, liebe Muttel, im normalen Leben würde man jetzt sagen: was für ein Glück! Danke dem lieben Herrgott. Aber beim Militär hieß es doch nur: abgehauen. Und das auch noch bei der Marine, die in solchen Sachen keinen Spaß versteht. Ich war wie in Trance. Bei der nächsten Station stieg ich einfach aus. Da stand ich nun auf diesem Bahnhof, wusste überhaupt nicht, wohin ich sollte. Dann erst begann ich an all meine Kameraden zu denken, die ich nie *wiedersehen würde. Alle tot? Die ‚Scharnhorst', der ganze Stolz der deutschen Flotte. Ich ging in diesem fremden Ort hin und her, ohne wirkliches Ziel, spähte durch fremde Fenster, sah Plakate, deren Sprache ich nicht verstand. Ich bekam Hunger, suchte mir ein Lokal, das nicht zu voll war. Ich verstaute meinen Seesack unter einer Bank und bestellte etwas zu essen. Wo sollte ich bloß hin? Ins Soldatenheim konnte ich nicht gehen, da würde sich keiner darüber freuen, dass ich noch am Leben war.*

Als ich den Blick hob, sah ich in zwei wunderschöne, blaue Augen. Das Mädchen musste mich wohl die ganze Zeit fixiert haben. Kein Wunder, es muss mir auf der Stirn gestanden haben, dass ich völlig irritiert und orientierungslos war. Sie lächelte mich an. Ich nahm meinen ganzen Mut zusammen, rutschte an ihren Tisch und versuchte ihr leise zu erklären, was mit mir überhaupt los war. Sie verstand mich kaum. Sie war Norwegerin, konnte nur ein ganz bisschen Deutsch, nur als sie das Wort ‚Scharnhorst' hörte, nickte sie verständnisvoll. Sie wusste wohl auch, dass das Schiff in der letzten Nacht während eines heftigen Angriffs vor der norwegischen Küste torpediert worden war. Dann tippte ich mir auf meine Brust, und sagte immer wieder ‚Scharnhorst'. Ich glaube, allmählich begriff sie die Zusammenhänge und begann nun zu überlegen, was sie mit dieser Information anfangen konnte. Dann deutete sie mir vorsichtig an, dass ich ihr im gebührenden Abstand folgen sollte.

Marie, so hieß sie, nahm mich mit auf ihr Zimmer. Alles sehr bescheiden, aber sehr sauber. Auf einem altersschwachen Sofa bereitete sie mir eine Lagerstätte. Und so müde wie ich war, schlief ich durch, bis zum nächsten Morgen. Marie war schon dabei, wieder das Haus zu verlassen und deutete mir an, dass ich ja vorsichtig sein müsste. Ich sollte nicht vor die Tür gehen. Sie versuchte mir zu erklären, dass sie in einem deutschen Lazarett als Putzfrau arbeitete und sie wolle versuchen herauszuhören, wie es nun wirklich um mich stand. Dann erklärte sie mir, dass ihr Bruder im Untergrund arbeitete, und zwar als aktiver Fluchthelfer. Ihm war es schon einige

Male gelungen, Flüchtlinge, Partisanen und Überläufer heil und sicher nach Schweden zu bringen. Dort in Schweden wäre ich erstmal in Sicherheit. So blieb ich ein paar Tage da, lernte Sören kennen, und alles sah so aus, als wenn ich nun tatsächlich zu einem Deserteur werden sollte. Mit seiner Hilfe wollten ich und andere Partisanen versuchen, nach Schweden zu gelangen. Das Vorhaben misslang, weil er verhaftet wurde. Sie hatten ihn erwischt. Nun wollte ich mich eigentlich bei meinem Kommando stellen. Ich besaß nicht mehr die Nerven, mich wie ein Verbrecher nur im Dunkeln zu bewegen. Aber dann, es musste wohl so kommen, am 1. Januar, da hörte ich diese schweren Schritte im Flur. Und plötzlich brachen sie die Tür auf. Zwei Männer in schwarzen Ledermänteln standen vor mir. Ihre Mienen verrieten nichts Gutes. Die Gestapo befahl, ich solle mitkommen, und ich wusste, das könnte mein Ende bedeuten. Auch Marie nahmen sie mit. Ich habe bis heute nicht erfahren können, was aus ihr geworden ist. Was für eine Ironie des Schicksals. Einerseits durch das Verpassen eines Zuges hatte ich mein Leben gewonnen, und genau das sollte jetzt vielleicht meinen Tod bedeuten? Besonders in diesen Zeiten versteht die Marine keinen Spaß. Die Militärgerichtsbarkeit ist eine der Unerbittlichsten auf der ganzen Welt. Es waren bereits Todesurteile wegen viel geringerer Vergehen ausgesprochen worden. Nun, liebe Muttel, warte ich auf meinen Prozess.

Bitte bete für mich, dass doch noch alles gut gehen möge! Küss meine Schwestern von mir und ich hoffe sehr, dass Vater noch lebt.
Alles Liebe
Dein Sohn Walter

Das Sonnenlicht war weitergewandert. Der Herrgottswinkel lag wieder im Schatten des Raumes. In meinem Kopf fühlte es sich an, als machte sich ein diffuser Nebeldunst in mir breit. Ich schaute zu meiner Mutter, die wieder mit ihrem Blick irgendwo in einer anderen Welt herumschweifte. Sie sah so nachdenklich aus.

„Freust du dich denn nicht?", konnte ich nur mit belegter Stimme fragen. „Walter lebt. Was kann ihm denn jetzt noch geschehen?"

Mutter antwortete nicht. Aber in ihrem Gesicht erkannte ich, wie sich ganze Gedankenberge auftürmten und sie langsam versuchte, diese aus eigener Kraft zu erklimmen.

„Ich muss damit rechnen, dass Walter zum Tode verurteilt wird", sprach Mutter ganz leise, eigentlich mehr für sich. Sie schien mich überhaupt nicht mehr zu bemerken. „Für diesen Fall sollte ich doch eigentlich alle in dem Glauben belassen, dass er mit der „Scharnhorst" versunken ist. Nun habe ich alle Beileidsbekundungen schon entgegengenommen, auch die Todesanzeige ist hier aufgehängt, seitdem lässt mich jeder in Ruhe. Er ist als Held gestorben. So ist das Andenken an ihn ungetrübt."

Sie hielt inne. Ich versuchte zu verstehen, was meine Mutter da gerade von sich gab. Sie ließ also ihren Sohn noch einmal sterben? Sie wollte nicht, dass alle die frohe Botschaft vernahmen, dass Walter noch lebte? Ich war völlig irritiert, begriff überhaupt nicht mehr, was meine Mutter zu solchen Gedankengängen veranlasste.

„Schau, Hanna, ich kann es doch nie und nimmer der Oma erzählen. Stell dir vor, alle machen sich Hoffnung, dass Walter zurückkehrt. Und dann wird er hingerichtet? Als Landesverräter? Das würde doch kein Mensch verstehen. So kann ihn jeder als den liebenswürdigen Luftikus in Erinnerung behalten, der er nun einmal war. Ich bitte dich inständig, ich weiß, es ist viel verlangt, aber bitte, bitte erzähl es keinem. Auch nicht Thea. Und Paula ist definitiv zu klein für all diese Nachrichten."

So saßen wir noch lange in der Küche beisammen, bis sich dieser Sommertag verabschiedete und die Nacht Einzug hielt. Mutter nahm den Brief von Walter, legte die Seiten zusammen mit dem verräterischen Umschlag in die unterste Schublade ihrer Kommode. Was für eine seltsame Ironie des Schicksals. Ich durfte mich nicht freuen, dass mein Bruder noch lebte! Ich musste weiterspielen, dass ich betroffen und traurig war, weil er gefallen war.

Die Wunde war erneut aufgerissen. Mutter bebte zwischen Zorn und Freude, ein Wechselbad der Gefühle! Einerseits war Walter durch seinen Leichtsinn dem fürchterlichen Tod in den kalten Fluten entkommen, aber genau diese Leichtsinnigkeit sollte ihn vielleicht das Leben kosten? Sie hoffte natürlich inbrünstig, dass das Verfahren einigermaßen günstig für ihn ausfallen möge. Sie konnte sich keinem Menschen anvertrauen, nicht einmal ihrer Mutter. Sie wollte die alte Frau nicht damit belasten.

Oma war nicht dumm. Sie spürte, dass irgendetwas nicht stimmte. Immer wieder fragte sie nach, immer wieder beobachtete sie ihre Tochter und versuchte auch aus mir herauszukriegen, was denn nun mit Mutter los wäre. Es fiel mir so furchtbar schwer, Oma anzulügen. Mutter lebte immer eigenbrötlerischer. Jedermann, der sie früher als lebensfrohe Frau gekannt hatte, musste glauben, dass sie an Walters Tod schwer trüge. Und in dem Glauben beließ sie auch alle. Sie sprach kaum noch mit Traudel. Herbert wies sie einmal sogar schroff ab, als dieser vor der Tür stand. Auch Otto und Gertrud suchte sie nicht mehr auf. Sie zog sich von allen zurück. Nur ihrer Schwester konnte sie nichts vormachen. Eines Tages kam Irmtraud herüber, setzte sich in die Küche, sah demonstrativ erst zu mir, dann zu ihrer großen Schwester. Sie sah mir die Unsicherheit sofort an.

„Was heckt ihr beide eigentlich für Geheimnisse aus? Es ist ja nicht zu übersehen, dass ihr ein ziemlich dickes Ei ausbrütet. Anna, sprich mit mir."

Als meine Mutter nicht reagierte, sondern stoisch mit Töpfen herumklapperte, sah sie mich prüfend an. Ich begann zu weinen. In diesem Moment begriff meine Mutter wohl, dass ich ihr Kind und nicht eine Verbündete oder eine Freundin war, mit der man ein derart schweres Geheimnis teilen konnte. Sie nahm mich schützend in den Arm. Es tat so unendlich wohl, meinen wahren Gefühlen freien Lauf zu lassen. Schweren Herzens vertraute sich Anna ihrer Schwester an. Irmtraud war so erschrocken, dass sie ganz blass wurde. Mit einem „Oh mein Gott!" nahm sie uns beide in die Arme, und auch Mutter konnte sich erst einmal richtig ausweinen. Nachdem wir uns beruhigt hatten, setzten wir uns gemeinsam an den Tisch und besprachen ernsthaft, ob mein Vater überhaupt davon erfahren sollte. Bis jetzt scheute sich meine Mutter, ihm auch nur eine Silbe zu berichten. Irmtraud riet ab. Es würde keinen Sinn ergeben, wenn sie ihn auch noch damit belastete, meinte sie. Denn er lag zurzeit wieder an der Ostfront und da gab es, wie bekannt war, genügend Probleme, Sorgen und Ängste.

Nun liefen drei Frauen durchs Dorf, weinten und trauerten um einen Toten, der eigentlich noch lebte. Jede weitere Todesnachricht, die im Dorf bekannt gegeben wurde, gab mir das bittere Gefühl, als ganz schlechter Mensch dazustehen. Ich sah hier echte Tränen, echte Trauer und den echten Verlust eines geliebten Menschen. Und ich musste alles nur spielen. Es war für mich die schlimmste Zeit überhaupt. Ich dachte immer wieder, Erwachsenwerden in dieser Welt ist wirklich kein Geschenk!

Der Endsieg

Während die deutschen Truppen in Paris kapitulierten, bekamen wir wieder Post von Walter. Unter großem Triumph marschierte de Gaulle in die französische Hauptstadt ein. Wir lasen derweil die Zeilen, die Walter uns schreiben durfte.

Walter bekam in Norwegen von all dem nicht wirklich etwas mit. Ihn trieb nur noch ein Gedanke: seine eigene Haut zu retten. Er hatte den Prozess gut überstanden. Er war einem ausgesprochen milden Richter begegnet. Dieser sah in ihm einen guten Kern und hielt ihm zugute, dass er während seiner Dienstzeit unverhältnismäßig hart behandelt worden sei. Er war immer wieder wegen Kleinigkeiten mit Urlaubsentzug bestraft worden. Das Feldkriegsgericht stellte im Sinne des Führers fest, dass der Angeklagte nicht aus persönlicher Furcht gehandelt habe. Die geplante Flucht ins Ausland konnte nur als Vorbereitungshandlung gesehen werden. Dennoch, auch für versuchte Flucht ins Ausland sah der Führer „allgemein" die Todesstrafe vor. Aber, Walter hatte Glück im Unglück. Er wurde zu acht Jahren Festungshaft verurteilt und auf die Festung Akershus bei Oslo gebracht. Hier war er mit anderen, ebenfalls verurteilten Kameraden, innerhalb der Festung zum Arbeitseinsatz eingeteilt. Mutter war trotz der Schwere der Bestrafung ungeheuer erleichtert. Nun durften wir überall erzählen, dass Walter tatsächlich lebte! Nicht alle teilten diese Freude mit uns. Es wurden auch die Stimmen laut, dass er zu Recht als Deserteur bestraft wurde. Walter galt von nun an bei einigen als Vaterlandsverräter! Uns störte es nicht weiter, denn man spürte überall, dass dieser Krieg nicht mehr lange dauern würde. Dann galt doch die Frage, wer letztendlich ein Verräter war. So igelten sich alle Menschen ein und jeder versuchte so gut es ging, nicht weiter aufzufallen.

Die Lage an den Fronten wurde zusehends brenzliger. Fast täglich kamen Nachrichten vom „Rückzug im Sinne einer Frontbegradigung", was immer das auch heißen mochte. Auch bei uns im Osten meldete der Krieg seine Bedürfnisse an. Die nach Westen vorrückende Front der Roten Armee kam immer näher. Die Luft war seit Wochen rußgeschwängert, die Stunden des Volkssturms wurden ausgerufen. Unser Führer ließ nicht locker und es gab wieder neue Verordnungen und wieder liefen alle mit düsteren Mienen im Dorf umher. Alle jungen Männer und auch die Alten sollten in die Schlacht ziehen; jener letzte verzweifelte Versuche der NS-Führung, dem ausweglos gewordenen Krieg unter Einsatz aller Mittel doch noch eine Wende zu geben. Im sogenannten „Volkssturm" wurden jetzt sofort alle waffenfähigen Männer zwischen 16 und 60 Jahren erfasst. Für die Verteidigung des Heimatbodens und für den deutschen Endsieg wurden sie in kurzer Zeit an den Waffen ausgebildet, um dann ihre Pflicht gegenüber dem Vaterland zu erfüllen.

„Nun versucht Deutschland mit Kindern den Krieg zu gewinnen!", sagte Oma entsetzt. Sollte das die letzte Hoffnung sein? 14- bis 18-jährige HJ-Burschen wurden einfach gleich am Ende ihrer Schulzeit oder nach ihrer Lehre und dem RAD weggeholt und in Wehrertüchtigungslagern für ein paar Wochen ausgebildet und danach direkt zur Wehrmacht eingezogen. Wieso lehnte sich niemand auf? Es gab trotz allem noch genügend Menschen, die an eine Wunderwaffe und den bevorstehenden Endsieg glaubten. Auch wenn dies weiterhin wertvolle Leben von Vätern und Söhnen kostete. Aber die irrsinnigen Umstände der Verzweiflung ließen sie blind auf Abwegen taumeln. Es war uns ja im Allgemeinen bekannt, dass wir zum Siegen verdammt waren. Wer anders dachte, musste es für sich behalten, denn Stimmen darüber durften nicht laut werden. Direkte Vorstellungen darüber, was nach einem verlorenen Krieg passieren würde, hatte aber hier niemand. Inzwischen lag Deutschland mit fast der ganzen Welt im Clinch. Doch es wurde weitergekämpft, bis zum bitteren Ende. Es gab zuletzt nur noch Rückzugsgefechte, weil die Übermacht zu groß war. Dennoch wollte die Masse der Bevölkerung an einen Sieg glauben.

Als dann der Feind an unseren Grenzen stand, wurde noch erbitterter gekämpft, um die Heimat zu verteidigen.

Jeder wusste, was im Osten mit der Zivilbevölkerung geschah. Auch in russischer Gefangenschaft hatte man kaum Überlebenschancen. Die Terrorangriffe auf deutsche Städte nahmen zu. Der Zorn der Menschen richtete sich aber nicht gegen Hitler, sondern gegen die alliierten Sieger. Wenn bloß der Krieg zu Ende wäre, egal wie! Dafür riskierte man Kopf und Kragen. Wenn schon nicht für Führer und Vaterland, dann aus Angst. Und das nackte Überleben. Die meisten schwiegen und hofften, dass am Ende Gras über die Sache wachsen würde. Am besten lautlos, und bitte nicht auf dem eigenen Grab!

Jeden Tag drang es aus dem Radio, dass der Führer jeden Mann, jeden Jungen zum Gelingen des Endsieges benötige.

Derweil überschritten russische Truppen die Reichsgrenze Ostpreußens und die Amerikaner übernahmen Aachen. In den nächsten Wochen wurde alles vergraben. All das, was an das alte Deutschland erinnerte. Hitler-Fotos, Uniformen, Gewehre … Mütter entsorgten die BDM- und HJ-Uniformen in Öfen und Jauchegruben.

Schlesisches Himmelreich

Breslau blieb bis kurz vor Kriegsende weitestgehend unberührt, galt als Luftschutzkeller Deutschlands, genannt auch „schlesisches Himmelreich". Die Fronten schienen weit weg und die tschechische Grenze gab es nicht mehr, da das Sudetenland ja Deutschland zugefallen war. In diesem Herbst erklärte Hitler Breslau zur Festung. Die Einkesselung des wichtigsten Verkehrsknotenpunkts Breslaus durch die Rote Armee sollte mit allen Mitteln verhindert werden. Sandtüten und Wassereimer wurden in den Luftschutzkellern und Räumen aus Sicherheitsgründen verteilt, auch bei uns im Dorf.

Ganz Schlesien war in den letzten Kriegsjahren bis dahin von Bombenangriffen verschont geblieben. Nicht umsonst wurde Breslau ab 1944 zu einer begehrten Stadt, in der vor allen Dingen viele Nazis Zuflucht suchten.

„Die braune Stadt!", höhnte Oma immer wieder und auch Herbert konnte berichten, wie sich das Straßenbild weiter mit Uniformierten belebte.

Nun bekamen wir aber auch die Insignien des Krieges zu sehen, die Auswirkungen schmerzhaft zu spüren. Wie oft schaute man jetzt vorsichtig zum Himmel, ob nicht ein Flieger die Bedrohung im Gepäck bei sich trug, oder lauschte angestrengt in die Ferne, ob die ersten Salven und Panzermotoren zu hören waren.

Inzwischen nahm der Krieg fürchterliche Folgen an. Die Gefallenenmeldungen häuften sich weiter. Wäre nur das Attentat auf Hitler geglückt, dann hätten noch Tausende von Menschen ihr Leben erhalten können! Der ganze Mittelabschnitt der Front brach in sich zusammen und die Russen standen vor den Grenzen. Feindliche Bomber waren schon über Oberschlesien geflogen und warfen ihre todbringende Last ab. Die Front veränderte sich zusehends zu unserem Nachteil. Den Russen war wieder ein neuer Durchbruch gelungen. Die fast völlig aufgeriebene deutsche Division war zersprengt.

Erst mit Hilfe des Volkssturms konnte weiter westlich ein neuer Stützpunkt gebildet werden. Nur für wie lange? Alte, Lahme, Kinder und Kranke sollten die Übermacht der Roten Armee aufhalten? Es klang so absurd! Die V2-Waffe würde noch zum Einsatz kommen, so die allgemeine Verlautbarung. Und hier, ganz in der Nähe, waren unsere Burschen. Auch Otto musste ran. Er wurde zur Organisation Todt, kurz OT, eingezogen. Seine Einheit befand sich in Oberschlesien. Hier wurden Panzergräben ausgehoben und Sperren errichtet. Otto war angewiesen worden, mit seinem LKW Material heranzufahren. Das bedeutete ganz klar, dass die Wehrmacht damit rechnete, dass der Feind bis hierhin vordringen könnte. Gertrud stand die Angst ins Gesicht geschrieben. Noch immer hatte Herbert Glück. Im Nachhinein glaube ich, dass Willi da seine Finger im Spiel hatte.

Ein Donnergrollen ließ mich am frühen Morgen aufhorchen. Verstört liefen wir aus unseren Schlafkammern ins Freie. Ein dumpfes Brummen wurde von zuckenden Lichtblitzen begleitet. Es kam aus nördlicher Richtung. Es konnte nur aus Breslau sein. Seit die Engländer in Italien Fuß fassten, war es ein Leichtes, Bomber über die Tschechoslowakei bis nach Schlesien zu schicken, erklärte uns Willi. Vereinzelte Aufklärer oder einzelne russische Maschinen waren inzwischen keine Seltenheit mehr. Sie schossen auf alles, was sich bewegte.

Meine täglichen Fahrten mit dem Fahrrad erwiesen sich als immer gefährlicher. Mitunter musste ich zwei- bis dreimal das Fahrrad an der Seite des Getreidefeldes abstellen, um Zuflucht zu suchen. Mutter riet mir, lieber beim Bauern auf dem Hof zu bleiben. Aber das konnte und wollte ich nicht. So versuchte ich jeden Tag meinen Weg zu meistern. Der Russe rückte mittlerweile immer näher, erreichte die östliche Stadtgrenze und überschritt sie teilweise sogar schon. In Ostpreußen und Oberschlesien flüchteten bereits die ersten Menschen. Jeder war sich des Ernstes der Lage bewusst. Die deutsche Ostfront brach zusammen. Die Invasion drang nun unaufhaltsam vor und täglich regnete es viele Bomben.

„Mama, was machen wir, wenn wir flüchten müssen?"

„Mal den Teufel nicht an die Wand! Wir werden den Iwan bestimmt nochmal zurückschlagen, bevor wir endgültig unsere Sachen packen müssen. Zudem, Walter und Vater wissen doch, dass wir hier sind. Wo sollen sie denn hin, wenn sie heimkehren? Sie würden uns nie und nimmer finden. Wir bleiben!"

Bevor ich etwas entgegnen konnte, übernahm der Winter das Regiment und versteckte das kleine Dorf Mohrau unter einer Schneedecke. Nur noch die Kirchturmspitze ragte heraus, erhaben und ohne Furcht wies sie gen Himmel.

Ja, dort irgendwo saß er. Der liebe Herrgott. Wie hatte er sich dieses entsetzliche Schauermärchen über dermaßen viele Jahre nur ansehen können, ohne auch nur einmal einzuschreiten?

Bedeuteten ihm all die Träume nichts mehr, die uns in den Raunächten so verzweifelt heimsuchten?

Schlesien

Mohrau 1945

Letzter Akt

Der eisige Winterwind biss sich mit einer unbeschreiblichen Wut in die Haut, hinterließ Risse und Narben. Krieg und Winter – ich glaube, es gab keinen Menschen, der nicht das Ende dieses Infernos herbeisehnte. Wie allerdings dieses Ende aussehen sollte – das wagte sich keiner vorzustellen. Die Zukunft sah schwarz und düster aus. Aber immer noch besser als ein Krieg, der einem dieses bisschen Leben raubte.

Die Rote Armee begann massiv ihre Winteroffensive gegen die deutsche Ostfront zu starten. Diese Großoffensive war mittlerweile an allen Fronten eingeleitet worden, wie die Nachrichten uns täglich mitteilten. Der Beginn des letzten Kampfes! Die Landser kamen gar nicht hinterher, besaßen kaum noch Waffen und Munition. Auch wir bekamen zu hören, dass nur wenige Kilometer von uns entfernt die Russen gesichtet worden wären. Mutter wurde ganz blass und riet uns, sich nur in unmittelbarer Nähe des Hauses aufzuhalten. Ein normaler Alltag war kaum noch gewährleistet. Für Paula nahm die Schule ein jähes Ende. Herr Gebauer wurde einberufen und es gab keinen Ersatz mehr. Deutschland kämpfte mit anderen Sorgen, als den Nachwuchs in Mathematik zu unterrichten.

Schon zeichneten sich am Horizont die ersten Flüchtlingstrecks ab. Jetzt lernten wir das richtige Elend kennen. Es war ein unvorstellbares Drama, das sich vor unseren Augen abspielte. Herbert versuchte auf Umwegen in die Hauptstadt Breslau zu gelangen. Auch hier ging alles drunter und drüber, wie er später berichtete. Es herrschte Chaos. Noch fuhren die Züge von Breslau in Richtung Neisse, aber es gab ein fürchterliches Gedränge, denn jeder wollte auf irgendeinen Zug, egal wohin, Hauptsache raus aus den östlichen Gebieten. Als Herbert bei uns in der Küche saß, fassten er und Traudel den Entschluss, vorerst die Heimat zu verlassen. Die ersten Wehrmachtsberichte gaben bekannt, dass die deutschen Grenzen überschritten wären und die Fronten zusammengebrochen. Es sickerte auch durch, dass die Russen sich an der Zivilbevölkerung fürchterlich rächten. Von grauenhaften Vergewaltigungen und Verschleppungen hörten wir. Noch versuchte Mutter das als Propaganda der Nazis hinzustellen, wollte es nicht glauben. Sie versuchte von Willi in Erfahrung zu bringen, wie es denn nun wirklich um uns hier in Schlesien stand. Sie bemühte sich wirklich, dem optimistischen Geschwall seiner Worte Glauben zu schenken, dass der geliebte Führer schon im richtigen Moment die Waffen einsetzen würde, die uns den verdienten Endsieg schenken sollten und so weiter und so fort.

Aber so ganz gelang es ihr nicht.

Willi versuchte uns zu beruhigen.

„Unsere Soldaten kämpfen mit dem Mut der Verzweiflung, denn nun geht es um unsere Heimat! Sollten all die Opfer umsonst gewesen sein?", rief Willi entrüstet aus. „Was würde diese große Ungewissheit eigentlich bedeuten? Was wird wenn …?" Hier stockte er, wischte sich über die Augen. „Hitler hat sicherlich große Vorräte an Lebensmitteln angelegt, für sein Volk und für die tapfere Wehrmacht. Sonst wäre ja der Krieg von Anfang an ein Wahnsinn gewesen!"

Anfang Februar war es so weit. Dem Russen gelang keilartig der Durchbruch bei Schlesien. Unter schwerem Artilleriefeuer flüchteten Menschen panisch aus der Umgebung, derweil drang die russische Armee immer weiter vor. Dabei entlud sich ihre ganze Rache Richtung Zivilbevölkerung. Das hieß, an Frauen, Kindern und alten Menschen. Die angestaute Wut darüber, was unsere Soldaten einst in ihrem Land an Unmenschlichem vollbracht hatten, fand hier ein Ventil. Menschen wurden an Scheunentore genagelt, verstümmelt und getötet. In Panik packte die Bevölkerung das Nötigste zusammen und trotz der bitteren Winterkälte versuchten viele zu fliehen. Nur wohin, das konnte keiner sagen. Es gab kein Morgen und keine andere Heimat. Immer mehr Flüchtlingstrecks schleppten sich über unsere Landstraßen. Ausgemergelte Pferdeleiber zogen die klapprigen Wagen, frierende und müde Menschen schoben ihre Handwagen vor sich her. Das wenige Gepäck türmten sie auf Kinder- und Handwagen sowie Rodelschlitten. Manche zerrten einen beladenen umgedrehten Tisch hinter sich her über die vereiste Fahrbahn. Auf dem Marsch erfroren etliche Säuglinge und Kleinkinder. In dem hartgefrorenen Boden konnten keine Gräber ausgehoben werden; kleine steife Leiber, abgelegt am Straßenrand. Temperaturen unter 20° minus und der eisige Sturm löste pures Entsetzen aus. An den Straßenrändern ragten Teile zusammengebrochener Wagen und verendeter Tiere aus dem Schnee. Von den menschlichen Opfern der bitteren Kälte, die unter Schneehügeln lagen, fegte der Sturm gelegentlich erstarrte Gliedmaßen frei oder deckte ein schmerzverzerrtes Gesicht auf. Vorbei an Panzern, zermalmten Leibern, toten aufgeblähten Pferden – auch die Gewalt entlang der Wege forderte neue Opfer.

Mohrau wurde regelrecht überflutet von Flüchtlingen. Alle halfen bei der Unterbringung dieser armen Seelen mit. Auch wir nahmen vorübergehend einige Flüchtlinge auf, bis sie entschieden, weiterzuziehen, ins unbekannte Nirgendwo. Bei heißer Suppe und mattem Kerzenlicht erzählten sie in stockenden Worten, wie sie Tag und Nacht unterwegs waren. Man würde nicht mehr zum Waschen, Schlafen oder

Schreiben kommen. Die Wege, alle überfüllt von Trecks, denn die gesamte Zivilbevölkerung schien unterwegs zu sein und dazwischen immer wieder die zurückweichenden Wehrmachtsfahrzeuge. Nur noch ein wildes Durcheinander! Die Straßen blieben restlos verstopft. Alle gaben die Hoffnung auf, dass vom Reich noch irgendeine Hilfe zu erwarten sei.

Wo war er denn, der geliebte Führer? Nun musste sich jeder selbst helfen. Ein Kreisleiter, so erfuhren wir, tötete sich und seine ganze Familie, so hoffnungslos erschien ihm die Lage, das Ende des *Tausendjährigen Reiches*, das noch nicht einmal begonnen hatte. Keiner stand mehr aufrecht da, der das Volk zusammenhielt, es führte, es leitete und lenkte. Alles stob wild durcheinander und plötzlich war man fürchterlich allein mit sich und seinem Gewissen.

Schon hörten wir in der Ferne das gefährlich murmelnde Donnergrollen der Russen. Wie ein ausgehungertes Tier näherte es sich. Während die anderen weiterzogen, marschierten die nächsten Flüchtlinge zu uns ins Dorf.

In diesem ganzen Chaos stolzierte ein großer hagerer Mann in einer schwarzen SS-Uniform umher. Er fühlte sich wohl berufen, Befehle und Anordnungen auszuteilen, besetzte das Telefon im Bürgeramt und teilte überall seine Kommandos aus. Er glaubte wahrhaftig noch an den Endsieg und ließ es jeden auch wissen.

„Was ist das denn für ein komischer Vogel?" Mutter beäugte ihn angeekelt. „Wenn die Russen den in seiner schwarzen Uniform zu fassen kriegen, machen die aus dem noch Hackfleisch! Und uns gleich mit. Wir werden doch als Nazis angesehen!"

„Sei leise, Anna", murmelte Edda. „Das ist der Kreisarzt. Der ist jetzt für uns eingeteilt. Dr. Felder kommt doch gar nicht mehr hinterher, bei all den Menschen hier. Wir müssen den akzeptieren. Befehl von oben. Auch wenn es den Anschein macht, dass das Oben nicht mehr existiert."

Nun gab es auch SS-Soldatinnen. Sie wurden in den letzten Monaten des Krieges zum Einsatz eingezogen, bekamen wie die Männer ihre Blutgruppe auf den Arm tätowiert. Die Wehrmacht hatte im letzten Augenblick des Krieges diese jungen Frauen zwangsverpflichtet. Zwei von ihnen waren diesem Kriegsarzt unterstellt, die gefügig seinen Befehlen nachkamen. Sie waren nicht viel älter als ich.

„Na, denen wird was blühen, wenn der ganze Dreck vorbei ist!", sprach Mutter, zuckte die Schultern und kehrte wieder um.

In dieser Zeit machte ein Spottvers die Runde: Wer ein neues Mitglied für die NSDAP wirbt, darf aus der Partei austreten; wer zehn neue Mitglieder wirbt, erhält eine Bescheinigung, dass er niemals Mitglied der NSDAP gewesen ist. Der Galgenhumor schien mehr Wahrheit in sich zu tragen als sämtliche Verordnungen.

Zum frühen Abend quartierte sich bei uns eine Funkabteilung ein. Der große Funkwagen stand im Hof, das Feldtelefon holten sich die Soldaten in den Hausflur; überall lagen Kabel und Gerätschaften herum. In Walters Zimmer, das meine Mutter wohlig warm einheizte, legten sich die jungen, erschöpften Soldaten abwechselnd zur Ruhe hin. Ich konnte es an Mutters Augen ablesen, dass sie damit das Gefühl auslebte, ihrem Sohn in irgendeiner Form nahe zu sein. Und wir fühlten uns gleich sicherer. Die Wehrmacht im Haus schützte uns vielleicht vor dem „Iwan".

In der klaren, kalten Winternacht hörten wir den schon fast vertrauten Klang des Artilleriefeuers, das sich im Laufe der Nacht zum Trommelfeuer verstärkte. Ein wahres Inferno. Den Soldaten stand die Anspannung und Verzweiflung ins Gesicht geschrieben. Sie schrien sich aufgeregt Befehle zu, gaben diese telefonisch weiter, überschlugen sich fast mit ihren Kommandos. Die Atmosphäre war mit Spannung geladen; ich hörte es förmlich knistern. Nun begann auch meine Mutter ein paar Dinge zu packen. Stündlich rechnete sie damit, dass auch wir in eine ungewisse Zukunft aufbrechen mussten. An Schlaf war in diesen Nächten nicht zu denken.

Am dritten Morgen ließ die Hektik etwas nach, das Artilleriebombardement nahm ab, die Schüsse fielen vereinzelter. Ein Aufatmen ging durch die Reihen der Männer. Aber nichtsdestotrotz erfuhren wir, dass der Vormarsch der Roten Armee bis an die Oder gelungen war. Breslau war von sowjetischen Truppen eingeschlossen und mittendrin die ganz jungen Burschen, die ohne Skrupel aus der Schule ins Gefecht geschleudert wurden. Im Kampfeinsatz der Hitler-Jugend um die Festung Breslau wurde nun tatsächlich der Jungentod gestorben, den sie einst in ihren Liedern besungen hatten. *Denn mögen wir auch fallen – wie ein Dom steht unser Staat. Ein Volk hat hundert Ernten und geht hundertmal zur Saat.*

Damit war auch die letzte Bastion der NSDAP gestürmt und eingenommen. Somit änderte Herbert seine Pläne und er überlegte mit Traudel in den Westen zu flüchten. Gemeinsam mit Peter luden sie ihr Hab und Gut auf einen Pferdewagen. Mutter versuchte alles, sie davon zu überzeugen, doch noch zu bleiben, denn letztendlich war der Krieg noch nicht ganz bis zu uns vorgedrungen. Aber Traudel überfiel eine panische Angst, nichts hielt sie mehr bei uns, Mohrau hörte auf, ihre Heimat zu sein.

Sie versprachen uns hoch und heilig, sobald die Zeit es erlauben würde, zurückkehren. Herbert verschloss alles sehr sorgfältig, nagelte alle Fenster und Türen zu. Auch er hoffte auf ein baldiges Wiederkehren. Kurz darauf beobachteten wir im Morgengrauen, wie sie sich in den Flüchtlingstreck einreihten. Peter hielt mich lange im Arm.

„Grüß Walter von mir. Sag ihm, dass wir eines Tages im Ring stehen werden!"

Mir rannen die Tränen nur so die Wangen herab. In diesem Moment spürte ich, dass ein Kapitel meiner Jugend, das gerade hätte beginnen können, bereits versiegt war. Meine aufkeimende Jugendliebe zu Peter wurde gleich zu Beginn an der Wurzel gekappt, ein jähes Ende dieses Kapitels. Das Schauermärchen entwickelte sich immer gnadenloser.

In all dieses Chaos hinein, bekamen wir einen Brief von Walter. Natürlich war die kritische, allgemeine Frontlage auch bis zu ihm nach Norwegen vorgedrungen und er machte sich um uns große Sorgen. Überall verkündeten die Nachrichten, dass im Osten längst die deutsche Reichsgrenze überschritten war. Walter grübelte Tag und Nacht, denn nicht helfen zu können, war für ihn so ziemlich das Schlimmste. Er bedauerte zutiefst, dass er nur rumsitzen konnte, obwohl wir ihn in der Heimat so dringend brauchten. Ach, unser Held! Er hatte in einem Strafbataillon bei seinem Fronteinsatz in Russland derart viele schreckliche Dinge gesehen. Selbst die Aussicht, dass seine Gefangenschaft ein baldiges Ende nahm, ließ ihn angesichts der besorgniserregenden Zustände in seiner Heimat nicht frohlocken. Das ließ er uns in seinem Brief wissen. Er hoffte sehr, dass wir überhaupt noch seine Worte zu lesen bekamen. Die Post konnte nur noch in sehr unregelmäßigen Abständen verschickt und ausgeteilt werden.

Seine Worte halfen Mutter, ihre seelische Stärke zu bewahren. Als Thea ihr anbot, mit mir und Paula die Heimat zu verlassen – sie hatte bereits Platz in einem Flüchtlingstransport besorgt –, begann meine Mutter tatsächlich ernsthaft darüber nachzudenken, dass auch wir Mohrau vorerst verlassen sollten.

Es wollte mir nicht in den Kopf, dass wir alles aufgeben würden, wofür sich meine Eltern so viele Jahre abgerackert hatten. Und was würde mit Oma geschehen? Irmtraud war sich nicht sicher, ob nicht auch sie mit Tordis und Annika fliehen müsste. Auch sie plagte der Gedanke, dass Oma für diese Strapazen zu alt war. Letztendlich entschied Mutter: „Dann bleiben wir alle noch. Ich frage mich auch, wohin sollten wir bei dieser klirrenden Kälte? Momentan besitzen wir noch ein Dach über dem Kopf. Und Thea, es klingt vielleicht seltsam, aber mit den ganzen Soldaten im Haus, da fühle ich mich tatsächlich ein bisschen sicherer."

Also blieben wir. Hofften gemeinsam, dass sich das Blatt noch einmal wenden könnte. Natürlich war es ein frommer Wunsch. Und wieder einmal erwies sich Mutters Gefühl als richtig. Aus den Nachrichten erfuhren wir, dass das Passagierschiff „Wilhelm Gustloff" durch sowjetische Torpedos angegriffen und mehr als 9.000 Menschen jämmerlich in der Ostsee ertrunken waren. Die meisten von ihnen deutsche Flüchtlinge aus Ostpreußen, die noch versucht hatten, der herannahenden Roten Armee aus Gotenhafen zu entkommen.

Gleichzeitig erfuhren wir, dass Dresden in einem furchtbaren Bombardement in Schutt und Asche gelegt wurde. Wir saßen fassungslos vor dem Radio. Bei allen Flüchtlingstransporten, die sich in Dresden gestaut hatten und bei der übrigen Dresdner Bevölkerung waren entsetzliche Verluste zu beklagen. Viele Menschen versuchten sich nach wie vor aus dem brennenden Inferno auf die Wiesen zu retten, waren dort unter freiem Himmel der Apokalypse ausgeliefert. Welle um Welle rannten Tausende Bombergeschwader der Alliierten gegen die nur mäßige Flugabwehr an. Viele der Flüchtlinge verloren neben Angehörigen auch noch ihr letztes Hab und Gut. Und genau einer dieser Transporte wäre der unsrige gewesen und wir wären unweigerlich in dieses Gemetzel hineingeraten! Man sprach im Nachhinein von über 22.000 Menschen, die hier ihr Leben verloren. Dagegen war und blieb es in Mohrau ruhig.

Gertrud musste die schwere Nachricht verkraften, dass Otto gefangen genommen worden war. Er kam mit tausend anderen ins Lager Auschwitz, dass eben erst von den KZ-Insassen verlassen worden war. Dort musste er furchtbaren Hunger leiden, und auch sonst einige Quälereien über sich ergehen lassen, wie sie später erfuhr. Selbst die Zähne schlugen sie ihm aus. Obwohl er nie Soldat gewesen war, nie ein Gewehr in der Hand gehalten hatte – er war und blieb ein verhasster Deutscher. Jeder Deutsche war in den Augen der anderen ein Nationalsozialist. Hier waren es nicht die Russen, sondern die Tschechen. Das Blatt wendete sich endgültig gegen uns Deutsche. Viele mussten nun unter den Rachegelüsten der Tschechen ihr Leben lassen. Besonders in der Hauptstadt Prag waren die Grausamkeiten unvorstellbar. Das menschliche Gemetzel ließ sich nicht aufhalten.

Flucht

Anfang März änderte sich schlagartig das Wetter. Milde Frühlingsluft löste das strenge Regiment des Winters ab, aber statt sich daran erfreuen zu können, mussten wir mit Schrecken erkennen, dass die Aktivitäten auf dem nahen Kriegsschauplatz mit noch größerer Intensität stattfanden. Das Artilleriefeuer rückte bedrohlich näher. Thea kehrte an einem Tag sehr früh aus Neisse zurück.

„Sie haben uns alle weggeschickt!" Thea war kalkweiß im Gesicht. „Neisse wird von der Artillerie beschossen. Wir konnten gerade noch die Kinder rausholen."

Mutter sank zu Boden.

„Gott", flüsterte meine Mutter, „das sind nur noch acht Kilometer von hier. Acht Kilometer trennen uns vom Krieg. Gut, das sich die Rotraud schon auf und davon gemacht hat."

Großmutter Rotraud hatte sich noch vor Weihnachten schnell entschlossen, zu einer ihrer Schwestern in den Westen zu reisen. Ein obligatorischer Weihnachtsbesuch fiel nicht auf und sie reiste mit so wenig Gepäck wie möglich von dannen. Auch wenn es dort nicht wirklich zum Besseren stand – kaum eine Stadt lag nicht unter Schutt und Asche, aber den Vormarsch der Russen empfand die alte Dame als so grauenhaft, dass sie lieber dem entweichen wollte. Von Arthur bekam sie den heimlichen Tipp, sich vor den herannahenden Russen in Sicherheit zu bringen, denn er musste einmal mitansehen, was der „Iwan" mit der deutschen Bevölkerung anstellte. So hetzte sie, gekleidet in ihren besten Pelz und mit zwei Koffern zum Bahnhof, sprang in einen überfüllten Zug und war einfach auf und davon.

Mutter stürzte mit der neuen Information aus dem Haus, und auf dem Weg in Richtung Marktplatz tummelten sich schon einige Frauen am Straßenrand und unter lautem Rufen und Schimpfen liefen sie gemeinsam zum Bürgermeister. Ich rannte hinterher, denn es war das erste Mal, dass bei uns wirklich Panik ausbrach.

Es wirkte, als würden die Erwachsenen, jeder einzelne, nun an dem Schauermärchen mitschreiben; und keiner wusste eigentlich, worum es überhaupt noch ging. Die Feder hörte nicht mehr auf zu schreiben und sie besaßen keinen Einfluss mehr darauf, wie die nächsten Seiten aussahen. Wort für Wort kritzelte sich die Geschichte wie von selbst auf das weiße Papier. Das Kratzen der Feder hörte sich an, als würde eine unbekannte Macht das Fleisch vom Knochen herunterschaben. Schwarze große Tintenkleckse tropften blutgleich an den Rändern hinab.

Als wir am Hoftor des Bürgermeisters ankamen, sahen wir sofort die dünne Rauchfahne hinter der Scheune aufsteigen.

Leise pirschten wir uns heran und spähten um die Ecke. Wir beobachten, wie der Alois über einem offenen Feuer diverse Papierrollen, seine Uniform und das „berühmte Buch" verbrannte. All das, was nicht den Russen in die Hände fallen durfte. Entgeistert sah er uns an.

"Nun sag schon, Alois, wie sieht es aus?" Wütend fauchte Gerda ihn an. "Müssen wir uns jetzt bald auf die Beine machen, oder nicht?"

Wir sahen ihn alle erwartungsvoll an. Derweil schmatzte und knisterte das Feuer vor sich hin. Irgendwie erwartete ich, dass die Flammen alles wieder ausspien. Aber nichts dergleichen geschah.

"Ich kann euch nichts Genaueres mitteilen, sieht alles nicht so gut aus", brummelte er unwirsch, beobachtete sehr genau, wie das Werk des Führers in den Flammen aufging. "Ich bekomme von der Kreisleitung Bescheid, wann unsere Dorfevakuierung an der Reihe ist. Haltet euch aber schon bereit, sagt es auch euren Nachbarn. Lang wird es sicherlich nicht mehr dauern."

Er ließ sich von uns nicht beirren, immer mehr Papier wurde von dem gefräßigen Feuer in Asche verwandelt.

Als wir den Weg zurückmarschierten, kehrten wir bei Irmtraud und Oma ein. Meine Tante war gerade dabei, aus Latten ein Gestell zusammenzunageln, das sie seitlich an den Wagenbrettern befestigen konnte, sodass eine Art Dachstuhl entstand. Drüber zog sie Teppiche und Decken, befestigte alles mit Nägeln. Allerhand Nützliches wollte sie darunter verstauen, wie Küchengeräte, Wäsche und Kleidung sowie haltbare Essensvorräte, eine Ecke für uns Kinder mit unseren Federbetten, auf denen wir uns zur Not ausruhen könnten. Oma sollte vorn auf dem Kutschbock Platz nehmen, eingewickelt in warme Wolltücher. Der alte Oskar bekam schon Extrarationen, um den bevorstehenden Marsch überhaupt zu meistern. Oma fluchte wie ein alter Bierkutscher. Nichts und niemand würde sie von ihrem Hof vertreiben, ihre vehementen Worte, sie wüsste schon, wie mit dem Iwan umzugehen sei! Das wäre doch gelacht! Meine Mutter seufzte nur. Gegen ihren Dickschädel war einfach kein Kraut gewachsen.

Auf dem Heimweg besprachen wir erneut unsere heikle Lage. Noch bevor wir überhaupt richtig über die eigene Flucht nachdenken konnten, strömten am Nachmittag weitere Scharen von Flüchtlingen aus Neisse zu uns ins Dorf. Mit Pferd und Wagen, Kinderwagen und Fahrrädern verstopften sie den Marktplatz. Hilflos standen sie herum, unfähig auch nur einen einzigen Kilometer weiterzuziehen. Zudem dämmerte es bereits, keine Stunde später und pechschwarze Nacht würde jede Reise zum Stillstand zwingen. Das Vieh musste versorgt werden, Kinder und Säuglinge schrien sich die Seelen aus dem Leib, dazwischen hockten müde und ausgelaugte Menschen, die scheinbar überhaupt keinen Lebenswillen mehr besaßen. Die Masse trieb sie wie tote Fische vor sich her. Wieder versuchten wir alle Flüchtlinge in den Häusern unterzubringen. Bis in die späten Abendstunden dauerte die Aktion. Unser Dorf glich einem Ausnahmezustand. Die Zeit des Friedens schien in so weiter Vergangenheit, verschluckt vom Krieg, für immer vorbei. In diesen Momenten wagte ich nicht, an ein Morgen oder gar an nächste Woche zu denken. Mit unserem normalen Leben hatte all dies nichts mehr gemein. Man befand sich in einer Art Schwebezustand, der weder dem Leben noch dem Tode ähnelte. Alle sehnten sich nach einem Ende, ganz gleich, wie es kommen sollte, alle Bindung an ein normales Dasein war einfach zerstört.

Meine Mutter räumte wieder einmal, wie häufig in letzter Zeit, ihr Schlafzimmer für Flüchtlinge aus. Sie schlief mit uns auf dem Fußboden in der warmen Küche. Aber am nächsten Morgen drängte der Bürgermeister Alois darauf, dass die Massen sofort weiterfuhren, bloß raus aus unserem Territorium! Das Dröhnen der Artilleriefeuer drang immer lauter zu uns herüber, ein permanenter Klangteppich, der sich im Kopf einnistete und einfach nicht mehr verschwand. Ich eilte hoch auf den Hopfenberg, um von dort aus auf die

Stadt Neisse blicken zu können. Irgendetwas sah anders aus. Dieses so vertraute Bild war spurlos verschwunden, wie ausradiert. Da erst begriff ich: Der Rathausturm fehlte. Der Rathausturm, der einem sehr spitzen Bleistift glich und sonst neben der großen Kirche stand, war einfach abgebrochen, einfach verschwunden. Aufgeregt lief ich zurück ins Dorf, berichtete im Vorbeigehen allen Menschen, dass Neisse tatsächlich schon bombardiert wurde.

Zu Hause begannen wir in Windeseile so viel zusammen zu packen, wie wir für ein paar Wochen benötigten. Danach schickte mich Mutter zu Irmtraud und Oma. Oma war gerade dabei ein paar Eier zu kochen, die wir auf die Reise mitnehmen sollten. Sie hatte klein beigegeben, sprach aber unaufhörlich davon, dass sie nächste Woche wieder hier sein wollte. Sie musste noch unbedingt die Kartoffeln säen, Opas Grab herrichten, für Paula Federn schleißen und murmelte dann etwas von einer Aschenlauge, die sie anzurühren habe. Der obligatorische Frühjahrsputz könne nicht wegen der Russen entfallen. Irmtraud betrat die Küche, in der Hand hielt sie ein Buch.

„Mutter, heiz nochmal nach", bat sie. „Und hier, dieses Buch kannste dafür benutzen, dass das Feuer richtig knistert. Damit kommt es dann auch gleich weg. Das wird mir Ernst schon verzeihen."

Ich sah auf den Umschlag. „Adolf Hitler – Mein Kampf".

Seite für Seite riss Oma heraus und schob alles mit einem zufriedenen Lächeln in den glühenden Ofen.

Es war mitten in der Nacht, als Mutter uns leise weckte. Noch einmal ging sie durch das leere Haus, öffnete die Fenster einen kleinen Spalt, damit die Scheiben im zu erwartenden Granathagel nicht zu Bruch gingen. Sie überprüfte, dass alle Feuerstellen gelöscht waren und dann stand sie mitten in der Küche. Mit einem wehmütigen Blick nahm sie von all den

Dingen für eine unbekannte Weile Abschied. Zu guter Letzt legte sie einen kleinen Zettel auf den Tisch. Mit einigen Sätzen notierte sie, dass wir auf jeden Fall wiederkehren würden! Sie nannte den Ort, wohin wir vorerst gebracht werden sollten.

Denn bei allem Unglück hielt sich bei Mutter die Freude darüber, dass Walter noch lebte. Mutter hoffte, bald den Sohn, den Vater und Ehemann bei sich zu haben. Hier, hier in unserer Heimat. Und falls sie vor der Tür stehen sollten, so wären sie durch diese Notiz beruhigt. Sie atmete tief durch und schloss die Tür, versteckte den Schlüssel unter einer Vase.

„Wir kommen wieder. Wenn Alfred oder Walter zurückkehren, dann haben sie wenigstens ein Dach über Kopf!"

Damit begannen die ersten Reiseschritte ins Ungewisse. Mir war ganz flau. Wir Kinder kamen alle auf den Wagen von Irmtraud, der alte Oskar tat sein Bestes um uns vorwärtszuziehen. Unseren Wagen zog der alte Ochse, den meine Tante von ihrem Hof mitgebracht hatte. Er war nur gewohnt kurze Distanzen auf Feldwegen zu laufen und kam bald ins Schnaufen. Aber nicht nur für ihn, sondern für alle Tiere war das eine ungeheure Strapaze. Viele Tiere machten schlapp und verendeten elendig am Straßenrand. Eigentlich kamen wir kaum vorwärts. Immer wieder gab es zurückstoßende Militärfahrzeuge, deren Besatzung vor den Russen flüchtete. Das was von unserer Armee übrig geblieben war, flutete wie eine gigantische Welle von allen Fronten zurück in das zertrümmerte Reich. Der Krieg neigte sich endgültig seinem Untergang, die Landser besaßen überhaupt keine Munition mehr und versuchten nun in die Heimat zu gelangen.

Wir waren eingekeilt in diesem langen, schwerfälligen Treck. Durch Geschimpfe und markante Flüche vergiftete sich die Atmosphäre zusehends. Feindliche Flugzeuge flogen in unregelmäßigen Abständen über diesen Elendszug und erleuchteten ihn zeitweise taghell durch den Abwurf von Leuchtraketen, die mit ihrem magnesiumhellen Licht langsam über uns herniederschwebten. Das Ganze sah wie eine gespenstische Filmkulisse aus. Nur waren hier die Geschichten wahr und kein glückliches Ende schien in Sicht. Unzählige Bauerntrecks folgten den Städtern, die schon geflüchtet waren. Wie eine schwarze Lawine rollte diese Masse langsam vorwärts. Rasch vordringende russische Truppen stießen bereits am folgenden Tag auf niederschlesische Trecks aus den anderen Gebieten. Angst und Panik schwoll zu einer riesigen Welle an. Eine unbeschreibliche Verrohung setzte ein. Jeder war sich nur noch selbst der Nächste. Die jahrelange Volksgemeinschaft hörte schlagartig auf zu existieren. Die „Nähmaschinen", die russischen Aufklärungsflugzeuge, die gelegentlich ihre Bordwaffen einsetzten und ihre kleineren Bomben abwarfen, zerstörten so manchen Treck. Und aus den umliegenden Ortschaften drangen die Hilfe- und Schmerzensschreie vergewaltigter und danach bestialisch zugerichteter Mädchen und Frauen zu uns herüber. Wir hielten uns die Ohren zu. Menschliche Nächstenliebe – irgendwann auf der Strecke abgeworfen. An den Bäumen hingen verstümmelte und halbverkohlte Leichen, dieses grausige Panorama begleitete uns die ganze Zeit über.

Paula begriff nicht, was sie erleben musste. Bilder und Geräusche drangen tief in ihre Seele hinein, die sie, wie alle von uns, zeit ihres Lebens nicht mehr verdrängen konnte. Während wir alles versuchten unsere Haut zu retten, ließ Goebbels noch einmal seine heroischen Worte erschallen, die aber kaum noch jemand hörte. Seine Worte dröhnten in verlassene Räume hinein, fielen zu Boden und wurden vom Wind weggefegt.

„... unter den Trümmern unserer verwüsteten Städte sind die letzten sogenannten Errungenschaften des bürgerlichen 19. Jahrhunderts endgültig begraben worden. Zusammen mit den Kulturdenkmälern fallen auch die letzten Hindernisse zur

Erfüllung unserer revolutionären Aufgabe. Nun, da alles in Trümmern liegt, sind wir gezwungen, Europa wieder aufzubauen – in der Vergangenheit zwang uns Privatbesitz bürgerliche Zurückhaltung auf. Jetzt haben die Bomben, statt alle Europäer zu töten, nur die Gefängnismauern geschleift, die uns eingekerkert hatten. Dem Feind, der Europas Zukunft zu vernichten strebte, ist nur die Vernichtung der Vergangenheit gelungen, und damit ist es mit allem Alten und Verbrauchten vorbei."

Beim nächsten Halt forderte Mutter uns Mädchen auf, alte Kopftücher zu tragen und unsere Gesichter mit Dreck zu beschmieren. Auch Tordis und Annika gehorchten. Nur Oma saß aufrecht auf ihrem Kutschbock und musterte alle missmutig von oben herab. Unaufhörlich murmelte sie Beschwörungsformeln, nicht selten entglitt ihr ein derber Fluch.

In einer Ortschaft wies der Bürgermeister Alois uns alle an, auf einem leeren Fabrikgelände Rast zu machen. Einst wurden hier Tontöpfe hergestellt, aber jetzt gähnten uns leere Räume an, alle Maschinen und Materialien waren im Zuge der Demontage restlos in das gierige Maul des Krieges geworfen worden. Hier mussten wir auf Zementfußboden schlafen, das Vieh in eine Ecke treiben und mit etwas Wasser und altem Stroh versorgen. Bevor die Dunkelheit einsetzte, legte Alois eine strenge Reihenfolge fest. Vorne zur Tür hockten die älteren Frauen, alle in groben Decken eingehüllt, mit schwarzgerußten Gesichtern, und wir Jüngeren hatten uns hinter ihnen zu verstecken. Falls die Russen eintreffen sollten, so die Hoffnung, würden sie nicht als Erstes uns junge Mädchen entdecken.

So vergingen Wochen. Kilometer für Kilometer entfernten wir uns von der Heimat. Aber es ging alles viel zu langsam vorwärts. Wir waren nur drei Dörfer weitergekommen. Manchmal versteckten wir uns tagelang in alten Scheunen, hielten uns in heruntergekommenen Ställen auf. Ein Weiterziehen wäre zu riskant gewesen, denn die Alliierten ließen ihre Flugzeuge gnadenlos tief über die Flüchtlingstrecks niederschießen. Sobald sich die Nachricht in Windeseile herumsprach, dass wieder ein Dorf von den Russen überfallen war, so kam die Order, uns auf der Stelle unsichtbar zu machen. Auch die ausgelaugten Tiere mussten in immer kürzeren Abständen versorgt, Kranke gepflegt und Tote beerdigt werden. Was ich hier als junger Mensch gesehen habe, ist in Worten nicht zu beschreiben. Diese Flucht offenbarte uns die schlimmste Grimasse, die ein Krieg zu Gesichte trägt.

Ende April schlug das Wetter um. Konnten die Kinder in den letzten Wochen bereits barfuß laufen, mischten sich jetzt in den einsetzenden Regen zusehends ganze Schwaden von Schneeflocken. Es herrschte regelrechte Weltuntergangsstimmung. Und wir mittendrin in der Einöde, die vor uns nur Krieg und Zerstörung aufwies. Hinter einem lag die Ungewissheit, ob die Heimat nicht schon längst ausgelöscht war.

In einem der provisorischen Lager, die wir für einige Tage in Beschlag nahmen, stand ein Volksempfänger, der ab und an aufjaulte und einen auf dem Laufenden hielt, wie es überhaupt um das deutsche Volk bestellt war. So richtig hinhören tat niemand mehr. Erst als das Programm unterbrochen wurde, ein Gejaule und Gequietsche einen zwang zuzuhören, da wandten sich alle Köpfe dem Kasten zu, der über dermaßen viele Jahre versucht hatte, das Schauermärchen schmackhaft schön zu reden.

Diese Meldung ließ aber alle im Raume verstummen. Niemand wagte auch nur zu atmen.

„Unser Führer Adolf Hitler ist gestern in seinem Befehlsstand in der Reichskanzlei bis zum letzten Atemzug gegen den Bolschewismus kämpfend für Deutschland gefallen!"

Der Führer tot? Einige sahen aus, als würden sie ihm am liebsten gleich folgen. Andere atmeten erleichtert auf. Eine Frau murmelte leise: „Gott sei es gedankt!"

Kaum eine Stunde später lag sie halb totgeprügelt neben ihrem Wagen. Ihr kleines Kind saß weinend daneben. Der Arzt versuchte die Wunde zu stillen, aber am nächsten Morgen war sie tot. Jetzt hauste der Feind auch mitten unter uns. Und er schien genauso gefährlich wie die herannahenden Truppen der Alliierten.

Führerloses Volk

Eine Woche später galt diese Nachricht als endgültig und amtlich. Der Rundfunk verbreitete, dass die provisorische Führung unter Admiral Dönitz bereit war, die Kapitulation zu unterschreiben. Die Waffen hatten endgültig zu schweigen. Eigentlich eine Nachricht, auf die das ganze Volk sehnlichst wartete. Seit Jahren. Ein Tag, an dem die Glocken läuten müssten, das Volk in Jubel darüber ausbrechen müsste, dass das Sterben, Morden, der Hunger, die Entbehrung, die Sorge um die Lieben endlich ein Ende finden durfte. Was geschah? Stattdessen geriet jeder in Panik, dass man jetzt erst recht vom Russen überrollt würde. Die Angst drohte in eine Massenhysterie umzuschlagen, so, dass alle kopflos reagierten. Zivilisten sowie auch die Militärs, alles geriet außer Kontrolle. Gerüchte wildester Art kursierten, viele begannen ihre Uniform zu vergraben, Wehrmachtpässe wurden in ein Feuer geworfen. Ein wenig erinnerte mich das an die Bücherverbrennung. Mütter zogen panisch die HJ- und BDM-Uniformen aus den Rucksäcken und warfen diese ebenfalls ins Feuer, zusammen mit den Landjahrpässen ihrer Kinder. Meinen hatte Mutter schon vorweislich entsorgt.

In diesem Moment war ich ihr mehr als dankbar. Thea zog schnell den Rock aus. Das war noch das letzte Stück, das sie aus ihrer BDM-Zeit bei sich trug. Der gute Stoff hatte viele dazu verleitet, die Uniformen auf der Flucht zu tragen. Manche Familien besaßen kaum noch ein anderes Kleidungsstück. Auch die letzten warmen Kinderhandschuhe wurden dem Feuer übergeben. Auf den meisten prangte auf der linken Seite das Wort: *Heil!*, auf der rechten: *Hitler!* Eingestickt, um auch über die Kleinsten der Partei zu huldigen. Nachdem viele die Insignien des Terrors verbrannt oder vergraben hatten, setzte wieder eine plötzliche Hektik ein.

Die panische Angst ließ alle glauben, sie könnten es noch vor dem Russen bis zum Engländer schaffen, der sich vom Westen her schon einen großen Teil der Tschechei erkämpft hatte. Ohne auf irgendeine Kommandozentrale zu warten, packten die meisten Flüchtlinge wieder ihr Gefährt und versuchten einfach davonzukommen. Mutter blieb ruhig auf dem Boden sitzen und überlegte laut.

„Schaut euch das an. Nie und nimmer wird es uns gelingen vor dem Eintreten der Russen wegzukommen. Wisst ihr, was ich vorschlagen würde? Lasst uns umkehren. Im Prinzip ist doch egal, wer uns zu fassen kriegt. Dann lieber unter meinem eigenen Dach gefangen genommen. Hier droht die Gefahr, dass man sich gegenseitig zu Tode rollt und wer weiß, wer noch geheime Rachegelüste gegen uns hegt und uns nicht doch noch ein Messer in die Brust jagt. Es wird so manchen geben, der gerne Menschen wie uns die Schuld für die Kapitulation in die Schuhe schieben möchte."

So diskutierten wir. Letztendlich stimmten wir alle Mutter zu. Auch wir bestiegen wieder unsere beiden Wagen, scherten allerdings bei der nächsten Möglichkeit aus und suchten uns abseits der Durchgangsstraße eine Bleibe, wo man uns zwei Tage Unterschlupf gewährte. Die Sachen packten wir erst gar nicht aus. Nach ein paar Tagen beruhigte sich die Lage auf der Straße etwas, vereinzelt fuhren weitere Wagen heimwärts. Wir stellten beruhigt fest, dass auch andere wohlweißlich überlegten, den Rückzug anzutreten. Sie alle wollten wieder gen Heimat ziehen.

Es war unbeschreiblich! Je näher wir unserer vertrauten Umgebung kamen, desto größer wurde unsere Freude, die alle Mühen und Strapazen vergessen machte. Wie wir auf die Schnelle erkennen konnten, war von Kriegszerstörung bis auf einige wenige Einschüsse nichts zu sehen. Wie würden wir Mohrau vorfinden? Die ersten Häuser, die ich zu sehen bekam, schienen in Ordnung, auch das Dorfzentrum war intakt geblieben. An manchen Dächern waren kleinere Löcher zu erkennen, aber nichts Dramatisches. Und dann standen wir vor unserem Haus. Ein ergreifender Moment. Heil, fast unbeschädigt ruhte es vor uns, als hätte es auf diesen Augenblick gewartet. Ein paar Spritzer im Putz von Geschossgarben – ach, das würde sich leicht ausbessern lassen, plapperte Mutter beseelt, konnte sich an Kleinigkeiten nicht sattsehen. Keine Fensterscheibe war gesplittert. Mutter bewies einmal mehr, in kritischen Lagen einen klaren und wachen Verstand zu besitzen. Sechs Wochen waren wir weg gewesen. Aber diese sechs Wochen ließen mich um Jahre älter erscheinen. Ich habe in diesen sechs Wochen mehr ertragen, mehr sehen müssen, mehr erleiden als so mancher sein ganzes Leben.

Schnell rannte ich in die Scheune – auch hier sah alles friedlich und vertraut aus. Gleich in den ersten Tagen begann Mutter den Garten vorzubereiten, derweil ich zu Friedrich ging. Was für eine Freude: unsere Ziegen und Hühner lebten noch! Kurz vor der Flucht hatte Mutter lange und eindringlich mit unserem Postboten gesprochen, wollte ihn dazu bewegen, sich anzuschließen. Er wollte nicht gehen.

„Anna, schau, was soll denn mit der Post geschehen? Weißt du, wie viele Männer krank zurückkehren, oder überhaupt entlassen werden? Dann finden sie hier ein leeres Dorf vor? Stell dir vor, du kommst heim und auf dem Tisch findest du Post von Walter. Das beruhigt dich doch! Nein, ich bleibe. Ich bin kein Nationalsozialist, ich bin der Postbote Friedrich. Das werde ich dem Iwan genau so erklären!"

So geschah es, dass er sich bereit erklärte, unsere Tiere aufzunehmen. Die Milch und Eier konnte er selbst gut gebrauchen. Zum Dank ließ ich ihm eine Ziege und ein paar Hühner. Die restlichen Tiere führte ich zurück in ihren vertrauten Stall. Wir waren alle noch einmal glimpflich davongekommen. Buchstäblich zwei Kilometer von uns entfernt hatte der Krieg aufgehört. Es glich einem Wunder. Und in den nächsten Tagen füllte sich das Dorf wieder mit Leben. Viele entschieden sich, lieber in der Heimat zu weilen, als irgendwo in der Fremde vielleicht einsam zu sterben.

Für einige Wochen setzte eine mehr als seltsame Zeit ein. Es herrschte kein Krieg, es war aber auch kein wirklicher Friede da. Wie in einem großen Vakuum bewegten wir uns, ohne einen Plan. Es existierten keine Geschäfte, in denen man etwas hätte kaufen können. Das Geschäftsleben war total zusammengebrochen. Alles musste improvisiert werden. Es gab keine Gehälter, keine Renten, keine Steuern. Es gab elektrisches Licht, aber keiner kassierte dafür Lichtgeld. Ein Leben außerhalb der Norm. Irgendwie war man sonderbar vogelfrei. Wir Mädchen halfen bei den umliegenden Bauern aus, man tauschte und bot sein bisschen Eigentum an, bekam dafür andere nützliche Dinge, die mittlerweile wichtiger schienen als alte Erinnerungen.

Während wir hier auf dem Land versuchten unser Überleben halbwegs zu sichern, besprach man in den fernen Städten unsere Zukunft. Die „Großen Drei" saßen eines Nachmittags in Potsdam und besiegelten für über 12 Millionen Menschen ihr Schicksal mit einer einzigen Unterschrift. Ein paar Tintenkleckse auf weißem Papier sollten für Jahrzehnte das Leid und Elend unzähliger Menschen fortsetzen. Die UdSSR hatte einst Ostpolen annektiert und die dort ansässigen Menschen vertrieben. Nun wurden alle deutschen Gebiete östlich von Oder und Lausitzer Neiße als eine Art Wiedergutmachung unter polnische Verwaltung gestellt. Damit schafften die „Großen Drei" eine neue Westgrenze Polens. Ob sich der amerikanische Präsident Henry S. Trumann überhaupt eine Vorstellung davon machte, was seine Unterschrift für diese 12 Millionen Menschen bedeutete? Hatte Stalin jemals unser Dorf besucht und erlebt, wie hier seit Generationen die Menschen gelebt und gearbeitet hatten? Churchill, der noch im Laufe der Konferenz von Clement Attlee abgelöst wurde, dessen Labour Party die Parlamentswahlen in Großbritannien gewann, hatte einer der beiden feinen englischen Herren überhaupt eine Ahnung davon gehabt, wo sich das Gebiet Schlesien überhaupt befand? Diese Konferenz bedeutete, dass die deutsche Bevölkerung von nun an auszusiedeln sei. Wir, die sogenannten Reichsdeutschen. Damit begann die Entmilitarisierung, Entnazifizierung, Dezentralisierung und Demokratisierung. Für uns hieß es ganz einfach: nun sollten wir erneut aufbrechen, unsere Heimat für immer verlassen und verlieren. Nun begann erneut „das Auslagern". Überall stapelten sich die Kisten mit den paar Habseligkeiten. Wir mussten begreifen lernen, dass all dies unwiderruflich verloren war, sobald der Pole tatsächlich das Dorf in Besitz nahm.

Es dauerte nicht lange. Täglich kamen immer mehr von ihnen ins Dorf, mit Sack und Pack. Es gab kaum noch ein Haus, was nicht von ihnen in Beschlag genommen wurde. Die Unsicherheit wuchs auf beiden Seiten. Wir wussten überhaupt nicht, was gespielt wurde. Denn richtig informieren tat uns doch keiner, geschweige denn hatte eine Lösung parat. Seit der Kapitulation waren wir entrechtet. Mancher Pole trieb die Bewohner wie Vieh aus ihrem eigenen Haus. Die Familie hatte sich binnen einer Stunde auf dem Hof zu versammeln. Was sie tragen konnten, durften sie mitnehmen. Leute wurden über Kilometer weit gejagt, damit sie ja nicht umkehrten. So mancher Vertriebene stand einfach ratlos herum, vermochte überhaupt nicht zu verstehen, was mit ihm geschah. Irr vor Angst und ohne Bleibe lungerten sie in den umliegenden Wäldern, um Tage später wieder auf Umwegen doch in das Dorf zurückzuschleichen. Hier versuchten sie bei Freunden oder Verwandten unterzukommen. Jeder machte auch bereitwillig Platz, man rückte eben enger zusammen. Das kannte man doch auch schon aus Kriegszeiten. Wir fragten uns nur manchmal, was jetzt eigentlich anders war? Nach welchen Kriterien die Polen bei ihren Ausweisungen vorgingen, dass blieb ihr Geheimnis.

Erneute Flucht

Eines Tages traf es auch uns. Im Dezember waren wir an der Reihe, unsere Vergangenheit endgültig hinter uns zu lassen. Mutter schien nicht erstaunt. Wochenlang stöberte sie schon herum, legte Sachen zusammen, manches verstaute sie im Reisekoffer, das eine oder andere gab sie weg, die Tagebücher und Fotoalben wurden fest verschnürt und in eine Kiste gelegt. Denn letztendlich hatte das, was um uns herum geschah, nichts mehr mit unserer ehemaligen Dorfgemeinschaft zu tun, geschweige denn mit unserem vertrauten Leben.

Für jede von uns wurde ein Rucksack aus sechs Handtüchern genäht, dazu für jede eine Tasche, die aus drei Handtüchern gefertigt wurde. Eine Bettrolle kam hinzu, die so zusammengepresst war, dass sie hart wie Stein war und ein Durchmesser von knapp 20 cm hatte. Darin war ein komplettes Deckfederbett, zwei Kopfkissen, viermal neu bezogen, Tischdecken, Nachtwäsche und das alles war noch in eine Wolldecke eingewickelt. In den Rucksäcken befanden sich hauptsächlich Kleidungsstücke und sonstige

Sachen für den täglichen Gebrauch. Die Taschen waren mit Lebensmitteln vollgepackt, denn wer wusste schon, wie lange wir diesmal unterwegs sein würden und wohin wir kämen ... und was uns dort erwartete? Wir hörten, dass die Polen bei den Kontrollen, den Deutschen sämtliche Geldmittel wegnahmen. Also begann das Verstecken. Hinter Spiegeln, in Absätzen von Schuhen, in Hautcremedosen und schließlich wurde jeder Knopf, ob für Mantel oder Kleid, mit Stoff umnäht. Darunter war je nach Größe des Knopfes entweder ein zehn oder 20 Reichsmarkschein. Natürlich packte auch Irmtraud ihr Hab und Gut zusammen. Und wieder musste sich Oma mit dem Gedanken vertraut machen, nicht eines Tages in dieser heimatlichen Erde beerdigt zu werden. Stundenlang saß sie bei Opas Grab und weinte immerfort. Es war für sie unvorstellbar, dass sie irgendwo irgendwann in der Fremde liegen müsste. Ganz allein.

In der letzten Post, die wir von Vater bekamen, mussten wir erfahren, dass er in russische Kriegsgefangenschaft geraten war. Aber eine Tuberkulose schwächte ihn derart, dass das Rote Kreuz uns mitteilte, dass er vielleicht bald entlassen werden könnte.

Von Walter war keine Nachricht mehr eingetroffen.

So standen wir am Morgen des 19. Dezembers mit dem gepackten Handwagen im Hof. Ich werde diesen Moment nie vergessen. Schweigend standen wir vor dem Haus, nahmen stumm Abschied. Mutter holte ihre Kamera, sah noch einmal durch den Auslöser, um die letzte Erinnerung an das Haus und damit an viele Jahre ihres Lebens für immer zu verewigen. Dann bat sie den Polen, noch ein gemeinsames Bild von der Familie vor dem Haus zu machen. Er willigte ein. Mit starren Mienen blicken wir verloren in die Kamera. Ein Klicken besiegelte endgültig den letzten Moment auf heimatlichem Boden.

Oben auf dem Wagen saß ein alter Teddy. Mit einem Mal wurde mir bewusst, dass ich hier nicht nur meine Heimat hinterließ, sondern auch meine Kindheit und eine verlorene Jugend. Die Welt lag in Trümmern vor mir. So groß und unüberschaubar war sie geworden und mein eigenes kleines Leben schien zerstreut in alle vier Winde. Ich fühlte mich so klein und so erbärmlich. Der spätere Begriff von der „betrogenen Generation" begleitete mich Jahrzehnte.

Mutter warf noch einmal einen wehmütigen Blick auf das schneeweiße, fast noch neue Haus. Ich hielt es nicht aus, mich noch einmal umzudrehen. Ich dachte, sonst schreie ich das ganze Dorf zusammen. Ich dachte an meinen kranken Vater, an meinen Bruder, der in der Ferne im Gefängnis saß. Wir waren gezwungen, alles hinter uns zu lassen. Oma setzte sich stumm auf den Kutschbock, eingemummelt in ihren alten Schal. Thea und Paula gingen Hand in Hand hinter dem Wagen her, auch Tordis und Annika liefen zu Fuß. Wer weiß, wie lange wir eingepfercht im Wagen beisammensitzen mussten. Dort droben würde sich das Leben klein und eng anfühlen.

An der ersten Ecke wagten wir einen scheuen Blick zurück zu den Tieren. Schnell schaute ich wieder weg, wagte nicht in deren Augen zu sehen. Was würde aus ihnen werden? Nun gab es auch keinen Friedrich mehr, niemand, alle hatten sie wegzuziehen.

Während dieser Reise wurde mir bewusst, dass eine fremde Hand mit neuer Tinte ein weiteres Lebenskapitel im Buch der Erwachsenen niederschrieb. Ich durfte nichts dazu beisteuern, nicht ein persönliches Wort hinzufügen.

Immer wieder sagte ich die vertraute Adresse auf, immer wieder nannte ich den Ort, der bis zu jenem Moment der Mittelpunkt meines Lebens gewesen war. Irgendwann wurde es einfach ein blinder Fleck in meinem Leben.

Eine der größten Völkerwanderungen setzte ein, die Europa je erlebt hatte. Unter den erbärmlichsten Umständen suchten wir einen Weg zurück in die Zivilisation, die uns nicht willkommen hieß.

Wir hatten das Inferno des Krieges, das 60 Millionen Opfer gekostet hatte, vielleicht überlebt – aber was für eine Zukunft sollte uns erwarten?

Berlin 2013

Und es höret nimmer auf!

Nachdem ich nicht nur mit Johanna Gröger, sondern auch mit ihren beiden Schwestern Thea und Paula und mit all deren Kindern gesprochen hatte, die sich noch so gut an die Zeit des Medienskandals von 1978 erinnern können, wurde mir bewusst, dass ich die damaligen Fakten wiedergeben muss, um aufzuzeigen, welche Macht und Wucht die Aufdeckung von Filbingers Vergangenheit besaß, um am Ende jedes Mitglied der Familie paralysiert, hypnotisiert und eingeschüchtert allein zurückzulassen. All die Berichte, Interviews und Meinungen des medialen Gewitters, das auf alle niederprasselte, füllten tagtäglich die Presse. Zur besten Sendezeit wechselten sich verschiedene Fernsehprogramme mit den neuesten Meldungen ab.

Und wenn wir uns heute fragen, ob all das auch jetzt genauso geschehen könnte, dann möchte ich das gerne mit einem kräftigen „Ja" beantworten. Wie schnell wird ein Urteil über jemanden gefällt, wie schnell werden Menschen an den Rand der Gesellschaft gedrängt? Wo genau steht jeder von uns, mit seinen Gedanken, seinem Urteil und vielleicht auch der Hilflosigkeit angesichts so vieler Meinungen? Welche Macht und welchen Einfluss besitzen die Medien, die wir tagtäglich bewusst oder unbewusst nutzen?

Was damals folgte, verdeutlicht einmal mehr, in welch kurzer Zeit sich das Leben von heute auf morgen verändern kann. 1978 brachen alten Wurzeln mit neuen Trieben hervor und schossen ans Licht der Gegenwart. Und plötzlich tauchte aus dem Jahr 1945 ein neues düsteres Kapitel in dem Schauermärchen der Erwachsenen auf.

Denen, die 1945 die Flucht überlebt hatten, gelang es im Laufe der Zeit, sich eine neue Existenz aufzubauen.

„Ach, diese Flucht", seufzte Paula auf, als sie mir Jahrzehnte später versuchte zu beschreiben, wie sie diese Zeit der Düsternis als Zehnjährige erleben und empfinden musste.

Noch immer schreckt Paula nachts auf. Verschwommene Bilder verfolgen sie aus eben jenen Tagen und Wochen. Im Gegensatz zu den beiden größeren Schwestern, Thea und Johanna, kann sie sich nicht an so vieles erinnern. *Sei froh!*, ist immer wieder der Kommentar ihrer Mutter Anna.

Erst sehr viel später erzählt ihr diese, wie qualvoll damals Tausende von Menschen elendig verreckten, Frauen jeden Alters vergewaltigt wurden – auch ihre Cousine Tordis. Die schöne Tordis. Einfach an den Haaren hatte man sie vom Wagen weggezerrt und erst zwei Tage später kroch sie auf allen Vieren zurück. Sie sollte sich nie von dem erholen, was sie körperlich und seelisch erleben musste. Zeit ihres Lebens bleibt sie eine kranke und verstörte Frau.

Immer wieder diese mit Schreien unterlegten Bildfetzen, die Paula in der dunklen Nacht einholen.

„Überall liegt Schnee", so erinnert sie sich noch Jahre später. „Er türmt sich auf, zuhauf, und aus dem starren Weiß ragt nicht selten ein Arm, ein Bein, oder sogar ein ganzer Körper auf und wie ein fürchterlicher Wegweiser weisen diese toten Leiber den Weg in eine unbekannte Zukunft."

Diese entsetzlich kalten Wintertage. Das permanente Frieren, der quälende Hunger und der ständige Durst – all das schien nichts angesichts der unzähligen Toten und Verletzten, die den Weg säumten. Immer wieder hatten sie Straßen zu räumen, weil zurückweichende Soldatentransporte gen Westen hetzten und auf die Flüchtlinge keine Rücksicht nahmen.

„Sie wollten nur ihren eigenen Arsch retten!", erklärte mir Johanna. „Es gab ja nichts mehr zu verteidigen!"

Nur Minen für die herannahenden Russen verlegten die grauen Männer noch hastig. Ein Schritt – und die Körper zerfetzten in kleine Stücke. Einer der dramatischsten Momente für alle war, als Oma auf der Flucht starb. So eine Verzweiflung hatte Paula bei der Mutter noch nie gesehen! Das, wovor Oma sich immer so gefürchtet hatte – irgendwo mitten auf der Flucht in fremder Erde beerdigt zu werden –, das mussten sie der alten Frau antun. Der Boden war gefroren und nur mithilfe anderer Menschen schafften sie es überhaupt, ein einigermaßen würdiges Grab auszuheben. Im Gegensatz zu all den Leichen, die einfach am Wegesrand liegen blieben.

Viele Wochen später erst, am Ende der Flucht, fand die Familie in einer ehemaligen Rot-Kreuz-Baracke des Gefangenenlagers Elsterhorst in Nardt bei Hoyerswerda ihre vorläufige, doch sehr notdürftige Unterkunft. Dort trennte sich die Familie. Während Thea und Johanna die lange und beschwerliche Reise gen Westen wagten, blieb die Mutter mit der kleinen Paula im Osten zurück. Anna fühlte sich einfach nicht mehr imstande, auf einem ziellosen Weg weiterzumarschieren. Paula lag schon seit Wochen krank auf dem Ochsenkarren, und so entschied sich die Mutter, das Beste aus der neuen Situation zu machen. Immerhin waren sie noch am Leben. Und dieses bisschen Leben, so ihre damalige Entscheidung, galt es zu schützen, auch wenn es hieß, in der Fremde neue Wurzeln zu schlagen. Dort, wo man anfangs nicht willkommen war. Dort, wo man wie Menschen zweiter, wenn nicht sogar dritter Klasse behandelt wurde. Das sollte sich auch für Jahre nicht ändern.

Ganz langsam sickerte durch, was mit den anderen geschehen war. Großmutter Rotraud ließ sich in Offenbach bei Frankfurt nieder. Ihr Sohn Arthur, den der Krieg als Krüppel ausspuckte, blieb ganz in der Nähe seiner Mutter wohnen. Herbert, Traudel und Peter waren immerhin bis nach Münster gekommen, wo sie ihre neue Heimat aufbauten. Hier blieb der

Kontakt bestehen. Nur von Veit hörten sie nie wieder etwas. Er galt und blieb als vermisst in Russland. Irmtraud, Annas Schwester, ging Anfang der 50er Jahre ins Ruhrgebiet, um in der Nähe ihrer Töchter Tordis und Annika zu leben. Was aus Willi, Edda, Otto und Gertrud geworden war – das konnten sie nie in Erfahrung bringen. So viele Bewohner von Mohrau hatte der Gang der Geschichte verschluckt.

Nur ganz allmählich kehrte so etwas wie ein Alltag zurück. Ein Alltag, in dem Paula die Schule besuchte, Anna in der Fabrik einer Arbeit nachging und zu Hause den kranken Ehemann pflegte. Alfred, einer der wenigen Soldaten, die den Krieg überlebt hatten, war in russischer Gefangenschaft gewesen, litt an offener Tuberkulose und blieb bis zu seinem Tod ein gebrechlicher und traumatisierter Mann. Hanna zog es vor, in einer kleinen Ortschaft einem überschaubaren Leben nachzugehen. Die Jugendträume, ins Filmgschäft einzusteigen, wurden aufgrund der katastrophalen Wirtschaftslage zunichtegemacht. Jahrelang arbeitete sie für wenig Geld in Fabriken, bis sie schließlich heiratete und zwei Kinder bekam. Thea heiratete ebenfalls und fand bei Hannover ein neues Zuhause.

Eine seltsame Normalität schlich sich bei so vielen Deutschen in den Alltag, der sich wie eine dumpfe Glocke über sie legte. Die meisten blickten nur stur auf ihre Hände, die irgendeine Tätigkeit verrichteten, um dieses Deutschland aufzubauen, das eine dermaßen fürchterliche Vergangenheit offenbarte, was man aber in der Gegenwart nicht mehr sehen wollte, um den neuen Anstrich ohne Spuren und Kratzer in eine Zukunft hineinzumanövrieren.

1947 teilte das Rote Kreuz Anna und Alfred mit, dass Walter in Norwegen gestorben sei. Die Ursache sei jedoch unbekannt. Nun mussten sie sich alle endgültig mit dem Gedanken vertraut machen, dass der Sohn und Bruder nie wieder zurückkehren würde. Einer von Millionen.

1954 heiratete Paula und wurde Kindergärtnerin. Aufgrund ihrer rheumatischen Schübe musste sie sich allerdings immer wieder krankmelden. Die ganze Zeit über blieb die Mutter in ihrer Nähe. Erst 1967 verließ Anna den Osten, um dann in der Nähe von Thea zu leben.

Eine fast alltägliche deutsch-deutsche Familiengeschichte, wie sie zu Tausenden in diesen Zeiten anzutreffen war. So tropften sie dahin, die Jahre.

Aber es dauerte nicht lange und wieder hieß es für viele Deutsche, entweder zu fliehen oder dort zu bleiben, wo man letztendlich ermattet gestrandet war. Dieses Schicksal traf auch die Familie Gröger. Wie so viele andere Menschen waren sie zwischen Ost- und Westdeutschland aufgeteilt. So bedeutete die Gegenwart wieder Verlust von Vertrautem, persönliche Schicksalsschläge gingen Hand in Hand mit dem Aufbau der BRD und der DDR. Immer auf dem Nährboden der Vergangenheit, der die Kriegsjahre und die damalige Flucht noch als faulende Wurzeln in sich trug. Nie gelang es diese gänzlich auszureißen.

Das Buch der Erwachsenen mit all seinen Schauerkapiteln war all die Jahre in irgendeine dunkle Schublade verbannt. Und dann tauchte es unvermittelt auf, das neue Kapitel. 33 Jahre waren vergangen. Die Vergangenheit einer verdrängten Zeit trat unvorhergesehen zutage und warf ihre Schatten bis weit in die Zukunft hinein. Sie bestimmt bis heute noch das Leben der Nachfahren.

Ich rekonstruiere nun diese kurze Spanne zwischen Februar und August im Jahr 1978 anhand von persönlich Erlebtem der Betroffenen und all den Zeitungsartikeln und Fernsehbeiträgen, die noch einmal beweisen: Die Vergangenheit lässt sich nicht auslöschen. Für niemanden. Sie ist und bleibt immer Teil der Gegenwart und beeinflusst die Zukunft.

BRD und DDR 1978

Begegnung mit Paula

Die Schmerzen waren nicht mehr zu ertragen gewesen. Paula, mittlerweile 43 Jahre alt, stimmte nun endgültig der Operation zu. Die Entzündungen in ihren Gelenken und Knochen pochen und hämmern in regelmäßigen Abständen, schmerzen auf unerträgliche Weise. Ihre Bandscheibe ist mittlerweile abgenutzt wie bei einer alten Frau. Seit sie denken kann, bestimmen und behindern diese rheumatischen Schübe ihr Leben. Während der damaligen Flucht, wahrscheinlich aufgrund von Kälte und den jahrelang schlechten Unterkünften, die daraufhin folgten, war sie letztendlich gesundheitlich für den Rest ihres Lebens ruiniert.

Es ist ein sonniger Freitag. Der Wonnemonat Mai zeigt sich nur von seiner besten Seite. Nachdem der 1. Mai im Osten gebührend gefeiert wurde, mit allen Paraden, Fahnen und Aufmärschen, packt Paula ihre Koffer, erzählt den Kindern, dass sie bald wieder die Alte sein würde. Für den kommenden Montag ist die Operation geplant. Zuversichtlich sieht sie all dem entgegen.

Als es an der Tür klopft, steht Schwester Christa dort, zuppelt verlegen an ihrer Kittelschürze. Sie erklärt Paula leise, dass zwei seltsame Männer in schwarzen Ledermänteln im Besuchszimmer auf sie warten.

Auf dem Weg dorthin überlegt Paula panisch, ob ihr Mann verunglückt sei, oder ob mit den Kindern etwas ist? Oder ist es sogar vielleicht die Stasi? Die können einfach so vor einem stehen, behaupten die unmöglichsten Sachen, und schon ist man in einem Teufelskreis gefangen, aus dem man sich nur sehr schwer wieder herausziehen kann. Als sie den Raum betritt, stehen die beiden ihr unbekannten Herren sofort auf. Der jüngere spricht als Erster zu ihr.

„Guten Tag, es tut uns sehr leid, Sie zu stören, aber ich glaube, wir haben eine sehr wichtige Nachricht für Sie." Er blickt sich schnell um, wie ein gehetztes Tier, bevor er Paula wieder neugierig ansieht. „Die wollten wir Ihnen gerne persönlich übermitteln."

Paula erwidert nichts. Sie starrt unaufhörlich auf die zwei Fremden. Die tauschen einen schnellen Blick aus, bevor der ältere zögerlich zu sprechen beginnt.

„Hatten Sie einen Bruder, namens Walter Gröger?"

Wie lange hat sie nicht an ihn gedacht? Ihr großer Bruder, der große Bruder, der in seinen letzten Sommerferien noch versucht hat ihr das Fahrradfahren beizubringen! Kostbare Bilder, die Paula in ihrem Herzen aufbewahrt. Und nun stehen zwei wildfremde Kerle vor ihr und fragen genau nach diesem Bruder? Sie kann nur stumm nicken.

„Könnten Sie uns vielleicht etwas über ihn erzählen?"

Die Frage kommt etwas zögerlich. Zwei dunkle Augen heften sich auf ihr Gesicht. Paula spürt instinktiv die Skepsis, die bei ihr alle Instinkte wachrüttelt. Vielleicht doch die Stasi? Ihr fällt eine alte Geschichte ein: Vor Jahren hat Mutter bei der Polizei versucht, eine Besuchserlaubnis in den Westen zu beantragen. Sie wollte endlich ihr erstes Enkelchen sehen. Auf dem Formular vergaß sie allerdings, den toten Sohn anzugeben. Das wurde ihr vehement zum Vorwurf gemacht. Einer Furie gleich raste sie nach Hause, um Walters Sterbeurkunde aus der Mappe zu ziehen und knallte diese dann mit einem wütenden Aufschrei dem Beamten auf den Tisch. Hier wäre der klägliche Rest ihres toten Sohnes!, stieß sie noch zischend hervor, während der Beamte stumpf und mechanisch seinen Stempel setzte. Sollte etwa diese Geschichte mit dem Auftauchen dieser fremden Männer etwas zu tun haben?

„Mein Bruder ist schon längst tot. Er ist Ende des Krieges in Norwegen gestorben. Mehr wissen wir aber auch nicht", kommt Paulas zögerliche Antwort. Skeptisch mustert sie die zwei Fremden.

Die Männer werfen sich wieder einen dieser vielsagenden Blicke zu.

„Ist Ihnen denn jemals mitgeteilt worden, *wie* er gestorben ist?"

Paula sieht argwöhnisch von einem zum anderen.

„Könnten Sie mir vielleicht bitte sagen, wer Sie überhaupt sind? Und was Sie von mir wollen?"

Das Herz pocht ihr bis zum Halse. Aber diese Bestimmtheit gewährt ihr einen kostbaren Moment, um nervöse Gedanken zu sortieren. Walter ist schon über dreißig Jahre tot! Was soll das ganze Frage-und-Antwort-Spiel hier?

Paula wird übel. Wenn hier tatsächlich die Stasi vor ihr steht, wie leicht könnte ihr patziges Auftreten und Verhalten als Dreistigkeit gedeutet werden? Mit einer entschuldigenden Geste greifen die beiden Männer gleichzeitig in die Innenseite ihrer Mäntel und ziehen zwei Dienstausweise eines Ostberliner Verlages hervor.

Aha. Also keine Stasi. Immerhin.

„Es ist jetzt für uns nicht ganz einfach, das zu erklären ... aber wir glauben zu wissen, wie Ihr Bruder tatsächlich gestorben ist."

Wieder werfen sich die Männer diesen seltsamen Blick zu.

Paula spürt einen ganz dumpfen Schmerz. Gut, dass Mutter nicht hier ist, schießt es ihr noch durch den Kopf. Das würde die doch gar nicht aushalten!

„Sagt Ihnen der Schriftsteller Rolf Hochhuth etwas?"

Paula nickt. War das nicht dieser Skandalautor aus dem Westen? Und spätestens nach dem erschütternden Fernsehfilm „Die Hebammen" sind seine aufrührenden Geschichten auch hier in der DDR bekannt.

„Nun, Rolf Hochhuth führt seit Februar dieses Jahres mit dem Ministerpräsidenten Dr. Hans Karl Filbinger einen Prozess. Oder besser gesagt, der Ministerpräsident hat eine Klage gegen ihn erhoben."

Paula versucht sich zu konzentrieren, fixiert die kleine weiße Wolke in dem Bild an der Wand, während alles andere sich zu einem Brei vermischt und keine klaren Konturen aufweist. Große Namen fallen, und dazwischen taucht immer wieder das Gesicht ihres verstorbenen Bruders auf. Welche Verbindung soll das hier alles ergeben? Ein berühmter Autor, ein namhafter Politiker aus dem Westen, und dazwischen ein doch völlig unbekannter toter Soldat? Einer von Millionen.

„Es ist mittlerweile bekannt, dass Ihr Bruder Walter Gröger in Norwegen zum Tode verurteilt und hingerichtet wurde. Aufgrund genauer Recherchen durch Herrn Hochhuth, die er durchführen musste, um sich besser im Prozess verteidigen zu können, macht er eben diesen besagten Ministerpräsidenten von Baden-Württemberg genau dafür verantwortlich. Denn eigentlich ging es zuerst um einen ganz anderen Fall, den Herr Hochhuth gemeinsam mit dem Nachrichtenmagazin *DER SPIEGEL* schon im Jahr 1972 aufgedeckt hatte."

Paula zittern die Knie. Blass ist sie geworden, hält kurz ihre Hand hoch.

„Ich begreife nichts. Was ist mit meinem Bruder geschehen?"

„Hans Karl Filbinger war während der Hitlerdiktatur Marinerichter und soll neben anderen Verurteilungen auch für das Todesurteil Ihres Bruders mit verantwortlich sein."

Dieser Mann versucht sachlich zu bleiben. Es gelingt ihm.

„Das ist jetzt erst vor Kurzem herausgekommen. Filbingers Unterschrift steht unter dem Todesurteil. Hochhuth behauptet nun, dass besagter Ministerpräsident Filbinger ein so ‚furchtbarer Jurist' gewesen sein muss, dass man vermuten muss, er sei nur auf freiem Fuß, dank des Schweigens derer, die ihn kennen. So seine Formulierung, die ihm jetzt zum Verhängnis wurde. Und diese anderen sollen genau wie Filbinger diese braune Zeit mit zu verantworten haben. Hochhuth glaubt auch, dass gerade die Marinerichter schlauer waren als die vom Heer und von der Luftwaffe. Diese militärischen Abteilungen, so seine Vermutung, vernichteten bei Kriegsende brisante Akten, die Aufschluss über ihre tatsächlichen Tätigkeiten hätten belegen können Und mit der Vertuschung der eigenen Vergangenheit gelang es Menschen wie Dr. Filbinger, in der Bundesrepublik Deutschland eine steile Karriere hinzulegen. All diese Neuigkeiten schmecken dem Landesvater von Baden-Württemberg natürlich nicht. Und nun versucht er, den Schriftsteller zu verklagen, damit er diese Behauptung nicht mehr von sich geben darf. Also das mit dem ‚*furchtbaren Juristen*'. Zudem will er auch die ZEIT gerichtlich verpflichten, Hochhuths gesamte Äußerungen über ihn nicht mehr abzudrucken. Das wollte sich Hochhuth natürlich nicht gefallen lassen! Er war sich so sicher, dass Filbinger noch mehr zu verbergen hat. Im Zuge dieses Prozesses erlaubte das Bundesarchiv in Kornelimünster den Anwälten beider Seiten Einsicht in die Akten der Marinegerichte, an denen Filbinger tätig gewesen war. Hier durfte sich Hochhuth einen Überblick über das gesamte Verfahren verschaffen und war von daher in der Lage, alles in offiziellen Kriegsverbrecher-Akten genauestens zu überprüfen. Und dann tauchte der Name Ihres Bruders auf. In den Unterlagen zu dem Fall Ihres Bruders lag auch ein Brief Ihrer Mutter, die 1954 wohl eine Suchaktion gestartet hatte. Sie wollte die genaueren Umstände zu dem Tod ihres Sohnes in Erfahrung bringen. Nun bat uns Herr Hochhuth als Vertreter seines Verlages, ihn hier in der DDR zu unterstützen und ihm bei der Suche nach Walters Familie zu helfen, da …"

Paula hebt wieder mahnend die Hand. Sofort verstummt der Mann. Sie versucht sich auf einen Punkt im Raum zu konzentrieren, so sehr schwindelt ihr. Nur will sie sich nicht setzen, denn sie befürchtet, nie wieder aus diesem Stuhl herauszukommen.

„Wie haben Sie mich bitte gefunden? Was wollen Sie von mir?"

Ihr Mund ist ausgetrocknet. Verlegen leckt sie sich mit der Zunge über die Lippen. Ein wenig mitleidig sehen die beiden Männer auf sie herab.

„Wir waren erst bei der ehemaligen Adresse Ihrer Mutter. Dort erzählte man uns allerdings, dass Ihre Mutter nun im Westen wohnt. Aber dann wurde von Ihnen berichtet und damit war es nicht weiter schwierig, Sie ausfindig zu machen."

Paula nickt. Unmerklich. So ist das also. Selbst wenn man als DDR-Bürger im Westen gesucht wird, ist da plötzlich keine Mauer mehr ein Hindernis, um jemanden aufzuspüren. Und plötzlich existieren Ost-West-Freundschaften, die sich natürlich gegenseitig unter die Arme greifen, wenn es denn von Vorteil ist.

Nun beginnt der andere Mann wieder zu sprechen, versucht eine gewisse Milde in seine Stimme zu legen.

„Normalerweise sieht das Gesetz der Bundesrepublik Deutschland vor, dass die Angehörigen bis zu 30 Jahre nach dem Tod eines Angehörigen ihre Erlaubnis erteilen müssen, um die Akten der Öffentlichkeit preiszugeben. Aber Ihr Bruder ist schon seit 33 Jahren tot und damit entfiel diese Vorschrift. Aber der Brief von Ihrer Mutter machte Herrn Hochhuth natürlich neugierig, ob nicht doch noch Verwandtschaft da ist, mit der wir reden könnten. Der Chefredakteur der *ZEIT*, Theo Sommer, hat allerdings Filbinger die Akte von Walter Gröger jetzt schon einmal vorgelegt. Zuerst konnte er, also besagter Filbinger, sich überhaupt nicht an das Todesurteil erinnern. Nur allmählich begann es bei ihm zu dämmern. So jedenfalls die Aussage von Theo Sommer. Damit ist der Familienname Gröger natürlich schon ein Thema. Aber Herr

Filbinger ist der Meinung, dass all die gegen ihn erhobenen Vorwürfe rechtlich keinen Bestand hätten. Daran glauben wir allerdings nicht. Doch beide Seiten wollen sich nun äußern. Das heißt, in der BRD wird Ihr Bruder zwangsläufig bekannt werden. Ich glaube ... sagen Sie, könnten wir uns nicht vielleicht für ein oder zwei Stunden irgendwo hinsetzen, um alles in Ruhe zu sprechen?"

In diesem Moment erfährt Paula, über dreißig Jahre später, die genauen Umstände vom Tod ihres Bruders. Paula ist fassungslos angesichts dieser ungeheuerlichen Offenbarung. In dieser demokratischen Bundesrepublik, wo angeblich alles so dermaßen gerecht und freiheitlich, so religiös sauber sein soll, da kann man so einfach die Geschichten von Menschen aufdecken und der gaffenden Öffentlichkeit präsentieren? Nur weil irgendwelche Jahre abgelaufen sind? Das Ganze kommt ihr vor, als handele es sich um ein Verfallsdatum irgendeines Produktes, dass dann auf den Müll geworfen wird.

Langsam dämmert ihr, was sie da überhaupt gehört hat. Und ein ehemaliger Nazi-Richter konnte dort im goldenen Westen sogar Ministerpräsident werden? Sie kann das alles nicht fassen. Sofort muss sie wieder an ihre Mutter denken. Was würde das bedeuten? Zum dritten Mal den Sohn verloren!

Gott, was hatte sie das schon bei anderen Familien erlebt! Väter und Mütter suchten verzweifelt ihre Kinder, die nach irgendwelchen Bombenhageln oder auf der Flucht verloren gegangen waren. Der Bruder forschte nach der kleinen Schwester, die von der panischen Menge aus seiner schützenden Hand gerissen worden war. Es schrieben sich Tausende nach dem Krieg die Finger wund, in der Hoffnung irgendein Lebenszeichen von Vermissten zu erhalten. Abend für Abend saßen sie am Radio, sobald die Suchmeldungen durchgegeben wurden. Dabei war ihr Bruder längst tot! Hingerichtet durch die Unterschrift des heutigen Ministerpräsidenten Baden-Württembergs.

Was war geschehen?

14. April 1978

Nach Filbingers Klage gegen Hochhuth und den ZEIT-Verlag, beginnt der Schriftsteller intensiv in diversen Archiven zu forschen, da er der Meinung ist, der Ministerpräsident Dr. Filbinger, habe wahrscheinlich weit mehr zu verbergen. Jemand, der wie Dr. Filbinger eine Wahlkampagne der CDU mit der legendären Parole „Freiheit oder Sozialismus" führt, ruft bei Rolf Hochhuth unweigerlich ein bohrendes Misstrauen hervor. Er stellt sich die Frage: Wieviel Freiheit würde so ein erzkonservativer Mensch wie Dr. Filbinger einem anderen Menschen, der nicht seine Gesinnung vertritt, wirklich gewähren?

Im Bundesarchiv wird Rolf Hochhuth fündig. Er findet eine Akte zu dem Matrosen Walter Gröger. In einem Vollstreckungsprotokoll prangt die Unterschrift: *Für den Gerichtsherrn. Der Untersuchungsführer H. Filbinger. Marinestabsrichter.*

4. Mai 1978

Der Chefredakteur der ZEIT Theo Sommer legt dem Ministerpräsidenten Dr. Filbinger diese jahrzehntealte und verstaubte Akte „Walter Gröger" vor. Vorerst kann sich der Ministerpräsident an nichts erinnern. Ihm sei kein Todesurteil bewusst, dass er in irgendeiner Form mit zu verantworten gehabt hätte. Durch ihn wäre kein Mensch zu Tode gekommen. So seine Aussage. Eine Lawine aus der Vergangenheit beginnt zu rollen und reißt alles mit sich, was auf dem Weg liegt. Auch unschuldige Menschen.

5. Mai 1978

Der Ministerpräsident Dr. Filbinger hat sich entschieden, nun selbst an die Öffentlichkeit zu gehen, da die Redakteure von der ZEIT und dem Nachrichtenmagazin DER SPIEGEL mit ihren neuen Informationen zu dem Todesurteil gegen Walter Gröger, die ihnen Rolf Hochhuth zur Verfügung gestellt hat, bereits Artikel für die nächsten Ausgaben vorbereiten.

Schon rollen die gewaltigen Walzen der Drucker. Sie wollen die gesammelten Fakten der Öffentlichkeit zugänglich machen.

6. Mai 1978

Während sich Journalisten, der Autor Rolf Hochhuth und wichtige Männer von großen Zeitungen und Magazinen in der BRD schon um Kopf und Kragen reden, Politiker aller Parteien die Situation als gefundenes Fressen ansehen, um sich gegenseitig zu zerfleischen, die Akte von Walter Gröger hin und her geschoben wird, ziehen zwei Männer los, um jemandem in der DDR einen Besuch im Krankenhaus abzustatten.

Schweigend folgt Paula den beiden Männern in ein nahe gelegenes Café. Über weitere drei Stunden sitzen sie zusammen. So erfährt Paula die ganze Geschichte über diesen besagten Ministerpräsidenten Filbinger und damit auch über das furchtbare und wohl einsame Ende ihres Bruders. Am Unerträglichsten empfindet sie das Gefühl, dass im Westen schon die Medienschlacht beginnt, während die Familie hier im Osten bis zu dieser Minute noch arglos gewesen ist. Und was ist mit ihren Schwestern und der Mutter im Westen? Sind die überhaupt informiert worden? Ein wenig beschleicht sie das Gefühl, dass ihr toter Bruder für einen

Politskandal herhalten muss. Nach einigem Zögern rückt sie die Telefonnummer von Thea heraus, über die dann die Mutter im Westen zu erreichen ist. So viel Anstand sollte doch wohl möglich sein, dass diese alte Frau so schnell wie möglich informiert wird.

Die beiden Männer verlassen eine verwirrte, fassungslose Frau, die nicht begreift, was dieser Besuch noch auslösen soll. Beide Männer bleiben bis zum Schluss höflich, dennoch professionell distanziert.

Paula bekommt noch nicht einmal Zeit, all das zu verarbeiten, was sie sich gerade anhören musste. Schon am selben Abend ertönt aus dem Radio des Schwesternzimmers der Bericht über ihren Bruder.

Während sie noch wie benommen im Café sitzt, tauchen zwei weitere Reporter des Nachrichtenmagazins DER SPIEGEL am Werkstor ihres Mannes auf und fangen ihn ab, als er gerade nach Hause will. Auf dem Heimweg erfährt er ebenfalls diese ungeheuerliche Geschichte aus dem Westen, ist völlig irritiert und nach langem Bitten überreicht er den Männern ein Foto von Walter, dem großen Bruder seiner Frau, den er nie kennenlernen durfte.

Und dann bricht es über die Familie ein wie ein apokalyptisches Inferno. Die Macht der Medien, die Macht der Politik, die Macht des Verdrängens. Und diese allgegenwärtige Vergangenheit. Das Schauermärchen öffnet erneut seine Kapitel und offenbart so viele ungelesene Seiten.

Annas Geheimnis

Wie Paula erst später erfährt, ist auch die Mutter nicht darauf vorbereitet. Am Abend, als Anna die Tagesschau einschaltet, blitzt als Erstes das Foto ihres Sohnes Walters auf. Es erscheint in den kommenden Wochen auf allen Fernsehsendern und in weiteren Zeitungen. Nachdem die Öffentlichkeit informiert ist, meldet sich Rolf Hochhuth persönlich bei der Mutter. Genau einen Tag zu spät wurde ihm die Telefonnummer weitergereicht. Keiner von den anderen, die diese mediale Schlacht mit auslösen, macht sich die Mühe, in den nächsten Wochen ein persönliches Gespräch mit irgendjemandem aus der Familie zu führen, ihnen während dieses medialen Spektakels psychologisch beizustehen oder Trost zu spenden. Nur die Meute der Reporter taucht auf, mit blitzenden Kameras und zerfledderten Schreibblöcken und gezückten Kugelschreibern und wichtigen Mienen, bestürmt die Familie, um irgendwelche Neuigkeiten und dramatischen Momente als Erstes veröffentlichen zu können.

Beide Männer, der Matrose Walter Gröger und der Ministerpräsident Dr. Hans Karl Filbinger, ehemaliger Marinerichter, repräsentieren über 30 Jahre nach Kriegsende die jeweils andere Seite der ehemaligen Nazidiktatur; stehen im binären Kontrast zueinander, wie es aus menschlicher Sicht erschütternder nicht sein kann.

Gegen 20:30 Uhr klingelt Thea bei ihrer Mutter. Es dauert ungewöhnlich lange, bis sich die Tür endlich öffnet. Dann blickt Thea in schwarze Augen, eingebettet in diesem alten müden Gesicht. Das schlohweiße Haar steht etwas wirr vom Kopf.

Anna sagt nichts, deutet nur mit einer Handbewegung an, dass Thea reinkommen soll.

Während Thea verzweifelt ausruft: „Das kann doch alles nicht wahr sein! Warum hat man uns nie informiert?", bleibt ihre Mutter beängstigend ruhig.

Thea ist zu sehr mit sich selbst beschäftigt, als dass ihr auffällt, dass die Mutter kaum eine sichtbare Reaktion an den Tag legt.

Als Thea sehr viel später nach Hause heimkehrt und sie das Wohnzimmer betritt, klingelt das Telefon. Sie starrt auf den grauen Apparat und das Klingeln bekommt bedrohliche Ausmaße. Sie atmet erleichtert auf, als sie ihre Schwester Johanna hört. Auch diese hat die Nachrichten eingeschaltet und ist außer sich. Sie kündigt ihren Besuch an, die Koffer seien bereits gepackt, am nächsten Tag will sie bei der Mutter sein.

Erst als Johanna auftaucht und die drei Frauen zusammensitzen, ist es auch sie, die sich argwöhnisch an die Mutter richtet.

„Mutter? Was ist mit dir? Scheint dich das alles nicht weiter zu berühren? Wie kommt es, dass wir von alldem nichts erfahren haben?"

Anna antwortet nicht. Sie sieht zum Fenster hinaus, seufzt und schlurft danach auf den Schrank zu. Hier liegen diverse Kartons und Kästchen; in ihnen hat sie alte Erinnerungen aufbewahrt. Ihre Tagebücher, die Fotoalben – im Nachhinein wunderten sich die Töchter noch lange, wie sie diese Sachen während der Flucht hatte retten können. Wie eine Löwin krallte die Mutter immer ihre Arme um diese Kisten. Und aus einem dieser Kartons kramt sie nun umständlich einen Briefumschlag heraus. Sie platziert ihn ordentlich auf dem Tisch. Beide Töchter starren darauf.

„Und, was ist das?", fragt Johanna vorsichtig, nimmt den Umschlag wendet ihn, sieht sich alles ganz genau an. „Rotes Kreuz?"

Sie runzelt die Stirn, zieht aus dem Umschlag eine Seite heraus. Ordentlich getippte Buchstaben sind zu sehen. Alles ein wenig verknittert. Johanna glättet das Papier auf dem Tisch und während sie die Zeilen liest, wird ihr von Natur aus heller Teint schlagartig kalkweiß. Thea bemerkt die Veränderung sofort und fragt hastig: „Hanna, was ist denn? Was steht da?"

Johanna lässt das Papier sinken, starrt die Mutter fassungslos an, als wäre sie eine mysteriöse Erscheinung. Anna knetet unermüdlich ihre Hände, betrachtet intensiv all die dunklen Flecken, die ihre Haut zieren.

„Du hast es gewusst?" Johanna flüstert. Tränen laufen ihr die Wangen hinab. „Du hast es all die Jahre gewusst und uns nie davon erzählt?"

Thea sieht stumm von einer zur anderen. Johanna hält der Mutter den Brief unter die Nase.

„Warum, um Gottes willen, hast du es uns nie erzählt? Was hast du dir dabei gedacht?", schreit Johanna unvermittelt.

Die Mutter bleibt stumm.

„Hat Vater es gewusst?"

Zuerst reagiert die alte Frau überhaupt nicht. Dann schüttelt sie ganz langsam den Kopf.

„Ist euch eigentlich überhaupt bewusst, in was für einer verlogenen Atmosphäre wir hier in Deutschland in den 50er Jahren lebten?", kommen die Worte mühsam über ihre alten Lippen. „Jeder versuchte sich möglichst unauffällig zu geben, angepasst zu sein, am liebsten gar nicht wirklich vorhanden. Denn eine Vergangenheit hatte doch sonderbarerweise niemand aufzuweisen. Und wenn, dann wurde alles darangesetzt, diese zu vertuschen, zu verleugnen oder einfach auszublenden."

Die Mutter sieht auf ihre Töchter, vor Wut schüttelt sie die Faust, als versuche sie einen unsichtbaren Feind zu vertreiben.

„Was glaubt ihr, wie viele plötzlich heimliche Widerstandskämpfer waren, keine Nazis, und ach, was hätten sie alle irgendwo jemanden versteckt und geholfen! Nur in einem waren sich immer alle ganz sicher: Ein deutscher Soldat, der seine Pflicht nicht erfüllt hat, war und ist bis heute ein Verbrecher. Ihr seid doch selbst mit zwei ehemaligen Soldaten verheiratet. Fragt sie mal, was sie zu Deserteuren sagen. Fragt sie mal! Bei deinem Mann, liebe Thea, würde ich mich nicht wundern, wenn er der Erste in unserer Familie gewesen wäre, unseren Walter zu verurteilen. Habt ihr überhaupt eine Vorstellung davon, was für ein Gefühl ich mit mir herumtrug? All die Jahre, dass Walter als „Verbrecher" hingerichtet wurde? Was glaubt ihr, was los gewesen wäre, wenn es irgendjemand auch nur mitbekommen hätte, in der Nachbarschaft, oder bei euch in den Schulen, bei uns auf der Arbeit? Das würde doch bis zum heutigen Tag an uns haften wie ein fürchterliches Mal."

Ihre Lippen beben. Mit düster umwölktem Blick sieht sie auf das Schriftstück. Ihr einsamer und einziger Verbündeter, seit Jahrzehnten.

„Ich habe es mit mir allein ausgemacht. Und ich als Mutter besitze jedes Recht der Welt, dass mein Sohn zumindest in meiner Erinnerung der bleiben kann, der er war. Ein junger Mann, der wie so viele andere auch in den Strudel und die Wirren dieser nationalsozialistischen Zeit hineingezogen wurde. Und dafür sein so junges Leben lassen musste. Ich wollte nicht, dass wir auf ewig neben dem Namen Walter auch „Verbrecher" stehen hätten. Verbrecher, weil er sich gegen die Nazis auflehnte. Weil er irgendwann erkannte, wie sinnlos dieser Krieg überhaupt war! Weil er spürte, dass es überhaupt nicht männlich war, bis zum Schluss das Hakenkreuz zu tragen. So einer soll ein Verbrecher sein? Ich habe mir das Recht genommen, dass die deutsche Gesellschaft nicht über ihn urteilen darf. Ich habe mir das Recht als Mutter genommen, dass ich um einen toten Sohn trauern darf, den dieser Krieg sich einfach genommen hat, ohne mich zu fragen. Und vielleicht durfte ich erwarten, ein wenig Mitgefühl und Mitleid der anderen zu bekommen. Deswegen habe ich nichts erzählt. Auch eurem Vater nicht. Das hätte der nie überlebt! Aber nun ist mein Geheimnis gelüftet. Ich frage mich jetzt, ob es wirklich um unseren Walter gehen wird oder um diesen Politiker. Gerade der Herr Filbinger … der lächelt doch immer so nett! Und ich hab jahrelang die CDU gewählt. Damit ist jetzt Schluss. Es ist für mich so unvorstellbar, dass er derjenige war, der letztendlich Walters Tod mit zu verantworten hat. So einer regiert in unserer Bundesrepublik Deutschland? Dass ich das noch auf meine alten Tage erleben muss!"

Thea und Johanna verstummen angesichts der Verzweiflung, die ihre Mutter noch nach Jahrzehnten in sich trägt. Diese langen Schatten der Nationalsozialisten. Sie sind so grausam kalt ...

Am nächsten Morgen findet Johanna mehrere Zeitungen vor der Tür, die den Fall Gröger/Filbinger beleuchten. Eine aufmerksame Nachbarin hatte diese wohl stillschweigend dort platziert. Vorsichtig sieht sich Johanna im Flur um. Nirgendwo eine Seele zu erblicken. Eine seltsame Ruhe strömt ihr entgegen. Ist es Respekt oder unverhohlene Ablehnung, die ihr dort entgegenschlägt? Kurz zögert sie, dann nimmt sie die Zeitungen auf und schließt sehr leise die Tür. Sofort setzt sie sich in die Küche, blättert jede Seite durch, dabei liest sie aufmerksam Zeile für Zeile. Ihre Mutter beobachtet stumm jede ihrer Bewegungen, aber erst als das Foto von Walter sichtbar wird, will sie doch wissen, was über ihren Sohn berichtet wird. Noch ist die alte Frau nicht in der Lage, die Vergangenheit, nicht nur seine, sondern auch die Vergangenheit der Familie von Fremden geschrieben zu lesen.

Johanna blättert in einem Magazin herum, bleibt bei einer Seite hängen, auf der Filbinger im schicken Anzug streng und geflissentlich an dem Betrachter vorbeisieht. Die Krawatte ordentlich gebunden, der teure Zwirn seines Anzuges unterstreicht das blütenweiße Hemd. Noch sind die braunen Flecken nicht sichtbar.

„Der Ministerpräsident Filbinger redet sich hier sehr gekonnt um Kopf und Kragen. Er versucht tatsächlich zu erklären, warum Walter seiner Meinung nach – an der hält er übrigens penibel fest – sieben Wochen vor Kriegsende hingerichtet werden musste. Nun", Johanna stutzt, sucht mit dem Finger eine bestimmte Zeile. „Filbinger behauptet, dass Walter Vorbereitungsmaßnahmen für eine Flucht getroffen hätte, aber er gibt zu, dass er davon auch wieder Abstand nahm. Und nun versucht Filbinger dem Journalisten zu erklären, dass er doch so ein guter Mensch gewesen wäre, also damit meint Filbinger natürlich sich, nicht unseren Walter, denn er hätte doch bei vielen anderen ganz erfolgreich den Freispruch gefordert. Und angeblich ließ er seine Akten nach Kriegsende nicht vernichten, sondern behielt diese ganz bewusst, um zu beweisen, dass er nichts zu verbergen hätte." Johanna sieht kurz auf.

Ihre Mutter starrt sie unverhohlen an.

„Und? Hat sich jemand die Mühe gemacht, diese Akten zu lesen?" Anna lässt ihre Tochter nicht aus den Augen.

Johanna beugt sich wieder über die Seite, liest und erklärt dann in sachlich ruhigem Ton: „Seltsam, es fehlen einige Seiten. Und scheinbar genau die, welche die Vollstreckung von Walters Urteil belegen könnten."

Jede der Frauen sieht in eine andere Richtung. Von draußen ertönt das ärgerliche Hupen eines Autos, dort scheinen andere Sorgen und Ängste zu herrschen.

„So", sagt die Mutter tonlos. „Dann hat er richtig Glück gehabt, der Landesvater von Baden-Württemberg, nicht wahr?"

Johanna kann der Mutter nicht antworten. Zu erschüttert ist sie, was sie auf vielen weiteren Seiten zu lesen bekommt. Denn plötzlich wird klar, dass die CDU und CSU sich Hans Karl Filbinger sehr wohl als neuen Bundespräsidenten vorstellen könnten. Es scheint um so viel mehr zu gehen, als darum einen verblassten braunen Fleck der Vergangenheit wegzuwischen. Und vor ihr eine gut leserliche Kopie des Feldurteils gegen ihren Bruder. Was muss Walter gefühlt haben, als er sein eigenes Todesurteil unterschreiben musste? Im Namen des Deutschen Volkes.

Das Verfahren Filbinger/Hochhuth

8. Mai 1978

Vor der 17. Zivilkammer des Stuttgarter Landgerichts beginnt das fieberhaft erwartete Verfahren um eine einstweilige Verfügung, mit dem Dr. Filbinger dem Schriftsteller Rolf Hochhuth bei Androhung einer Strafe von 500.000 DM verbieten lassen will zu behaupten, dass Filbinger *„sogar noch in britischer Gefangenschaft nach Hitlers Tod einen deutschen Matrosen mit Nazi-Gesetzen verfolgt hat"*. *„Man müsse vermuten"*, so weiter Hochhuths Äußerung, *„dass er nur dank des Schweigens derer, die ihn kannten, auf freiem Fuß sei"*. All das kann die Familie Gröger ebenfalls aus der Zeitung erfahren.

Die Pressekammer des Stuttgarter Landgerichts entscheidet weiter, sich nicht nur mit dem Kurt Petzold-Urteil von Mai 1945 zu befassen, sondern auch mit dem Gröger-Verfahren. Der Vorsitzende Richter weist in seiner Begründung darauf hin, dass „lebhafte und engagierte Kritik" nicht untersagt werden dürfe.

Der Raum ist während der Verhandlung zum Bersten gefüllt mit Journalisten. Nur war niemand auf die Idee gekommen, wenigstens aus Anstandsgründen jemanden aus der Familie des verstorbenen Matrosen einzuladen. Geschweige denn persönlich zu informieren.

Am nächsten Tag folgt ein Anruf von Rolf Hochhuth bei Thea, die sofort die Mutter zu sich herüberholt. Rolf Hochhuth versucht Anna noch einmal zu erklären, wie leid ihm der Umstand täte, dass sie all dies aus den Medien erfahren musste. Aber es sei tatsächlich so, dass Walters Tod als verjährt gilt und er damit alle brauchbaren Fakten aus den Akten zu seinen Zwecken nutzen dürfe. Lange sprechen sie miteinander und Anna erfährt die einzelnen Schritte, die er bereits gegen Dr. Filbinger unternommen hat. Sie spürt seine unverhohlene Abneigung gegen den Ministerpräsidenten und beginnt ihm zu vertrauen.

Nun wird Dr. Filbinger in aller Öffentlichkeit gefragt, ob er nicht auch noch andere Todesurteile zu verantworten habe, an die er sich aber vielleicht gerade nicht erinnern könnte. Er wird vor die Wahl gestellt, weitere unbekannte Urteile selbst zu benennen oder sich vielleicht von der politischen Agenda zu entfernen, wie ihm schon ein Anwalt der ZEIT gleich zum Auftakt des Prozesses nahelegte. Ziemlich hochtrabend behauptet daraufhin Dr. Hans Karl Filbinger, dass er nicht ein Todesurteil in seiner Funktion als Wehrmachtrichter verhängt hätte.

Natürlich lässt Filbinger nichts unversucht, um Gleichgesinnte um sich zu scharen, die seine Ansicht vertreten. Es wird ein Rechtsgutachten erstellt, in dem folgende Behauptung steht: *„Der Fall Gröger könne Filbinger weder rechtlich noch moralisch angelastet werden."*

Der Rechtsgutachter war nur selbst ein führender Militärstrafrechtler der NS-Zeit gewesen, forderte auch mit seinem Gesetzeskommentar bis zum Jahr 1940 mit dem verschärften Militärstrafgesetzbuch unter anderem die Todesstrafe für „Wehrkraftzersetzung" – zur Generalprävention. Auch verhängte er dereinst als Wehrmachtsrichter selbst Todesurteile. Seit 1949 verteidigt er mit großem Erfolg ehemalige Wehrmachts- und SS-Angehörige in mehr als hundert Prozessen und wird die bundesdeutsche Rechtsprechung noch bis 1995 mit seiner These, *„die NS-Militärjustiz habe gegen den Nationalsozialismus rechtsstaatliche Prinzipien vertreten",* beeinflussen.

10. Mai 1978

Wie die Tage zuvor, liegen auch heute wieder ohne einen persönlichen Kommentar Zeitungen vor der Wohnungstür. Und wie in alten Tagen sitzen Johanna und ihre Mutter gemeinsam am Küchentisch. Die Tochter beobachtet die Mutter, wie sie akribisch genau jede Nachricht ausschneidet. Wie Anna einst ihre Fotos im Album einklebte, so klebt sie nun all die Artikel, die ihren Sohn so ungewollt bekannt machen, in ein neues Buch. Hier füllen sich allmählich die Seiten.

Es folgen weitere Artikel.

10. Mai 1978
Bild
Nils v. d. Heyde
„Ich bin über das Todesurteil sehr unglücklich"

Auf die Frage, ob Filbinger denn zurücktreten würde, beantwortete Filbinger das mit einem entschiedenen „Nein". Er meinte: „Ich werde mich wehren. Ich werde kämpfen."

11. Mai 1978
Stuttgarter Zeitung
Jörg Bischoff
Stickige Atmosphäre im Verhandlungssaal 137
Der Verhandlungsgegenstand in der Sache Filbinger gegen Hochhut ist kaum justitiabel.

Filbingers Anwalt Sedelmaier, der im Auftrag seines prominenten Mandanten auf „Unterlassung und Urteilsveröffentlichung" klagte, müht sich in der eineinhalbstündigen mündlichen Verhandlung redlich darzutun, daß der Marinerichter Filbinger rechtlich gar nicht anders konnte, als im Prozeß gegen den Matrosen Walter Gröger die Todesstrafe wegen Fahnenflucht zu beantragen, die Vollstreckung selbst zu leiten und auch nach dem Krieg im Gefangenenlager den

Soldaten Kurt Petzold wegen Gehorsamsverweigerung und Widersetzung für sechs Monate in den „Bau" zu schicken. „Der Klagevertreter hat weisungs- und befehlsgemäß gehandelt", sagt Sedelmaier. Aber kommt es darauf an?

Den Anwälten Hochhuths und der ZEIT, Jauch und Senfft, geht es auch nicht so sehr darum darzutun, daß der Marinestabsrichter Hans Filbinger sehr wohl Möglichkeiten gehabt hätte, den Antrag auf Höchststrafe im Verfahren gegen Gröger nicht zu stellen oder doch wenigstens in seinen Vollstreckungsbemerkungen nicht jenen eiskalten Perfektionismus an den Tag zu legen, der dem Nachkriegsleser aus den Akten entgegenstarrt. Allerdings weist Jauch nach, daß sowohl nach dem seit 1872 geltenden Militärstrafgesetzbuch der Wehrmacht als auch nach der kurz vor dem Zweiten Weltkrieg erlassenen Kriegssonderstrafrechtsverordnung und entsprechend den „Richtlinien des Führers" über die Strafzumessung bei Wehrmachtsangehörigen Filbinger sehr wohl die Möglichkeit gehabt hätte, wenn schon nicht das Urteil und seine Vollstreckung bis nach dem Kriege hinauszuzögern, so doch auf Milderung zu plädieren oder wenigstens seine abweichende Meinung zu Protokoll zu geben. Aber durch den Prozeß zieht sich ständig die Frage, wie ein Regierungschef 30 Jahre nach diesen Ereignissen mit der Tatsache fertig wird, daß er sich möglicherweise schuldlos schuldig gemacht hat am Leben eines Matrosen, wo er doch im Fall des katholischen Militärpfarrers Karl Heinz Möbius völlig anders gehandelt haben will. Sedelmeier drückt das so aus: „Sollte der Anklagevertreter (Filbinger) denn den sinnlosen Helden spielen?" Der Anwalt nennt es gar „Kraftmeierei", was Hunderte von Wehrmachtsrichtern in den letzten Kriegswochen wenigstens versucht haben, um sich selbst treu bleiben zu können.

Marie

Das Telefon steht nicht mehr still. Thea und ihre Familie meiden es ranzugehen. Nur am Abend telefonieren sie mit Johanna, die wieder nach Hause musste. Auch Paula erhielt inzwischen die Genehmigung in den Westen zu telefonieren. Alle sind sich einig, dass sie möglichst vorerst keine Interviews mehr geben. Sie fühlen sich angesichts der gewaltigen politischen Macht, die sie zu erdrücken droht, nicht in der Lage, sich zu äußern. Anna traut sich kaum noch aus dem Haus.

„Wieso war der Filbinger so besessen gewesen, das Todesurteil von Walter so konsequent auszuführen?", fragt Johanna ihre Mutter in einem Telefonat.

In ihrer alles überbordenden, aufgewühlten Vergangenheit, die ihre Gegenwart dermaßen überflutet, traut sich Johanna in ihrer Gegenwart nicht weiter nachzubohren. Erst die Distanz gibt ihr den Mut, die Mutter direkt anzusprechen.

Seit die Töchter erfahren mussten, dass die Mutter von all dem schon lange weiß, gibt es plötzlich Zweifel, Misstrauen und bohrende Fragen auch innerhalb der Familie. Was hatte der Bruder wirklich verbrochen? Was wusste die Mutter? Mit einer Engelsgeduld versucht Anna zu erklären, dass sie nur das wiedergeben kann, was Walter damals aus dem Gefängnis geschrieben hatte. Sein Schiff war untergegangen und in Oslo wurde er verhaftet und zu acht Jahren Zuchthaus verurteilt. Das waren seine letzten Worte gewesen. Der Ministerpräsident Filbinger hingegen spricht immer wieder von einer „aktiven Flucht". Als wenn Walter aus dem Gefängnis ausgebrochen und dann auf der Flucht verhaftet worden wäre. Da taucht plötzlich eine Fremde auf, die Walter moralisch rehabilitieren kann.

Brief von Marie aus Oslo

Sehr geehrte Frau Gröger!
In einem Artikel der Osloer Zeitung „Aftenposten" vom 10.5.1978 stand, dass Ministerpräsident Hans Filbinger Anfang 1944 Ankläger im Prozess gegen Walter Gröger war und verantwortlich für seinen Tod ist.
Der Grund meines Briefes ist, dass Walter sechs Tage 1943 in meinem Zimmer in Oslo mit mir wohnte. Er war gerade desertiert, wollte gern nach Schweden. Es zeigte sich, dass es unmöglich war, ihn dorthin zu bringen. Er wurde bei mir arretiert. Beide wurden wir verurteilt. Er zu acht Jahren, ich zu 18 Monaten, die ich im Zuchthaus Dreibergen in Mecklenburg ansass.
Ich habe die ganze Zeit, bevor ich den Zeitungsartikel las, geglaubt, dass Walter am Leben sei, nach dem Krieg nach Deutschland zurückgekehrt wäre. Es war für mich ein Schock, zu hören, dass er in Oslo hingerichtet wurde.
Wahrscheinlich wird es Sie interessieren, wie ich Walter kennenlernte und welche Eindrücke mir von den sechs Tagen noch lebendig sind. Er war sehr hungrig, als ich ihn zum ersten Mal in einem Restaurant in Oslo traf. Er sagte mir, dass er weder Essen noch Geld hätte. Deswegen half ich ihm mit Geld und Essen und nahm ihn mit nach Hause. Er war sehr still und bescheiden. Seine liebsten und wertvollsten Sachen waren eine kleine Bibel und das Bild seiner Mutter. Er sah sich das Bild oft an, las die Bibel und träumte davon, nach dem Krieg nach Hause zu kommen. Leider wurde dieser Traum nicht wahr.
Ich hoffe, diese Zeilen nehmen Sie nicht zu sehr mit. Aber vielleicht ist es gut etwas über Walter zu hören.
Wenn Sie mir einmal einige Worte schreiben könnten, wäre ich Ihnen sehr dankbar.
Mit freundlichem Gruß
Marie

In all diese Verzweiflung hinein, die die Familie durchmacht, taucht dieser neue Name wie eine göttliche Offenbarung auf. Und nun stellt sich heraus, dass die Unbekannte seit diesem unheilvollen Tag nicht erfahren hat, was aus dem jungen Mann geworden war, den sie ein paar Tage bei sich in Oslo aufgenommen hatte. Sie glaubte über Jahrzehnte, dass er den Krieg schon irgendwie überlebt hätte. Als sie die Wahrheit erfährt, bricht die mittlerweile 69-Jährige zusammen. Es kommt zu einer sehr bewegenden Begegnung zwischen Anna und Marie. Und in dem langen Gespräch bestätigt sie im Grunde genommen, dass man Walter gar nicht auf der Flucht erwischte, wie manche behaupten wollen, um ihn als tatsächlichen Deserteur abzustempeln, sondern dass sie beide bei ihr zu Hause von der Gestapo gefangen genommen wurden. Damit ist sofort widerlegt, dass Walter die vollendete Fahnenflucht begangen hatte. Gerne bestätige sie diese Aussage und beginnt von ihrer Begegnung mit Walter zu erzählen.

„Wissen Sie, Frau Gröger, die meisten von uns hatten irgendwann einen Blick dafür, für all die jungen Burschen, die diesem Irrsinn endlich ein Ende setzen wollten. Ich erfuhr tagtäglich so einiges von meinem Bruder, der öfters Partisanen nach Schweden hinüberbrachte. Leider war das bei Walter nicht möglich gewesen." Hier hält Marie inne, starrt auf ihre Hände. Geschwollen sind diese; es ist schwer vorstellbar, wie sie als junge Frau ausgesehen haben könnte. Auch bei ihr sind die Spuren des Krieges offensichtlich in die Seele eingebrannt. Die Narben überall spür- und sichtbar.

„Ich durfte als Putzfrau in deutschen Krankenhäusern saubermachen. Nach einem ziemlich anstrengenden Tag traf ich Walter bei uns im Löwenbräukeller. Er wirkte so schüchtern, so verzweifelt, ich habe es ihm gleich angesehen. Auch wenn ich nicht genau verstand, worüber er so heftig redete, es war ihm anzumerken, dass er um sein Leben bangte. Wahrscheinlich fragte er deswegen so verzweifelt, ob er mit

mir nach Hause könne. Natürlich wusste ich, dass ich mich unmittelbar in Gefahr begab. Aber, was sollte ich machen? Seine blauen Augen bekamen so was Kindliches, so was Unschuldiges. So nahm ich ihn mit. Er blieb ein paar Tage ..."
Hier verstummt Marie und scheint eine Reise zurück in die Vergangenheit anzutreten.

Plötzlich beginnt sie stockend in Norwegisch weiterzuerzählen, sodass Anna und Thea sich verstört ansehen. Daraufhin nimmt Anna zögerlich Maries Hand und während sie diese streichelt, hält Marie inne, blickt die beiden Frauen befremdet an. Erst langsam kehrt sie in die Gegenwart zurück.

„Verzeihen Sie. Ich sehe gerade Walter so bildhaft vor mir sitzen, so schwermütig. Er hasste diesen Krieg so sehr. Er sah in all dem keinen Sinn mehr, er wollte nicht kämpfen, wollte nur noch nach Hause, nach Hause zu Ihnen, liebe Frau Gröger. Es war so rührend, wie er versuchte mir zu erzählen, was dieses Dorfleben so wundervoll, ja, so einzigartig machte. Als die braunen Hunde dann meinen Bruder schnappten, da wusste ich, dass das Unheil über uns hereinbrechen würde. Auf einmal hämmerte es gegen meine Tür. Wir waren derart erschrocken, dass wir uns nicht bewegen konnten. Die Gestapo trat meine Tür ein und nahm uns beide fest."

Anna sieht hilflos ihre Tochter an. Thea bleibt stumm, kann angesichts all dieser Neuigkeiten keine Worte finden.

„Es tut mir so leid, Mutter Gröger."

Beiden laufen die Tränen über die Wangen.

„Walter sah ich erst bei unserer Verhandlung wieder. Ich kann Ihnen nur sagen, ich hatte so was vorher noch nie erlebt. So stand ich vor einem deutschen Richter, der mich in einem fort nur anschrie. Er bezeichnete mich als Dreck, warf mir vor, ich hätte das deutsche Blut verunreinigt, weil ich einem Matrosen angeblich geholfen hätte Fahnenflucht zu begehen. Aber es ist doch nicht wahr! Walters Schiff war untergegangen, und ich habe ihn aufgenommen. *‚Du wirst* *dem Erdboden gleich gemacht werden!'*, geiferte er weiter und bezeichnete mich als eine dreckige Hure, die es wohl mit jedem deutschen Soldaten triebe, der sich nicht an das Gesetz hielte. Walter blieb wie betäubt. Ich glaube, wir waren beide nicht mehr in der Lage, irgendetwas zu empfinden."

Marie greift zur Kaffeetasse. Einer Umklammerung gleich hält sie sich an dem Porzellan fest. Anna ist im Laufe der Erzählung immer weiter in sich zusammengesunken, verharrt nun da, wie ein Häufchen Elend.

„Ich erspare Ihnen einfach, was ich mir noch anhören musste. Ich wurde verurteilt. Zwei Jahre KZ. Erst in Norwegen, dann verfrachtete man mich nach Deutschland. Hier erlebte ich die Hölle im Zuchthaus Dreibergen. Noch heute wache ich nachts auf und höre die Schreie der KZ-Wärterinnen. Bis zu dem Zeitpunkt wusste ich nicht, was Frauen einander antun können. Ich kann Ihnen nur sagen, hier musste ich notgedrungen Ihre grausam schöne Sprache lernen. Ich habe sie nicht mehr aus meinen Schädel bekommen, so sehr rammte sie sich in mein Hirn." Zögerlich nimmt sie einen Schluck, dann erzählt Marie leise weiter. „Wissen Sie, heute muss ich mit meinen geschwollenen Beinen und zerrütteten Nerven leben, alles Narben und Verletzungen aus zwei Jahren Gefängnis und KZ des Dritten Reiches. Als wir letztendlich unter deutschem Beschuss nach Hause zurückkehren konnten, war natürlich nichts mehr so wie früher. Auch meinen Bruder Sören habe ich nie wiedergesehen. Ich habe so gehofft, dass wenigstens Walter diesen Krieg überlebt hätte. Umso schmerzhafter ist es zu erfahren, dass seine Geschichte nun ans Licht der Öffentlichkeit gezerrt wird."

Noch lange sitzen die Frauen zusammen, versuchen zu begreifen, wie die Schatten der Vergangenheit aus Fremden Freunde machen können. Für den Rest ihres Lebens bleiben Anna und Marie in Kontakt.

Maries fatalen Erinnerungen, die sie auch in einem Interview dem *ZEIT*-Magazin berichtet, lösen einen Sturm der Entrüstung in der Gesellschaft aus. Noch einmal erwachen die Dämonen der Vergangenheit und der Ministerpräsident Filbinger steht für viele als Vertreter dieser monströsen Zeit. Selbst nach über 30 Jahren findet er weder für Marie noch für Walter Worte der Reue. Findet keinen Raum in seinem Herzen um ein wenig Demut zu spüren, oder Verständnis für die Ohnmacht der vielen Menschen, die angesichts der Offenbarung von Brutalität und menschenunwürdigen Behandlungen dieser braunen Zeit aufbricht. Im Gegenteil – Dr. Filbinger scheint sich von der Presse verraten zu fühlen. Besonders von der linken Presse.

Der Ministerpräsident gehört für viele der Nachgeborenen nun zu jener großen Gruppe erfolgreicher Nationalsozialisten, die in der Bundesrepublik fast nahtlos wieder auf politisch wichtige Posten gelangt war.

In der damaligen Restaurationszeit der 50er Jahre in Westdeutschland wurde nicht nach damaligen Vergehen und Missbrauch gefragt. Es herrschte das große Verdrängen, um den Aufbau des Wirtschaftswunderlandes nicht zu gefährden. Jetzt prasseln von allen Seiten die Fragen auf eine Generation nieder und bei vielen werden Narben aufgerissen und alte Wunden treten hervor. Mit den Fragen wird ihnen aber auch ein Spiegel ihrer Zeit während der Hitlerdiktatur vorgehalten. Was habt ihr eigentlich *wirklich* mitbekommen, was eigentlich *genau* gesehen? Wie konnte man angeblich *nichts* gewusst haben? Nichts von Terror und Willkür, nichts gewusst von Konzentrationslagern, all dem Morden und den Vertreibungen? Welche persönliche Schuld trägst *du*, werter Onkel, seit Jahren mit dir herum? Warst *du*, liebe sanfte Mutter, oder *du*, herrischer Vater, Teil dieser brutalen deutschen Tötungsmaschinerie? Warum und wie konnte es überhaupt so weit kommen? Wie können derartige Erinnerungen einfach verblassen wie eine alte Fotografie? Wo genau war der Bruch zwischen leicht schwärmerischem Idealismus der Hitler-Jugend und blindem Fanatismus der Älteren, die dieses perfide System systematisch aufgebaut hatten? Was habt ihr mit einer ganzen Generation getrieben, dass sie so willig wurde – so willig für ihren Führer in den Krieg zog?

Während bei Anna Gröger die Journalisten weiter versuchen ihre Wohnung zu stürmen, sie zu bedrängen, sodass sie nur noch zu Johanna fliehen kann, beginnen sich auch andere Politiker öffentlich zur Causa Filbinger/Gröger zu äußern. Fortan gilt die Aufmerksamkeit gar nicht mehr Rolf Hochhuth und seinen Behauptungen, nun steht Walter Gröger im Fokus der Betrachtung, ebenso das Todesurteil, dass Filbinger angeblich über Jahrzehnte vergessen hat. Die Hinrichtung, bei der er anwesend war und die er mit deutschpedantischer Gründlichkeit reibungslos vollzogen hatte. Einfach vergessen?

Noch immer bezeichnet er sich als der Anti-Nazi, der doch anderen geholfen hatte.

Und Theo Sommer, Chefredakteur der ZEIT, fragt ganz offen: *„Müsste Filbinger nicht zurücktreten – oder aber zur Mutter Gröger fahren und für die eigene Person jenen Leuten den Kniefall vor der Vergangenheit tun, den Willy Brandt in Warschau für das ganze deutsche Volk vollzogen hat?"*

Aber es folgt kein Brief, kein Anruf, keine Entschuldigung – nichts. Da fragt man sich zu Recht: Wer ist Hans Karl Filbinger wirklich?

Hans Karl Filbinger

Hans Karl Filbinger, 1913 geboren, stammt aus einer großbürgerlichen Familie. Er ist nun durch den Prozess in vielen

Augen zu einem Paradebeispiel des elitären, akademisch gebildeten Typus von Tätern aufgestiegen, die damals im Auftrag des Naziregimes systematisch dessen Ideologie vertraten. Dr. Filbinger behauptet, Mitglied im katholischen Schüler- und Studentenbund Neudeutschland gewesen zu sein – dieser Bund stand in einem deutlichen Gegensatz zum Nationalsozialismus und wurde 1939 von Reichsführer Heinrich Himmler verboten. Auch soll er dem Kreis der Professoren Böhm und Eukken angehört haben. Diese waren Anhänger eines freiheitlichen Rechtsstaates und freien Marktes, was den führenden Machthabern bekannt war. Das nimmt Dr. Filbinger gerne als Beweis für seinen angeblichen Widerstand gegen Hitler. Sich jedoch auf gleiche Stufe mit wahrhaften Widerstandskämpfern zu stellen, die tatsächlich ihr Leben riskierten, empfindet die breite Masse der Öffentlichkeit mittlerweile als infam. Und geschmacklos. Hatte Walter sich nicht auch aufgelehnt? Sich gewehrt gegen unmenschliches Verhalten innerhalb der Marine? Das Ende des Krieges herbeigesehnt, um all dem Morden ein Ende zu setzen? Wieso erkennt Dr. Filbinger all das nicht, 30 Jahre später? In einer demokratisch geführten Bundesrepublik?

Zeugen können belegen, dass er in Freiburg von 1933 bis 1936 als Mitglied des SA-Studentensturms registriert und ebenfalls in brauner Uniform aufgetreten war. Wie Baldur von Schirach gehörte er der Generation an, die den Zusammenbruch der Weimarer Republik erlebt und sich ganz bewusst für die konservative Seite entschieden hatte, ein neues nationales Deutschland wieder zum Leben zu erwecken. Er glaubte an die gute alte Ordnung und vertrat diese als junger Mensch vehement nach außen. Und ich möchte noch einmal betonen, dass wir nicht von einem achtjährigen „Pimpf" sprechen, der der HJ beitreten musste, sondern von einem erwachsenen Mann, der sehr wohl wissen konnte, welche Gesinnung er vertrat. Entgegen seiner Selbstdarstellung als

„*katholischer innerer Widerständler*" begrüßte er scheinbar die Nürnberger Rassegesetze 1935 in einem Beitrag für eine Studentenzeitung.

Dies bezeugt ein Artikel, in der Zeitschrift „Werkblätter" (Heft 5–6, April 1935) verfasst und herausgegeben vom ND-Älterenbund (ND = Neudeutschland). Hier umschreibt der Student Filbinger das Nazirecht als beispielhaft und rühmt die Verbesserungen gegenüber der Weimarer Republik.

„*Erst der Nationalsozialismus schuf die geistigen Voraussetzungen für einen wirksamen Neubau des deutschen Rechts und in der Tat sind die Arbeiten schon so weit fortgeschritten, daß das deutsche Volk in Bälde sein neues Strafgesetzbuch erhalten wird [...] Das Verbrechen gegen den Staat ist darum kein Schlag gegen eine bürokratische Institution, sondern Angriff gegen den Bestand der Volksgemeinschaft, also schwerstes Verbrechen, das die Rechtsordnung überhaupt kennt [...] Die Volksgemeinschaft ist nach nationalsozialistischer Auffassung in erster Linie Blutsgemeinschaft. Diese Blutsgemeinschaft muß rein erhalten und die rassisch wertvollen Bestandteile des deutschen Volkes planvoll vorwärtsentwickelt werden [...] Schädlinge am Volksganzen jedoch, deren offenkundiger verbrecherischer Hang immer wieder strafbare Handlungen hervorrufen wird, werden unschädlich gemacht [...] Es darf nicht vergessen werden, daß ein Gesetz nur dann Eingang beim Volk findet, wenn es durch lebendige Richterpersönlichkeiten gesprochen und verkörpert wird.*"

Wo waren sie hier geblieben, seine angeblich antinazistischen Bedenken? Als einfacher Rechtsanwalt hätte er nicht NS-Unrecht anwenden müssen, Urteile gegen „Deserteure" und „Wehrkraftzersetzer" verhängen können. Er zog aber die Karriere des Richters vor und unterstützte damit die Ideologien der Nationalsozialisten.

Damit diente er unweigerlich der Wehrmachtjustiz, die ein wirkungsvolles und komplexes Werkzeug der militärischen und politischen Führung der NSDAP war. Ihre Aufgabe war die Aufrechterhaltung und die Funktionsfähigkeit der Wehrmacht als Teil des NS-Regimes und die massive Verteidigung dieses Apparats bis zum Schluss.

1937 trat Hans Karl Filbinger der NSDAP bei und promovierte zum Doktor der Jurisprudenz. 1940 legte er die große juristische Staatsprüfung ab und meldete sich im selben Jahr – ebenfalls freiwillig – zur Marine. Am 21. März 1943 wurde er zum Marinerichter im Dienstbereich des Marineoberstkriegsgerichtsrates für den Nordseebereich berufen. Zu der Zeit waren die U-Boote noch Hitlers sogenannte „Glanzstreitmacht".

Damit wird Filbingers Behauptung schnell widerlegt, dass er erst Ende des Krieges Marinerichter wurde. Jetzt versucht er diese Ernennung als „Himmelfahrtskommando" zu bezeichnen, dem er sich angeblich nicht entziehen konnte. Er hätte sein Menschenmöglichstes getan, um Unrecht abzuwenden.

Im Falle des Matrosen Walter Gröger schien diese menschliche Seite wohl nicht vorhanden gewesen zu sein.

Eine neue Generation

In welcher Zeit wuchs die Generation von Filbinger auf? Was prägt und formte ihr Denken, ihr Handeln, das bei vielen bis in die Ära der Bundesrepublik Deutschland anhielt?

Als das Kaiserreich 1918 in sich zusammenbrach, folgte eine andauernde Parteienzersplitterung, die alle keine klaren Linien vorgaben. Die Ära, die den Bogen vom Kriegsende 1918 bis zum Chaosjahr 1923 schlug, war nicht nur von Hilflosigkeit geprägt, sondern auch von ganz massiven Zukunftsängsten. Ganz im Gegensatz zur goldenen Zeit der Belle Epoque. Dieses permanente Gefühl von Unsicherheit und Existenzsorgen prägte die Kindheit der Filbinger-Generation.

Ihre Väter kehrten traumatisiert von wüsten Bildern des Todes in die Heimat zurück, zurück in ihr Land, das sich mittlerweile die Frauen notgedrungen erobert hatten. Das weibliche Geschlecht war wie Phönix aus der Asche des Großen Krieges entstiegen und betrat nun ganz selbstverständlich und ziemlich selbstbewusst den öffentlichen Raum, der bis dahin nur den Männern vorbehalten war. Frauen wurden Teil der öffentlichen Gesellschaft, übten Berufe aus, und wer es sich leisten konnte, bereiste die Welt, wenn möglich sogar allein. Vorbei die Zeiten von engen Korsetts und langen Kleidern, die den Staub aufwühlten und keinen klaren Blick gewährten.

Gemeinsam mit dem starken Geschlecht folgte der berüchtigte „Tanz auf dem Vulkan" mit freizügigen Revuen, kürzeren Kleidern und dem Aufkommen der Massenkinos. In diesen Kreisen herrschte ein permanent schwärmerisch-poetischer Ton, der die innersten Gefühle offenbarte, eine Offenheit, die man bis dahin so nicht gekannt hatte. Bahnbrechende wissenschaftliche Neuerungen lösten gewaltige Fortschritte aus und als der wirtschaftliche Aufschwung zögerlich begann, unterstützte dies die junge Generation dabei, das neue Leben zu kultivieren und auch zu genießen. Für die, die sich das leisten konnten, waren Luxusgüter angesagt und die immerwährende Freiheit wurde als großer Triumph gefeiert. Der einst heimelige Ort der Familie war verpönt, galt als spießig und altbacken, nicht mehr zeitgemäß. Besonders die Frauen gingen auf die Straße, und das kurze Kleid ermöglichte eine Beinfreiheit, die mit dem aufkommenden Tempo der Großstadt mithalten konnte. Wer wollte, lebte eine ausgelassene Fröhlichkeit im „Jahrhundert des Kindes", wie diese Ära von nun an tituliert wurde.

Vor allem die neue Jugend war eingebettet zwischen Zusammenbruch alter Ordnungen und Traditionen und dem fanatischen Aufbruch in das Unbekannte. Man lebte ganz im Jetzt und Hier. Ein Morgen, ein Morgen so fern und nicht greifbar, alles nach dem Motto *Tout va!* Der Tanz und die Musik wurden Ausdruck dieser neuen Zeit. Der Rausch von Shimmy und Charleston sowie die Verruchtheit der Nacht, die zum Tag erkoren wurde, mit all ihren Lichtern, Straßenbahnen, Droschken, Automobilen und bunten Plakaten, die die Straßen zierten, wurden von Alkohol und Drogen genährt. Ein kostspieliges Unterfangen. Eine sonderbare Art von Fanatismus machte sich breit. Die Geschwindigkeit an modernen Entwicklungen in der Technik veränderte das Weltbild. Das Pulsieren für eine Stadt wie zum Beispiel Berlin, die legendäre „Sinfonie einer Großstadt", wurde ein typisches Charakteristikum für eine ruhelose Metropole, mit über vier Millionen Einwohnern, in der viele versuchten eine Art Rauschzustand auszuleben. Der neue Platz für all die Visionen und Träume, die Bars und Kaschemmen entwickelten sich zum Inbegriff sozialer Gemeinschaft für Arm und Reich. Die Dame im Pelz saß neben der Hure, gemeinsam trank man Absinth und parlierte über den Sinn des Lebens. Die weltweit drittgrößte Stadt bestimmte von nun an den Ton in allen gesellschaftlichen Bereichen.

Mit ihrem „Berliner Zeitungsviertel" blickte diese Stadt auf einen der größten Presseschauplätze; bis zu 145 Tageszeitungen von den 3.400 im gesamten Deutschen Reich versahen die Menschen mit Informationen aus aller Welt. Dem Berliner galt die Zeitung als die geistige Nahrung. Eine gesellschaftliche Vielfalt prägte diese Metropole, die 160.000 jüdische Bürgerinnen und Bürger seit Generationen zu ihrer Heimat erkoren. Und wie viele von denen lagen im Ersten Weltkrieg für ihr Vaterland im Dreck der Gräben? Viele Juden gehörten in dieser vielseitigen Metropole der Avantgarde an. Künstler, Intellektuelle und Wissenschaftler prägten die Kultur, und sie fühlten sich in erster Linie als Deutsche. Wie viele Familien waren schon seit dem 18. Jahrhundert zum Katholizismus konvertiert, und nichtsdestotrotz wütete der Antisemitismus in allen Schichten, machte auch vor den Intellektuellen nicht halt. Der Kudamm wurde verächtlich der *Judendamm* genannt.

Das neue weiche blütenweiße „Tempo-Tuch" wurde zum Symbol manisch-depressiver Gefühlszustände: eine Wegwerfbewegung, um mit dem schnellen Wechsel der Gefühle mithalten zu können.

Die Weimarer Ära, die junge Republik – so eine kurze Zeit nur –, entstand vor allem durch die Sozialdemokraten, das katholische Zentrum und liberale Demokraten, die eine Republik anstrebten, mit freien Wahlen für beide Geschlechter. Weg von der wilhelminischen Obrigkeit, weg von verstaubten Ansichten, Auflösung zugeordneter Geschlechterrollen, frei und ungebunden sollte dieses Land sein; trotz der Niederlage nach dem Krieg, dem Versailler Vertrag und der Wirtschaftskrise.

Frauen wie Männer suchten nach dem Bild des Geschlechtslosen, um beides in sich zu vereinen und auch auszuleben. Die Mode und die Werbung spielten gekonnt verführerisch mit den neu gesetzten Trends und Statussymbolen, um immer wieder neue Begehrlichkeiten zu wecken und zu nähren. Junge Männer rasierten sich glatt, suchten in sich das „Ewigweibliche". Frauen gaben sich als den „Garçon" aus, der maskulinen Frau oder dem Flapper, ein keckes Ding, das sich betont geschlechtslos kleidete. Eine wilde, künstlerisch-intellektuelle Schicht brodelte vor allem in den Städten, die sich demonstrativ von der Masse der Bevölkerung abhob. Alles erfuhr einen radikalen Wandel ins Extreme, hinein in das pulsierende Leben.

In einem taumelnden Wechselspiel von medialen Verführungsreizen und einer Flut von Informationsangeboten wurde die Aufmerksamkeit ständig geteilt, zersplittert und zerstreut, wie ein großer Kristall, in dem man das Licht wie in einem Prisma tausendfach spiegeln konnte. In diesen Jahren entwickelte sich eine Ungeduld, eine innere Getriebenheit, die dann mit einer süffisanten Erotik in schummrigen Klubs, mondänen Theatern und im neuen Medium Film ausgelebt wurde. Der Film entwickelte sich zum neuen Massenmedium, der gemeinsame Ort, an dem jeder im Dunkeln seinen Platz fand, um sich im Fokus des Lichtes einer Reise hinzugeben, die tief in die Träume und Sehnsüchte führte, die irgendwo in verborgenen Kammern schlummerten. Hier, ja hier konnte man sich hingeben, einer Lust und Hoffnung, die einen permanent nährte. 1930 gab es bereits 3.500 Kinos, die tagtäglich von einem Millionenpublikum besucht wurden. Eines der prägnantesten Motive war neben dem Melodram, die Großstadt mit all ihren Glanz- und Elendsseiten. Mit aufwendigen Dekors und einer künstlerischen Lichtführung entstanden dämonische und undurchdringbare, dschungelähnliche Städte, die den Einzelnen in der Masse zu verschlucken drohten. Das nährte die Verruchtheit des Lebens, was dann auch draußen ausgelassen zelebriert wurde. Der intensive und exzentrische Moment, der schon im nächsten Augenblick verflogen war. Dann folgte aber auch schon der nächste.

Sowohl in Filmen wie auch in der Werbung auf großen Plakaten und Fotos in den Illustrierten und Boulevardblättern setzte man bewusst eine Frau in Szene. Das weibliche Geschlecht kurbelte in der Werbung die Wirtschaft an. Mit allen technischen Mitteln des Lichts wurde in den Fotos eine Aura um sie herum kreiert. Das Hauptmerkmal lag dabei auf ihrem Blick: Keck und frech, melodramatisch, verführerisch oder emphatisch. Ihr Einfluss war maßgebend für das neue Gesicht der Goldenen Zwanziger Jahre. Besonders die Zigarette, das männliche Attribut, wurde Ausdruck einer emanzipierten Frau, die am modernen Leben teilnahm, sich befreit und gelöst hatte von erstickenden Moralvorstellungen. Stattdessen umgab sie sich mit den Zeichen von Eleganz und Verspieltheit. Eine rauchende Frau stand für Unabhängigkeit und ein selbstbestimmtes Leben. Die Glut und Asche einer

Zigarette setzte sie gekonnt als Instrument des Flirtens ein, lebte eine selbstbestimmte Sinnlichkeit und weibliche Lust aus, gerne auch mit beiden Geschlechtern, gewürzt mit einem Schuss Männlichkeit, überzogen mit einer melancholischen Patina. Die intellektuelle Selbständigkeit junger Frauen besaß nichts mehr von der wilhelminischen Sprödigkeit und Unterwürfigkeit, die ihre Eltern noch vor dem Ersten Weltkrieg leben mussten. Die moderne Erziehung und Emanzipation weckte den Wunsch nach geistiger Arbeit und wurde genährt und angetrieben durch die Medien, den schnellen Fortschritt, der die Arbeitsplätze schuf, und die Möglichkeiten, die einem der Aufbruch einer boomenden Ära nun boten. Sie wurden zu echten Kosmopolitinnen.

Die neue Frau, die Ikone der Moderne, die nicht nur die Straßen bevölkerte, sondern auch den Arbeitsmarkt, bestimmte den Puls der Zeit. 1925 gingen 12 Millionen Frauen in Deutschland einer Arbeit nach. Prozentual war das mehr als in jedem anderen europäischen Land.

In der Großstadt konnten vielleicht all die geistigen und kulturellen Ansprüche genährt, aber nicht immer auch befriedigt werden. Denn diesem Rauschzustand der 20er und frühen 30er Jahre stand eine andere Wirklichkeit gegenüber. Dieser Schicht der Avantgarde und der künstlerischen Bohème trat eine ebenso starke Arbeiterbewegung entgegen. Berlin zählte zu einer der größten Industriestandorte, gestützt und getragen von einer großen Gewerkschaft, die vehement die Rechte der Arbeiter einforderte.

Das Schicksal von Millionen von Arbeitslosen, die in schlechten und vermoderten Mietwohnungen darbten und hausten, Tieren gleich, dazu Krankheit und Elend, die nicht nur versteckt in den Hinterhöfen lauerten, das alles ließ sich nicht ungesehen machen. Keinem Sonnenstrahl gelang es, sich bis in den letzten Hinterhof durchzukämpfen. Das blasse Tageslicht – nur noch trübe zu erahnen. Kinder liefen wie bleiche Geister herum. Viele erkrankten an Tuberkulose, vegetierten oft im fortgeschrittenen Stadium dahin. Das bellende Husten drang durch die Höfe, kroch in alle Ritzen, kein geschlossenes Fenster konnte diese Todesgeräusche dämmen. Und die Blutstürze, die dann folgten, ließen die Menschen um Jahre altern.

Mit rund 37 % Arbeitslosigkeit lag Deutschland 1932 weltweit am höchsten. Trotz Glamour und Luxus, der in den Medien fast verzweifelt zelebriert wurde. Elendsquartiere und Suppenküchen, versteckt in irgendwelchen Hinterhöfen, galten als eine Art Nothilfe, bemühten sich, wenigstens die Menschen vor dem Verhungern zu bewahren. Besonders die Städte waren betroffen. So mancher Ort wurde zum Notstandsgebiet erklärt. Viele Betriebe waren stillgelegt oder einfach auf Kurzarbeit umgestellt. Siemens und Borsig, zwei große führende Namen, die einst die Wirtschaft mitbestimmten, waren bereits geschlossen. AEG entließ viele Arbeiter. Die anderen arbeiteten im Akkord, ohne Unterbrechung, ohne einmal richtig Luft zu holen, mit gebücktem Rücken standen sie an ihren Positionen, wagten nicht aufzublicken. Und wie Automaten bewegten sie sich, im hohen Tempo, die Arme und Hände, um Teile anzustecken, zu heben, auszupacken, weiterzureichen. Metropolis war Realität geworden. 20 Reichsmark pro Woche. Das war der Lohn, den viele nach Hause trugen. Und viele, die längere Zeit keine Arbeit hatten, mussten unter den Augen der Schupos und des Gerichtsvollziehers ihr bisschen Hab und Gut auf einen Pferdewagen verladen und die Wohnung räumen. Das nannte man dann Exmittierung. Ein Vorgang, der mittlerweile zur Tagesordnung gehörte. Jeden Tag plünderten Verzweifelte und Hungernde die Lebensmittelläden. Immer mehr Menschen konnten und wollten nicht mehr stillhalten. Kindermäuler mussten gefüttert werden, und der kalte Winter von 1932/33 tat sein Übriges, die Moral einfach über Bord zu werfen, um nicht gänzlich unterzugehen.

Ausgemergelte Gestalten, zerlumpte Kinder und Krüppel, einfach ausgespuckt vom Krieg und weiter niedergetrampelt in der maroden Gesellschaft. Besonders diese konnten sich nicht mehr fangen. So viele waren Opfer der prekären wirtschaftlichen Misere. Die viel zu viele Zeit war das Einzige, das ihnen in diesem Elend noch hinterhergeworfen wurde. Der Tod, obwohl er jeden Tag an der Tür klopfte, dann plötzlich doch so unendlich fern. Und sie versuchten die Sinnlosigkeit ihrer Existenz zu versaufen, zu verschlafen oder warteten stumpfsinnig auf ein Wunder.

Viele Jugendliche besaßen keine Familie, kein Zuhause mehr, zerstört und zerrüttet vom Großen Weltkrieg. Die staatlichen Fürsorgeeinrichtungen übten gekonnt und wirkungsvoll ihre Repressalien aus, die nicht nur mit der physischen Gewalt einherging, auch die kindliche Psyche wurde verletzt, traumatisiert und nicht selten für immer gebrochen. Wer konnte, floh ohne Hab und Gut aus diesem System, in der Hoffnung, eine Vergangenheit hinter sich zu lassen, hin in eine andere menschenunwürdige Gegenwart, in der sie sich als Tagelöhner oder in der Prostitution wiederfanden. Kriminelle Jugendliche organisierten sich zu kleinen Verbrecherbanden, mit ausgemergeltem Leib und geschundener Seele verkaufte sich so manches Gör. Ängstliche Mädchenaugen hungerten verzweifelt nach geilen Männerblicken und so mancher Bursche wurde von der Masse der Gleichgültigen einfach überrannt und in der Gosse liegen gelassen.

Es wurde bewusst von der oberen Schicht, die sich den Glamour leisten konnte, Wert auf Abschottung gelegt. So blieb für lange Zeit der Verzweiflungsschrei der Hungernden von dem Rausch der Dekadenz überhört. Viele fühlten sich in diesem Land gedemütigt, ausgelöst durch die Niederlage im Großen Krieg, zudem geschwächt von zwei großen Wirtschaftskrisen. Der damalige Außenminister Stresemann erklärte zusammen mit Frankreich und Belgien den Verzicht auf eine Änderung ihrer im Versailler Vertrag fixierten Grenzen. Damit erhielt Deutschland einen Sitz im Völkerbund und dennoch war dieser Versailler Vertrag, der erzwungene Frieden, der eigentlich allen Frieden beendete, ein ständiger Albtraum der Deutschen. Und damit war die Chance geboten, dass sich die Radikalen in die Gesellschaft einnisten konnten. Noch empörte man sich über die Extremisten beider Seiten, noch schien der Kampf zwischen den Nationalsozialisten und Kommunisten nicht entschieden. Aber ein gewisser Adolf Hitler eroberte von Wahl zu Wahl mehr Stimmen.

Aus heutiger Sicht ist es nicht erstaunlich, wie viele Menschen diesen extremen Ideologien gegenüber aufgeschlossen sein konnten. Die Parolen der aufkommenden Nationalsozialistischen Deutschen Arbeiterpartei, kurz NSDAP, verkörperten für die eine Seite eine extreme Rückwärtsbewegung, für die andere waren sie die Erlösung aus dem „Sündenpfuhl", wie Goebbels in eines seiner Tagebücher notierte. Das moderne Sodom und Gomorrha, in dem es scheinbar keine klaren Leitlinien gab. Und das in einer Zeit des Umbruches, in der der Antisemitismus neue, massivere Formen und Auswirkungen annahm.

Die NSDAP-Wähler hofften auf die Bekämpfung der Kommunisten und einen Ausweg aus dem Strudel der beiden Wirtschaftskrisen. Hitler war es schon in den 20ern gelungen, die NSDAP so auf sich und seine Person einzuschwören, dass diese bald einen kleinen Staat im Großen bilden konnte.

Was viele heute nicht wissen, die ersten Hitleruniformen, die ersten Motorbrigaden der SA und Räder finanzierten diverse amerikanische Firmen. Es war ein offenes Geheimnis, dass viel Geld aus Amerika floss, sonst wäre die NSDAP schon gleich in ihren Anfängen aufgrund finanzieller Probleme gescheitert. Seine Bürgerkriegsarmee, die SA, einst die Leibwache von Hitler persönlich, wütete nun wie eine Horde hungriger Wölfe in den Straßen. Ihre pure Gier nach Brutalität und Mordlust, getrieben durch die demagogischen Reden ihres Führers, die er bellend und geifernd in der Öffentlichkeit von sich gab, peitschten die Männer an.

Diese unheimliche Dynamik setzte sich fort, indem sie nur dem herrschenden Willen Hitlers folgte und sie auch vor dem liberalen Bürgertum Halt nicht machte. Die Juden wurden nicht nur für diese Niederlage verantwortlich gemacht, sondern auch für den sogenannten „Schandfrieden von Versailles", für die Inflation und für das langsame Ausmerzen der arischen Rasse und der deutschen Kultur. Die neue aufstrebende Politik der NS versuchte von Anfang an, allen Juden und Nichtariern den Boden unter den Füßen wegzuziehen und sie auf diese Weise zu zwingen, das Land zu verlassen. Der Absturz aus der Moderne, genährt durch die Weltwirtschaftskrise von 1929, konnte nicht mehr aufgehalten werden. Die Konservativen und Rechten stützten sich auf die brodelnde Stimmung aus Angst, Wut, Hoffnungslosigkeit und Hunger; viele dieser Betroffenen sehnten sich nach der Rückkehr eines autoritären Staates, in der Hoffnung, von ihrem Leid erlöst zu werden. Selbst die große Arbeiterbewegung war durch die Massenarbeitslosigkeit wie gelähmt und die Gewerkschaftsführer bemerkten sehr wohl, dass die Menschen zu verunsichert und nicht imstande waren, sich in einem Generalstreik gegen die Macht Hitlers zu stellen. Im Frühjahr 1933 wurden die Gewerkschaftshäuser von der SA gestürmt und die Macht der großen Arbeiterbewegung gebrochen.

Die erdrückende Last der alltäglichen Sorgen und Ängste, der permanente Hunger nach Brot und Sicherheit, all das gab vielen Deutschen nur noch einseitige Visionen, in der stillen Hoffnung der neue Nationalsozialismus zöge sie aus all diesem Elend heraus, hin in ein menschenwürdigeres Dasein.

Bereits die Wahlerfolge von 1932 für Hitler zeigten schon deutlich die Tendenz zum Umbruch. Wie gekonnt brachte er die nationale Idee unters Volk. Aber nicht nur die Hungernden, auch Werkmeister, Bauern, Geschäftsmänner, Großbauern und Rechtsanwälte bis hin zu Künstlern suchten und passten sich schnell den neuen Verhältnissen an. Die Angst vor den Kommunisten war größer als vor dem Rechtsextremismus. Stabilität in geordneten Verhältnissen war gefragt. Nicht jeder war in der Lage, mit diesem rasenden Tempo mitzuhalten; nicht jede konnte sich den Look der Femme fatale erlauben. Der Realität innerhalb der Moderne, die nur aus einer gigantischen Flut bestand, ging bald die Kraft aus. Und in deren Gezeiten drohte sie zu ertrinken.

Die Idee, die Sicht in eine andere Richtung zu lenken, beherrschte die NSDAP perfekt. Bauch, Brot und Arbeit – menschliche Bedürfnisse – schienen bei der NSDAP ernst genommen zu werden. Als Hitler persönlich die Macht überreicht wurde, die er dann an sich riss wie ein wütendes Tier, endete für die Avantgarde und für die Frauen das moderne Leben der Weimarer Zeit ziemlich abrupt. Alte Traditionen und Werte, die für Jahre ausgeschlossen gewesen waren, brachen plötzlich mit einer gewaltigen Kraft hervor und rissen die instabile Mauer der Emanzipation ein. Und die breite Masse huldigte ihm gerne für diese Errungenschaften als Erlöser und Führer.

Für viele vereinte Hitler das mittlerweile zerrissene und fremdbestimmte deutsche Volk unter den neuen schwarz-weiß-roten Farben. Die tägliche Dosis Narkose wurde zudem über die Wochenschauen und das neue Massenmedium Radio regelmäßig eingeträufelt. So manch einer erreichte eine symbolische Statuserhöhung nur, weil er sich uniformieren durfte. Die braune und schwarze Kluft vermittelte fortan eine Autorität, die sie in der Art und Weise zuvor nie besaßen. Den Arbeitslosen wurde das Gefühl zurückgegeben, etwas wert zu sein, Teil der aufstrebenden Gesellschaft und nicht wie einst abgedrängt an deren Rand, an dem sie tagtäglich nur den Absturz, wenn nicht sogar den Tod vor Augen hatten. In diesem neuen nationalen System war der einzelne Mensch in der Massenorganisation kollektiviert, eingefangen in einem eng geknüpften Maschengeflecht. Nicht mehr die Straße, sondern die Familie war nun der Ort des Lebens, der den Makrokosmos der Nationalsozialisten widerspiegelte. Klare hierarchische Strukturen prägten wieder die Familien und trotz der Rückkehr zu alten traditionellen Ordnungen, war jeder dennoch dem voyeuristischen Blick der Öffentlichkeit und damit dem politischen System ausgeliefert. Man konnte sich nicht einfach hinter einer bürgerlichen Existenz zurückziehen oder seine eigenen Vorstellungen von Familie und Leben bewahren. Nichts blieb mehr hinter verschlossenen Türen und Fenstern geheim. Jeder war einem Polizei- und Spitzelsystem ausgeliefert.

Und vieles spricht dafür, dass auch Filbinger tief in seinem Inneren glauben muss, dass Deutschland aus dem Morast von Elend und Leid gerettet wurde. Denn laut Aussage mehrerer Zeugen nutzt er die nächste Gelegenheit, vor Reportern die Ära der Nationalsozialisten als rechtens zu titulieren. Hier fällt dann der berüchtigte Satz, den er Zeit seines Lebens mit sich tragen muss. *„Was damals rechtens war, kann heute nicht Unrecht sein!"*

Was damals rechtens war, kann heute kein Unrecht sein? All die Gräueltaten der Nazis – kein Unrecht?

Das ist der Satz, den Filbinger noch Jahrzehnte später als fürchterliches Mal auf seiner Stirn tragen wird. Bis zu seinem Tod wird Filbinger immer wieder mit dieser Aussage verfolgt und bekommt sie als Spiegel vorgehalten. Anna Gröger fragt sich, ob er überhaupt ertragen kann, was er dort sieht. Dr. Filbingers angebliche Aussage wird zum Symbol für dessen

Uneinsichtigkeit. Auch das von so vielen anderen Gleichgesinnten, die einem verbrecherischen Regime gedient haben und wie im Falle von Filbinger darin nur ihre berufliche und vaterländische Pflichterfüllung sehen wollen.

Bis zu seinem Tod leugnet er, den berüchtigten Satz in diesem Zusammenhang gesagt zu haben. Später behauptet er, dass er diese Worte im Zusammenhang mit der Tatsache aussprach, dass Fahnenflucht damals in Deutschland, wie in vielen anderen Nationen, unter Höchststrafe stand. Egal, was seine Wahrheit ist, nie mehr wird er sich dieses Mal von der Stirn wegwischen können.

Der amtliche Weg, der das damalige Unrecht zuließ

Johanna sitzt mit ihrer Mutter in der Küche. Immer wieder ein nervöser Blick nach draußen, ob sich die Journalisten nicht auch schon hier hingewagt haben. Aber die heimliche Flucht der Mutter ist unerkannt geblieben. Vorerst.

„Und die Todesstrafe empfindet er also jetzt im Jahr 1978 immer noch nicht als Unrecht? Ausgesprochen gegen Soldaten, die diesen sinnlosen Krieg nicht mehr unterstützen wollten? Wie kann er wagen, das zu behaupten!" Johannas Empörung steht ihr ins Gesicht geschrieben.

Anna schweigt. In den Händen hält sie das Bild von Walter, das mittlerweile jedem bekannt ist. Thea hatte es zurückgefordert. Das war aber das letzte Mal, dass sie sich mit den Journalisten einließ. Langsam werden die Stimmen derer in der Familie lauter, die nicht mittelbar betroffen sind. Sie wollen nicht mit reingezogen werden, wollen keine Fragen beantworten. Es gilt, Kinder und Jugendliche vor dem Medienrummel zu schützen. Ehemänner, ehemalige Soldaten, die von Gleichaltrigen malträtiert werden, wie sie denn nun das Desertieren eines Soldaten empfinden, wenn sie selbst bis zum Schluss durchgehalten hätten? Es beginnt ein zermürbendes und moralisches Drängen.

„Was aber genau empfindet Filbinger im Falle von Walter als *rechtens*?", fragt sich Johanna. „Wie konnte es geschehen, dass das Urteil von acht Jahren Zuchthaus letztendlich in ein Todesurteil umgewandelt werden konnte?"

Immer wieder diese Litanei, dass er, Filbinger, gar nicht wirklich für dieses Urteil verantwortlich sei. Dieses ewige, *er konnte nicht mehr eingreifen und helfen.*

Wie sehr war der damalige Marinerichter Dr. jur. Hans Karl Filbinger an genau diesem Prozess beteiligt?

Nachdem der Richter Walter Gröger zu acht Jahren Zuchthaus verurteilt hatte, verlief das Bestätigungsverfahren in Etappen bis es letztendlich dem Flottenchef vorlag. Am 17. Juni 1944 hob der Generaladmiral das Zuchthausurteil gegen Gröger mit der lapidaren Begründung: ‚*... dass das wohl nicht ausreiche!*' auf und forderte die Todesstrafe. Obwohl faktisch erwiesen war, dass Walter nicht während der aktiven Flucht erwischt worden war, sondern er doch wieder Abstand genommen und die Gestapo ihn bei Marie vorgefunden hatte, störte sich dieser Generaladmiral daran, dass Walter sich von einer Uniform eines Kameraden das Eiserne Kreuz zweiter Klasse und die Ostmedaille angehängt hatte. Angeblich trugen diese wertvollen Insignien dazu bei, dass im ersten Verfahren nur auf Zuchthaus plädiert wurde. Aufgrund seiner guten Führung, die diese Zeichen symbolisierten.

Als dann aber herauskam, dass Walter dieses EK nicht selbst ehrenhaft erworben hatte, warf besagter Generaladmiral das erste Urteil über Bord und verlangte die Todesstrafe wegen „bestätigter Feststellung der Fahnenflucht". Ungeachtet des guten Führungszeugnisses, das die Gefängnisleitung Walter Gröger bereitwillig ausgestellt hatte. Damit ging die Forderung an den Marineoberstabsrichter. Der verurteilte

Walter Gröger dann am 22. Januar 1945 zum Tod als ‚einzig angemessene Sühne', wie er es nannte.

Sühne? Wofür?

Damit ging der Fall zurück ans Militärgericht Oslo.

Somit waren die Weichen gestellt für die verhängnisvolle Begegnung zwischen Hans Karl Filbinger und Walter Gröger. Von August 1943 bis November 1944 diente Filbinger beim Gericht des Admirals der norwegischen Polarküste.

Das zweite Verfahren, die Hauptverhandlung gegen Walter Gröger, fand am 16. Januar 1945 in Oslo statt. Als Vertreter der Anklage fungierte hier Marinestabsrichter Hans Karl Filbinger und bestätigte und forderte auf Weisung des Admirals die Todesstrafe. Das Gericht fand keine Gründe, am milderen ersten Urteil festzuhalten. Doch hätte Dr. Filbinger sehr wohl die Möglichkeit besessen, hier sein Veto einzulegen. Aber er glaubte nach wie vor: ‚Befehl ist Befehl! Eine bindende Weisung war immer ein Befehl!'

Warum erlaubte er sich nicht, aufgrund der Aktenlage seine Bedenken gegen die Anklage zu äußern? Er wäre sehr wohl in der Lage gewesen, die eigentliche Rechtswidrigkeit der Weisung mit den Fakten zu begründen, dass keine aktive Fahnenflucht vorlag und Walter ein gutes Führungszeugnis des Gefängnisses vorweisen konnte. Diese Tatsachen hätten rechtlich gereicht, Einspruch zu erheben. Mit seiner Entscheidung aber bestätigt Filbinger dieses Urteil. Und ist und bleibt für seine Entscheidung verantwortlich. Er hat im wahrsten Sinne des Wortes Walter mit „ver-urteilt". Hätte der Marinerichter Filbinger sich stattdessen ein eigenes Urteil erlaubt und erkannt, dass Walter nur unerlaubtes Entfernen von der Truppe vorzuwerfen war, was er als Jurist hätte erkennen müssen – wäre damit Walters Leben mit seiner Hilfe und Gnade verschont geblieben? Diese Frage beschäftigt nun seit Wochen die Medien.

Der am 17. August 1938 verfasste Standardkommentar „Zur Neugestaltung des Strafverfahrens der Wehrmacht" sah tatsächlich vor, dass ein richterlicher Militärjustizbeamter, der eine Weisung oder Entscheidung nicht für rechtmäßig hält, seine Bedenken vorzutragen und sie in den Akten zu vermerken hat, wenn seine Vorstellung erfolglos bleibt. Ab diesem Moment trug der Gerichtsherr dann allein die Verantwortung für das von ihm gefällte Urteil. In selbstständigem Gehorsam sollten Wehrmachtrichter die Grundgedanken des Führer-Gesetzgebers anwenden, frei vom Gefühl der Paragraphenabhängigkeit. Damit umging die Marine den Tatbestand, einen Richter durch Paragraphen eines Gesetzes zu bewegen, eine Entscheidung zu fällen, die er für Unrecht hielt.

In einem Interview bestätigt Filbinger, dass er sehr wohl die Anweisung des Gerichts hätte beanstanden können, wenn er sie als für nicht rechtens empfunden hätte.

Im Fall Walter Gröger sah er wohl keine Aussicht, etwas zu ändern. Dr. Filbinger stützt sich noch Jahrzehnte später darauf, dass er als Anklagevertreter weisungs- und befehlsmäßig gehandelt habe. Vehement versucht er mit der Aussage, er habe das damalige Recht weisungsfrei und korrekt angewendet, die Unterschiede zwischen dem nationalsozialistischen Unrechtsstaat und dem demokratischen Rechtsstaat tendenziell einzuebnen und wird dabei von vielen unterstützt, die sehr ähnlich denken.

Und obwohl Walter nicht während der Flucht erwischt wurde und damit keine aktive Fahnenflucht vorlag, behauptet Filbinger in einem Artikel des Nachrichtenmagazin *DER SPIEGEL* genau diesen Umstand.

15. Mai 1978
DER SPIEGEL, Ausgabe 20/1978
Affäre Filbinger: „Was Rechtens war ..."

„Wenn es nicht Fahnenflucht gewesen wäre! Eine Truppe ist mit Leib und Leben aufeinander angewiesen. Wer dem Kameraden die Hilfe versagt, gefährdet sie auch. Sie müssen wissen, die Wehrmacht war zu jener Zeit – 1944/45 – in erhöhter Abwehr nach innen und außen. Da waren die Gerichtsherren außerordentlich besorgt."

Neues Material für alte Alben

Natürlich verfolgt die Familie jeden einzelnen Schritt. Akribisch sammelt Anna jede Zeitungsnotiz. Sie schneidet sie langsam und bedächtig aus und klebt sie sorgfältig in ihr neues Buch. Johanna beobachtet sie dabei. Wie versunken sitzt die Mutter da, betrachtet all die Schlagzeilen, liest, schüttelt den Kopf und taucht ein in eine Welt, die längst vergangen ist.

„Bei Walter stellt sich doch nur die Frage, wie sollte er im Zuchthaus die Truppe gefährden? Wie sollte er 1.600 ertrunkenen Matrosen noch helfen können? Wie konnte er eine Gefahr für andere sein? Alles Gedanken, die sich Dr. Hans Karl Filbinger hätte machen können!", murmelt sie geistesabwesend.

Johanna sieht schnell weg. Sie muss an ihre beiden Kinder denken. In deren Alter war sie durch die HJ schon längst einem System ausgeliefert gewesen, dem sie sich nur schwer entziehen konnte. Und Walter war als begeisterter Soldat am Kriegsgeschehen beteiligt. Erst jetzt kann sie die damalige Angst der Mutter wirklich nachvollziehen.

Am Ende war es nicht der Flottenchef, sondern der Oberbefehlshaber der Marine selbst, Admiral Dönitz, der den

Begnadigungsantrag des Verteidigers für Walter Gröger ablehnte und die Vollstreckung verfügte. Walter wurde daraufhin auftragsgemäß zum Tode verurteilt. Dr. Filbinger drängte plötzlich zur Umsetzung und beschleunigte den Termin der Vollstreckung. So schickte er beispielsweise am 23. Januar 1945 den Untersuchungsbericht, die Stellungnahme und das Gnadengesuch des Verteidigers zur Bestätigung an das Gericht des Führers der Kampfgruppe nach Berlin, die mit dem Vermerk zurückkam: das Gericht sei bereits aufgelöst worden. Hier erkannten einige die tatsächliche Lage, dass dieser Krieg nicht mehr zu gewinnen war.

Was tat sich hier für eine Chance für Walter auf! Nun bekam Dr. Filbinger Zeit geschenkt. Hätte er nicht einfach abwarten können? Und mit sachlichem Verstand die politische Lage abwägen, wie so manch anderer auch? Walter wusste und spürte schon 1943, dass der Krieg nicht mehr zu gewinnen war. Wieso nicht auch Dr. Filbinger?

Als die Urteilsbestätigung aus Berlin zunächst ausblieb, stellte Filbinger mehrere schriftliche und fernmündliche Nachfragen und trieb damit Grögers Hinrichtung ungewöhnlich zielstrebig voran. Er schickte sofort ein Fernschreiben an den Marinechefrichter mit der Bitte um Bestätigung des Urteils. Wie verbissen suchte der Pedant Wege und Mittel, dieses Urteil zu vollstrecken. Ein gehorsames Mitglied des Systems. Von Widerstand war hier kaum etwas zu spüren.

Am 27. Februar 1945 bestätigte das Oberkommando der Marine (OKM) in Berlin dann das Todesurteil und lehnte das Gnadengesuch des Verteidigers ab. Am 15. März traf der Schriftsatz dazu im Oslofjord ein. Nachdem das Urteil dann letztendlich bestätigt war, setzte Dr. Filbinger die nächsten Schritte konsequent um. Sofort ordnete Filbinger die Vollstreckung an und verringerte so die übliche Frist von drei Tagen bis zur Hinrichtung. Wie für Anklagevertreter üblich, setzte er sich selbst zum leitenden Offizier dafür ein. Besonders zum Ende des Krieges drängte die politische Führung die militärische Obrigkeit und die Militärgerichte zunehmend zur Ausschöpfung des gesetzlichen Strafrahmens – vor allem zur Verhängung von Todesstrafen.

Diese Handhabung löst nun 30 Jahre später großes Entsetzen in der Bevölkerung aus.

Doch muss hier erklärt werden, dass jedem Vertreter der Anklage in der damaligen Zeit drei prekäre, aus heutiger Sicht unmenschliche Aufgaben zufielen: An erster Stelle war und blieb er Untersuchungsführer, zudem Vertreter der Anklage in der Verhandlung und schließlich gehörte er zum Vollstreckungsorgan. Der Staatsanwalt war vom Gesetz her verpflichtet, die Vollstreckung selbst zu beaufsichtigen. Natürlich kann man sich die Frage stellen: Was hätte man Dr. Filbinger heute noch öffentlich vorgeworfen, wenn er die Todesstrafe beantragt und dann einen anderen beauftragt hätte, die Exekution zu beaufsichtigen und durchzuführen? Feigheit? Sadismus? Was man ihm allerdings vorwerfen kann ist, dass es überhaupt so weit kommen musste. Zum prozessrechtlich frühestmöglichen Zeitpunkt setzte er alle Schritte konsequent um, ohne auch nur eine Sekunde hinauszuzögern.

Am 16. März um 14:05 Uhr verkündete er Walter die Anordnung des Gerichtsherrn und ließ den jungen Mann den Empfang auch noch unterzeichnen. Alles musste seine deutsche Gründlichkeit behalten. In seiner selbst ernannten Funktion beaufsichtigte und überwachte er dann nicht nur die Hinrichtung, sondern befahl auch die Todesschüsse. Am 16. März 1945, knapp zwei Stunden nach Urteilsverkündung, wurde der 22-Jährige um 16 Uhr in der norwegischen Festung Akershus von einem zehnköpfigen Exekutionskommando auf Befehl Filbingers erschossen. Entgegen seiner Dienstpflicht versäumte Filbinger Grögers Anwalt den Hinrichtungstermin mitzuteilen. Er hätte seinem Mandanten beistehen können. Noch Jahrzehnte später äußerte dieser sein Befremden über Filbingers „Versäumnis".

Warum ließ Filbinger die drei Tage Spielraum, die nomalerweise jedem Verurteilten zustanden, ungenutzt? In Ziffer 10, Absatz 2 der Erläuterung zur „Verordnung über das militärische Strafverfahren im Kriege und bei besonderen Einsätzen" heißt es ganz klar: „Ein Todesurteil kann [nicht: muss] sogleich nach Bestätigung vollstreckt werden." Eine Verzögerung von Strafverfahren oder von Vollstreckungshandlungen war auch im Frühjahr 1945 selbstverständlich möglich und in vielen Fällen auch erfolgreich durchgeboxt worden. Aber Walters Vorgesetzter bezeichnete ihn als einen hoffnungslosen Schwächling, da er sich immer mehr gegen den Krieg und seine skrupellosen unmenschlichen Bedingungen aufgelehnt hatte. Er war nicht mehr würdig im *Tausendjährigen Reich* zu leben, das allerdings schon längst dabei war unterzugehen.

Der Prozess nimmt seinen Lauf

Am Abend telefonieren Johanna und Paula miteinander. In der DDR wird der Fall genauso interessiert verfolgt und kommentiert wie im Westen. Die kleine Schwester, die sich kaum noch an den großen Bruder erinnern kann, ist am meisten verzweifelt, da sie der Mutter in dieser schweren Zeit nicht beistehen kann.

„Ich kann nur vermuten, dass euer Ministerpräsident noch heute sein Urteil grundsätzlich für richtig hält. Auch noch nach über 30 Jahren", so ihr Kommentar. „Walter hatte eine Menge militärischer Vorstrafen aufzuweisen, sicherlich. Deswegen blieb er wohl für Menschen wie Dr. Filbinger bis zum Schluss für die kämpfende nationale Volksgemeinschaft ohne wirklichen Wert. So ein kleiner unbedeutender Matrose. Dr. Filbinger half wohl nur denjenigen, die einen anderen Titel und eine gewisse Reputation vorzuweisen hatten."

Nach Walters Vollstreckung ordnete Filbinger an, dass der Familie der wahre Todesgrund nicht mitzuteilen sei. Eine nebulöse Entscheidung. Und all das keine acht Wochen vor der deutschen Kapitulation.

Für die Zeit, in der Filbinger an den verschiedenen Gerichten tätig war, ist ihm die Mitwirkung an 234 Verfahren nachzuweisen. Am Kriegsgeschehen war er nie aktiv beteiligt, befand sich nie in Gefahr, musste nie um sein Leben bangen, konnte wohl niemals nachvollziehen, was ein Soldat oder Matrose empfunden haben musste, der direkt am Kampfgeschehen beteiligt war.

Das Leittier und seine Herde

Johanna plagt noch immer der Gedanke, warum der Ministerpräsident sich vorerst noch nicht einmal an das Todesurteil erinnern konnte. In einem Gespräch mit ihrem Mann begreift sie allmählich, was es damals bedeutet hat, als Mann im Krieg dem Tod jeden Tag ins Auge blicken zu müssen. Nur zögerlich kann er erklären, dass es Bilder und Erinnerungen geben kann, um die man bemüht ist, sie auszulöschen, um überhaupt weiterleben zu können. Aber vieles ist nicht wirklich vergessen. Sobald man darüber reden muss, werden sie plötzlich lebendig und sind unangenehm nah, diese furchtbaren Erinnerungen.

„Aber da fragt man sich doch erst recht: Konnte Filbinger sich an das angeblich einzige Todesurteil mit Vollstreckung nicht erinnern? Wenn dem so war, denn aktiv am Kriegsgeschehen war er doch nie beteiligt gewesen, war

Walter dann nicht sein einziger Toter, den er überhaupt zu Gesicht bekam? Der einzige, der in seiner Gegenwart starb? Und an diese Begebenheit konnte er sich bis vor zwei Wochen nicht mehr erinnern?"

Eine erdrückende Stille tut sich auf. Johanna erkennt, dass auch ihr Mann eine Vergangenheit in seinen Träumen und Gedanken verborgen hält, die ihn bis heute quält. Der allgegenwärtige Tod des Krieges hat niemanden verschont. Auch ihn nicht.

„Ich glaube, dass man solche Erfahrungen verdrängen kann. Oberflächlich. Aber das ist doch nicht mehr die Frage. Denn jetzt, wo es wieder da ist, da müsste Filbinger doch aus heutiger Sicht erkennen, wie fürchterlich dieser Zustand war. Nicht nur für Walter, vielleicht ja auch für ihn. Nur scheint er mir da überhaupt gar kein Gefühl zu hegen. Als wenn die Zeit ein alter lästiger Handschuh ist, den er abstreift und wegwirft. Und damit ist es erledigt? Dieser Umstand macht mir viel mehr Angst. Denn dann frage ich mich wirklich, für wen bin ich eigentlich in den Krieg gezogen? Für Männer wie Filbinger, denen der einfache Soldat nichts bedeutet hat?"

Schnell greift Johanna nach seiner Hand. In dem Moment klingelt es an der Tür.

19. Mai 1978

In einer AP-Meldung der Süddeutschen Zeitung vom 19. Mai 1978 vertritt *„Helmut Kohl [...] im Einvernehmen mit dem Generalsekretär der CDU, Heiner Geißler, [die] Meinung, dass die Parteiführung eine Ehrenerklärung für Filbinger abgeben muss:*

Filbinger könne bei gerechter Würdigung weder rechtlich noch menschlich ein Vorwurf gemacht werden, heißt es in der Erklärung. Seine antinazistische Gesinnung stehe außer Zweifel. Filbinger habe in zahlreichen Fällen seine Tätigkeit als Marinerichter dazu benutzt, Menschen in Not zu helfen. Es gelte sein Wort, dass ihn der Tod des Matrosen Walter Gröger, gegen den er machtlos gewesen sei, zutiefst betrübt und innerlich erschütterte. Unter Bezug auf die Angriffe des baden-württembergischen SPD Landesvorsitzenden Erhard Eppler gegen Filbinger erklären Geißler und Kohl, die Attacken offenbarten sich bei sorgfältiger Prüfung als ein weiterer Versuch der SPD, mittels einer breit angelegten Kampagne Filbinger und die CDU in die geistige Nähe des Rechtsradikalismus und des Nationalsozialismus zu rücken."

„Nein", murmelt Anna, „ihr könnt ihm keinen Vorwurf machen. Denn dann müsstet ihr doch auch eure eigene Vergangenheit aufdecken. Und die stinkt wohl ebenfalls bis zu Himmel."

Kaum eine Zeitung berichtet nicht darüber. Und Anna schneidet Stunde um Stunde akribisch die Gedanken und Worte großer Männer aus. Derweil sich der Sommer brütend über das Land ergießt.

Anna klappt ihr Buch zu. Für heute hat sie genug.

Es geht nicht um die Tragödie „Walter Gröger" oder die seiner Familie. Diese bittere Erkenntnis müssen Anna und ihre Töchter erkennen. Mittlerweile eskaliert der Prozess zu einem medialen Schlagabtausch der großen Parteien. Nach wie vor kümmert sich keiner um die Familie. Nur hungrige Reporter, die nach der Sensationsstory hecheln.

Der Mutter bleibt nichts anderes übrig, als sich bei Johanna versteckt zu halten. Von Thea erfahren sie, dass nach wie vor überall die Fotografen lauern, die nur danach gieren, die trauernde Mutter, die panischen Schwestern abzulichten, um auch sie in den Medien breitzutreten. Selbst die Familie im Osten bleibt nicht verschont. Hier beherrscht ebenfalls der Skandal um den ehemaligen Marinerichter die Medien. Auch hier will man Interviews führen, doch Paula lässt es nicht zu, dass irgendjemand sich ihr auch nur nähern darf. Nach der

Operation zieht sie sich zurück, versucht vor allen Dingen ihre Familie vor den Medien zu schützen. Sie bleibt im ständigen Kontakt mit ihren Schwestern. So kann sie erfahren, wie sich Stück für Stück die letzten Lebenswochen von Walter angefühlt haben müssen.

23. Mai 1978

Das Landgericht Stuttgart untersagt Rolf Hochhuth durch eine einstweilige Verfügung die Behauptung, dass Filbinger nur wegen Strafvereitelung einer Haftstrafe entgangen sei. Somit darf der Schriftsteller nicht mehr behaupten, dass Filbinger nur auf freiem Fuße sei, weil andere für ihn schweigen. Dafür gibt es faktisch gesehen keine Beweise.

Rolf Hochhuth erklärt Anna, dass er diesen Teil seiner Aussage eh schon zurücknehmen wollte. Beide fragen sich, ob das nicht ansonsten auch eine juristische Lawine auslösen würde, da kein Richter dieser NS-Zeit in der Bundesrepublik je für ein Unrechtsurteil bestraft worden ist. Die übrigen Aussagen und Feststellungen des Schriftstellers erlaubt das Gericht als freie und zum Teil faktengestützte Meinungsäußerung. Ein demokratisches Gut, das es zu verteidigen gilt.

Weiterhin erzählt Rolf Hochhuth Anna, dass er weiterhin behaupten darf, dass der Marinerichter Filbinger sogar noch in britischer Kriegsgefangenschaft einen deutschen Matrosen, eben besagten Kurt Petzold, auch noch nach Hitlers Tod mit Nazigesetzen verfolgte. Die Behauptung „furchtbarer Jurist" ist ebenfalls eine Anschuldigung, die der Ministerpräsident Filbinger weiterhin hinnehmen muss.

Damit scheint die Affäre zunächst abgeschlossen zu sein. Fragt sich nur – für wen eigentlich?

27. Mai 1978

Die oppositionelle Landes-SPD fordert öffentlich Filbingers Rücktritt als Ministerpräsident von Baden-Württemberg. Die Landes-CDU weist dies geschlossen zurück. Die erfolgreiche Wiederwahl Filbingers 1976 mit über 56 Prozent schweißt die Union heute noch einmal zusammen.

29. Mai 1978
DER SPIEGEL, Ausgabe 22/1978
Filbinger. Noch schlimmer

[...] Das Gericht zeigte vor allem kein Verständnis für Filbingers Bereitschaft, bei der eilfertigen Exekution selbst nach dem Rechten zu sehen:

Es lässt sich fragen, weshalb der Kläger sich selbst zum Vollstreckungsleiter bestimmt hat, vor allem aber stellt sich die Frage, weshalb die Vollstreckung des am 23.2.1945 rechtskräftig gewordenen Todesurteils vom Kläger nicht hinausgezögert wurde. [...]

Unverständnis, wie es das Gericht formuliert, macht sich in Baden-Württemberg auch in der Bevölkerung und in den Medien breit – wenn wohl auch langsamer als anderswo. Die Zeitungen füllen ihre Leserbriefspalten Tag für Tag mit Zuschriften zur dunklen Vergangenheit des Landesvaters. („Ich schäme mich, im gleichen Land zu wohnen"). Kommentatoren der Landespresse, die sich zunächst kaum vorwagten („Heilbronner Stimme": „Könnte sich Ministerpräsident Filbinger doch wenigsten zu einem Wort der Selbstkritik durchringen."), fordern den Rücktritt des Mächtigen („Südwest-Presse", Ulm: „... bitten wir ihn um einen letzten Dienst: er möge zurücktreten, aufrecht und als Ehrenmann.").

Im fernen Hamburg ging selbst das „Abendblatt" des Filbinger stets gewogenen Großverlegers Axel Springer auf Distanz. Das Blatt erinnerte an die Fähigkeit des Ex-Kommunisten Herbert Wehner zur Selbstkritik („Ich bin ein gebranntes Kind") und befand: „Filbinger aber kennt offenbar keine Zweifel." [...]

In CDU-Kreisen kursiert letzte Woche ein Buch mit dem Titel „Was heißt heute liberal?", in dem FDP-Chef Genscher zitiert wird: „Wenn Herr Filbinger mit hohlem Pathos über Recht und Ordnung spricht, dann erinnert er mich an den Präsidenten einer Notenbank, in dessen Tresorkammer eine Falschmünzerpresse gefunden worden ist." [...]

„Mit jeder Äußerung", kommentierte daraufhin die „Badische Zeitung", „macht er alles nur noch schlimmer."

Und bei all den Stimmen, die laut werden und Dr. Filbinger empört auffordern, doch endlich seine NS-Vergangenheit aufzuarbeiten, da fragt sich Johanna ernsthaft: „Ja, ist denn diese Zeit überhaupt aufzuarbeiten? Wie soll das geschehen? Das klingt ja fast so, als würde man dann das Buch nach der letzten Seite zuklappen, beiseitelegen, wie eine abgearbeitete Akte. Aber man kann, ja muss Reue empfinden ..."

Jedoch, das damalige Schauermärchen der Erwachsenen scheint dieses Kapitel der Reue nicht vorzusehen.

Ein Mutterherz zerbricht

Johanna bemerkt die Veränderung sofort. Die Schere gleitet der Mutter aus der Hand, fällt auf die aufgeschlagene Zeitungsseite, daneben der UHU-Stift, ein Buch, in das der neue Artikel eingeklebt werden sollte – alles schon so vertraut. Und nun schnappt die Mutter nach Luft, verdreht die Augen, stöhnt entsetzlich auf.

„Mama!", ruft Johanna erschrocken, lässt die Tüte Reis fallen, rennt in den Flur und greift zum Telefonhörer.

Keine zehn Minuten später fährt der Krankenwagen mit lautem Getöse vor das Haus. Natürlich lockt der Krawall die

Nachbarn aus ihren Häusern, die Straße säumt sich mit neugierigen und gaffenden Menschen. Gottlob keine Journalisten, denen war das Warten wohl doch zu lang gewesen.

Im Krankenhaus die Diagnose: Herzinfarkt.

Thea und Paula werden informiert. Paula beantragt eine Besuchererlaubnis, die ihr relativ unbürokratisch gestattet wird. Alleine darf sie für einige Tage ihre Mutter besuchen.

16. Juni 1978

Filbinger versucht hartnäckig klarzustellen, dass er niemals den berüchtigten Satz „Was damals rechtens war, kann heute kein Unrecht sein", so gesagt hätte, sondern die *SPIEGEL*-Journalisten hätten seine Reaktion auf ihren Vorwurf, er habe im Fall Gröger Recht gebeugt, so für sich ausgelegt.

4. Juli 1978

Das ARD-Magazin Panorama berichtet über zwei weitere Todesurteile, die Filbinger als Vorsitzender Richter gefällt hatte. Die Schlinge um seinen Hals wird enger.

In dem ersten Urteil handelt es sich um den Fall eines Obergefreiten, der seinen Kommandanten mit einer Maschinenpistole erschoss und die Besatzung zwang, einen schwedischen Hafen anzulaufen, um sich hier absetzen zu können. Nun versucht Dr. Filbinger dieses Urteil der Öffentlichkeit als einen reinen Verwaltungsakt zu erklären, da der Täter bereits über die Grenzen geflohen und damit in Sicherheit war. Das Urteil konnte nicht vollstreckt werden. Diese Erkenntnis habe ihn dazu bewogen, dieses Urteil als Abschreckung auszusprechen, um die Moral der Truppe aufrechtzuerhalten. Denn sonst wären doch alle geflohen.

Im zweiten Fall flüchtete ein Kommandant mit einem Hafenschutzboot und 15 Mann Besatzung ebenfalls nach Schweden. In dieser Region das einzige Land, in dem sich die Menschen den nationalsozialistischen Gesetzen entziehen konnten. Auch dieses Urteil gehört zu Filbingers „Phantomurteilen", da ja der Betreffende, wie er sich weiter erklärt, nicht mehr zu belangen war.

Im Krankenhaus verfolgt Anna diese neuen Fälle.

„Dr. Filbinger hat also doch entgegen seiner Behauptung sehr wohl Todesurteile gefordert. Und so einer will unsere Demokratie aufrechterhalten? Wie soll das in Zukunft gehen? Müsste da nicht die ganze Welt aufschreien?"

Nur ist keiner da, sie zu bestätigen.

Noch immer hat der Ministerpräsident es nicht für nötig befunden, sich bei Anna zu melden. Kein Wort des Bedauerns, keine Reue, noch nicht einmal ein persönliches Schreiben.

Als Anna das Krankenhaus verlässt, entscheidet sie nach Hause zurückzukehren. Von nun an will sie lieber in ihrer vertrauten Umgebung bleiben. Sie entscheidet sich auch, selbst an die Öffentlichkeit zu gehen. Der Brief von Marie schenkt ihr Selbstvertrauen und Mut, weil es plötzlich einen Menschen gibt, der Walter als einen sensiblen und guten Menschen beschreibt. Ein wertvoller Mensch, der diesen Tod und diese Diffamierungen nicht verdient hat. Die Mutter kämpft für die Rehabilitierung ihres Sohnes.

Die alte Frau ist nach wie vor dermaßen fassungslos, wie sich ein Politiker ihrer Meinung nach öffentlich so unwürdig und unmenschlich verhalten darf. Sie setzt sich hin und schreibt ihm einen Brief. Nun nutzt sie geschickt den Kontakt zur Presse. Ein Journalist sorgt dafür, dass dieser auch persönlich an den Ministerpräsidenten weitergeleitet wird.

„Sehr geehrter Herr Dr. Filbinger!

Bis heute ist es mir nicht gelungen, mit der Aufregung über die öffentliche Auseinandersetzung mit dem Tod meines Sohnes fertig zu werden, an dem Sie als Marinestabsrichter beteiligt waren. Damals sagten Sie, es sei das einzige Urteil gewesen. Nun habe ich erfahren, dass Sie nicht die Wahrheit gesagt haben, dass Sie in Wirklichkeit noch an anderen Todesurteilen beteiligt waren.

Wenn Sie sofort alles zugegeben hätten, würde sich niemand mehr mit den anderen Fällen beschäftigen. Da Sie aber Ihre damalige Tätigkeit immer nur Stück für Stück bekennen, bleibt es nicht aus, dass jede Woche neue Fälle an die Öffentlichkeit kommen und dadurch für viele Familien wie für uns die schrecklichen Ereignisse von vor über 30 Jahren wieder aufgerollt werden.

Seit durch Ihre Klage gegen Herrn Hochhuth das Schicksal meines Sohnes bekannt wurde, bin ich nicht zur Ruhe gekommen. Die Aufregung verschlimmerte mein Herzleiden so, dass ich für drei Wochen ins Krankenhaus musste. Ich kann aber nicht verstehen, warum Sie Ihre Vergangenheit immer noch verdrängen, als ob Sie das alles nichts anginge, was damals geschehen ist und worunter wir heute noch leiden. Ich kann nicht verstehen, wieso ein Politiker, der sich so verhält wie Sie, unbedingt im Amt bleiben muss.

So wird doch niemals Ruhe einkehren für uns – und für Sie auch nicht.

Anna Gröger

10. Juli 1978
DER SPIEGEL, Ausgabe 28/1978
Phantom-Richter Filbinger
Filbinger: „Was heißt hier Todesurteile?"

Hans Filbinger ist nun doch von der Vergangenheit eingeholt worden. Nach seinen jüngst bekannt gewordenen Todesurteilen drängen auch die Parteifreunde von der Union auf Rücktritt des Ministerpräsidenten. Doch der ehemalige

Marinestabsrichter bot allen erst einmal die Stirn. Weiterhin sieht er sich selbst als Nazigegner.

„Die Fernwirkung eines einzigen Urteils kann nicht hoch genug eingeschätzt werden."
Hans Karl Filbinger, 1939, in seiner Dissertation.

Die Antwort

Filbinger hat den Brief von Anna erhalten. Was für eine Chance tut sich hier für ihn auf! Wie hätte sich das Blatt positiv für ihn wenden können, wenn er jetzt persönlich bei ihr vorbeischauen würde? Die ganze Nation wäre ihm gefolgt. Es hätte so rührend sein können! Ist es nicht schon einem anderen Politiker gelungen, sich mit einem Kniefall vor allen Augen zu entschuldigen, und wirklich Reue zu zeigen? Er zieht es jedoch vor, sich ihr mit einer schriftlichen und mehr als unpersönlichen Antwort als Unschuldigen darzustellen.

Als Anna den Briefkasten öffnet, fällt dieser Brief heraus. Anna reagiert nicht schnell genug und er fällt zu Boden. Sie bückt sich und erstarrt für einen Moment. Der Absender: Dr. Filbinger. Nur zögerlich hebt sie ihn auf. Noch nie erschien ihr ein Brief derart schwer und belastend. Sie wendet ihn nach allen Seiten, es bleibt ein ordentlich beschriebener Umschlag, fest zugeklebt, der nichts von seinem Inhalt offenbart. Sie steckt ihn in ihre Kittelschürze und schlurft in Richtung Wohnung. Die Nachbarstür öffnet sich, ein scheeler Blick verfolgt sie, und ohne ein Wort des Grußes schließt Anna sehr leise ihre eigene Tür hinter sich zu.

Für eine Weile bleibt sie in der Küche sitzen. Vor ihr der Brief. Schließlich öffnet sie mit einem Messer den Umschlag und zieht eine blütenweiße Seite mit edlem Wasserzeichen oben in der Ecke heraus. Nach zwei Minuten lässt sie den Brief in den Schoß sinken. Eigentlich, so ihre Empfindung, ist der Brief nicht wirklich an sie gerichtet, sondern an seinen verletzten Stolz und angekratzte Eitelkeit. Erinnerungen an Walter tauchen groß und schmerzvoll auf, wie er zu ihr in die Küche stürmte, sich lachend in ihre Arme warf und vor großen Abenteuern berichtete, die er in seiner wilden Fantasie bestanden hätte. Ein Kind, das keine Zukunft bekam. Und hier lag eine Seite, die bestätigte, dass dieses Menschleben in den Augen der Rechtsprechung der damaligen Justiz keine Zukunft verdient hätte. Und er, der große und machtvolle Ministerpräsident, hätte so sehr sein Gewissen geprüft, bevor er das Todesurteil unterschrieb?

13. Juli 1978

Dann folgt das langersehnte Urteil in der Hauptsache im Fall Filbinger gegen Hochhuth und den *ZEIT*-Verlag. Es ist ein heißer Tag und die Menschen beginnen langsam müde zu werden, angesichts des Politskandals, der mittlerweile nur noch von großen Namen bestimmt wird. Das Gericht weist die Klage des Regierungschefs ab, bestätigt praktisch die bereits im Mai erlassene einstweilige Verfügung. Bei der Begründung des Urteils betont der Vorsitzende Richter, die Einzelvorwürfe des Schriftstellers seien zwar hart und besäßen durchaus kritische Angriffe auf die berufliche und persönliche Ehre des Ministerpräsidenten Filbinger, das Gericht stufe diese aber nicht als rechtswidrig ein, da sie sich auf sachliche Bezugspunkte stützten und auch in der gewählten Form keine Schmähkritik seien.

Nun will Dr. Filbinger erst recht an die Öffentlichkeit und versucht sich Redezeit beim Fernsehen einzuholen.

Johanna kommt nicht darüber hinweg, dass der Ministerpräsident glaubt, über einen Fernsehbeitrag an die Öffentlichkeit gehen zu müssen, um der jungen Generation zu erklären, wie die Zeit zwischen 1933 und 1945 tatsächlich gewesen sei. Auch sie setzt sich hin und schreibt einen Brief.

16. Juli 1978
„Stern"
An die Herren Jochen von Lang und Armin von Manikowsky!
Betrifft: Filbinger – Gröger

Als jüngere Schwester des Matrosen Gröger möchte ich mich heute zu Wort melden. Ich habe mich bewusst aus dieser Affäre bis jetzt herausgehalten, weil mir klar war, dass diese nur ein „Politikum" ist, bei dem wir, die Familie Gröger, doch nur wieder wie 1945 als Verlierer dastehen. Da dieses unwürdige Schauspiel, welches Herr Dr. Filbinger einschließlich der CDU veranstaltet, kein Ende nimmt, fühle ich mich veranlasst auch meine Meinung dazu zu äußern.

Sollte, wie Dr. Filbinger fordert, das Fernsehen ihm eine Sendezeit zugestehen, wie er vorhat der Jugend, die die damalige Zeit nicht miterlebt hat, klarzumachen, in welch einer Zwangslage er steckte, bitte ich Sie, auch meine Erinnerung an die Zeit zu veröffentlichen. Mir ist im Gegensatz zu ihm noch alles in deutlicher Erinnerung geblieben. Der 16. März, also der Hinrichtungstag meines Bruders, ist mir heute noch gegenwärtig. Also, an diesem Tag nämlich hatten wir den ersten feindlichen Artilleriebeschuss. Wir warteten schon seit Wochen auf unserem gepackten Hab und Gut, dass der Russe, der seit Januar vor unserer schlesischen Heimat stand, uns überrennen würde. Am 17. März haben wir dann unser Dorf mit dem Ziel Sudetenland verlassen müssen. Bei uns ging es also zu dem Zeitpunkt nur noch um das nackte Überleben. Der Glaube an einen deutschen Endsieg war uns zu der Zeit schon gründlich vergangen. Just an diesem Zeitpunkt also hat man im fernen Norwegen noch Zeit und Lust an solchen „Speziellen" gehabt, musste man also noch seinem Führer, der sich schon ängstlich in seinem Bunker verkrochen hatte, einen blutjungen Matrosen auf den Opferaltar legen. Und dieser Mensch will heute behaupten immer im Widerstand zum Nationalsozialismus gestanden zu haben? Und in diesem Zusammenhang geht ihm der Name Stauffenberg so aalglatt über die Lippen, dass man fassungslos ist.

Was denken sich eigentlich Herr Dr. Kohl und all die anderen Herren für diesen Mann eine Ehrenerklärung abzugeben? Hat er nicht eine gewisse Vertrauenswürdigkeit seinen Wählern gegenüber? Herr Dr. Kohl möchte unser nächster Kanzler werden. Wer kann sich einen solchen Kanzler für Deutschland wünschen? Das gesamte Ausland schaut kritisch auf uns. Was würde wohl Dr. Adenauer dazu gesagt haben? Was bewog Herrn Dr. Rommel sich für so einen Mann stark zu machen? Was Herr Dr. Rommel, wenn jetzt bekannt geworden wäre, dass vielleicht Dr. Filbinger Ihren Vater hätte umbringen lassen? Würden immer noch die Verdienste, die er an „hervorragender Stelle" geleistet hatte, ausreichen? Wir alle haben Hervorragendes zum Wiederaufbau unserer Bundesrepublik geleistet, auch der kleine Mann, und nicht nur Ministerpräsidenten und ähnliche Herren. Ohne ihre fleißigen, unermüdlichen kleinen Leute wäre die Bundesrepublik nicht das, was sie ist.

Auch mein Bruder könnte seinen Anteil daran haben, hätte Herr Dr. Filbinger ihn nur gelassen. Hat einer dieser Herren mal an meine Mutter gedacht? Jeder ist nur ängstlich darauf bedacht das Gesicht der CDU zu wahren. Ein bedauerndes Wort für meine Mutter habe ich kaum gehört, denn es geht ja nicht um den toten Matrosen, sondern nur noch um das Verhalten Dr. Filbingers zu dieser Sache. Das Todesurteil meines Bruders war ja juristisch einwandfrei. Daraus kann man Dr. Filbinger keinen Vorwurf machen. Nur dass er es nicht gleich zugegeben hat, ist verwerflich. Wer kann das verstehen? Wer denkt an eine Abfindung für meine alte Mutter? Wir hätten unseren Bruder nach '45 so nötig brauchen können. Der Vater kam als todkranker Mensch aus russischer Gefangenschaft und wir bekamen 65 Reichsmark Beihilfe im Monat. Ich habe vom 16. bis zum 19. Lebensjahr unsere Familie als Fabrikarbeiterin über Wasser halten müssen. Ich hoffe nur, dass diesem unwürdigen Schauspiel, das wir dem Ausland bieten, bald ein Ende gemacht wird. Vielleicht bietet ein Zirkus Dr. Filbinger eine Chance zum Bespaßen, diesem Verdrängungskünstler.

Johanna Gröger

Letztendlich beschließt sie, den Brief nicht abzuschicken. Auch sie beginnt mürbe zu werden.

So allmählich beginnt die Position des Leittieres zu wackeln. Selbst der CDU-Vorsitzende Helmut Kohl kann mit einer versteckten Kritik nicht mehr hinter dem Berg halten. Auch er äußert sich mittlerweile etwas irritiert über den heiklen Fakt, dass Filbinger die Hinweise des Bundesarchivs über seine Beteiligung an Todesurteilen nicht sorgfältiger geprüft habe.

21. Juli 1978
Delmenhorster Kreisblatt (dpa)

Der frühere Innenminister Herrmann Höcherl (CSU) legt Filbinger öffentlich den Rücktritt nahe. Er empfiehlt ihm, „erhaben zu reagieren, d.h. mit einem Amtsverzicht, wenn damit Staat und Gemeinschaft gedient sein sollte".

Kurz darauf äußert sich auch der CSU-Chef Franz Josef Strauß bei dem Oberfrankentreffen der CSU in Kronach zum Fall Filbinger/Hochhuth. Er ist und bleibt der Meinung, dass man Filbinger keinen Vorwurf machen könne, nicht unter den Umständen der damaligen Lage. Und die Journalisten und Hochhuth bezeichnet er als Ungeziefer, mit denen man sich doch nicht streite.

Dafür erntet er frenetischen Beifall. Und gerne wird überall erzählt, mit welch beeindruckenden Worten der Bayer sich zu diesem Thema geäußert habe.

Als Johanna von dieser Aussage erfährt, sieht sie zu ihrem Mann.

„Glaubst du, das geht irgendwann auch wieder vorbei?"

„Was genau, Johanna? Das Denken solcher Menschen, oder das Nicht-Interesse um Menschen wie Walter, die so verzweifelt waren und eigentlich als Held gefeiert werden müssten, da er nicht mehr mitmachen wollte?"

Johanna zögert.

„Siehst du", antwortet ihr Mann für sie. „Das Nicht-Interesse wird bleiben, und glaube mir, auch dieses Denken wird sich weiterhin in vielen Köpfen fest verankern. Bald werden alle wieder zur Tagesordnung zurückkehren. Und Walter bleibt ein Name, den sie schnell vergessen haben."

Das vierte Urteil

Anfang August, es ist drückend heiß. Anna geht es nicht gut, die Hitze macht ihr zu schaffen. Thea hat sich einen Tag freigenommen und versorgt ihre Mutter. Beide sitzen im Wohnzimmer, die Tür zum Balkon ist offen, aber kein Lüftchen dringt zu ihnen. Eine träge Stille ergießt sich über die Straße, kaum ein Geräusch ist zu hören.

Das Telefon klingelt, durchbricht diese atemlose Ruhe. Thea seufzt, steht auf und geht in den Flur. Anna hört sie reden, dann kehrt Thea schnell zurück. Nervös steht sie an der Tür.

„Der Schriftsteller, also, ich meine, der Herr Hochhuth ist dran. Er meint, er muss dir etwas Wichtiges mitteilen."

Für einen Augenblick spürt Anna ein dumpfes Gefühl in sich aufsteigen. Eigentlich will sie nichts mehr hören, niemanden mehr sehen. So viel wurde erzählt, behauptet und mit Genuss in der Öffentlichkeit breitgetreten. Sie ist müde. So hatte sie sich einen geruhsamen Lebensabend nicht vorgestellt.

„Mutter, bitte komm, lass ihn nicht warten." Thea ist nervös.

„Ach, der kann ruhig mal warten, wie lange musste ich in meinem Leben schon warten."

Dann drückt sie sich aus dem Sessel hoch und schlurft in den Flur. Der graue Hörer liegt abwartend da und als sie ihn anhebt, hört sie schon die aufgeregte Stimme.

„Frau Gröger? Ach, gut, dass ich Sie erwische, ich wollte es Ihnen persönlich mitteilen, nicht dass Sie wieder aus dem Fernsehen die Neuigkeiten erfahren. Sie werden es nicht glauben, es ist ein weiteres Todesurteil mit Filbingers Unterschrift gefunden worden. Das macht vier."

Kurz fasst sich Anna an die Brust, Thea sieht sie besorgt an. Für einen gespenstischen Moment bleibt es in der Leitung still. Ein kurzer Knackser, dann die beunruhigte Stimme: „Frau Gröger, hören Sie mich? Ist alles in Ordnung bei Ihnen?"

„Wenn Sie mich so ehrlich fragen: Nein, in Ordnung ist schon lange nichts mehr. Aber das ist jetzt auch egal."

Vor ihr hängt ein gerahmtes Foto. Ihr Blick bleibt dort wie schutzsuchend haften. Ein lachendes Enkelkind.

„Gut, dass der Kleine nicht in dieser Zeit geboren ist." Sie seufzt.

„Bitte? Ich verstehe nicht ganz …"

„Ach, entschuldigen Sie, Herr Hochhuth …, was ist das denn für ein Todesurteil? Ich vermute mal, der Herr Ministerpräsident kann sich auch an dieses nicht so genau erinnern?"

„Zumindest hat er es nicht von sich aus preisgegeben. Eine Mitarbeiterin des Bundesarchivs fand es durch einen reinen Zufall. Es ist ein Urteil von 1943, ebenfalls gegen einen jungen Matrosen."

„Gütiger Himmel", entfährt es Anna. „Das war ja noch vor Walters Urteil. Da zeigt sich doch, dass er geübt war, Menschen ihr Leben wegzunehmen. Er wusste also bei

Walter sehr genau, was er da tat. Trotz seiner Gewissensbisse. Oder?"

Die Hitze wird unerträglich. Kurz schwindelt ihr, Thea eilt in die Küche, holt ihr einen Stuhl. Erschöpft lässt sich Anna nieder.

„Ja", kommt leise die Stimme vom anderen Ende. „Ja, das ist wohl hiermit wirklich mehr als erwiesen."

Beide schweigen. Nervös wickelt Anna das Kabel des Hörers um ihren Finger.

„Was hat denn dieser arme Bursche verbrochen, dass er nicht mehr würdig war zu leben, in den Augen des Herrn Filbinger?"

„Der Mann hieß Günther Krämer und zusammen mit einigen Kameraden nahm er sich nach einem Fliegerangriff aus einer zerbombten Drogerie ein Stück Seife, Filme, Lippenstifte und Präservative. Sie wurden erwischt und Filbinger vorgeführt. In Günther Krämer glaubte er den Anführer der Bande zu erkennen. Alle Soldaten und Matrosen war ja streng belehrt worden, dass auf Plünderung die Todesstrafe stehe. Fliegergeschädigte nach dem Bombenschaden noch zu bestehlen, galt in diesen Zeiten als besonders empörend."

„Du meine Güte", entfährt es Anna, „in unserem Dorf wurde ebenfalls nach Kriegsende geplündert, und zwar unsere ganze Heimat. Bis heute fragt keiner danach, wie wir unser Leben neu aufbauen mussten. Dafür ist nie irgendjemand belangt worden. Man muss sich doch ernsthaft fragen, galt dieses gestohlene bisschen Gut wirklich schon als Plünderung? Uns wurde alles genommen und wegen eines Lippenstiftes verhängt Dr. Filbinger die Todesstrafe?"

Noch eine ganze Weile telefonieren die beiden. Als sie am Abend versucht, Johanna diese Neuigkeit zu erklären, ist sie noch immer zu erschüttert, wie Dr. Filbinger mit jungen Menschen umging, denen man alles genommen hatte, ihre

Jugend, ihre Zukunft. Und denen, die versuchten zu überleben, drückte er noch mit großer Empörung die Todesstrafe auf. So ihre Erkenntnis nach all den Neuigkeiten, die wie ein Sturm durch ihr Leben fegen und alles durcheinanderwirbeln. Nur stockend kann sie ihrer Tochter die Fakten wiedergeben.

Als Anklagevertreter des Prozesses gegen Krämer forderte Dr. Filbinger im Mai 1943 die Todesstrafe, versucht Anna Johanna in ruhigen Worten zu berichten. Die übrigen jungen Angeklagten wurden zwischen 18 Monaten und vier Jahren zu Gefängnisstrafen verurteilt. Doch nach ein paar Tagen meldete Filbinger Zweifel an, ob der Verurteilte tatsächlich der Anführer gewesen sei, um dann vorzuschlagen, in diesem Falle „Gnade vor Recht" ergehen zu lassen, obwohl „die Tat des Todes würdig sei".

Anna lacht wütend auf. Johanna versucht sie zu beruhigen. Nach einer Weile erst gelingt es der alten Mutter weiter über den Mann zu reden, der einst die Todesschüsse auf ihren Sohn befahl.

Im Falle von Krämer beantragte Dr. Filbinger eine Zuchthausstrafe von zehn Jahren und der Gerichtsherr forderte Filbinger wohl dann umgehend auf, zur „Gnadenfrage" doch Stellung zu beziehen. Diese Aufforderung von oben gab Filbinger die Gelegenheit vorzutragen, was die Gnade rechtfertigen könnte. Nur, zehn Jahre Zuchthaus als „Gnade" anzusehen, sah selbst der Oberbefehlshaber der Ostseestation als ein wenig übertrieben und setzte die Strafe auf acht Jahre herunter. Aber diese „Gnadenstrafe" überlebte der junge Matrose Krämer nicht. Er verstarb im Gefängnis an einer Lungenentzündung. Denn die damaligen Gefängnisse konnten wirklich keine Gnade sein.

Johanna erwidert nichts mehr. Am nächsten Tag verfolgt sie in den Nachrichten, wie die Landesgremien versuchen, ihren Ministerpräsidenten nun doch zum Rücktritt zu bewegen.

Damit folgt die panische Suche nach einem Nachfolger. Das Leittier wird ausgemustert, aus der Herde verbannt.

Die Konsequenz

7. August 1978

Am Nachmittag tritt Filbinger von seinem Amt als Ministerpräsident zurück.

Nicht sein schlechtes Gewissen ist jedoch ausschlaggebend, oder gar wirkliche Reue, sondern letztendlich die fehlende Gefolgschaft seiner Partei. Er ist nicht mehr das Leittier der baden-württembergischen CDU. Er jedenfalls meint, es als Rufmordkampagne abstempeln zu müssen. Er empfindet seine Menschenwürde als mit Füßen getreten.

Die Würde Walter Grögers wird mit keinem Wort erwähnt. Mal wieder kein Wort der Reue, kein Wort der wirklichen Entschuldigung an die Familie Gröger. Dr. Filbinger glaubt, nur strategische Fehler hinsichtlich des Schriftstellers Rolf Hochhuth begangen zu haben.

Aber eben auch die mittlerweile politisch sensibilisierte Öffentlichkeit nimmt seine Art und Weise, wie er mit den historischen Fakten umgeht, nicht mehr kommentarlos hin. Eine Zeitenwende innerhalb der deutschen Geschichte. Und so muss er nach zwölf Jahren, in denen er die Regierung mitgeführt hat, und nachdem er seit 20 Jahre dem Landeskabinett angehörte, zurücktreten.

Aber ganz wird er auf die Politik nicht zu verzichten brauchen. Es ist ausdrücklicher Wunsch der CDU, dass Filbinger Parteivorsitzender der südwestdeutschen CDU bleiben soll. Über einen neuen Ministerpräsident will die CDU nun beraten. Der Nachfolger soll am 16. August benannt werden. Von nun an hat Dr. Filbinger Zeit, über seine Vergangenheit nachzudenken.

Es ist aber bei allen Auseinandersetzungen um Dr. Filbinger und seine Taten als Marinerichter nie um sein sonderbares Verhältnis zu seiner Vergangenheit, sondern um sein sonderbares Verhältnis zu seiner Vergangenheit in der Gegenwart gegangen.

Die Familie Gröger kommt zusammen. Paula darf alleine ausreisen, bei Anna wird auf den Rücktritt Filbingers angestoßen. Von der Kommode lächelt Walter schüchtern zu ihnen herüber.

Kein Wort des Bedauerns oder einer Entschuldigung für die Familie Gröger. Niemand meldet sich mehr bei ihnen. Für die politische Agenda spielen sie keine Rolle mehr. Die Journalisten suchen nach anderen Stories. So plötzlich wie der ganze Rummel über die Familie Gröger hereingebrochen ist, so plötzlich wird es auch wieder still um sie. Zurück bleiben verstörte, irritierte und in ihren Gefühlen verletzte Angehörige. Die Ruhe nach dem Rummel kehrt zwar wieder ein, und doch ist alles anders geworden.

Dr. Filbinger bleibt finanziell und sozial abgesichert, im Gegensatz zu all den Familien, die ihre Angehörigen durch den Krieg oder diktatorische Willkür verloren haben. Er bezieht trotz seines Rücktrittes im Ruhestand eine monatliche Pension von nahezu 10.000 Mark. Bis zu seinem Tod am 1. April 2007 wohnt Filbinger in seiner Dienstvilla und ist politisch aktiv. Es gibt kein Gesetz, das ihn für die vier Todesurteile juristisch zur Rechenschaft zieht. Er und viele mit ihm verwischen nach wie vor die Grenzen zwischen nationalsozialistischem Unrechtsstaat und demokratischem Rechtsstaat.

Herbert Wehners Gegeninitiative, Verjährung bei Mord generell aufzuheben, fand 1979 eine parteiübergreifende Mehrheit.

Anna Gröger muss nun auch erleben, dass ihr als Mutter eines zum Tode verurteilten Soldaten kein Anrecht auf eine Versorgungsrente gewährt wird. Nach Paragraph 1b, Abs. 2 d des Bundesversorgungsgesetzes steht Witwen und Eltern von verurteilten Soldaten des Zweiten Weltkrieges – die jetzt noch als Verbrecher gelten – diese Rente nicht zu. Und damit wird gleich die ganze Familie stigmatisiert. Nun erkennt aber so mancher Politiker, dass es wie im Falle von Walter Gröger vielleicht erhebliche Zweifel gab, ob dieses Urteil gerechtfertigt war oder nicht. Der amtierende Bundespräsident Walter Scheel bemüht sich bei den zuständigen Behörden um eine Revision der möglichen Ansprüche von Anna Gröger. Nach vielen Diskussionen und der entsprechenden Entscheidung des Landesversorgungsamtes Niedersachsen wird ihr mitgeteilt, dass sie aufgrund ihrer Invalidenrente nicht als sozialer Notfall gilt. Von daher wird ihr die Zahlung der Elternrente nicht gewährt, obwohl der Tod Walter Grögers von der Vertretung des Reichsbundes der Kriegsopfer in Hannover als Willkürmaßnahme der NS-Justiz anerkannt wurde und Anna Gröger im Prinzip Anspruch auf diese Elternrente haben müsste.

Ich möchte noch einmal in Erinnerung rufen: Anna Gröger bezieht zu diesem Zeitpunkt eine Rente von 700 DM. Dr. Hans Karl Filbinger bezieht eine Pension von über 10.000 DM und kann mietfrei in seiner Dienstvilla weiterleben. So die Unterschiede in der demokratischen Bundesrepublik.

1981

Anna Gröger stirbt. Die Folgen des Herzinfarktes brachen immer wieder auf, neben all den anderen Wunden, die sie zeit ihres Lebens mit sich trug. Paula darf zur Beerdigung ausreisen und die drei Schwestern geben ihrer Mutter das letzte Geleit.

Eine Mutter tritt ihre letzte Reise an, die bis zum Schluss wie eine Löwin für ihre Familie kämpfte. Eine Mutter, die von Anfang an der Politik und den Ideologien der NSDAP ablehnend gegenübergestanden hatte. Eine Mutter, die selbst Jahrzehnte nach dem Krieg nie eine Würdigung oder eine Entschuldigung oder eine Entschädigung für all das Unrecht und Leid bekam. Nach wie vor gilt ihr Sohn juristisch gesehen als Verbrecher.

8. Mai 1985

Richard von Weizsäcker spricht in seiner Rede zum 40. Jahrestag der Beendigung des Krieges in Europa von „der nationalsozialistischen Gewaltherrschaft" und markiert damit den fundamentalen Unterschied zum demokratischen Rechtsstaat des Grundgesetzes. Mit ziemlicher Sicherheit hatte der vor acht Jahren ausgelöste Skandal um Filbinger und die militärischen Handhabungen in dem Staat Hitlers, insbesondere in der Militärjustiz, in breiten Teilen der Parteien ein Umdenken bewirkt.

1987

Filbinger veröffentlicht sein Buch: „Die geschmähte Generation". Hier bezeichnet er Walter Gröger als einen, der sich in Oslo amüsierte, während sich das Kriegsschiff „Scharnhorst" in schweren Gefechten mit den britischen Streitkräften befand. Selbst nach 50 Jahren kann er nicht nachvollziehen, was dieser Krieg für die Soldaten und Matrosen psychisch und physisch bedeutet hatte. Für den Juristen Dr. Hans Karl

Filbinger ist und bleibt Walter Gröger nur ein kleiner Matrose, der nicht weiter von Bedeutung war. Es zeigt wiederum, dass in der Zeit des Nationalsozialismus lebensentscheidend war, ob man als ein wertvolles Mitglied der nationalen deutschen Volksgemeinschaft gesehen wurde oder nicht. Wie schnell konnte die Exklusion aus der vermeintlichen Volksgemeinschaft folgen.

Paula zieht in diesen schwer zu ertragenden Momenten den Brief von Marie hervor, die in liebevollen Worten beschrieb, wie desillusioniert Walter am Ende des Krieges gewesen sei, wie verängstigt und schüchtern er in ihrer Wohnung saß und nur noch nach Hause wollte.

1990

Die Schwestern Johanna und Paula nehmen von nun an all ihren Mut zusammen, treten immer wieder bei wichtigen Anlässen öffentlich gegen Filbinger auf und versuchen über Jahre, die Geschichte ihres Bruders in Erinnerung zu rufen.

28. Mai 1995

Der Bundesgerichtshof kommt zu der Einschätzung, dass es sich bei den in der NS-Militärjustiz tätig gewesenen Richtern um „Blutrichter" gehandelt habe. Sie hätten die Todesstrafe missbraucht und handelten allesamt als Teil einer „Terrorjustiz". Nun bekommt der Schriftsteller Rolf Hochhuth doch noch im Nachhinein Recht zugesprochen. Eigentlich hätten sich alle Verantwortlichen wegen Rechtsbeugung in Tateinheit mit Kapitalverbrechen verantworten müssen, so einst seine Worte.

Zeitlebens sieht Filbinger sich selbst als Opfer der „linken" Presse. Meines Erachtens hat er die Chance vertan, nicht nur seine eigene Vergangenheit für sich selbst und nach außen zu verarbeiten und damit der Bevölkerung zu zeigen, dass man sehr wohl die Geschichte aufarbeiten kann, sondern auch mit ihr und den Folgen zu leben. Nie kam ihm ein Wort der Scham über die Lippen, der Trauer oder eine Geste der Betroffenheit.

17. Mai 2002

Der Bundestag beschließt mit Mehrheit die pauschale Aufhebung der Urteile gegen Deserteure der Wehrmacht und proklamiert deren moralische Rehabilitierung.

Konkret bedeutet das, dass all die Todesurteile ab heute als Mord oder Beihilfe zum Mord gewertet werden können.

5. August 2003

25 Jahre nach seinem Rücktritt wird erneut erbittert gestritten. Gegen die geplanten Feierlichkeiten zum 90. Geburtstag von Filbinger regte sich bereits Ende Juli zuerst in Freiburg, dann auch in Stuttgart großer Widerstand. Die politischen Wogen schlagen hoch: SPD, Grüne und der DGB kritisieren dieses Vorhaben scharf. Der DGB fordert den Jubilar auf, seinen Empfang abzusagen.

Auch Johanna und Paula fordern die Landesregierung Stuttgart öffentlich auf, von diesem Empfang abzusehen.

Filbinger lebt zu diesem Zeitpunkt seit 70 Jahren in Freiburg, hatte dort studiert und mehrere Jahre lang im Gemeinderat gesessen. Aufgrund der Dispute zieht aber die Familie Filbinger selbst die Konsequenz und kündigt eine private Feier an, und das wegen der „unqualifizierten politischen Angriffe".

30. August 2003

Die 75-jährige Johanna und die 68-jährige Paula protestieren weiter. Sie geben Interviews und lassen nicht locker mit ihrer Forderung, dem ehemaligen Ministerpräsidenten Filbinger nicht die öffentliche Plattform für seine Feier anzubieten.

„Wir sehen Filbinger als Mörder unseres Bruders an. Wir fordern die baden-württembergische Landesregierung deshalb auf, diesen Empfang abzusagen. Unser Bruder ist das Opfer, nicht der Täter."

15. September 2003
Badische Zeitung
„Über alles andere kann man reden"
BZ-Interview – mit dem früheren Ministerpräsidenten Hans Filbinger über seine Vergangenheit und die Aufregung über seinen heutigen 90. Geburtstag

Filbinger auf die Frage, ob er 1945 keine Fehler gemacht und keine Schuld auf sich geladen hat: „Jedenfalls nicht das, was man mir vorwirft. Das Entscheidende ist leider gar nicht gewürdigt worden: Es ging damals um die Rettung von vier Millionen Deutschen, die an den Küsten der östlichen Ostsee von der vorrückenden Roten Armee eingeschlossen waren. Das war die größte Rettungsaktion aller Zeiten über See und es war die Aufgabe der deutschen Marine. Wenn in der Marine nicht Disziplin gehalten worden wäre, wären weitere Hunderttausende umgekommen. […] Ich habe keine Todesurteile gegen Deserteure gefällt; es waren bekanntlich Phantomurteile. Das damalige Militärgesetzbuch stammte aus dem Jahre 1874, war also kein Nazi-Gesetz. Es drohte für Fahnenflucht die Höchststrafe.

16. September 2003

Filbingers 90. Geburtstag wird mit einem offiziellen Empfang im Ludwigsburger Schloss gefeiert. Hier werden demonstrativ die Verdienste Filbingers um das Land Baden-Württemberg gewürdigt.

Johanna und Paula protestieren öffentlich gegen die Lobhudeleien. Doch Jubilar Dr. Filbinger steht stolz lächelnd auf einem Podest, die Gäste des Ehrenvorsitzenden der CDU Baden-Württembergs und Mitglieds der Bundesversammlung applaudieren. Zeitgleich veranstaltet der DGB eine aufsehenerregende Protestkundgebung gegen Filbinger. Inzwischen ist auch bekannt geworden, dass Filbinger der Bundesversammlung als Alterspräsident vorstehen wird, die 2004 den Nachfolger von Bundespräsident Rau zu wählen hat. Trotz der öffentlichen Proteste lässt sich Filbinger nicht abhalten und nimmt sein Wahlamt an.

21. Mai 2004

Hans Filbinger lässt die CDU nicht zur Ruhe kommen. Seine Funktion als Wahlmann in der Bundesversammlung wird heftig kritisiert. Aber der älteste Wahlmann lässt sich durch nichts abbringen und stimmt mit den 1.205 Delegierten bei der Wahl ab.

Zeitgleich kommt aus Israel die Bitte, einen ehemaligen Nazi-Richter nicht bei dieser Wahl des Bundespräsidenten zuzulassen. Dieser Fehler würde die gesamte deutsche Demokratie in Verruf bringen. Filbinger als Wahlmann würde ein falsches Signal in die Welt senden. Das Wiesenthal-Zentrum mit 400.000 Mitgliedern in Amerika schreibt einen Protestbrief an die Parteichefin Angela Merkel.

2007

Am Sarg von Filbinger hält der jetzige Ministerpräsident des Landes Baden-Württemberg Günther Oettinger eine Lobrede auf den Verstorbenen, betont in seiner Rede, dass dieser nie wirklich Anhänger der nationalistischen Partei gewesen sei und vielen Menschen während der Kriegszeit geholfen habe.

Filbinger war an Todesurteilen beteiligt und er hat selbst Todesurteile gefällt. Er kann also gar nicht so ein unbedeutendes Rädchen in dem militärischen Gewaltapparat des NS-Terror-Regimes gewesen sein, so wie er sich immer gerne hingestellt hatte und wie Oettinger nun versucht, ihn wieder in diese Position zu rücken. Er war nicht der Motor, aber ein gut geschmiertes Rädchen dieser gewaltigen Maschinerie der Nationalsozialisten, das alles mit am Laufen hielt. Er hat sich so verhalten, wie die Obrigkeit es von ihm erwartet hatte. Bis zum Schluss. Und auch noch darüber hinaus.

Noch einmal wandert Walter Grögers Bild durch die Medien. Ein junges Gesicht blickt verschämt lächelnd in die Kamera. Als Günther Oettinger sich öffentlich für seine Trauerrede entschuldigen muss, wird die Familie Gröger mit keinem Wort erwähnt.

2. April 2007
SPIEGEL ONLINE
Nachruf auf Hans Filbinger: Ministerpräsident, Marinerichter, Mitläufer
Reinhard Mohr
„Das Leben von Hans Filbinger blieb bis zu seinem Tod ein Teil des deutschen Dramas."

Nach dem Skandal von 1978 trat Dr. Filbinger kein wirklich wichtiges politisches Amt mehr an. Dennoch, sein Name löste bis zum Schluss bei all seinen politischen Gegnern und der neuen Generation immer wieder ein negatives Gefühl aus.

8. September 2009

64 Jahre nach Ende der NS-Schreckensherrschaft werden die Opfer (Deserteure, Verweigerer und andere angebliche „Kriegsverräter") wenigstens juristisch rehabilitiert. Der Bundestag beschließt die pauschale Aufhebung von Urteilen aufgrund des Straftatbestands „Kriegsverrat". Der Beschluss, ursprünglich eine Initiative der Fraktion der Linken, wurde einstimmig angenommen. Die Union hatte die pauschale Rehabilitierung lange abgelehnt und das Gesetz damit blockiert.

Walter ist endgültig von seinem Makel befreit.

Ein paar Jahre später ...

In einem unserer Gespräche sieht mich Johanna lächelnd an.

„Hat ein bisschen gedauert, diese allgemeine Erkenntnis, nicht wahr?"

Ihre klugen Augen blicken schmerzerfüllt. Ihr Leben lang hatte Johanna auf diese Geste gewartet.

Und ich kann nur stumm nicken.

Oslofjord

März 1945

Das fahle Sonnenlicht reicht gerade noch aus, um Ausschnitte der Umgebung mit bloßem Auge zu fokussieren. Nicht mehr lange und die ersten dunklen Wolken schieben sich in den Vordergrund. Der frühe Abend schluckt ganz allmählich das Licht des dahinschwindenden Tages. Damit sinken die Temperaturen weiter und noch immer liegen vereinzelt letzte Schnee- und Eisschichten, Zeugen des hartnäckigen Winters. Noch lange wird der Frühling sich mit dem Winter die Herrschaft teilen müssen.

Die seltsam feierliche Stille hinter den Festungsmauern wird vom Nachhall entfernter Bombeneinschläge im monotonen Rhythmus unterbrochen; auch die Kampfflugzeuge der Alliierten zerreißen mit lautem Getöse in regelmäßigen Abständen die scheinbar himmlische Ruhe. Zurück bleiben Rauchwolken, die sich langsam dehnen und auflösen.

Die pechschwarze Mauer, auf die sich gleich unweigerlich alle Aufmerksamkeit richten wird, bröckelt an einigen Stellen. Gesteinsreste zerfallen zu grauem Staub; dieser vermischt sich allmählich mit anderen organischen Substanzen, hier angesammelt, um für die Ewigkeit zu überdauern.

Selbst das tagtägliche, in emsiger Schwerstarbeit erfolgende Abschrubben der noch vorhandenen Mauer kann die Existenz von dunkel getrocknetem Blut nicht verbergen. Der oben aufgerollte Stacheldraht hat im Laufe der Zeit Federn, Äste und Blätter als Beute ergattert. Braust der Wind kurz auf, flattern menschliche Haare wie Wimpel hin und her und wickeln sich schließlich wie von selbst wieder um den Draht. Farne und Moos zwängen sich durch kleinste

Mauerritzen – ein Sieg der Natur über das von Menschenhand erschaffene Bollwerk.

Walter betritt den Richtplatz. Mit ihm der Kriegspfarrer Hollstegge vom Kriegslazarett Linten. Ferner ist ein Zug der 1. M.E.A. Oslo anwesend. Mit murmelnder Beschwörung versuchen sie dem Angeklagten ein wenig Seelentrost auf den letzten Gang mitzugeben.

Nur scheint Walter des Seelentrostes nicht zu bedürfen. Er wirkt wie entrückt, als nehme er die Menschen um sich herum nicht wahr. Ein Gesicht, gerade den ganz unschuldigen Jahren entwachsen. Schmal, ausgezehrt, ein schlaksiger Körper. Leicht schwankend geht er auf die Front der Männer zu. Gekleidet in schwarze Ledermäntel, erwarten sie ihn mit regungsloser Miene. Sie sind laut Protokoll aufgefordert, das Urteil zu vollstrecken: Der Marinestabsrichter Dr. Filbinger als leitender Offizier, der Marinearzt Dr. Böck vom Kommando 1. M.E.A. Oslo als Sanitätsoffizier, der Marinejustizinspektor Ob. Gefreiter Zeindl und die angetretene Einheit der Abteilung der 1. Kompanie Marine-Ersatzabteilung Oslo, junge Matrosen wie Walter, die sich an ihren Gewehren festklammern.

Manch einer der Burschen kann den Blick nicht heben; einem anderen zittern leicht die Knie. Es herrscht tödliches Schweigen.

Der Marinearzt Dr. Böck nimmt ein schwarzes Tuch und verbindet dem Verurteilten wortlos die Augen. Alles läuft nach vorliegender Vollstreckungsurkunde, die der Wehrmachtrichters Dr. Filbinger in seinen Händen hält. Die schwarzen Lederhandschuhe verhindern jeden Kontakt mit dem Papier, auf dem unpersönlich die Formalitäten aufgelistet sind, das seine Unterschrift trägt und demzufolge ein junges Leben ausgelöscht wird.

Pünktlich um 16 Uhr steht Walter auf der ihm zugewiesenen Stelle des Richtplatzes. Direkt vor der Mauer.

Die angetretene Einheit hört auf Filbingers Kommando: „Gewehr über still!"

Eine bedrückende Ruhe breitet sich aus. Kein Flieger ist am Himmel zu hören, keine Bombe zerbierst auf dem tiefgefrorenen Boden. Nichts. Nur Stille.

Dr. Filbinger liest Walter mit einer Stimme wie kaltes Wasser die Urteilsbegründung und die Bestätigungsverfügung vor. Seine Worte hallen über die Mauer, werden gespenstisch von dem dahinter liegenden Wald echogleich zurückgeworfen.

Es folgt eine Sekunde der Lautlosigkeit.

Walter erklärt nichts.

Die Geistlichen erhalten letztmalig Gelegenheit, ihm Trost zuzusprechen. In diesem Moment schluckt eine Wolke das kärgliche Sonnenlicht; Walters bleiches Gesicht mit der schwarzen Binde hebt sich deutlich von der dunklen Mauer ab.

Walter zeigt keine Regung. Das zehnköpfige Vollstreckungskommando hat sich fünf Schritte vor dem Verurteilten aufgestellt. Auch hier kein Ton, keine persönliche Reaktion.

Das Kommando von Dr. Filbinger „Feuer!" durchbricht die atemlose Stille. 16.02 Uhr. Dohlen fliegen wütend krächzend auf. Ihre Schreie gellen in den Ohren, mischen sich mit dem Nachhall der Feuersalven. Dann schlagartig wieder Ruhe.

Walter knickt in sich zusammen, fällt auf die rechte Seite. Sand fliegt hoch, rieselt zurück auf den Boden, vermischt sich mit dem Rinnsal, das aus einer Wunde, dann durch die Uniform austritt, lautlos wie ein sterbendes Geheimnis.

Alles schweigt.

Der Sanitätsoffizier Dr. Böck löst sich aus der Gruppe, stellt den Tod fest. 16.06 Uhr.

Daraufhin erscheint das Wachpersonal. Die Leiche wird eingesargt und zum Zwecke der Bestattung abtransportiert.

Die abkommandierte Einheit verlässt mit ihren wuchtigen Stiefeln die Stätte. Nur zwei alte Männer vom Wachpersonal bemühen sich, das frische Blut wegzuwischen.

Später bedeckt pechschwarze Nacht das Grauen dieses Ortes. Die Schreie all jener jammervollen Seelen, werden vom Wind fortgetragen, über die Mauer hinweg und hinauf in den Himmel auf.

Möge Gott sich ihrer erbarmen!

Walter rief als Jugendlicher immer wieder aus: „Ich werde der Größte sein, einmal im Ring stehen, Mensch, was wäre das schön!" Walter konnte nie seine Träume verwirklichen. Er wurde keine 23 Jahre alt.

**Was damals Unrecht war,
darf heute, morgen, in Zukunft
niemals wieder Recht werden.**

Danksagung

Auch dieses Buch hat eine sehr lange Reise hinter sich, mit vielen Stationen. An diesen Stationen durfte ich Menschen und Freunden begegnen, die mich sehr unterstützt haben.
All diesen Menschen möchte ich explizit danken.

Meiner gesamten Familie
Detlef Bluhm und dem Team vom Börsenverein des Deutschen Buchhandels
Der Kulturwerkstadt in Charlottenburg, allen voran Olaf Maske
Dem gesamten Team von Epoch Times, ganz besonders Renate Lilge-Stodieck
Radio multicult. FM
Wolfgang Müller und seiner gesamten Tanzetage, besonders die Millers Magix Line Dancers

Detlef Alsbach
Ernst Becker
Sonja, Jürgen und Alisa Bonvecchio
Christin Deth
Yasemin Demirkaya
Klaus Felder
Horst Fellenberg
Michael Fischer
Michaela Hinterstoißer
Margret Judt
Susanne Jung
Annika Joscht
Axel Kaiser
Nasser Kanani
Marcel Krüßmann
Martina Kurzawa
Norbert Lippok

Birgit Niemeyer
Claudia Prümper
Nahid Resania
Michael Steuer
Irmgard Tepper
Moon Suk
Torsten Tewes
Birgit Wacker
Gertrud van Well

Und ein ganz besonderer Dank geht an die Insel Föhr.

Jacqueline Roussety, Januar 2016

Die Autorin

Jacqueline Roussety absolvierte eine Schauspiel- und Regieausbildung in Hastings, bevor sie ihren Hochschulabschluss in Deutscher Literatur, Geschichte und Filmwissenschaften an der Humboldt-Universität zu Berlin machte.

Zurzeit arbeitet sie an ihrer Dissertation zum Thema „Genies und Musen". Sie ist freie Redakteurin, Journalistin und Moderatorin bei Radio multicult.fm.

Außerdem schreibt sie Kolumnen für das Epoch Times Magazine, wobei sie ihren Schwerpunkt vor allem auf Nachhaltigkeits- und Menschenrechtsthemen legt.

Zu diesem Thema leitet Roussety auch verschiedene Podiumsdiskussionen. Jacqueline Roussety arbeitet und lebt in Berlin.

Viele der Sendungen sind auf der Webseite der Autorin www.jacquelineroussety.de anzuhören.

Literatur (Auszug)

Baumann, Ulrich: „Was damals Recht war ..." Eine Wanderausstellung zur Wehrmachtjustiz. In: „Was damals Recht war ..." Soldaten und Zivilisten vor Gerichten der Wehrmacht. Hg.: Ulrich Baumann/Magnus Koch. Stiftung Denkmal für die ermordeten Juden Europas. Be.bra Verlag. Berlin 2008.

Benz, Wolfgang: Geschichte des Dritten Reiches. Bundeszentrale für politische Bildung. C. H. Beck Verlag. München 2000.

Braun, Christina von: Und der Feind ist Fleisch geworden. Der rassistische Antisemitismus. In: Der ewige Judenhass. Hg.: Christina v. Braun, Ludger Heid. Buchverlag. Stuttgart, Bonn 1990.

Bruhns, Wibke: Meines Vaters Land. Geschichte einer deutschen Familie. Ullstein Verlag. Berlin 2004.

Domaschke, Cornelia: Nationalsozialismus und antifaschistischer Widerstand in Schlesien. In memoriam Fred Löwenberg. Hg.: Cornelia Domaschke, Daniela Schmohl, Günther Wehner. Rosa-Luxemburg Stiftung. Karl Dietz Verlag. Berlin 2009.

Domaschke, Cornelia: Widerstand und Heimatverlust. Deutsche Antifaschisten in Schlesien. Hg.: Cornelia Domaschke, Daniela Fuchs-Frotscher, Günther Wehner. Rosa-Luxemburg-Stiftung. Karl Dietz Verlag. Berlin 2012.

Engert, Jürgen: Heimatfront. Kriegsalltag in Deutschland 1939 bis 1945. Hg.: Jürgen Engert. Nicolaische Verlagsbuchhandlung. Berlin 1999.

Fest, Joachim C.: Das Gesicht des Dritten Reiches. Profile einer totalitären Herrschaft. Ullstein Verlag. Berlin 1969.

Freytag, Julia; Tacke, Alexandra: City Girls. Bubiköpfe und Blaustrümpfe in den 1920er Jahren. Hg.: Julia Freytag, Alexandra Tacke, Anne-Kathrin Reulecke, Ulrike Vedder. In Verbindung mit Inge Stephan/Sigrid Weigel. Böhlau Verlag. Köln, Weimar, Wien 2011.

Franck, Dieter: Die Welt der dreißiger Jahre. C. H. Beck Verlag. München 1985.

Frei, Norbert: Nationalsozialistische Presse und Propaganda. In: Das Dritte Reich. Herrschaftsstruktur und Geschichte. Hg.: Martin Broszat, Horst Müller. C. H. Beck Verlag. München 1983. S. 152–176.

Gamm, Hans-Joachim: Der braune Kult. Rütten & Loening Verlag GmbH. Hamburg 1962.

Haffner, Ernst: Blutsbrüder. Ein Berliner Cliquenroman. Walde + Graf bei Metrolit. Berlin 2013.

Haffner, Sebastian: Anmerkungen zu Hitler. Lizenzausgabe für die Büchergilde Gutenberg. Frankfurt a. M., Wien, Zürich, München 1978.

Hochhuth, Rolf: Eine Liebe in Deutschland. Büchergilde Gutenberg. Frankfurt am Main, Olten, Wien 1984.

Klönne, Arno: Jugend im Dritten Reich. Die Hitler-Jugend und ihre Gegner. Eugen Diederichs Verlag. Düsseldorf, Köln 1982.

Knebel, Hajo: Typisch Schlesisch. Weidlich Verlag. Frankfurt am Main 1979.

Knesebeck, Rosemarie von dem: In Sachen Filbinger gegen Hochhuth. Die Geschichte einer Vergangenheitsbewältigung.

Hg.: Rosemarie von dem Knesebeck. Eingeleitet mit einem Essay von Hans Meyer. Rowohlt Verlag. Hamburg 1980.

Knopf, Volker; Martens, Stefan: Görings Reich. Selbstinszenierungen in Carinhall. Bechtermünz. Genehmigte Lizenzausgabe, Verlagsgruppe Weltbild GmbH. Augsburg 2006.

Kaef, Geo: Unsere Kindheit, unsere Jugend ... Wo sind sie geblieben? Geboren in den 20ern. Alltagsgeschichten aus Deutschland. Herkules Verlag. Kassel 2007.

Lucas, James: Handbuch der Wehrmacht. 1939 bis 1945. Ein Nachschlagewerk. Tosa Verlag. Wien 2004.

Merker, Reinhard: Die bildenden Künste im Nationalsozialismus. Kulturideologie, Kulturpolitik, Kulturproduktion. DuMont Taschenbücher. Köln 1983.

DuMont, Alfred Neven: Jahrgang 1926/27. Erinnerungen an die Jahre unter dem Hakenkreuz. Hg.: Alfred Neven DuMont. DuMont Buchverlag. Köln 2007.

Möller, Horst: Das Ende der Weimarer Demokratie und die nationalsozialistische Revolution von 1933. In: Das Dritte Reich. Herrschaftsstruktur und Geschichte. Hg.: Martin Broszat, Horst Müller. C. H. Beck Verlag. München 1983. S. 9–38.

Perels, Joachim; Wette, Wolfram: Mit reinem Gewissen. Wehrmachtrichter in der Bundesrepublik und ihre Opfer. Hg.: Joachim Perels, Wolfram Wette. Aufbauverlag. Berlin 2011.

Reich-Ranicki, Marcel: Meine Schulzeit im Dritten Reich. Erinnerungen deutscher Schriftsteller. Hg.: Marcel Reich-Ranicki. Kiepenheuer & Witsch. Köln 1988.

Roussety, Jacqueline: Der Politiker Hans K. Filbinger und der Soldat Walter Gröger. Ein Essay. In: Mit reinem Gewissen. Wehrmachtrichter in der Bundesrepublik und ihre Opfer. Hg.: Joachim Perels, Wolfram Wette. Aufbauverlag. Berlin 2011.

Schenzinger, Hans: Der Hitlerjunge Quex. Roman. Verlag und Vertrieb, Gesellschaft mit beschränkter Haftung. Berlin und Leipzig 1932.

Schöne, Rotraud: Schlesisches Himmelreich. Heimweg. Bergstadtverlag. Würzburg 2006.

Schörken, Rolf: Das Dritte Reich. Geschichte und Struktur. Hg.: Rolf Schörken. Ernst Klett Verlag. Stuttgart 1982.

Schirach von, Henriette: Der Preis der Herrlichkeit. Erinnerungen. Heyne Verlag. München 1978.

Sösemann, Bernd: Propaganda und Öffentlichkeit in der Volksgemeinschaft. In: Der Nationalsozialismus und die deutsche Gesellschaft. Einführung und Überblick. Hg.: Bernd Sösemann. Deutsche Verlagsanstalt. Stuttgart, München 2002.

Staff, Ilse: Justiz im Dritten Reich. In: Justiz im Dritten Reich. Eine Dokumentation. Hg.: Ilse Staff. Fischerbücherei, Bücher des Wissens. Frankfurt am Main 1964.

Stern, J. P.: Hitler. Der Führer und das Volk. Deutscher Taschenbuch Verlag. Wien, München 1978.

Strohmeyer, Klaus: Berlin in Bewegung. Literarischer Spaziergang 1. Die Berliner. Hg.: Klaus Strohmeyer. Rowohlt Verlag. Hamburg 1987.

Strohmeyer, Klaus: Berlin in Bewegung. Literarischer Spaziergang 2. Die Stadt. Hg.: Klaus Strohmeyer. Rowohlt Verlag. Hamburg 1987.

Taege, Herbert: Die Hitler-Jugend. Geschichte einer betrogenen Generation. Leopold Stocker Verlag. Graz, Stuttgart 1978.

Vultejus, Ulrich: Nachrichten aus dem Inneren der Justiz. Verlag Lax. Hildesheim 1998.

Weniger, Erich: Wehrmachtspädagogik. Gedanken über den Wert von Kriegserinnerung und Kriegserfahrung. In: Militärwissenschaftliche Rundschau. 2. Jhg. (1937). Heft 2 (März 1937).

Wette, Wolfram: Filbinger. Eine deutsche Karriere. Hg.: Wolfram Wette. Zu Klampen! Verlag. Springe 2006.

Wistrich, Robert: Wer war wer im Dritten Reich? Ein biographisches Lexikon. Anhänger, Mitläufer, Gegner aus Politik, Wirtschaft und Militär, Kunst und Wissenschaft. Fischer Taschenbuch Verlag. Frankfurt am Main 1987.

Aufsätze:

König, Hans-Dieter: Hitler als charismatischer Massenführer. Tiefenhermeneutische Fallrekonstruktion zweier Sequenzen aus Leni Riefenstahls „Triumph des Willens" und ihre sozialisationstheoretische Relevanz. In: Der Parteitagsfilm „Triumph des Willens" von Leni Riefenstahl. Rituale der Mobilmachung. Hg.: Martin Loiperdinger. Forschungstexte. Wirtschafts- und Sozialwissenschaften. Bd. 22. Leske + Budrich. Opladen 1987. S. 41–83.

Köppen, Manuel: Kunst der Propaganda. Der Film im Dritten Reich. Einleitung. In: Kunst der Propaganda. Der Film im Dritten Reich. Hg.: Manuel Köppen, Erhard Schütz. Publikation zur Zeitschrift für Germanistik. Neue Folge. Bd. 15. Internationaler Verlag der Wissenschaften. Bern 2007. S.5-7.

Köppen, Manuel, Schütz Ehrhardt: Der Künstler-Film in Zeiten des Krieges. In: Kunst der Propaganda. Der Film im Dritten Reich. Hg.: Manuel Köppen, Erhard Schütz. Publikation zur Zeitschrift für Germanistik. Neue Folge. Bd. 15. Internationaler Verlag der Wissenschaften. Bern 2007. S. 57-89.

Oevermann, Ulrich: Zur soziologischen Erklärung und öffentlichen Interpretation von Phänomenen der Gewalt und des Rechtsextremismus bei Jugendlichen. Zugleich eine Analyse des kulturnationalen Syndroms. In: Der Parteitagsfilm „Triumph des Willens" von Leni Riefenstahl. Rituale der Mobilmachung. Hg.: Martin Olperdinger. Forschungstexte Wirtschafts- und Sozialwissenschaften, Bd. 22. Leske+Budrich. Opladen 1987. S. 83-126.

Schmitt-Sasse, Joachim: „Der Führer ist immer der Jüngste". Nazi-Reden an die deutsche Jugend. In: „Mit uns zieht die neue Zeit." Der Mythos der Jugend. Hg.: Thomas Koebner, Rolf-Peter Janz, Frank Trommler. Suhrkamp Verlag. Frankfurt a. M. 1985. S. 128-148.

Thamer, Hans-Ulrich: Nation als Volksgemeinschaft. Völkische Vorstellungen, Nationalsozilisten und Gemeinschaftsideologie. In: Soziales Denken in Deutschland zwischen Tradition und Innovation. Hg.: Jörg-Dieter Gauger, Klaus Weigelt. Bouvier Verlag. Bonn 1990. S. 112-129.

Zeitschriften:

Nationalsozialismus I. Von den Anfängen bis zur Festigung der Macht. Informationen zur politischen Bildung. Heft 251. Überarbeitete Neuauflage 2003. Hg.: Bundeszentrale für politische Bildung/bpb. Bonn 2003.

Nationalsozialismus II. Führer-Staat und Vernichtungskrieg. Information zur politischen Bildung. Heft 266. Neudruck 2004. Hg.: Bundeszentrale für politische Bildung/bpb. Bonn 2004.

Adolf Hitler. Sonderdokumentation. Das Dritte Reich. Jahr-Verlag KG. Hamburg 1976.

Allgemeinbildender Grundlehrgang. Dritter Teil. 87. Sammelband der Schriftenreihe: „Soldatenbriefe zur Berufsforderung" im Auftrag des Oberkommandos der Wehrmacht. Hergestellt durch den Verlag Ferdinand Hirt. Breslau, Leipzig 1943.

GEO Epoche. Das Magazin für Geschichte:
Der Zweite Weltkrieg. Teil 1. 1939 bis 1942 Uhr. Von Polen bis zum Pazifik: Wie die Katastrophe begann. Heft Nr. 43. Gruner und Jahr. Hamburg 2010.

Der Zweite Weltkrieg. Teil 2. 1943 bis 1945. Von der Ostfront bis Nagasaki: Wie die Katastrophe endete. Heft Nr. 44. Gruner und Jahr. Hamburg 2010.

Deutschland unter dem Hakenkreuz. Teil 1. 1933–1936. Die ersten 1000 Tage der Diktatur. Heft Nr. 57. Gruner und Jahr. Hamburg 2012.

Deutschland unter dem Hakenkreuz. Teil 2. 1937–1939. Hitlers Weg in den Krieg. Heft Nr. 58. Gruner und Jahr. Hamburg 2012.

Unser gesamtes Verlagsprogramm
finden Sie unter:

www.acabus-verlag.de
http://de-de.facebook.com/acabusverlag